Michael Dieterich

Handbuch Psychologie und Seelsorge

R. BROCKHAUS VERLAG WUPPERTAL UND ZÜRICH

Vorlage und Vorbild für dieses Buch war
Paul D. Meier / Frank B. Minirth / Frank Wichern:
Introduction to Psychology & Counseling,
Grand Rapids: Baker Book House, 1982

2., durchgesehene Auflage 1992

Umschlaggestaltung: Carsten Buschke, Solingen
Umschlagfoto: Orion Press – ZEFA, Düsseldorf
Satz: Breklumer Druckerei Manfred Siegel KG
Druck und Bindung: Mohndruck, Gütersloh
ISBN 3-417-24607-5

INHALT

7 Anhang:
Einzelheiten zu psychischen Störungen entsprechend den Kriterien des DSM-III-R

VORWORT

Als vor etwa zwei Jahren der R. Brockhaus Verlag an mich herantrat, um das in Amerika bekannte Buch *Introduction to Psychology & Counseling* der Autoren P.D. Meier, F.B. Minirth und F. Wichern für den deutschsprachigen Raum zu bearbeiten, habe ich gerne zugesagt, denn m.E. fehlt in Deutschland ein Handbuch, das Erkenntnisse aus der modernen Psychologie und Therapie so darstellt, daß sie zum einen einem bibeltreuen Weltbild verpflichtet sind, und zum andern aber auch dem gegenwärtigen Stand der Fachwissenschaften entsprechen.

Das amerikanische Buch, so zeigte sich allerdings sehr bald, war in vielen Teilen deutlich veraltet bzw. so stark auf amerikanische Verhältnisse bezogen, daß eine Überarbeitung nicht mehr sinnvoll erschien. Dies bedeutete dann ganz praktisch, ein neues Buch zu schreiben.

Aus der Vorlage übernommen wurde der eher lockere Stil der Darbietung, der sich zwar eng an die Erkenntnisse der Fachdisziplinen hält, jedoch durch seine Darstellung versucht, die Lesbarkeit zu verbessern. Um dies zu erreichen, habe ich die im deutschsprachigen Raum übliche Form des »Sachbuches« gewählt, was u.a. auch bedeutet, daß großer Wert auf Praxisnähe gelegt wird. Mit aus diesem Grunde wird im laufenden Text nur sehr spärlich zitiert und die verwendete Literatur dann zusammengefaßt jeweils am Ende des Buches für jedes Kapitel angegeben.

Als Zielgruppe für den Leserkreis könnte ich mir – neben interessierten Eltern – Seelsorger, Theologen und Lehrer (bzw. Studierende in diesen Fachrichtungen) vorstellen, aber auch die Leiter und Leiterinnen in der Kinder- und Jugendarbeit sind angesprochen. Die Beispiele wurden entsprechend ausgewählt.

Das Buch ist in fünf Hauptteile gegliedert.

Es beginnt mit einer Aufgabenbeschreibung der Psychologie im allgemeinen und der Psychotherapie im speziellen. Daran anschließend werden die Aufgabenfelder und die Beziehungen zwischen Theologie, Seelsorge und Psychotherapie herausgearbeitet.

Im zweiten Teil wird der Mensch hinsichtlich seiner psychologischen Ausstattung beschrieben, wobei Motivation, Lernprozesse, das Nervensystem, Erinnerung und Denken, Aufnahmefähigkeit usw. genauer untersucht werden.

Im dritten Teil wird gezeigt, wie sich der Mensch zur Persönlichkeit entwikkelt, d.h., es wird ein Abriß der Entwicklungspsychologie vorgelegt und dabei besonders auch die religiöse Entwicklung berücksichtigt.

Der vierte Teil des Buches trägt die Überschrift: »Wenn etwas schiefgeht«. Hier wird auf die Abweichungen im seelischen Bereich eingegangen, werden Krankheiten beschrieben, und wird exemplarisch auf die Möglichkeiten zur Entstehung von Angst und Depressionen hingewiesen.

Der fünfte Teil zeigt Wege, wie kranken Menschen geholfen werden kann.

Nach einer grundsätzlichen Abklärung der »Methodenfrage« (d.h. Überlegungen zum Einsatz der Erkenntnisse aus der Psychotherapie in der seelsorgerlichen Beratung) und einer Darstellung der »Biblisch-therapeutischen Seelsorge« wird anhand von ausgewählten Beispielen gezeigt, welche praktischen Möglichkeiten – sowohl von Seiten der Seelsorge als auch der säkularen Psychotherapien – angeboten werden, und wie sich eine der Bibel *und* den Erkenntnissen aus der Psychotherapie verpflichtete Seelsorge hierzu stellt.

Im Anhang wird eine größere Zahl von psychischen Krankheiten beschrieben und damit Informationsmaterial für eine Diagnostik in der Beratung und Seelsorge gegeben.

Herzlicher Dank gilt meinen Mitarbeitern in der DGBTS, dem Psychotherapeuten Ulrich Giesekus PhD, der am Kapitel 4 und 5 mitgearbeitet hat, sowie dem Theologen Wilfried Veeser, der die Akzente der Abschnitte 5.1 und 5.2 gesetzt und die theologischen Beiträge überprüft hat.

Kernen/Hamburg, im Sommer 1989 — Michael Dieterich

VORWORT zur 2. Auflage

Überraschend schnell wurde die für ein Sachbuch recht hohe erste Auflage verkauft. Damit wurde die Werbeaussage, daß das Handbuch eine im deutschen Sprachraum bestehende Lücke füllen könne, deutlich bestätigt.

Viele Leser haben mir geschrieben und sich für das Buch bedankt. Es gab auch einige kritische Anmerkungen und ein paar Hinweise auf Fehler.

Die zweite Auflage gibt mir die Möglichkeit, auf einige Fragen und Anmerkungen, die in Leserbriefen immer wieder gestellt werden, Antwort zu geben.

1) Eine wichtige Tatsache – für den Praktiker fast eine Selbstverständlichkeit – soll deutlich betont werden: Wer ein Handbuch zur Psychotherapie oder zur Seelsorge gelesen hat, ist damit noch kein Therapeut oder Seelsorger. Therapie durchzuführen ist nicht nur eine Sache des Verstandes und damit des Wissens. Sie erfordert den ganzen Menschen, also auch seine Gefühle und sein Handeln. Dies muß erlernt werden und deshalb gehört zur Therapieausbildung neben Theorie und Praxis auch das Kennenlernen der eigenen Person (Selbstwahrnehmung) und die laufende Betreuung (Supervision) hinzu.

Auch der Biblisch-therapeutische Seelsorger sollte, neben der Bibelkenntnis und dem Wissen um einige ausgewählte therapeutische Methoden, wie dies im Handbuch beschrieben wird, die Möglichkeit haben, sich selbst besser kennenzulernen. Wie könnte er sonst zum Ratsuchenden auf »Augenhöhe« kommen, wenn er den eigenen Standort, sich selbst, nicht wahrnimmt? Ich empfehle solche Übungen in unserer Ausbildung, und wir haben dabei gelernt, daß das Bibelwort »Du sollst deinen Nächsten lieben wie dich selbst« (3. Mose 19,18; Matth. 19,19) erst dann wirkungsvoll wird, wenn man sich selbst vorher kennt (und liebt). Für das Handbuch »Psychologie und Seelsorge« soll hier nur auf die Notwendigkeit von Selbstwahrnehmung und Supervision in der Seelsorge hingewiesen werden. Das gründliche Eingehen auf diese Themen würde den Rahmen sprengen. Ein spezielles Buch, das hierzu sowohl Theorie und Praxis – aber auch eine deutliche Abgrenzung vor biblischem Hintergrund liefert – wird in absehbarer Zeit folgen.

2) Im Kapitel »Wie man helfen kann« wird explizit nicht auf S. Freud bzw. die Psychoanalyse eingegangen. Bei der Abfassung des Buches war mir klar, daß nur solche therapeutische Handlungsanweisungen gegeben werden sollten, die auch für den nicht ausgebildeten Arzt oder Psychotherapeuten handlungsrelevant sind.

Die Beschreibung der Psychoanalyse kann den bekannten Standardwerken überlassen werden. Was ihre Anwendung anbelangt, so meine ich, daß sie, auch in ihrer neueren Ausprägung wie z.B. in der sehr lesenswerten Literatur von Stavros Mentzos (Neurotische Konfliktverarbeitung, München 1982) beschrieben, nicht in der Art und Weise erlernt werden kann, wie dies beispielsweise bei der Verhaltenstherapie oder der Transaktionsanalyse der Fall ist. Können wir dort auch schon mit Teilelementen hilfreich arbeiten, so ist dies bei der Psychoanalyse m. E. nicht möglich. Ihr Blickwinkel ist derartig umfassend, daß man entweder konsequent analytisch arbeitet (und diese Therapieform dann aber auch konsequent erlernt haben muß) – oder ganz davon Abstand nimmt. So gesehen versperrt sich ein teilweiser Einsatz der Psychoanalyse dem durch die »Methodenpluralität« gekennzeichneten Vorgehen in der Biblisch-therapeutischen Seelsorge.

Auch einer theologischen Zuordnung der Psychoanalyse mußte ich vor diesem Hintergrund entsagen, denn ich denke, daß man – ehe es zu einer Deutung kommt – das Metier verstanden haben muß. Daß die theologische Würdigung der Psychoanalyse durch einen Analytiker, der der Theologie, wie sie in diesem Buch vertreten wird, nahesteht, noch aussteht, sei hier nochmals angemerkt.

3) In den letzten Jahren wurde immer deutlicher, daß die Psychotherapie nur schwer aus ihrem sozialen Kontext gelöst werden kann. Die sog. »systematischen« Therapieansätze, z. B. die Familientherapie, haben immer mehr an Bedeutung gewonnen. Für den Praktiker zeigt sich dies daran, daß er mit dem Klienten immer auch darauf eingeht, wie dessen Leiden im Kontext von Familie, Arbeitsplatz, Verein – ganz allgemein der sozialen Gruppe – gesehen werden muß.

Ähnliches ist auch aus vielen Seelsorgegesprächen zu berichten. Nicht selten zeigt sich, daß bestimmte Familien- und Gemeindestrukturen zu seelischen Krankheiten einerseits und Glaubensproblemen andererseits beitragen (vgl. hierzu u. a.: M. Dieterich (Hg.): Wenn der Glaube krankt macht, Wuppertal 1991). Eine Einzelseelsorge kann dann nur vorübergehend oder zeitweise helfen – »Gemeindetherapie« wäre angezeigt.

Im vorliegenden Handbuch wurde auf die Beschreibung der Familientherapie aus zwei Gründen verzichtet. Zum einen bin ich der Meinung, daß die systemischen Therapien auf »Basistherapien« aufbauen, die dann unter einem anderen Blickwinkel (nämlich dem des Systems) angewandt werden. So gesehen gibt es »die« Familientherapie nicht, sondern immer eine strukturierte und verhaltenstherapeutisch orientierte Familientherapie, eine tiefenpsychologisch fundierte Familientherapie usw. Dies bedeutet, daß, ehe die Familientherapie explizit angegangen wird, die Basistherapien erlernt sein müssen. Hierauf wurde im Handbuch besonderer Wert gelegt.

Zum anderen ist das System »Familie« oder »Gemeinde« derartig komplex und vor allem auch vor dem jeweiligen Zeithorizont sehr variabel zu sehen. Dies bedeutet, daß man sich bei allen systemischen Therapieformen sehr genau »in die Zeit schicken« muß. Dies ist durch ein Handbuch nicht zu leisten – aber dennoch für die Praxis unumgänglich. Familientherapie kann also, so meine ich, noch weniger als die Einzel- und Gruppentherapie durch Bücher erlernt – sie muß praktisch vollzogen werden.

4) Hin und wieder wurde, insbesondere von theologischer Seite, darauf hingewiesen, daß man doch zwischen »Ideologie« und »Methode« nicht trennen könne. Wenn ich darauf bestehe, daß eine solche Trennung möglich ist, dann nicht nur deshalb, weil sich in den vergangenen zehn Jahren der Praxis gezeigt

hat, daß es wirklich geht, sondern auch weil ich annehme, daß eine semantische Abklärung die Anfragen klären kann: Einzelne Theologen haben ein anderes Verständnis von »Methode«, als dies im Bereich der Sozial- und Humanwissenschaften der Fall ist.

Wenn es »hilfreiche Methoden« gibt, über die der Mensch verfügen bzw. die er erlernen kann und die ihm von Gott bei der Erschaffung eingestiftet worden sind, dann denke ich an Fähigkeiten wie »lernen«, »kommunizieren«, »forschen« usw. Wenn einzelne Forscher hierzu Erkenntnisse gewinnen, dann können sie diese Erkenntnisse zusammenfassen und daraus »Methoden« entwickeln. Diese Methoden des besseren Lernens, Kommunizierens, der Ausleuchtung der Vergangenheit usw. sind unabhängig von der Ideologie dessen, der sie gefunden hat oder des Anwenders – sie können aber natürlich auch mit der jeweiligen Weltanschauung verbunden und damit ganz individuell wirksam werden. Vielleicht ist ein Zitat von Luther hilfreich, um zu verstehen, warum wir in der Biblisch-therapeutischen Seelsorge »Methoden« aus der säkularen Therapie übernehmen (wobei das, was Luther mit »Erziehung« meint, durchaus mit »Therapiemethoden« gleichgesetzt werden kann): »Der Theolog ist kein Fachmann in Erziehungsfragen. Erziehung ist ein weltliches Werk, das auch die Heiden tun (und oft so, daß sich Christen schämen müssen), denn Gott hat dem Menschen dazu die Vernunft gegeben.«

Ich hoffe und wünsche, daß auch die zweite Auflage des Handbuches zum Segen für Ratsuchende wird.

Im Frühjahr 1992 M. Dieterich

1 Einführung

1.1 Gegenwärtiger Stand der Psychologie als Wissenschaft

Neben dem Medizinstudium ist das Studium der Psychologie das zweitbegehrteste Studienfach in Deutschland. Aber nicht nur im akademischen Bereich, auch in der Volksmeinung stehen psychologische Erkenntnisse hoch im Kurs. Es gibt kaum eine Zeitschrift, die ohne mehr oder weniger psychologisch orientierte Beratungsseiten auskommt, auf dem Büchermarkt stehen psychologisch orientierte Publikationen obenan.

Das war nicht immer so, denn das Fach Psychologie existiert erst seit Ende des 19. Jahrhunderts als eigenständige Disziplin. 1879 war es Wilhelm Wundt, der an der Universität Leipzig ein erstes psychologisches Institut gründete. Der starke Zustrom zur Psychologie setzte weltweit erst nach dem 2. Weltkrieg ein. Was ist es denn, das sowohl Studenten als auch Laien zur Psychologie treibt?

Neugierde nach dem eigenen Ich? Der Wunsch, den anderen verstehen (und vielleicht sogar manipulieren) zu können? Oder ist es die persönliche Betroffenheit vieler Menschen, die mit ihrem Leben in einer leistungsorientierten Industriegesellschaft nicht mehr zurechtkommen? Haben die Kirchen und christlichen Gemeinden, die bisher schwerpunktmäßig mit der Aufgabe der Seelsorge betreut waren, keine Antworten mehr auf solche Fragen und müssen dann davon ausgehen, daß mit zunehmender Säkularisierung der ehemalige Pastor als Seelenhirte durch den weltlichen Psychotherapeuten abgelöst wird?

Diese und eine ganze Reihe anderer Fragen zum Verhältnis zwischen christlichem Glauben und Seelsorge einerseits und moderner Psychologie (einschließlich wichtiger Erkenntnisse aus der Psychotherapie, Psychiatrie usw.) andererseits sollen im vorliegenden »Handbuch Psychologie und Seelsorge« bedacht werden.

Aufgabenfelder der Psychologie

Im Gegensatz zu anderen Wissenschaften lassen sich die Aufgaben der Psychologie und ihre Abgrenzung zu den Nachbargebieten nicht ohne weiteres genau beschreiben.

Interessant ist, daß sich aus dem Namen, den diese Disziplin trägt, sehr wenig herleiten läßt – denn die Übersetzung von »Psyche« als »Seele« bringt die Fachleute in Schwierigkeiten. Eine Übersetzung des griechischen Wortes führt zu »Seele«, »Atem«, »Hauch« oder »Leben«. Unter »Logos« versteht man das deutsche Wort »Lehre«.

Aber was bedeutet eine »Lehre von der Seele«?

Jahrhundertelang haben sich Philosophen, Theologen und in neuerer Zeit auch Naturwissenschaftler darum gestritten, was denn die Seele sei, in welchem

Verhältnis sie zum Leib stehe usw. Die neuere Hirnphysiologie hat hierzu eine ganze Reihe aufregender Ergebnisse geliefert (Popper u. Eccles 1982; GEO 1987).

Die wissenschaftliche Psychologie möchte allerdings auf die Frage nach der »Psyche« keine eindeutige Antwort geben und versucht, ihrem empirischen Verständnis entsprechend, durchgängig auf metaphysische Hintergründe zu verzichten. Aus historischen Gründen bleibt sie allerdings bei ihrem Namen.

Kasten 1

Was ist Psychologie?

In dem bekannten Lehrbuch von Ruch und Zimbardo liest man:

- Psychologie ist die Wissenschaft vom Verhalten.
- Psychologie ist die Frage nach dem, was den Menschen bewegt.
- Psychologie befaßt sich mit dem menschlichen Geist.
- Psychologie befaßt sich mit der Frage, wie Lebewesen mit ihrer Umwelt und gegenseitig miteinander fertig werden.
- In der Psychologie begegnen sich Philosophie, Biologie, Soziologie, Physiologie und Anthropologie.
- Psychologie ist eine Art Wissen und Vorgehen, welches benutzt werden kann, um die Qualität menschlichen Lebens zu verbessern.
- Psychologie ist all das – und vielleicht noch mehr.

Im deutschen Sprachraum hat sich in den vergangenen Jahrzehnten folgende Definition herauskristallisiert:

Psychologie ist die Wissenschaft vom menschlichen Verhalten und Erleben und deren Bedingungen

Mit »Verhalten« sind dabei alle objektiv beobachtbaren Aktivitäten (d. h. also von isolierten Reaktionen bestimmter Muskeln und Drüsen bis hin zu komplexen, zielgerichteten Reaktionsmustern) angesprochen. Mit »Erleben« meint man alle nicht direkt beobachtbaren Reaktionen, wie Denken, Motivation, Gefühle usw., die sich aus der Beobachtung des äußeren Verhaltens ableiten lassen.

Aufgabe der wissenschaftlichen Psychologie ist es demnach, das menschliche Verhalten und Erleben zu beschreiben und auch zu erklären. Erklären bedeutet dabei, das Verhalten auf seine Bedingungen zurückzuführen. Dabei lassen sich im wesentlichen drei Bedingungsklassen des menschlichen Verhaltens und Erlebens unterscheiden:

1. Personale Faktoren als Bedingungen des Verhaltens und Erlebens
2. Situative Faktoren (physikalische und soziale Gegebenheiten der Situation)
3. Verhaltensrückmeldungen (ebenfalls physikalischer und sozialer Art)

Die Vielfalt der Bedingungen solcher menschlichen Reaktionen bringt es mit sich, daß die Psychologie in engem Zusammenhang mit anderen wissenschaftlichen Disziplinen steht. Von den biologischen Wissenschaften steht die Physiologie, die sich mit den Funktionen des lebenden Organismus befaßt, der Psychologie am nächsten. Aus der Anthropologie bezieht die Psychologie wichtige Aussagen über den Einfluß beispielsweise kulturspezifischer Gegebenheiten auf das menschliche Verhalten.

Die Einwirkungen von Gruppen auf die Verhaltens- und Erlebensweise ihrer einzelnen Mitglieder werden von der Soziologie untersucht und stellen damit eine wichtige Datenquelle im gesamten Bedingungsgeflecht menschlicher Reaktionen dar.

Bei den bisher genannten Disziplinen handelte es sich um »anerkannte Wissenschaften«. Von vielen Leuten wird jedoch bezweifelt, ob sich die Psychologie wissenschaftlich betreiben läßt.

Nun, diese Frage ist recht einfach zu beantworten, denn jeder Mensch treibt praktische Psychologie, d.h., er beobachtet Verhalten, überprüft die Motive, bemerkt, daß sich Spannungen im Zusammensein mit anderen Menschen ergeben usw. Solche »psychologischen« Beobachtungen haben Theologen, Philosophen, Literatur- und Geisteswissenschaftler seit eh und je gemacht, und die Früchte ihrer Erkenntnisse sind oftmals Kostbarkeiten der Einfühlsamkeit in die menschliche Seele. Solche literarischen Genies sind dennoch keine Psychologen im wissenschaftlichen Sinne, denn sie formulierten ihre Einsichten in der Regel nicht als allgemeingültige Gesetzmäßigkeiten - auch wenn ihre Art des Beschreibens von der Bevölkerung gerne verallgemeinert wird.

Die moderne Psychologie hingegen versteht sich als überprüfbare Disziplin und hat sich mit ihren Forschungsmethoden sehr nahe an die empirischen Sozialwissenschaften angelehnt, d.h., sie versucht ihre Ergebnisse so zu formulieren, daß sie wiederholbar und zu verallgemeinern sind. Damit steht sie mit ihren Methoden des Zählens und Messens den Naturwissenschaftlern näher als den Geisteswissenschaftlern.

Wenn in breiten Kreisen der Bevölkerung auch heute noch davon ausgegangen wird, daß »Psychologen Konkurrenten des Seelsorgers« seien, die mit geheimnisvollen Mitteln als »Seelenklempner« im Stande seien, das »Seelenleben auseinanderzunehmen«, die »im Unterbewußten herumforschten«, die ihren Gesprächspartner sofort nach Charakter und Geisteszustand einordneten oder nichts anderes im Sinne hätten, als Menschen zu testen und zu klassifizieren, dann kann man aus solchen Meinungen womöglich eine gewisse Furcht vor der Preisgabe der Persönlichkeit ableiten – aber keinesfalls die Berufsfelder des ausgebildeten Psychologen erkennen. Das, was die landläufige Meinung über »die Psychologie« ist, stimmt mit ihrem tatsächlichen Arbeitsschwerpunkt nur am Rande überein. Weder Scharlatanerie noch Geheimwissenschaft und insbesondere keine negativen Absichten dürfen der wissenschaftlichen Psychologie unterstellt werden. Im Gegenteil, Psychologen wollen durch ihre Forschungen helfen, daß sich Menschen selbst erkennen und auch ihre Partner besser verstehen.

Dies wird deutlicher, wenn man die Teilgebiete der wissenschaftlichen Psychologie beschreibt, wie sie heute an den Universitäten gelehrt werden:

Allgemeine Psychologie:

Hier werden Bedingungen und die daraus ableitbaren Konsequenzen der Wahrnehmung (z. B. sehen, hören, fühlen usw.), des Denkens, Lernens und der Motivation erforscht. Das heißt, von diesem Teilgebiet der Psychologie erhalten wir Erkenntnisse, wie optimal gelernt werden kann, welche Beziehungen Denken und Lernen zueinander haben, wie bedeutsam die Motivation für unser Handeln ist, usw. Ein Teil des hier vorliegenden Buches befaßt sich deshalb mit diesen Grundgedanken.

Psychophysiologie:

Hier werden die Zusammenhänge zwischen körperlichen Vorgängen und psychischen Prozessen untersucht. Es handelt sich dabei um ein echtes Grenzgebiet zur Biologie und zur Medizin, bei dem z.B. das Verhalten der Menschen (und Tiere) über die elektrochemischen Begleitvorgänge in den so wichtigen Neurotransmittern an den Verbindungsstellen zwischen den Nervenzellen erforscht wird.

Dabei können u.a. auch Erkenntnisse über die Zusammenhänge zwischen der Art der Ernährung und dem psychischen Wohlbefinden gewonnen werden. Auch hierzu wird in unserem Buch einiges zu berichten sein.

Sozialpsychologie:

In der Sozialpsychologie wird versucht, das menschliche Verhalten im Zusammenhang mit der Gruppe zu sehen. So fragt der Sozialpsychologe beispielsweise, wie die Stellung eines Mitglieds in der Gruppe sein Verhalten beeinflußt. Das heißt, in welchem Zusammenhang Status- und Rollenverhalten stehen.

Kenntnisse aus der Sozialpsychologie sind z.B. für die Gestaltung (so etwa die Sitzordnung oder die Art der Spiele) in Kinder- und Jungscharstunde von großer Bedeutung.

Entwicklungspsychologie:

In den vergangenen Jahrzehnten hat man immer wieder versucht, einzelne »Entwicklungsphasen« zu erkennen, die überwiegend genetisch vorgegeben waren und sich dann auf verschiedenen Entwicklungsstufen wiederholen sollten.

Heute sieht man die Entwicklung des Kindes zum Erwachsenen und weiter bis zum alten Menschen sowohl auf anlagebedingtem Hintergrund als auch im Sinne von lebenslang andauernden Lernprozessen. Deshalb ist hierbei besonders die Entwicklung des Denkens, des Gedächtnisses, der Motivation usw. interessant, denn daraus lassen sich dann Erkenntnisse für eine altersgemäße Auswahl der Lernziele ableiten.

Mit dem Wissen um solche Zusammenhänge ist es dann auch möglich, Kinder- und Jugendgruppen zu differenzieren, entsprechende Spiele und Lieder auszuwählen, biblische Geschichten altersgemäß zu erzählen usw. Ein besonderes Kapitel dieses Buches beschäftigt sich mit solchen Fragen.

Pädagogische Psychologie:

Die pädagogische Psychologie ist mit der Entwicklungspsychologie und der Sozialpsychologie eng verwandt. Sie befaßt sich besonders mit Lernprozessen und daraus ableitbaren praktischen Anwendungen für Schule und Elternhaus. Aber auch Lernstörungen und -behinderungen sowie Fragen nach dem pädagogischen Stil der Erzieher sind hier wichtig.

Mit den Erkenntnissen aus der pädagogischen Psychologie kann z. B. abgeklärt werden, ob den Kindern in der Kinderstunde eher mit Bildern oder mit Erzählungen bzw. auch durch das Nachspielen biblischer Geschichten Zusammenhänge klargemacht werden können.

Differentielle Psychologie:

Die differentielle Psychologie versucht, Unterschiede zwischen einzelnen Menschen festzustellen und beschreibt dazu bestimmte Merkmale der Persönlichkeit.

Hatte man früher, gegründet auf den Gedanken griechischer Philosophen und Ärzte, angenommen, daß der Charakter des Menschen mit entsprechenden Körpersäften (z.B. der Gallenflüssigkeit) im Zusammenhang stünde und darauf aufbauend die vier Charaktertypen des Sanguinikers, Cholerikers, Melancholikers und Phlegmatikers beschrieben, spielen diese Ansätze heute nur noch eine untergeordnete Rolle.

Heute geht man, beispielsweise in Anschluß an Untersuchungen von Cattell, davon aus, daß man den Menschen durch eine größere Zahl von einzelnen Wesenszügen beschreiben bzw. mit der »Normalbevölkerung« vergleichen kann. Hierzu gehören u.a. das Ausmaß der Extraversion (mehr nach innen oder außen gekehrt), die Art der Intelligenz, die »Ich-Stärke«, Sensibilität usw.

Das Wissen um die Art solcher Wesenszüge und die Einschätzung ihrer Ausmaße sind für den Umgang mit jungen und älteren Menschen unverzichtbare Grundlage einer pädagogischen Begegnung und deshalb auch für die verantwortliche Arbeit in den Gemeinden eine wichtige Grundlage.

Diagnostische Psychologie:

Mit den Hilfsmitteln der diagnostischen Psychologie wird versucht, die genannten Wesenszüge, aber auch das Sozialverhalten, die Kreativität usw., so genau wie möglich zu erfassen. Der Grundgedanke einer solchen Diagnostik ist, den »richtigen« Menschen für eine bestimmte Aufgabe auszusuchen oder auch für eine solche Aufgabe gezielt vorzubereiten.

Als Hilfsmittel hierzu gibt es eine große Zahl von Testverfahren beispielsweise zur Messung von Intelligenz, Konzentration, Berufseignung, Schulleistung, zur Erstellung eines »Persönlichkeitsprofils« usw., die allerdings, isoliert betrachtet, nicht hinreichend sind, um eine Person zu beurteilen. Verhaltensbeobachtungen und Gespräche runden die Ergebnisse der Tests ab und lassen dann vorsichtige Prognosen für einen evtl. möglichen Beruf, eine bestimmte Schulart usw. zu.

Arbeitspsychologie:

Arbeitspsychologen setzen sich insbesondere mit den Belangen des arbeitenden Menschen (in der Regel in Industriebetrieben) auseinander. Sie versuchen, die Arbeitsumgebung optimal an die Bedürfnisse der Werktätigen anzupassen. Sie erarbeiten Vorschläge, Arbeitsräume so zu gestalten, daß man sich wohlfühlt, untersuchen die Längen der Pausen im Verhältnis zur Arbeitszeit, entwickeln leicht ablesbare Skalen für Meßinstrumente usw.

Klinische Psychologie:

Die Bezeichnung »klinische Psychologie« stammt aus den Vereinigten Staaten und gibt die dortige Situation besser wieder, weil dort wesentlich mehr Psychologen in den Kliniken arbeiten als in Europa.

Auf unsere Verhältnisse bezogen ist die Bezeichnung »klinisch« zu eng, denn neben dem Umgang mit psychisch kranken Menschen in Krankenhäusern und anderen stationären Therapieeinrichtungen gehört zum Aufgabenfeld des klinischen Psychologen auch die Ehe- und Familienberatung, Telefonseelsorge usw. Er arbeitet häufig mit Ärzten und Sozialarbeitern zusammen, da viele körperliche Krankheiten auf seelische Störungen zurückzuführen sind oder auf dem Hintergrund schwieriger sozialer Verhältnisse entstanden sind. War es bis in die fünfziger Jahre im deutschsprachigen Raum praktisch ausschließlich die Psychoanalyse Sigmund Freuds, an der sich die klinische Psychologie orientierte, gibt es heute eine große Zahl verschiedener anerkannter Psychotherapierichtungen.

In einem neueren Handbuch der Psychotherapie (Corsini 1983) werden 70 in Deutschland etablierte Therapiemöglichkeiten vorgestellt. Versucht man diese verschiedenen Ausprägungen, die teilweise im heftigen Meinungsstreit miteinander stehen (zumindest im Bereich ihrer theoretischen Ansätze), in wenige Gruppen zusammenzufassen, ergibt sich die folgende Aufstellung in neun Therapiegruppen:

1. Die tiefenpsychologisch orientierten Therapien gehen allesamt mehr oder weniger auf Sigmund Freud zurück. Ihr Heilkonzept gründet auf der Entdekkung Freuds, daß in der frühen Kindheit traumatische Erlebnisse stattfinden können, die im Erwachsenenalter zu seelischen Störungen führen.
   Seine Therapie versucht, die frühverankerten Störungsherde ins Bewußtsein zu bringen und dann aufzulösen.
2. Die verhaltensorientierten Therapien lassen sich in ihrer ursprünglichen

Form auf Lernprozesse zurückführen, die von Pawlow, Watson, Thorndike, Skinner usw. erforscht worden sind. Heute sind zusätzlich Therapieformen entstanden, die das Lernen durch Erkennen einbeziehen (kognitive Therapien). Der gemeinsame Grundgedanke besteht darin, daß ein unerwünschtes Verhalten erlernt wurde und deshalb nach genau festgelegten und überprüfbaren Regeln auch wieder verlernt werden kann.
3. Die erfahrungsorientierten Therapien beruhen auf der Annahme, daß der Patient selbst Abwehrkräfte hat, die es zu wecken gilt. Hauptsächlich stützt man sich dabei auf Einsichten, die eine Lebensänderung bewirken sollen.
4. Die körperorientierten Therapien nutzen die Wechselbeziehungen zwischen Geist, Seele und Leib, um über körperliche Aktivitäten bestimmte heilende Wirkungen auszuüben (z. B. Entspannungsübungen usw.).
5. Die kommunikationsorientierten Therapien versuchen, die mitmenschlichen Beziehungen, die häufig Anlaß für Störungen sind, in ihren Strukturen zu erkennen, Fehlverhalten zu entdecken, aufzubrechen und dann neu zu ordnen.
6. Die psychagogischen Verfahren sind keine eigentlichen Therapien, sondern eher im prophylaktischen Bereich anzusiedeln. Sie unterstützen die Selbstheilungskräfte bzw. helfen dem Menschen, ehe er in eine Fehlentwicklung hineingerät.
7. Die suggestionsorientierten Therapien benutzen starke Fremd- oder Selbstbeeinflussungen, um die Störungsverfestigung zu überwältigen und neue (teilweise auch nicht bewußte) Ausrichtungen einzuflößen.
8. Die integrativ orientierten Therapien suchen eine vermittelnde Rolle. Einerseits sollen die vielschichtigen Persönlichkeitsanteile vereinheitlicht und andererseits durch Therapiekombinationen verschiedenartige Vorzüge der Verfahren zusammengefaßt werden.
9. Die Spezialtherapien haben sich zu großen Therapiebereichen entwickelt. Sie richten sich auf die jeweils besonderen Zielgruppen der Ratsuchenden. Hierzu gehört u.a.: Familientherapie, Kindertherapie, Spieltherapie, Alkoholikertherapie, Sexualtherapie usw.

Die psychischen Störungen, mit denen sich der klinische Psychologe auseinandersetzt, können in zehn Gruppen zusammengefaßt werden (Siewert 1983):

1. Entwicklungsstörungen
2. Verhaltensstörungen
3. Neurosen
4. Leistungsstörungen
5. Abweichendes Verhalten
6. Funktionsstörungen
7. Sexualstörungen
8. Mentalstörungen
9. Sprachstörungen
10. Weitere Leidensformen (z. B. Psychosen, Konflikte, akute Leidensstörungen)

Zusammengefaßt zeigt sich bei dieser Übersicht der Einzelgebiete der Psychologie im allgemeinen und der klinischen Psychologie mit ihren neun verschiedenen Therapiegruppen im speziellen, daß die klinische Psychologie keinesfalls »der Psychologie« gleichgesetzt werden darf, sondern nur einen Teilbereich der psychologischen Wissenschaften ausmacht.

1.2 Methoden der wissenschaftlichen Psychologie

Die wissenschaftliche Psychologie (der nur ein Teil der weiter oben genannten Therapierichtungen der klinischen Psychologie zuzurechnen ist) versteht sich als eine empirische Wissenschaft. Deshalb verwendet sie, um zu Erkenntnissen zu kommen, die in den Naturwissenschaften üblichen Methoden (vgl. hierzu auch Kapitel 5).

Ein solches Vorgehen kann jedoch nicht durchgängig realisiert werden, da eine große Zahl von Bedingungen, die auf das menschliche Verhalten und Erleben einwirken, nur teilweise beliebig variiert und diese oftmals auch nicht wiederholt werden können. So ergeben sich im Gegensatz zu den klassischen Naturwissenschaften (z.B. der Physik oder der Chemie) einige besondere Problemstellungen bei der Datengewinnung.

Eine wichtige Methode in der Psychologie ist die *präzise Beobachtung*, und besonderes Gewicht hierbei muß den möglichen Beobachtungsfehlern gewidmet werden. Durch die Einführung von modernen Beobachtungsgeräten (Tonbänder, Video usw.), aber auch durch nachprüfbare Meßoperationen (z.B. der Zuordnung von Zahlen zu Beobachtungen nach bestimmten Regeln), ist jedoch eine Präzisierung der Aussagen möglich.

Auf das in den Naturwissenschaften häufig verwendete *Experiment* als Forschungsinstrument wird in der Psychologie mehr und mehr verzichtet. Es hat zwar den Vorteil einer sehr präzisen Durchführung und möglichen Wiederholung, jedoch das Problem, daß das, was im Labor untersucht werden kann, oftmals in der Realität kaum in der gemessenen Form auftritt. Deshalb wird immer häufiger das *Testverfahren* als wissenschaftliches Routineinstrument im lebendigen Alltag verwendet, d.h., es wird versucht, einen beschriebenen Verhaltens- und Erlebensbereich in seiner individuellen Ausprägung zu ermitteln.

Ganz allgemein geht man in der wissenschaftlichen Psychologie so vor, daß eine Hypothese aufgestellt und diese dann überprüft wird. Natürlich beschreiben, von biblisch-theologischer Warte aus gesehen, die psychologischen Tests nur einen kleinen Teil der Wirklichkeit des Menschen. Nicht zuletzt deshalb haben Ergebnisse, die auf einem solchen Hintergrund gewonnen worden sind, nie einen endgültigen, sondern immer einen vorläufigen Charakter, d.h., sie sind nicht hundertprozentig, sondern immer nur mit einer bestimmten Irrtumswahrscheinlichkeit (Signifikanz) gültig.

Hier zeigt sich auch recht deutlich ein Unterschied zu der biblischen Sicht des Menschen und den dort zu findenden gültigen Aussagen über sein Wesen, sein

Woher und Wohin und über seine Stellung vor Gott. Deshalb ist es wichtig, in einem Handbuch zur Psychologie und Seelsorge diesen Unterschied in einem besonderen Kapitel nochmals deutlich herauszuarbeiten.

1.3 Zur Bewertung wissenschaftlicher Ergebnisse – Ein Exkurs in die Wissenschaftstheorie

Für Johann Amos Comenius (1592-1670) war es kein Problem, in der Schöpfung das Ebenbild Gottes zu sehen. Das Betrachten von Tieren und Pflanzen im Schulunterricht war für diesen großen Pädagogen ein Studium der göttlichen Schöpfungsordnung, und die Naturwissenschaft fügte sich ohne Schwierigkeit in die göttliche Ordnung ein.

Mit der kritischen Philosophie der Aufklärung, bis hin zur Erkenntnistheorie von Immanuel Kant (1724-1804), löste sich das naturwissenschaftliche Denken von seiner Einbindung in die biblische Sicht der Welt (Schöpfungstheologie) und suchte eigene Wege zur Deutung der erforschten Natur. Aus der Schöpfung wurde die Natur, an die Stelle der göttlichen Offenbarung trat der Alleinanspruch der menschlichen Vernunft. Auch wurde der bisher vorgegebene göttliche Ordnungsbegriff ersetzt durch die Besinnung auf die selbstgeschaffene Ordnung. Nicht Abhängigkeit von Gott, sondern eigenes Denken, eigene Erfahrung und die logische Begründung des selbstgeschaffenen Systems bildeten von nun an die Kriterien für Wissenschaftlichkeit.

Mit Georg Wilhelm Hegel (1770-1831) wurde die Frage nach der Wissenschaft neu gestellt. Eine der möglichen Antworten war: Die Welt auf einen »Begriff« zu bringen, d. h., die Wirklichkeit zu erforschen und die Erkenntnisse an die Mitglieder der Gesellschaft weiterzugeben. Wissenschaft mit einem solchen Hintergrund ist dann scheinbar wertfrei und nur der Erkenntnis aus der Wahrheit (und nicht ihrer Folgen!) verpflichtet.

»Die Philosophen haben die Welt nur verschieden interpretiert, es kommt darauf an, sie zu verändern«, war die Antwort von Karl Marx (1818-1883) an eine Wissenschaft, die sich um die Folgen ihres Tuns nicht kümmerte. Und mit seinem Verständnis von Wissenschaft stellte er sich damit deutlich gegen eine Arbeitsweise, die lediglich erklären und beschreiben wollte.

Zu allen Zeiten haben sich Menschen aufgemacht, den Hintergrund des Denkens zu ergründen, den Menschen und seine Welt zu erklären – und damit die Welt auch zu verändern. Immer wieder waren solche Unternehmungen vom Gedanken getragen, auch in den Wissenschaftsgebieten, die sich mit dem Menschen beschäftigen (z.B. der Medizin oder Psychologie), Erkenntnisse zu finden, die so sicher waren wie mathematische Ergebnisse, oder zumindest so genau wie die der Naturwissenschaftler. Interessant ist dabei jedoch, daß die moderne Naturwissenschaft einen solchen Anspruch nach Genauigkeit gar nicht mehr einlösen kann. So hat Heisenberg gezeigt, daß bei Untersuchungen im submikroskopischen Bereich alle Ergebnisse mit einer gewissen Unschärfe behaftet sind. Es ist demnach nicht möglich, z.B. Masse und Geschwindigkeit eines Elementarteilchens gleichzeitig beliebig genau zu erfassen. Immer bleibt eine bestimmte »Unschärfe« als Restgröße zurück.

Sind nun solche Zusammenhänge für die Physik nur im submikroskopischen Bereich auffallend und in der täglichen Praxis nicht bemerkbar, ergeben sich bei den Human- und Sozialwissenschaften »Unschärfen« auch im makroskopischen Bereich. Das heißt, auf den Menschen bezogen, daß man beispielsweise einen isolierten Wesenszug (z. B. das Ausmaß der Intelligenz) sehr präzise bestimmen kann; je genauer man aber dabei wird, um so aufwendigere Labors sind dazu notwendig - und um so mehr nimmt dann die »Unschärfe« bei anderen Persönlichkeitsdimensionen zu, die man eigentlich zusammen mit der Intelligenz messen müßte und die diese beeinflussen.

Dadurch sind, ganz praktisch gesehen, auch die Grenzen der modernen, psychologischen Testverfahren gegeben. Sie können den Menschen zwar in Teilaspekten »vermessen«, erhalten jedoch damit keine Werte für die Gesamtpersönlichkeit, weil »das Ganze mehr ist als die Summe seiner Teile«, bzw. die gesamte Wirklichkeit weitaus mehr ist, als mit den einzelnen Methoden erfaßt werden könnte.

Die meisten Fehler werden von Laien (teilweise aber auch von Fachleuten) immer wieder dann gemacht, wenn man für die verschiedenen Einzelwissenschaften nicht die jeweils angemessene Methode zur Bearbeitung des Wissenschaftsgegenstandes verwendet. Dann kann man keinesfalls zum richtigen Ergebnis kommen. So ist es auch dem Nichtmathematiker klar, daß man das Ergebnis des Produktes 4 x 17 nicht dadurch erreichen kann, daß man eine empirische Befragung durchführt, und wir lächeln, wenn man versucht, einen mathematisch exakten und logisch ableitbaren Zusammenhang zwischen der Zahl der Störche und der Geburtenzahl herzustellen. Auch wäre es falsch, in der Theologie von einem »Gegenstandsobjekt Gott« auszugehen, das anhand der Bibel nach bestimmten Methoden zu untersuchen wäre, denn Gott erkennt man erst richtig, wenn man zum Objekt seines versöhnenden Handelns in Jesus Christus geworden ist – dann erst erschließt sich dem Betrachter die ganze Wirklichkeit der unsichtbaren und sichtbaren Welt.

Wir wollen auf dem Hintergrund solcher Ansätze nachfolgend das naturwissenschaftlich-empirische, das geisteswissenschaftlich-schließende und das theologische Denken einander gegenüberstellen und der Frage nach Möglichkeiten zur Erfassung der Wirklichkeit in jeder Disziplin einzeln nachgehen.

1.3.1 *Naturwissenschaftlich-empirisches Denken*

Im 19. Jahrhundert breitete sich in der Philosophie eine Richtung aus, die bestrebt war, alle Erkenntnisse ausschließlich aus der Erfahrung im Sinne der Naturwissenschaft und ihrer Experimente zu gründen.

Vor allem Auguste Comte (1798-1857) war es, der alles Metaphysische ablehnte und nur von »Tatsachen« ausgehen wollte (Positivismus). Aus diesen Tatsachen sollten Gesetzmäßigkeiten entschlüsselt und mit den erkannten Zusammenhängen auch zukünftige Erscheinungen vorausgesagt werden können.

»Erfahrungen und Beobachtungen kann man nicht aus Büchern lehren und lernen«, meinte auch John Locke (1632-1704), man müsse diese selbst experimentell durchführen.

Im Sinne eines solchen an den Naturwissenschaften orientierten und auch für die akademische Psychologie heute relevanten Vorgehens, ergibt sich als Wissenschaftsmethode der Weg der Induktion. Der jeweilige »Wissenschaftsgegenstand« (z.B. der Mensch in seinem sozialen Umfeld) wird zum Gegenstand eines Experimentes unter genau vorgegebenen – und deshalb jederzeit nachvollziehbaren – Versuchsbedingungen gemacht. Unter einem Induktionsschluß versteht man dann die Ableitung eines Gesamtergebnisses oder einer Gesetzmäßigkeit aus Einzelergebnissen, also das Schließen vom Speziellen auf das Allgemeine.

Wie schon weiter oben beschrieben, sind es in der Psychologie neben dem naturwissenschaftlichen Experiment insbesondere Befragungen und Tests, mit denen gearbeitet wird. Da man in der Regel nicht alle vorkommenden Fälle untersuchen kann, wird bei empirischen Untersuchungen fast immer mit einer Stichprobe aus der Gesamtmenge experimentiert. Die Stichprobe sollte repräsentativ, d.h. ein verkleinertes Abbild der Gesamtheit aller Fälle sein. Bei einem solchen Vorgehen wird sofort das Hauptproblem empirischer Untersuchungen deutlich gemacht: Ist eine Stichprobe nicht repräsentativ, kann zwar mathematisch sachgemäß gearbeitet werden – aber das Ergebnis dennoch niemals sicher sein. Beim induktiven Vorgehen, d.h. beim Schließen von Einzelfällen auf Gesamtergebnisse, bleibt immer eine Unsicherheit im doppelten Sinne übrig:

1. Einerseits ist zu prüfen, ob die Stichprobe richtig ausgewählt war;
2. andererseits ist zu fragen, ob nicht irgendwann doch ein Fall eintritt, der den vielen gemachten Experimenten widerspricht. D. h., die auf empirisch-induktivem Weg gewonnene Gesetzmäßigkeit kann nicht absolut gültig sein; sie ist höchstens eine Annäherung an die zu beschreibende Wirklichkeit.

Auf diesem Hintergrund ist jetzt auch die Frage nach der »Wahrheit« von Theorien zu stellen, die durch positive Induktionsschlüsse aufgestellt worden sind.

Eine der Hauptströmungen der gegenwärtigen wissenschaftstheoretischen Ansätze, der sogenannte »kritische Rationalismus«, sieht dabei drei Hauptschwierigkeiten: Die positive Begründung einer empirisch gewonnenen Theorie führt nämlich zu einer endlosen Folge von neuen Begründungen, oder es wird die eine Begründung durch die andere im Sinne eines Zirkelschlusses ersetzt, oder aber die Begründung durch weitere Experimente zu irgendeinem Zeitpunkt abgebrochen und die Theorie dann durch ein Dogma ersetzt.

Ein Ansatzpunkt, um dieser Problematik zu entgehen, ist der Weg der »kritischen Überprüfung«. Dabei ist das Ziel der Beweisführung nun nicht mehr, die Theorie empirisch zu beweisen, sondern sie zu widerlegen. Eine Theorie gilt demnach nur, solange ihre Widerlegungsversuche scheitern. Sie muß deshalb auch so formuliert werden, daß sie an der Erfahrung scheitern kann.

Werden mit einer solchen, wesentlich vorsichtigeren Beweisführung die Ergebnisse der empirisch gewonnenen »Gesetzmäßigkeiten«, ob sie nun aus dem Bereich der Schöpfung, der Sozialwissenschaft oder der Psychologie stammen, gesehen, kann die Frage nach deren Wahrheitsgehalt folgendermaßen formuliert werden: Empirisch gewonnene Ergebnisse sind nicht absolut gültig bzw. immer nur als vorübergehend wahr anzusehen – eben solange, bis sie von irgendeiner Seite her widerlegt werden. Schließlich ist zu dem empirischen Vorgehen im Sinne des kritischen Rationalismus zu bemerken, daß dieser Ansatz auch innerhalb der Wissenschaftstheorie nicht unumstritten ist. Trotzdem gibt es im praktischen Forschen der empirischen Disziplinen eine Art »common sense« beim pragmatischen Einsatz der Methodik des kritischen Rationalismus. Die dadurch hervorgebrachten Ergebnisse sprechen für sich. Es wäre allerdings problematisch, wollte man diese Wissenschaftsmethode auf alle Forschungsgebiete gleichermaßen anwenden – wie dies zumindest einzelne ihrer Vertreter vermuten lassen. Beschränkt sich jedoch das empirisch-naturwissenschaftliche Forschen auf das für diese Methodik geeignete Teilgebiet der Wirklichkeit, helfen seine Ergebnisse oftmals zu einem besseren Verständnis eben dieser Wirklichkeit.

1.3.2 Geisteswissenschaftlich-hermeneutisches Denken

Auch wenn es mit naturwissenschaftlich-empirischen Verfahren möglich ist, ausgewählte menschliche Verhaltensweisen zu überprüfen bzw. zu testen, können mit diesen Verfahren nur schwerlich die Ursachen des jeweiligen Verhaltens, die Zusammenhänge mit ihrer Umgebung, mit Politik, mit dem Glauben usw. beschrieben oder gar geklärt werden.

Es stellt sich die Frage, wie man Dinge erkennen und erfassen kann, die sich ständig ändern. Wie muß eine Wissenschaft vom handelnden und sich verändernden Menschen arbeiten?

Hier zeigt Wilhelm Dilthey (1833-1911) mit seiner »geisteswissenschaftlich-hermeneutischen Methode« einen Weg. Er geht davon aus, daß die Wissenschaft vom Menschen mit dem eigenen Erlebnis, über das der Mensch nachdenkt, beginnen muß. Wird dieses Erlebnis verstanden und formuliert, kommt es zu einer Erkenntnis, die das Persönliche weit hinter sich läßt. In jedem Einzelerlebnis ist ein Teil des Allgemeinen enthalten, und somit enthält jedes Erlebnis gleichzeitig subjektive und objektive (intersubjektive) Elemente. Die meisten tiefenpsychologischen Ansätze, (z.B. die Traumdeutungen Freuds) sind auf einem solchen hermeneutischen Hintergrund entstanden und nicht empirisch wissenschaftlich begründet.

Kritiker sind der Meinung, daß eine in dieser Form die Erfahrungen auslegende (hermeneutische) und ihre Phänomene zu verstehen suchende Vorgehensweise notwendigerweise subjektiv sein müsse und gehen deshalb den Weg der weiter vorne beschriebenen »objektiven« empirisch-naturwissenschaftlichen Methoden.

Es liegt natürlich nahe, zu fragen, ob ein geisteswissenschaftliches Verfahren, das mit dem eigenen Erlebnis einsetzt und von dem man auf intersubjektive Erfahrungen schließt, jemals zu allgemeingültigen wissenschaftlichen Ergebnissen führen kann. Eine zweifache Antwort ist hierauf möglich:

1. Es gibt eine Reihe von »Wissenschaftsgegenständen« oder Aspekte der ganzen Wirklichkeit, die gar keine andere als die hermeneutische Vorgehensweise zulassen. So wäre es sicherlich vollkommen unsinnig, die Volkszählung des Cäsaren Augustus, von der die Bibel und auch zeitgenössische Historiker berichten, mit einer auf empirischen Grundlagen beruhenden Fragebogenaktion heute zu wiederholen. Dieses historische Ereignis kann nicht wiederholt und damit auch nicht getestet bzw. erneut beobachtet werden. Die literarischen oder archäologischen Fakten können höchstens von vergleichbaren Erfahrungen her gedeutet werden.

2. Die Frage nach der Objektivität und damit auch nach der »Wahrheit« der hermeneutisch gewonnenen Ergebnisse ist notwendigerweise eine Frage der Qualität der »Erlebnisse«, beispielsweise eine Frage nach der Qualität der Quellen bei den historischen Wissenschaften oder den intersubjektiven Elementen der Einzelerlebnisse, von denen aus gedeutet wird.

Otto Friedrich Bollnow (1974) meinte hierzu allerdings, daß sich die Wirklichkeit als widerständig gegen falsche Aussagen, Erlebnisse und deren Deutungen erweise und dazu führe, daß subjektive Ergebnisse von ihr korrigiert würden.

Was die Bewertung der Ergebnisse der geisteswissenschaftlich-hermeneutischen Wissenschaften anbelangt, zeigen sich Ähnlichkeiten zu den empirischen Wissenschaften. Auch die hermeneutischen Ergebnisse sind als nicht endgültig gesichert bzw. nur solange als »wahr« anzusehen, bis sie ggf. von neueren Erkenntnissen widerlegt werden.

1.3.3 Theologisches Denken

Nach wie vor berufen sich die meisten Theologen, vor allem auch an deutschen Universitäten, bei ihrem wissenschaftlich-theologischen Forschen auf die von E. Troeltsch begründete »Historisch-Kritische Methode«. Auch wenn diese Methode in ihrer klassischen Form (Kritik, Korrelation und Analogie) mancherorts in wesentlichen Teilen überwunden ist (vgl. z.B. die Tübinger Schule der »biblischen Theologie«), will sich theologisch exegetisches Forschen dadurch als wissenschaftlich erweisen, daß es sich auf die Historisch-Kritische Methode stützt. Es ist jedoch zu fragen, ob eine geradezu bekenntnishafte Dogmatisierung der Historisch-Kritischen Methode (bzw. unter ihrem Namen firmierende Derivate) dazu geeignet ist, dem Selbstverständnis der Heiligen Schrift gerecht zu werden und zu einer der Heiligen Schrift gegenüber sachgemäßen wissenschaftlichen Methode theologischen Forschens zu kommen.

Das empirisch-naturwissenschaftliche Herangehen an die Heilige Schrift und den Glauben ist allerdings ebenso problematisch (Gott läßt sich nicht verobjektivieren) wie ein geisteswissenschaftlich-hermeneutisches Vorgehen der Historisch-Kritischen Methode (die Heilige Schrift und der Glaube lassen sich ohne subjektive Betroffenheit nicht intersubjektiv erschließen). Hinzu kommt, daß die Ergebnisse einer mit der Historisch-Kritischen Methode und ihrer Derivate betriebenen Forschung oftmals gegenüber dem biblischen Anspruch in der Gefahr stehen, vom subjektiven Blickwinkel des jeweiligen Theologen beim Quellenstudium abhängig zu sein. »Wahr« ist dann, was die jeweilige »theologische Schule« erschlossen hat, und was, z.B. ausgehend von einer gewissen subjektiven Wirklichkeit, möglich bzw. Menschen unserer Zeit zumutbar ist. Kriterium dieses Forschens ist nicht zuerst die Heilige Schrift, sondern vielmehr die subjektive Erkenntnis einzelner oder ganzer Gruppen von Theologen.

Dieser historisch-kritischen Arbeitsweise versuchte vor allem Gerhard Maier (1974) die »historisch-biblische Methode« entgegenzustellen.

Im folgenden soll dieser andere theologisch-hermeneutische Denkansatz, als ein Beispiel für verschiedene Alternativansätze gegenüber der Historisch-Kritischen Methode, etwas näher beschrieben werden.

Wissenschaftsgegenstand ist für diesen theologischen Ansatz das inspirierte Wort Gottes, die Bibel. Ohne auf die Zusammenhänge über den Umfang der Heiligen Schrift einzugehen, wird der gegenwärtige Kanon als von Gott durch den Heiligen Geist inspirierte Aussage in der Sprache der Menschen gesehen, wie dies in 2. Petr. 1, 21 beschrieben ist.

Auf einem solchen Hintergrund hebt sich die Bibel gegen alle literarischen Werke grundsätzlich ab. Ihre Aussagen sind absolut und normativ, d.h. prinzipiell wahr und deshalb nicht mehr diskutierbar.

Bei wissenschaftstheoretischen Überlegungen werden normative Ansätze (die es z.B. auch in der Pädagogik gibt) deshalb kritisiert, weil die Norm nur durch den Konsens aller am Geschehen Beteiligten bestätigt werden kann – und dieser Konsens in der Praxis in den wenigsten Fällen erreicht wird. Eine normative Wissenschaftsdisziplin steht und fällt demnach mit der Qualität dessen, der die Normen setzt. Werden normierende Aussagen von Menschen vorgegeben, sind sie immer hinterfragbar und vorläufig. Hinter den Letztaussagen der Heiligen Schrift über Gott können wir die Liebe Gottes entdecken, mit der er seine Geschöpfe, die Menschen, sucht.

Wenn die Bibel von Gott durch den Heiligen Geist inspiriert wurde, ergibt sich daraus auch die Methode zur Erforschung der Bibel und zur Erkenntnis der darin beschriebenen Wirklichkeit der sichtbaren und unsichtbaren Welt Gottes, sowie der Treue (= Wahrheit) Gottes, mit der er die gesamte Geschichte mit seinem Volk, der Gemeinde und der ganzen Welt umspannt.

Die nach dem historisch-biblischen Ansatz angemessene Methode zur biblischen Erkenntnis ist das Erschließen im historisch-hermeneutischen Sinne, bei dem gleichzeitig (und unabdingbar!) der Heilige Geist den entscheidenden Schlüssel zur Erkenntnis Gottes abgibt (vgl. Röm. 8,14-16; 1. Kor. 2,6-16).

Dadurch schließt sich ein Kreis, der vom inspirierten Wort Gottes ausgeht und bei seiner Auslegung wieder des Heiligen Geistes bedarf. Hinzu kommt noch, wie weiter oben schon angedeutet wurde: Theologie will als Wissenschaft die Wirklichkeit Gottes aussagen. Doch entzieht sich ihr Gott als Wissenschaftsgegenstand völlig. Wenn es schon schwierig ist, die Heilige Schrift und die sich darin zeigende ganze Wirklichkeit der sichtbaren und unsichtbaren Welt methodisch »sauber« zu erforschen und es dazu des Heiligen Geistes bedarf, so ist ein »Untersuchen« Gottes, unter Absehung persönlicher Betroffenheit, deshalb zum Scheitern verurteilt, weil Gott jeden Menschen zum Objekt seines liebenden Handelns in Jesus Christus macht. Wer sich (auch wissenschaftlich) aufmacht, Gott und sein Wort zu erkennen, muß zuvor von Gott selbst erkannt sein. Nur wer sich mit dem Heilsgeschehen in Kreuz und Auferstehung Jesu Christi zutiefst identifizieren kann, vermag auch in einem theologisch-wissenschaftlichen Sinn die ihn umschließende ganze Wirklichkeit zu erahnen. Diese ganze Wirklichkeit schließt fundierte empirisch-naturwissenschaftliche Beobachtungen und Beschreibungen jener Wirklichkeitsaspekte ebenso mit ein wie auf dem geisteswissenschaftlich-hermeneutischen Weg erschlossene und begründete Phänomene und Gesetzmäßigkeiten.

Aus diesen Gründen würde ein geisteswissenschaftlich-hermeneutisches Verfahren, das ausschließlich auf das Historische bezogen wäre, dem »Wissenschaftsgegenstand« Wort Gottes nicht genügen bzw. an der biblischen Erkenntnis vorbeiführen. Auf der anderen Seite würde eine methodisch die Geschichte vernachlässigende, »nur« vom Geist Gottes inspirierte Auslegung, dem historisch-hermeneutischen Charakter des Wortes Gottes nicht gerecht. Ein solches methodisches Verfahren führt häufig zu affektiv getönten Erkenntnissen und zu einem nicht überprüfbaren und zumeist unrealen Bezug zur sichtbaren Wirklichkeit.

Beides ist gleich problematisch: Wer die Bibel als menschliches »Zeugnis« von Gottes Wort versteht oder sogar davon ausgeht, daß sie eben Gottes Wort »enthalte«, steht in großer Gefahr, sie als Autorität und gültige Aussage über den Weg Gottes mit seiner Schöpfung zu verlieren. Schnell kann bei diesem Weg der Aspekt der göttlichen unsichtbaren Wirklichkeit verloren gehen.

Andererseits kann es sein, daß derjenige, der unreflektiert von dem Satz ausgeht: »Die Bibel ist Gottes Wort«, den historischen Aspekt ihrer Entstehungsgeschichte verliert und dann zu einer den Wirklichkeitsbezug der sichtbaren Welt verfehlenden Idealisierungen kommt. Eine solche Spannung muß ausgehalten und darf – will man dem Selbstverständnis der Bibel entsprechen – nicht zugunsten einer wissenschaftlichen Vorgehensweise entschieden werden. Vielleicht läßt sie sich ertragen, wenn man formuliert: »Die Bibel ist Gottes Wort in Menschenmund«.

Ähnlich fragwürdig ist der Versuch, mit empirisch-naturwissenschaftlichen Beweisführungen biblische Aussagen zu beweisen oder auch widerlegen zu wollen. Wie schon weiter oben beschrieben, kann mit empirischen Methoden immer nur ein Teil der ganzen Wirklichkeit erschlossen werden. Die Methoden des für die Naturwissenschaften gültigen Induktionsschlusses führen nur zu einer vorläufigen Wahrheit und sind der Bibel auch deshalb nicht angemessen.

Dies bedeutet nun allerdings nicht, daß in der Bibel keine natur- oder sozialwissenschaftlichen Gedanken zu finden wären. Nur dürfen diese oft vom damaligen Weltbild aus formulierten Erkenntnisse nicht als »Beweise« (im Sinne der Natur- und Geisteswissenschaft) gesehen werden – auch dann nicht, wenn sie für eine heutige Argumentation auf dem Hintergrund modernen Denkens scheinbar noch so wünschenswert wären.

Der Zugang zur Bibel über die Dimension des Glaubens kann nicht verrückt werden. Es könnte sogar sein, daß mit dem Wunsch, biblische Berichte »glaubwürdiger« zu machen, d.h. sie »exakt naturwissenschaftlich« abzusichern, genau dasselbe getan wird, was immer wieder im Bereich der sogenannten »modernen Theologie« versucht wurde, nämlich dem modernen Menschen das anzubieten, was ihm zumutbar sei.

Hier gilt es wachsam zu sein, und zu bedenken, daß die Bibel weder für ihren Inhalt eines Beweises bedarf, noch daß die Wahrheitsfrage durch sachfremde Wissenschaftsmethoden geklärt werden kann. Die Bibel ist in ihrer Ganzheit Gottes inspiriertes Wort und bezieht sich auf die ganze Wirklichkeit. Damit ist sie – mit der angemessenen Methode angegangen – »nützlich zur Belehrung, zur Widerlegung, zur Besserung, zur Erziehung in der Gerechtigkeit . . .« (2. Tim. 3,16).

Nachdem der Wissenschaftscharakter und die Wahrheitsfrage von Psychologie und biblischer Theologie geklärt wurde, soll im folgenden Kapitel versucht werden, das Verhältnis der beiden Disziplinen zueinander (das nicht nur wissenschaftlich begründbar ist) zu bestimmen.

1.4 Theologie und Psychologie

Die Psychologie hat nicht nur, wie im vorangegangenen Kapitel beschrieben, einen wissenschaftlichen Hintergrund anzubieten, sondern auch eine Fülle von praktischem Alltagswissen geliefert. Dadurch, daß auch die Bibel viele praktische Informationen für das tägliche Leben anbietet, sind immer wieder Spannungen entstanden. Am Beispiel im Kasten 2 wird deutlich, zu welchen Beurteilungen die durchaus korrekten Beobachtungen eines Psychologen führen können.

Eine der Aufgaben dieses Buches soll es sein, solche Spannungen abzubauen. Dazu wird es notwendig, die verschiedenartigen Arbeitsweisen praktisch zu untersuchen.

Kasten 2

Beobachtungen eines empirisch arbeitenden Psychologen in der Gemeinde ...

Stellen Sie sich einen Psychologen vor, der an der Universität gelernt hat, mit seinem wissenschaftlichen Instrumentarium die Menschen zu beobachten. Er benutzt hierzu spezielle Beobachtungsbogen, Strichlisten, vielleicht auch Tonbandgeräte oder Video-Kameras. Wenn er sich mit solchen Hilfsmitteln aufmacht, um beispielsweise eine Gruppe junger Christen, die zu einer Gebetsgemeinschaft zusammengekommen sind, zu beobachten, könnten seine Ergebnisse folgendermaßen lauten:

»Eben noch haben die jungen Leute rege und in aktiver Kommunikation miteinander gesprochen. Jetzt redet einer nach dem andern. Dabei zeigt sich ein anderes Sprachverhalten. Die Wahl der Worte entspricht nicht mehr der vorangegangenen Unterhaltung. Der Tonfall hat sich geändert. Es wird nicht mehr im Dialekt geredet.«

Solche empirisch gewonnenen Befunde, wie im Kasten 2 beschrieben, dürfen nicht sofort als »falsch« oder »ungeistlich« definiert werden. Die Beobachtungen des Psychologen sind mit wissenschaftlichen Instrumenten gemacht worden, also ohne weiteres auch (intersubjektiv) wiederholbar und damit zu überprüfen.

Wesentlich problematischer wird es allerdings, wenn das Verhalten und Erleben der Menschen gedeutet wird. Hier könnte es durchaus sein, daß ein Psychologe, der christliche Gruppierungen nicht kennt und noch nie eine Gebetsgemeinschaft erlebt hat, zu falschen Deutungen kommt.

Wir sollten als Christen die Ergebnisse eines beobachtenden und prüfenden Fachmannes nicht verdammen, sondern zu verstehen suchen. Er kann auf seinem theoretischen Hintergrund gar nicht anders, als das zu deuten, was er beobachtet hat. Man könnte seine Ergebnisse als »psychologische Außenschau« bezeichnen. Solche Daten sind statistisch abgesichert und wiederholbar. Die Genauigkeit wird mit einer berechenbaren Irrtumswahrscheinlichkeit angegeben, und jeder ernstzunehmende Fachmann wird auch davon ausgehen, daß die Ergebnisse als vorläufig (also im Sinne der weiter oben beschriebenen »Genauigkeit« bzw. »Signifikanz«) anzusehen sind.

Um allerdings zu einem »wahren« Ergebnis zu kommen, muß die ganze Wirklichkeit einer Gebetsgemeinschaft in den Blick genommen werden. In der Gebetsgemeinschaft beziehen sich die Teilnehmer auf die unsichtbare Welt Gottes, die sie umschließt und mit der sie rechnen. Sie läßt sich mit den wissenschaftlichen Methoden des Psychologen nicht beobachten, messen oder testen, weil er sich nur auf einen (den sichtbaren) Teil der ganzen Wirklichkeit bezieht. Deshalb sehen Christen im Blick auf das Gebet tiefer: Sie wissen, daß sich Menschen zusammensetzen, um gemeinsam Gott zu loben, ihm zu danken und ihn zu bitten. Der Heilige Geist leitet diese Gruppe und Jesus selbst hat gesagt, daß da, wo zwei oder drei in seinem Namen versammelt sind, er selbst mit dabei ist (Matth. 18,20). Solche biblischen Erkenntnisse lassen sich mit den Methoden der empirischen Sozialwissenschaften, denen die wissenschaftliche Psychologie verpflichtet ist, weder beweisen noch widerlegen. Zusammenfassend kann dann gesagt werden:

- Der Psychologe und der Christ haben auf ihrem jeweiligen Hintergrund Erkenntnisse geliefert, die verschiedenartig sind, aber sich nicht widersprechen.
- Ein Psychologe, der gleichzeitig Christ ist, kann beide Ergebnisse verstehen, weil er von der ganzen Wirklichkeit weiß.
- Ein Psychologe, der nicht Christ ist, wird bei seinen (Teil-) Erkenntnissen – zumindest im Sinne vorläufiger Hypothesen – stehen bleiben.
- Was ein Psychologe mit seinen Methoden beschreiben kann, ist immer nur ein Teil der ganzen Wirklichkeit, um die die Christen aber wissen können.
- Ein Christ, der die psychologische Vorgehensweise nicht kennt, braucht sich im Blick auf psychologische Erkenntnisse nicht verunsichern zu lassen. Sein Glaube kann ihm auf psychologischem Wege nicht entrissen werden. So ist es für ihn von großer Bedeutung, ob er die empirische Vorgehensweise des Psychologen aus Angst heraus »verdammt« oder in Freiheit zu verstehen sucht.

Diskussionen um die Frage, wer denn nun »wirklich recht hat«, führen hier nicht weiter. Die psychologische Außenschau und theologische Innenschau sind beiderseits von Bedeutung und können sich in ihrer Zusammenschau als äußerst hilfreich zur Klärung vieler Probleme und Störungen und auch zum Aufbau neuer Verhaltensweisen usw. zeigen.

Versucht man das Verhältnis zwischen Psychologie und Theologie zu bestimmen, so gehen wir in diesem Buch davon aus, daß die Bibel zwar die ganze Wirklichkeit der sichtbaren und unsichtbaren Welt bezeugt, aber ihr primäres Anliegen die Beschreibung des Verhältnisses von Gott und Mensch, von Schöpfer und Schöpfung, von Schuld und Vergebung, von der Liebe Gottes zu seinen in die Irre gehenden Menschen ist. Die wissenschaftliche Erforschung der sichtbaren Wirklichkeit ist nicht ihr erstes Anliegen, wenngleich z.B. die Weisheitsliteratur der Bibel auch »naturwissenschaftliche« Beobachtungen im Blick auf die Ordnungen Gottes in der Schöpfung zu verarbeiten versucht. Dort wird deutlich, wie die in der Schöpfung liegenden Ordnungen und Gesetzmäßigkeiten auch von Heiden durch die Gabe der Vernunft entdeckt und von den biblischen Autoren dann in ihr Bemühen einbezogen werden können (vgl. Spr. 22,17-23,11).

Ganz praktisch und beispielhaft beschrieben bedeutet dies, daß Ärzte die Behandlung von Tuberkulose nicht aus der Heiligen Schrift erfahren können, obwohl viele Grundsätze für gesunde Lebensführung dort aufgeführt sind. Geologen erwarten nicht, dort eine Beschreibung von Sandwüsten zu finden, die Ölreserven enthalten, und Psychologen finden in der Bibel keine ausgefeilten Testinstrumente, mit denen sie beispielsweise den Intelligenzquotienten ermitteln könnten.

Immer wieder jedoch entdeckt man in der Bibel, daß sie auch direkt einen bestimmten Aspekt menschlichen Verhaltens illustriert oder diskutiert.

Wenn ein Mensch durch Jesus Christus in eine persönliche Beziehung zu Gott tritt, wird er die ganze Realität und Wahrheit auf eine neue Art verstehen und die Natur als Gottes Schöpfung entdecken. Sie weist zurück auf den Schöpfer und bezeugt ihn (Röm. 1,18ff). Christen kennen die ganze Wirklichkeit: Sie wissen um Gott als den, der sich treu, d.h. in Wahrheit, zu seiner Schöpfung stellt; sie wissen, daß die Natur Gottes Schöpfung ist – und sie entdecken in der Schöpfung Gottes Ordnungen.

Kehren wir zum Beispiel des Arztes zurück, der für bestimmte Krankheiten in der Bibel keine Behandlungsmethode findet: Wir akzeptieren die Tatsache, daß die Heilige Schrift Krankheitsprozesse nicht naturwissenschaftlich exakt kommentiert. Aber sie zeigt uns den Sinn der Krankheit und wie diese biblisch zu deuten ist.

Es ist ein Zeichen für Gottes Zorn, daß so viele Menschen die Schöpfung bestaunen und in ihr forschen, aber nicht zu seiner Erkenntnis und der der unsichtbaren Welt gelangen. Sie stehen alle unter dem Gericht, und angesichts der Ordnungen Gottes in seiner Schöpfung hat keiner eine Entschuldigung: »Denn was man von Gott erkennen kann, ist ihnen (den Menschen) offenbar; Gott hat es ihnen offenbart. Seit Erschaffung der Welt wird seine unsichtbare Wirklichkeit an den Werken der Schöpfung mit der Vernunft wahrgenommen, seine ewige Macht und Gottheit. Daher sind sie unentschuldbar.« (Röm. 1,19f).

Wer die Natur als Gottes Schöpfung verstehen will, muß sich zuvor von Jesus Christus den »Star« in seinem Auge stechen lassen. So ist es ein Jammer, wenn oftmals Nichtchristen zwar hervorragende Beobachtungen in Gottes Schöpfung machen, z.B. lebenserhaltende Medikamente entdecken oder auf Heilung wirkende Gesetzmäßigkeiten stoßen, die in der Schöpfung verborgen vorhanden sind, ihnen dabei aber die Wirklichkeit Gottes verborgen bleibt.

Umso mehr dürfen Christen jene Entdeckungen, auch der nichtchristlichen Wissenschaftler, in einem weisheitlichen Sinn dankbar annehmen, weil sie ja den Ordnungen Gottes und den in der Schöpfung innewohnenden Gesetzmäßigkeiten entsprechen.

Oft kommt es allerdings vor, daß Wissenschaftler ihre naturwissenschaftlichen Entdeckungen nur unzureichend oder falsch deuten. Aufgrund persönlicher

Weltanschauungen oder ideologisch geprägter philosophischer Ideen können Forscher dazu verleitet werden, Entdeckungen falsch zu interpretieren und dann auch entsprechend anzuwenden. Deutlich läßt sich dies beispielsweise bei den Ergebnissen des bekannten amerikanischen Forschers zu den Lerntheorien Skinners zeigen: Er machte durchaus richtige empirische Beobachtungen zur Verhaltenstherapie – danach zog er jedoch (empirisch-wissenschaftlich gesehen) unerlaubte, d.h. von seinen Beobachtungen her nicht zwingend zu folgernde Schlüsse für die Zukunft der Menschheit.

Ähnliches gilt für Carl Rogers, dessen Grundlagen zur Gesprächspsychotherapie nachweisbar sind und die den der Schöpfung innewohnenden Gesetzmäßigkeiten (Selbstheilungskräfte) entsprechen, seine Folgerungen im Sinne des Humanismus' jedoch zur Ideologie geworden sind.

So ist es für Christen ratsam, geschlossene Systeme nicht pauschal anzugreifen (wie dies beispielsweise bei der Verhaltenstherapie, der Gesprächspsychotherapie oder auch der Evolutionstheorie häufig der Fall ist). Durch ihre Pauschalkritik am gesamten Ansatz neigen sie dazu, auch diejenigen Erkenntnisse über Bord zu werfen, die den Schöpfungsordnungen entsprechen und gerade deshalb auch ihr Interesse wecken sollten. Ein differenziertes Vorgehen ist geboten, und dabei ist vor allem zwischen einer Kritik an empirischen, der Schöpfung oft entsprechenden *Befunden* und deren *Deutungen* auf dem Hintergrund verschiedener Ideologien (die nicht zwingend in einem Abhängigkeitsverhältnis zueinander stehen müssen) zu unterscheiden.

Man sollte sich in diesem Zusammenhang auch nochmals daran erinnern, daß die empirisch arbeitende Psychologie nicht das Wesen der menschlichen Existenz erklären will und kann. Solche Fragen gehen über die Ebene der empirischen Wissenschaften hinaus und beziehen sich auf eine Wirklichkeit, die theologisch beantwortet werden muß. Sachgemäß und wissenschaftlich arbeitende Psychologen wissen dies und vermeiden es deshalb, mit ihren speziellen Methoden in »fremde« Fachgebiete einzugreifen.

Des weiteren ist bei der Verhältnisbestimmung von Theologie und Psychologie festzuhalten: Aus besagten Gründen sucht die wissenschaftliche Psychologie nicht das Heil des Menschen. Ihr Augenmerk ist auf sein *Verhalten* und *Erleben* gerichtet. Dort will sie helfen und Heilung bewirken, wie das auch die Mediziner tun.

Heil gibt es allein durch Jesus Christus. Gewiß kann es auch zu geistlichen Heilungen kommen, die dann als Hinweise oder Zeichen auf das Heil in Jesus Christus zu verstehen sind. Doch weil dies besondere Gnadenerweise sind und keine Regel für die Gläubigen, kann auf die Heilung durch Psychotherapie ebensowenig verzichtet werden, wie auf die ärztliche Kunst bei körperlichen Krankheiten. Im weisheitlichen Sinn kann und sollte der Christ auf beides, Psychotherapie und Medizin, betend und glaubend zurückgreifen, um im Blick auf sein Leiden Heilung zu suchen und zu erfahren.

Solche Heilung wird er dann dankbar aus Gottes Hand nehmen und als eine, mittels des Therapeuten oder Arztes, von ihm geschenkte Heilung verstehen.

Falsch ist es auf diesem Hintergrund dann aber auch, psychische oder körperliche Heilungen als erfahrenes Heil zu interpretieren. Wenn ein Psychotherapeut noch so einfühlsam, echt und den anderen unumschränkt annehmend das seelsorgerliche Gespräch führt, ereignen sich in dieser aufrichtigen Zuwendung weder Heil noch Gnade, die nur einen Ort haben: das Kreuz auf Golgatha.

1.5 Seelsorge und Psychotherapie

Nachdem in den vorangegangenen Abschnitten die Vorgehensweise und die Grenzen der Psychologie beschrieben worden sind und dabei klar wurde, daß es möglich ist, auch von Nichtchristen gewonnene methodische Erkenntnisse zu übernehmen, weil diese nicht in einem zwingenden Zusammenhang mit den davon abgeleiteten ideologischen Deutungen zu sehen sind, sollte eigentlich auch das Verhältnis zwischen Seelsorge und Psychotherapie entspannter sein, als es tatsächlich ist.

Beschreibt man, wie dies im deutschsprachigen Raum üblich ist, Psychotherapie als klinische Psychologie (einem Teilgebiet der Psychologie), dann gelten für die Psychotherapie die bereits weiter vorne beschriebenen Grenzen ebenso. D.h., die methodischen Erkenntnisse der Psychotherapie sind ebenfalls nur vorläufig gültig – sie müssen sich in der Praxis bewähren. So gesehen dürfte es – rein wissenschaftstheoretisch gesehen – nicht zu Spannungen zwischen Seelsorge und Psychotherapie kommen.

Die Erfahrungen der vergangenen Jahrzehnte zeigen jedoch, daß es in der Geschichte der Psychotherapien unseres Jahrhunderts kaum eine sachgemäße und befriedigende Verhältnisbestimmung zur christlichen Seelsorge gegeben hat. Es war ein immer wieder wechselndes und ambivalentes Verhältnis der beiden mit der Seele des Menschen beschäftigten Disziplinen zueinander, das von der »Umarmung« bis hin zur schroffen Ablehnung pendelte.

Besonders deutlich wurde dies bei der Hinwendung vieler Theologen in den 60er Jahren zu den Beratungstechniken auf dem Hintergrund der Gruppengesprächstherapie Rogers'. »Empirische Seelsorge« oder »Seelsorge als Lebensberatung« waren (und sind teilweise bis heute) Kennzeichen einer solchen Umarmung, bei der die theologische Mitte offensichtlich verloren gegangen ist. (Mayer 1983, Stollberg 1972)

Kritische Gegenbewegungen waren die Antwort auf eine »Psychotherapie im Kontext der Kirche« (Stollberg 1969). So lehnt Jay E. Adams (1972) die psychotherapeutischen Methoden in der Seelsorge rundweg ab und plädiert für eine ausschließlich am Worte Gottes orientierte Ermahnung.

Andere Autoren reagierten differenzierter (Jentsch 1982), und Gary Collins (1980) teilt meine weiter oben beschriebene Meinung, wenn er davon ausgeht, daß die Psychologie zwar in sich keine Antwort auf unsere Probleme enthält, jedoch einen praktischen Wert für den christlichen Berater hat, der größer ist, als dies viele gläubige Christen bisher erkannt haben.

Auf diesem Hintergrund soll auch die Frage »brauchen Christen Psychotherapie« beantwortet werden. So, wie körperliche Krankheiten auftreten, ist es auch im seelischen Bereich des Menschen möglich, »angeschlagen« oder gar krank zu werden. Auch wenn man in den Reihen der christlichen Gemeinden immer wieder hört, daß bei Dingen im »seelischen Bereich« kein Vergleich zur Medizin gezogen werden dürfe und man solche Zustände eher durch Gebet, Handauflegung usw. heilen solle, spricht die tägliche Praxis dagegen, eine »schnelle Heilung« (Dieterich 1987) als allgemeines Prinzip bei seelischen Leiden der Christen einzuführen.

Es ist ein schlimmer Fehler, bei seelisch belasteten Menschen von vornherein zu vermuten, daß sie entweder nicht genügend glauben oder gar okkult belastet sind.

Wer mit offenen Augen durch die Welt geht, sieht, daß auch Christen psychisch krank werden können, und es wäre zu wünschen, daß Depressionen, Neurosen und Psychosen wie körperliche Leiden angenommen werden könnten, ohne daß sich ein Betroffener permanent selbst anklagen muß. Da diese Krankheitsbilder bei Christen allerdings oftmals im Zusammenhang mit theologischen Fragen stehen, wird eine Therapie bzw. Seelsorge auf biblischem Hintergrund notwendig. Ein Therapeut, der die biblischen Zusammenhänge nicht versteht und einordnen kann (der z.B. Begriffe wie Sünde, Schuld, Vergebung und Wiedergeburt nicht kennt und deshalb im Sinne seiner psychologischen Außenschau manche Zustände gläubiger Christen z.B. als »ekklesiogen-neurotisch« definieren muß, der zudem wenig von den durch biblische Leitlinien bedingten häuslichen und familiären Verhältnissen weiß bzw. die Strukturen der Gemeinden und christlichen Jugendkreise nicht einzuschätzen vermag), kann einem kranken Christen kaum helfen. Menschen, deren Krankheitsursachen im ekklesiogenen Bereich liegen, müssen deshalb auch von Therapeuten bzw. biblisch-therapeutischen Seelsorgern behandelt werden, die die Dimension des Glaubens und der unsichtbaren Welt Gottes kennen.

Mit der Abbildung 1 läßt sich zeigen, wo die Gemeinsamkeiten und eine Grenzziehung zwischen dem säkularen und biblisch orientierten Seelsorger bestehen:

Der säkulare Therapeut kann oft nicht anders, als nur die empirisch gewonnenen Methoden anzuwenden, ohne hierbei einen biblischen Hintergrund zu sehen. Der biblisch-therapeutische Seelsorger dagegen bezieht die Wirklichkeit Gottes und der unsichtbaren Welt ebenso in seine Seelsorgearbeit mit ein, wie die in vielen Seelsorgefällen unabdingbaren empirischen Methoden und Erkenntnisse der Psychologie.

Die Maßstäbe der Bibel sind beim biblisch-therapeutischen Seelsorger Leitlinie und Norm, die gültig das Wesen des Menschen, seine Stellung vor Gott und sein Verhältnis zu anderen Menschen und der Schöpfung klärt. Hier unterscheidet er sich wesentlich von säkularen Therapeuten, die in der Regel häufig nur wechselnde, gesellschaftlich bedingte Normen und Werte kennen.

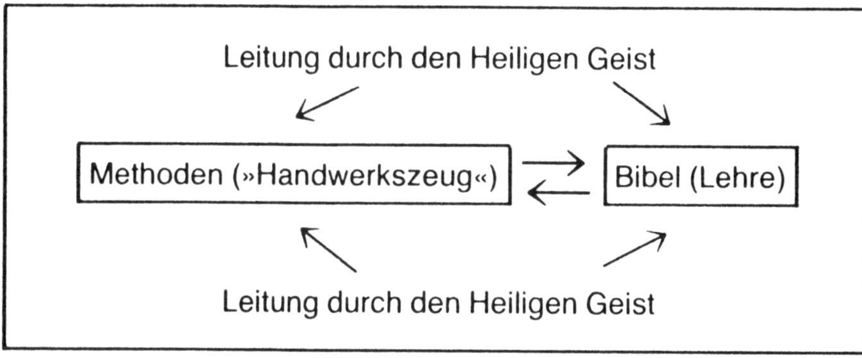

Abb. 1: Methode und Lehre

Ein weiteres wichtiges Kriterium für die biblisch orientierte Therapie ist die Einbeziehung der ganzen, d.h. auch der unsichtbaren Wirklichkeit Gottes. So rechnet der biblisch-therapeutische Seelsorger mit der Leitung durch den Heiligen Geist bei der Vorbereitung auf ein seelsorgerliches Gespräch ebenso wie bei der Auswahl der Methoden beim jeweiligen Seelsorgefall.

Das persönliche Gebet steht am Anfang ebenso wie eine betende Haltung während des Gespräches (1. Thess. 5,17: »Betet ohne Unterlaß!«).

Der biblisch-therapeutische Seelsorger vertraut darauf, daß Gottes Geist seine Vernunft, sein Wissen und Können, seine Gaben und seine Zeit dazu benutzt, dem Gesprächspartner nach bestem Wissen und im Geist der Liebe Gottes zu helfen. Weiter geht er davon aus, daß der Geist Gottes dem Ratsuchenden auch durch therapeutische Methoden seine Situation so klar machen kann, daß er einerseits seine Schuld vor Gott und den Menschen in aller Tiefe erkennt und andererseits ihm der Heilige Geist dort beisteht, wo die Heilung notwendigerweise durch einen schweren Zerbruch führen muß. Die Einbeziehung der Wirklichkeit Gottes, des Glaubens und der Heiligen Schrift in die praktische therapeutisch-seelsorgerliche Arbeit ist damit ein grundlegendes Konzept der biblisch orientierten Therapie. Von diesem Standort aus gesehen ist es selbstverständlich, daß psychotherapeutische Methoden, die im Widerspruch zur biblischen Lehre stehen, in der biblisch-therapeutischen Seelsorge nicht eingesetzt werden.

1.6 Ein ganzheitlicher Ansatz

In der gegenwärtigen Psychologie und Medizin wird zunehmend die in einer gewissen griechisch-christlichen Tradition stehende Trennung und Aufteilung des Menschen in einzelne Bereiche (wie Geist, Seele und Leib) überwunden. Der Mensch wird ganzheitlich gesehen. Insbesondere die Forschungsergebnisse zur Psychosomatik haben deutlich gezeigt, in welch großem Umfang seelische Störungen für körperliche Krankheiten verantwortlich gemacht werden müssen.

Lange Zeit wurde auch in der Theologie zwischen Geist, Seele und Leib in der Weise unterschieden, daß diesen verschiedenen Bereichen unterschiedliche Bedeutung zukam. Dies führte in der Regel zu einer Überbewertung des Geistes und der Seele des Menschen, mit der wiederum eine Leibfeindlichkeit einherging. Typischerweise wurde so die Sexualität abgewertet und das Denken überbewertet. Einer genaueren biblischen Überprüfung halten solche Aufteilungen des Menschen und deren Bewertung jedoch nicht stand. Sucht man im Worte Gottes nach Aussagen zum Menschen bzw. zu seiner Seele, entdeckt man, daß Leib, Seele und Geist als zur Schöpfung des Menschen gehörend verstanden werden. Ihnen haftet nichts selbständig Göttliches oder Geistliches an. Leib, Sèele und Geist sind jeweils einzelne Aspekte, unter denen der gesamte Mensch ganzheitlich betrachtet werden kann. Der Mensch ist als Leib, als Seele, als Geist ganzheitlich geschaffen – so lehrt uns die Heilige Schrift.

Man muß heute rückblickend sagen, daß das platonische Denken, das schon relativ früh (4. Jahrhundert) auf die Kirche Einfluß gewann, tief in die christliche Lehre eingedrungen ist und somit zwangsläufig zu unbiblischen Konsequenzen führen mußte. Überall da, wo sich ein solches Denken durchsetzte, d.h. die Leiblichkeit der Schöpfung Gottes eher gering geachtet oder gar verdächtigt wurde, wollte man nicht wahrhaben, daß man Gott auch an seinem Leibe preisen kann. Eine »hochmütig gewordene Geist-Seele verliert jedoch den barmherzigen Blick für die realen Nöte der Welt und versagt auch in der sozialen Verantwortung« (Köberle 1984). Der biblische Seelenbegriff geht von einem ganzheitlichen Menschenbild aus (d. h. auch vom ganzheitlich erlösten Menschen, vgl. 2. Kor. 5,17), das zwar – insbesondere im Neuen Testament – Geist, Seele und Leib unterscheidet, nicht aber polarisiert oder voneinander trennt, sondern diese miteinander verwoben sieht: ». . . euer Geist ganz samt Seele und Leib müssen bewahrt werden . . .« (1. Thess. 5,23).

Auf einem solchen biblisch orientierten Hintergrund wird deutlich, daß sich deshalb auch die Seelsorge nicht nur auf das Geistlich-Seelische beschränken darf, sondern immer den ganzen Menschen – auch in seinem Verhalten und Erleben – zu sehen hat.

2 Der gesunde Mensch

Seelsorger werden zumeist von Menschen aufgesucht, die sich nicht wohlfühlen. Auch wenn diese nicht genau sagen können, woran das liegt, empfinden sie, daß ihr Leben, gemessen an den Maßstäben anderer, oder auch für sich selbst gesehen, nicht zufriedenstellend ist. Es kann sein, daß sie eine bekannte Sünde dafür verantwortlich machen oder ihren Zustand durch ein bestimmtes Erlebnis mit okkulten Dingen erklären. In einem biblisch-therapeutischen Seelsorgegespräch muß dies überprüft werden, d.h. man sollte unter allen Umständen davon ausgehen, daß der nicht zufriedenstellende Zustand nicht nur körperliche bzw. psychische, sondern auch geistliche Dimensionen haben kann.

Um einem Menschen zu helfen, wieder in Ordnung zu kommen, muß ein Seelsorger wissen, was es bedeutet, ein »gesunder« Mensch zu sein. Hierzu kann man versuchen, den gesunden Menschen biologisch zu beschreiben. Aber diese Beschreibung alleine gesehen ist sicherlich nicht hinreichend, denn wie schon weiter vorne bemerkt, können Geist, Seele und Leib nicht voneinander gelöst, unabhängig voneinander betrachtet werden.

Es ist also notwendig, neben den biologischen Sachverhalten auch über die Kognitionen (Denken, Gedächtnis, Intelligenz usw.), über die Affekte und Motivationen und auch über das geistliche Leben zu reflektieren, um in der Zusammenschau damit zu rechnen, daß das Ganze mehr ist als die Summe seiner Teile. Sehr häufig wird es dann notwendig sein, den geistlichen Standort des ratsuchenden Christen zu korrigieren, um wieder in Ordnung zu kommen, denn bei einem ganzheitlichen Ansatz müssen wir davon ausgehen, daß das geistliche »Nicht-in-Ordnung-Sein« eben auch eng mit Körper, Denken und Gefühlen zusammenhängen kann.

In den nachfolgenden Abschnitten wollen wir damit beginnen, den gesunden Menschen zu beschreiben und dabei sowohl Aspekte aus der Biologie als auch der Psychologie einbeziehen und natürlich auch auf das Umfeld des Glaubens eingehen.

Das Studium der Psychologie hilft uns zu erkennen, was es bedeutet, ein »normaler« (d.h. hier auch gesunder) Mensch zu sein. Psychologen haben durch eine große Zahl von Beobachtungen und Experimenten das »statistisch normale« Verhalten des Menschen beschrieben. Diese auf empirischem Wege gewonnenen Ergebnisse könnten dazu verleiten, in dem so ermittelten »normalen« Menschen das Ziel zu entdecken, das es anzustreben gilt: den gesunden Menschen. Aber ist Gesundheit nicht ungleich mehr? Gewiß, wer krank ist, soll beten, die Ältesten rufen, den Arzt um Hilfe bitten – aber in dem allem wissen: Beides kommt von Gott, Krankheit und Gesundheit. In unserer heutigen Gesellschaft scheint ja die Gesundheit »das höchste Gut« zu sein. Häufig drückt sich dies in der Lebensmaxime »Hauptsache gesund sein« aus. Hier zeigt die Bibel andere

Maßstäbe. Viel wichtiger ist es, ob ein Mensch in der Lebensgemeinschaft mit Jesus Christus steht oder nicht. Aus dieser Verbindung heraus werden die »höchsten Güter« und »größten Übel«, die uns in unserer Gesellschaft widerfahren können, relativiert.

Biblisch-therapeutische Seelsorge weiß um die Gefahren des neuzeitlichen Hedonismus, der alles um des eigenen Glückes willen tut, und weist deshalb in ihrem therapeutischen Bemühen immer wieder auf das eigentliche Lebensziel hin: Ewige Gemeinschaft mit Jesus Christus. So machen dann Christen immer wieder die Erfahrung, daß – trotz der Ebenbildlichkeit – kein Mensch die Vollkommenheit Gottes erreichen, seiner Bestimmung gemäß leben oder immer gesund sein kann.

Auch wenn man, gerade als Christ, um die Unvollkommenheit in einem ganzheitlichen Sinne weiß, darf man sich dennoch darum bemühen, zu erkennen, wie der an Leib und Seele gesunde Mensch von den heutigen Human- und Sozialwissenschaftlern beschrieben wird. Vielleicht machen Sie beim Lesen der folgenden Abschnitte ganz neue Entdeckungen zur Größe bei der Schöpfung des Menschen.

2.1 Die Motivation des Menschen

In den modernen Lehrbüchern zur Psychologie wird Motivation als ein Konzept der Erklärung von Intensitätsunterschieden des Verhaltens und zur Angabe über die Verhaltensrichtung beschrieben (Heckhausen 1980).

Etwas einfacher formuliert kann man fragen, was Menschen dazu bringt, sich so zu verhalten, wie sie es tun.

Versucht man den gegenwärtigen Forschungsstand zur Motivationspsychologie zu sichten, so findet man Ansätze, die sich schwerpunktmäßig auf die biologischen Funktionen des Menschen konzentrieren und dazu neigen, die Motivation in erster Linie auf den Zusammenhang mit körperlichen Bedürfnissen zu beschränken. Andere Forscher sind der Meinung, daß Menschen vor allem von inneren Gefühlen oder auch emotionalen Entscheidungen motiviert werden. Und es gibt eine weitere Gruppe von Motivationsforschern, die sich auf den Menschen als soziales Wesen konzentrieren und seine Motivation dann von den Beziehungen zu anderen ableiten. Man kann also davon ausgehen, daß die Motivation auf biologischem, persönlichkeitsbezogenem und sozial orientiertem Hintergrund entstehen kann. Für den Christen gibt es eine zusätzliche Quelle der Motivation. Es ist der Glaube an Jesus Christus und die Verbindung zu ihm, die ihn motiviert, von seinem Egoismus wegführt und so beispielsweise zu Handlungen der Nächstenliebe führen kann.

Auch wenn die Hintergründe und Entstehungsursachen der Motivation verschiedenartig sein können, so zeigen sich doch im praktischen Vollzug zwei gemeinsame Merkmale:

Das erste besagt, daß Motivation das Verhalten beeinflußt und lenkt.

Wenn z.B. ein Junge barfuß über einen heißen Bürgersteig läuft und merkt, daß seine Füße schmerzen, geht er wahrscheinlich auf dem Gras daneben weiter. Sobald das Gefühl von Hitze durch Sinneszellen an den Füßen zum Gehirn weitergeleitet wird, wird der Junge motiviert, auf dem kühleren Gras zu laufen. Sein Verhalten hat sich also geändert.

Der zweite, für die Motivation charakteristische Faktor ist, daß sie ein zielbewußtes Verhalten beschreibt. D. h., der Junge merkt nicht nur, daß seine Füße heiß sind, er kann diesen Zustand auch auf zweckmäßige Weise verändern.

Dieses Beispiel läßt sich in Kurzform durch die weiter vorne gegebene Definition der Motivation nochmals zusammenfassen: Motivation ist ein Konzept zur Erklärung von Intensitätsunterschieden des Verhaltens und zur Angabe über die Verhaltensrichtung. Es lassen sich im wesentlichen vier Theorien zum Verständnis menschlicher Motivationen angeben: die Triebtheorien, die Erregungstheorien, kognitive Theorien und soziale Theorien.

2.1.1 Triebtheorien zur Entstehung der Motivation

Im Gegensatz zu den früher häufig vertretenen Instinkttheorien (Darwin, James, Doogall oder Freud) hat das Triebkonzept zur Deutung der Motivation eine wissenschaftlich fundierte, physiologisch orientierte Basis.

Hull (1952) ist einer der wichtigsten Vertreter der Triebtheorie zur Begründung menschlicher Motivationen. Er gehört zur Gruppe der »Behavioristen« , d.h. Forschern, die Zusammenhänge zwischen der Ursache und den Konsequenzen menschlichen Verhaltens untersuchen und weniger danach fragen, was im Menschen selbst, d.h. in seinem Inneren vorgeht.

Hull geht davon aus, daß es einen »Generalpool« von Energie gibt, d.h. also keine Spezialtriebe, sondern nur Spezialbedürfnisse, und diese dann zu einem unspezifischen Triebzustand aufsummiert werden.

Seine Fragen lauteten: Was erzeugt den Trieb? Wie beeinflußt der Trieb das menschliche Verhalten? Welches ist das Verhältnis zwischen Trieb und Lernen, das dann zu einem bestimmten Verhalten führt. Die Antwort auf diese Fragen hat Hull in der nach ihm benannten »Hull'schen Triebgleichung« zusammengefaßt, die davon ausgeht, daß das Verhalten abhängig ist von der erlernten Gewohnheit, vom aktuellen Wollen und von den Anreizen (d.h. dem Zielcharakter dessen, was zu erreichen ist). Abschwächend auf das Verhalten wirken Ermüdung, Angst vor Versagen usw.

Mit der Hull'schen Gleichung kann auch zwischen einem Bedürfnis entschieden werden, das angeboren ist und zum Trieb führt, und Lernverhalten, das erworben wurde und zu einem Anreiz führt.

Bedürfnis kann demnach, bildlich gesprochen, als Stoßkraft und Ursache, Anreiz als Zugkraft und Folge des Verhaltens gesehen werden.

Zu den Grundbedürfnissen zählen die Forscher u.a. das Bedürfnis nach Luft,

Wasser, der richtigen Körpertemperatur usw. Werden solche Grundbedürfnisse nicht erfüllt, entsteht ein Grundtrieb, der den Menschen motiviert, diese Bedürfnisse zu befriedigen. Entsprechend der Triebtheorie befindet sich der Körper in einem ruhigen Zustand des Gleichgewichts, solange alle Grundbedürfnisse erfüllt sind. Ist dies nicht mehr der Fall, befindet man sich in einem Zustand der Erregung. Je länger ein Grundbedürfnis entbehrt wird, desto größer wird der Trieb und um so erregter wird man. Durch die Erregung wachsen die Aktivitäten des Menschen – und damit wird dann auch die Chance vergrößert, den Trieb zu befriedigen. Wenn dies geschehen ist, geht das Triebniveau wieder auf sehr kleine Werte zurück. Schlüssel zum Triebkonzept ist also ein Gleichgewichtsprinzip, d.h. der Versuch, den nicht erregten Zustand wieder zu erreichen.

Neben den Grundbedürfnissen entwickeln Menschen jedoch auch erlernte oder sekundäre Bedürfnisse. Ein Grundbedürfnis ist beispielsweise, urinieren zu müssen. Die meisten Menschen lernen jedoch früh, daß dies in der Öffentlichkeit nicht gestattet ist, d.h. ein sekundäres Bedürfnis kommt hinzu: zu vermeiden, ein soziales Gesetz zu verletzen. Daher sehen sich die meisten nach einer Toilette um, wenn sie entsprechende Bedürfnisse verspüren.

2.1.2 Erregungstheorien zur Entstehung der Motivation

Wesentlicher Unterschied zwischen der Erregungs- und der Triebtheorie ist die Annahme, daß sich das Bedürfnis nach Herstellung eines Triebgleichgewichts das ganze Leben hindurch laufend verändert. D.h., daß Erfahrungen aus der Vergangenheit das Niveau des Erregungszustandes verändern können.

So ißt z.B. eine Frau jeden Abend Schokoladeneis, was ihr an den ersten Abenden auch viel Spaß macht, weil es ihr schmeckt. Nach einer Woche jedoch sagt sie vielleicht, daß sie das Eis überhaupt nicht mehr mag.

Ein Vertreter der Erregungstheorie würde nun davon ausgehen, daß sich der Gleichgewichtsspiegel verändert hat, was sich auch physiologisch nachweisen läßt.

Bestimmte Zustände des Erregungsniveaus scheinen für uns von wichtiger Bedeutung zu sein. Wenn z.B. die Stimulierung durch die Sinne oder unsere Erregung zu niedrig ist, ist unser Verhalten zumeist nicht gut gelenkt. Deshalb stößt man z.B. morgens häufiger mit den Zehen an, wenn man durchs Zimmer geht, um das Licht einzuschalten. Der Erregungszustand des Aktivierungssystems im Gehirn ist niedrig. Auch bei großer Erregung oder Angstzuständen werden wir häufiger anstoßen. Jedoch ist auf einem dazwischenliegenden Niveau die Verwertung von Eindrücken optimal. Hier werden alle nützlichen Informationen von den Sinnesorganen angenommen, um unser Verhalten zu steuern.

Zusammengefaßt kann man sagen, daß ein kleinerer Wechsel der Erregung als angenehm erlebt wird, während zu große Änderungen zu Fluchtverhalten führen.

Wenn z.B. ein Angriffsspieler in einem Fußballspiel »optimal erregt« ist, bemerkt er die Abwehrspieler rechtzeitig und kann den Ball abgeben, bevor sie ihn stoppen. Ab einem gewissen Punkt wird jedoch zunehmende Erregung unwirksam. D.h., der Spieler wird Angst bekommen und den Ball womöglich danebenschießen. Die Beziehung zwischen Erregung und wirkungsvoller Leistung durchläuft demnach ein Maximum und verringert sich danach, sie entspricht also einer umgekehrten U-Funktion (vgl. Abbildung 2).

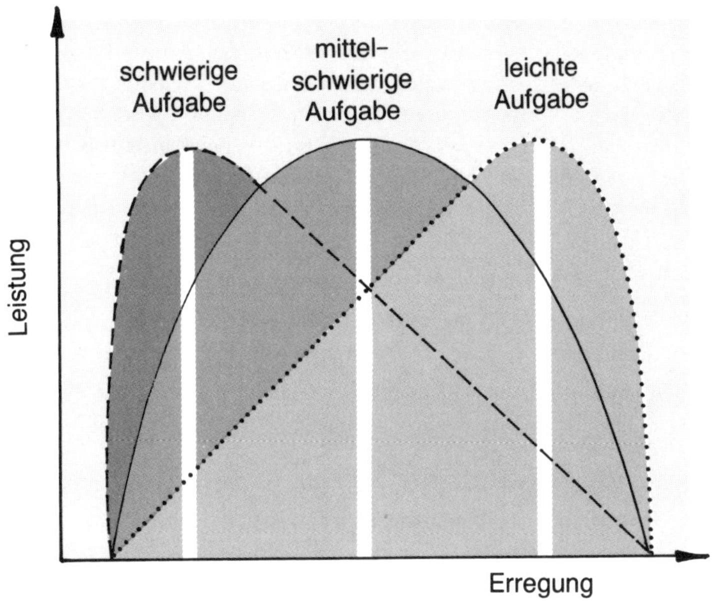

Ein Reiz bzw. die durch ihn verursachte Erregung (z.B. Furcht) kann die Leistung fördern oder hemmen. Bei geringer Reizstärke hat, wie in der Abbildung ersichtlich, die fördernde Wirkung die Oberhand, bei hoher Reizstärke wird die Leistung beeinträchtigt.

Weiterhin zeigt sich, daß die Beeinträchtigung umso wahrscheinlicher ist, je schwieriger die Aufgabe wird. (Gesetz von Yerkes und Dodson 1908)

Abb. 2: Zusammenhang zwischen Erregung und Leistung

2.1.3 Kognitive Theorien zur Entstehung der Motivation

Auf die Frage, die Psychologen immer wieder gestellt wurde: »Was ist zuerst da, die biologische Erregung oder die Wahrnehmung von Gefühlen?«, sagte William James, daß unsere Gefühle in erster Linie davon abhängen, daß ein Einzelner bewußt die Botschaften aus verschiedenen Teilen des Körpers wahrnimmt. Demnach schlug er vor, daß unsere Gefühle unseren biologisch-neuralen Erregungen folgen.

Sicherlich spielt dieser physiologische Aspekt, wie bei den beiden vorangegangenen Theorien beschrieben, eine Rolle. Die aktuelle Forschung zeigt jedoch, daß emotionale und kognitive Prozesse wesentlich bestimmen, wie unsere Reaktionen aussehen. Ergebnisse von Lazarus, Weiner, Russel usw. haben gezeigt, daß kognitive Faktoren alleine für das Auslösen eines Gefühlszustandes genügen. Das Gehirn trennt nachweisbar zwischen Gefühl und Kognition, jedoch beeinflussen sich die Bereiche gegenseitig über das zwischengeschaltete Septum zur »Gefühlskontrolle« und den Hippokampus (vgl. Abb. 3). Man kann also das Gehirn einerseits als Informationsempfänger körperlicher Zustände betrachten, andererseits aber auch als Instanz, die körperliche Zustände kontrollieren und steuern – und damit Emotionen verändern kann.

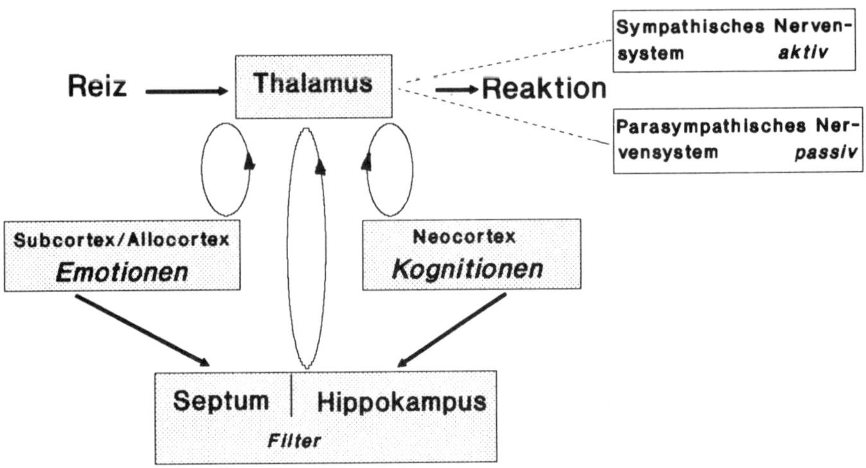

Abb. 3: Trennung zwischen Kognitionen und Emotionen im Gehirn

Eine der wichtigsten kognitiven Theorien zur Entstehung der Motivation ist die Konsistenztheorie (Heider, Festinger, Carlsmith, Aronson usw. 1964).

Sie geht davon aus, daß sich menschliches Verhalten aus einem Zustand des Ungleichgewichts des Denkens ergibt, mit dem Ziel, wieder Balance, d.h. Widerspruchslosigkeit herzustellen.

Festinger hat auf diesem Hintergrund eine »Theorie der kognitiven Dissonanzen« entwickelt, die davon ausgeht, daß eine dissonante Beziehung wieder konstant gestaltet werden soll. Voraussetzung für eine solche kognitive Dissonanz ist, daß Verhalten und Meinung oder zwei Meinungen oder zwei Verhaltensweisen einander widersprechen.

So verlangen z.B. bestimmte Regeln der Gesellschaft von mir ein Verhalten, das meiner Meinung nicht entspricht (z.B. daß man tagsüber arbeitet und nachts schläft, während ich viel lieber nachts arbeiten würde). Oder aber sind meiner Meinung nach zwei Objekte gleichviel wert – aber ich bin oft gezwungen, mich in meinem Verhalten für eines der beiden zu entscheiden (z.B. könnte es sein, daß mir sowohl eine Tätigkeit als Soldat als auch die eines Zivildienstleistenden gleichermaßen wichtig vorkommt). Oder aber ich muß mich für eine Aufgabe so anstrengen, daß der Leistungsaufwand nicht mehr zu meiner inneren Wertung dieser Sache paßt (z.B. könnte es sein, daß ein Leiter eines Gemeinschaftschores zu der Überzeugung gelangt ist, daß man in den Versammlungen mehr predigen und weniger singen sollte ...).

Kasten 3

Wie löst man kognitive Dissonanzen?

1. Man kann seine Meinung, Auffassung, Haltung ändern.
2. Man kann seine Verhaltensweise ändern.
3. Man kann ein weiteres Element anfügen, um die Meinung wieder mit der Verhaltensweise verbinden zu können (z.B. aufwerten oder rechtfertigen).
4. Oder man kann die Dissonanz nicht mehr als solche empfinden und damit abwerten.

Einige Beispiele zur Lösung kognitiver Dissonanzen

1. Wenn ich davon überzeugt bin, zu dick zu sein, sollte ich, um die Dissonanz zu lösen, entweder meine Überzeugung (»ich bin zufrieden, so wie ich bin«) oder meine Verhaltensweise ändern (»ich werde jetzt weniger und gezielter essen und eine Diät machen«).

2. Wenn ich mich für einen Beruf entscheiden muß und zwei sehr ansprechende Angebote habe, werde ich unbewußt im nachhinein dasjenige als besser empfinden (und auch nach außen hin so darstellen und aufwerten), für das ich mich entschieden habe.

3. Wenn ich für eine Sache, z.B. eine Freundschaft oder eine Arbeit – aber das gilt auch für meine Beziehung zu Gott – sehr viel Zeit, Kraft und Liebe hergegeben und mich angestrengt habe, so wird sie mir dadurch wertvoller. D.h., ich habe mein Verhalten, durch die Anstrengung um die Sache und damit auch deren Aufwertung, konsistenter gemacht.

2.1.4 Soziale Theorien zur Entstehung der Motivation

Neben der Begründung der Motivationen auf biologischem und kognitivem Hintergrund, spielt die soziale Motivation eine bedeutsame Rolle. Forschungen aus der Sozialpsychologie haben deutlich gezeigt, daß die Anwesenheit anderer

Menschen anregt, aktiviert und vor allem eingeübtes (»dominantes«) Verhalten auslöst.

Solomon und Rasch (1946) sehen als Grundtrieb der sozialen Motivation die Konformität, d.h. die Motivation »mitzugehen«, sich anzupassen und Gemeinschaft zu haben. So wird in Konfliktsituationen immer angenommen, daß die Mehrheit im Recht ist. Diese Annahme kann im Extremfall zu einer Verzerrung der individuellen Wahrnehmung führen (»wenn alle sagen, daß sie diese beiden Linien als gleichlang empfinden, so empfinde ich sie auch als gleichlang«). Weiterhin kann es zu einer Verzerrung des individuellen Urteils kommen (»ich sehe diese Linien anders, als die anderen – aber vielleicht sind sie doch gleichlang?«).

Die Gruppe bestraft den Einzelgänger; oftmals durch indirektes, kaum auffälliges Verhalten wie Kopfschütteln, Lächeln, Wegdrehen usw.

Der Konformitätseffekt verschwindet, wenn weitere Personen mit Gegenurteilen zur Gruppe hinzukommen. Schon bei *einer* andersartig argumentierenden Person urteilen die Gruppenmitglieder stärker nach ihrem eigenen Denken, als sie dies unter Gruppenzwang täten. So gesehen darf man Andersdenkende auch in einem Hauskreis oder einer Gruppe nicht nur als Störenfriede beschreiben, sondern sollte bedenken, daß sie zu einer Erweiterung des Erkenntnishorizontes und zur Sensibilisierung der gegenseitigen Bezüge führen.

Als zweiten Grundtrieb sehen Solomon und Rasch Gehorsam gegenüber der Autorität. Hier bleibt, im Gegensatz zum nicht-personenbezogenen Gruppendruck, die Entscheidung frei, von wem man sich beeinflussen lassen möchte. »Autoritäten« erkennt man allerdings an einer Reihe von Merkmalen. Hierzu gehören deutliche Befehle und verbale Aufforderungen. In der Regel nimmt auch die Autoritätsperson einen höheren Status ein, stammt also nicht aus derselben Gruppe. Die Forschungen von Milgram (1963, 1965, 1974) haben auch gezeigt, daß der Gehorsam eines Menschen um so höher ist, je niedriger sein Verantwortungsbewußtsein ist.

Besteht in einer Gruppe ein allgemeiner Gehorsam gegenüber einer Autoritätsperson, führt dies zu einem Doppeleffekt auf das Verhalten des Individuums: Zum einem wirkt der Konformitätsdruck der Gruppe und zum andern der Gehorsam gegenüber der Autorität. Ein klassisches Beispiel hierzu waren die Verhältnisse im Dritten Reich. Viel Gewalt entsteht in unserer modernen Gesellschaft aber auch dadurch, daß das Individuum die Verantwortung für sein eigenes Verhalten abgegeben hat bzw. ihm diese durch geschickte Manipulation abgenommen wurde und es damit als »Instrument« zur Ausführung von Wünschen und Befehlen autoritärer Personen wird. Ist die Autoritätsperson nicht eindeutig bestimmt (wenn es beispielsweise zwei Chefs in einer Firma gibt oder bei unklaren Verhältnissen zwischen Vater und Mutter in einer Familie), dann sinkt die »Gehorsamsrate« deutlich ab.

Kommt es zu einer allgemeinen Rebellion gegen die Befehle der Autoritätsperson, führt dies zu einer Mitrebellion des einzelnen. D.h., daß in einem solchen Konfliktfall der weiter oben beschriebene Konformitätstrieb zur Gruppennorm größer als der Autoritätstrieb ist.

Eine weitere gute Erklärung der sozialen Motivation bietet die Attributionstheorie. Sie läßt sich davon ableiten, daß Menschen ihr eigenes Verhalten – und auch das anderer Personen – immer auf bestimmte Einzelfaktoren zurückführen möchten. Ein solches Vorgehen entspringt unserem Bedürfnis, die Umgebung unter Kontrolle zu bringen und durch Beobachtung und Informationen den Zusammenhang zwischen Ursache und Wirkung zu ergründen. Attributionen sind demnach Versuche, Ereignisse und unser Verhalten kausal (gesetzmäßig) miteinander zu verbinden, wobei zur Erklärung ausschließlich die Gründe dienen können, die man tatsächlich auch wahrnehmen kann. Nach den Untersuchungen zur »Naiven Psychologie« Heiders (1977) machen die meisten Menschen bei der Suche nach solchen Kausalitäten einen »fundamentalen Attributionsfehler«: Eigenes Verhalten wird situationsbedingt – und fremdes Verhalten persönlichkeitsbedingt zugeschrieben (attribuiert). Damit ist gemeint, daß wir unser eigenes Verhalten immer mit den Umständen in Verbindung bringen (»ich bin zu spät gekommen, weil es geregnet hat«) und bei fremdem Verhalten von Persönlichkeitseigenschaften ausgehen, die hierfür verantwortlich zu machen sind (»er kommt zu spät, weil er ein unpünktlicher Mensch ist«). Der Attributionsfehler ergibt sich deshalb, weil zuallermeist nicht nur die Person, sondern auch die Situation an ihrem Verhalten »schuld« ist. Es ist jedoch sehr schwer, einmal festattribuiertes Verhalten aus einem anderen Blickwinkel zu sehen und von Vorurteilen abzulassen.

2.1.5 Einige Beispiele

Hunger, Durst, Schmerz, Sexualität usw. werden in der Psychologie häufig mit einer biologischen Motivation in Zusammenhang gebracht. Vielleicht ist der Schmerz sogar einer der bedeutendsten biologischen Motivatoren. Nachfolgend sollen einige wichtige dieser zur Motivation führenden Triebe diskutiert und auch im Zusammenhang mit den kognitven und sozialen Theorien zur Motivation gesehen werden.

Hunger

Hunger als Motivator wurde von Physiologen und Psychologen gleichermaßen gründlich erforscht, vielleicht deshalb, weil sich die Mechanismen zur Reduzierung dieses Triebes leicht erklären lassen. Die Nahrungsaufnahme ist die Reaktion, die den Hungertrieb reduziert oder zeitweise beseitigt. Bestimmte innere Signale des Körpers veranlassen uns, nach Nahrung zu suchen. Welche Signale sind dies nun?

Der Physiologe W. B. Cannon (1934) konnte zeigen, daß Hungergefühle mit Magenkontraktionen in Zusammenhang gebracht werden müssen. Weitere Forschungen haben nachgewiesen, daß der Blutzuckerspiegel im Zusammenhang mit Hungergefühlen steht. Diese Erkenntnisse führten zu der Entdeckung, daß ein Teil des Gehirns (der Hypothalamus) das Eßverhalten beeinflußt. Bestimmte Regionen des Hypothalamus kontrollieren möglicherweise auch das Trinkverhalten und die Aggressionen. Daraus könnte man schließen, daß sich im Hypothalamus ein Nahrungs- und Sättigungszentrum befindet. Das Eßzentrum reagiert also auf einen niedrigen Blutzuckergehalt, um das Eßverhalten anzuregen – das Sättigungszentrum bringt den Menschen dazu, das Essen einzustellen, wenn der Blutzuckerspiegel wieder steigt.

Neuere Forschungen (Wurtman 1986) haben gezeigt, daß Kohlenhydrate den Anstieg des Insulinspiegels im Blut verursachen. Bestimmte Aminosäuren werden durch das Insulin ausgelöscht. Dadurch kann eine größere Menge des Amins Tryptophan ins Gehirn gelangen. Als chemische Vorstufe des Neurotransmitters Serotonin hat dieser Stoff indirekte Auswirkungen auf Stimmungslage und Appetit. Rosenthal hat in mehrjährigen Untersuchungen gezeigt, daß Menschen, die an einer sogenannten »Winterdepression« leiden, von einem regelrechten Heißhunger nach Süßigkeiten in den Herbst- und Wintermonaten heimgesucht wurden und deshalb in dieser Jahreszeit immer zunahmen. Seine Therapie, die jahreszeitlich bedingten Stimmungstiefs durch intensive Lichtbestrahlung zu verändern, hatte auch Auswirkungen auf den Appetit der Patienten: Wenn sich die Stimmung besserte, verschwand auch die Lust auf Eiscreme und Limonade.

Psychologische Untersuchungen führten zu weiteren Faktoren, die das Eßverhalten beeinflussen (z.B. die »Macht der Gewohnheit«), und zeigten, daß die Triebtheorien zur Entstehung der Motivation durch kognitive und soziale Theorien erweitert werden müssen. S. Schachter hat weitreichende Ermittlungen über das Eßverhalten dicker und normalgewichtiger Menschen angestellt. Seine Entdeckungen zeigten, daß dicke Menschen sich der äußeren Einflüsse in ihrer Umgebung viel bewußter sind, und essen, »weil jetzt Zeit dazu ist«. Sie nehmen auch größere Portionen zu sich und können deutlich vom Geschmack der Nahrung beeinflußt werden. Normalgewichtige essen meistens, wenn sie hungrig sind, nehmen kleinere Portionen zu sich und sind sich im allgemeinen der inneren Einflüsse, die das Eßverhalten kontrollieren, bewußter. Man kann also davon ausgehen, daß Umwelteinflüsse das Eßverhalten beeinflussen.

Ein weiterer Faktor, der Menschen motiviert, zuviel zu essen, wurde in einer spezifischen Streßsituation gefunden. Besonders übergewichtige Frauen reagierten auf experimentell ausgelösten Streß (z.B. Mißerfolg oder starke Geräuschbelastung) mit einer deutlichen Steigerung der Nahrungsaufnahme. Schlanke Menschen haben in diesen Situationen ein eher vermindertes Bedürfnis nach Eßbarem.

Ein problematisches Eßverhalten zeigen aber nicht nur diejenigen Menschen, die zu dick sind. Über 50 % aller deutschen Jugendlichen bis 18 Jahre haben bereits mindestens eine Diät hinter sich. Ständige Gewichtskontrollen sind in dieser Altersgruppe verbreitet und besonders häufig bei denjenigen Jugendlichen, die schlank sind. Die massiven Aufklärungsmaßnahmen zur Vermeidung des Übergewichts im Zusammenhang mit den von den Medien propagierten

Schlankheitsidealen haben insbesondere bei weiblichen Jugendlichen und jungen Frauen eine so normierende und prägende Wirkung gezeigt, daß in diesen Bevölkerungsgruppen von einem »kollektiven Diätverhalten« gesprochen werden muß. Seit dem Jahre 1980 hat sich auf diesem Hintergrund der Anteil von Mädchen und jungen Frauen, die mehr als 20 % untergewichtig sind, auf nahezu ein Fünftel verdoppelt. Gravierende Eßstörungen begleiteten diese Veränderungen: Anorexia nervosa (»Pubertätsmagersucht«) und Bulimie (Freßsucht) sind zu Wohlstandskrankheiten für junge Mädchen unseres westlichen Kulturkreises geworden.

Wo beginnt nun das Eßverhalten problematisch zu werden? Wenn Sie den nachfolgenden Test (Kasten 4) ausfüllen, können Sie selbst überprüfen, ob Sie ernsthafte Probleme mit ihrem Gewicht haben und inwieweit Ihr Eßverhalten von den Umwelteinflüssen (Außenreizen) abhängig ist.

Kasten 4

Test zum Eßverhalten

1.	Bis heute hatte ich eigentlich nie zuviel Gewicht.	ja	nein
2.	Mindestens einmal in der Woche wiege ich mich.	ja	nein
3.	Für mich allein würde ich nicht extra kochen.	ja	nein
4.	Bei den üblichen Nahrungsmitteln weiß ich ungefähr über den Kaloriengehalt Bescheid.	ja	nein
5.	In den Zeitungen lese ich häufig Ratschläge, um schlanker zu werden.	ja	nein
6.	Ich halte mich beim Essen bewußt zurück, um nicht zuzunehmen.	ja	nein
7.	In meiner Verwandtschaft (Familie) gibt es keine richtig dicken Personen.	ja	nein
8.	Ich kann nur schwer widerstehen und mich vom Essen zurückhalten, wenn ein zarter Hühnchenduft oder ein leckerer Bratwürstchengeruch an mir vorbeizieht, auch wenn ich gerade gegessen habe.	ja	nein
9.	Schon mehr als einmal habe ich eine Schlankheitsdiät gemacht.	ja	nein
10.	Während einer Mahlzeit werde ich manchmal so satt, daß ich einfach nicht weiteressen kann.	ja	nein
11.	Mir fällt es nicht schwer, Essensreste einfach übrig zu lassen.	ja	nein
12.	Meistens esse ich mehr als drei Mal am Tag.	ja	nein
13.	Aufregung schlägt mir meistens auf den Magen.	ja	nein
14.	Aus Erzählungen weiß ich, daß ich als Kind etwas rundlich war.	ja	nein

15.	Wenn kein Essen in meiner Nähe steht, brauche ich um meine schlanke Linie nicht zu bangen.	ja	nein
16.	Manchmal wünsche ich mir, daß mir ein Fachmann beim Essen sagt, daß ich schon satt bin oder noch essen dürfte.	ja	nein
17.	Zu den Hauptmahlzeiten esse ich eigentlich immer ungefähr gleichviel.	ja	nein
18.	In den letzten zehn Jahren hat sich mein Gewicht so gut wie nie verändert.	ja	nein
19.	Bestimmte Nahrungsmittel meide ich, weil sie dick machen.	ja	nein
20.	Oft habe ich ein so starkes Hungergefühl, daß ich unbedingt etwas essen muß.	ja	nein
21.	Am Wochenende kommt es häufiger vor, daß Mahlzeiten ausfallen.	ja	nein
22.	Ich wollte schon immer etwas mehr wiegen.	ja	nein
23.	Morgens esse ich oft wenig.	ja	nein
24.	Ich nehme mir viel Zeit zum Essen.	ja	nein
25.	Zu bestimmten Tageszeiten bekomme ich Hunger, weil ich mich an die Essenszeiten gewöhnt habe.	ja	nein
26.	Häufiger könnte ich auch »nur so aus Gesellschaft« mitessen.	ja	nein
27.	Wenn ich richtig leckere Dinge sehe, möchte ich sie häufig sofort essen.	ja	nein
28.	Mein Magen kommt mir häufig wie ein Faß ohne Boden vor.	ja	nein
29.	Auf ein besonders schmackhaftes Essen kann ich mich richtig freuen.	ja	nein
30.	Häufig beende ich mein Essen, wenn ich noch gar nicht richtig satt bin.	ja	nein
31.	Spätabends oder in der Nacht bekomme ich manchmal starken Appetit.	ja	nein
32.	Meistens bin ich mit dem Essen schneller fertig als andere Personen.	ja	nein
33.	Wenn ich Geld übrig hätte, würde ich mir häufiger ein »richtig gutes Essen« leisten.	ja	nein
34.	Wenn andere an meinem Tisch essen, hätte ich auch gerne etwas.	ja	nein
35.	Ich kann auch essen, ohne richtig Hunger zu haben.	ja	nein
36.	Um eine hohe Wette zu gewinnen, brächte ich es fertig, mindestens zwei ordentliche Mittagsportionen in einem Restaurant hintereinander zu essen.	ja	nein
37.	Angebrochene Packungen (z.B. Schokolade) kann ich gut tagelang liegenlassen, ohne sie anzurühren.	ja	nein
38.	Ich achte sehr auf meine Figur.	ja	nein

39. Manchmal schmeckt es mir so gut, daß ich weiteresse, auch wenn ich eigentlich schon satt bin. ja nein
40. Essen halte ich für eine ziemlich gleichgültige Angelegenheit. ja nein

Quelle: Psychologie heute 12 (1985) 26

Auswertung

Wenn folgende Fragen mit »ja« beantwortet wurden, gibt es jeweils einen Punkt: 2, 3, 4, 5, 6, 8, 9, 10, 15, 16, 19, 20, 21, 23, 26, 27, 28, 29, 30, 32, 33, 34, 35, 36, 38, 39.
Ebenfalls einen Punkt gibt es, wenn folgende Fragen mit »nein« beantwortet wurden: 1, 7, 10, 11, 12, 13, 17, 18, 22, 24, 25, 31, 37, 40.

Interpretation

Unter 17 Punkte: Sie haben keine Probleme mit Ihrem Gewicht und sind nicht von Außenreizen abhängig.

Mehr als 20 Punkte: Sie sind »gezügelter Esser«, d. h., Sie können sowohl normal, als auch übergewichtig sein. Sie gehören zu jenen Menschen, die immer wieder ihr Gewicht bewußt unter Kontrolle halten müssen und sehr von Außenreizen abhängig sind.

Je höher die Punktezahl wird, umso ausgeprägter sind Ihre Gewichtsprobleme. In der Praxis ergibt sich ein Normalbereich zwischen 10 und 30 Punkten. Menschen, die unter Bulimie (krankhafter Freßsucht) leiden, erreichen extrem hohe Punktwerte.

Sollte sich bei dem Test herausstellen, daß Sie Gewichtsprobleme haben, dann kann dies, wie schon weiter oben beschrieben, Dutzende psychologischer oder auch physiologischer Gründe haben.

Wenn wir nach der geistlichen Dimension fragen, so wissen wir von der Bibel her, daß selbstsüchtige und übermäßige Befriedigung der Trink- und Eßbedürfnisse ganz eindeutig abgelehnt werden.

Wenn jemand abnehmen möchte, sollte man ihn unterstützen, nicht um irgendeinem Schlankheitsideal zu folgen, sondern um aus ihm einen gesünderen Menschen zu machen. Dabei zeigt sich recht deutlich, daß es ein für alle Menschen gleichermaßen gültiges »Idealgewicht«, das nur von der Körpergröße und dem jeweiligen Geschlecht abhängt (und z.B. mit den immer wieder zitierten Formeln, die von der Körpergröße einen bestimmten Prozentsatz abziehen, errechenbar sein soll), nicht geben kann. Bei solchen vereinfachten Berechnungen wird die gesamte Konstitution des Menschen überhaupt nicht berücksichtigt. Hingegen ist aus Längsschnittstudien bekannt, daß unter »normalen« Umständen das Gewicht eines jeden Menschen um einen für ihn spezifischen Mittelwert (d.h. seinem individuellen Idealgewicht) schwankt. Diesen Wert sollte man für sich persönlich feststellen und dabei nicht mit statistischen Mittelwerten rechnen.

Nachfolgend werden einige hilfreiche Schritte aufgezeigt, die nach einer vorhergehenden Untersuchung beim Hausarzt (durch die abgeklärt wurde, ob keine spezifisch-organischen Schädigungen vorliegen) ohne besondere Hilfe gegangen werden können:

Hilfen zum Erreichen des Idealgewichts

1. Schreiben Sie zwei Wochen lang auf, was Sie wann, wo und mit wem Sie essen.
2. Versuchen Sie die Gefühle und Stimmungen beim jeweiligen Essen festzuhalten.
3. Suchen Sie die »Verstärker«, die sie zum Essen bringen.
4. Suchen Sie Zeiten, in denen Ihnen das Essen kein Problem macht. Welche Verstärker gibt es dabei?
5. Wenn Sie den Verstärker zum Essen bzw. zum Nichtessen erkannt haben, können Sie versuchen, diesen abzustellen bzw. zu erhöhen.
   Wenn die Verstärker bei Familienproblemen, in der Gruppe der Gleichaltrigen usw. eine Rolle spielen, könnten Sie einen Seelsorger oder Therapeuten aufsuchen, um diese Faktoren zu besprechen.
6. Sie sollten nicht erwarten, zuviel Gewicht auf einmal zu verlieren bzw. zuzunehmen. Beim Abnehmen ist ein halbes bis ein Kilo pro Woche gerade richtig.
   Ein gutes Motto zum Abnehmen könnte sein, daß Sie kein Kilo mehr zunehmen wollen. So erreichen Sie Ihr Ziel, indem Sie ein Kilo nach dem anderen verlieren.
7. Pubertätsmagersucht (Anorexia) und Freßsucht, die in der Regel mit systematischem Erbrechen verbunden wird (Bulimie), müssen von Fachkräften behandelt werden. (Siehe hierzu auch das Kapitel 2.2.3)

Streß

Der Ausdruck »Streß« wird heute sehr häufig und in verschiedenen Zusammenhängen benutzt. Man kann unter Streß eine unspezifische Reaktion, d.h. eine Antwort des Körpers auf Anforderungen, die an ihn gestellt werden, verstehen. Selye (1956) beschränkte den Begriff Streß auf eine charakteristische physiologische Reaktion und unterschied zwischen Streß und »Stressoren«, d.h. den Streß auslösenden Faktoren. Er konnte zeigen, daß Streß in Maßen zur Leistungssteigerung und Kreativität notwendig ist, jedoch die Streßtoleranz der einzelnen Individuen sehr individuell sein kann. Interessant bei diesen Untersuchungen ist, daß sowohl angenehme als auch unangenehme Erlebnisse stressen können, und daß die komplette Freiheit von Streß nach Selye den Tod bedeuten kann.

Die Forschungen zum Lebenswandel (»life change«) haben gezeigt, daß die Beziehungen zwischen Streß und Krankheit sehr verschiedenartig sind. Bei Frauen führte Streß häufiger zu Krankheiten, bei Männern ergibt sich sogar eine negative Korrelation, d.h., sie empfinden Streß (in Grenzen) womöglich als angenehme Abwechslung. Weiterhin konnte man zeigen, daß hochgestresste Menschen ein relativ niedriges Selbstkonzept haben.
Der typische Verlauf einer Streßreaktion zeigt sich in drei Phasen (vgl. Abb. 4).

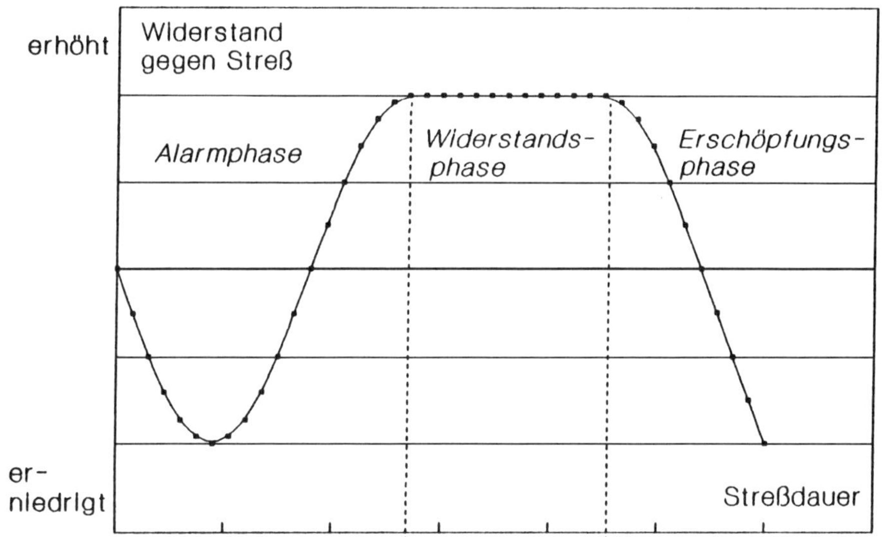

Typische, durch den Stressor verursachte Veränderungen. Resistenzminderung bei sehr starkem Streß, die zum Tode führen kann.

Die zweite Phase stellt sich ein, wenn eine angemessene Anpassung an den weiter anhaltenden Streß erfolgt. Die für die Alarmphase typischen Körpersymptome sind verschwunden. Die Widerstandskraft liegt über dem Normalniveau.

Dauert die Streßreaktion noch länger an, ist die Anpassungsenergie erschöpft. Die Symptome der Alarmphase treten wieder auf, sind jedoch nicht mehr rückgängig zu machen. Der Tod tritt ein.

Abb. 4: Anpassung an Streßsituationen (nach Selye, 1956)

Bei der ersten Phase, der »Alarmreaktion«, zeigt der Körper charakteristische Veränderungen. Es kommt zu Aktivitäten, die zur Fortführung des Lebens notwendig sind. Physiologisch gesehen sind zwei Teile des autonomen Nervensystems zur Kontrolle verantwortlich: Der Sympathikus und Parasympathikus. Das sympathische Nervensystem bereitet den Menschen auf Kampf, Flucht, Nahrungsaufnahme, Sexualverhalten usw. vor. Das parasympathische Nervensystem kontrolliert den Menschen, indem es die Körperfunktionen, die durch die Aktivität des Sympathikus hervorgerufen wurden, verlangsamt. Wenn jemand aufgeregt oder emotional erregt wird, verursacht das sympathische System die Abgabe von Adrenalin und Noradrenalin, die erregende Wirkungen auf Blutdruck und Herzschlag haben.

Die zweite Phase, die sogenannte »Widerstandsphase«, führt die biologischen Prozesse, die durch die Alarmreaktion ausgelöst und beschleunigt wurden, wieder zurück. Nur der Körperteil bleibt mobilisiert, der angegriffen wurde (Streßanpassung). Der Körper versucht während dieses Stadiums den Schaden, den die Erregung verursachte, wieder gut zu machen und verteidigt sich gleichzeitig.

Nach einer längeren Zeit der Anpassung an den Stressor ist schließlich die Anpassungsenergie erschöpft (»Erschöpfungsphase«). Jetzt treten die Symptome der Alarmreaktionen wieder auf, sie sind jedoch dann nicht mehr umkehrbar und dies kann u.U. bis zum Tode führen. Dabei können psychologische und durch die Umwelt herbeigeführte Erregungszustände genauso erschöpfen wie physiologischer Streß. D.h., die Furcht, angegriffen zu werden oder zu versagen, kann die vorhandenen Reserven ebenso reduzieren, wie lange andauernder Hunger oder Entzug von Flüssigkeit.

Die moderne Immunologie hat die Befunde von Selye, der entdeckt hatte, daß die Aktivität der Adrenalindrüse zunahm, während sich die Aktivität des Immunsystems verringerte, bestätigt. Komplexere psychologische Stressoren, z.B. Examens- und Schulstreß, Schlafentzug, der Verlust nahestehender Personen usw., gehen mit einer reduzierten Immunreaktion einher. Coe und Laudenslager (1987) konnten nachweisen, daß die Stressoren nicht einfache physikalische Reize wie Lärm oder Elektroschocks sind, sondern daß sie tatsächlich psychologischer Natur sein können, wie der Schmerz eines Kindes über die Trennung von seiner Mutter oder der Tod eines geliebten Menschen. Auch Einsamkeit ist also einer der Faktoren, der zu einer verringerten Immunzellenaktivität führen kann.

Mehrere Untersuchungen haben gezeigt, daß die Reaktionen verschiedenartig sein können. So verfielen einige Menschen nach einem Verlust in schwere Depressionen, andere tendierten dazu, geringere Immunität gegenüber Krankheiten zu zeigen. Interessant war bei diesen Untersuchungen allerdings auch, daß eine ganze Reihe von gestreßten Menschen gesund blieb, und einer der Gründe hierfür war, daß es besonders wichtig ist, ob die betreffende Person das extreme Ereignis kontrollieren konnte.

Versucht man nun mit den wissenschaftlichen Befunden Möglichkeiten zur Streßbewältigung zusammenzufassen, so könnte man folgendes nennen:

1. Das Wissen um den Streß und die eigene Art, darauf zu reagieren (beispielsweise durch erhöhte Anspannung), kann eine Hilfe sein, die Spannungen zu reduzieren. Ein Slogan hierzu wäre: »take it easy«.
2. Man kann versuchen, sich gefühlsmäßig gegenüber dem Streß abzuschotten, die Tatsachen objektiv zu sehen und Situationen zu akzeptieren, die nicht mehr geändert werden können (»jetzt ist es so und damit basta«).
3. Man kann alternative Programme vorbereiten, die dem Gestreßten verbie-

ten, laufend frustriert zu werden (»wenn das nicht geht, dann geht es anders«).
4. Durch bestimmte Beruhigungs- und Entspannungstechniken werden Mechanismen im Hypothalamus angeregt, die die Überaktivität des Sympathikus hemmen können (»zuerst einmal tief einatmen und dann ausatmen«).

Frust oder Streß können also ein bedeutendes Motiv des menschlichen Verhaltens sein. Während Streß in Maßen zur Leistungssteigerung notwendig ist, kann zu hoher Streß sehr schädlich sein und sogar zum Tode führen. Von der Bibel her haben wir genügend Hilfestellungen, um krankmachenden Streßsituationen begegnen zu können. Als Christ darf man auch darauf vertrauen, daß Gott nicht über die Kraft versucht. Er ist treu, er steht seinen Kindern bei und kann einen Ausweg aus der Versuchung schaffen (1. Kor. 10,13). Ein anderes hilfreiches Wort Gottes finden wir z.B. im Psalm 18,30, wo David davon ausgeht, daß er mit seinem Gott über Mauern springen kann. Zusammen mit dem Angebot der Gemeinschaft der Gläubigen (und damit einer Chance, der Einsamkeit zu entfliehen) sind dies Möglichkeiten, um manche ansonsten unüberwindbare Streßsituationen zu bewältigen.

Sexualität

Menschliche Sexualität ist weit mehr als nur ein Fortpflanzungstrieb. Dies belegt die Bibel schon auf den ersten Seiten, wenn wir dort lesen, daß ein Mann an seiner Frau »kleben«(wörtlich) wird und die beiden ein Fleisch werden, d.h. zu einem gemeinsamen Körper, zu einer Lebensgemeinschaft (1. Mose 28,24). Auch das »Erkennen« des Partners meint viel mehr als nur den Geschlechtsakt (vgl. 1. Mose 4,1). Allerdings macht die Bibel auch deutlich, wie wir als Menschen gerade auf diesem Gebiet in großer Gefahr stehen (vgl. David, die Bergpredigt Jesu und die Mahnungen des Paulus an seine Gemeinde in Korinth).

Erich Fromm hat seine Erfahrungen treffend zusammengefaßt, indem er davon ausgeht, daß die »Annahme, daß nichts leichter sei als die Liebe« zwar die vorherrschende Meinung ist, das Gegenteil jedoch in überwältigendem Umfang belegt wurde. »Es gibt kaum ein Unternehmen, das mit derartig ungeheuren Hoffnungen und Erwartungen begonnen wird und mit derartiger Regelmäßigkeit fehlschlägt.« (Fromm 1976)

In der heute beträchtlich angewachsenen Sexualforschung trifft man auf ein breites Spektrum, das sowohl biologische und physiologische, als auch psychologische und soziologische Aspekte der Sexualität beschreibt. Nachfolgend einige der Ergebnisse:

Physiologischer Aspekt

Physiologisch gesehen sind männliche und weibliche Sexualhormone, die besonders in den Hoden des Mannes und den Eierstöcken der Frau produziert werden, für die Sexualität des Menschen verantwortlich. Die männlichen Sexualhormone werden zusammengefaßt als Androgene bezeichnet. Zu den weiblichen Sexualhormonen zählen Östrogen und Progesteron.

Vielen Menschen ist nicht bekannt, daß der Unterschied zwischen Mann und Frau bezüglich der Sexualhormone nur graduell ist. Auch Frauen produzieren nämlich männliche Sexualhormone und Männer Östrogene und Progesteron. Der biblische Bericht im ersten Buch Moses, wo beschrieben wird, daß Gott eine Frau aus der Rippe des Mannes »baute« (1. Mose 2,22), und der damit auf die Ähnlichkeit der beiden Geschlechter hinweist, wird auf diesem Hintergrund sehr transparent.

In der Pubertät (vgl. hierzu auch Kapitel 3.2) bewirkt die Ausschüttung der Sexualhormone, daß der Körper die physischen und verhaltensspezifischen Merkmale annimmt, die wir mit »Männlichkeit« und »Weiblichkeit« verbinden, und für den Großteil des Lebens bewirken diese Hormone die instinktiven sexuellen Reaktionen des Menschen.

Bezogen auf unser Kapitel zu den Triebtheorien legen die Forschungen nahe, daß im Gehirn von Mensch und Tier besondere Lustzentren existieren. Während Hunger oder Streß im Rahmen der Triebtheorien darauf hinzielen, Spannung oder Erregung zu reduzieren, scheint das Sexualverhalten auf einer komplexen Interaktion hormoneller Einflüsse, angenehmer Sinneseindrücke und von Lernprozessen zu beruhen.

Schlechte Ernährung vermindert den Sexualtrieb ebenso wie übermäßiger Alkohol- oder Drogengenuß. Ähnlich wirken sich auch belastende persönliche Probleme oder Angst vor den Folgen oder Überbewertung der Sexualität als Leistung aus.

Kasten 5

Was unterscheidet die Sexualität von allen anderen Trieben?

Der Sexualtrieb nimmt bei der Analyse der Motivation einen einzigartigen Platz ein:

1. Er ist nicht unbedingt notwendig, um das Überleben des Einzelnen zu erhalten, sondern das Fortbestehen der Menschheit sicherzustellen.
2. Seine Erregung ist relativ unabhängig von äußeren (auch negativen) Umständen.
3. Er kann von nahezu jedem wahrnehmbaren Reiz erregt werden.
4. Die Erregung des Triebes wird genauso aktiv angestrebt wie seine Befriedigung.
5. Er liefert die Motivation zu einer ungewöhnlichen Vielzahl von Verhaltensweisen und psychologischen Prozessen.

(Ruch/Zimbardo 1974)

Psychologische und soziologische Aspekte

Neben der Wirkung der Hormone ist die frühe Erfahrung des Kindes bezüglich der Sexualität von Bedeutung für die Festlegung seines Sexualverhaltens. Eltern, die versäumen, ihre Kinder richtiges Sexualverhalten zu lehren, tragen womöglich zu problematischem Fehlverhalten im Erwachsenenalter bei. Die erlernte Komponente des Sexualverhaltens ist auch wichtig für die sexuelle Selbstkontrolle.

Sexualität und Christsein

In unseren Kirchen und Gemeinden war das Wort »Sexualität« über lange Zeit hinweg verpönt, und nach außen hin waren viele junge Leute der Meinung, daß Sünde in den Augen der Christen synonym mit Sexualität gesehen werden müßte.

Eine solche vorschnelle Zuschreibung bzw. Überbetonung der Sexualität als Sünde hat einen doppelten Schaden verursacht. Zum einen war es möglich, andere Verfehlungen, vor denen die Bibel ebenso warnt, wie z.B. »Unzucht, Unsittlichkeit, ausschweifendes Leben, Götzendienst, Zauberei, Feindschaft, Streit, Eifersucht, Jähzorn, Eigennutz, Neid, Mißgunst, Trink- und Eßgelage« (Gal. 5, 19.20) hinter der »einen großen Sünde« der Sexualität zu verstecken, und andererseits wurde dadurch die Freude an der Sexualität in der Ehe für viele Christen immer mit einem die Partnerbeziehung belastenden Schuldgefühl verbunden.

Tatsächlich warnt das Neue Testament Christen vor sexueller Unmoral und betont den Schaden, den sie uns und anderen antut (1. Kor. 6,12-20; beachte besonders Vers 18). Immer wieder bezeugt jedoch die Bibel, daß Sexualität ein Geschenk Gottes ist, daß es nicht gut ist, daß der Mensch allein sei, und im »Hohen Lied der Liebe« beschreibt sie in unvergleichbarer Weise die Freude der Verliebten aneinander.

2.2 Das menschliche Nervensystem

Nach den Erkenntnissen aus den vorangehenden Kapiteln ist es nunmehr an der Zeit zu fragen, warum sich Menschen beispielsweise unter Streß anders verhalten, warum sie zu viel bzw. zu wenig essen usw.

Wir brauchen dazu einige Kenntnisse über die Funktion des menschlichen Nervensystems und wollen deshalb im folgenden Kapitel einen kurzen Überblick hierzu anbieten. Danach wird es möglich sein, eine erste Antwort darauf zu geben, wie der menschliche Organismus gesteuert wird, d.h., wie er auf Umweltereignisse reagiert, aber auch, wie er Veränderungen, die in ihm selbst vorgehen, verarbeitet – d.h., wie er denkt.

Das menschliche Nervensystem ist ein sehr komplexes Organ, das aus Millionen von Nervenzellen besteht, die durch besondere chemische Verbindungen Botschaften in den ganzen Körper übertragen. Anatomisch kann man das Nervensystem im wesentlichen in einen zentralen und einen peripheren Teil einteilen.

Zum zentralen Nervensystem (ZNS) gehören Gehirn (das aus zwei Hälften, dem Gehirnstamm und dem Kleinhirn besteht) und Rückenmark. Aufgabe des ZNS ist es, die Zusammenarbeit der verschiedenen Teile des Körpers zu regulieren.

Das periphere Nervensystem besteht aus Nervenfasern, die das ZNS mit Zellen verbinden, die Reize aufnehmen und zudem noch die Verbindung zu den Muskeln und Drüsen herstellen, welche dann die eigentlichen, regulierenden Aktionen des Organismus ausführen. In das periphere System ist das autonome oder unwillkürliche Nervensystem eingeschlossen.

2.2.1 Das periphere Nervensystem

Die grundlegende Funktionseinheit des Nervensystems ist die einzelne Nervenzelle, das Neuron. Die ca. 10 bis 30 Milliarden Neuronen des Menschen sind jedoch nicht isoliert, sondern durch ein Netzwerk miteinander verbunden. Die Schaltstellen zwischen zwei Neuronen bezeichnet man als Synapse.

Wenn wir ein einzelnes Neuron genauer untersuchen, dann entdecken wir einen Zellkörper, der den Zellkern enthält. Weiterhin findet man das Axon, eine Faser, die aus dem Zellkern herausragt und Impulse zu den anderen Neuronen, zu Drüsen und Muskeln weiterleitet, sowie Dendriten, das sind die kürzeren, sich verzweigenden Fasern, die aus dem Zellkörper herausragen und Impulse von anderen Neuronen empfangen (vgl. Abbildung 5).

Die Zellkörper der Nerven sind zumeist in Gruppen angeordnet. Anhäufungen dieser Zellkörper außerhalb des Gehirns und des Rückenmarks werden als Ganglien bezeichnet. In den Großhirnhälften und im Kleinhirn sind diese Nervenzellen geschichtet.

Der synaptische Spalt ist sehr klein, sein Abstand beträgt nur ca. 200 Angström-Einheiten (1 Å = 10^{-10}m), d.h. ungefähr ein Tausendstel des Durchmessers eines Haares. Die Weiterleitung von Informationen über den synaptischen Spalt erfolgt auf elektrochemischem Wege mit einer Geschwindigkeit von ca. 100 Meter/Sekunde. Einzelheiten können dem Kasten 6 entnommen werden.

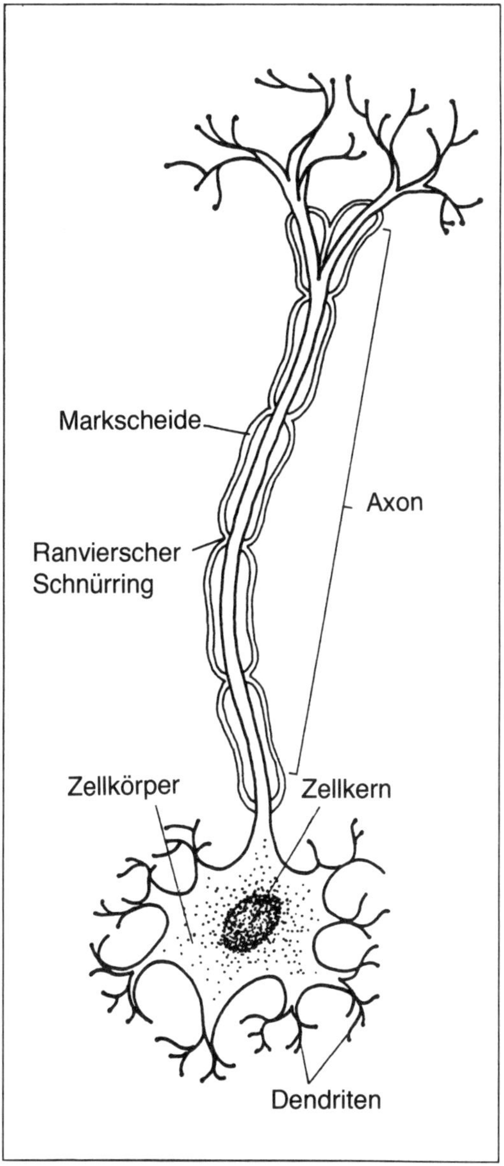

Abb. 5: Die Nervenzelle

Kasten 6

Biochemie der axonalen Übertragung

Auf beiden Seiten der Axonmembran befinden sich die zwei verschiedenen Ionengruppen (d.h. geladene Atome, die sich unter dem Einfluß des elektrischen Feldes bewegen können) Natrium und Kalium. Die Membran ist in ihrer Durchlässigkeit für die Ionen verschiedenartig, d.h., Kaliumionen durchdringen sie leichter als Natriumionen. Aufgrund dieser verschiedenartigen Durchlässigkeit ist die Konzentration von Natriumionen viel größer an der Außenseite, während die Konzentration von Kaliumionen an der Innenseite der Axonmembran höher ist. Dies hat zur Folge, daß die Ionengruppen außerhalb und innerhalb der Membran verschiedene elektrische Spannungen aufweisen. Im Verhältnis zur Außenseite ist die Innenseite des Axons zumeist elektrisch negativ geladen. In diesem Zustand bezeichnet man das Axon als polarisiert und den Unterschied zwischen der inneren und äußeren Spannung nennt man das Membranpotential. Wenn kein Impuls geleitet wird, beträgt dieses Potential etwa 0,06 Volt.

Veränderungen dieses mit Spannungsmessern nachweisbaren Ruhepotentials weisen auf die Gegenwart eines nervösen Impulses hin.

Wird das Axon erregt, reagiert es darauf in der Weise, daß die Zellmembran durchlässiger wird, Natriumionen strömen von der Außen- zur Innenseite.

Nachdem der Impuls durch das Axon geleitet wurde, kehren besondere physiologische Systeme den Fluß der chemischen Substanzen um – und der Ruhezustand wird wieder hergestellt.

Die Weiterleitung des Impulses durch das Axon erfolgt dadurch, daß sich die elektrischen Ladungen in die Richtung der umgebenden Fläche ausbreiten, d. h., daß jeder nervöse Impuls die Membrandurchlässigkeit der nächstliegenden Membranfläche verändert und dadurch einen anderen Impuls auslöst.

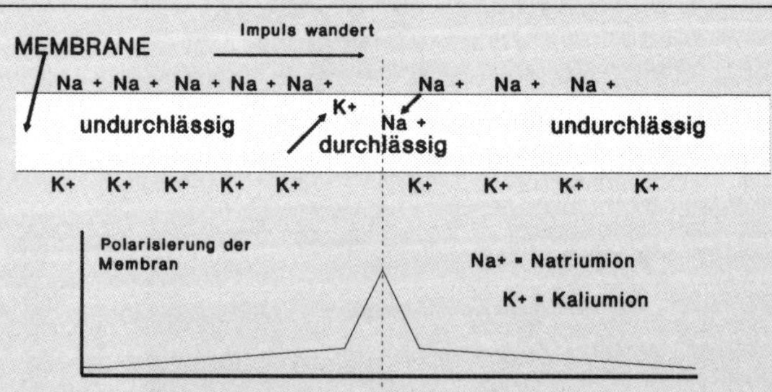

Abb. 6: Axonale Übertragung

Nachdem die Informationsleitung innerhalb des Axons einigermaßen geklärt wurde, muß geprüft werden, wie die Information von einem Neuron zum nächsten gelangt.

Diese Übertragung der Information vollzieht sich an den Synapsen. Dabei springt der elektrische Impuls nicht einfach über den synaptischen Spalt hinweg, sondern es fließen bestimmte chemische Substanzen auf die andere Seite. Im einzelnen verläuft dies so, daß immer dann, wenn der Impuls das Ende eines Axons erreicht hat, er die Freisetzung einer chemischen Übertragungssubstanz (Transmittersubstanz) bewirkt. Diese Substanz überquert den synaptischen Spalt und wirkt auf das nächste Neuron ein, wobei dort entweder ein neuer Impuls ausgelöst wird (Erregung) oder aber gebremst wird (Hemmung).

Biochemische Untersuchungen in den letzten Jahrzehnten haben neue Erkenntnisse zur Natur und Funktion der chemischen Botenstoffe (der sog.»Neurotransmitter«) erbracht. Diese Stoffe sind in hohem Maße für den psychischen Zustand des Menschen verantwortlich. Bereits in der Größenordung von einem Tausendstel Gramm können sie den Gefühlszustand eines Menschen von »himmelhochjauchzend« zu »zu-Tode-betrübt« verändern. Neuere Forschungen haben gezeigt, daß insbesondere die Neurotransmittersubstanz Serotonin im Zusammenhang mit dem depressiven Verhalten der Menschen steht.

2.2.2 Das zentrale Nervensystem (ZNS)

Das Gehirn eines jungen Mannes hat ein Durchschnittsgewicht von 1380 g, das eines gleichaltrigen Mädchens wiegt etwas weniger. Früher wurden solche Ergebnisse als »Beweise« für die bessere Denkfähigkeit der Männer herangezogen. Mittlerweile wissen wir jedoch, daß quantitative Dimensionen eine untergeordnete Rolle spielen. Das Gewicht des Gehirns – für sich genommen – eignet sich weder als Maßstab für Intelligenzvergleiche der Menschen noch für eine mögliche Trennung von den Tieren.

Die Zahlen, mit denen Hirnforscher umgehen, erreichen astronomische Dimensionen. Allein in der Großhirnrinde eines ungeborenen Kindes entstehen in jeder Minute rund 250.000 Neuronen. Die Großhirnrinde eines Erwachsenen enthält bis zu 30 Milliarden Neuronen, verknüpft durch eine Billiarde der weiter oben beschriebenen Nervenverbindungen (Synapsen).

Das Gehirn des Menschen gibt auch heutzutage noch große Rätsel auf. Gewiß, in den groben anatomischen Übersichten des Gehirns gibt es so gut wie keine weißen Flecken mehr. Seit dem Jahre 1976 ist es auch möglich, nicht nur elektrische Impulse von einzelnen Nervenzellen, sondern von einzelnen Zellmembranbestandteilen – etwa den Rezeptorkanälen für Transmitterstoffe – zu untersuchen, und mit den neuen Techniken der Molekularbiologie lassen sich ganz gezielt bestimmte, im Nervensystem aktive Substanzen aus dem »biochemischen Ozean« des Gehirns herausfischen.

Aber: Wie läßt sich aus diesen anatomischen Erkenntnissen der Schlüssel zum Ich, zum Lernen, zu Begriffen wie Liebe, Ehrfurcht, Gewissen usw. ableiten? Sicherlich ist hier die Grenze des Biochemikers erreicht, denn nicht zuletzt liegt einer der Wege zu einem solchen Verständnis auch im Wechselspiel zwischen Erbgut und Umwelt begründet. Es wird wohl auch, wie der Hirnphysiologe John Eccles (1982) überzeugend klarlegt, biologisch kaum möglich sein, das Leib-Seele-Problem, das ja eng mit der Frage nach dem Gewissen zusammenhängt, zu klären. Immerhin geht er so weit, daß er von einem »selbstbewußten Geist« des Menschen schreibt, der, biologisch gesehen, zu bestimmten Gehirnteilen, die durch eine Ansammlung von Neuronen komplexe Systeme (Module) gebildet haben, Verbindung (Liaison) aufnimmt. Diese Module können aktiv oder inaktiv, d.h. offen oder geschlossen sein, wenn der »selbstbewußte Geist« versucht, mit ihnen in Kontakt zu kommen. Entsprechend dem jeweiligen Öffnungszustand erklärt und unterschiedet Eccles dann »bewußtes Denken« von »Schlaf«, »Bewußtlosigkeit« oder auch dem Tode. Der »selbstbewußte Geist« ist jedoch, so Eccles, nicht bestimmten Teilen des Gehirns gleichzusetzen oder dort zu lokalisieren. Er besitzt fundamental andere Eigenschaften, ist beispielsweise ohne räumliche Ausdehnung und dennoch mit einer Zeitdimension versehen.

Interessant sind auf diesem Hintergrund auch die Vorstellungen Eccles' zum Tod des Menschen, wenn er meint, daß es einen zentralen Kern des »selbstbewußten Geistes« geben müsse, der den Tod des Gehirns überlebe, um dann eine andere Existenz anzunehmen, die jenseits dessen liegt, was wir uns vorstellen können. Dabei handelt es sich um kaum mehr empirisch nachprüfbare Vermutungen, die jedoch, trotz der sehr eingegrenzten naturwissenschaftlichen Aussagekraft, ein interessantes Licht auf die klaren Aussagen der Bibel zum ewigen Leben werfen.

Kehren wir zurück zum Aufbau des Gehirns. Die beiden Großhirnhälften sind durch eine in der Mitte verlaufende Längsspalte nicht ganz getrennt, sondern durch das Corpus callosum, einem breiten Band sich kreuzender Fasern, verbunden. Die gefurchte Oberfläche jeder Hälfte hat Erhöhungen und Spalten. Die 1,3 bis 4,5 mm dicke Hirnrinde bedeckt die gesamte Oberfläche des Gehirns.

Der Hirnstamm, der von den Großhirnhälften und dem Kleinhirn überlagert wird, hat viele miteinander verbundene Strukturen (vgl. Abb. 7). Das verlängerte Rückenmark sitzt am unteren Ende des Hirnstamms und ist mit diesem verbunden. Es kontrolliert Herzschlag und Atmung und enthält Reflexzentren für Erbrechen, Niesen, Husten und Schlucken.

Der Pons liegt direkt über dem verlängerten Rückenmark und enthält auf- und absteigende Nervenstränge und sich überkreuzende Fasern zwischen dem Hirnstamm und dem Kleinhirn.

Das Mittelhirn, genau über dem Pons, ist ein Zentrum für Schmerz, Sehen und Hören.

Der Thalamus und der Hypothalamus sind Teile des Hirnstamms. Der Thalamus produziert bewußtes Erkennen grober und weniger kritischer Gefühle des

Schmerzes, der Temperatur und der Berührung. Er übermittelt Sinnesimpulse zur Hirnrinde und spielt eine Rolle im Zusammenhang mit den Gefühlen, indem er Sinnesimpulse mit angenehmen oder unangenehmen Empfindungen bzw. Gefühlen in Verbindung bringt. Weiterhin spielt er eine Rolle im Erregungs- und Alarmmechanismus.

Der Hypothalamus ist eines der wichtigsten Regulationszentren im Gehirn. Er reguliert Appetit, Durst, Sexualtrieb, Schlafmuster, Körpertemperatur und Gefühle.

Das Kleinhirn, der zweitgrößte Teil des Gehirns, befindet sich hinter dem Hirnstamm. Seine primäre Funktion ist die automatische Kontrolle der Körperposition und -koordination. Laufen, Greifen, Halten von Gleichgewicht usw. hängen also von der Funktion dieses Gehirnteils ab.

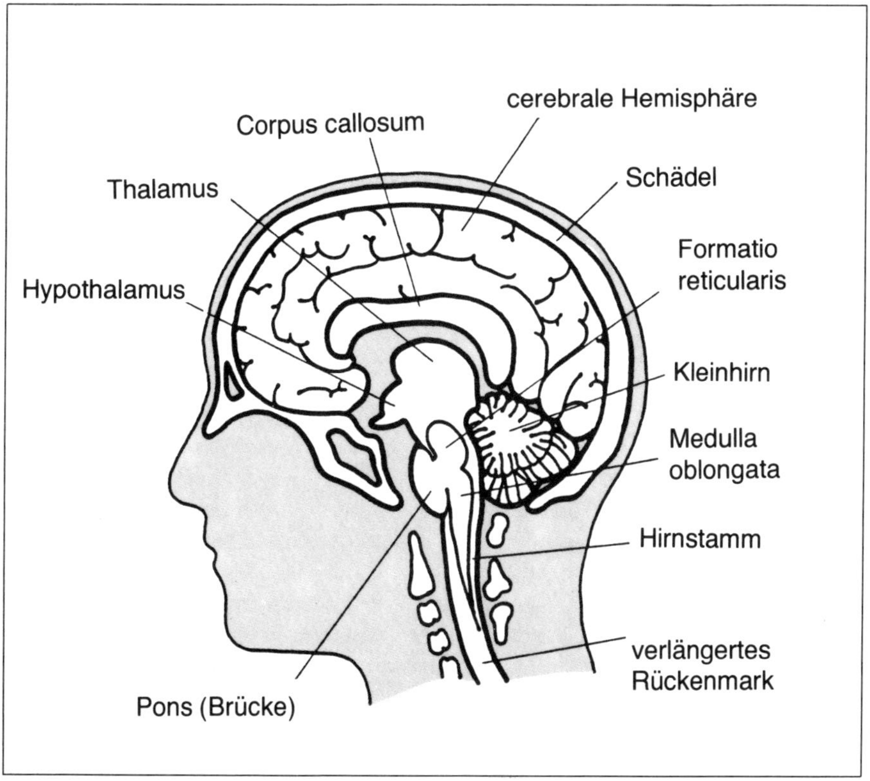

Abb. 7: Das menschliche Gehirn

Das Rückenmark, das mit dem Hirnstamm verbunden ist, verläuft durch die Mitte der Wirbelsäule mit ihren Rückenwirbeln. Es sorgt für eine Grundverbindung zwischen motorischen und sensorischen Neuronen und dient als Weg für

Nervenimpulse, die von den Körpergliedmaßen über Nervenfasern zum Gehirn abgegeben werden. Das Rückenmark ist in erster Linie ein Mittler für Reflexhandlungen, wie z.B. das schnelle Zurückziehen der Hand von einem heißen Objekt. Jede kompliziertere Handlung wird jedoch an ein höheres Hirnzentrum weitergeleitet, das periphere Nervensystem funktioniert deshalb nur teilweise durch das Rückenmark.

2.2.3 *Zur Funktion des Nervensystems*

Anatomische und physiologische Funktionen

Das periphere Nervensystem besteht aus dem somatischen und autonomen oder vegetativen (unwillkürlichen) Nervensystem.

Das somatische Nervensystem steuert in erster Linie die Nerven der Skelettmuskulatur, der Sinnesorgane und Oberflächensensibilität. Es reagiert auf Reize aus der Umwelt zumeist mit einer Flucht nach außen (Fluchtreflex).

Das autonome oder vegetative Nervensystem sorgt für die Regelung der Organfunktionen des Körpers. Es paßt sich an die jeweiligen Bedürfnisse an und kontrolliert die unwillkürlichen Muskeln von Körperorganen wie Herz, Magen und Haut sowie die verschiedenen Sekretionsdrüsen des Körpers. Es ist in das sympathische und parasympathische System unterteilt.

Die meisten unwillkürlichen Muskeln und Drüsen werden von sympathischen sowie parasympathischen Nervenfasern versorgt. Jede nimmt dabei direkt an der Kontrolle und Integration von Aktionen der Organe und Drüsen teil.

Das sympathische System ist am aktivsten, wenn es auf Streß reagiert. Sympathische Fasern leiten Impulse weiter, die den Körper auf »Kampf« oder »Flucht« vorbereiten. D.h., der Herzschlag erhöht sich, die Atmung wird schneller, die Schweißabsonderung nimmt zu, die Pupillen werden weiter, die Verdauung wird eingestellt, die Harnabsonderung wird verhindert, die Nebennierendrüsen werden stimuliert und die peripheren Blutgefäße ziehen sich zusammen.

Parasympathische Fasern leiten Impulse weiter, die gegensätzliche Veränderungen im Körper bewirken. Sie schwächen die Notreaktion ab und bringen Organe und Drüsen dazu, sich zu entspannen, um nach einer Krise zu normaler Funktion zurückzukehren. Im Kapitel über die Motivationen haben wir uns bereits ein Beispiel von der kombinierten Funktion des sympathischen und parasympathischen Nervensystems angesehen.

Neuere Erkenntnisse im Grenzbereich von Medizin und Psychologie haben gezeigt, daß bei einer ganzen Reihe von psychosomatischen Krankheitsbildern zumindest Ansätze einer Störung des menschlichen Nervensystems vorliegen. Einzelheiten zur Pubertätsmagersucht und zu bestimmten Formen der Depression können Sie den Kästen 7 und 8 entnehmen.

Kasten 7

Pubertätsmagersucht (Anorexia nervosa)

Insbesondere in unserer westlichen Wohlstandsgesellschaft tritt diese schwere Krankheit, die besonders bei jungen Mädchen zwischen 12 und 25 Jahren vorkommt (ca. 2% der entsprechenden Jahrgänge), immer häufiger auf. Bis zu 10% der Betroffenen sterben, indem sie sich »freiwillig« zu Tode hungern. Hatte man bisher eher tiefenpsychologisch fundierte Erklärungsansätze für diese Krankheit, gewinnen in jüngerer Zeit auch psychobiologische Erkenntnisse an Bedeutung.

Man findet bei physiologischen Untersuchungen zur Pubertätsmagersucht häufig einen Mangel an bestimmten Botenstoffen (Katecholaminen), die zu einer Hypersensitivität und damit zu einer starken Aktivierung des sympathischen Nervensystems führen. Um zu einem Ersatz der fehlenden Botenstoffe zu kommen, versucht der Körper des Mädchens, diese nachzubilden. Hierzu kann das chemisch ähnliche Hormon Östrogen gebraucht werden, das in ein Katechol-Östrogen umgebaut wird – jedoch damit seinerseits fehlt und typisch weibliche Funktionen (z.B. die Menstruation) nicht mehr einleiten kann.

Wenn nunmehr wieder vermehrt Katecholamine gebildet sind, wird dies als sehr angenehm empfunden.

Bedingt durch die Tatsache, daß durch den Gewichtsverlust die Umwandlung von Östrogen zu Katechol-Östrogen deutlich verstärkt, und daß dieser Vorgang im Sinne einer körpereigenen Droge als angenehm empfunden wird, verbindet sich Wohlgefühl mit Gewichtsabnahme – ein Teufelskreis ist entstanden, der in vielen Fällen mit dem Tod endet.

(Hellhammer 1983, 1987)

Kasten 8

Depressionen – Ein Erklärungsansatz auf biochemischem Hintergrund

Manche Kinder müssen von ihren Eltern immer wieder hören: »Du bist nichts wert, du hast nichts – und aus dir kann auch nichts werden.«

Die einen können dadurch depressiv werden, die anderen bleiben gesund. Wie ist dies zu erklären?

Um einen solchen seelischen Streß zu bewältigen, wird der Parasympathikus aktiviert. Eine positive Reaktion wäre es dann, sich passiv zurückzuziehen, um Kräfte zu sparen. Es gibt jedoch auch eine krankhafte Erscheinungsform, die sich auf die Überfunktion des Parasympathikus zurückführen läßt und zu einer *endogenen* Depression führen kann.

Nimmt man bei der endogenen Depression einen angeborenen Mangel des Neurotransmitters Serotonin als Botenstoff des Parasympathikus an, zeigt sich bei solchen Menschen eine deutliche Überempfindlichkeit für Serotonine.

Bei einem Ereignis, das natürlicherweise eine Serotonin-Ausschüttung bewirkt (z.B. ein Todesfall, Ortswechsel, das Gefühl der Einsamkeit usw.), wird auf diese Serotonin-Ausschüttung sehr empfindlich, d.h. in der Regel mit Depressionen reagiert.

Eine gewisse Abhilfe können hier Medikamente anbieten, die den Serotoninspiegel grundsätzlich normalisieren (L-Tryptophan).

Solche »Antidepressiva« können allerdings nicht die für eine Psychotherapie notwendige positive Emotionsgrundstimmung ersetzen oder auslösen.

Neue Forschungsergebnisse (Hellhammer 1983,1987) zeigen dennoch, daß die körperliche und damit auch psychische Situation durch bestimmte Nahrungsmittel wesentlich beeinflußt werden kann. Solche Nahrungsmittel sollten viel Tryptophan (eine Vorstufe des Neurotransmitters Serotonin) enthalten, das im Körper relativ leicht zu Serotonin umgewandelt werden kann.

Tryptophan kommt in allen eiweißhaltigen Nahrungsmitteln vor (Milch, Quark, Sojabohnen, Hüttenkäse usw.). Wichtig ist bei einer solchen »Therapie«, daß auf das Verhältnis zwischen Kohlenhydraten und Eiweiß geachtet wird: Je höher der Eiweißwert im Verhältnis zum Kohlenhydratwert ist, desto eher tritt die Wirkung des Serotonins ein.

Kohlenhydratreiche Nahrungs- und Genußmittel, wie Torten, Schokolade usw. (sog. »Vitamin B-Räuber«) sollten deshalb bei Nervosität- und Belastungsgefühlen nicht im Übermaß genossen werden.

Erklärbar wird auf diesem Hintergrund auch die schon seit eh und je bekannte Vorgehensweise, ein Glas heiße Milch mit einem Löffel Honig zu trinken,um ruhig zu werden. Milch als tryptophanhaltiges Nahrungsmittel kann den gesamten Organismus beruhigen, wenn das in ihr enthaltene Tryptophan durch die Gehirnschranke gelangen kann. Um dies zu ermöglichen, werden durch den Honigzusatz der Blutzuckerspiegel und damit der Insulinspiegel im Körper erhöht und alle dazu notwendigen chemischen Stoffe, die sich vor der Gehirnschranke aufgebaut haben, aktiviert. Die Gehirnschranke ist nun nicht mehr von anderen Stoffen belagert, so daß Tryptophan ungehindert eintreten und konzentriert wirken kann.

Das menschliche Nervensystem ist anatomisch und physiologisch sehr komplex, das zeigen schon die wenigen hier angeführten Beispiele. Heute ist man in der Forschung unsicher geworden, wenn es darum geht, eine isolierbare Reaktion des Nervensystems zu beschreiben. Man hat gemerkt, daß das Zusammenspiel zwischen den Hormonen und dem Nervensystem so komplex ist und die gegenseitigen Beeinflussungen und Wirkungen der beiden früher getrennt beobachteten Systeme aufeinander so vielfältig sind, daß man dazu übergegangen ist, Nerven- und Hormonsysteme immer mehr als eine Einheit zu betrachten. Hierbei bleibt dennoch zu beachten, daß Nervensysteme eine kürzere Reaktionszeit benötigen und Hormonsysteme eher »auf Dauer« wirken.

2.2.4 Das menschliche Bewußtsein

Die Änderung der psychologischen und physiologischen Dynamik des Gehirns kann als Bewußtsein bezeichnet werden. Damit ist eine ganz spezifische menschliche Fähigkeit gemeint: sich selbst wahrzunehmen und darüber auch zu reflektieren. Aber nicht nur die Wahrnehmung, sondern neben der Verbindung mit der Außenwelt auch die Möglichkeit, sich gespeicherter Gedächtnisspuren zu bedienen, macht das menschliche Bewußtsein zu einer so außergewöhnlichen Eigenschaft. Der Grad des Bewußtseins oder der Aufmerksamkeit hängt davon ab, wie stark man sich auf ein bestimmtes Geschehen konzentriert. Er variiert von passiv (automatisch-reflexiv) zu aktiv (willkürlich). Die Aufmerksamkeit kann sich bei akuten Gehirnerkrankungen und toxischem Stoffwechselzustand von einem Moment auf den anderen verändern. Sie variiert ebenfalls sehr dramatisch bei hyperaktiven Kindern mit womöglich minimalen Schäden (Dysfunktionen) des Gehirns. Auch Angst und Depressionen verhindern die Fähigkeit, Aufmerksamkeit aufrecht zu erhalten.

Die Aktivität des Bewußtseins kann auf einem Kontinuum zwischen höchster Wachsamkeit bis zur Bewußtlosigkeit oder zum Koma betrachtet werden.

o ————	o ————	o ————	o ————	o ————	o
volle Aufmerksamkeit	Dösen	Schlaf	Hypnose	Bewußtlosigkeit	Koma

Abb. 8: Stufen des Bewußtseins

Gerade wenn das Bewußtsein voll aufmerksam ist, kann es auch beeinflußt werden. Alle Menschen sind von außen her beeinflußbar, jedoch gibt es solche, die aufgrund ihrer Erziehungsmuster besonders leichtgläubig und vielleicht auch emotional unreif sind, die also relativ leicht zu beeinflussen sind.

Aufmerksamkeit ist ein Bewußtseinszustand, der davon abhängt, wie stark man sich auf ein bestimmtes Geschehen konzentriert.

Auch im Zustand der vollen Aufmerksamkeit kann es gelegentlich zu Dissoziationen kommen. Es handelt sich dabei um kurze Zeitspannen, in denen Menschen aus der Realität entfliehen, u.a. auch deshalb, weil eine unerwünschte Aufgabe dann nicht mehr existent ist, ein Termin »vergessen« werden kann usw.

Eine Fremdbestimmung des Bewußtseins wird durch Hypnose möglich. Der Patient wendet hierbei alle Aufmerksamkeit dem Hypnotiseur zu, der durch bestimmte Techniken die Phantasie des Patienten dazu benutzt, daß dieser sich willig in einen tranceähnlichen Zustand erhöhter Beeinflußbarkeit begibt.

Der *Schlaf* ist eine der interessantesten Variationen des Bewußtseins, deshalb wollen wir ihm ein besonderes Kapitel widmen.

Schlaf und Schlafstörungen

Schlafen und Wachen gehören zum normalen Lebensvollzug des Menschen. Während des Schlafes ist jedoch das Gehirn nicht abgeschaltet, sondern arbeitet ebenso intensiv an der Erhaltung des Lebens wie in den Wachzuständen. Es weckt uns beispielsweise bei lebensgefährlichen Situationen, steuert und kontrolliert die Organleistungen, die für die Erhaltung des Lebens unerläßlich sind, usw.

Genauere Untersuchungen zum Schlafrhythmus haben gezeigt, daß man keinesfalls von einem »gleichmäßigen« Schlaf ausgehen darf. In modernen Labors ist es möglich, die Hirnstromkurve, die Augenbewegungen und die Muskelspannungen während der ganzen Nacht aufzuzeichnen. Bei diesen Untersuchungen konnten deutlich verschiedene Stufen des Schlafes nachgewiesen werden, die im Laufe der Nacht einem bestimmten Ablauf folgen.

Man fand neben dem Wachzustand den Zustand des Halbschlafes, den des leichten und unruhigen Schlafes (oft mit unrealistischen und wiederkehrenden Gedanken verbunden) sowie zwei weitere Schlafzustände, die ein verschiedenes Ausmaß des Tiefschlafes darstellen, in denen man kaum träumt und aus denen man auch nur schwer zu wecken ist.

Man kann diese verschiedenen Schlafzustände mit Meßinstrumenten genau feststellen und beispielsweise an den Hirnstromkurven des Elektroenzephalogramms (EEG) erkennen, in welchem der vier Schlafzustände man sich befindet.

Im ersten Stadium des Schlafes werden die Gehirnwellen unregelmäßig, die Herzphase wird langsamer, die Muskeln entspannen sich.

Im zweiten Stadium ist der Schlaf tiefer und zeigt charakteristische »Schlafspindeln« (vgl. Abb. 9).

Im dritten Stadium ist der Schlaf noch tiefer. Allerdings sind die Spindeln jetzt verschwunden und es setzt eine langsamere Wellenaktivität ein.

Im vierten Stadium ist der Schlaf am tiefsten und zeigt, wie in Phase drei, langsame Wellen mit hoher Amplitude (»Delta-Wellen«), die sich im EEG leicht nachweisen lassen. Über 50 % beträgt der Anteil dieser Art der Gehirnströme in der 4. Phase des Schlafes, die in Abständen von 15 bis 20 Minuten in den ersten vier Stunden auftritt.

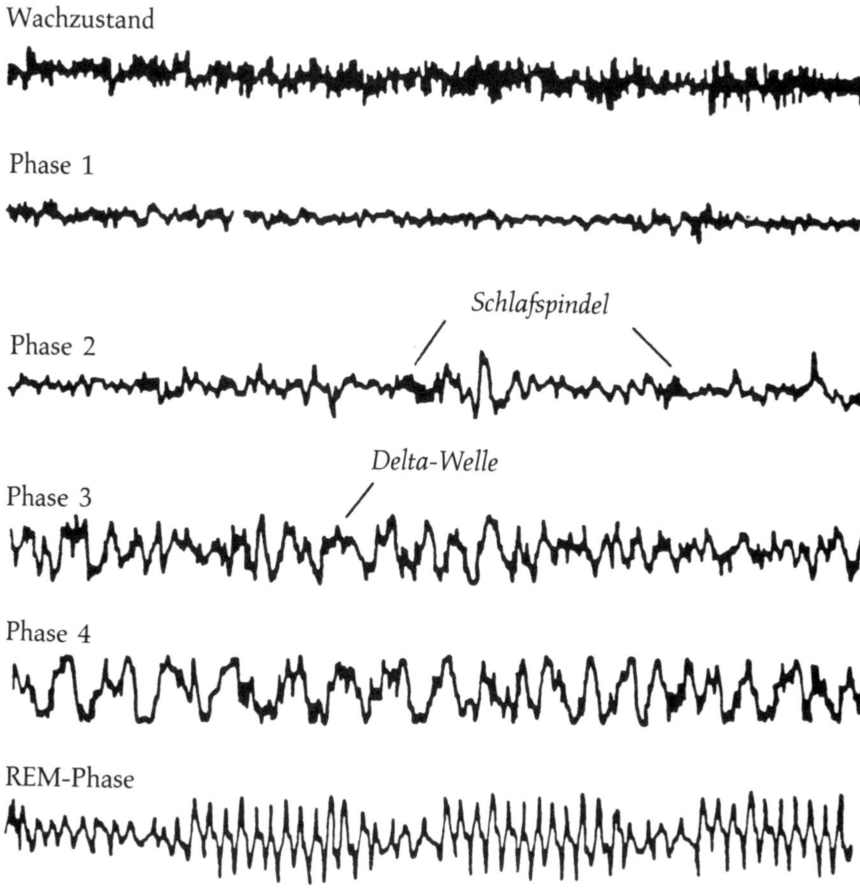

Abb. 9: Gehirnstromkurven bei verschiedenen Schlafzuständen

Am Ende einer Tiefschlafphase wechselt der Schläfer in einen anderen Zustand, den »REM-Schlaf«, der durch das rasche Bewegen der Augen (Rapid Eye Movement) nachgewiesen werden kann, über. Jetzt zeigt sich eine deutliche Gehirnaktivität, verbunden mit lebhaften Träumen.

Wenn ein Schlafender aus dem REM-Zustand geweckt wird, kann er von seinem Traum erzählen, häufig jedoch hat er ihn bis zum Aufwachen wieder vergessen. Da in aller Regel in jeder Nacht einige REM-Phasen durchlaufen werden, merkt man sich, wenn überhaupt, zumeist nur den letzten Traum.

Schlaf- und Traummuster verändern sich bei Angstzuständen und depressiven Störungen. Es ist jedoch gefährlich, auf dem Hintergrund von Traumdeutungen (auch wenn dies von Freud als der »Königsweg zum Unbewußten« gesehen wurde) auf das Befinden des Menschen zu schließen und von dorther auch die therapeutischen Ansätze zu wählen. Träume könnten, wie einige amerikanische Forscher meinen (Crick 1983), auch dazu dienen, daß Erinnerungen, die sinnlos und mit dem rationalen Denken nicht in Einklang zu bringen sind, verlernt oder gelöscht werden.

Immer wieder fragen Menschen, wieviel Schlaf man denn brauche, um gesund zu bleiben, und führen dann Beispiele von extremen Kurz- bzw. Langschläfern an. Hier kann man jedoch keine allgemeingültige Antwort geben, denn jeder Mensch hat seine individuelle Schlafdauer, die in aller Regel vererbt wurde.

Was die Erholungswirkung anlangt, so gibt es einige empirische Befunde, die darauf hinauslaufen, daß je nach Alter mindestens 16 bis 21 % Tiefschlaf (Phase 3 und 4) und 18 bis 25 % REM-Schlaf während des gesamten Schlafzyklus vorhanden sein sollten.

Normal ist auch, daß sich im Laufe eines gesunden Schlafes die Tiefschlaf-REM-Zyklen vier- bis sechsmal wiederholen. Jeder dieser Zyklen ist zwischen einer und eineinhalb Stunden lang. Von Zyklus zu Zyklus nimmt die Schlaftiefe ab und die Dauer der REM-Phasen (bei jüngeren Erwachsenen) zu.

Häufig versuchen schlafgestörte Menschen ihrem Zustand durch Schlafmittel abzuhelfen und den Schlaf damit zu erzwingen. Hatte man früher hierzu Barbiturate eingesetzt, sind es heute eher die Psychopharmaka (Benzodiazepine wie Tavor, Adumbran, Valium usw.), die als wirksame Einschlafhilfen verordnet werden. Tatsächlich helfen solche Medikamente häufig zu einem besseren Einschlafen, weil sie durch ein »Aufhellen der Psyche« entkrampfen. Für kurze Zeit mag ein solches Vorgehen richtig sein. Schlafforscher konnten allerdings nachweisen, daß bereits nach wenigen Wochen des Gebrauchs der Benzodiazepine deren »einschläfernde Wirkung« deutlich abnimmt und die Dosis deshalb vergrößert werden muß. Zudem zeigen sich beim Absetzen des Medikamentes deutliche Entzugserscheinungen. Man fühlt sich roh und verwundet, zittert, schwitzt, die Gliedmaßen schmerzen, Angst überfällt einen, der Kopf tut weh, man kann nicht mehr richtig denken. Die Nächte werden immer schlimmer – und so greifen die meisten Menschen dann doch wieder zu den »rosafarbenen« Pillen – ein unheilsamer Kreislauf hat sich verfestigt.

Praktische Hilfen bei Schlafstörungen

Wenn die nachfolgend genannten Hilfen kaum Wirkung zeigen, sollten Sie sich an einen Facharzt wenden. Es könnte dann sein, daß Ihre Schlafstörungen eine tieferliegende körperliche Ursache haben.

Zuerst einmal sollten Sie, sofern Sie für sich selbst die Diagnose »Schlafstörung« gestellt haben, überprüfen, ob diese Diagnose überhaupt richtig ist. Es ist hilfreich, wenn Sie hierzu über einen Zeitraum von ein bis zwei Wochen ein

»Schlafprotokoll« führen, in das Sie immer frühmorgens die Schlafzeiten der vergangenen Nacht eintragen. Dabei werden Sie womöglich entdecken, daß sich die Eintragungen von Tag zu Tag ändern und vielleicht auch feststellen, daß Sie das Protokoll gar nicht genau führen können, weil Sie um die Zeiten nicht wissen. Dies wäre dann ein erstes Zeichen, daß es vielleicht doch gar nicht so schlecht mit Ihrem Schlaf bestellt ist ...

Wenn Sie eine Zeitlang Ihr Schlafprotokoll geführt haben, werden Sie sehr schnell zwischen »guten« und »schlechten« Nächten unterscheiden können und Sie werden vielleicht auch einen Zusammenhang zwischen einzelnen Aktivitäten des Tages oder am Abend und möglichen Störungen beim Schlaf feststellen – und diese unerwünschten Gewohnheiten dann abstellen können.

In aller Regel kann man feststellen, daß Schlafstörungen selten einen eindeutig biologischen Hintergrund haben. Zumeist sind es die unbewältigten Probleme und Schwierigkeiten des Alltags, die Sie nicht einschlafen lassen.

Im Kasten 9 finden Sie eine ganze Reihe von Möglichkeiten, den gestörten Schlaf wieder zu normaliseren.

Kasten 9

Mit Schlafstörungen fertig werden

- Besprechen Sie im Gebet alle Sorgen und Nöte des Tages mit Jesus Christus. In der Bibel steht nicht umsonst: »Alle Sorgen werfet auf ihn« (1. Petr. 5,7). Sie dürfen dieses Gebet, d.h. das Ablegen der Last, gerne auch laut sprechen.
- Denken Sie daran, daß schlaflose Nächte ein Geschenk Gottes sein können. Sie haben jetzt sehr viel Zeit zur Fürbitte, können alle Freunde und Bekannten, aber auch die Menschen, die Ihnen Schwierigkeiten machen, im Gebet vor Gott bringen. Sie dürfen sogar über diesem Gebet einschlafen ...
- Sie sollten sich niemals bemühen, mit aller Kraft Ihres Willens den Schlaf zu erzwingen. Dadurch werden Sie das Einschlafen mit Sicherheit verhindern. Viktor Frankl (1983) hat mit seiner Therapie der »paradoxen Intentionen« gezeigt, daß es hilfreich sein kann, gerade das Gegenteil dessen zu denken, was man eigentlich vorhat. Bezogen auf das Einschlafen würde die paradoxe Intention dann lauten: »Ich muß doch gar nicht schlafen« oder vielleicht sogar »Ich darf nicht einschlafen« ... Mit einer solchen Denkweise lenken Sie sich von einem zwanghaften Verhalten ab. Schlaf hat dann nicht mehr die allergrößte Wichtigkeit für Sie.
- Wenn die schweren und mit Sorgen beladenen Gedanken immer wieder zurückkommen wollen, dann sollten Sie die Methode des Gedan-

kenstopps (Fliegel 1981) einführen. Hierzu gehört beispielsweise, daß Sie Gedanken wie: »Wenn ich jetzt nicht schlafe, kann ich morgen nicht arbeiten« blockieren. Sagen Sie einfach zu sich selbst »Stopp« oder »Schluß mit dieser alten Leier« und denken Sie, während Sie dies aussprechen, an fröhliche Episoden Ihres Lebens.

- Lassen Sie den Mittagsschlaf bzw. jeden Schlaf außerhalb der Nachtzeiten ausfallen.
- Für die meisten Menschen liegt die günstigste Temperatur im Schlafraum bei 13 Grad Celsius.
- Ein Fußbad, das für warme Füße sorgt, kann das Einschlafen fördern. Auch Wassertreten vor dem Zubettgehen beruhigt.
- Es gibt eine ganze Reihe bekannter pflanzlicher Mittel gegen »zu leichten Schlaf«, die mit Wirkstoffen der Valeriansäure, Hyppericum usw. hergestellt sind und die Sie in jeder Apotheke rezeptfrei beziehen können. Man kann auch mit den bekannten schlaffördernden Kräutern Tee zubereiten. Bewährt haben sich hierzu Baldrian, Basilikum, Benediktinen-Distel, Hopfen, Lavendel, Melisse.
- Seit geraumer Zeit wird in Fachkreisen diskutiert, ob nicht die Neurotransmittersubstanzen des Gehirns, und hier insbesondere das Serotonin, eine Schlüsselstellung für den Schlaf-Wachrhythmus einnehmen. Eine Störung oder Hemmung der Serotonin-Biosynthese führt zu Schlafstörungen, eine Erhöhung zu Schläfrigkeit. Eine neuere Untersuchung hat gezeigt, daß bei knapp 60 % der untersuchten Bevölkerung durch gezielte Zugabe von L-Tryptophan eine nachweisbare Verkürzung der Einschlafzeit auftrat. Weil bei einigen Patienten Nebenwirkungen auftraten, wurde das Medikament im Jahre 1990 aus dem Verkehr gezogen. Mit hoher Wahrscheinlichkeit ist davon auszugehen, daß es sich um Herstellungsfehler gehandelt hat, so daß in absehbarer Zeit verbesserte »natürliche« Substanzen wieder frei käuflich sein werden. Sie haben – im Gegensatz zum Suchtpotential der Benzodiazepine (z.B. Valium) – keinen Gewöhnungseffekt und führen auch nicht zu der Müdigkeit und Benommenheit, die viele der »klassischen« Schlafmittel (auf Brombasis) auf folgenden Tag hervorrufen.

Immer wieder wird deutlich, daß Schlafstörungen mit körperlichen oder seelischen Verspannungen zusammenhängen. Nachfolgend werden deshalb einige Möglichkeiten zur Entspannung beschrieben – die Sie immer dann hilfreich einsetzen können, wenn es keine direkt biologischen Ursachen für die Schlafstörung gibt.

1. Sie werden ruhig, entspannt – und können deshalb dann auch besser einschlafen, wenn Sie das Leben Davids bedenken. Er hatte erfahren, was es bedeutet, mit Lasten zu leben, wenn er ausrief: »Als ich es wollte verschweigen, verschmachteten meine Gebeine durch mein tägliches Klagen« (Psalm 32,3). Wichtig ist es, daß Sie jeden Abend die Schuld des Tages bekennen und die Vergebung

Christi in Anspruch nehmen. Dann können Sie im wahren Sinne »sorglos« in den neuen Tag gehen. – Vielleicht denken Sie, wenn Gedanken auf Sie einstürmen, die Sie auch noch nachts zum Arbeiten bringen wollen, an das Bibelwort: »Alles hat seine Zeit und alles Vorhaben unter dem Himmel hat seine Stunde« (Prediger 3,1).

2. Wenn Sie bereits am Vorabend die Planungen für den nächsten Tag vorgenommen – und hierbei auch Freiräume gelassen – haben, dann werden Sie feststellen, daß Sie mit größerer Ruhe und Sicherheit in die Nacht gehen können.

3. Auch die Abendmeditation kann eine gute Voraussetzung für gesunden Schlaf sein. Geben Sie alles, was Ihnen im Augenblick Not und Unruhe macht, was Sie in Verspannung führt, einfach an Jesus Christus ab. Und werden Sie stille über dem Wort Jesu: »Ruhet ein wenig« (Mark. 6,31). Atmen Sie ruhig, während Sie über diesem Wort sinnen. Lassen Sie keine anderen Gedanken zu. Versuchen Sie in aller Ruhe zu atmen. Konzentrieren Sie sich auf Ihren Atem. Spüren Sie das Kühlerwerden der Nase während Sie einatmen, und versuchen Sie im Augenblick gar nichts mehr, als diese Kühle zu registrieren. Lassen Sie dann den Atem ausströmen, bis er kaum mehr spürbar ist. Danach schließt sich eine kleine Pause an. Eine Phase der inneren Entspannung. Und jetzt atmen Sie weiter.

4. Auch Musik kann zum besseren Einschlafen eingesetzt werden. Ein so berühmter Musiker wie J.S. Bach hat beispielsweise die »Goldberg-Variationen« ja geradezu als »Einschlafhilfe« komponiert. – Man kann auch Atemübungen mit Musik verbinden. Lassen Sie hierzu die entsprechende Cassette mit Entspannungsmusik abspielen (Dieterich, Jörg 1988) und atmen dazu ganz regelmäßig, immer im Rhythmus von vier Schlägen:

- einatmen
- Pause machen
- ausatmen
- Pause machen.

Nach einer halben Stunde wird sich die Cassette von alleine ausschalten – und vielleicht merken Sie dies gar nicht mehr ...

2.3 Wie wir lernen

Während man im Volksmund oftmals vom »Geist des Menschen« oder noch einfacher von seiner »Intelligenz« spricht, wird von psychologischer Seite eine genauere Differenzierung vorgenommen. Lernen, Denken, Gedächtnis und Intelligenz werden dort als die »kognitiven« Fähigkeiten des Menschen beschrieben.

Eine solche differenzierte Beschreibung erweckt den Eindruck, daß man die einzelnen Fähigkeiten eindeutig gegeneinander abgrenzen könne, dem ist aber nicht so (Roth u.a. 1975). Eher muß man davon ausgehen, daß die kognitiven Fähigkeiten des Menschen zusammenwirken, wie dies in der Abbildung 10 dargestellt ist.

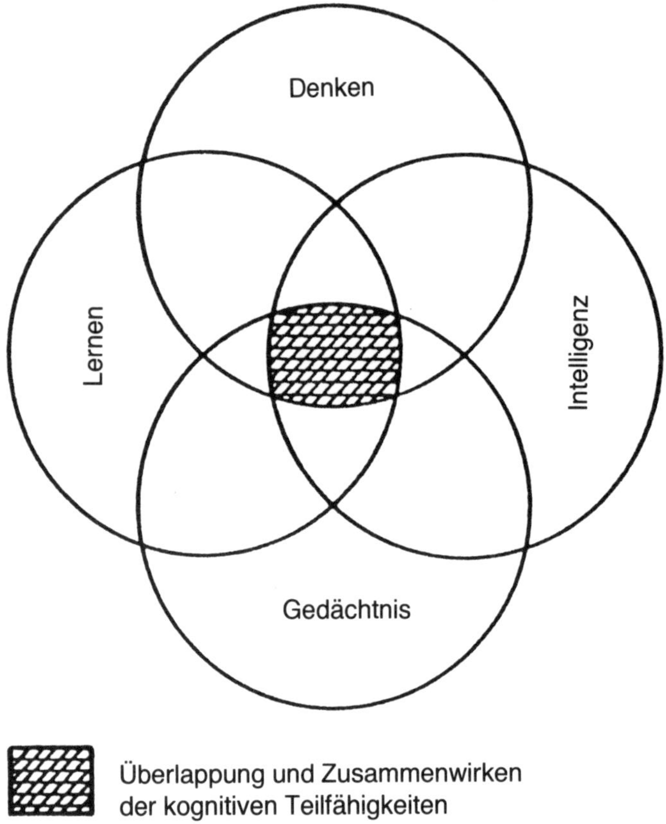

Abb. 10: Zusammenhang der kognitiven Fähigkeiten des Menschen

Anhand der Abbildung 10 wird, wenn man sie vom Rand herkommend betrachtet, deutlich, daß zwar bei einer ersten und oberflächlichen Beurteilung wesentliche Unterschiede zwischen den einzelnen kognitiven Fähigkeiten bestehen. D.h., man kann Denken, Intelligenz, Gedächtnis und Lernen durchaus getrennt beobachten und wissenschaftlich beschreiben – je intensiver man sich aber mit diesen Teilfähigkeiten beschäftigt, umso mehr überlappen sie sich (vgl. die überlappende Schnittmenge in der Abb. 10). Vielleicht kann man sogar dieses »Innerste« als den nicht direkt materiell nachweisbaren, aber in seinem Zusammenwirken durchaus aktiven Bereich des »menschlichen Geistes« verstehen bzw. mit den weiter vorne beschriebenen Erkenntnissen moderner neurophysiologischer Untersuchungsmethoden als den »selbstbewußten Geist« im Sinne von J. Eccles deuten.

Wenn Paulus in Römer 8,16 davon schreibt, daß der Geist Gottes unserem menschlichen Geist Zeugnis gibt, müssen wir davon ausgehen, daß mit dem neutestamentlichen Wort »Geist« sowohl das Denken (im Sinne von Erkennen, Verstehen und Urteilen) als auch das Fühlen des Menschen mitschwingt. Auf diesem Hintergrund ist es wichtig, sich über die Funktionsweise des menschlichen Geistes zu informieren.

Im nachfolgenden Kapitel wird zuerst das Lernen als eine der wichtigen kognitiven Teilfähigkeiten behandelt.

Sicherlich haben Sie eine ganz persönliche Meinung über das, was man als »Lernen« bezeichnet. In den Fachwissenschaften muß jedoch präziser definiert werden, und so versteht man in der Psychologie unter Lernen das Ergebnis von »relativ überdauernden Änderungen des Verhaltens, die auf Erfahrungen zurückgehen«. Mit dieser Umschreibung werden kurzfristige Änderungen (z.B. Ermüdung usw.) und solche, die auf bestimmte strukturelle Veränderungen des Zentralnervensystems (ZNS) zurückgehen, wie z.B. Reifung oder Altern, ausgeschlossen.

Sofort nach der Geburt, ja schon vorher, beginnen wir zu lernen: Gesichtsbewegungen, später Laufen, Rennen, Schreiben usw. Wir lernen mit der Sprache umzugehen und abstrakte, mathematische Symbole zu handhaben. Wir lernen aber auch soziales Verhalten, d.h., uns mit anderen Menschen auseinanderzusetzen, unsere Gefühle zu steuern usw. Immer wieder hat man den Menschen deshalb auch als den »homo educandus«, d.h. den fortwährend zu erziehenden Menschen gesehen, und ihn damit deutlich von den Tieren abgegrenzt. Tatsächlich ist es so, daß Tieren ihre Instinkte angeboren und sie nur in der ersten Zeit ihres Lebens neugierig sind und lernen – während der Mensch dies sein ganzes Leben lang tun kann. Deshalb sind auch seine Wesenszüge (bzw. sein »Charakter«) nicht statisch zu sehen, sondern veränderlich und dynamisch – d.h. es bleibt immer die Möglichkeit einer Änderung offen.

Auch in der Bibel wird das Lernen häufig angesprochen und ist eine grundlegende und wichtige Dimension, die Gott dem Menschen bei der Erschaffung geschenkt hat. Selbst die Vertiefung in Gottes Wort hat etwas mit Lernen zu tun. Wir lernen dadurch besser zu verstehen, daß wir von Gott getrennt und erlösungsbedürftig sind, und daß durch Jesus Christus das Heil in die Welt gekommen ist.

Wie gehen Lernprozesse überhaupt vor sich?
Lernforscher haben uns gezeigt, daß sich in einer Grobeinteilung vier verschiedene Lernmodelle darstellen lassen. Hierzu gehört:

1. Lernen durch klassische Konditionierung,
2. Lernen durch operante Konditionierung,
3. soziales Lernen bzw. Lernen durch Nachahmung,
4. Lernen durch Einsicht.

Insbesondere die letztgenannte Art des Lernens ist so eng mit dem Denken und der Intelligenz verbunden, daß sie in einem gesonderten Kapitel beschrieben wird.

2.3.1 Lernen durch klassische Konditionierung

Iwan Pawlow, ein russischer Physiologe, erhielt 1904 den Nobelpreis für seine Untersuchungen, die den Zusammenhang zwischen dem Nervensystem und der Verdauung beschrieben. Der »Pawlow'sche Hund« ist als Musterbeispiel für die klassische Konditionierung in die Geschichte eingegangen. Die Einzelheiten dazu können Sie dem Kasten 10 entnehmen.

Kasten 10

Klassische Konditionierung

Pawlow entdeckte, daß Hunde immer dann Speichel absonderten, wenn man ihnen Nahrung in den Mund einführte. Dieses Verhalten muß vom Hund nicht erlernt werden, seine Reaktion auf Futter ist bereits von Geburt an programmiert. Wenn man nunmehr über eine gewisse Zeit hinweg zusammen mit dem Nahrungsangebot, einen Glockenton anschlug, zeigte sich, daß der Hund im Laufe der Zeit beim Glockenklang auch ohne Nahrung fast genausoviel Speichel absonderte wie bei der Darbietung des Nahrungsmittels alleine. Pawlow schloß aus diesen Zusammenhängen, daß das Tier gelernt hatte, den Klang der Glocke mit dem Reiz des Nahrungsmittels zu verbinden (d.h. zu konditionieren). Man konnte demnach mit der Glocke den Hund soweit bringen, daß er jetzt »wußte«, daß er gefüttert werden sollte.

Abb 11: Versuchsanordnung zur klassischen Konditionierung

In der Fachsprache der Lernforscher geht man von bestimmten Reizen, die Reaktionen verursachen, aus. Die Nahrung des Hundes würde man in dieser Fachsprache als »nichtbedingten Reiz« bezeichnen, da sie die natürliche Eigenschaft besitzt, eine instinktive, d.h. »nichtbedingte Reaktion« hervorzurufen.

Der Glockenton hingegen ist ein bedingter oder konditionierender Reiz, weil die Fähigkeit dieses Tones, Speichelabsonderung hervorzurufen, davon abhängig ist, daß er zusammen mit dem Essen auftritt.

Nachdem beide Reizeindrücke oft genug zusammen angeboten wurden, wird aus dem Ton ein bedingter Reiz und die Speichelabgabe eine bedingte Reaktion.

Pawlow hat bei seinen Experimenten bald gemerkt, daß solche bedingten Reaktionen verhältnismäßig leicht herbeizuführen sind – aber auch genauso schnell wieder verlernt werden: Nachdem eine Verbindung zwischen dem Glockenton und der Speichelabsonderung hergestellt worden war, wiederholte er den Ton mehrmals, ohne den Hund zu füttern. Das Tier sonderte dabei immer weniger Speichel ab, bis die bedingte Reaktion, d.h. die Speichelabsonderung, beim Klang des Tones schließlich aufhörte. Etwas später, als der Ton wieder mit Nahrung für eine zweite Serie von Trainingsversuchen zusammengebracht wurde, trat die Reaktion der Speichelabsonderung zum Klang der Glocke viel schneller ein als beim ersten Mal. Pawlow beobachtete auch, daß die Konditionierung dann am wirkungsvollsten war, wenn der Ton kurz vor der Futterabgabe erfolgte, wobei eine halbe Sekunde der optimale Abstand war.

Pawlow untersuchte bei seinen Hunden auch die sogenannte »aversive« Form der Konditionierung. Dabei benutzte er einen elektrischen Impuls an der Pfote des Hundes als nichtbedingten Reiz, das Zurückziehen des Beines als nichtbedingte Reaktion und eine Vielzahl von Klängen und visuellen Angeboten als bedingte Reize. Dem Tier wurde dabei ein Geschirr angelegt, so daß es den Schmerzen durch den elektrischen Impuls nicht entgehen konnte.

Mit diesem abschreckenden Versuch konnte Pawlow nachweisen, daß das Tier auf die elektrischen Reize nicht nur mit einer Beugung des Beines reagierte, sondern auch mit einer ganz allgemeinen Angstreaktion. So riefen nach einiger Zeit alle bedingten Reize, die den nichtbedingten vorangingen (also beispielsweise der Ton einer Glocke, ein bestimmter Geruch oder auch nur das Bild einer Katze), Angstzustände beim Hund hervor.

Man kann natürlich aus den Ergebnissen solcher Tierversuche nicht zwingend auf dasselbe Verhalten beim Menschen schließen. Jedoch ergeben sich einige Anhaltspunkte, z.B. daß manche nicht erklärbare Angst evtl. im Sinne einer klassischen Konditionierung gelernt sein könnte.

Immer wieder erlebt man in der therapeutischen Beratung, daß Menschen bei scheinbar harmlosen Dingen wie Insekten, einem Tierfell, bestimmten Farben, Haaren usw. in panikartige Angstzustände geraten. Auch Worte und Symbole, die mit bedeutsamen Ereignissen assoziiert werden, können zum Ersatz dieser Ereignisse werden und rufen dann die gleiche Reaktion hervor wie die Ereignisse selbst. Das im Kasten 11 beschriebene kleine Beispiel macht deutlich, wie unangemessene Angstzustände durch klassische Konditionierung entstehen können.

Kasten 11

Wie man zur Furcht vor Erdbeeren kommen kann

Der kleine Fritz hat mit seinen fünf Jahren schon gelernt, daß immer dann, wenn seine Mama laut aufschreit, Gefahr im Anzug ist.

Die Mutter ist aus irgendwelchen Gründen im Laufe ihres Lebens zu der Meinung gelangt, daß der Genuß von Erdbeeren für sie gesundheitsschädigend ist, weil er bei ihr zu einer allergischen Reaktion führt.

Fritz spielt zusammen mit seinen Freunden im Garten und genießt auch die Erdbeeren, die dort wachsen. Und sie schmecken tatsächlich gut, er hatte auf diesen Genuß bisher zu Hause verzichten müssen. Sie rufen auch keine Allergie hervor . . .

Plötzlich sieht die Mutter das Erbeeren essende Kind. Sie rennt in den Garten und schreit so laut sie kann . . . Dieses Verhalten könnte der erste Schritt dazu sein, daß auch der größer gewordene Fritz, oder später auch der erwachsen gewordene Mann immer dann, wenn er Erdbeeren sieht, Angstgefühle bekommt und keinesfalls dazu zu bewegen ist, solche Beeren zu essen.

Merkmale der klassischen Konditionierung

Die bisher beschriebenen Beispiele und Hintergründe des Lernens durch klassische Konditionierung lassen sich anhand einiger Merkmale zusammenfassen.

Generalisierung
Ist ein zweiter Reiz dem ersten ähnlich, dann ruft er auch eine ähnliche bedingte Reaktion hervor. Bei den Experimenten mit dem »Pawlow'schen Hund« würde dies bedeuten, daß, wenn der Hund gelernt hat, auf den Glockenton mit Speichelfluß zu reagieren, er auch dann reagiert, wenn ein andersartiger Ton angeschlagen wird. Meistens ist die bedingte Reaktion umso stärker, je ähnlicher der zweite dem ursprünglichen Reiz ist. Andererseits muß der Organismus aber auch lernen, zwischen relevanten und irrelevanten bedingten Reizen zu differenzieren, d.h., daß eine Reaktion auf Reize, die nicht mit dem unkonditionierten Reizereignis in Verbindung gebracht werden können, unterbunden wird.

So gesehen steht die Differenzierung über der Generalisierung beim Erlernen im Sinne der klassischen Konditionierung. Genauer ausgedrückt bedeutet dies, je mehr sich ein Signal von einem anderen unterscheiden läßt, umso schneller wird dieser Reiz identifiziert und beachtet. Steht man z.B. unter der Dusche, wird eine Verbindung zwischen dem Abfall des Wasserdrucks und darausfolgendem, heißeren Wasser schneller erlernt, wenn die Veränderung des Wasserdrucks deutlich ist und die Temperatur stärker ansteigt.

Löschung (Extinktion)
Löschen ist eine Art des Vergessens. Wenn ein bedingter Reiz keine Gefahr oder keinen Nutzen mehr zeigt, ist eine weitere Reaktion nicht dienlich. Sie sollte verlernt werden – und dies geschieht sozusagen automatisch dadurch, daß immer dann, wenn die Darbietung des bedingten Reizes wiederholt nicht mehr von einem nichtbedingten Reiz begleitet wird. Dann wird auch die bedingte Reaktion schwächer und erlöscht schließlich ganz. Während der Zeit, die erforderlich ist, um die bedingte Reaktion auszulöschen, kann eine anfängliche Abnahme in der Reaktionsrate von einer plötzlich angestiegenen Reaktion, der spontanen Wiederentdeckung, gefolgt werden. Bei weiteren Auslöschungsversuchen wird die bedingte Reaktion jedoch immer schwächer.

Wenn man durch »Löschung« ein bestimmtes Verhalten verlernen kann, bleibt natürlich die Frage offen, warum bei vielen Menschen dennoch ihre starken irrationalen Ängste so lange bestehen bleiben, wo doch der Reiz längst verschwunden ist.

Kasten 12

Klassische Konditionierung auch bei der Entstehung einer Sucht?

Es gibt selten süchtige Menschen, die ausschließlich auf dem Hintergrund der klassischen Konditionierung das Suchtverhalten erlernt haben. Dennoch kann sie zumindest teilweise zur Erklärung mit herangezogen werden.

Wie schon im Kapitel zu den Motivationen beschrieben, haben z.B. übergewichtige Menschen oft gelernt zu essen, wenn sie gar nicht hungrig sind. Der Anblick von Essen, Bilder von Nahrungsmitteln, der Anblick anderer Menschen, die auch essen, selbst die Umgebung, in der sie normalerweise essen, werden damit zu bedingten Reizen für Übergewichtige.

Ein verhaltenstherapeutisches Programm zur Verringerung solcher Abhängigkeiten ist dadurch gegeben, daß die bedingten Assoziationen auch abgebaut werden bzw. teilweise auch aversiv belegt werden. Auf diesem Hintergrund kann die Nahrungsaufnahme an einem anderen Ort, zu anderen Zeiten, oder das Ablegen erlernter Eßgewohnheiten (z.B. Mittagessen mit Teelöffel) eine wirkungsvolle Behandlung sein.

Auf dem Hintergrund der klassischen Konditionierung kann auch verstanden werden, daß für alkoholkranke Menschen bereits der Geschmack von wenig Wein (z.B. beim Abendmahl) oder Bier – aber auch schon der Besuch von Orten, die mit der Sucht in Verbindung stehen, zu Reizen für ein Wiederaufleben des Suchtverhaltens werden können.

Eine mögliche Antwort darauf ist, daß Menschen dazu neigen, Situationen zu vermeiden, in denen das, was sie fürchten, auftreten kann; z.B. Schlangen, Mäuse oder Prüfungen. Wenn Menschen flüchten, sobald das gefürchtete Objekt oder die gefürchtete Situation auftaucht, haben sie niemals die Chance zu lernen, daß die Situation nicht unbedingt Gefahr signalisiert.

Wenn z.B. ein Kind in der Grundschule Fehlschläge hinnehmen mußte, hat es wahrscheinlich Angst, daß es im Gymnasium niemals Erfolg haben wird. Um eine derartige Angstreaktion auszulöschen, müssen die Bedingungen so arrangiert werden, daß der Einzelne die Erfahrung machen kann, daß auf den bedingten Reiz nicht Gefahr oder Schaden folgen. Noch besser ist es, wenn dem Reiz ein angenehmes Ereignis folgt und damit eine sog. »Gegenkonditionierung« stattfindet. Weiter Einzelheiten finden sich im Kapitel 5.3.

2.3.2 Lernen durch operante (instrumentelle) Konditionierung

Neben dem insbesondere von Pawlow erforschten Lernen durch klassisches Konditionieren kennen wir als zweite Lernmöglichkeit das instrumentelle oder operante Konditionieren.

Hier war es besonderes der amerikanische Psychologe E. L. Thorndike (1874-1949), der wichtige Entwicklungsleistungen lieferte. Auch er arbeitete mit Tieren und konnte zeigen, daß durch entsprechende Belohnung ein bisher nur unsystematisch ausgeübtes Verhalten zunehmend systematischer, d.h. erlernt wurde.

Thorndikes Experimente zur operanten Konditionierung

Thorndike untersuchte das Lernvermögen von Tieren, indem er Katzen in sog. »Rätselkisten« setzte. Wenn das Tier herausfand, wie die Kiste zu öffnen war und es entweichen konnte, wurde es mit Futter belohnt.

Zuerst zeigten die Tiere ein eher zufälliges Verhalten, d. h., die Katzen leckten, miauten, versuchten sich durch das Gitter zu zwängen oder die Gitterstäbe zu zerbeißen. Zufällig stieß eine der Katzen gegen den Schnappriegel und die Tür war damit geöffnet – sie konnte entweichen. Wenn die Katze das nächste Mal in die Kiste gesetzt wurde, zeigte sie einen Teil des zufälligen Verhaltens wie bisher – aber schließlich stieß sie doch wieder an den Schnappriegel und entkam. Nach mehreren Versuchen verbrachte die Katze immer mehr Zeit in der Nähe des Riegels und konnte die Kiste immer schneller verlassen. Schließlich hatte die Katze erlernt, was sie tun mußte: Sobald man sie in die Kiste setzte, öffnete sie den Schnappriegel und konnte nach außen entfliehen.

Während ein Forscher bei der klassischen Konditionierung die Reaktion, wann immer er es wünschte, erreichen konnte, indem er den nichtbedingten Reiz präsentierte, um eine neue Verbindung zwischen dem bedingten Reiz und der bedingten Reaktion zu bilden, benutzt er bei der instrumentellen Konditionierung eine Reaktion, die die Versuchsperson schon gezeigt hat, und macht diese häufiger, indem er sie jedes Mal, wenn sie wieder auftritt, verstärkt. Auf der Grundlage solcher Beobachtungen formulierte Thorndike zwei Gesetze, das Gesetz der Übung und das der Wirkung.

Das Gesetz der Übung sagt, daß Reiz-Reaktions-Konditionen durch Übung und Wiederholung verstärkt werden. Kurz gesagt: Übung hilft uns, bessere Leistung zu bringen.

Das Gesetz der Wirkung besagt, daß die Reiz-Reaktionsbedingungen durch Belohnung oder Befriedigung verstärkt werden. In Kurzform ausgedrückt: Mit »Zuckerbrot« oder »Peitsche« kann ein bestimmtes Verhalten erreicht werden.

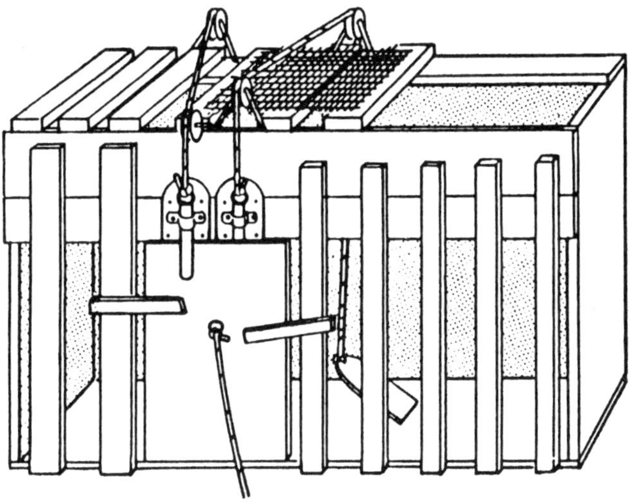

Die Katze sitzt im Käfig, der Futternapf befindet sich außerhalb. Um herauszukommen, muß sie den Hebel zu bedienen lernen. (Experiment von Thorndike, 1898)

Abb. 12: Problemkäfig

Neben Thorndike waren es insbesondere Hull und Tolman, die in den vierziger Jahren unseres Jahrhunderts die Konzepte des Lernens durch Verstärkung entwickelten. Bei Tolman kann man bereits nachweisen, daß er auch auf ein Lernen durch Einsicht eingeht, das über die herkömmlichen Reiz-Reaktionsmechanismen hinausführt.

Weltweit bekannt wurde auch G.B. Skinner, dessen Forschungen als Grundlage für die Verhaltenstherapie angesehen werden können. Skinners Lernkonzept ist, daß die Konsequenzen einer Handlung die Konditionierung bestimmen. Die erwünschte Reaktion wird immer mit einer Verstärkung belohnt.

Wissenschaftlich ausformuliert heißt dies, daß Verstärkung definiert wird als Reiz, der auf eine Reaktion erfolgt und die Wahrscheinlichkeit ihres Auftretens vergrößert.

Wenn z.B. einige Futterkörnchen für eine Taube das Öffnen eines Riegels beim nächsten Versuch wahrscheinlicher machen, ist die Futtergabe eine Verstärkung.

Skinner gebraucht den Begriff »operantes« Lernen, um Reaktionen, die durch die Umwelt wirksam werden, von anderen Reaktionen, wie z.B. die Speichelabsonderung, die bei der klassischen Konditionierung vorgegeben war, zu unterscheiden. Die Begriffe »instrumentell« und »operant« sind dabei für viele Psychologen auswechselbar.

Kasten 13

Beispiel zum Aufbau eines komplexen Verhaltens durch laufendes Verstärken

Wie ein Konfirmand seinen Pastor steuern kann ...

Stellen Sie sich die Situation eines jungen Pastors im Konfirmandenunterricht vor. Häufig fühlt er sich zu Beginn seines ersten Unterrichts etwas unsicher, und das Lächeln oder Nicken eines einzigen Konfirmanden kann ihm schon helfen, sich zu entspannen.

Wenn der Pastor beim nächsten Mal wieder in die Richtung des Konfirmanden schaut und dieser wieder lächelt und nickt, wird die Wahrscheinlichkeit, daß der Pastor ihn wieder ansieht, immer größer.

Nach mehreren Unterrichtsstunden wird der Pastor den Konfirmanden fast immer ansehen, auch wenn dieser vielleicht nicht mehr lächelt und ihm zunickt. Der Schüler hat also das Verhalten seines Lehrers geformt.

Am wirkungsvollsten verändert man das Verhalten eines Menschen, indem man am Ende der Reaktion beginnt und sich zurückarbeitet. Wenn man z.B. ein Kind lehrt, eine Schleife zu binden, beginnen die meisten Eltern am Anfang, nämlich beim Kreuzen der Schnürsenkel. Dies ist aber nur einer von etwa fünfzehn komplexen Schritten, ehe die Schleifen zum Knoten gezogen werden. Es ist jedoch die Vollendung, nämlich das Zubinden des Schuhs, die den Willen zum Weitermachen stärkt. Beim Gebrauch eines operant konditionierenden Lernmodells werden die Eltern mit den letzten Schritten beginnen und dem Kind zuerst beibringen, die Schleifen zusammenzuziehen. Eine ganze Reihe von Untersuchungen mit mehrfach behinderten, aber auch normalen Kindern, haben gezeigt, daß man durch eine auf diese Weise organisierte Verhaltensverkettung, sozusagen von hinten her, schneller lernen kann.

Verhaltensänderung durch Konditionierung

Versucht man, die Änderung des Verhaltens durch den gezielten Einsatz von Verstärkern zu systematisieren, läßt sich diese Vorgehensweise auf fünf Möglichkeiten reduzieren und in zwei Gruppen einteilen, die im Kasten 14 zusammengefaßt sind.

Kasten 14

Gruppe 1
Systematische Verstärkungen, die das zukünftige erwünschte Verhalten wahrscheinlicher machen

Positive Verstärkung
Folgen einem beliebigen Verhalten positive Konsequenzen, erhöht sich die Wahrscheinlichkeit der Wiederholung. (So z.B., wenn das erwünschte Verhalten dadurch verstärkt wird, daß jedes Mal, wenn das Kind seine Schularbeiten gleich nach dem Mittagessen erledigt, das geliebte Buch gelesen werden darf.)

Negative Verstärkung
Werden negative Reize beendigt, erhöht sich die Wahrscheinlichkeit der Verhaltenswiederholung. (Das Kind muß auf das Lesen seines geliebten Buches verzichten, bis es die Hausaufgaben fertiggemacht hat.)

Gruppe 2
Verstärker, die ein vorausgehendes Verhalten zukünftig unwahrscheinlicher machen

Strafe durch Entzug positiver Reize
Werden positive Reize weggenommen, verringert sich die Wahrscheinlichkeit der Wiederholung des Verhaltens. (Weil das Kind seine Hausaufgaben nicht macht, darf es nicht fernsehen.)

Strafe durch die Darbietung negativer Konsequenzen
In Gegenwart des Strafenden wird das unerwünschte Verhalten unterdrückt. (Das Kind erhält einen Vermerk des Lehrers bzw. eine Strafarbeit, wenn es die Hausaufgaben nicht gemacht hat.)

Extinktion (Löschung)
Eine Löschung des Verhaltens tritt immer dann ein, wenn die gewohnten Verstärker ausbleiben. (Wenn ein Kind immer wieder stört, um Aufmerksamkeit zu erreichen und Lehrer und Schüler beachten dies nicht, dann wird es mit dem störenden Verhalten schließlich aufhören.)

Was hier theoretisch und abstrakt zusammengefaßt wurde, zeigt sich in der Praxis ungleich farbiger. So gibt es eine ganze Reihe von Untersuchungen, die deutlich machen, daß Strafe – und dabei insbesondere auch die Körperstrafe – zur Änderung des Verhaltens nicht geeignet ist bzw. nur unter ganz bestimmten Umständen eingesetzt werden sollte.

Auch unter biblischem Blickwinkel darf man das bekannte Bibelwort aus Offenbarung 3,19: »Welche ich lieb habe, die strafe und züchtige ich« nicht verkürzt interpretieren. Es ausschließlich auf die Körperstrafe zu beziehen, ist ebenso falsch, wie mit ihm eine manchmal recht schmerzhafte Körperzüchtigung der Kinder christlich zu rechtfertigen. Zum einen sind Gottes Zurechtweisungen viel differenzierter und behutsamer, als wir das oft meinen. Es gilt, auf Gottes Reden nicht nur durch sein Wort, sondern auch durch bestimmte Umstände, durch Erlebnisse (auch körperlicher Art), durch Enttäuschungen, durch »zugeschlagene Türen« usw. aufmerksam zu hören und mit ihm darüber in ein Gespräch einzutreten.

Wenn uns Ereignisse oftmals hart treffen, muß dies nicht als »Strafe für Sünde« gesehen werden. Wollte Gott uns dafür strafen, verdiente jeder nur den Tod! Vielmehr ist es seine Absicht, uns zu ermahnen, zurechtzubringen, uns zurück auf seinen Weg zu locken.

Gottes pädagogische Maßnahmen sind sehr vielfältig. Daß er auch in dieser besonderen Weise mit seinen Kindern redet, sollte für sie geradezu ein Beweis für ihre Kindschaft sein (vgl. Hebr. 12,6). Dort, wo Eltern als Christen in der Pädagogik Gottes stehen und sein Handeln an ihnen bewußt wahrnehmen, werden sie lernen, ebenso einfühlsam und dennoch nachhaltig ihre Kinder zu erziehen. Körperliche Strafe ist dabei zumeist ein ungeeignetes und zudem auch wenig effektives Instrument.

Strafe zur Verhaltenssteuerung?

Von psychologischer Seite her gibt es umfangreiche Darstellungen zur Strafe als Mittel zur Verhaltenssteuerung (Edelmann 1978), in denen sehr genau die Folgen einer solchen »negativen Verstärkung« untersucht worden sind. Sie zeigen (aus dem Blickwinkel des Wissenschaftlers und sicherlich nicht so, wie das die meisten Eltern sehen), unter welchen Bedingungen eine Strafe überhaupt erfolgreich sein kann. Damit ist Strafe als Erziehungsmittel noch nicht legitimiert, sondern es sind nur die möglichen Rahmenbedingungen aufgezeigt, die dann eingehalten werden sollten, wenn tatsächlich keine anderen Möglichkeiten zur Erziehung bestehen.

- Der Bestrafte muß das eigentlich erwünschte Verhalten ermöglichen können und jedes Mal, wenn er es zeigt, dafür deutlich verstärkt werden. D.h., vor der Strafe als Erziehungsmöglichkeit sollte immer die positive Verstärkung stehen.
- Der »Lustgewinn«, d.h. der Wert, den die bestrafte Handlung für den zu Bestrafenden hat, sollte gering sein, denn sonst besteht die Gefahr der Selbstverstärkung.
- Eine Bestrafung muß, wenn man sich dazu entschlossen hat, kontinuierlich erfolgen. D. h., *jede* unerwünschte Reaktion muß bestraft werden, sonst wird das unerwünschte Verhalten eher noch verstärkt bzw. stabilisiert.
- Die Bestrafung muß sofort nach dem unerwünschten Verhalten erfolgen.

- Der Bestrafte darf die Intensität der Strafe nicht durch Fluchtverhalten ändern, sondern nur durch die Vermeidung der unerwünschten Reaktion bzw. dadurch, daß er das erwünschte Verhalten zeigt.
- Die Strafe darf nicht mit positiven Verstärkern zugleich angeboten werden, sonst wird sie zum konditionierten Verstärker.
- Die Bestrafungsintensität muß vom ersten Einsatz an so hoch sein, daß keine Gewöhnung aufkommt. Bei niedriger Bestrafungsintensität wirkt die Strafe nur über einen kurzen Zeitraum verhaltensunterdrückend.

Wie schon bemerkt, sollte zur Erreichung des erwünschten Verhaltens möglichst nicht die negative, sondern eine positive Verstärkung eingesetzt werden, denn Strafen können eine ganze Reihe von unerwünschten Folgen haben:

- Bestrafung kann zu einem Fluchtverhalten führen, ohne das erwünschte Verhalten wirklich abzubauen.
- Der Bestrafte meidet u.U. den Strafenden.
- Der Bestrafte meidet vielleicht auch die Situation, in der er bestraft wurde (z.B. durch Schuleschwänzen).
- Das bestrafte Verhalten wird möglicherweise zu einer generellen Abneigung. So können z.B. durch bestrafte »Doktorspiele« kleiner Kinder massive Hemmungen im Sexualleben entstehen, aus der Strafe für falsch gelöste Rechenaufgaben können sich Aversionen gegen Mathematik oder Minderwertigkeitskomplexe in Bezug auf diesen Leistungsbereich entwickeln usw. Viel hilfreicher wäre es, hier beispielsweise zu »löschen«, d.h. die ganze Angelegenheit nicht so sehr ernst zu nehmen.
- Der Bestrafte kann zur Nachahmung von aggressivem Strafverhalten bei anderen, abhängigen Personen angeregt werden.
- Das Selbstbewußtsein des Betroffenen wird u.U. deutlich belastet.
- Angst vor Strafe ist unvereinbar mit einer Reihe sinnvoller Verhaltensweisen in den Bereichen Leistung, Selbständigkeit, usw.
- Der Strafende wird u.U. zum Signalreiz für Angst oder Ärger und mindert damit seine Fähigkeit, den Bestraften zukünftig auch positiv zu verstärken.
- Der Strafende selbst sieht seinen »Erfolg« und wird dadurch, daß das unerwünschte Verhalten in der Regel schnell aufhört, verstärkt, künftig häufiger zu strafen. Er hat seinerseits gelernt, daß Strafe sehr wirksam ist – aber ist sie das wirklich?

Nach diesen, von wissenschaftlicher Seite her gesammelten Befunden wird recht deutlich, wann man auf Strafe verzichten sollte. Dabei ist zu bedenken, daß Strafe in allen Fällen eine sehr massive Fremdeinwirkung darstellt, die häufig auch nicht so konsequent und systematisch angewandt werden kann, daß sie wirklich erfolgreich ist. Der Abbau des unerwünschten Verhaltens gelingt in der Regel nur unvollkommen und die möglichen negativen Folgen bei der Verwendung von Strafen sind sehr beträchtlich. Deshalb muß man sich sehr genau fragen, ob man auf die Strafe nicht doch verzichten sollte, ob es nicht möglich ist, schon vorher zu intervenieren – dann, wenn das unerwünschte Verhalten noch gar nicht eingetreten ist ...

Wann sollte man also auf das Strafen verzichten?

- Immer dann, wenn man das eigentliche Verhalten nicht in den »Griff« bekommt. So fördert man beispielsweise das Unterscheidungslernen und nicht den Abbau des unerwünschten Verhaltens, wenn man seinem Sohn, der nicht mehr rauchen soll, dies zu Hause verbietet. Es liegt nahe, daß er sich dann angewöhnt (und das ist das »Unterscheidungslernen«), eben nicht mehr zu Hause, sondern nur noch außerhalb zu rauchen.
- Auf Strafe muß man verzichten, wenn die Gefahr groß ist, daß wichtige Grundverhaltensweisen (Leistungs-, Neugier- und Sexualverhalten, Selbständigkeit) damit insgesamt negativ empfunden werden.
- Auf Strafe muß man immer verzichten, wenn man keine wirklich wirksamen Strafmaßnahmen zur Verfügung hat. In diesem Zusammenhang muß auf die häufig beobachtete Praxis von vielen Eltern verwiesen werden, die meinen, unerwünschtes Verhalten durch Androhungen von negativen Konsequenzen steuern zu können – ohne daß diese Konsequenzen dann tatsächlich einsetzbar sind ... (»Wenn du nicht endlich einschläfst, dann holt dich der Nachtmahr« oder »Wenn du nicht brav bist, kommst du nicht in den Himmel« usw.). Durch ein solches Verhalten wird ein Lernprozeß in Gang gesetzt, der diese negativen Reize neutralisiert, ja, Schimpfen kann dann sogar zu einem Signalreiz für Sicherheit werden, nach dem Motto: »Wenn er schimpft, ist das Schlimmste schon überstanden«.
- Auf Strafe muß man verzichten, wenn vorauszusehen ist, daß die Bestrafung nicht konsequent und regelmäßig durchgeführt werden kann. Jedes Aussetzen der Strafe ist dann im Grunde eine Verstärkung für das unerwünschte Verhalten.
- Auf Strafe soll man auch dann verzichten, wenn man ohnehin schon häufig straft. Die Strafmaßnahmen müßten ja in einem solchen Fall immer noch stärker werden, um wirksam zu bleiben ...

Wann ist eine Bestrafung (in Grenzen) sinnvoll?

- Wenn man genügend andere Gelegenheiten zur positiven Verstärkung wahrnimmt, so daß die Beziehung zwischen den Betroffenen nicht belastet wird und das Selbstbewußtsein des Bestraften nicht unnötig leidet – und wenn der Bestrafte das erwünschte Verhalten wirklich zur Verfügung hat.
- Wenn das unerwünschte Verhalten unverzüglich unterdrückt werden muß, um Gefahr zu verhindern (z.B. wenn Kinder mit der Stricknadel in der elektrischen Steckdose spielen oder auf das Balkongeländer klettern).

Zusammenfassend kann man sagen, daß der Versuch einer Verhaltensänderung durch Strafe nur in seltenen Fällen die richtige Erziehungsmethode sein kann. Man erreicht dadurch kaum Langzeiteffekte und es gibt für die meisten Erziehungsprobleme lerntheoretisch wirksamere Formen der Verhaltenssteuerung, die weniger unerwünschte Begleiterscheinungen nach sich ziehen. Adameit (1978) faßt diese Methoden in dem Satz zusammen: »Ertappe den Menschen, wenn er gerade etwas Gutes tut oder wenn er etwas Unerwünschtes unterläßt.«

Kontingenz und Verstärkung

Immer wieder sind wir in den vorangegangenen Betrachtungen zur Verhaltensänderung davon ausgegangen, daß nicht nur der Verstärker selbst, sondern auch die Art und Weise, in der das Verhalten verstärkt wird, die möglichen Konsequenzen bestimmt. In der Fachsprache hat man hierfür den Begriff »Kontingenz« gefunden. Bei den Untersuchungen zur Kontingenz geht es darum, zu ermitteln, in welcher zeitlichen Abfolge verstärkt wird. Hierbei gibt es verschiedene Möglichkeiten:

1. Man verstärkt das erwünschte Verhalten jedes Mal, nachdem es eintritt. Es hat sich gezeigt, daß das neue Verhalten dann sehr schnell erlernt – jedoch, wenn der Verstärker nicht mehr erfolgt, auch relativ bald wieder verlernt wird.

2. Es gibt auch die Möglichkeit, nach einem festgesetzten Verhältnis zu verstärken und dazwischen immer wieder einige Male die Verstärkung zu unterlassen. Ein solches variables oder intermittierendes Verstärken bringt zwar nicht so schnell den gewünschten Erfolg, jedoch bleibt das auf diese Art erreichte Verhalten stabiler.

Faßt man die beiden Möglichkeiten zusammen, läßt sich für die praktische Erziehung folgendes Schema herleiten: Zu Beginn der Verhaltenssteuerung sollte jedes Mal, später, um dieses Verhalten zu stabilisieren, nur noch gelegentlich (intermittierend) verstärkt werden.

2.3.3 *Lernen durch Beobachtung*

Wie schon weiter vorne beschrieben, kann mit den bisher behandelten Formen des Lernens durch Konditionierung nur ein Teil der Lernarten erklärt werden. Man benötigt noch zusätzliche Erklärungsmodelle.

Insbesondere der amerikanische Lernpsychologe Bandura hat nachgewiesen, daß Lernen nicht nur durch Verstärkung, sondern auch durch Beobachtung erfolgen kann. Die Übernahme neuer Verhaltensweisen des Menschen von »Modellen« hat Bandura insbesondere bei seinen Untersuchungen zum aggressiven Verhalten von Kindern in mehreren Experimenten demonstriert. Dabei wurden Kindern im Kindergarten Filme vorgeführt, die ein besonders aggressives Verhalten Erwachsener zeigten.

Zur Kontrolle der Ergebnisse stand eine Gruppe von Kindern, die diese Filme nicht beobachtet hatten, zur Verfügung. Bei einer Überprüfung beider Gruppen zeigten diejenigen Kinder, die die aggressiven Vorbilder beobachtet hatten, eine große Zahl exakt nachgeahmter aggressiver Reaktionen, während solche Reaktionen in der Kontrollgruppe kaum vorkamen (Skowornek 1975).

Bandura konnte weiterhin feststellen, daß die durch Beobachtungslernen erworbenen Verhaltensweisen sehr lange beibehalten werden, auch dann, wenn sich in der Zwischenzeit keine Gelegenheit zur Praktizierung ergibt. Er hat auch nachgewiesen, daß schon eine einmalige Darstellung des Modells genügt, um bestimmte Verhaltensweisen zu übernehmen.

Durch weitere systematische Untersuchungen konnten die Ergebnisse Banduras systematisiert werden und lassen sich heute in wenigen Sätzen zusammenfassen:

- Besonders deutlich wird das Sozial- und Sprachverhalten durch Beobachtung erlernt.
- Es gibt eine Reihe von Faktoren, die mit der Persönlichkeit des Modells zusammenhängen, und die das Beobachtungslernen steigern. Hierzu gehört u.a.:

  Der soziale Status des Modells: Hat der Mensch, von dem gelernt wird, im Verhältnis zum Lernenden einen relativ hohen sozialen Status, wird er stärker imitiert.

  Äußere Attribute: Menschen, die äußerlich einen attraktiven Eindruck vermitteln, werden eher nachgeahmt als solche, die unscheinbar wirken.

  Ähnlichkeit des Lernenden mit dem Modell: Je größer die erlebte Ähnlichkeit mit der eigenen Person ist, umso deutlicher kommt es zur Imitation. Die Nachahmung nimmt hingegen ab, je weniger das Modell einer realen Person ähnelt.

  Art des Modellverhaltens: Feindselige oder aggressive Verhaltensweisen werden relativ leicht nachgeahmt.

  Konsequenzen des Modellverhaltens: Ein beobachtetes Verhalten, das von anderen belohnt oder gebilligt wird, wird leichter übernommen. Die Wirkungen von Strafe sind nicht eindeutig.
- Auch der Lernende kann besondere Merkmale zeigen, die das Beobachtungslernen fördern.

  Geringes Selbstvertrauen, Minderwertigkeitsgefühle: Personen, die ein geringes Selbstvertrauen haben oder in ihrer bisherigen Lerngeschichte für ein konformes Verhalten häufig belohnt wurden, übernehmen leichter das Verhalten ihres Vorbildes. Interessant ist, daß gerade bei der Übernahme von aggressiven Verhaltensweisen auch Verallgemeinerungen zu beobachten sind. So wird beispielsweise nach der Beobachtung von aggressivem Verhalten dieses nicht nur in einer vergleichbaren Situation demonstriert, sondern auch in ganz anderen Umständen.

  Mangelnde Kompetenz: Menschen, die das Gefühl der mangelnden Sicherheit bzw. der mangelnden Gewißheit haben, eine Sache zu beherrschen, lernen eher durch Beobachtung als andere.

  Zweifel: Wer an sich selbst zweifelt, lernt von anderen Menschen mehr durch Beobachtung als der Nichtzweifler.

  Isolation: Auch Einsamkeit und Isolation führen dazu, daß man deutlich mehr als andere Menschen durch Imitation lernt.

2.3.4 *Lernen durch Einsicht*

Haben wir in den vorangegangenen Kapiteln eher »einfache« Lerntheorien behandelt, die davon ausgingen, daß durch Konditionierung, Verstärkung und durch Lernen am Modell Verhaltensänderungen vollzogen werden, so wird in dem folgenden Abschnitt eine komplexe Art des Lernens, das Lernen durch Einsicht, behandelt.

Immer deutlicher wird dabei erkennbar, daß, wie in der Abbildung 10 gezeigt, ein solches Lernen nur im Zusammenhang mit den anderen kognitiven Fähigkeiten, also Gedächtnis, Denken und Intelligenz, gesehen werden kann.

Während im klassischen Behaviorismus überwiegend auf die Zusammenhänge zwischen Reiz und Reaktion geachtet wurde, sind für Untersuchungen zum Lernen durch Einsicht auch Einzelheiten über das »Innere« dieses Lernprozesses zu bedenken. Nachfolgend wird deshalb über die Möglichkeit der Verarbeitung von Informationen reflektiert und in gesonderten Abschnitten auf das Gedächtnis, das Denken und die Intelligenz eingegangen.

Was passiert beim Lernen durch Einsicht?

Millionen von Sinneseindrücken stürmen täglich auf uns ein und werden mehr oder weniger verarbeitet. Ein Forschungszweig der kognitiven Psychologie versucht das ständige Ausbalancieren dieser Informationen in unserem Gehirn mit

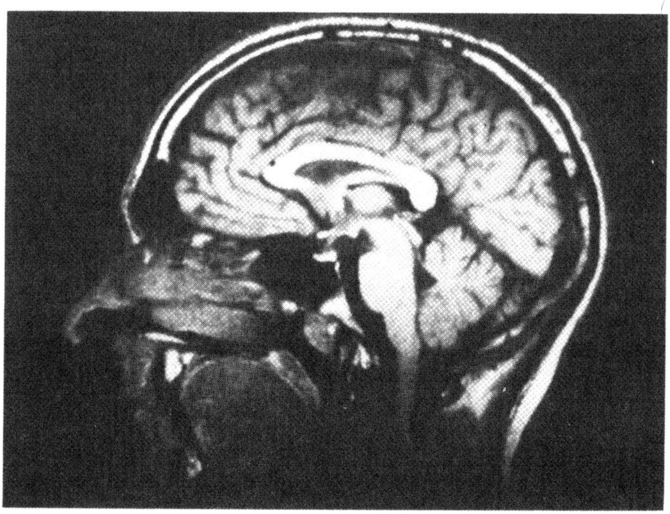

Kernspin- oder NMR-Tomographie *(nuclear magnetic resonance)*. Diese Computerrekonstruktion eines Gehirnschnittes fußt auf Daten, die bei einer Testperson aus der magnetischen Kernresonanz von Wasserstoff in den Wassermolekülen des Kopfes gewonnen wurden.

Abb. 13: Fotografie eines lebenden Gehirns

neuartigen Modellen zu simulieren. Die hierzu erdachten Computerprogramme ähneln dem Netzwerk der Nervenzelle in der Hirnrinde, wo jedes Neuron, wie schon weiter vorne besprochen, mit tausenden anderer verknüpft ist. Wenn beim Denken solche riesigen Informationsmengen ineinanderfließen, ist es wahrscheinlich, daß dabei große Teile unseres Gehirns aktiv werden müssen. Diese Vermutung bestätigen auch erste »Bilder« aus denkenden Gehirnen, die mit einer neu entwickelten Kernspintechnik aufgenommen worden sind. Dabei stellt sich die Frage, ob es überhaupt Ereignisse von Bedeutung gibt, die nur kleine Bereiche des Gehirns beeinflussen. Es könnte ja sein, daß ein Ereignis auf das Gehirn wirkt, wie ein ins Wasser fallender Stein, d.h., daß sich »konzentrische Kreise« ausbilden. Die Aktivität einer Stelle im sensibel schwingenden Netzwerk des Gehirns könnte dann tatsächlich die Anregung größerer Gebiete verursachen.

Die Forschungen zur Informationsselektion sind noch lange nicht abgeschlossen, und es gibt eine ganze Reihe verschiedener theoretischer Ansätze zu ihrer Klärung.

Vor 30 Jahren ging Broadbent (1958) davon aus, daß alle Umweltreize, die auf die Sinnesorgane treffen, registriert und für eine kurze Zeit (0,25 Sekunden) im »ikonischen Gedächtnis« vollständig präsent gehalten werden. Im sog. »optischen Kanal«, einem selektiven Filter, der auf Kanalbasis und mit begrenzter Kapazität arbeitet, wird die Informationsauswahl übernommen, die verbleibenden Informationen werden der weiteren Verarbeitung zugeleitet (Hussy 1984, 1986). Der Kerngedanke, den Broadbent aus seinen Ergebnissen ableitete, bestand in der Annahme, daß menschliche Individuen nur einen Sinneskanal mit Aufmerksamkeit belegen und andere Informationen erst durch einen Aufmerksamkeitswechsel bewußt machen können.

In der Folgezeit gab es jedoch zunehmend empirische Ergebnisse, die darauf hinwiesen, daß auch nicht beobachtete Informationen verarbeitet werden müssen, d.h., daß sie in »gedämpfter Form« weiterfließen (Treisman 1960).

Treisman konnte in seinen Versuchen, bei denen er Kandidaten verschiedene Texte gleichzeitig anbot, zeigen, daß auch Informationen, die nicht mit Aufmerksamkeit belegt sind, die Chance haben, in den Kanal mit begrenzter Kapazität zu gelangen – und damit auch Bedeutung gewinnen können. D.h., daß die nicht beachteten Informationen nicht einfach ausgesiebt und vergessen werden, sondern in gedämpfter Form weiterfließen.

Anschlußuntersuchungen von Mackey (1973) haben zudem deutlich gemacht, daß unbewußte Informationen nicht nur mit Bedeutung versehen werden, sondern darüber hinaus völlig unbemerkt das eigene Denken und Handeln beeinflussen können.

Eine weitere Schwäche der Reaktionstheorien zur Klärung der Informationsselektion ergaben Untersuchungen, die anfangs der 70er Jahre begannen, und zu einem einschneidenden Wechsel in der Betrachtungsweise von Aufmerksamkeitsprozessen führten. Spelke, Hearst und Neisser (1976) ließen zwei Studenten über einen Zeitraum von siebzehn Wochen täglich fünf Stunden lang zwei jeweils sehr komplexe Tätigkeiten (lesen und schreiben) gleichzeitig üben. Die Studenten empfanden es anfangs als ungeheuer schwierig, Prosatexte zu lesen und gleichzeitig diktierte Wortlisten niederzuschreiben. Die Tätigkeiten störten sich gegenseitig und folglich kam es zu einer deutlichen Verlangsamung der Lese- und Schreibgeschwindigkeit, zu vielen Fehlern bei beiden Tätigkeiten, einer Verschlechterung der Handschrift, zu Verständnis- und Erinnerungsschwierigkeiten sowohl des Textes als auch der geschriebenen Wörter.

Jedoch bereits nach sechswöchigem Training hatte sich das Bild drastisch verändert. Die beiden Tätigkeiten schienen sich nun nicht mehr so deutlich zu beeinflussen. Die Studenten lasen unter Doppelbelastung den Text ebenso flüssig wie beim alleinigen Lesen. Gleichzeitig hatten sich die Schreibgeschwindigkeit und das Schriftbild normalisiert. Deutliche Defizite existierten lediglich beim Erinnerungsvermögen an die geschriebenen Worte. Aber auch diese Schwäche verschwand mit weiterem Training immer mehr. Am Ende der 17. Woche war nicht nur eine normale Reproduktionsleistung erreicht, sondern die Studenten waren sogar in der Lage, anstelle der diktierten Worte deren Überbegriffe zu notieren (also z.B. »Blume« für das diktierte Wort »Rose«).

Die Ergebnisse solcher Untersuchungen machen deutlich, daß die Reaktionsmodelle, bei denen man davon ausging, daß nur eine von mehreren konkurrierenden Reaktionen selektiert wird und ausführbar ist, widerlegt sind.

Kahneman (1973) entwickelte eine neue Theorie, die davon ausgeht, daß eine bestimmte und begrenzte Aufmerksamkeitskapazität zur Verfügung steht, die auf die anstehenden kognitiven Anforderungen verteilt werden kann. Kahnemans Modell geht dabei von einer aktiven Verteilung der Aufmerksamkeitskapazität aus, d.h. die Selektion von Information ist nicht eine Frage des Zeitpunkts oder des Verarbeitungszustandes, sondern in Abhängigkeit von der Entscheidung des Individuums für die Bewältigung der einen oder anderen kognitiven Herausforderung zu sehen.

Aus der Begrenztheit der Kapazität ergibt sich, daß nicht beliebig viele kognitive Prozesse simultan ablaufen können. Erfordern solche Prozesse weniger Aufwand, können mehrere gleichzeitig erfolgreich bewältigt werden. Mit zunehmender Anforderung beeinträchtigen sie sich allerdings gegenseitig.

2.4 Gedächtnis

Jeder von uns hat das schon erlebt: Man hörte einen spannenden Vortrag, wollte sich vieles merken – und auf dem Nachhauseweg war schon wieder ein Großteil des Gesagten »verloren gegangen«.

Schon von jeher haben sich Forscher daran gemacht, die Hintergründe für das »verlorene Gedächtnis« zu studieren. So versuchte beispielsweise Lashley vor etwa 60 Jahren herauszufinden, wo Gedächtnisspuren im Gehirn gespeichert sein könnten. Im Verlauf seiner Experimente entfernte er verschiedene Teile des

Cortex bei Affen und Ratten und beobachtete die Wirkungen auf das Gedächtnis erlernter Aufgaben. Nach vielen Untersuchungen mußte er dann allerdings zugeben, daß es unmöglich ist, einen genauen Ort der Gedächtnisspuren im Gehirn zu lokalisieren.

Neuere Forschungsarbeiten, bei denen Ratten unter Drogeneinfluß überprüft wurden, haben Erkenntnisse zu den verschiedenen Einflüssen auf das Gedächtnis erbracht. So zeigte sich beispielsweise, daß unter bestimmten Drogen, die den Empfang von Transmittersubstanzen blockieren, eine Verschlechterung des Gedächtnisses feststellbar war. Unter anderen Drogen, die die Zerstörung der Transmittersubstanz verhindern, verbesserte sich dieses. Solche Beobachtungen weisen darauf hin, daß die dem Lernprozeß zugrunde liegenden physiologischen Veränderungen mit einer Steigerung der Fähigkeit der Synapsen zusammenhängen muß, während Gedächtnisverluste auf die Reduzierung dieser synaptischen Vermittlungsarbeit – die aus noch unerforschten Gründen stattfindet – zurückzuführen ist (Deutsch u. Deutsch 1966).

Auch Eccles hat in seinen neueren Arbeiten zur Hirnphysiologie einige beachtenswerte Ansätze geliefert. Weiter vorne wurde hierzu bereits über den »selbstbewußten Geist« berichtet.

Insgesamt gesehen sind die Forschungen derzeitig noch relativ weit davon entfernt, ein geschlossenes Konzept zur Erinnerung bzw. zum Aufbau des Gedächtnisses zu geben. Wie immer der neurologische Mechanismus im Gedächtnis jedoch aussehen mag, so besteht eine allgemeine Übereinstimmung darüber, daß wir verschiedenartige Gedächtnissysteme (Ultra-Kurzzeit-, Kurzzeit- und Langzeitgedächtnis) besitzen.

Versucht man diese Systeme von außen her zu beschreiben, also ohne die physiologischen Mechanismen im einzelnen zu betrachten, dann kann man davon ausgehen, daß der Zustrom von Reizen zu unserem Organismus über unsere Sinnesorgane, also Augen, Ohren, Geruchsorgane, Haut, usw. eine Vielzahl von Informationen liefert – die vollständige Aufnahme dieser Informationen jedoch nicht im gleichen Moment stattfindet, in dem der Reiz dargeboten wird. Die Wahrnehmung braucht also eine gewisse Zeit, bis sie gespeichert wird. Durch entsprechende Experimente ist es möglich nachzuweisen, daß die Informationen nach ihrem Eintreffen in verschiedenen Stadien verarbeitet, d.h. verändert werden. Untersucht man diesen Sachverhalt genauer, so kommt man zu dem Ergebnis, daß beim Gedächtnis drei Stufen unterschieden werden können:

1) die Verschlüsselung, d.h. das Umwandeln der Sinneseindrücke in eine speicherfähige Möglichkeit,
2) die eigentliche Speicherung, d.h. das Stadium des Behaltens der Information,
3) die Dekodierung, d.h. ein Abruf der Informationen zum erneuten Gebrauch.

Zu Ende des vergangenen Jahrhunderts war es Hermann Ebbinghaus (1850-1909), der systematische Untersuchungen zum Gedächtnis durchführte. Er erkannte, daß man bei der Gedächtnisleistung einen Unterschied machen sollte zwischen Lerninhalten, die für die Versuchsperson sinnlos waren, und sinnvollen Silben.

Eine sinnlose Silbe ist beispielsweise in der deutschen Sprache die Buchstabenreihe »dnu«. Sinnvoll, obwohl mit denselben Buchstaben produziert, ist die Reihenfolge »und«.

Ebbinghaus verwendete für seine Untersuchungen sinnlose Silben, beispielsweise »fud«, »daj«, usw. Er entdeckte für das Behalten dieser Silben typische Lernkurven und konnte einige Ergebnisse zum Gedächtnis darstellen (vgl. Abb. 14).

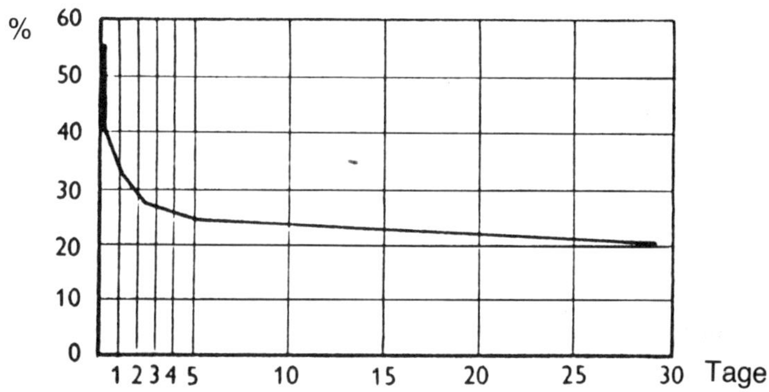

Abb. 14: Prozentsatz der behaltenen Silben nach Ebbinghaus (1885)

Die von Ebbinghaus entdeckten Lernkurven sind zwar für den Wissenschaftler interessant, insgesamt gesehen jedoch für die Praxis deshalb nur sehr wenig bedeutend, weil in aller Regel das Erlernen von sinnlosen Silben nicht üblich ist.

Man hat in jüngerer Zeit eher die Zusammenhänge mit dem Erinnern von Bildern, von Szenen, Klangreizen, Gerüchen, usw. studiert. Dabei war deutlich nachweisbar, daß auf die Augen oder Ohren eintreffende Sinnesreize dort ungefähr eine Sekunde lang verbleiben. Diese kurze Speicherung ergibt sich auch dann, wenn der Reiz selbst nur Tausendstelsekunden dauert. Wird der Information keine Aufmerksamkeit geschenkt, verschwindet sie rasch wieder und steht dann für das Gedächtnis nicht mehr zur Verfügung. Für diese Art der Wahrnehmung wird ganz allgemein die Bezeichnung »sensorisches Gedächtnis« gebraucht, viele Forscher sprechen auch vom »Ultra-Kurzzeitgedächtnis«.

2.4.1 Das Ultra-Kurzzeitgedächtnis

Zur Erklärung dieser Art von Gedächtnis kann man sich in sehr vereinfachter Form vorstellen, daß irgendwo im Gehirn eine Kopie hergestellt wird. Bei gründlicherer Betrachtungsweise zeigt sich allerdings, daß diese einfache Annahme nicht hinreichend ist, um das Ultra-Kurzzeitgedächtnis zu erklären. Man darf nicht von einem passiven Speicher ausgehen, der den Reiz nur festhält: Der Speicher selbst wird aktiv. Dies kann deutlich am Phänomen der sogenannten »Rückwärtsmaskierung« untersucht werden. Zeigt man auf einer Leinwand z.B. fünf Millisekunden lang ein Dia-Bild und schaltet dann ab, wird der Beobachter dieses Bild sehen und davon berichten können.

Wiederholt man den Reiz für dieselbe Zeitdauer und läßt danach einen zweiten Reiz, der beispielsweise aus einem einfachen Lichtblitz bestehen kann, wirken, dann ergeben sich interessante Veränderungen. Wenn der zweite Reiz innerhalb von 20 Millisekunden nach dem ersten erfolgt, wird der erste oft nicht gesehen. Beginnt der zweite Reiz jedoch erst 100 Millisekunden nach dem ersten, dann werden beide Reize gesehen. Man kann dieses Ergebnis so interpretieren, daß Informationen, die aus dem bildhaften Gedächtnis kommen, über einen bestimmten Zeitraum verschlüsselt werden müssen. Folgt auf den ersten kurzen Reiz ein leeres Intervall, dann bleibt das Abbild lange genug. Ein sofort darauffolgender Reiz stört hingegen das bildhafte Gedächtnis des ursprünglichen Reizes, während dessen Verarbeitung noch im Gange ist – damit wird die Chance verringert, den ersten Reiz wahrzunehmen.

2.4.2 Kurzzeitgedächtnis

Wenn wir in der Umgangssprache vom Gedächtnis sprechen, meinen wir in aller Regel nicht das oben beschriebene Ultra-Kurzzeitgedächtnis, sondern den Teil unseres Gehirns, der uns dazu verhilft, uns an bestimmte Dinge zu erinnern.

Wenn man beispielsweise eine Telefonnummer aufschlägt, merkt man sie sich gewöhnlich so lange, daß sie gewählt werden kann – und vergißt sie danach wieder. Um welche Art von Gedächtnis handelt es sich dabei? Wie behält man die Erinnerung an die Ziffernfolge? Bildlich oder akustisch? Warum vergißt man die Nummern bald – und warum merkt man sich manche Nummern viel besser, ja, kann sie womöglich über Jahre hinweg behalten?

Um solche Fragen zu beantworten, müssen wir uns mit der sogenannten »Kodierung« oder Verschlüsselung der Reize auseinandersetzen. Eine ganze Reihe von Ergebnissen deutet darauf hin, daß sich das Kurzzeitgedächtnis, zumindest wenn es sich um sprachliches Material handelt, eines akustischen Kodes bedient – und dies auch, wenn es sich um bildlich dargestellte Dinge handelt, an die man sich erinnert. Daneben gibt es aber auch die Möglichkeit der visuellen Kodierung, und auch Gerüche, Geschmacksempfindungen usw. können zur Verschlüsselung herangezogen werden.

Ist die Information verschlüsselt, geht es anschließend darum, diesen Kode in irgendeiner Form zu speichern. Man nimmt an, daß Gedächtnisinhalte durch Wiederholungen lebendig erhalten werden. Eine ganze Reihe von Untersuchungen (vgl. hierzu auch die Kurven von Ebbinghaus in Abb. 14) hat gezeigt, daß bei einer Speicherung von sinnlosen Silben ein Großteil der Informationen (ca. 20 %) schon nach drei Sekunden vergessen war, und daß nach 18 Sekunden der Verlust in der Gegend von 90 % lag.

Gibt man einem durchschnittlichen Erwachsenen eine Zahlenfolge beliebiger Art vor, dann kann deutlich nachgewiesen werden, daß er scheitert, wenn die Reihe aus mehr als etwa sieben Einheiten besteht. D.h., der Speicher unsres Kurzzeitgedächtnisses faßt in der Regel nur sieben Einheiten.

Nun werden Sie natürlich sofort kontern, daß Sie beispielsweise in der Lage sind, sich recht lange Telefonnummern, also beispielsweise acht-, zehn- oder mehrstellige Zahlen zu merken. Dies läßt sich einfach dadurch erklären, daß Sie für längere Gruppen bestimmte sinnvolle Ketten gebildet haben. Wenn Sie beispielsweise von der Schweiz aus nach Deutschland telefonieren, merken Sie sich die Landes-Vorwahl 0049 als eine Einheit, ebenso dann die Vorwahl für Hamburg 040 usw.

Diese Art der Organisation des Merkstoffes wird als Lernhilfe immer wieder gezielt eingesetzt. Man bezeichnet sie als »chunking« (Aufteilung).

Manchmal kostet es uns große Mühe, ältere Erinnerungen wieder aufzufinden, während wir davon ausgehen, daß es bei frischen Gedächtnisinhalten selbstverständlich ist, daß man sie sofort abrufen kann. Bei genaueren Untersuchungen zeigt sich jedoch, daß keine dieser beiden »Selbstverständlichkeiten« ganz korrekt ist. Man kann beim Abrufen feststellen, daß dieses eine bestimmte Zeit in Anspruch nimmt, so daß man annehmen darf, daß die einzelnen Gedächtniselemente im Speicher durchgesucht werden, um das Gewünschte zu finden. Dabei ist es interessant festzustellen, daß dieses Durchsuchen nicht einfach der Reihe nach erfolgt (wie dies beispielsweise bei einem herkömmlichen Computer der Fall ist), sondern systematisch nach ähnlichen Begriffen überprüft wird und so die Suche wesentlich schneller vor sich geht.

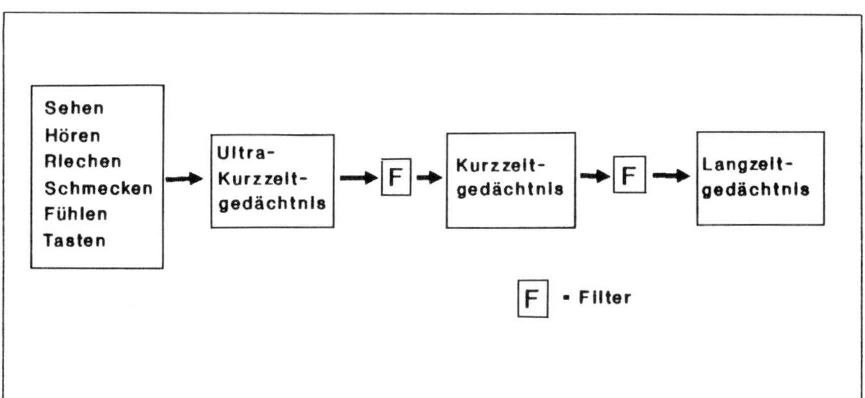

Abb. 15: Gedächtnis

2.4.3 Langzeitgedächtnis

Ein wichtiger Unterschied zwischen der Kurzzeit- und Langzeitspeicherung ist nicht die Differenz in der Behaltensdauer, sondern die Verschiedenartigkeit der Kodierung im Fassungsvermögen usw. Viele Forscher nehmen an, daß Gedächtnisinhalte vom Kurzzeitspeicher in den Langzeitspeicher übergehen, und daß das Kurzzeitgedächtnis der Arbeitsspeicher sei, durch den Inhalte später erinnert werden, um eine Reaktion auszulösen.

Für einen ersten Überblick ist es sinnvoll, davon auszugehen, daß sich das Kurzzeitgedächtnis, wie weiter oben beschrieben, auf einen hörbaren bzw. teilweise auch visuellen Kode stützt. Für längerhaftende Gedächtnisinhalte hingegen kann man annehmen, daß derjenige, der sich erinnert, das, was er im Gedächtnis hat, verstanden haben muß; dies ergibt sich in der Regel dadurch, daß man sich mit der Bedeutung des Inhaltes befaßt hat.

Ein Beispiel: Wenn man eine Liste von Wörtern auswendig lernen muß, in denen das Wort »Zweig« vorkommt, dann macht man beim Erinnern nach einigen Stunden wohl weniger den Fehler, daß man »zwei« sagt (dies wäre ein akustischer Fehler) oder »Zwerg« (dies wäre ein visueller Fehler), sondern daß man sich an »irgendetwas vom Baum oder vom Ast« erinnert.

Wir sehen an diesem Beispiel nochmals ganz deutlich, daß es wesentlich darauf ankommt, ob wir beim Gedächtnis sinnloses oder sinnvolles Material zu verarbeiten haben, und wir können auch bereits eine wichtige Erkenntnis zum Speichern im Langzeitgedächtnis festhalten: Man sollte verstanden haben, was man lernen muß. Immer wieder entdecken wir allerdings, daß Kinder Texte in einer Sprache erlernen und behalten (d.h. im Langzeitgedächtnis verankert haben), die sie gar nicht verstehen; ähnliches gilt auch für Künstler, die fremdsprachige Lieder vorzutragen haben usw. Auch bei den Aufgaben von Bibel-Memory stellen wir fest, daß Kinder die Bibeltexte lernen können, obwohl sie diese noch nicht verstanden haben. Es muß deshalb auch für das Langzeitgedächtnis eine alternative Kodierung möglich sein, d.h. man kann nicht davon ausgehen, daß es ausschließlich mit semantischem Material arbeitet. Es gibt also auch für das Langzeitgedächtnis die akustischen, visuellen und anderen sinnlichen Speichervariablen als Ergänzung bzw. Alternative zu dem verstehenden Speichern.

Dies ist auch der wissenschaftliche Hintergrund, warum wir bereits im Vorschulbereich Kinder lehren können, Worte und Sätze, beispielsweise aus der Bibel oder dem Gesangbuch, zu lernen, auch wenn sie diese im Augenblick noch nicht verstehen. Sind sie einmal im Langzeitgedächtnis gespeichert, können sie vom Erwachsenen abgerufen werden – und interessanterweise zeigt sich gerade beim alten Menschen, daß er die in früher Jugend gelernten Texte am wenigsten vergißt.

Wenn wir die Speicherung für das Langzeitgedächtnis genauer untersuchen, so erkennen wir, im Gegensatz zum Kurzzeitgedächtnis, bei dem nur ca. sieben Einheiten zur Speicherung zur Verfügung stehen, daß das Fassungsvermögen hier nahezu unbegrenzt ist. Jedoch muß man differenzieren: Gespeichert wird zwar sehr viel, jedoch sind die Speicher nicht immer sofort abrufbar.

Einer der Gründe, warum das Speichern nicht erfolgt, kann darin liegen, daß beispielsweise eine ganze Reihe von irreführenden Informationen vorgegeben werden.

> Wenn Sie beispielsweise täglich von einer Stadt in die andere fahren müssen, und an einem Tag führt eine Umleitung über die eine Straße, am anderen Tag über eine andere; einmal ist die Straße als Einbahnstraße geführt, am andern Tag nicht – und dies alles ohne ersichtliche Begründung – dann werden Sie in der Regel wenig über den Weg zwischen den Städten speichern.

Verallgemeinert bedeutet dies, daß kaum gespeichert wird, wenn es zu denselben Ursachen immer wieder verschiedenartige Deutungen gibt. Dabei kann es sogar so weit kommen, daß die richtigen Informationen völlig gelöscht und die falschen als echt angesehen werden.

Auf diesem Hintergrund ist es auch möglich, daß bestimmte Informationen, die in den Langzeitspeicher aufgenommen worden sind, miteinander zusammenarbeiten, und, wenn es die Logik unserer Welt erfordert, Erinnerungen verzerrt werden oder verloren gehen können. Es gibt demnach ein »Lügen«, das durch falsche Informationen bedingt ist. Häufig entdecken wir dies bei Kindern und dürfen sie selbstverständlich dafür nicht bestrafen, sondern sollten mit viel Geduld die richtigen Gedächtnisinhalte aufbauen.

Wichtig zur Erklärung der Organisation des Langzeitgedächtnisses ist es, daß dieses nicht wahllos speichert, sondern aus einzelnen Begriffen bestimmte Kategorien oder Systeme bildet. Als Modell zur Erklärung könnte die Klassenbildung der Pflanzen dienen, die wir aus den Bestimmungsbüchern kennen. Die Speicherung ist demnach kein passiver Prozeß, der zu einer automatischen Reproduktion führt, sondern ein aktiver, der die Informationen in Gruppen einteilt. Die verschiedenartigen Gruppierungen können für den äußeren Betrachter teilweise sehr unsinnig sein – man spricht hier von der »Eselsbrücke« – aber wie wir alle aus Erfahrung wissen, sind sie zumeist sehr wirksam.

Eine besondere Bedeutung für den »Wirkungsgrad« des Langzeitgedächtnisses hat die Wiedergabe der gespeicherten Inhalte. Aus der praktischen Erfahrung kennen wir dies sehr genau: Ein Wort liegt uns auf der Zunge, wir wissen, worum es geht, aber wir können es nicht aus unserem Gedächtnis »herausholen«. Anscheinend ist das Merken und Behalten von Gedächtnisinhalten und deren Abruf ein unterschiedlicher Prozeß. Wir sollten uns deshalb fragen, wie es gelingt, eine Information aus dem Langzeitgedächtnis zurückzuholen.

Der Verarbeitungsvorgang, der aktiviert wird, wenn wir uns an etwas erinnern, wird immer durch Abrufsignale angeregt und gesteuert. Z.B. die ersten Worte oder Wortpaare einer Liste oder die Worte eines Gedichtes (»Zu Dionys, dem Tyrannen schlich ...«) usw.

Es ist wahrscheinlich, daß Abrufsignale eine Erinnerung dadurch wecken, daß sie eine teilweise Wiederholung desselben Verarbeitungsvorganges auslösen, der sich bei der Aneignung des Stoffes abspielte. Interessant ist, daß immer dann, wenn uns etwas »auf der Zunge« liegt, wir uns dennoch an einen Teil dessen, was wir wissen wollen, zurückerinnern. Beispielsweise wissen wir, daß das Gesuchte mit dem Anfangsbuchstaben »L« beginnt, oder daß der Satz sehr lang war, daß eine ganz bestimmte Silbenfolge darin auftrat usw. Um das, was auf der Zunge liegt, tatsächlich abzurufen, ist es sinnvoll, nicht mit den alten Abrufsignalen zu arbeiten, sondern sich neue zu verschaffen.

Wenn Sie also wissen, daß es ein gebräuchlicher Name war, den Sie suchen, dann sagen Sie sich verschiedene gebräuchliche Namen vor, anstatt bloß zu wiederholen, »er begann mit L«. Häufig hat es sich auch bewährt, überhaupt nicht mehr an den Sachverhalt zu denken und nach wenigen Minuten, oftmals mitten im Gespräch um ganz andere Dinge, kommt plötzlich die erlösende Erinnerung ...

Eine der Hauptursachen für das Vergessen ist die sogenannte »Interferenz«. Interferenzen, d.h. das Zusammenwirken und gegenseitige Beeinflussen von Gedächtnisinhalten sind dadurch zu erklären, daß wir im Laufe unseres Lebens schon viele Dinge zuvor gelernt haben, die positive oder negative Auswirkungen auf das gegenwärtige Lernen oder Gedächtnis haben. Man unterscheidet zwischen einer Interferenz, die durch einen Lernprozeß hervorgerufen wurde, der dem ursprünglichen Lernen voranging, und einer Interferenz, die durch ein Lernen entsteht, das zwischen dem ursprünglichen Lernen und dem Gedächtnistest erfolgt.

Wenn Sie beispielsweise keine Erinnerung mehr an das Datum der Schlacht von Waterloo haben, so vermutlich deshalb, weil sie sowohl vor als auch nach dem Zeitpunkt, als dieses Datum in der Geschichtsstunde dran war, nebenher noch so viele andere Dinge gelernt haben. Und womöglich geht von diesen anderen Daten die größte Störwirkung aus.

Die Vermutung, daß ein Teil des Vergessens durch einen Zerfall der Gedächtnisspuren bedingt sei, konnte bisher noch nicht zwingend belegt werden.

2.4.4 Verbesserung des Gedächtnisses

Es gibt eine ganze Fülle von Literatur, die uns hilfreiche Methoden beschreibt, um das Gedächtnis zu verbessern.

Vielleicht sollte man aber vorab sagen, daß jedermann sein individuelles Gedächtnis hat. Sie müßten also zuerst einmal ihre persönliche Art des Behaltens kennenlernen.

Faßt man die Methoden zur Verbesserung des Gedächtnisses zusammen, ergeben sich folgende wichtige Strategien:

1. Überlernen

Wenn man einen ganz bestimmten Text, Wörter oder ähnliches zu erlernen hat, könnte man meinen, daß man dann aufhören sollte, wenn man alle Wörter bzw. den ganzen Text beherrscht. Die Erfahrungen zum »Überlernen« sagen aber etwas anderes: Gerade dann, wenn man den Stoff beherrscht, sollte man noch etwas weitermachen.

Das weitere Üben, das »Überfließen des Lernens« (Redundanz), hat einen ganz wesentlichen Einfluß darauf, wieviel des gelernten Materials man später noch weiß.

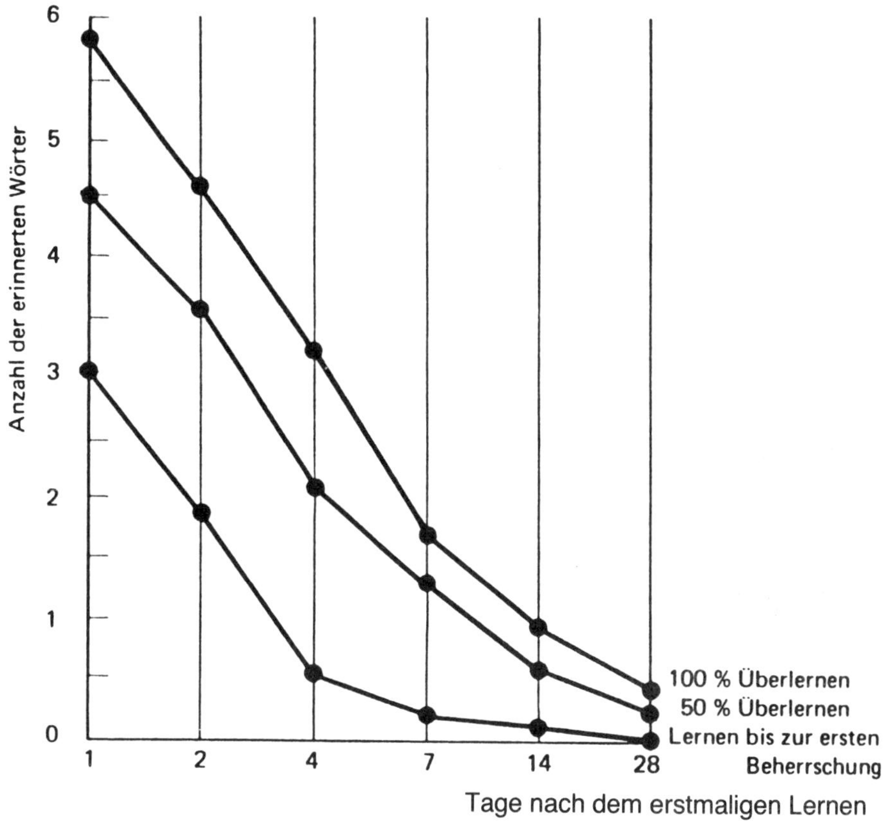

Abb. 16: Überlernen und Erinnerung

2. Wiederholung

Bei einer systematischen Wiederholung braucht man weniger Zeit, um das zu behalten, was man gelernt hat. Es ist hilfreich, wenn man den zu erlernenden Text mehrere Male liest.

Wenn Sie beispielsweise wissen, daß Sie in einigen Wochen eine Prüfung haben, sollten Sie den zu lernenden Stoff so früh wie möglich erstmalig durchlesen und dann nach einiger Zeit nochmals wiederholen. Einer der Gründe, warum eine solche Wiederholung sinnvoll ist, liegt darin, daß man dabei auf diejenigen Elemente aufmerksam gemacht wird, die beim ersten Durchlesen entgangen.

3. Aktives Rezitieren

Wechselt man zwischen stillem Lernen und aktivem Vorlesen ab, wird das gelernte Material besser behalten. Das Rezitieren führt zu einer aktiven Aufmerksamkeit anstatt zur ausschließlich passiven Aufnahme und bewirkt zudem, daß das gelernte Material nicht nur wiedererkannt, sondern auch akustisch reproduziert werden kann.

Das aktive Rezitieren ist auch eine sehr nützliche Methode der Wiederholung. So kann das Material, z.B. bei geschlossenem Buch, laut wiederholt werden. Sagen sie also bei geschlossenem Buch das auf, was sie vorher still gelesen haben – und Sie werden feststellen, es bleibt besser in Ihrem Gedächtnis haften.

Kasten 15

Familiennamen nicht vergessen – Hilfestellungen aus der Mnemotechnik

Es gibt eine ganze Fülle von Fachliteratur zur sog. »Mnemotechnik«, die sich damit beschäftigt, Möglichkeiten des besseren Behaltens zu finden. Nachfolgend ein Beispiel zur Verbesserung des Namensgedächtnisses.

Viele Menschen haben nur deswegen ein schlechtes Namensgedächtnis, weil sie sich für die betreffenden Menschen nicht interessieren. Eine praktische Hilfe ist es, daß man sich bei der Vorstellung den Namen sehr deutlich vorsprechen läßt, vielleicht sogar nochmals nachfragt, um ein Buchstabieren bittet und den Namen dann wiederholt. Während der Vorstellungsrunde sollte der Namen dann immer wieder innerlich nachgesprochen werden.

Danach gilt es, den Namen mit einem ganz bestimmten Gesicht zu verbinden. Relativ einfach geht dies, wenn sich der Name in ein Bild verwandeln läßt, z.B. bei Namen wie »Rosenbaum«, »Keller«, »König« usw.

Bei etwas komplizierteren Namen, die man mit wenigen Buchstaben in ein Bild verändern kann, sollte man kleine Veränderungen als Merkhilfen nicht scheuen. So wird dann beispielsweise Brenne zu Brenner oder Keter zu Kater usw. Haben Sie einen längeren Namen zu merken, der sich nicht in ein Bild verwandeln und auch nicht sinnvoll zergliedern läßt, dann könnten Sie diesen in der Weise verändern, daß Sie einen Satz daraus machen. Beispielsweise den Namen »Marisisky« in »Marie-ist-sie«, oder »Brunowski« in »Bruno-auf-Ski« usw.

Wie verbinden Sie aber nun einen Namen mit einem bestimmten Menschen? Meist wird es mit einem Gesicht sein, aber natürlich können Sie auch andere Erscheinungsformen als Anhaltspunkte nehmen, z.B. Körpergröße, Körperhaltung, den Klang der Stimme usw. Um etwas besonderes herauszufinden, müssen Sie sich die betreffende Person genau anschauen. (Bierach 1987)

4. Lernen mit Musik?
Viele Kinder sagen zu ihren Eltern, daß sie mit einem musikalischen Hintergrund besser lernen könnten. Die meisten Eltern lehnen dies ab und sind streng darauf bedacht, daß während der Zeit der Schularbeiten keine Musik läuft. Wer hat nun recht?

Tatsächlich ist es so, daß man mit einer ganz bestimmten Art von Musik die Lernleistungen wesentlich verbessern kann. Insbesondere sehr langsame Barockmusik (Tempo 60, also langsame Sätze wie beispielsweise die »Aria« aus den Goldberg-Variationen von J.S. Bach oder dem Satz »Winter« aus den Vier Jahreszeiten von A. Vivaldi), verbunden mit einer speziellen Atemtechnik, lassen die Lernleistungen beträchtlich ansteigen.

Begründet wurde diese Erkenntnis durch Forschungsarbeiten zur Suggestopädie (Ostrander u.a. 1980) damit, daß man zur Verbesserung der Lernleistungen die beiden Gehirnhälften aktivieren sollte.

2.5 Denken

»Cogito ergo sum« (»Ich denke, deshalb bin ich«). Mit diesem berühmten Satz des französischen Philosophen René Descartes (1596-1650) wurde sowohl die Theologie als auch die anderen Wissenschaften der Neuzeit in moderne Bahnen gelenkt. Aber was meinte er mit Denken?

Ein kleines Rätsel: »Schwimmt, ist schwarz-weiß, läuft auf zwei Beinen und kann nicht fliegen.« Aus diesen spärlichen Angaben assoziieren wir bereits den Pinguin und ordnen ihn der Gruppe der Vögel zu – obwohl er wahrlich kein Prototyp eines Vogels ist.

Schon an diesem kleinen Beispiel merken Sie, daß das Denken nicht nur ein logisches Verknüpfen von Fakten, sondern häufig ein (zumeist unbewußtes) Ausbalancieren vielfältiger Einflüsse ist, die nicht nur in unserem eigenen Kopf, sondern auch im Wechselspiel mit anderen Menschen entstehen.

2.5.1 Was ist mit Denken gemeint?

»Assoziation« ist das Schlagwort, mit dem die meisten Psychologen zu Beginn unseres Jahrhunderts Denkvorgänge erklären wollten. Durch Assoziation, so meinten sie, entstünden zunächst beliebige, zufällig kombinierte Gedankenverbindungen, die anschließend von der Logik auf Stimmigkeit geprüft und dann entweder akzeptiert oder verworfen würden.

Die Gestaltpsychologen um Max Wertheimer waren es, die in den 30er Jahren intensiv gegen solche Vorstellungen angingen. »Produktives Denken« war ihrer Meinung nach der Vorgang, der sich wesentlich vom blinden Probieren und einem anschließenden Prüfen abhebt. Niemals, so ihre Meinung, wird beispielsweise aus zwei Messern durch einfaches Probieren eine Schere, sondern das geschieht nur durch gezielte, angemessene und einsichtige »Umstrukturierung« zu einem neuen, sinnvollen »Ganzen« – zu einer »Gestalt« der Schere. Das Ganze ist demnach mehr als die Summe seiner Teile.

Aber damit hörte das Nachdenken über das Denken nicht auf. Was sind Strukturen und wie werden sie umstrukturiert? Welche Begriffe gibt es überhaupt? – das waren Fragen, die die Forscher bis in die Gegenwart bewegt haben. Galt früher die Vorstellung, daß Denken logisches Schließen sei und nichts anderes, wächst heute zunehmend die Einsicht, wie vielfältig Denkprozesse sein können und wie verwoben sie mit Gefühlen, Gedächtnis und einer entsprechenden Wahrnehmung der Umwelt sind.

Immer wieder wird behauptet, daß unsere Fähigkeit zu denken der wesentliche Unterschied zu den Tieren ist. Mittlerweile weiß man jedoch, daß auch Tiere Probleme lösen bzw. logisch operieren können. Aber kann man dies als Denken bezeichnen?

Versucht man das Denken zu definieren, kann man in einem ersten Ansatz davon ausgehen, daß es sich dabei um die Fähigkeit handelt, unsere Umgebung durch Symbole (durch Gesten, Worte, Bilder, Diagramme, Zahlen usw.) zu organisieren – ohne direkte physische Handlungen zu vollziehen.

Aber Denken ist mehr als eine Abstraktion des Handelns. Es hat nicht nur mit Logik und scharfem Verstand zu tun, sondern es gehören beispielsweise Tagträume genauso hinzu wie die besondere Qualität der Kreativität. Das Denken des Erwachsenen nimmt demnach ein ganzes Spektrum von Beziehungen zur Außenwelt ein. Man kann es durch zwei Pole eines Kontinuums beschreiben (vgl. Abbildung 17).

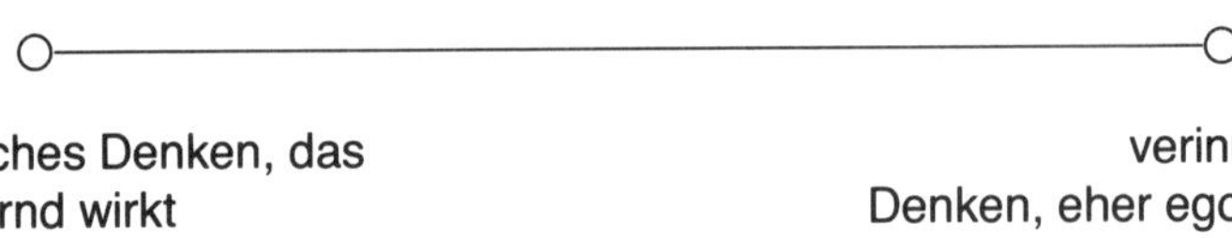

Abb. 17: Spektrum des menschlichen Denkens

Am linken Pol zeigt sich das realistische, logische und teilweise auch kreative Bemühen, mit der Umwelt eins zu werden, um diese damit auch zu verändern oder sich ihr anzupassen.

Am rechten Pol konzentriert sich das eher autistische Denken auf den inneren Menschen, d.h. auf Phantasien, Tagträume und das Bedürfnis zur Befriedigung des eigenen Ichs.

Die kognitive Psychologie, die sich mit dem Prozeß des Erkennens im weitesten Sinne befaßt, schließt, wie schon weiter oben beschrieben, Wahrnehmung, Lernen, Gedächtnis, Urteil und Sprache ein. Dabei ist mit dem Erkennen sowohl der Prozeß des Wahrnehmens als auch das Ergebnis dieses Prozesses gemeint.

Wenn wir Menschen fragen, wie sie denken, kommt zumeist die Antwort, daß sie wohl irgendwelche Bilder im Kopf haben. Tatsächlich können sich die meisten Leute vergangene Situationen auch am besten bildlich vorstellen. Es gibt aber auch andere, die sich »Hörbilder« vorstellen; seltener sind Geschmacks- und Geruchsbilder vorherrschend.

Meinte man früher, daß für Gedanken solche Vorstellungen unbedingt notwendig seien, haben verschiedene neuere Forschungen diese Auffassung widerlegt. Eine ganze Reihe von Wissenschaftlern sagt von sich selbst, daß sie beispielsweise nicht die Fähigkeit der Raumvorstellung haben. Daneben gibt es Menschen, die ein beschriebenes Blatt Papier einmal anschauen und es dann exakt reproduzieren können. Vielleicht hätten Sie gerne ein solches fotografisches Gedächtnis? Übersehen Sie dabei aber nicht, daß diese Qualität auch das Denken stören kann. Das gespeicherte Material ist sehr widerstandsfähig und läßt sich nicht leicht in ein anderes Muster umwandeln.

Sicherlich haben neben den Bildern in unseren Köpfen auch Wörter oder Sätze etwas mit dem Denken zu tun. Obwohl beim Denkprozeß Wörter nicht unbedingt notwendig sind, scheint doch die Sprache die Problemlösung zu erleichtern. Die Frage, ob Gedanken die Sprache bestimmen oder Sprache die Gedanken, hat unter Linguisten schon manche Kontroversen hervorgerufen. Wichtig ist die Erkenntnis, daß beim Denkprozeß bestimmte Konzepte vorhanden sind. Wenn ein Kind z.B. das Konzept »Katze« lernt, muß es imstande sein, diese Bezeichnung auf viele Tiere, die voneinander in Form, Farbe und Fellart verschieden sein können, anzuwenden. Auch muß es dieses Konzept bei Tieren einsetzen können, die es vorher noch nie gesehen hat.

Der Vorteil solcher Konzepte liegt darin, daß sie imstande sind, beim Analysieren und Einordnen neuer Objekte sehr schnell eine Zuordnung zu erlauben, weil auf eine ganze Reihe früherer Erfahrungen systematisch eingegangen werden kann.

Die ersten Konzepte, die ein kleines Kind bildet, hängen sehr von der visuellen Ähnlichkeit verschiedener Objekte ab. Wenn es etwas älter wird, lernt es auch, daß man Dinge in einer Gruppe zusammenfassen kann, die wenig oder gar keine äußeren Ähnlichkeiten haben (z.B. Hunde, Fische, Würmer und Vögel sind alles Tiere).

Forschungsergebnisse zeigen, daß ältere Kinder eine größere Fähigkeit haben, ihre Erfahrungen in ein mit Symbolen arbeitendes Vorstellungssystem zu übertragen. Jüngere Kinder scheinen sich immer noch auf eine motorische Repräsentation oder eine eindeutige bildliche Information zu stützen. Auf diesem Hintergrund haben Wissenschaftler immer wieder versucht, Denken unter entwicklungspsychologischem Aspekt zu verstehen.

Bruner (1964) war der Meinung, daß im Verlauf der kognitiven Entwicklung durch eine Interaktion mit Objekten der Umwelt innere Vorstellungen entstehen. Er nahm an, daß im Verlauf der kognitiven Entwicklung drei jeweils effektivere Arten dieser Vorstellungen hintereinander aufgebaut werden.

Kasten 16

Innere Vorstellungen bei der Entwicklung des Denkens (Bruner)

1. Muskuläre oder motorische Repräsentation
Wir können uns im Treppenhaus auch im Dunkeln zurechtfinden, weil wir gelernt haben, unsere Bewegungen der genauen Höhe der Stufen anzupassen. Selbst ohne visuelle Anhaltspunkte machen wir exakt die erforderlichen Bewegungen.

2. Repräsentation durch Anschauungsbilder
Im Gegensatz zu motorischen Vorstellungen dienen uns Anschauungen, die wir von bestimmten Dingen haben, auch wenn diese Objekte selbst nicht anwesend sind.

3. Repräsentation durch Symbole
Während Anschauungsbilder auf bestimmten wahrgenommenen Einzelheiten beruhen, wird es bei Symbolen (z. B. Sprachsymbolen) möglich, ein Vorstellungssystem zu entwickeln, das über die genauen Merkmale dessen, was wir wahrgenommen haben, hinausgeht. Mit Hilfe von Symbolen können Regeln für Schlußfolgerungen, Abstraktionen oder Transformationen gelernt werden.

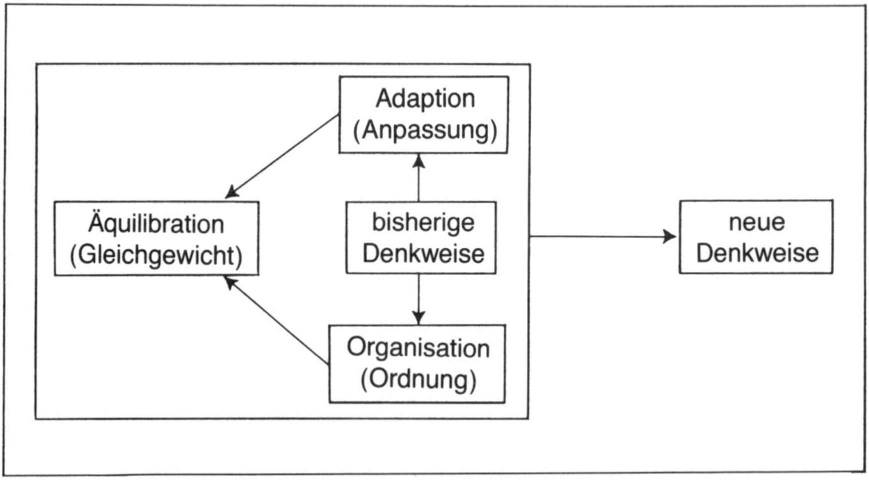

Abb. 18: Entwicklung des Denkens bei Piaget

Der schweizerische Entwicklungspsychologe Jean Piaget (1980) kam zu ähnlichen Ergebnissen wie Bruner. Für ihn ist die Entwicklung des Denkens nicht eine Folge von endogenen Reifungsprozessen, sondern ein Lernprozeß, der sich aus der Auseinandersetzung (Anpassung) des Menschen mit seiner Umwelt und einem sich ebenfalls Zug um Zug entwickelnden Ordnungsprinzip ergibt – wobei immer wieder versucht wird, zwischen diesen Prinzipien ein Gleichgewicht bzw. Stabilität herzustellen. Schematisch kann eine solche Denkentwicklung durch die Abbildung 18 dargestellt werden.

2.5.2 *Denken als Anpassungsleistung*

Das Adaptionsprinzip bei Piaget

Adaption meint eine Annäherung im doppelten Sinne. Einerseits werden bisher gewohnte Denkweisen auf ein neues Problem angewandt (d.h., ein neuer Sachverhalt wird mit meinem bisherigen Bearbeitungsmuster angegangen), andererseits aber auch neue Denkweisen auf das neue Problem angewandt (d.h., ich muß mich mit meinem Denkmuster dem Neuen anpassen).

Dieses Adaptionsprinzip ist eine zeitlebens wirksame Grundlage des Lernens.

Kasten 17

Ein Beispiel für das Adaptionsprinzip

Das neue Rundfunkgerät soll in Betrieb gesetzt werden. Die meisten Menschen packen es aus dem Karton aus und versuchen sofort an derjenigen Stelle auf den Knopf zu drücken, bei der sie auch das alte Gerät angeschaltet hatten. D.h., die Bearbeitung des neuen Sachverhalts wird nach dem bisher erworbenen Muster durchgeführt (Assimilation).

Sollte dies nicht funktionieren, wird nach anderen Möglichkeiten gesucht (z.B. auf alle anderen Knöpfe gedrückt, bzw. letztendlich auch die Gebrauchsanweisung gelesen), um einen Weg zu finden, das Gerät zur Funktion zu bringen (Akkomodation).

Beide Anpassungsarten (Assimilation und Akkommodation) ergeben zusammen den Prozeß der Annäherung (Adaption) an das neue Problem.

Das Organisationsprinzip bei Piaget

Piaget versuchte zu zeigen, daß alle Menschen dazu neigen, ihr Wissen zu systematisieren, d.h. beispielsweise auch Konflikte und Ungereimtheiten aufzuheben.

Insgesamt gesehen ist damit gemeint, daß das Denken in Richtung auf geringere Widersprüche und Ausgewogenheit hin strukturiert wird. Dies zeigt sich u.a. auch daran, daß neue Sachverhalte, die in das bisherige Wissenssystem nicht passen, oftmals sehr rasch vergessen werden. Wie das Adaptionsprinzip ist das Organisationsprinzip eine Grundlage des Lernens, die zeitlebens wirkt. Um dieses Prinzip zu unterstützen, ist es hilfreich, wenn Arbeitsaufgaben klar gegliedert und in einer entsprechenden Reihenfolge durchgeführt werden. Auch feste Regeln für den Tagesablauf sind hierfür hilfreich.

Das Äquilibrationsprinzip bei Piaget

Mit dem Äquilibrationsprinzip meint Piaget die Herstellung eines Gleichgewichts zwischen Adaption und Organisation, wodurch dann immer neue, stabilere Denkstrukturen entstehen (vgl. Abb. 18).

Jede neue Denkstruktur beginnt mit einem Ungleichgewicht und strebt unter Einwirkung von Anpassung und Ordnung zu einem stabilen Gleichgewicht hin. Piaget hat vier große Perioden der Denkentwicklung vom Kind zum Jugendlichen entdeckt, die jeweils mit einem solch relativ stabilen Gleichgewichtszustand abschließen. Sie werden in den Kapiteln 3.3.1 zur Entwicklungspsychologie ausführlich behandelt.

Zusammenfassend kann nunmehr zum Denken gesagt werden:

- Es handelt sich dabei um einen Prozeß der Umwandlung, bei dem symbolische Elemente wie Vorstellungen, Wörter und Konzepte, Schemata usw. die Aspekte der Realität repräsentieren.
- Neben dem realistischen und logischen Denken, das der Anpassung an die Erfordernisse einer Situation dient, gibt es auch ein ungesteuertes, wahlloses, scheinbar zielloses und unkontrolliertes Denken, man könnte es auch als »Träumen« bezeichnen. Solche Gedanken können, obwohl sie im ersten Moment ziellos erscheinen, beim kreativen Denken und Problemlösen eine wichtige Rolle spielen.
- Deutlich muß Denken auch im Zusammenhang mit der Sprache gesehen werden. Setzt man es mit dem Erwerb und der Ordnung von Begriffen gleich, kommt man der Definition der Intelligenz als Leistungsgrad des Denkens sehr nahe.

Kann man dann folgern: Denken = Aufgabenlösen = Lernen = Intelligenz?

Wie schon weiter oben diskutiert, kann diese Frage nicht eindeutig bejaht – aber auch nicht verneint werden. Sie macht jedoch deutlich, daß es notwendig ist, in den folgenden Abschnitten auch die anderen kognitiven Fähigkeiten genauer zu untersuchen.

2.6 Intelligenz

2.6.1 Was ist mit Intelligenz gemeint?

Versucht man, »die« Intelligenz genauer zu beschreiben, so gerät man sehr schnell an Grenzen. Irgendwie ahnt man ja, was damit gemeint ist – aber auch in wissenschaftlichen Kreisen gibt es eine große Zahl verschiedenartiger Intelligenzdefinitionen.

Am deutlichsten wird diese Situation durch die ersten Worte eines Forschers anläßlich eines Symposiums zur Intelligenz charakterisiert, wenn er dort sagte: »Die Verschiedenheit der Intelligenzbegriffe, die von den Teilnehmern dieses Symposiums vertreten werden, reduziert die Gefahr, daß einer der Standpunkte als richtig erkannt wird, auf ein Minimum«. (Roth u.a. 1975)

Ebenso wie Denken, Gedächtnis und Lernen kann die Intelligenz nicht direkt beobachtet werden, sondern muß aus dem Verhalten einer Versuchsperson erschlossen werden. Aber auch dann gibt es noch die verschiedensten Meinungen, und die im Kasten 18 genannten Definitionen sollen zeigen, daß man letztendlich auch mit der saloppen Formulierung »Intelligenz ist, was der Intelligenztest mißt« nicht allzuweit daneben liegt.

Kasten 18

Definitionen der Intelligenz

»Intelligenz ist der Leistungsgrad der psychischen Funktionen bei der Lösung meiner Probleme.«

Oder: »Intelligenz ist die den innerhalb einer bestimmten Kultur Erfolgreichen gemeinsame Fähigkeit.«

Oder: »Intelligenz ist die Befähigung zur Auffindung von Redundanz.«

Die für den deutschen Sprachraum geläufigste Definition stammt von Stern (1912), der folgendermaßen formuliert:

»Intelligenz ist die allgemeine Fähigkeit eines Individuums, sein Denken bewußt auf neue Forderungen einzustellen; sie ist die allgemeine geistige Anpassungsfähigkeit an neue Aufgaben und Bedingungen des Lebens.«

Weil es keine einheitliche Beschreibung bzw. Definition der Intelligenz gibt, ist es sinnvoller zu fragen, mit welchen Aufgaben diese kognitive Fähigkeit ggf. gemessen werden kann – und die Ergebnisse der hierzu verwendeten Aufgaben dann als die gemessene Intelligenz zu beschreiben.

Es hat sich gezeigt, daß jeder Mensch seinen individuellen Intelligenzwert hat, der allerdings nicht als ein so stabiles persönliches Attribut wie beispielsweise die

Augenfarbe gesehen werden kann. Er unterliegt bis zum Erwachsenenalter z.T. erheblichen Schwankungen, die mit den Einflüssen der Umwelt zusammenhängen und natürlich auch genetisch bedingt sind.

2.6.2 *Intelligenztests*

Zur Bestimmung der momentanen Intelligenz erweisen sich Tests als geeignet, jedoch werden die Testergebnisse, je länger der Zeitraum ist, über den hinweg Vorhersagen getroffen werden müssen, oder je länger es her ist, daß getestet wurde, immer unsicherer.

Entscheidungen von sehr weittragender Bedeutung, wie es z.B. der Übertritt an weiterführende Schulen oder ein Gutachten zur Sonderschulbedürftigkeit darstellt, aber auch die Berufswahl, sollten keinesfalls durch ein Intelligenztestverfahren alleine bestimmt werden.

Die Amerikaner Thorndike und Thompson, aber auch Spearman und Thurstone, waren Pioniere der modernen Intelligenzforschung, die mit den Arbeiten von Binet in Frankreich und Stern in Deutschland zu Beginn dieses Jahrhunderts begonnen hatten.

Wissenschaftlicher Ansatz war ursprünglich, daß es womöglich einen Hauptfaktor der Intelligenz und einige Nebenfaktoren geben könnte. Später wurden auch Überlegungen zur Gleichwertigkeit verschiedener Intelligenzgrundfaktoren angestellt.

Mit den modernen mathematischen Methoden einer Faktorenanalyse war es möglich, die Struktur der Intelligenz genauer zu untersuchen, und auch heute noch bilden die Ergebnisse solcher Forschungen die Grundlagen zur Erstellung von Intelligenztests.

Thurstone konnte in den Jahren 1938-1945 zeigen, daß mit einem einzigen »Generalfaktor« die gesamten Intelligenzleistungen nicht beschrieben werden können. Er entdeckte unter Zuhilfenahme der Faktorenanalyse eine Anzahl voneinander unabhängiger Einzelfaktoren, die er als »Primärfaktoren der Intelligenz« gleichwertig nebeneinander stellte (Heller 1976). Hierzu gehört u.a.:

1. Die Fähigkeit, sprachliche Bedeutungen und Beziehungen zu erfassen und mit sprachlichen Begriffen umzugehen.
2. Die Fähigkeit, Wortverknüpfungen herzustellen, die relativ inhaltsunabhängig sein können – also die assoziative Wortproduktion, eher im Sinne des »Schwätzers«.
3. Die Fähigkeit, mechanische Gedächtnisleistungen zu vollbringen, überwiegend im Bereich des Kurzzeitgedächtnisses.
4. Die Fähigkeit zum logischen Schließen, zur Ableitung von Prinzipien usw.
5. Die Fähigkeit, relativ einfache Rechenoperationen wie addieren, multiplizieren usw. auszuführen – also nicht Mathematik im formallogischen Sinne, sondern eher die Konzentration bei geistiger Arbeit.

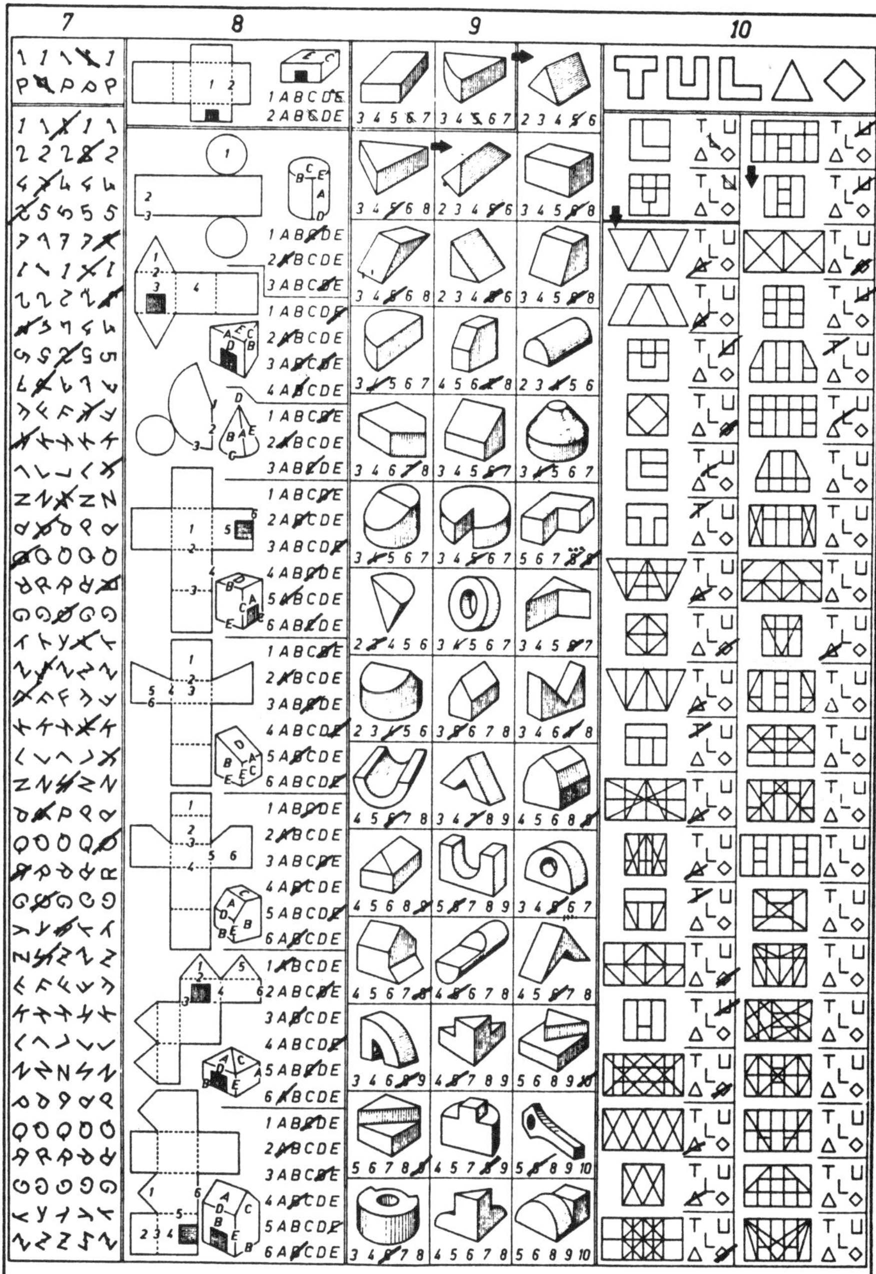

Der Testteilnehmer muß nach einer entsprechenden Einführung bei den verschiedenen Aufgaben markieren, was richtig oder falsch ist. Hier sind nicht alle Lösungen richtig.

Abb. 19: Beispiel einer Testaufgabe aus dem L-P-S

6. Die Fähigkeit der räumlichen Vorstellung.
7. Die Fähigkeit, das Wesentliche eines Sachverhaltes möglichst rasch zu erkennen.

Das Beispiel einer Intelligenztest-Aufgabe aus dem in der Bundesrepublik Deutschland häufig verwendeten »Leistungsprüfsystem« (L-P-S, Horn 1962) kann der Abbildung 19 entnommen werden.

2.6.3 Intelligenz – vererbt oder erworben?

Immer wieder taucht die Frage nach den vererbten bzw. erworbenen Anteilen der Intelligenz auf und interessanterweise wechseln die Meinungen hierzu fast parallel zu den politischen Grundströmungen.

Von empirisch-wissenschaftlicher Seite aus kann gesagt werden, daß die kognitive Fähigkeit »Intelligenz« sowohl auf genetischer Basis (also auf Vererbung) beruht, als auch durch die Umwelt geprägt ist. Man kann demnach von einer »Begabung« und einem »Begaben« reden.

Was den durch die Umwelt bedingten Anteil der Intelligenz anlangt, so konnte durch verschiedene Forschungsarbeiten belegt werden, daß die von den üblichen Testverfahren gemessenen Werte in Abhängigkeit von einer intakten Familiensituation, dem sprachlich kulturellen Milieu und von den Erziehungsstilen gesehen werden müssen (Roth 1975).

Zahlenangaben über das Verhältnis von erb- bzw. umweltbedingten Anteilen der Intelligenz sind in verschiedenen Forschungsberichten zu finden und schwanken zwischen 45 und 80% des erblichen Anteiles (Fatke 1977).

Immer wieder ist man als Laie erstaunt, solche großen Schwankungen vorzufinden; da jedoch die Voraussetzungen zur Ermittlung der Prozentwerte nicht vergleichbar sind, ist auch kein einheitliches Urteil zu erwarten. Zusammenfassend kann lediglich gesagt werden, daß der erbliche Anteil wohl etwas überwiegt, jedoch für die praktische Arbeit gilt, daß selbst dann, wenn der Umweltanteil an der Intelligenzvarianz nur 20% betragen würde, die Eltern aufgerufen wären, alle Anstrengungen zu unternehmen, um diesen Anteil auszuschöpfen.

Abschließend können wir nun, nochmals deutlicher als weiter vorne, erkennen, daß die einzelnen kognitiven Fähigkeiten Lernen, Denken, Gedächtnis und Intelligenz bei genauerer Untersuchung so miteinander verwoben sind, daß sie immer in der Zusammenschau (vgl. Abb. 10) gesehen werden müssen, ja, daß sie sich sogar in dem Sinne gegenseitig bedingen, daß Einzeluntersuchungen zu falschen Schlüssen führen müssen. Auch hier gilt also: »Das Ganze ist mehr als die Summe seiner Teile.«

2.7 Empfindung und Wahrnehmung

Alle Informationen über unsere Umwelt beziehen wir zwangsläufig durch unsere Sinne, die von Licht und Schallwellen, Druck und verschiedenen chemischen Reizen beeinflußt werden können. Beim Studium der Wahrnehmungsprozesse arbeiten Psychologen eng mit Physiologen, Physikern und Chemikern zusammen, um die Mechanismen einer Übertragung der Reize, ihre Verarbeitung und die sich durch Beobachtung und Beschreibung ergebenden Wahrnehmungen und Empfindungen zu verstehen. Sehr schnell wird dabei jedoch deutlich, daß nicht alles, was wir Menschen wahrnehmen, auch objektiv gespeichert wird. Hier unterscheiden wir uns deutlich von rein physikalischen Meßinstrumenten (Uhren, Maßbänder, Spannungsmesser usw.), die zu den Befunden keine eigenen Kommentare geben.

Die Wahrnehmungsreize durchqueren die Sinnesrezeptoren, die sie empfangen, und werden über sensorische Nerven zum Gehirn geführt, wo sie in bestimmten Bezirken empfangen und weiterverarbeitet werden, um dann schließlich ein Wahrnehmungserlebnis auszulösen.

Die das Gehirn verlassenden Nervenbahnen können die Botschaften, die empfangen und übermittelt werden, beeinflussen. In aller Regel ist das System jedoch sehr zuverlässig und liefert fast immer richtige Informationen über die Umwelt – es gibt allerdings eine ganze Reihe von Fehlerquellen, die zu Sinnestäuschungen führen können.

Um überhaupt wahrgenommen zu werden, muß der Umweltreiz eine bestimmte Stärke bzw. Frequenz haben, damit ihn die Sinnesrezeptoren entdecken können. Er kann dann, je nach Wellenlänge, mit dem Auge gesehen, mit der Haut (beispielsweise als Wärme oder Kälte) verspürt oder mit den Ohren gehört werden. Für bestimmte elektromagnetische Wellen (z.B. Rundfunk- oder Fernsehwellen) gibt es keine direkten Rezeptoren. Um diese Wellen zu empfangen, benötigt man besondere technische Vorrichtungen.

Beim Schmecken und Riechen sind die Rezeptoren nicht für den Empfang elektromagnetischer Wellen eingerichtet, sondern so aufgebaut, daß sie ein Aroma bzw. verschiedene Düfte wahrnehmen, also eher im chemischen Bereich liegen.

Um die Empfindlichkeit der Sinneswahrnehmung messen zu können, hat man die »Unterschiedsschwelle« als eine Größe eingeführt, die diejenige Menge an physikalischer Energie, die gerade noch groß genug ist, um für die Wahrnehmung einen Unterschied zu ergeben, beschreibt. Diese Unterschiedsschwelle hat für jeden Reiz eine andere Größe; sie ist beispielsweise für schwaches Licht nicht dieselbe wie für helles Licht und auch bei den Tönen deutlich frequenzabhängig.

Weber hat schon im Jahre 1834 hierzu eine mathematische Formel aufgestellt und damit gezeigt, wie sich die Unterschiedsschwelle berechnen läßt.

Die erstaunliche Variationsbreite der Empfindlichkeit unserer verschiedenen Sinnesorgane läßt sich durch die mit dem Weber'schen Gesetz errechneten Zahlenwerte recht deutlich zeigen. So kann beispielsweise mit dem sehr empfindlichen Ohr bei einer Tonhöhe von 2000 Hertz ein Unterschied von nur 0,3 % bemerkt werden, während der Unterschied beim Geschmackssinn nur dann wahrgenommen wird, wenn er ca. 20% ausmacht.

Kasten 19

Wahrnehmung von Unterschieden (Unterschiedsschwelle)

Reiz	*Unterschiedsschwelle*
Tonhöhe	0,3%
Druck	1,3%
Helligkeit	1,6%
Gehobene Gewichte	1,9%
Lautstärke	9,1%
Geruch	10,0%
Hautdruck	14,2%
Salziger Geschmack	20,0%

Nachfolgend werden einige Sinnesorgane genauer beschrieben.

2.7.1 Die Augen

Das Sehen beginnt in den Sehzellen unserer Augen, den lichtempfindlichen Stäbchen und Zäpfchen der Netzhaut.

Haben die Zäpfchen Lichtquanten eingefangen, löst dies eine ganze Reihe von chemischen Reaktionen aus, an deren Ende dann ein elektrisches Signal steht.

Auf der Fläche von vier Quadratzentimetern der Netzhaut eines Auges sitzen mehr als 100 Millionen Stäbchen und etwa 6 Millionen Zapfen. Die Zapfen dienen dem Sehen bei Tageslicht, die Stäbchen ermöglichen das Sehen in der Dämmerung. Besonders dicht drängen sich die Zapfen in der Sehgrube, der Vovea, mit ihr lesen Sie jetzt auch dieses Buch.

Vor der Schicht der Stäbchen und Zapfen, zur Linse hin, liegt in der Netzhaut ein Geflecht von Nervenzellen, von denen die Wissenschaftler mittlerweile 20 verschiedene Arten gezählt haben. Im Innern dieser Zellen befinden sich nahezu alle chemischen Botenstoffe des Gehirns und darüberhinaus eine Reihe von Substanzen (darunter auch Sexualhormone), die niemand im Auge vermutet hätte und deren spezielle Aufgaben noch völlig rätselhaft sind.

Die großfaserigen Zellen verarbeiten die von den Lichtreizen ausgelösten Nervenimpulse auf verschiedenartige Weise, ehe sie die gefilterten Signale an die Ganglienzellen weiterleiten, der letzten Station im Auge. Jede der Ganglienzellen ist für die Sehquellen eines bestimmten Bereichs der Netzhaut zuständig. Diese Bereiche, die sogenannten »rezeptiven Felder«, sind kreisförmig und konzentrisch angeordnet.

Sobald Licht ins Zentrum des Feldes fällt, wird die Ganglienzelle erregt – fällt Licht dagegen ins Umfeld, wird sie gehemmt. Sind die rezeptiven Felder der Ganglienzellen gleichmäßig ausgeleuchtet, passiert nicht viel, denn die Signale von Zentrum und Umfeld heben sich gegenseitig auf. D.h., die Ganglienzellen interessieren sich nicht für die Gesamtintensität der Beleuchtung, auch nicht für einheitliche Flächen, sondern nur für *Unterschiede* bzw. Kontraste der Grenzen zwischen hell und dunkel. Die Ganglienzellen verschärfen und betonen diese Grenzen, bevor sie das Ergebnis ihrer Arbeit in das Gehirn weiterleiten. So können wir also unsere Umwelt strukturiert wahrnehmen.

Dort, wo die Nervenfasern der Ganglienzellen als ein dicker Strang die Netzhaut verlassen, liegt der »blinde Fleck« unseres Auges. Es ist dies ein kleiner Bereich ohne Sehzellen.

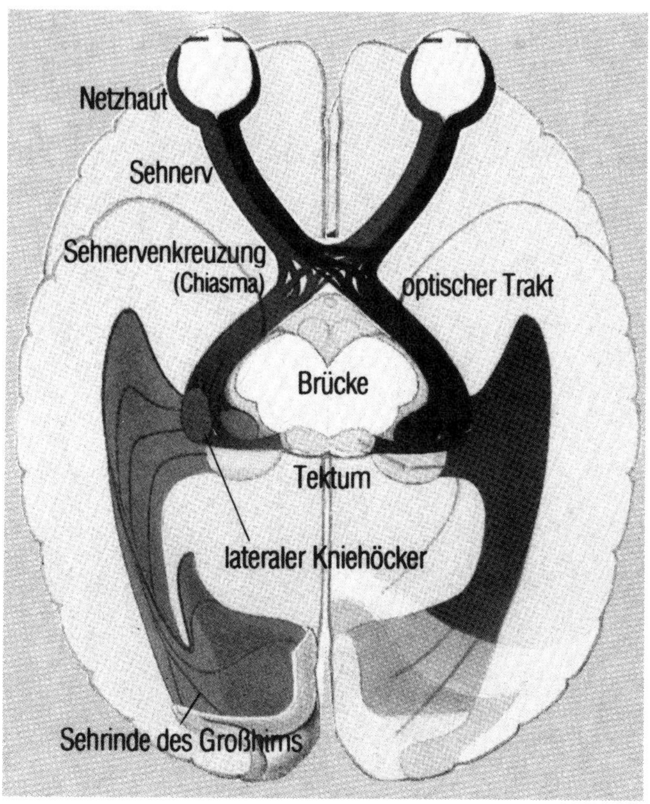

Abb. 20: Mechanismus des Sehens

Die Sehnerven vom linken und rechten Auge kreuzen sich im Chiasma, wobei dann etwa die Hälfte der Fasern auf die jeweils andere Seite wechselt. Einige Fasern zweigen hier auch zum Hypothalamus ab, einem u.a. an den Gefühlsempfindungen beteiligten Teil des Mittelhirns.

Vom Chiasma aus zielen die beiden jetzt vermischten Sehnerven auf die beiden Schaltstellen im Zwischenhirn, die nach ihrer entsprechenden Form benannten »lateralen Kniehöcker«. Von dort aus gelangen die Nervensignale in die spezialisierten »optischen Rindenfelder« der Großhirnrinde, auf der den Augen entgegengesetzten Seite des Kopfes. Erst jetzt entsteht in Zusammenarbeit mit anderen Bereichen der Großhirnrinde aus den milliardenfach hereinströmenden Nervenimpulsen ein zusammenhängendes Bild der Außenwelt – das Bild, das Sie im Augenblick bewußt wahrnehmen.

Häufig gibt es bei Menschen Störungen des visuellen Sehens, die man als »Farbenblindheit« bezeichnet. Diese Bezeichnung ist jedoch nicht korrekt, denn zumeist handelt es sich nur um eine teilweise »Blindheit« für einzelne Farben. Es ist in der Regel die Unfähigkeit, rot und grün zu unterscheiden, oder eine Farbenschwäche am roten Ende des Farbspektrums. Ein derartig farbenblinder Mensch nimmt aus dem Spektrum aller Farben nur blau und gelb wahr. Stammt die Wellenlänge vom roten Ende des Spektrums, wird gelb empfunden, egal, ob der Reiz rot, orange, gelb oder grün ist. Kommt die Farbe vom kurzwelligen (violetten) Ende, sieht der teilweise Farbenblinde blau, obwohl die Farbe in Wirklichkeit violett, blau oder blaugrün sein kann.

2.7.2 Das Gehör

Zupft man an einer Violinsaite oder klopft auf einen Tisch, dann breiten sich die Schallwellen durch die Luft in alle Richtungen aus. Treffen diese Wellen unser Trommelfell, so ist dies der Reiz, der uns etwas hören läßt.

Seit man auch von einer »akustischen Umweltverschmutzung« spricht, wird uns erst so recht deutlich, daß unsere Welt von vielerlei Lärm erfüllt ist. Um diese Schalleindrücke zu differenzieren, müssen wir von der Frequenz, d.h. der Höhe oder Tiefe eines Tones, und als zweiter Beschreibungsgröße von seiner Lautstärke (Amplitude) ausgehen. In unserer normalen Umwelt sind die uns erreichenden Schallwellen fast immer Mischungen aus Tönen verschiedener Frequenz und Lautstärke.

Glücklicherweise können wir nicht alles hören. Von ca. 20 Hertz bis 18.000 Hertz, bei älteren Menschen zunehmend niedriger, reicht der Bereich, der für die meisten hörbar ist.

Unser Ohr ist eines der kompliziertesten Organe des Körpers. Seine Sensibilität ist so groß, daß es einerseits fast das Rauschen des eigenen Blutes hören kann (mit etwas Verstärkung, etwa durch eine Muschel, ist dies möglich), andererseits aber ist es gleichzeitig widerstandsfähig genug, um den Lärm eines startenden

Düsenflugzeugs, zumindest über kurze Zeit, zu überstehen. Die Unterschiede zwischen diesen beiden Geräuschen haben ein Verhältnis von 1 : 5.000.000. Es ist daher auch gar nicht möglich, den Schalldruck in normalen Zahlen auszudrükken, man verwendet nur die Zehnerpotenzen und mißt sie in Dezibel (dB).

Eine ganz wesentliche Leistung des Ohres ist auch die Qualität, aus einer Vielzahl von Tönen oder Klängen genau denjenigen herauszusuchen, der gerade interessant wird. So ist es beispielsweise ohne weiteres möglich, den Gesamteindruck eines Symphonieorchesters wahrzunehmen – und sich dennoch nur auf die Violinen zu konzentrieren.

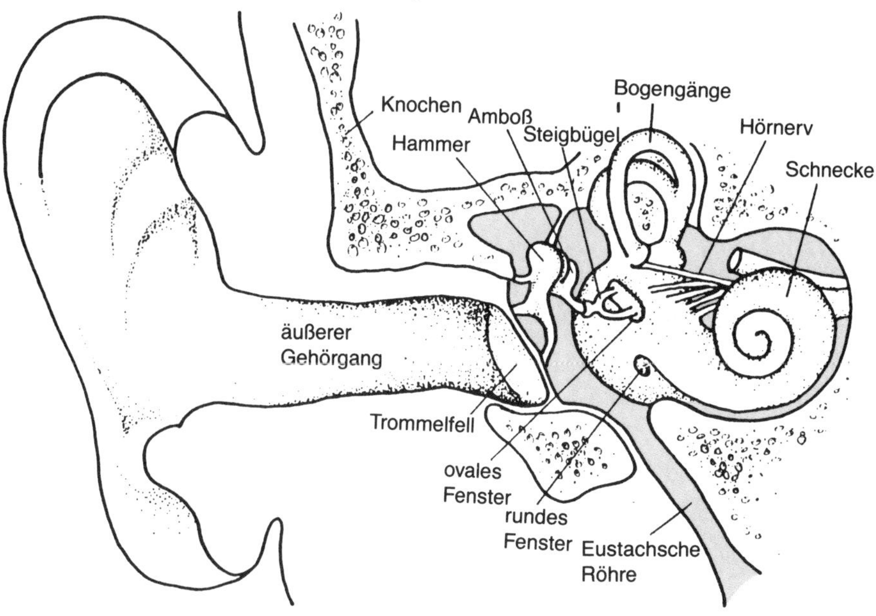

Abb. 21: Aufbau des menschlichen Ohrs

Den Aufbau des Ohres können Sie der Abbildung 21 entnehmen. Dabei wird deutlich, daß das Ohr optimal darauf ausgerichtet ist, die Energie der Schallwellen, die auf das Trommelfell auftreffen, bestmöglich auszunützen.

Normalerweise wird ein Großteil der Energie von Schallwellen, die auf eine harte Fläche auftreffen, wegreflektiert. Die besondere Konstruktion des Ohres macht es jedoch möglich, diese Energie aufzubewahren und damit zu verstärken.

Immer wieder wird die Frage gestellt, wie die physikalischen Töne mit entsprechender Frequenz und Lautstärke so umgewandelt werden, daß sie vom Menschen erkannt werden können.

Helmholtz ging um die Jahrhundertwende davon aus, daß die Fasern der Basilarmembran, ähnlich dem Klavier, auf die verschiedenen Frequenzen reagieren. Mit dieser Theorie läßt sich jedoch das Hören hoher oder tiefer Töne nicht eindeutig erklären. Ebensowenig kann damit die Weite des Intensitätsspektrums, auf die unser Ohr reagiert, erklärt werden.

Neuere Theorien zum Hörvorgang wurden von Bekesy (1964) vorgestellt. Anhand vieler Untersuchungen am menschlichen Ohr beobachtete er, daß die physikalischen Eigenschaften der Basilarmembran nur teilweise (ca. die Hälfte der Oktaven des menschlichen Gehörs) mit der Resonanztheorie erklärt werden können. Seine »Wanderwellentheorie« stützt sich darauf, daß die Membran mit zunehmender Entfernung vom ovalen Fenster flexibler wird. So findet man die höheren Töne in der Nähe des ovalen Fensters vertreten und die niedrigeren Töne in der gesamten Cochlea.

Kasten 20

Wie erlebt ein ertaubter Mensch seine Umwelt? (Witte 1986)

»Der Ausfall des Hörvermögens, den du dir am besten vorstellen kannst, wenn du in einer Fernsehsendung den Ton abstellst, führt zu einer Genauigkeit des Sehens, die nicht nur dir unvorstellbar ist und die deshalb auch oft in Frage gestellt wird, weil man argwöhnt, daß dieses Sehen sich im Aufnehmen von Details erschöpft und die größeren Zusammenhänge, auf die es beim Verstehen ankommt, gar nicht erkennt.

In der Tat muß das Auge alles aufsaugen und an die Gehirnzellen weitergeben, was sich im Umfeld zuträgt: Informationen, Signale, Bilder; diesen Auftrag kann es unmöglich mit aller wünschenswerten Exaktheit ausführen. Dem stehen allein schon physische Hindernisse im Wege. Die größten Schwierigkeiten entstehen bei der Verarbeitung abstrakter Begriffe und Vorgänge, die sich dem Auge entziehen. Die für das Verstehen wichtigen Zwischentöne haben eine »Frequenz«, die den Nichthörenden nicht mehr erreicht. Das kann zu einer Einseitigkeit im Urteilen führen, die die Übereinstimmung mit dem Sprechenden gefährdet. Als Nichthörender laufe ich Gefahr, die Nuancen zu verkennen, die für ein fundiertes Urteil unentbehrlich sind.

Gehörlose erliegen leicht einer Schwarz-Weiß-Malerei, teilen die Menschheit in gut oder schlecht ein und werden so den Tatsachen nicht mehr gerecht. Sie übersehen die außerordentlich wichtigen Übergänge.«

2.7.3 Andere Sinnesorgane

Neben dem Sehen und Hören gibt es noch eine ganze Reihe anderer Sinneswahrnehmungen, über die man immer wieder aufs neue staunen kann:

Riechen

Reize für den Geruchssinn sind die abdampfenden Teile fester oder flüssiger bzw. gasförmiger Substanzen. Sie kommen mit den Rezeptoren in der oberen Nasenhöhle in Kontakt und verursachen damit den Reiz für die Sinneswahrnehmungen.

Obwohl wir tausende verschiedener Gerüche benennen und sie auch beschreiben können, gibt es kein befriedigendes Schema zum Verständnis im Hinblick auf Grundqualitäten. Man kennt zwar eine ganze Reihe von Klassifizierungen, bei denen die einen mit vier Grundgerüchen, andere mit 31 primären Gerüchen arbeiten. Eindeutige und damit genau gegeneinander abgrenzbare Gruppen, wie dies beispielsweise bei den Tönen oder Farben der Fall ist, gibt es bisher nicht, so daß es auch durchaus möglich sein kann, daß eine Differenzierungsmöglichkeit bzw. Skala grundlegender Gerüche überhaupt nicht existiert.

Schmecken

Eng verwandt mit dem Geruchs- ist der Geschmackssinn. Jede Substanz schmeckt anders, und wir haben mit unseren Geschmacksorganen eine differenzierte Möglichkeit zur Unterscheidung – was sich nicht zuletzt auch in der immer mehr verfeinerten Küche zeigt. So wie man einen Ton im Hinblick auf die Schallstärke und Frequenz unterscheiden kann, läßt sich auch jeder Geschmack durch einzelne Grundelemente beschreiben.

Die vier Hauptkomponenten des Geschmacks sind: süß, sauer, bitter und salzig. Charakteristische Reize gehen bei süß von Zucker, bei sauer von verdünnter Salzsäure, bei bitter von Chinin und beim salzigen Geschmack von Kochsalz aus. Sucht man allerdings nach genauen chemischen Zusammensetzungen, die einen ganz bestimmten Geschmack hervorrufen, so steht man immer noch vor einem Rätsel, denn chemische Substanzen mit ganz verschiedenartiger Zusammensetzung können zum selben Geschmackseindruck führen (deutlich erkennbar ist dies beispielsweise bei Zucker und Süßstoff, die chemisch ganz andersartig aufgebaut sind).

Geschmacksrezeptoren sind die Geschmacksknospen, die entlang der Oberfläche und an den Seiten der Zunge verteilt sind. Allerdings ist die Empfindung, die die im Mund befindliche Nahrung auslöst, in aller Regel nicht nur durch den Geschmack allein, sondern auch durch den Geruch bestimmt. Wir merken dies immer wieder dann, wenn wir Schnupfen haben, denn dann schmeckt auch unser Lieblingsgericht nicht so gut, weil wir es nicht riechen können.

Versucht man die Empfindungen für Geschmack und Geruch zusammenzutragen, so kann man hierfür das Wort »Aroma« einsetzen.

Somästhetische Sinne

Die sogenannten »somästhetischen Sinne« schließen sowohl Empfindungen der Haut als auch diejenigen von Rezeptoren innerhalb des Körpers ein.

Die Hautsinne kann man in Berührung, Druck, Schmerz und Wärme bzw. Kälte unterscheiden. Dabei zeigt sich, daß nicht alle Punkte der Körperoberfläche gleichmäßig empfindlich für diese Reize sind. Beispielsweise sind die Nasenspitze und das Kinn, verglichen mit anderen Hautregionen, empfindlicher für Berührungen sowie für Wärme- und Kälteempfindungen. Deshalb probieren Mütter auch immer wieder an diesen Stellen, ob die Milchflasche für das Baby die richtige Temperatur hat.

Interessant ist, daß wir Menschen für Wärme und Kälte keine absoluten Temperaturempfindungen haben. Man ist demnach bei allen Temperaturangaben sehr auf den Vergleich mit anderen Zuständen angewiesen, und so kann Hitze, Wärme, Kühle oder Kälte, die man zwar qualitativ voneinander unterscheiden kann, in verschiedenen geographischen Regionen zu quantitativ anderen Ergebnissen führen. Einen praktischen Versuch dazu können Sie mit der Anleitung in Kasten 21 durchführen.

Kasten 21

Relative Empfindung des Menschen für kalt und warm

Machen Sie doch einmal folgenden Versuch:

Nehmen Sie eine Schüssel mit kaltem Wasser, eine zweite mit lauwarmem Wasser und eine dritte mit heißem Wasser. Tauchen Sie jetzt ca. 1 Minute lang die linke Hand in das kalte und die rechte Hand in das heiße Wasser. Danach werden beide Hände zusammen in die Schüssel mit dem lauwarmen Wasser getaucht.

Sie werden ein überraschendes Ergebnis erzielen: Für die linke Hand ist das lauwarme Wasser warm – und für die rechte kalt geworden ...

So bekannte Empfindungen wie *Jucken* oder *Kitzeln* ergeben sich aus einem komplexen Erregungsmuster der Haut. Objekte, die die Haut bewegen, lösen Berührungs- oder Druckempfindungen aus.

Schmerzempfindungen ergeben sich immer dann, wenn die Haut verletzt oder extremen Formen physikalischer Energie ausgesetzt wurde (brennen, schneiden, ätzen usw.).

Der *Bewegungssinn* (kinästhetischer Sinn) ist zwar weniger bekannt, er gehört jedoch zu unseren grundlegenden Sinnesorganen, denn er gibt uns Rückmeldung über die Bewegungen. Reize für den kinästhetischen Sinn sind mechanische Kräfte, die sich auf Rezeptoren in den Muskeln, Sehnen und Gelenken des Körpers auswirken. Wenn die Muskeln Teile unseres Körpers bewegen, liefern verschiedenartige Druckmuster auf diesen kinästhetischen Rezeptoren die spezifischen Bewegungsempfindungen. Wir wissen dann, was oben und unten ist, bewegen uns geradlinig, können unsere Muskeln koordinieren usw. – alles

Funktionen, über die man in der Regel nicht nachdenkt und erst darauf aufmerksam wird, wenn sie aus irgendeinem Grunde nicht mehr funktionieren.

2.7.4 Wahrnehmung

Nachdem wir in den vorangegangenen Kapiteln über die Rezeptoren für die verschiedenen Reize Grundlegendes im Sinne der Physik und Chemie ausgesagt haben, ist dennoch ungeklärt, wie es dazu kommen kann, daß wir »so sehen, wie wir sehen«. Und offen ist auch die Frage, inwieweit unsere Wahrnehmungen durch frühere Erfahrungen beeinflußt werden und wie solche Veränderungen zustande kommen. Sie können mit der Checkliste im Kasten 22 überprüfen, ob Ihre Wahrnehmungen verzerrt sein könnten.

Kasten 22

Sind meine Wahrnehmungen Halluzinationen?

Wenn Sie feststellen wollen, ob es sich bei einer eigenartigen Wahrnehmung um eine Halluzination oder nur eine Reaktion auf irgendeine unbekannte äußere Reizquelle handelt, so können Sie dies mit den sechs folgenden Fragen herausfinden:

1. Können Sie die Wahrnehmung mit Willenskraft verschwinden lassen?
2. Ist die Wahrnehmung auch dann noch vorhanden, wenn der entsprechende Rezeptor blockiert wird (z.B. Augen oder Ohren abgedeckt)?
3. Berichten andere Leute in derselben Situation über die gleichen Wahrnehmungen?
4. Können Sie »es« berühren oder stoßen?
5. Reagiert ein Tonband oder ein Belichtungsmesser ebenfalls darauf?
6. Wird »es« unter einem Vergrößerungsglas größer oder mit Hilfe eines Verstärkers lauter? Verändert sich die Lautstärke, wenn Sie sich nähern oder entfernen?

Sind die Antworten auf die ersten beiden Fragen ja und die anderen vier nein, dann sollten Sie einen Arzt aufsuchen.

Häufig taucht die Frage auf, in welchem Zusammenhang die Wahrnehmungen unseren Realitätsbegriff prägen. Schon jahrhundertelang haben sich Philosophen darüber Gedanken gemacht. Aber auch für die Theologie, und nicht zuletzt für unser ganz praktisches Glaubensleben, ist es wichtig zu wissen, ob uns irgendwelche Ideen oder Ideologien prägen, wie weit die rasante Entwicklung der Technik dazu führt, daß wir an unserem Glauben Schaden nehmen können usw.

Hilfreich zur Lösung solch wichtiger Fragen kann es sein, wenn wir uns mit den Forschungsergebnissen der Wahrnehmungspsychologie auseinandersetzen.

Hierzu gibt es einige sehr deutlich voneinander abgesetzte Hypothesen, die nach empirischer Überprüfung in Teilbereichen bestätigt worden sind, d.h. die Ergebnisse können mit- und nebeneinander bestehen.

Die Selektionshypothese

Die älteren Überlegungen gehen davon aus, daß auf jeden Menschen eine unendliche Vielzahl von Bildern und anderen sinnlichen Eindrücken einströmt. Um mit dieser Informationsmenge fertig zu werden, entwickelt er ein individuelles System des Wahrnehmens, das nur jene beschränkte Zahl von Kanälen offenhält, für die er sich entschieden hat.

Aufgrund seiner Erfahrungen entwickelt er also einen eigenen Realitätsbegriff, der dann wiederum bestimmt, was er wahrnehmen will.

Die Gestalthypothese

In den dreißiger Jahren dieses Jahrhunderts waren es die sogenannten »Gestalt-Psychologen« (Wertheimer, Koffka u.a.), die weit über die bisher genannten Überlegungen hinausgingen. Für sie ist der Schwerpunkt des Wahrnehmens nicht passiv im Sinne der Selektion von Information zu sehen, sondern in den dem Menschen angeborenen *Organisationsprozessen.* D.h., mit den Informationen wird umgegangen, sie werden verändert, vervollkommnet, abgeschwächt usw. Sie waren dem Gedanken einer ganzheitlichen Gestalt verbunden, die mehr ist, als die Summe ihrer Teile. Gestalt bestimmt dann auf vielfältige Art und Weise den Charakter dieser Teile, anstatt umgekehrt.

Deutlich zeigt sich dies am Beispiel eines Musikstückes, das um einen Ton transponiert wird. Physikalisch haben sich die Frequenzen aller Töne geändert – und dennoch bleibt der Charakter des Musikstückes erhalten – ja, die meisten Menschen haben nicht einmal gemerkt, daß eine Veränderung vollzogen wurde.

Ein weiteres typisches Experiment können Sie selbst nachvollziehen (vgl. Kasten 23).

Weitere Theorien zur Wahrnehmung gehen davon aus, daß es hierbei nicht nur, wie bisher beschrieben, zu einer Anreicherung (Addition), sondern auch zu einer Reduktion kommen kann. D.h., es wird nicht, wie die Gestalt-Psychologen vermuten, den sinnlichen Eindrücken eine ganz bestimmte Form oder ein Sinn hinzugefügt, sondern die unbedeutenden Elemente herausgefiltert, um damit die wichtigsten Elemente des Signals deutlicher identifizieren zu können.

Dieser Prozeß ermöglicht dem Organismus, das Komplexe seiner Umgebung auf das Wesentliche zu reduzieren, zu erkennen, was vorhersagbar ist und somit auch besser mit der Umwelt fertig zu werden. Als Redundanz (= Überfließen) wird dabei ein Prozeß betrachtet, der die Unsicherheit, die sich bei der ersten

Wahrnehmung ergibt, durch das zunehmende Erkennen von Regelmäßigkeiten reduziert.

Dies klingt kompliziert, ist aber einfach zu erklären: Jede Wahrnehmung enthält eine Reihe von nicht mehr notwendigen Informationen, und je mehr Teile des Signals solche doppelten oder mehrfachen Informationen erhalten, um so leichter wird es, die Informationen zu erkennen. Je größer die Redundanz, um so leichter wird es für uns, die Ungewißheit zu reduzieren. Beim Beispiel im Kasten 24 sehen Sie deutlich, wie sich dies für die Wahrnehmung der Zuhörer bei einer Predigt auswirken kann.

Kasten 23

Choral oder Volkslied – wofür schlägt das Metronom?

Lassen Sie ein Metronom schlagen (notfalls genügt auch ein tropfender Wasserhahn) und achten Sie dabei auf die regelmäßigen Signale. Singen Sie jetzt (laut oder leise) den Choral »So nimm denn meine Hände und führe mich ...« Nachdem Sie die erste Strophe gesungen haben, hören Sie den Choral innerlich mit, auch wenn sie nicht mehr singen – es braucht nur das Taktgeräusch weiterzulaufen.

Während das Metronom mit derselben Geschwindigkeit weiterläuft, singen Sie nunmehr als zweites Lied »Auf, du junger Wandersmann ...« Sie werden entdecken: Das geht auch. Obwohl Takt und Rhythmus dieses Volksliedes ganz andersartig als beim Choral sind, passen Sie sich der vorgegebenen Metronomgeschwindigkeit an und nach einer Strophe hören Sie auch jetzt innerlich mit, wenn das Metronom weiterschlägt.

Fazit: Obwohl für beide Lieder dieselben äußeren Vorgaben gemacht worden sind, können wir uns anpassen, aus dem Takt eine »Gestalt« erstellen.

Es gibt eine Reihe von grundlegenden Gesetzmäßigkeiten, die zeigen, wie wir unsere Wahrnehmung organisieren. Hierzu gehört:

Figur und Hintergrund

Bei jeder Wahrnehmung müssen wir davon ausgehen, daß es einen Unterschied zwischen dem Hintergrund und der eigentlichen Figur gibt. Die Figur-Grunddifferenzierung ist auch die einfachste Form der Organisation unserer Wahrnehmung. Wir dürfen davon ausgehen, daß die Figur schärfer umrissen und lokalisiert, massiver und deutlicher ist, während der Hintergrund eher geschlossen hinter der Figur zu liegen scheint.

Kasten 24

Rede oder Schreibe?

Ein ganz praktisches Beispiel zur Erhöhung der Redundanz läßt sich zum äußeren Aufbau von Predigten, Vorträgen usw. ableiten:

Im Gegensatz zum geschriebenen Wort, wo man immer dann, wenn man etwas nicht verstanden hat, nochmals zurückblättern kann, ist dies bei Vorträgen nicht möglich.

Ein guter Redner sollte deshalb eine »Rede« und keine »Schreibe« vortragen – und deshalb wirken genau nachgeschriebene Reden beim Lesen oftmals gar nicht mehr so wie beim Hören.

Der Unterschied zwischen diesen beiden Formen der Darbietung ist die höhere Redundanz, die für eine Rede verlangt wird.

Für die Praxis, z.B. die Predigt, bedeutet dies, daß bei allen Reden der Sachverhalt, der von den Zuhörern wahrgenommen werden soll, einige Male nacheinander dargeboten werden muß. Es ist nicht empfehlenswert, hierzu einfach den eben gesprochenen Satz zu wiederholen, sondern ihn so zu verändern, daß der Inhalt derselbe bleibt, während sich Satzbau und auch die verwendeten Wörter ändern. Hilfreich hierzu ist, wenn Sie sagen: »Mit andern Worten bedeutet dies . . .«

Was sehen Sie?
Sicherlich drei weiße Schlangenlinien auf schwarzem Hintergrund – und dies, obwohl die weißen und schwarzen Flächenanteile gleich groß sind!
Grund dafür: Die weißen Linien sind von gleichmäßiger Breite.

Abb. 22: Figur und Hintergrund

Figur und Organisation
Es gibt einige Untersuchungen, die zeigen, welche Merkmale einen Reiz auszeichnen, daß er als Figur und nicht als Hintergrund gesehen wird.

Wichtige Dimensionen der Wahrnehmung sind deren *Kontur*, ihre *Geschlossenheit* (wenn die Elemente nahe zusammenstehen) und die *Ähnlichkeit*.

Unter im übrigen vergleichbaren Umständen werden Reize, die eine *gute Gestalt* bieten, bevorzugt. Dabei zeigt sich folgendes allgemeingültige Prinzip:

1. Gute Fortsetzung: Hier ist es die Tendenz, unvollständige Gebilde so zu vervollkommnen, daß sie die Fortsetzung einer Linie, Kurve oder Bewegung in eine bereits bekannte Richtung gestatten (vgl. Kasten 25).

Kasten 25

Die Europa-Karte ist durch eine geometrische Figur abgegrenzt. Welche?

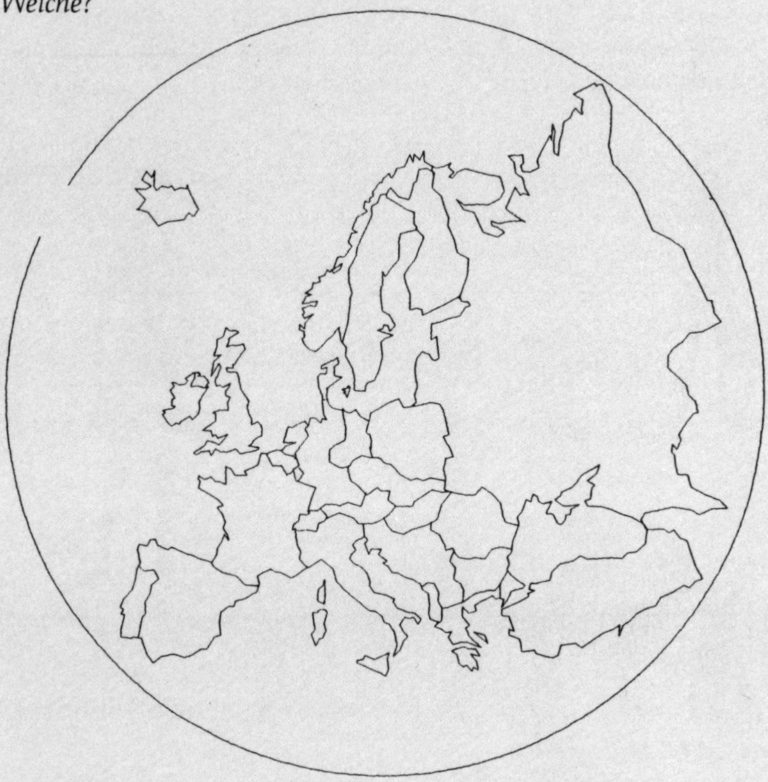

Sicherlich werden Sie die Frage mit »Kreis« beantwortet haben.

Aber diese Antwort ist falsch, denn in der linken Hälfte fehlt ein Teil des Linienzuges. Sie haben selbständig vollendet!

2. *Symmetrie:* Gemeint ist die Bevorzugung von Gruppierungen, die zu symmetrischen bzw. ausgewogenen Ganzen vereinigt werden, gegenüber solchen, die zur Asymmetrie der Gestalt führen.

3. *Gemeinsames Schicksal:* Hier handelt es sich um Gruppierungen, deren Elemente sich in dieselbe Richtung bewegen, oder im Gegensatz dazu, deren Bewegungs- oder Veränderungsrichtung entgegengesetzt verläuft.

Unterschiede bei der Wahrnehmung

Die Verschiedenartigkeit der Wahrnehmung läßt sich deutlich durch die Verschiedenartigkeit der Erziehung belegen. Daneben gibt es auch einige biologische Determinanten, beispielsweise ist die Farbenblindheit bei Frauen wesentlich seltener als bei Männern.

Forschungsreisende haben jedoch überzeugende Beispiele von den verschiedenen Möglichkeiten der Wahrnehmung in einzelnen Kulturvölkern gezeigt. So wurden beispielsweise Europäern und Afrikanern einige Bilder vorgelegt, die belegten, daß eine entsprechende Erziehung den Umgang mit Bildern bzw. räumlichen Systemen verhindern – oder verbessern kann.

Messen Sie einmal die Entfernungen nach ...

Abb. 23: Tiefenwahrnehmung

Ein Kind unseres Kulturkreises lernt früh im Leben, daß Objekte gleich groß bleiben, egal ob sie weit entfernt oder nah sind. Uns Erwachsenen leuchtet diese

Tatsache ein, aber wenn wir sie als Kinder oder in einem Kulturkreis, der wenig Bilder kennt, nicht gelernt hätten, wäre es schwierig, sich in unserer Welt zurechtzufinden.

Stellen Sie sich einfach einmal vor, daß ein Lastwagen auf Sie zufährt. Je näher er kommt, um so größer erscheint er, und trotzdem haben Sie nicht das Gefühl, daß er wächst. Sie haben in Ihrer frühkindlichen Erfahrung gelernt, daß Entfernung und Größe zueinander in Beziehung stehen, d.h., daß der Sehwinkel eine bedeutsame Rolle spielt. Wenn Objekte sich nähern, vergrößert sich ihr Bild auf der Netzhaut, und wenn sie sich entfernen, verkleinert sich dieses Bild.

Wer nicht gelernt hat, die räumliche Wahrnehmung einzuschätzen, wird auf die Frage, welches Tier angepeilt wird, auf den Elefanten tippen.

Abb. 24: Tiefenwahrnehmung

Die Tiefenwahrnehmung ermöglicht es uns, in unserer dreidimensionalen Welt zurechtzukommen. Das Gehirn nimmt die zweidimensionalen Bilder, die auf die Netzhaut projiziert werden, auf und konstruiert hierzu die dritte Dimension. Wichtig ist bei diesem Prozeß die Relativ-Sehgröße bekannter Objekte, sie hilft dem Gehirn ebenfalls, die Entfernung zu beurteilen. Auch die veränderte Farbwahrnehmung in Abhängigkeit von der Entfernung eines Gegenstandes bezieht sich auf dieses Verhalten. Wir haben gelernt, daß die Ferne bläulich und verschwommen erscheint, während die nahen Objekte bräunlich oder grünlich und klar sind. Auch nimmt die Dichte einzelner Musterflächen in der Ferne zu.

Auch die bekannten Sprungbilder machen deutlich, daß man mit einer ganz bestimmten Voreinstellung zu anderen Ergebnissen kommen kann. Sie sehen die Abbildung 25 entweder als Vase oder erkennen die Profile zweier Menschen.

Abb. 25: Sprungbild Vase oder zwei Gesichter?

2.8 Zur geistlichen Dimension der Gesundheit

Nachdem in den vorangegangenen Kapiteln beschrieben wurde, was den Menschen bewegt, wie er lernen und denken kann, wie er wahrnimmt und wie diese Wahrnehmung weiterverarbeitet wird, bleibt eigentlich nur ein großes Staunen darüber, wie wunderbar Gott jeden Menschen geschaffen hat.

In diesem Kapitel wollen wir uns über einen anderen Aspekt der ganzen Wirklichkeit Gedanken machen: Der Mensch braucht nicht nur geordnete und gesunde Beziehungen zu sich selbst oder zu anderen, sondern ebenso entscheidend ist sein Verhältnis zu Gott und die sich daraus ergebende geistliche Dimension – auch für seine leiblich-seelische Gesundheit.

Von der Bibel her wissen wir: Der Mensch ist ganzheitlich nach Leib, Seele und Geist geschaffen. Doch was man auf diesem schöpfungsmäßigen Hintergrund beschreiben kann, reicht nicht aus, um ihn angesichts der Wirklichkeit der sichtbaren und unsichtbaren Welt Gottes zu erfassen. Bei den auf empirischem Wege durch Fachwissenschaftler gefundenen Beschreibungen des somatischen, affektiven und kognitiven Aspektes der menschlichen Persönlichkeit bleibt eben die geistliche Dimension eines Christen außer acht. Wir müssen die Bibel zu Rate ziehen, um mit ihr verstehen zu können, was unter einem »ganzheitlich gesunden« – und das heißt dann auch »geistlich gesunden« Menschen gemeint ist.

Sie sehen beim ersten Anschauen dieser Abbildung entweder eine junge oder eine alte Frau.
Schließen Sie, nachdem Sie das Bild gesehen haben, kurz die Augen und stellen sich innerlich auf das jeweils andere Bild ein. Wenn Sie die Augen jetzt öffnen, ist das Bild »umgesprungen«. Nach einiger Zeit werden Sie dieses Umspringen auch bei geöffneten Augen erreichen.

Abb. 26: Sprungbild Ehefrau oder Schwiegermutter?

Kasten 26

Kennzeichen eines ganzheitlich gesunden Menschen

Ein ganzheitlich gesunder Mensch braucht geordnete Beziehungen in drei Gebieten:

- O nach innen auf sich selbst gerichtet,
- O nach außen auf andere gerichtet,
- O nach oben auf Gott gerichtet.

In der Bibel finden wir verschiedene Gestalten, die auf diesen Gebieten eine gesunde Ausgeglichenheit vermuten lassen. Auch wenn Einzelheiten sicherlich nicht mehr rekonstruierbar sind, mag uns z.B. Daniel für den einen oder anderen Aspekt als Beispiel dienen.

Als Daniel ca. 16 Jahre alt war, wurde sein Land Juda von den Babyloniern eingenommen. Als dem siegreichen König zu Ohren kam, daß Daniel ein begabter junger Mann aus einer in das Land der Babylonier verschleppten Familie war, förderte er neben anderen auch ihn. Später bekam Daniel eine verantwortliche Stelle in der Verwaltung des Staates.

Daniel war – soweit wir wissen – körperlich gesund, intelligent und sozial ausgeglichen. Er wurde zu einem der mächtigsten Beamten, und der König erwog offenbar, ihn zum Obersten des ganzen Reiches zu berufen.

Obwohl seine Konkurrenten Gründe suchten, um ihn anzuklagen, konnten sie keinen Fehler finden, um ihn zu stürzen: »Wir werden keinen Grund finden, um diesen Daniel anzuklagen, es sei denn, wir finden gegen ihn etwas, wegen des Gesetzes seines Gottes (Dan. 6,2-6).«

Versuchen wir einmal auszuloten, welche Qualitäten es waren, die ihn in vielen Bereichen als ganzheitlich gesunden Menschen zeigten.

Zum einen hatte er die Fähigkeit, *physisch, intellektuell und emotional mit voller Leistungsfähigkeit zu handeln.* Viele Menschen können dies aus übermäßiger Sorge oder beklemmender Angst nicht ausreichend tun. Sie entwickeln im krankhaften Fall dann sogar neurotische Zustände.

Daniel war auch physisch, intellektuell und emotional ausgeglichen. Ein Gleichgewicht in diesen Persönlichkeitsbereichen zu halten, läßt das Verhalten und Erleben eines Menschen eher als gesund beschreiben.

Ein zweites wichtiges Kennzeichen ist die Fähigkeit, sich wechselnden Situationen mit Selbstkontrolle und Disziplin anzupassen. Gesunde Menschen zeigen, daß sie mit der *Realität in Kontakt* sind und reagieren, obwohl von Zeit zu Zeit Streß ausgesetzt, angemessen, indem sie z.B. Selbstkontrolle ausüben. Sie sind in der Lage, zu akzeptieren, was nicht zu ändern ist, und frei von übergroßer und länger andauernder Angst, wenn sie vor eine Veränderung gestellt werden.

Daniel ist ein deutliches Beispiel für einen Menschen mit solchen Eigenschaften. Er mußte sein Land in jungen Jahren mit dem Wissen verlassen, daß er viele seiner Freunde nie wiedersehen würde, und dennoch konnte er sich einer völlig anderen sozialen Situation anpassen.

Das dritte Merkmal eines ganzheitlich gesunden Menschen ist seine *vertrauensvolle Haltung,* oft mit einem Sinn für Humor gepaart, was ein *Grundgefühl der Sicherheit* widerspiegelt. Optimismus hilft Menschen, nicht nur Streß zu ertragen, sondern bewirkt auch, daß andere sie mögen und ihnen vertrauen.

Daniels Vertrauen entstammte wohl seinem Grundvertrauen gegenüber Gott. Von seinem Verhältnis zu Gott aus konnte er manche Situation riskieren, weil er, aufgrund seines Glaubens, Gott mehr gehorsam war als den Menschen. Als junger Mensch vertraute er Gott, daß er ihn körperlich gesund halten würde – trotz strenger Diät (Gemüse und Wasser). Daniel hatte Nebukadnezar gegenüber den Mut, einen Traum zu deuten, den er nie gehört hatte. Er hatte auch genug Vertrauen, dem König von dessen bevorstehendem Tod zu berichten. Dieses Selbstvertrauen Daniels, welches fest in seinem Vertrauen zu Gott wurzelte, war für Darius so augenscheinlich, daß er ihn sogar über das ganze Königreich stellen wollte.

Ein viertes Merkmal ganzheitlich gesunder Menschen ist deren *klares Lebensziel.* Das Erreichen lohnender Ziele gibt dem Leben Bedeutung und Richtung. Nicht umsonst kennt man aus der Individualpsychologie den Slogan »Lebensziel prägt Lebensstil«, und es haben sich auf einem solchen Hintergrund heutzutage neue Therapien, wie z. B. die Logotherapie, mit einer deutlichen Tendenz, nach vorne zu schauen, entwickelt. Das Ziel, für Gott und seine Grundsätze zu leben, gab Daniel Zufriedenheit und geistige Stabilität. Christen können mit dem Blick auf Jesus Christus ebenso nach vorne schauen: »Ich vergesse, was dahinten ist und jage nach dem Ziel . . .« (Phil. 3,13)

Ganzheitlich gesunde Menschen haben *Beziehungen zu verschiedenartigen Menschen.* Da sie die legitime Autorität des Individuums akzeptieren können, fällt es ihnen nicht schwer, in Familie, Freizeit und am Arbeitsplatz Freundschaften zu schließen und sie zu erhalten, zu lieben und geliebt zu werden. Das Verhältnis von Distanz und Nähe ist bei ihnen ausgewogen.

Die Fähigkeit zur Intimität in einer engen Beziehung ist einer der Schlüssel zur ganzheitlichen Gesundheit. Daniel hatte diese Fähigkeit, und er konnte auch mit Andersgläubigen in allen Situationen seines Lebens loyale Beziehungen aufbauen und unterhalten.

Ein weiteres wichtiges Merkmal für ganzheitliche Gesundheit ist die *Ausgeglichenheit.* Hierzu gehört die Fähigkeit, sich in abhängigen und unabhängigen Rollen gleichermaßen zu bewähren, d.h. entsprechend den jeweiligen Umständen, zu folgen oder zu führen.

Weiteres Zeichen für eine solche Ausgeglichenheit ist die Fähigkeit, je nach Lage der Dinge, seine Ziele alleine zu verfolgen – aber auch effektiv mit anderen Menschen zusammenzuarbeiten. Wettbewerb und Kompromiß im richtigen Augenblick einzusetzen, gehört ebenfalls hierher.

Daniel war ein ausgeglichener Mensch. Er war häufig verschiedenen Autoritäten unterworfen und konnte doch unabhängig handeln, wenn dies erforderlich war. Er konnte offen und flexibel sein, aber er wußte auch, wo er klare Verhältnisse schaffen mußte, um einen faulen Kompromiß zu vermeiden.

Gesunde Menschen wissen, wie das Gleichgewicht zwischen Organisation und Kreativität aussehen muß. Sie organisieren ihr Wissen und ihre Erfahrung so, daß sie wichtige Schlüsse ziehen können. Sie nähern sich Aufgaben und Problemen systematisch, jedoch ohne das System zu übertreiben. Eine zu starke Organisation kann die Kreativität zerstören – aber Kreativität ohne Organisation ist gleichermaßen chaotisch; deshalb haben gesunde Menschen ein vernünftiges Gleichgewicht zwischen beiden.

Ein anderes Zeichen für ganzheitliche Gesundheit und Reife ist die *Zuverlässigkeit* des Menschen. Daniel zeigte diese Eigenschaft, denn die hohen Beamten konnten keinen Beweis für Korruption oder Nachlässigkeit bei ihm finden. Seine klaren inneren Wertmaßstäbe ermöglichten ihm, dem sozialen Druck zu sündigen zu widerstehen.

Ein weiteres Kriterium für ganzheitliche Gesundheit ist die *Fähigkeit, sich auf andere Menschen zu konzentrieren.* Egoisten, die ganz von ihren eigenen Wünschen in Anspruch genommen werden, von ihrer Angst, Eifersucht, Verdächtigungen usw., können anderen nur wenig helfen.

Wir können uns gut vorstellen, wie die hohen Beamten auf Daniel eifersüchtig und über ihn verärgert waren. Dennoch gibt es kein Anzeichen dafür, daß er ihnen nicht wohlgesonnen war. So konnte er auch für andere, die sogar seine Gegner waren, Partei ergreifen. Sein Altruismus entsprach keinem Helfersyndrom. Er konnte anderen helfen – und dennoch mit seinen eigenen Problemen fertig werden.

Die Fähigkeit, seine *Gefühle auszudrücken und zu kontrollieren,* ist ein weiterer wichtiger Aspekt ganzheitlicher Gesundheit. Gesunde Menschen vermeiden Situationen, die Emotionen wecken, nicht, und sie gebrauchen auch nicht den Mechanismus der Isolation und Absonderung, um sich vor ihren Gefühlen zu drükken. Ihre Gefühle sind frei und werden nicht unterdrückt – aber ihr Verhalten ist kontrolliert.

Ganzheitlich gesunde Menschen sind zumeist mit ihrer *Rolle als Mann oder Frau zufrieden.* Sie sind relativ frei von Ängsten und Komplexen, in denen es um Sexualität geht. Wenn sie verheiratet sind, haben sie auch ein aktives und befriedigendes Sexualleben.

Es gibt auch ein geistliches Merkmal für die Gesundheit im ganzheitlichen Sinne. Es sollte ein *Gleichgewicht bestehen zwischen der Bedeutung des Wortes Gottes und dem Hören darauf, dem Gebet, dem Zeugnis und dem Verhältnis zur Gemeinschaft mit anderen Christen.* Kirchen, Gemeinschaften oder einzelne Christen, die beispielsweise transrationale Gaben, wie Heilungen von Krankheiten, Zungenrede oder prophetische Gaben (vgl. 1. Kor. 12 und 14), überbetonen, zeigen oft eher emotionale Wesenszüge. Diejenigen, die die Lehre überbetonen, können dagegen orthodox und kalt wirken. Wer das offensive Zeugnis überbetont, kann andere zuweilen unnötig verletzen. Wer die Gemeinschaft überbetont und dabei die anderen Grundlagen des Glaubenslebens vernachlässigt, neigt zu der Gefahr, sich deutlich von der Mitte des Evangeliums zu entfernen.

Christen sollten versuchen, hier ein Gleichgewicht zu finden. Sie dürfen gleichermaßen denken, fühlen und handeln – erst dieses Zusammenwirken macht den Menschen – auch in seiner geistlichen Dimension – »rund«.

Konstituierend für die geistliche Gesundheit des Christen ist sein Lebensverhältnis zu Jesus Christus. Die Tatsache, daß Nachfolger Jesu im allgemeinen täglich in der Bibel lesen, ist nicht nur ein Zeichen ihrer Gesundheit – sondern ein Hauptgrund dafür. Das Wort Gottes fördert ein gesundes Verhältnis der verschiedenen Ebenen und Gebiete untereinander und die Beziehung zu Gott. Das wirkt sich im Blick auf die geistliche Gesundheit positiv aus.

Daniel war ein Mann des Wortes Gottes, der »das Gesetz seines Gottes« hochachtete und die Beziehung zu Gott täglich suchte. Von ihm lesen wir, daß er des Tages dreimal auf die Knie fiel und mit seinem Herrn redete (Dan. 6,11).

Kasten 27

Sechs Regeln für Christen, um auch in geistlicher Hinsicht gesund zu bleiben

1. Sie sollten akzeptieren, daß das Leben Höhen und Tiefen hat. Daß Freude und Leid zu Ihrem Dasein gehören.
2. Sie sollten, wie Sie das aus der Heiligen Schrift wissen, im Verhältnis zu anderen Menschen demütig und liebevoll reagieren und in Ihren Beziehungen selbstlos und vergebend sein.
3. Christen sollten für sich selbst eine Position im Leben entwickeln, in der sie sich sicher fühlen und in den Grenzen ihrer Fähigkeiten erfolgreich arbeiten können.
4. Es ist sehr wichtig, seine Lebensziele auszuformulieren. Das Lebensziel prägt den Lebensstil.
5. Christen brauchen auch ganz praktische Dinge, worauf sie sich freuen können. Sie sollten es nicht sofort als Sünde betrachten, wenn ihnen irgendetwas Freude macht.
6. Der Glaube an Gott sollte ganzheitlich sein. D.h.: Glaube und Vertrauen müssen Christen auch zu praktischen Taten führen.

3 Wachsen und Werden

Die wenigsten Menschen, die einen Seelsorger oder Berater aufsuchen, sind in seinem Altersbereich und nur in seltenen Fällen sind auch die Entwicklungsgeschichten des Ratsuchenden und des Beratenden so ähnlich, daß dieser von seinen eigenen Erfahrungen ausgehen darf. Immer wieder hört man deshalb auch Klagen über ein Nichtverstandensein. Hier kann man abhelfen: Seelsorger sollten beispielsweise gute Kenntnisse in der Entwicklungspsychologie haben, dadurch wird es ihnen möglich, sowohl Kinder als auch ältere Menschen besser verstehen zu können.

In den nachfolgenden Abschnitten dieses Kapitels wird ein relativ neues Konzept zur Entwicklung vorgelegt.

Hatte man früher zumeist die Entwicklungsgeschichte vom Kind zum Erwachsenen auf dem Hintergrund der körperlichen Veränderung beschrieben, soll hier davon ausgegangen werden, daß körperliche Veränderungen nicht in einem zwingenden Zusammenhang mit der geistigen und affektiven Entwicklung stehen, d.h., daß diese neben-, nach- oder voreinander erfolgen können. Dies bedeutet dann allerdings, daß beispielsweise Altersangaben im Hinblick auf die geistige oder affektive Entwicklung nicht immer vergleichbar sind.

Weiterhin soll in diesem Kapitel die Entwicklungspsychologie, wie dies bisher häufig der Fall war, nicht beim Eintritt in das Erwachsenenalter abschließen, sondern als ein »lebenslanger Prozeß« (Oerter 1978) verstanden werden.

Mit diesen Grundlagen ergibt sich eine Grobstrukturierung des Kapitels »Wachsen und Werden« in dem Sinne, daß in einem ersten Teil einiges zur Entwicklung allgemein und zu ihrem Verhältnis zur Anlage und Umwelt gesagt wird, wobei dann auch die Grenzen der möglichen Aussagen klargelegt werden. In den folgenden Abschnitten werden dann die einzelnen Aspekte der Entwicklung nacheinander beschrieben. Hierzu gehört die körperliche Entwicklung, die Entwicklung des Denkens, der Werthaltungen und zuletzt die Entwicklung der religiösen Einstellungen. Den Abschluß des Kapitels Entwicklungspsychologie bildet dann eine Beschreibung der Weiterentwicklung des älteren Menschen.

3.1 Entwicklung allgemein

Während man bis vor ca. 20 Jahren von möglichst genau abgestimmten »Entwicklungsstufen« oder »Entwicklungsphasen« ausging, von denen frühere Forscher annahmen, daß sie zwingend aufeinander folgen müßten, sieht man heutzutage die Entwicklung des Menschen in einem größeren Zusammenhang.

Man konnte durch präzisere Forschungsergebnisse nachweisen, daß systematisch auftretende Stufen und Phasen der Entwicklung oftmals »Kunstprodukte«

der Forscher waren, vor allem aber, daß sie keinesfalls zwingend aufeinander folgen müssen. Damit ist auch die Zuordnung solcher »Phasen« an ein bestimmtes Lebensalter, ja überhaupt die Verbindung einzelner Entwicklungsprozesse mit Altersangaben, sehr fragwürdig geworden.

Kasten 28

Gibt es Trotzphasen?

Vielleicht haben Sie während Ihrer Schul- oder Berufsausbildung von »Trotzphasen«, »Erregungsphasen« usw. vieles gehört. Es könnte auch sein, daß Sie solche Zeiten sogar bei Ihren eigenen Kindern entdeckt haben – dies reicht jedoch nicht aus, um daraus Gesetzmäßigkeiten abzuleiten.

Sicherlich läßt sich mit genau vorgegebenen Jahreszahlen und damit verbundenen Entwicklungsschüben gut »arbeiten«, man kann dann beispielsweise recht einfach festlegen, wann die Kinder die Schule besuchen müssen, kann Kinder mit gleichem Alter in Klassen zusammenfassen usw. – jedoch gibt es keine empirisch-wissenschaftlichen Grundlagen für ein solches Vorgehen – es ist höchstens praktisch ...

Gefährlich wird das Festhalten an Stufen bzw. Phasen allerdings dann, wenn man davon ausgeht, daß die vorangegangenen Entwicklungsschritte unbedingt durchlaufen werden müssen, ehe die nächsten eintreffen können. Dies hat in Extremfällen sogar dazu geführt, daß Eltern zu Ärzten gingen, mit dem Ansinnen, durch Medikamente doch endlich die Trotzphase einzuleiten, denn ohne diese könne, so meinten sie, ja keine weitere Entwicklung erfolgen ...

Mit den Ergebnissen aus der neueren Entwicklungspsychologie soll allerdings die Realität von Stufen, Schüben und z.T. wiederkehrenden Phasen bei der Entwicklung der Kinder nicht allgemein abgelehnt werden. Jede Mutter kann dies bestätigen, wenn sie feststellt, daß ihr Kind über einige Monate hinweg nicht gewachsen ist – und dann plötzlich die Kleider nicht mehr passen.

Was vom gegenwärtigen Forschungsstand her abgelehnt wird, ist die Gesetzmäßigkeit, mit der man solche Abläufe sieht. Erhalten bleibt weiterhin die Tatsache, daß es besonders »sensible« Zeitabschnitte bei der Entwicklung gibt, in denen ein Mensch deutlicher als zu anderen Zeiten geprägt werden kann.

Dies ist beispielsweise in den ersten Lebensjahren der Fall. In diesem Altersbereich entwickelt sich das sogenannte »primäre Bezugssystem« des Menschen, d.h. eine aus der Individualpsychologie oder Transaktionsanalyse bekannte, relativ extreme und verabsolutierende Art des Denkens. In diesem Alter machen Kinder Erfahrungen mit sich selbst und mit anderen, die eher einem rigiden

»Schwarz-Weiß-Denken« entsprechen. Entweder sind die Menschen dann »gut« oder »böse«, »reich« oder »arm« usw. Es entsteht ein einfach strukturiertes, holzschnittartiges Lebenskonzept, das, weil in diesem Alter die Sprache noch nicht sehr weit entwickelt ist, verbal kaum ausformuliert werden kann. Und dennoch ist es möglich, daß dieses Lebenskonzept das Rollenverhalten eines Menschen lebenslang steuert (Adler, Ansbacher 1982).

Auch die Leistungsmotivation, d.h. der Wunsch, überall und immer gut zu sein, ist nach den Untersuchungen von Heckhausen (1980) in aller Regel schon vor Beginn der Schulzeit abgeschlossen.

Neben der frühen Kindheit sind die Pubertäts- und Adoleszenszeit, aber auch das Klimakterium der Frau Lebensabschnitte, in denen Menschen deutlicher als zu anderen Zeiten geprägt werden können.

3.1.1 Anlage und Umwelt

Über viele Jahre hinweg wurde nach einem genauen Zusammenhang zwischen Anlage und Umwelt bei der Entwicklung gesucht. Die Ergebnisse zu dem Problemkreis sind auch bis heute noch nicht abgeschlossen und werden immer noch kontrovers diskutiert (vgl. hierzu auch die Anmerkungen im Kapitel 2.6). In den vergangenen Jahrzehnten schwang das Pendel immer wieder von der einen zur anderen Seite.

Versucht man eine vorsichtige Abschätzung der derzeitig vorliegenden Ergebnisse vorzunehmen, kann davon ausgegangen werden, daß die *körperliche Entwicklung* relativ unabhängig von Umwelteinflüssen erfolgt, also eher *einen Reifungsprozeß* darstellt.

Die Entwicklung des *Denkens, Lernens, Sprechens* usw. steht in einem deutlichen Zusammenhang mit der *Umgebung*. Hier müßte man also nicht nur von einer biologisch vorgegebenen »Begabung« sprechen, sondern von einem durch Eltern und Lehrer vorzunehmenden »Begaben« ausgehen (Roth 1969).

Umwelt- und Lerneinflüsse spielen also mit Sicherheit beide eine bedeutsame Rolle. Bei den Untersuchungen zur Entwicklung der Intelligenz kann man beispielsweise, wie bereits beschrieben, nachweisen, daß man mit Werten zwischen 45-80% der anlagebedingten Intelligenzteile rechnen kann.

Hatte man in den vergangenen Jahrzehnten sehr deutlich einen Zusammenhang zwischen der körperlichen Entwicklung und den seelisch-geistigen Persönlichkeitsmerkmalen gesehen, so muß man enge Beziehungen heute eher zurückstellen.

In diesem Zusammenhang sind auch die tiefenpsychologisch fundierten Ansätze zur Entwicklung zu sehen, die bestimmte Sexualphasen (anale, orale, ödipale Phase usw.) beschreiben, die als zwingende Voraussetzung für einen gesunden erwachsenen Menschen einander folgen müssen. Hier sollte, entsprechend dem gegenwärtigen Forschungsstandort, wesentlich vorsichtiger argumentiert werden. Auf empirischem Wege hat man beispielsweise keine Zusammenhänge zwischen nicht bewältigten Phasen der Sexualentwicklung (im Sinne von Sigmund Freud) und späteren Folgen im Erwachsenenalter feststellen können (Zimmer 1986).

Ähnliches gilt auch für die tiefenpsychologischen Ansätze der verschiedenen Lebensstadien bei Erik Erikson (1981), der von der Bewältigung einzelner Krisensituationen im Laufe des Lebens ausgeht.

So bekannte Slogans wie »Er ist in seiner Entwicklung stecken geblieben« kann man deshalb heute nicht mehr in der genannten Eindeutigkeit sehen. Es ist durchaus möglich, einzelne Stufen zu überspringen oder in anderer als der vorgegebenen Reihenfolge zu durchlaufen.

Diese neueren Erkenntnisse können eine große Hilfestellung für geplagte Eltern darstellen: sie müssen nicht unbedingt auf eine neue »Phase« warten, sondern können ihr Kind so erziehen, daß sich nicht nur das Kind, sondern die ganze Familie wohl fühlt.

3.1.2 Stufen und Phasen

Kasten 29

Entwicklung in Stufen und Phasen? (Zusammenfassung)

1. In der neueren Literatur zur Entwicklungspsychologie (Kagan 1987) wird gezeigt, daß insbesondere der Wunsch der Psychologen, mit gesicherten Zahlen zu arbeiten, um dann statistische Verfahren einsetzen zu können, dazu führte, daß Ergebnisse erreicht werden, die denen der Entwicklung gar nicht entsprechen. Kagan ist der Meinung, daß die Tendenz, psychologische Ergebnisse mathematisch erklären zu wollen, nicht richtig ist. Er geht davon aus, daß sich die Eigenschaften des Kleinkindes von denen des größeren Kindes so sehr unterscheiden, daß es kein Wunder ist, wenn die beiden ersten Lebensjahre in allen Gesellschaften als besonderer Entwicklungsabschnitt gelten.

2. Stufen und Phasen der Entwicklung kennt man vom Kleinkind bis zum erwachsenen Menschen. Sie können jedoch bei jedem Menschen höchst individuell auftreten und müssen auch nicht zwingend nacheinander folgen.

3. Besondere Anlagen (Vererbung) und eine gezielte Förderung durch ausgefeilte Lernprogramme können einzelne Persönlichkeitsdimensionen unterschiedlich vorantreiben bzw. auch hemmen. Dabei muß jedoch beachtet werden, daß auch »Verfrühungen« zu Entwicklungshemmungen führen können. Dies sollten christliche Eltern insbesondere auch dann be-

denken, wenn sie, auf theologischem Hintergrund gesehen, zu früh zu hohe Anforderungen stellen.

4. Trotzphasen müssen nicht unbedingt in Erscheinung treten. Sie sind nicht eindeutig biologisch zu erklären und können auch durch bestimmte Einflüsse aus der Umwelt verstehbar gemacht werden.

5. Vom Körperbau und seinen Änderungen her gesehen darf man nicht zwingend auf eine Mitveränderung des Denkens und des Fühlens bei Kindern und Jugendlichen schließen. Es ist durchaus möglich, daß im Körper eines »jugendlichen Riesen« noch ein sehr »kindlicher Geist« wohnt.

6. Zum Verhältnis von Anlage und Umwelt bei der Entwicklung ist festzustellen, daß das Großhirn bis zum Ende des ersten Lebensjahres voll ausgebildet ist und damit die für höhere Intelligenzleistungen notwendigen Strukturen und Verknüpfungen herstellen kann. Um dies tatsächlich durchzuführen, braucht man jedoch Erfahrung, d.h. den Umgang mit Menschen und Sachen. Ganz allgemein gilt: Je mehr körperliche Funktionen zum Zustandekommen einer bestimmten Leistung gebraucht werden, umso mehr spielen biologische Reifungsprozesse, die durch die Anlagen gegeben sind, eine Rolle. Je komplexer jedoch Verhaltensweisen sind, die sich entwickeln sollen, umso mehr ist Übung und Erfahrung (Umweltprozesse) notwendig.

7. Kinder werden allzuoft nicht durch das beschrieben, was sie können, sondern durch das Fehlen der Vorzüge, die Erwachsene besitzen; insbesondere ist dabei an die Sprache, an die Einsicht, was gut oder böse ist, die Fähigkeit zum vorausschauenden Handeln usw. zu denken.

Eltern sollten bedenken: Kinder sind nicht »kleine Erwachsene«, sondern – eben Kinder.

Tatsächlich ist auch das Verhalten eines kleinen Kindes so uneindeutig, daß ein Beobachter in der Deutung dessen, was er zu sehen glaubt, sehr leicht durch das, was in seinem Kulturkreis gegenwärtig als Ansicht vorherrscht, beeinflußt ist.

Dies zeigt sich recht deutlich bei den unterschiedlichen Darstellungen des Kindes, beispielsweise bei Sigmund Freud, Erik Erikson oder Jean Piaget. Jeder dieser Forscher hat aufgrund seines verschiedenartigen Umfeldes bzw. Denkhintergrundes einen anderen Schwerpunkt hervorgehoben. Die Leichtigkeit, mit der die Wissenschaftler einen bestimmten Aspekt der Kindheit mit einer bestimmten Bedeutung versehen, ist der Ausdruck einer allgemeinen Tendenz, dem kleinen Kind Eigenschaften zuzuschreiben, die das Gegenteil oder zumindest doch noch unentwickelte Ansätze von bei Erwachsenen geschätzten Merkmalen sind.

Daß diese Merkmale sehr stark zeit- und kulturabhängig sind, braucht hier nur am Rande erwähnt zu werden.

3.2 Körperliche Entwicklung

Für viele Ehepaare gehört zu ihrer verantwortungsvollen Rolle als Eltern, die in der gegenwärtigen pluralistischen Lern- und Konsumgesellschaft sehr anspruchsvolle Forderungen an die Erziehung der Kinder stellt, die Planung der Kinderzahl.

Gewiß sehen wir als Christen jedes unserer Kinder als Gabe Gottes und es gibt Familien, die sich mit einer großen Kinderzahl beschenken lassen. Andere Eltern jedoch möchten gerne planen. Ob dies nun wegen der beschränkten Wohnung oder der zu geringen finanziellen Mittel ist, vielleicht auch wegen der hohen Anforderungen, die heutzutage an die Erziehung gestellt werden, soll hier im einzelnen nicht untersucht werden. Realität ist, daß in Seelsorge und Beratung häufig Fragen nach der Verhütung einer Schwangerschaft zu beantworten sind.

In der Übersicht 1 sind verschiedene Möglichkeiten (ohne Bewertung) zusammengestellt.

Übersicht 1: *Empfängnisverhütung*

Methode	*Beschreibung*	*Sicherheit*	*Nebenwirkung*
Präservativ (Kondom)	Gummihülle über dem Glied fängt die Spermien auf	bedingt	keine
Pessar	Kappe über dem Muttermund hält die Spermien ab. Wird vor dem Geschlechtsverkehr eingeführt und etwa acht Stunden später entfernt	bedingt	keine
Scheidenspülung	Nach dem Geschlechtsverkehr vorgenommene Spülung der Scheide mit Wasser, um die Spermien zu entfernen	sehr unsicher	keine
Tabletten, Zäpfchen, Schaumpräparate	Chem. Präparate, die unmittelbar vor dem Geschlechtsverkehr in die Scheide gebracht werden, um die Spermien abzutöten, oder zu hindern, weiter vorzudringen	unsicher	Überempfindlichkeit

Schleife	Spirale (Plastik oder Kupfer), die vom Arzt in die Gebärmutter eingeführt wird. (Kann dort fast unbegrenzt verbleiben.) Verhindert die Einnistung des Eies.	sicher	evt. Menstruationsbeschwerden evt. Infektionen
Pille	Eisprung wird durch Hormone verhindert. Regelmäßige Einnahme erforderlich	sehr sicher	Stoffwechselstörungen Übelkeit
Zeitwahlmethode	Geschlechtsverkehr nur vom 1.-11. und 17.-28. Tag des Monatszyklus	unsicher	keine
Temperaturmessung	Symptothermale Methode nach Dr. Rötzer	sicher	keine
Unterbrochener Beischlaf	Das Glied wird unmittelbar vor dem Orgasmus aus der Scheide herausgezogen	unsicher	psychische Störungen Spannungen

3.2.1 Die Zeit vor der Geburt

Zum Zeitpunkt der Geburt ist ein Kind schon neun Monate alt und hat in dieser Zeit die bedeutsamsten Veränderungen seines ganzen Lebens bereits hinter sich gebracht. Man sollte deshalb auch bei der Besprechung der Entwicklungspsychologie schon mit der Entwicklung im Mutterleib beginnen.

Mit neuen Beobachtungsmethoden (z.B. Ultraschall) ist es heute sehr gut möglich geworden, die vorgeburtliche körperliche Entwicklung zu untersuchen. Eine Zusammenstellung der wichtigen Ergebnisse zeigt die Übersicht 2 (vgl. Rauh 1987), mit der das Wunder der Menschwerdung in Zahlen und Fakten deutlich gemacht wird. Dabei ist auch klar erkennbar, daß das Kind von Anfang an Mensch ist und keine Zwischen- oder Entwicklungsstufen im Sinne einer »Entwicklung der Arten« durchmacht. Verständlich wird dann auch, daß bei einer Abtreibung immer ein Mensch – und nicht irgendein »Zwischenwesen« – getötet wird.

Die nachfolgenden Zahlen zeigen in erschreckender Weise, inwieweit heute von menschlicher Seite aus Eingriffe in das werdende Leben vorgenommen werden:

Von hundert befruchteten Eizellen sterben ca. 55%, von der Frau nahezu unbemerkt, bereits in den allerersten Wochen, d.h. im allgemeinen vor der Einnistung in den Uterus, ab.

Übersicht 2: Entwicklung bis zur Geburt

	Alter	*Größe/ Gewicht*	*Organ- und physiologische Entwicklung*	*Verhaltensentwicklung*
Embryonalzeit	16 Tage	1 mm	Konzeption; 3 Keimblätter mit räumlicher und symmetrischer Orientierung (vorn/hinten, oben/unten, innen/außen, rechts/links). Noch keine Nervenzellen. Einnistung in den Uterus.	
	18-20 Tage		Nervenplatte bildet sich; stülpt sich von der Seite her auf zur Corda und zur Kopffalte; Bildung eines Zentralen Nervensystems (ZNS). Wanderung von Nervenzellen.	
	22-25 Tage		Muskelzellen entlang der Körpermitte; Aufteilung des Körpers in Segmente (spätere Bewegungseinheiten).	
	4 Wochen	6-8 mm	Innere Organe bilden sich. Knospung der Extremitäten. Wahrnehmungsorgane des Kopfes erkennbar: Augen, Ohren, Nasenflügel, Mund, Zunge. Axonbildung zur Verbindung zwischen den Nervenzellen; Absterben »überschüssiger« Nervenzellen.	
	4-8 Wo.	8 mm-2 cm	Innere Organe zeigen Ansätze von Funktion. Rezeptoren im Kopf erhalten ihre Gestalt. Hände und Füße bilden sich aus. Erste visuelle Nervenzellfasern wachsen zum Dach des Mittelhirns. Gehirn sendet Impulse.	
	8-12 Wo.	2 cm	Organdifferenzierung. Herzschlag; Leber produziert Blutzellen; Niere entzieht Urin aus dem Blut; Adrenalin und Androgen (aus den männlichen Keimdrüsen) nachweisbar.	Ende der 8. Woche: erste Bewegungen. Unterscheidbare Bewegungsmuster: Gesamtbewegungen, Zusammenzucken, Schlukkauf, isolierte Arm- und Beinbewegungen, Zurückbeugen und Rotation des Kopfes.
			Alle für Wahrnehmen und Erkunden notwendigen Organe sind in verkleinertem Maßstab vorhanden. Erste Nervenfasern bilden sich aus, um ein Netzwerk zwischen Hirnstamm und Rezeptoren/Effektoren zu bilden.	Um die 11. Woche: erster Hand-Gesicht-Kontakt.
Fötalzeit	12-16 Wo.	9 cm	Erste Knochenzellen, Knorpelbildung, Formung von Finger- und Zehennägeln. Geschlechtsorgane differenzieren sich. Bildung der Stimmbänder.	Atmungsbewegungen, Kieferbewegungen, Sich-Strecken, Gähnen, Vorbeugen des Kopfes, Zwinkern, Saugen und Schlucken, Schreitbewegungen und »Salto rückwärts«, Bewegungen der Finger und Handgelenke.

Alter	Größe/ Gewicht	Organ- und physiologische Entwicklung	Verhaltensentwicklung
		Vorderhirn stark ausgeprägt. Nichtneurale Gliazellen bilden sich vermehrt; sie regulieren die Bedingungen für die chemische und elektrische Kommunikation der Nervenzellen. Im 3.-5. Monat stark vermehrte Teilung der Nervenzellen und Zellwanderung zu den Hemisphären des ZNS entsprechend der »Landkarte« der dortigen Repräsentation des Körpers.	Bis zur 14. Woche Zunahme der Aktivität des ganzen Körpers. Ab etwa 14. Woche Zyklen von Aktivitätsschüben und Ruhepausen.
16-20 Wo.	16 cm 100 g	Weitere Knorpelbildung. Untere Extremitäten wachsen verstärkt. Augenmuskeln sind ausgebildet.	Bewegungen des Fötus von der Mutter spürbar. Feine Gesichts- und Handbewegungen. (Reflexe auslösbar)
21-24 Wo.	25 cm 400 g	Knochenachse wird gestreckt. Hautstruktur erhält endgültige Form. Talgdrüsen funktionieren. Hautsinne sind ausgebildet. Kleinhirn ist noch rudimentär. Um die 20. Woche Wachstumsspurt des ZNS: Erhebliche Vermehrung der Nervenzellen. (Im Falle vorzeitiger Geburt beginnende Fähigkeit zu atmen und zu schreien.)	Viel spontane Aktivität. Bevorzugte Lage und Schlafhaltung. Wachzeiten wie beim Neugeborenen sowie Dämmerzustände. (Erste Differenzierung zwischen taktilen und Schmerzreizen)
25-28 Wo.	30 cm 700 g	Lagunahaar über dem ganzen Körper. Augen voll ausgebildet mit Brauen und Wimpern. Viele Geschmacksknospen auf der Zunge. Flüssigkeitsabgabe über die Haut. Bis zur Geburt starke Zunahme der Hirnstromaktivität. (Extrauterin bedingt überlebensfähig.)	Anpassung der Körperhaltung, z.B. an die Bewegungen der Mutter. Augenbewegungen bei geöffnetem Auge. Unregelmäßige Atembewegungen. Schlucken amniotischer Flüssigkeit. (Kann, extrauterin, bei Auslösung des Greifreflexes, sein eigenes Gewicht halten.)
29-32 Wo.	35 cm 1200 g	Großhirn bedeckt fast das ganze Gehirn. Haarwuchs am Kopf. Eine der beiden Testes (Keimdrüsen des männlichen Fötus) ist ins Scrotum (Hodensack) abgesunken. Der Muskeltonus nimmt bis zur Geburt von den Beinen aus zu den Schultern zu, die Stärke der Reflexe aber in Richtung vom Kopf zu den Füßen. (Bei vorzeitiger Geburt eigenständiges Atmen möglich.)	(Unabhängiges extrauterines Überleben möglich. Fähig zu Atmung, Schreien, Schlucken; viele spezialisierte Reaktionen, aber temperaturinstabil und sehr infektionsanfällig.)
33-36 Wo.	45 cm 2000 g	Unterhautfettbildung, Straffung der Haut. Gewichtszunahme um ca. 500 Gramm pro Woche. Ab 35. Woche bestehen reife Synapsen und Axone zwischen den Sinneszellen und dem Ge-	Sehr aktiv. Hören möglich; aber Umweltgeräusche werden von Herzschlag und Darmgeräuschen der Mutter überdeckt.

Fötalzeit

	Alter	Größe/ Gewicht	Organ- und physiologische Entwicklung	Verhaltensentwicklung
Fötalzeit			hirn (»Schaltung«, und damit Möglichkeit der Informationsaufnahme über die Sinne).	
	37-42 Wo.	51-54 cm 3000 g und mehr	Zweiter Wachstumsspurt des Gehirns; Volumenzunahme von 100 auf 400 ccm, insbesondere durch Synapsen- und Dendritenbildung sowie Gliazellen. Damit Differenzierung der Nervenzellen. Die meisten Hirnzellen sind nun vorhanden. Absinken in den Geburtskanal. Geburt um die 40. Woche.	»Mithören« des extrauterinen akustischen Geschehens möglich, mit mütterlichem Herzschlag und Darmgeräuschen als »Hintergrundmusik«. Abnahme der spontanen Mobilität (wegen räumlicher Enge und motorischer Hemmung).

Quelle: Rauh, G.: Frühe Kindheit. In: Oerter, R.; Montada, L.: Entwicklungspsychologie. München und Weinheim 1987, S. 132 u. 133.

10 bis 15% Prozent aller Geburten sind Fehl- oder Todgeburten mit einem Maximum zwischen der zehnten und fünfzehnten Woche nach der Befruchtung.

Bei den überlebenden beendet in der Bundesrepublik bei mehr als einem Drittel ein induzierter Abbruch das weitere Leben, das heißt, von hundert befruchteten Eizellen kommen nur achtzehn bis zwanzig zur Geburt (Rauh 1987).

Was passiert vor der Geburt?

Die Entwicklung des zentralen Nervensystems beginnt bereits in den ersten Wochen nach der Befruchtung mit der Bildung der Nervenplatte und dem Rükkenmark. Im dritten bis fünften Monat nach der Befruchtung vermehren sich die Nervenzellen dann rapide. Dies ist auch der Zeitraum der größten Gefährdung des kindlichen Gehirns. Wenige Wochen vor der Geburt beginnt ein zweiter Wachstumsschub mit einem Maximum um den dritten bis vierten Monat nach der Geburt. Die Nervenzellen differenzieren sich dabei zunehmend, wobei insgesamt gesehen davon ausgegangen werden kann, daß die Hirnentwicklung der der Sinnesorgane voraneilt und zunächst nicht auf ihre Stimulation angewiesen ist.

Deutlich konnte man zeigen, daß das ungeborene Kind nicht ein »Reflexwesen« ist, also nur reagiert, wenn es einen Reiz empfängt, sondern daß schon beim acht bis zwölf Wochen alten Fötus Bewegungen auftreten, für die keine auslösenden Reize erkennbar sind. Noch ehe die Mutter ihr Kind selbst spürt, kann es sich bereits räkeln, strecken, gähnen – in genau der Art, wie es dies auch das ganze Leben nach der Geburt zeigt.

Über das »Seelenleben des Ungeborenen« (Verny 1981) zu reflektieren, ist nicht unproblematisch, man müßte vorab klären, was damit gemeint ist. Immerhin gibt es eine ganze Reihe von Untersuchungen, die darauf hinauslaufen, daß das noch nicht geborene Kind von seiner Mutter lernt, bestimmte Stimmungen beispielsweise mit ausgewählter Musik zu verbinden, daß es auch die Stimme des Vaters erkennen kann usw. Problematisch kann es allerdings werden, wenn man lebensbejahende Emotionen, chronische Ängste usw. in einem eindeutigen Zusammenhang mit der pränatalen Entwicklung sieht. Hier könnte, sofern die Eltern diese Einstellung haben, eine »sich selbst erfüllende Prophezeiung« entstehen. D.h., alle Reaktionen des zu erziehenden Kindes, die in die erwartete »Schublade« fallen, werden von den Eltern verstärkt – und dann zeigt dieses letztendlich auch das erwartete Verhalten –, allerdings nicht durch vorgeburtliche Erlebnisse, sondern durch klassische Lernprozesse erworben.

Kasten 30

Ursachen für vorgeburtliche Schädigungen

Etwa drei Prozent aller Kinder kommen mit Mißbildungen (Gliedmaßenschäden, Hasenscharte usw.) zur Welt. Die Ursachen lassen sich oftmals nur schwer ermitteln. Neben spontanen Fehlbildungen gibt es solche, die auf spezifische Medikamente oder Drogen zurückgeführt werden können.

Zu den häufigsten Einflüssen, die die fötale Entwicklung beeinflussen können und gravierende Schäden haben, gehören:

- Unter- und Fehlernährung der Mutter
- Stoffwechselstörungen (Metabolismusfehler) der Mutter
- Alter der Mutter (Funktionsuntüchtigkeit der Placenta)
- Infektionskrankheiten
- Strahlen (z.B. Röntgen)
- Umweltbelastungen (z.B. Bleigehalt der Luft)
- Alkohol
- Drogen (besonders Schmerz- und Rauschmittel)
- Rauchen (und »Mitrauchen«)
- Streß
- ablehnende Einstellung zum Kind

3.2.2 Die Geburt

266 Tage nach der Befruchtung oder 280 Tage nach der letzten Periode kommt das Kind in der Regel zur Welt. Bei termingerechter Geburt sind mitteleuropäische Babys durchschnittlich 51 bis 54 cm groß und wiegen zwischen 3 und 3,5 kg.

Ob die Geburt für das Kind ein psychologisch einschneidendes Erlebnis darstellt, wurde vielfach diskutiert. Freud sprach vom »Trauma der Geburt«, wegen der Enge des Geburtskanals, der Atemnot und der Trennung des Kindes von der Mutter. Alle späteren Angst- und Schreckreaktionen werden dann auf diese »Urangst« zurückgeführt. Das Trennungserlebnis soll sich in der späteren, unbewußten Sehnsucht fortsetzen, in diesen paradiesischen Zustand wieder zurückzukehren, was sich z.B. in der »embryonalen« Schlafhaltung zeigt.

Es gibt zu dieser Diskussion jedoch auch eine ganze Reihe von (eher empirisch-wissenschaftlich) fundierten Ergebnissen, die in eine andere Richtung führen. Nicht wenige Fachärzte berichten, daß Babys, die sie sehr genau beobachtet haben, keinesfalls die genannten Traumata zeigten. Oft beruhigt sich das Baby nach dem ersten lauten Schrei nach der Geburt sehr schnell und liegt dann still da, offenbar zufrieden und damit beschäftigt, mit seiner neuen Umgebung zurechtzukommen (Rauh 1987).

Wer nun recht hat, soll hier nicht endgültig entschieden werden. Mit Sicherheit kann man jedoch zusammenfassen, daß es, insbesondere auch für die Mutter, nicht ohne Bedeutung ist, wie die Geburt verläuft. Daraus jedoch eine »Glaubenslehre« ableiten zu wollen, ist für die spätere Entwicklung nicht unproblematisch.

3.2.3 *Das Neugeborene*

Das Neugeborene schläft sehr viel. Nach neueren Erkenntnissen nehmen die Schlafperioden ca. sechzehn Stunden, die verschiedenen Wachheitsstufen ca. acht Stunden am Tag ein. Deutlich konnte gezeigt werden, daß ein hoher Anteil von REM-Schlaf auftritt, d.h. ein Schlafzustand, der bei Erwachsenen die typischen Traumphasen begleitet. Bei Zufrühgeborenen lassen sich Schlaf- und Wachzustände nicht so deutlich beobachten wie bei normal ausgetragenen Kindern, sie fluktuieren viel stärker. Neugeborene zeigen eine große Zahl von Reflexen, beispielsweise den Suchreflex, den Saugreflex, den Greifreflex, den Schwimmreflex usw. Einige dieser Reflexe verschwinden in den ersten Wochen nach der Geburt wieder.

Überraschenderweise ist das Neugeborene vom ersten Atemzug an ein bemerkenswert entwickelter Organismus. Es kann sehen, hören und riechen, es empfindet Schmerz, Berührungs- und Positionsveränderungen. Die einzige Sinneswahrnehmung, die u.U. nicht sofort bei der Geburt funktioniert, ist der Geschmackssinn, aber auch dieser entwickelt sich ziemlich rasch.

3.2.4 *Das Kleinkind*

Zwei wichtige äußere Kennzeichen können wir beim Kleinkind entdecken: Es lächelt und fremdelt.

Für die meisten Eltern hat das erste Wiederlächeln ihres Kindes eine große gefühlsmäßige Bedeutung. Sie haben das Gefühl, ihr Kind erkennt sie jetzt.

Die Ergebnisse der Forschungen hierzu gehen jedoch auseinander. Es könnte durchaus auch sein, daß das Neugeborene gewisse Verhaltensweisen zeigt, die einem Lächeln entsprechen, und daß dies womöglich durch die Eltern entsprechend verstärkt wird. Wie dem auch sei: Für die Eltern ist es auf alle Fälle ein entscheidender Eindruck, wenn sie erkennen, daß ihr Kind mit einem Lächeln reagiert.

Kasten 31

Ablehnung von Nahrung

Häufig ist im Kleinkindalter die Ablehnung von Nahrung eine der wenigen Möglichkeiten für Kinder, um die »Feindseligkeit« gegenüber einem Elternteil auszudrücken. Man muß diese Ablehnung aber nicht unbedingt mit solch tiefgehenden Überlegungen begründen, denn manchmal mögen Kinder ein bestimmtes Nahrungsmittel einfach nicht.

Wenn ein Grundnahrungsmittel jedoch für die Ernährung zwingend erforderlich ist, kann man versuchen, einige Zeit lang nichts als dieses Nahrungsmittel auf den Teller zu legen. Manchmal löst sich das Problem nach ein oder zwei Mahlzeiten, wenn das Kind wirklich hungrig ist.

Eltern sollten jedoch nicht zulassen, daß das Kind dadurch Erfolge hat, daß sie wütend werden, weil es sich weigert zu essen. Besser ist es dann, den Teller einfach wegzunehmen. Es schadet Kindern nicht, wenn sie gelegentlich auf eine oder zwei Mahlzeiten verzichten. Zwischenmahlzeiten sollte man dann allerdings auch nicht zulassen.

Wichtig ist es, daß rechtzeitig gelernt wird, daß Mahlzeiten zu »Festen« werden. Sie dienen dazu, die Kommunikation zu fördern und immer wieder lesen wir ja auch in der Bibel, daß wesentliche Dinge »zu Tische«, im Gespräch mit den Jüngern, den Frauen oder mit den Zöllnern, verhandelt wurden.

Die klassische Form des Fremdelns, die übrigens nicht von allen Kindern gezeigt werden muß, ist eine heftige, gefühlsmäßige Reaktion, die sich durch Schreien und Versteifen beim Anblick einer fremden Person zeigt. Dieses Verhalten tritt ziemlich plötzlich im achten oder neunten Lebensmonat auf und wird deshalb oft auch als »Achtmonatsangst« bezeichnet.

Eine ganze Reihe von Forschern ist der Meinung, daß es sich beim Fremdeln um eine Angstreaktion handelt, die mit dem Verlassenwerden von der Mutter und der damit gegebenen Möglichkeit von körperlichen Nöten (Schmerz, Hunger) zusammenhängt. Andere vermuten, daß mit zunehmender Denkentwicklung (Kagan 1980) eine Klassifizierung möglich wird. Da das Gesicht vertrauter Personen einem ganz bestimmten Schema entspricht, ist eine Reaktion auf andere Gesichter, die hiervon abweichen, besonders heftig.

Lewis (1974) glaubt, daß bereits Kinder um das erste Lebensjahr herum Menschen nach Kategorien einteilen, und zwar nach vertraut/fremd, Erwachsener/Kind und nach ihrem Geschlecht.

Kasten 32

Daumenlutschen

Auf dem Hintergrund der Entwicklung des Denkens (vgl. das folgende Kapitel) wird es verständlich, daß Kinder sehr gerne mit dem Mund neue Gegenstände untersuchen. Auch das Daumenlutschen ist vollkommen normal.

Kinder, die in den ersten zwei Jahren einen Sauger benutzen durften, wann immer sie wollten, lutschen im allgemeinen danach nicht mehr viel am Daumen.

Viele Eltern machen sich über das Daumenlutschen Sorgen, sie sollten dies nicht tun. Besser wäre es, das Verhalten einfach zu ignorieren.

Zwar wird von einigen Psychotherapeuten das Daumenlutschen nach dem vierten Lebensjahr als Anzeichen für zu wenig mütterliche Liebe gesehen; von Ärzten wird immer wieder darauf hingewiesen, daß auch schiefe Zähne das Resultat des Lutschens sein könnten. Beide Befunde konnten jedoch wissenschaftlich nicht bestätigt werden.

Deshalb ist es wohl am einfachsten, wenn man versucht, das Kind vom Daumenlutschen abzulenken und, wenn es in die Nähe des Grundschulalters kommt, immer wieder mit viel Liebe (und ohne weitergehende Bemerkungen) einfach den Daumen aus dem Mund zieht.

Wer soll erziehen?

Es wäre zwar denkbar, Kinder auch ohne Mütter großzuziehen, eine Reihe von bitteren Erfahrungen hat jedoch deutlich gemacht, daß, trotz ausreichender Ernährung und Beachtung hygienischer Vorschriften, Kinder nicht wuchsen, sondern z.T. körperlich und psychisch verfielen. René Spitz hat schon im Jahre 1940 mit erschütternden Zahlen auf das Entwicklungsschicksal in Säuglingsheimen hingewiesen.

Zuerst glaubte man, daß die Ablösung des Babys aus einer engen Mutter-Kind-Beziehung so großen seelischen Schmerz verursache, daß sich das Kind aus Kummer nicht weiterentwickeln könne. Was jedoch das Spezifische der

»Mutterliebe« ist, ließ sich nicht befriedigend erfassen. Spätere Untersuchungen wiesen plausibel nach, daß Trennungsschmerz das Bestehen einer sozial-emotionalen Bindung voraussetzt. Eine solche Bindung entwickeln Kinder allerdings erst in der zweiten Hälfte des ersten Lebensjahres. Für Kinder, die vor diesem Alter hospitalisiert wurden, müssen demnach andere Ursachen als der Trennungsschmerz für eine Fehlentwicklung geltend gemacht werden.

Die Suche nach diesen Ursachen führte die Forschung weg von der Frage, welchen Unterschied das Vorhanden- oder Nichtvorhandensein einer leiblichen Mutter ausmacht, und hin zu der Frage: »Was tut eine Mutter mit ihrem Kind, damit es sich normal entwickelt?«

Kasten 33

Kinder erziehen Kinder ...

Einige neue Ergebnisse:

– Kinder sind auch schon vor dem dritten Lebensjahr fähig, mit anderen zusammen zu spielen. Sie brauchen dies nicht von Erwachsenen erlernt zu haben. So konnte u.a. gezeigt werden, daß bereits Babys positives Interesse an anderen Kindern zeigen, sogar in der Zeit, in der sie gegenüber Erwachsenen fremdeln.

– Die Interaktionen zwischen Kleinstkindern sind nicht, wie bisher angenommen, unbedingt negativ und aggressiv. Unter negativem oder aggressivem Verhalten verstand man u.a. das Wegstoßen, das Wegnehmen von Spielzeug, im späteren Alter auch das Balgen. Neuere Forschungen gehen davon aus, daß man dies eher als »Ungeschicklichkeit« oder »Geben-Nehmen-Spiele« bzw »spielerisches Tollen und Balgen« sehen muß.

– Es ist nicht richtig, davon auszugehen, daß sich Kinder besser verstehen, wenn sie das gleiche Entwicklungsniveau haben. Schmid u.a. (1977) haben belegt, daß Kindergruppen und Vorschulkinder gemischtaltrigen Gruppen für die soziale Entwicklung den Vorzug geben. Aus kognitiver Sicht sind Gleichaltrige auch schwieriger, denn sie können sich im Spiel und Gespräch weniger als ältere Kinder auf die Verständnis- und Handlungsmöglichkeiten des Partners einstellen.

– Es muß nicht bedeuten, daß die Eltern ihre Zuneigung aufteilen, wenn mehrere Geschwister da sind. Obwohl es eine große Zahl von Untersuchungen gibt, die die Benachteiligung der zweit- und drittgeborenen Kinder nachweisen, gibt es auch andere Ergebnisse, die dazu führen, daß es fast ebenso viele positive Interaktionen zwischen den Geschwisterpaaren gibt. Man konnte zeigen, daß sich ältere Geschwister auf das Spielniveau ihrer jüngeren einstellen, daß sie zu Imitationen Anlaß geben und spontane und mitfühlende Hilfehaltungen zeigen.

Bei diesen Untersuchungen, die in ihrer Konsequenz auch darauf hinauslaufen, daß Väter die Erzieherrolle einnehmen können, wurden insbesondere die Erziehungspraktiken erforscht. Dabei konnte man nachweisen, daß den Kindern, die hospitalisiert waren, im wesentlichen Anregungen und Stimulationen durch die Umwelt fehlten. Bereits ein wenig Streicheln am Tag, Aufnehmen und Herumtragen, ja selbst die Stimulation mit Sprache durch ein Tonbandgerät oder das Austauschen einer farblosen durch eine farbige Umwelt, zeigten deutliche Verbesserungen.

Einige Forscher gingen so weit, daß sie daraus folgerten, daß Mütter hauptsächlich »vielfältige Quellen von Stimulationen« sind. Auf diesem Hintergrund wird dann auch die Frage, ob Väter oder Mütter die »richtigen« Erzieher sind, durch die Antwort: »Wer besser stimuliert«, ersetzt. Die Antwort ist rasch zur Hand: Weil die Mutter häufiger allein mit dem Kinde zusammen ist, wird die Dichte ihrer Begegnungen und Stimulationen erhöht, denn immer dann, wenn der Vater mit dabei ist (zumeist zusammen mit der Mutter), müssen die Interaktionen auf zwei Partner aufgeteilt werden. Auch Freunde und Geschwister spielen (im Gegensatz zu älteren Annahmen, die davon ausgingen, daß Erwachsene fast ausschließlich erziehen) eine wichtige Rolle.

Der gegenwärtige Stand der Erkenntnisse zur Erziehung der Kinder untereinander ist im Kasten 33 zusammengefaßt.

3.2.5 Kindheit

Als Kindheit wird zumeist der Lebensabschnitt zwischen dem vierten und elften bis zwölften Lebensjahr betrachtet. Sie ist nicht nur durch ganz bestimmte körperliche oder psychische Veränderungen ausschließlich zu bestimmen, sondern auch kulturell definiert. In unserem Kulturkreis handelt es sich bei der Kindheit um einen genau umschriebenen Lebensabschnitt, in dem das Kind bestimmte Aufgaben zu bewältigen hat, jedoch von der Verantwortung der Erwachsenen frei bleibt. Klares Definitionsmerkmal der Kindheit ist demnach seine Abhängigkeit vom Erwachsenen. Die Sorgepflicht ist ausschließlich vom Erwachsenen her gegeben. Der Abstand zur Erwachsenenwelt mit seiner Verantwortung ist noch so groß, daß es nur zu wenig Konflikten zwischen der Erwachsenen- und Kindesrolle kommt. Das Kind kann höchstens im Spiel die Rolle des Erwachsenen übernehmen, im Ernstfall tritt es nur ausnahmsweise zu Erwachsenen in Konkurrenz.

Die Kindheit war in früheren Zeiten wesentlich kürzer und sie führt in manchen Kulturkreisen direkt in die Welt des Erwachsenen hinein, während in unserem Kulturkreis noch das Jugendalter dazwischen geschoben ist.

Das Spiel

Wichtiges Kennzeichen der Kindheit ist das »Spiel«. Das Kind kann durch das Spiel sowohl Angst reduzieren, indem es diese in Spielhandlungen umsetzt (»ausspielt«), als auch entfernt liegende Ziele »stellvertretend« verwirklichen, indem es beispielsweise die Erwachsenenrolle im Rollenspiel vorwegnimmt. Vor allem aber eignet sich das Spiel zur Verwirklichung der Umweltkontrolle (Bandura 1982), die das Kind sonst kaum erfahren kann. Im Umgang mit den Erwachsenen hat es wenig Kontrollmöglichkeiten, es erfährt immer wieder seine Hilflosigkeiten, sein Angewiesensein auf ältere Menschen. Im Spiel hingegen übernimmt es die Kontrolle, alles fügt sich seinen Wünschen, weil die Situation den eigenen Zielen durch Umdeutung gefügig gemacht wird. So wird dann beispielsweise ein Stuhl zum Flugzeug, ein Spielpartner zum Baby, das man betreuen kann usw. Wygotsky (1978) und Leontjew (1977) bezeichnen auf diesem Hintergrund nicht umsonst das Spiel als die bevorzugte und wichtigste Tätigkeit des Kindes.

Die Spielhaltung existiert weiter in der späteren Kindheit bei Aktivitäten, die äußerlich als reine Arbeit anzusehen sind, und es gibt sie auch für Erwachsene, bei denen bestimmte »wichtige Berufstätigkeiten« einen deutlichen Spielcharakter enthalten können (z.B. Computer-»Arbeiten«).

Kasten 34

Spielen und Spieltherapie

Um zu verstehen, was bei Kindern Konflikte auslöst, sollten Eltern immer wieder das tun, was auch Kinderpsychologen tun: Sie beobachten ihre Kinder beim Spielen, um zu sehen, wie sie die Wechselbeziehungen und Kommunikation in der Familie interpretieren (Szeno-Test).

Eine solche Beobachtung ist auch hilfreich, um bisher unbekannte Störungen im Verhältnis von Kindern und Eltern zu ergründen. Geben Sie deshalb dem Kind einige Spielfiguren (Großvater und -mutter, Eltern, Kinder, Spielgefährten, Tiere usw.) und bitten es, diese Figuren miteinander sprechen zu lassen. Dabei können Sie wesentliche Rückschlüsse auf bisher nicht ausformulierte Probleme des Kindes ziehen.

Entsprechend der Entwicklung des Kindes gibt es verschiedene Formen der Spiele.

Sensumotorisches Spiel

Im ersten und zweiten Lebensjahr zeigt das Kind Aktivitäten, die als »sensumotorisches Spiel« bezeichnet werden. Das Kind hat Freude an Körperbewegungen und wiederholt diese oft lange Zeit. Diese Bewegungen richten sich zunächst auf eigene Körperteile, die als »Gegenstände« gesehen werden, und einige wenige

Objekte aus der Umwelt (z.B. die Rassel oder Klapper über dem Bettchen). Später werden neue Gegenstände aus der Umgebung bevorzugt, mit denen dann manipuliert wird.

Informationsspiel, Explorationsspiel
Der Umgang mit Gegenständen hat jetzt eine Erkundungsfunktion. Das Kind will herausbekommen, was man mit den Gegenständen machen kann, wie sie beschaffen sind oder wie sie »innen« aussehen.

Oftmals wird deshalb der Teddybär oder das nagelneue Spielzeugauto (für die Eltern absolut undenkbar!) in seine Bestandteile zerlegt.

Konstruktionsspiele
Ebenfalls realitätsorientiert sind Spielformen, bei denen das Kind Gegenstände benutzt, um aus ihnen einen Zielgegenstand herzustellen. Beispielsweise ein Gerät aus Holzteilen, ein Bauwerk usw.

Symbolspiel, Fiktionsspiel
Diese Form des Spiels ist als die eigentliche kindliche Spielform bekannt. Das Kind deutet einen Spielgegenstand sowie das auf ihn bezogene Handeln nach eigenen Wunsch- und Zielvorstellungen um. Die Handlungen selbst werden aber aus dem sozialen Umfeld, d. h. aus den Erfahrungen, die es bisher gemacht hat, übernommen. Hierzu gehören Puppen-, Auto-, Cowboy-, Superman-Spiele, aber auch soziale Spiele, die dann die Bezeichnung »Rollenspiel« erhalten.

Regelspiel
Hier handelt es sich um soziale Formen des Spiels, bei denen nach festlegenden Regeln vorgegangen wird, deren Einhaltung unabdingbar ist – und die zugleich den Reiz des Spiels ausmachen.

Regelspiele sind fast immer Wettkampfspiele, wobei der Wettbewerb anfangs weniger bedeutsam ist, dann aber mehr und mehr eine zentrale Rolle erhält.

Im Gegensatz zu den anderen Spielformen, erfordern Regelspiele zumeist eine spezifische Fähigkeit, die zuvor erlernt werden muß. Das Reizvolle am Regelspiel mit Wettbewerbscharakter ist der Leistungsvergleich von Partnern mit ähnlichem Fähigkeitsniveau.

Eine Alterszuschreibung zu den verschiedenen Spielformen kann nur sehr grob vorgenommen werden. Im allgemeinen nimmt das sensumotorische Spiel zwischen sieben und 30 Monaten allmählich ab. Ziemlich abrupt tritt mit 12 bis 30 Monaten das Symbolspiel auf, nimmt über die Jahre bis zur Vorschulzeit zu und sinkt dann in seiner Häufigkeit wieder ab.

Das Rollenspiel ist bei Dreijährigen noch kaum zu finden, während praktisch alle Vierjährigen bei normaler Entwicklung Rollenspiele durchführen. Das Regelspiel ist im Vorschulalter selten, tritt aber im Übergang zum Grundschulalter immer häufiger auf.

In der Kindheitszeit ereignen sich wesentliche Schritte der Persönlichkeitsentwicklung. Hierzu gehört als einer der wichtigsten Punkte die Identifikation mit dem eigenen Geschlecht.

Es gibt eine ganze Reihe von Erklärungsansätzen, wie es zu einer solchen Identifikation kommt.

Eine der älteren Auffassungen stammt von Sigmund Freud, der davon ausging, daß bei der Übernahme der Geschlechterrolle die sexuellen Triebwünsche des Kindes eine entscheidende Bedeutung haben. So übernimmt beispielsweise durch die Identifikation mit dem Vater (die damit gleichzeitig auf alles männliche generalisiert wird) der Junge, sofern seine Entwicklung nicht gestört wird, die geschlechtstypischen Verhaltensweisen des Vaters, d.h. die männlichen Charakterzüge.

Auch wenn man dieser Annahme nicht folgt, ist von Freud für die heutige Zeit doch zu übernehmen, daß der Vater das erste und entscheidende Modell für die Männlichkeit, die Mutter für die Weiblichkeit ist.

Eine weitere wichtige Erklärungsmöglichkeit zur Übernahme der geschlechtsspezifischen Rolle geht von den Prinzipien des Lernens aus. Dabei wird angenommen, daß andauernde Verstärkung geschlechtsspezifischen Verhaltens dazu führt, daß sich das Kind in seiner Umwelt nach Geschlechtsvorbildern umsieht und zugleich mit den Personen identifiziert, die es für sein Verhalten besonders belohnen.

Wenn diese Überlegungen richtig sind, dann können bestimmte Eigenschaften und Erziehungsmaßnahmen die geschlechtstypische Identifikation der Kinder verstärken. Zwei Bedingungen beim Erwerb der traditionellen Geschlechtsrolle können hier genannt werden:

1. Der gleichgeschlechtliche Elternteil muß sich dem Kind gegenüber fürsorgend, wohlwollend und engagiert verhalten sowie selbst typische Merkmale der Geschlechtsrolle besitzen.
2. Beide Elternteile müssen angemessenes Geschlechtsverhalten beim Kind konsequent belohnen.

Eine dritte Theorie zur Indentifizierung mit der Geschlechtsrolle geht von kognitiven Prozessen aus. Dadurch, daß das Kind erkennt, daß es zwei Geschlechter mit unterschiedlichen Aufgaben gibt, kann es eine erste Ordnung in die soziale Umwelt bringen. Es scheidet sie nach Vätern und Müttern, stark und schwach, draußen und zuhause.

Nachdem sich das Kind in seiner zweigeteilten sozialen Welt zugeordnet hat, gewissermaßen sein Geschlecht erkannt hat, wählt es aktiv aus seiner Umwelt aus, was zu ihm paßt.

Das Selbstverständnis des Kindes in bezug auf sein Geschlecht stabilisiert sich nach Kohlberg (1974) im Alter von fünf bis sechs Jahren. Die Logik, die der Geschlechtsidentifikation dann zugrunde liegt, lautet: »Ich bin ein Junge (Mädchen), und deshalb möchte ich das tun, was ein Junge (Mädchen) tut.« Die Identifikation erfolgt also nach der Geschlechtstypisierung, nicht vorher.

Kasten 35

Spielen mit den Genitalien

Kinder untersuchen sich selbst sehr gerne und spielen dabei fast selbstverständlich auch mit ihren Genitalien. Eltern sollten diesen Spielen keine größere Bedeutung als bei allen anderen Körperteilen zuwenden. Dieses Spiel ist ein natürlicher Teil der Erforschung des eigenen Körpers.

Wenn sich Kinder schämen oder dafür bedroht werden, konditionieren sie damit, daß ihre Geschlechtsteile »schlecht« sind und entwickeln ein negatives sexuelles Konzept für ihr zukünftiges Leben. Neurotische Sexualängste, bis hin zur Impotenz im Erwachsenenalter, könnten die Folge sein.

Wenn Kinder über ihre Anatomie Fragen stellen, soll man ihnen wahre und sachliche Antworten geben. Es ist auch vernünftig, die Worte wie Wasserlassen, Scheide (Vagina) und Glied (Penis) zu verwenden, anstatt sie durch kindische Worte zu ersetzen.

3.2.6 *Das Schulalter*

Als sich in den 60er Jahren die Vorschulentwicklung in Deutschland ausbreitete, tendierten viele Eltern dazu, ihre Kinder möglichst früh einzuschulen. Heute hat sich dieser Trend eher wieder umgekehrt. Ging man früher mehr von einer »Schulreife« aus, die sich quasi von alleine einstellt, spricht man heute eher von der »Schulfähigkeit« und versucht, durch diese Ausdrucksform deutlich zu machen, daß Anlage und Umwelt zusammengefaßt werden müssen. So gesehen ist dann die Schulfähigkeit weniger das, was ein Kind von selbst wird, sondern was die Umwelt von ihm verlangt. D.h., es gehören kognitive Leistungen, soziale Kompetenzen, Arbeitshaltung und Motivation hinzu. Allein mit Schulreifetests, die nur die Intelligenz überprüfen, kann demnach die Schulfähigkeit nicht bestimmt werden.

Die in der Schule auftauchenden neuen Aufgaben machen recht deutlich, daß dieser neue »Lernort« nicht nur am Rande in das Vermitteln von Wissen und Fertigkeiten der menschlichen Entwicklung eingreift, sondern diese von Grund auf verändert (Oerter 1987).

Beim Eintritt in die Schule verfügt das Kind nur über das gesprochene Wort. Wenn es dort lernt, die Sprache durch ein einfaches Alphabet zu verschlüsseln, wirkt sich dies fundamental auf seine Entwicklung aus. Durch eine eng umgrenzte Zahl von 26 Zeichen können jetzt beliebige Inhalte ausgedrückt werden.

Im Gegensatz zum gesprochenen Wort erlaubt die geschriebene Sprache, eine Aussage nochmals zu überprüfen, Vergleiche anzustellen usw. Diesen fundamentalen Unterschied, der gleichzeitig in eine nachprüfbare Verantwortung führt, gilt es in den beiden ersten Schuljahren zu erlernen.

Neben solchen kognitiven Leistungen erbringt die Schule aber auch neue Qualitäten durch das Zusammenleben mit Gleichaltrigen. Jetzt kann ein Kind beispielsweise das Verständnis für »Gleichheit« erwerben. Es erfährt, daß andere die gleichen Ansprüche stellen wie es selbst, die gleiche Behandlung erfahren, gleiche Vorrechte und Nachteile haben. So kommt es, daß Kinder allmählich einen Sinn für Gerechtigkeit erwerben und dieser der erste Moralbegriff des Kindes wird. Aber es nimmt auch wahr, daß andere Kinder andere Bedürfnisse, Wünsche und Vorlieben haben. Wenn es um die Verwirklichung solcher Wünsche in der Gruppe geht, muß eine Einigung erzielt werden, die nicht auf Kosten einzelner zustande kommen darf.

Vorbereitung auf die Schule

Es ist nicht allein das Alter, das ein Kind schulfähig macht, sondern seine Gesamtentwicklung. Können Eltern hierzu vorbereiten?

Es gibt einige Möglichkeiten hierzu:

Kinder, die den Kindergarten besucht haben, sind in der Regel systematischer auf die Anforderungen der Schule vorbereitet. Die günstigste Entwicklung der Vorschulkinder und die beste Vorbereitung auf die Anforderungen der Schule werden dann erreicht, wenn sich die Erziehung in einer harmonischen Familie mit der im Kindergarten ergänzt.

Wichtig ist, daß sich Kinder auf die Schule freuen, denn Vorfreude führt zu Lernfreude. Keinesfalls dürfen Sie Ihrem Kind Angst vor der Schule machen. Sätze wie: »Wenn du in die Schule kommst, dann wird man schon mit dir fertig werden«, sind deshalb ein denkbar ungeeignetes Erziehungsmittel.

Kinder sollten elementare hygienische Gewohnheiten erlernt haben, d.h. sich selbst waschen und anziehen können, ehe sie die Schule besuchen.

Es gibt auch elementare soziale Grundlagen, die man als Eltern vorbereiten sollte. Hierzu gehört die Fähigkeit und Bereitschaft, Anweisungen anzuhören und kleinere Pflichten zu übernehmen. Weiterhin ist es wichtig, daß ein Kind sich in die Gemeinschaft der Gruppe einfügen kann. Dies wird besonders dann schwer, wenn es keine Geschwister besitzt und nicht den Kindergarten besucht hat.

Schließlich soll das schulfähige Kind bestimmte Fertigkeiten im Umgang mit Farben, Buntstiften, Knetmaterial und Papier erlernt haben. Beachten Sie bitte, daß man heutzutage Linkshänder nicht mehr umschult. Linkshändigkeit ist in der Regel vererbt und es wäre damit völlig falsch, linkshändige Kinder zu zwingen, alles mit der rechten Hand durchzuführen.

Kasten 36

»Wie gehen wir mit Linkshändern um?

Geduldig sollte man Bleistift, Löffel, Pinsel usw. ab und zu in die rechte Hand geben. Das Kind entwickelt dann mit beiden Händen entsprechende Fertigkeiten.

Ganz allgemein gilt, daß sich feinmotorische Bewegungen, z.B. schreiben, zeichnen usw. bei Linkshändern leichter auf die rechte Hand übertragen lassen als grobmotorische Bewegungen (Einschlagen eines Nagels, Handballspielen usw.). Diese Bewegungen sollte man dann ruhig auch links ausführen lassen. Ausgesprochene Linkshänder (das Ausmaß der Linkshändigkeit ist unterschiedlich) schreiben in der Regel ihr Leben lang mit der linken Hand – und manchmal sogar besser als Rechtshänder.

Linkshänder werden zumeist geschickter mit beiden Händen arbeiten als Rechtshänder, da die letzteren durch die Erziehung kaum lernen, die linke Hand ebenso zu gebrauchen.

Besonders wichtig für ein erfolgreiches Lernen des Schulanfängers ist auch die Sprachentwicklung. Es kommt darauf an, die Sprechfreudigkeit zu entwickeln und die Fähigkeit, sich in zusammenhängenden, einfachen Sätzen verständlich ausdrücken zu können. Hierzu ist es wichtig, daß Eltern (beispielsweise bei den Mahlzeiten) eine angemessene Konversationsform vorbildlich zeigen. D.h., daß man abgeschlossene Sätze ausformuliert, den Redner nicht unterbricht usw., vor allem aber auch den Kindern die gleichberechtigte Möglichkeit der sprachlichen Artikulation anbietet.

3.2.7 Das Jugendalter

Versucht man den »typischen Jugendlichen« zu beschreiben, so findet man ihn altersmäßig zwischen dem Kind und dem Erwachsenen, also ca. zwischen dem zwölften und zwanzigsten Lebensjahr.

Es sind hauptsächlich zwei Merkmale, die diesen Altersbereich kennzeichnen. Zum einen ist es eine deutliche körperliche Veränderung, die das Kind innerhalb von wenigen Jahren zum Erwachsenen verwandelt, und zum anderen sind es die teilweise extremen Veränderungen der Einstellungen, Gefühle und Verhaltensweisen des Jugendlichen.

Daß es auf dem Hintergrund solch einschneidender Veränderungen zu Krisensituationen kommen kann, ist einsichtig. Jedoch müssen wir auch hier, mit den Ergebnissen der neueren Forschungen, davon ausgehen, daß nicht unbedingt Rebellionen gegen Erwachsene die Folge dieser Entwicklungen sein müssen. Weiter unten werden in einem gesonderten Abschnitt die besonderen Jugendkrisen nochmals speziell behandelt.

Der Übergang zwischen Kindheit und Erwachsensein wird auch als Pubertät bezeichnet. Äußeres Kennzeichen sind die jetzt deutlich auftretenden sekundären Geschlechtsmerkmale.

Von der eigentlichen Pubertät zu unterscheiden ist das sich daran anschließende Adoleszenzalter. Dieses schließt die Jugendzeit ab.

Rechnet man für das Pubertätsalter den Bereich zwischen elf und fünfzehn bis sechzehn Jahren, so gehört die Adoleszenzzeit in die Spanne zwischen siebzehn und neunzehn Jahren.

Der männliche Jugendliche erreicht mit achtzehn bis zwanzig Jahren seine endgültige Größe, bei Mädchen ist das Längenwachstum bereits mit ca. sechzehn bis siebzehn Jahren abgeschlossen.

Bei beiden Geschlechtern gibt es einen deutlichen Wachstumsschub. Er liegt beim Mädchen zwischen zwölf und dreizehn und bei Jungen zwischen vierzehn und fünfzehn Jahren. Dabei wachsen die Körperteile nicht mit einer synchronen Geschwindigkeit, sondern oftmals sehr verschieden schnell. Auf diesem Hintergrund sind die oftmals schlacksigen Bewegungen der jungen Leute leichter zu verstehen.

Die ersten Körperteile, die den Erwachsenenzustand erreichen, sind Kopf, Hände und Füße. Beine und Arme wachsen ebenfalls früher als der Rumpf, der den eigentlichen Wachstumsschub repräsentiert. Man kann dieses verschieden schnelle Wachstum ganz deutlich daran erkennen, daß die männlichen Jugendlichen in der Regel ein Jahr früher aus den Hosen als aus dem Jackett wachsen.

Deutlich nachweisbar ist auch die Zunahme des Muskelwachstums, die hauptsächlich das männliche Geschlecht betrifft. Mädchen besitzen mit elf Jahren noch gleichviel oder sogar mehr Muskelkraft, fallen aber danach sehr stark hinter die männlichen Jugendlichen zurück.

Die Hauptveränderungen der körperlichen Entwicklung liegen jedoch nicht im Bereich des Größen- und Breitenwachstums, obwohl dies deutlich sichtbar ist, sondern im Bereich der Geschlechtsreifung. Diese Veränderung wird durch eine beträchtliche hormonelle Umstellung bewirkt.

Dem Kasten 37 kann die Reifung der Geschlechtsmerkmale von Mädchen und Jungen entnommen werden (vgl. Rice 1975).

Die Geschlechtsreifung hat natürlich Rückwirkungen auf die psychische Entwicklung des Jugendlichen. Allerdings sind diese nicht so groß, wie immer wieder angenommen wurde. War man früher von sehr engen Zusammenhängen zwischen der körperlichen Entwicklung und der dazugehörigen »Seelenlage« ausgegangen, so zeigen die neueren Forschungsergebnisse, daß nur Gemeinsamkeiten von 6 bis 10% zwischen der seelischen und körperlichen Entwicklung nachweisbar sind (Oerter 1969).

Kasten 37

Veränderung der Geschlechtsmerkmale in der Jugendzeit

Altersspanne	*Veränderung*
Für Jungen	
12-13 Jahre	Beginnendes Wachstum der Hoden, des Hodensacks und des Penis.
13-16 Jahre	Glatte Schamhaare, erster Stimmbruch. Rasches Wachstum des Penis, der Hoden, des Hodensacks, der Vorsteherdrüse und der Samenblasen. Erster Samenerguß. Schamhaare werden gelockt. Größtes Körperwachstum.
16-18 Jahre	Wachsen der Achselhaare, Bartwuchs, Einbuchtung des Haaransatzes, markanter Stimmwechsel.
Für Mädchen	
10-11 Jahre	Beginn der Rundung der Hüften, Fettablagerung, Brüste und Warzen wachsen.
11-14 Jahre	Schamhaare glatt, Stimme wird etwas tiefer. Rasches Wachstum der Eierstöcke, der Vagina, der Gebärmutter und der Schamlippen. Schamhaare werden gelockt. Größtes Körperwachstum. Aufrichtung der Brustwarzen, Formung des »primären« Bruststadiums, Menarche (Eireifung und Menstruation).
14-16 Jahre	Wachsen der Achselhaare, Brüste erhalten ihre Erwachsenenform (sekundäres Bruststadium).

Allerdings ergeben sich auch einige typische neue Probleme, z. B. der Monatszyklus des Mädchens und der nächtliche Samenerguß beim Jungen, die beachtet und zusammen mit den Jugendlichen besprochen werden sollten.

Menstruation

Die regelmäßigen Monatsblutungen bringen für die Hygiene beträchtliche Veränderungen mit sich. Die Mädchen (und oftmals auch ihre Eltern) stehen dem Ereignis nicht immer positiv gegenüber. Häufig fühlt man sich in seiner Aktivität beeinträchtigt. Die Menstruation, die in der Regel vier bis sechs Tage dauert, löst oftmals körperliches Unwohlsein und Schmerzen aus.

Sportliche Betätigung, auch Schwimmen, ist bei ausreichendem Infektionsschutz auch während der Menstruation nicht schädlich. Wenn während des gesamten Menstruationszyklus' Sport getrieben wird, wirkt sich dies sogar mildernd auf die negativen Begleitumstände aus.

Samenerguß

Der männliche Samenerguß tritt bei rund 83% der Männer irgendwann in ihrem Leben auf, zumeist ein oder zwei Jahre nach dem Beginn ihrer Pubertät. Da er häufig mit sexuellen Träumen gekoppelt ist und Spuren im Bett hinterläßt, schämen sich Jugendliche über diesen Vorgang oder sind beunruhigt. Es ist wichtig, daß Eltern deshalb die biologischen Ursachen des Samenergusses erklären und diesen nicht dramatisieren. Für christliche Eltern und Erzieher hat das »Weiße Kreuz« hierzu eine wichtige Pionierarbeit geleistet und gute Schriften für die Hand der Eltern und des Jugendlichen bereitgestellt (Naujokat 1975, 1980; Rost 1984).

Selbstbefriedigung

Viel Not gibt es in der Seelsorge mit der sogenannten »Onanie«. Biblisch wird dieses Wort vom Samenerguß des Onan abgeleitet. Wer allerdings die Bibelstelle genauer nachliest, stellt schnell fest, daß in diesem Zusammenhang nicht von Selbstbefriedigung geredet werden kann, sondern eher von einem unterbrochenen Geschlechtsverkehr (coitus interruptus). Sein Ungehorsam war die Verfehlung Onans – und das Wort »Onanie« trifft demnach das eigentliche Problem junger Menschen überhaupt nicht.

Auch heute noch besteht eine oftmals unausgesprochene Scheu, offen über die Frage der Selbstbefriedigung zu sprechen. Besonders deutlich finden wir dies in unseren christlichen Kreisen ausgeprägt. Es gibt kaum ein Seelsorgegespräch, in dem nicht junge Menschen (zumeist junge Männer) von der »großen Schuld« gerade auf diesem Gebiet reden. In wenigen anderen Bereichen des menschlichen Lebens waren aber auch in den vergangenen Jahrzehnten so deutliche Strafen und Androhungen ausgesetzt wie dort. So ist auch zu verstehen, daß für viele Seelsorger und Berater dieses Problem noch nicht durchgängig überwunden ist.

Kasten 38

Onans Ungehorsam

»Und Juda gab seinem ersten Sohn Er eine Frau, die hieß Tamar. Aber Er war böse vor dem Herrn, darum ließ ihn der Herr sterben. Da sprach Juda zu Onan: Geh zu deines Bruders Frau und nimm sie zur Schwagerehe, auf daß du deinem Bruder Nachkommen schaffest. Aber da Onan wußte, daß die Kinder nicht sein eigen sein sollten, ließ er's auf die Erde fallen und verderben, wenn er einging zu seines Bruders Frau, auf daß er seinem Bruder nicht Nachkommen schaffe. Dem Herrn mißfiel aber, was er tat, und er ließ ihn auch sterben.« (1. Mose 38,6-10)

Ältere Publikationen, die teilweise in hohen Auflageziffern Verbreitung fanden, gingen davon aus, daß es sich bei der Selbstbefriedigung um ein »mörderisches Laster mit verderblichen Folgen« handle, dessen »Heilung sehr erschwert ist«. Als Folgezustände dieses »Lasters« wurden Kopfschmerz, Schwindel, Zittern, starkes Schwitzen, Herzklopfen und vor allem Angstzustände genannt. In Fällen »hochgradigen Mißbrauches kann es zur Schwindsucht und anderen schweren Krankheiten kommen, die bis hin zum Irrenhaus führen« (Capellmann, Bergmann 1923).

Erst allmählich beginnt sich auch in den Reihen der Seelsorger und Berater ein neuer Denkansatz durchzusetzen, der davon ausgeht, daß Selbstbefriedigung innerhalb der Geschlechtsreife eine natürliche, fast zwangsläufige Erscheinung darstellt. Es sind demnach Hilfestellungen zu geben und nicht Anklageschriften anzuführen. Natürlich kann diese »natürliche Erscheinung« auch zur Sucht, zur Isolation, zum Narzißmus führen und dann den jungen Menschen krank machen. Als »Entwicklungsonanie« ist die Selbstbefriedigung jedoch in der Vorpubertät häufig und bei Jungen in der Pubertät nahezu die Regel. Kinsey (1967) hat gezeigt, daß ca. 90% der ca. 15jährigen Jungen auf diese Art und Weise Triebbefriedigung erreichen. Der Prozentsatz nimmt mit zunehmendem Alter zwar deutlich ab, erreicht bei den ledigen Vierzigjährigen aber immerhin noch 60% (bei Verheirateten ca. 20%). Es darf davon ausgegangen werden, daß die Ergebnisse Kinseys aus den USA auch auf deutsche Verhältnisse übertragen werden können. Ähnliche Werte erbrachten beispielsweise die Untersuchungen von Schmidt und Sigusch aus den siebziger Jahren in der Bundesrepublik Deutschland (Schmidt, Sigusch 1971).

Sicher ist, daß heute, unter medizinischem Blickwinkel gesehen, Selbstbefriedigung kein Krankheitssymptom ist und auch keine biologisch-medizinischen Entwicklungsstörungen nach sich zieht. In seltenen Fällen kann sie ein Anzeichen für psychisch-soziale Konflikte sein – aber dann ist nicht primär die Selbstbefriedigung, sondern sind diese Konflikte behandlungswürdig.

Wenn wir also davon ausgehen, daß Selbstbefriedigung eine normale und übliche Phase der Sexualentwicklung von jungen Menschen ist, dann gibt dies auch einen praktischen Ansatz zum pädagogischen Umgang mit diesen Fragen. Prinzipiell gilt, was auch bei anderen Problemfällen hilfreich sein kann: Man sollte mit den jungen Leuten offen sprechen, und zwar so früh wie möglich.

Schwerpunkt eines solchen Gespräches sollte dann sein, daß keine falschen Schuldzuschreibungen gesucht werden, sondern daß man die Selbstbefriedigung eher als etwas Normales darstellt, das, wenn es zum Problem wird, nicht auf moralischer Ebene (und auch nicht als »Sünde« verurteilt), sondern mit den Schwierigkeiten im psychisch-sozialen Bereich zu erklären ist. Die tieferen Ursachen solcher psychisch-sozialen Störungen sind in aller Regel in mangelnder Ich-Stärke, Unsicherheit, Kontaktarmut, Vereinsamung und mangelnden Erfolgserlebnissen zu sehen. Mit diesen Ursachen sollte man dann therapeutisch vorgehen. Und dabei hat es sich therapeutisch bewährt, im Sinne der sog. »paradoxen Intention« (vgl. Kap. 5.6), die Selbstbefriedigung als »größte Nebensache der Welt« begreifbar zu machen.

Krisen im Jugendalter

Angesichts einer großen Zahl von empirischen Belegen ist es heute nicht mehr uneingeschränkt richtig, davon auszugehen, daß das Jugendalter eine Zeit der heftigen Krisen, der emotionalen Labilität und der akuten Gefährdung sei (Bachmann 1984). Damit ist allerdings nicht ausgesagt, daß die Entwicklungsaufgaben beim Übergang von der Kindheit zum Erwachsenenalter einfach seien.

Mehr als jemals zuvor und nachher im Lebenslauf wird dem Jugendlichen deutlich, daß Entwicklung nicht etwas ist, das sich von selbst vollzieht, also »reift«. Nein, junge Leute stehen besonderen Entwicklungsaufgaben gegenüber – und die Aufgabe der Erwachsenen ist es, Freiräume zu schaffen, um diese zu bewältigen.

Havighurst (1972) und Dreher (1985) nennen eine ganze Reihe von solchen Aufgaben im Jugendalter, die die jungen Leute alleine, mit ihren Gleichaltrigen oder auch zusammen mit den Eltern zu lösen haben.

Entwicklungsaufgaben im Jugendalter

- *Annehmen der eigenen körperlichen Erscheinung.* Lernen, den Körper in Sport, Freizeit und in der Arbeit sinnvoll zu nutzen.
- *Die männliche und weibliche Rolle erwerben.* Dabei muß der Jugendliche seine individuelle Lösung für das männliche oder weibliche Verhalten und die Ausgestaltung dieser Geschlechtsrolle finden.
- *Erwerb neuer und reiferer Beziehungen zu Altersgenossen beiderlei Geschlechts.* Hierbei gewinnt die Gruppe der Gleichaltrigen (Peer-Group) zunehmend an Bedeutung.
- *Gewinnung emotionaler Unabhängigkeit von den Eltern und anderen Erwachsenen.* Diese Aufgabe ist besonders für die Eltern oftmals schmerzlich, denn,

obwohl sie ihre Kinder zu tüchtigen Erwachsenen erziehen wollen, möchten sie die familiäre Struktur möglichst lange aufrechterhalten.

- *Vorbereitung auf das Berufsleben.* Das Lernen im Jugendalter zielt direkt (Lehre) oder indirekt (weiterführende Schulen) auf die Übernahme einer beruflichen Tätigkeit ab.
- *Vorbereitung auf Heirat und Familienleben.* Hier geht es um den Erwerb von Kenntnissen und sozialen Fertigkeiten für die Aufgaben in Partnerschaften und Familie.
- *Gewinnung eines sozial verantwortungsvollen Verhaltens.* Hier geht es darum, sich für das Gemeinwohl zu engagieren und sich mit der politischen und gesellschaftlichen Verantwortung auseinanderzusetzen.
- *Aufbau eines Wertesystems und eines ethischen Bewußtseins als Richtschnur für eigenes Verhalten.* Die Auseinandersetzung mit Wertgeltungen in der umgebenden Kultur soll in diesem Lebensabschnitt zum Aufbau einer eigenständigen Struktur von Werten als Orientierung für das Handeln führen. Hier geht es auch, wie im Kapitel zur religiösen Entwicklung gezeigt wird, darum, eine Entscheidung für Christus als Erwachsener neu zu bestätigen.
- *Über sich selbst im Bilde sein. Wissen, wer man ist und was man will.* Diese Aufgabe der Identitätsfindung ist allen anderen übergeordnet und kann als zentrales Thema des Jugendalters angesehen werden. (Erikson 1968,1974)
- *Aufnahme intimerer Beziehungen zum Partner (Sexualität, Intimität).* Diese Entwicklungsaufgabe ist Voraussetzung für die Vorbereitung auf Heirat und Familienleben und liegt den Jugendlichen in aller Regel zunächst näher als Ehe und Familie. Hierzu gehört deshalb, der Sexualität den ihr angemessenen Rahmen in – und nicht außerhalb – der Ehe zuzuordnen, d.h. auch verantwortungsvoll warten zu lernen.
- *Entwicklung einer Zukunftsperspektive.* Kinder können planlos leben; für den Jugendlichen stellt sich die Aufgabe, sein Leben zu organisieren und Ziele anzusteuern, von denen er glaubt, sie erreichen zu können.

Auf der Suche nach Identität

Erikson (1968, 1974) hat als zentrale Entwicklungsaufgabe die Entwicklung der Identität gesehen. Was ist damit gemeint?

Um Identität zu beschreiben, braucht es zumindest zwei Komponenten: die Person, für die man sich selbst hält und die Person, für die andere einen halten (Oerter 1987).

Erikson versucht in seinen Untersuchungen zu klären, warum das Identitätsproblem gerade im Jugendalter und nicht früher oder später zum Kernproblem wird. Er kommt zu dem Schluß, daß jetzt die Entwicklung des Denkens so weit fortgeschritten ist, daß sich der Jugendliche selbst bestimmen kann. Im Jugendalter entdeckt er, daß er viele Eigenschaften und Interessen mit anderen gemeinsam hat, jedoch auch in vieler Hinsicht verschieden ist.

Zur selben Zeit erfährt er einen beträchtlichen Druck, der ihn motiviert, sich mit seiner Person und seiner Zukunft auseinanderzusetzen.

Die körperlichen Veränderungen während der Pubertät machen ihn auf seine eigene Geschlechtlichkeit aufmerksam, die Eltern erwarten mehr und mehr Unabhängigkeit und Verantwortlichkeit, die Lehrer oder beruflichen Ausbilder drängen ihn in die Richtung beruflicher Erfolge – und die Entwicklung seines Denkens machen es ihm möglich, dies alles zusammenfassend zu sehen.

Auf der Suche nach Identität geht es darum, daß Denken, Handeln und Fühlen nicht mehr in Widerspruch zueinander geraten. Erst die Überwindung der »Identitätskrise« führt zur ausgereiften Persönlichkeit des Erwachsenen.

Wenig erfolgversprechend ist es allerdings, eine »totale« Identität anzustreben, die dann erreicht wäre, wenn zwischen der bisherigen Lebenserfahrung und den möglichen Erwartungen keine Spannung mehr besteht – damit würde die Notwendigkeit zur geistigen und sozialen Mobilität erlahmen. Totale Identität schafft also nur vordergründige Zufriedenheit, sie ist im Grunde genommen der erste Schritt zu einem Phlegma, aus dem heraus neue Identitätskrisen erwachsen (Heidemann 1979).

Wenn andererseits jedoch die Spannung zwischen Erfahrung und Erwartung zu groß wird, dann ist die Suche nach Identität von vornherein mit Angst besetzt – und das wäre wiederum ein Extrem. Zur vernünftigen Identität gelangt man daher, wenn zwischen Denken und Handeln keine absolute Kongruenz, aber auch kein allzu großer Widerspruch besteht.

Jeder Schritt auf dem Wege zur Identität ist ein Erfolgserlebnis, wobei jedoch in der psychisch labilen Lage des Jugendlichen die Gefahr besteht, wieder »Rückfälle« zu erleiden.

Das Fehlen eines festen, geistigen und sozialen Standortes fördert den jugendlichen Rigorismus. Fähigkeiten wie Kompromißbereitschaft und Toleranz werden häufig als Inkonsequenz und Zeichen der Schwäche verstanden. Da aber die Umwelt Grenzen setzt und damit das Durchsetzen von Totalitätsansprüchen verhindert, kommt es zwangsläufig in dieser Altersstufe gehäuft zu Identitätskrisen, die sich zumeist in der für die Reifezeit typischen Selbstwertproblematik zeigen.

Bleiben Erfolgserlebnisse aus und werden Mißerfolge und fehlende soziale Anerkennung zusätzlich noch durch bestimmte äußere Merkmale (z.B. unreine Haut, zurückgebliebenes körperliches Wachstum usw.) verstärkt, und fehlen darüberhinaus die Kompensationsmöglichkeiten (z.B. gute sportliche, musische oder schulische Leistungen), dann können sich daraus lange andauernde Identitätskrisen entwickeln.

Oftmals sind Tagträume eine der Möglichkeiten, mit denen sich junge Menschen den Identitätskrisen entziehen. Aber es ist dies zumeist kein nach vorne gerichteter Weg. Längerfristig kann man ihnen bei der Suche nach Identität nur dadurch helfen, daß man ihnen konkrete Hilfestellungen anbietet (Wagner 1966), das heißt, sie in konkreten Situationen vor Aufgaben und Probleme zu stellen. Durch die Lösung der altersgemäßen und konkreten Aufgaben erwachsen Erfolgserlebnisse, die ein Gefühl des Anerkanntseins und des Ernstgenommenwerdens vermitteln.

3.3 Die Entwicklung des Denkens

Für den christlichen Berater in Erziehungsfragen hat die Entwicklung des Denkens einen besonderen Stellenwert auf dem Hintergrund des paulinischen Schriftwortes: »Der Geist selbst gibt Zeugnis unserm Geist, daß wir Gottes Kinder sind.« (Röm. 8,16)

Wenn der Heilige Geist unserem menschlichen Geist, worunter Denken, Fühlen und Wollen des Menschen zu fassen sind, Zeugnis gibt, darf die Entwicklung des von Gott geschaffenen menschlichen Geistes im Blick auf verantwortliches christliches Reden und Handeln im Bereich der Verkündigung und der Seelsorge nicht außer acht gelassen werden. Selbstverständlich sucht sich der Heilige Geist selbst den Weg zum Kind oder zum Erwachsenen.

Da das Reden Gottes zu Menschen in verschiedenen Lebensaltern recht unterschiedliche Gestalt gewinnen kann, muß dies bei der Verkündigung des Wortes Gottes ebenso ernstgenommen werden. Dies bedeutet ganz konkret, daß wir als Eltern und Erzieher, auch bei der Vermittlung des Evangeliums, die jeweilige Denkstruktur (den »Geist«) des Kindes berücksichtigen müssen, um damit einen geeigneten, d.h. auf die Situation des Kindes angepaßten, Rahmen für das »Zeugnisgeben« des Heiligen Geistes zu schaffen.

Ich bin der Meinung, daß es auf diesem Gebiet der christlichen Kinder- und Jugendarbeit große Unsicherheit und Unwissenheit gibt. Von besonderer Bedeutung ist dabei, daß Erzieher und Berater nicht davon ausgehen dürfen, daß Kinder kleine Erwachsene sind, sondern daß sich ihre Denkstruktur auch qualitativ von der des älteren Menschen unterscheidet. D. h., sie denken nicht *weniger*, sondern prinzipiell *anders*.

3.3.1 Denkstufen nach Piaget

Obwohl Piagets Ansätze der Denkentwicklung (1980) in den vergangenen Jahren kritisch überprüft worden sind und auch einige Veränderungen seiner Theorie vorgenommen werden mußten (Chance, Fischmann 1987), ist zum grundsätzlichen Verstehen der Entwicklung des Denkens sein Ansatz von großer Bedeutung.

Die ersten Kenntnisse des Kindes beruhen auf *Handlungen* und damit gemachten sinnlichen Erfahrungen.

Von Geburt an nimmt das Neugeborene Anteil an den grundlegenden Wahrnehmungen des Menschen, wie Hören, Sehen, Riechen usw. Zwar ist die Empfindlichkeit dieser Wahrnehmungsformen noch nicht auf ihrem Maximum angelangt, jedoch reagiert das Kind auf Informationen aus all diesen Sinnesbereichen. Es kann unterschiedliche Muster erkennen, beispielsweise bei Tönen zwischen c und cis oder bei gesprochenen Silben zwischen »pa« und »ba« unterscheiden.

Sobald das Kind Vorstellungen von der Welt erwirbt, verknüpft es seine neuen Erfahrungen mit dem, was es bereits weiß. Neues Wissen wird dann erworben, wenn sich die Aufmerksamkeit des Kindes auf einen Sachverhalt konzentriert – und eine der wichtigsten Qualitäten, die die Aufmerksamkeit des Kindes wecken und fesseln, ist die Veränderung. Was ganz praktisch die Aufmerksamkeit des kleinen Kindes auf sich zieht und festhält, sind Bewegungen von Objekten, Grenzen zwischen dunkel und hell, plötzliche Berührungen und pulsierende Klänge.

Aus den einfachen Verknüpfungen der Babys bilden dann Kleinkinder bereits Schemata.

Kasten 39

Was versteht Piaget unter einem Schema?

Ein Schema ist die Repräsentation von Erfahrungen, die sich auf ein ursprüngliches Ereignis beziehen. So kann beispielsweise »Straße« ein solches Schema sein. Es bedeutet viel mehr als nur eine Möglichkeit, sich fortzubewegen. Für das Kind ist es das durch Schmecken, Riechen, Sehen, Fühlen usw. entstandene Bild eines Ortes, an dem man sich aufhalten und verschiedenste Dinge ausführen kann.

Schemata erlauben es auch, früher Erlebtes wiederzuerkennen. Das Schema kann dabei keine exakte Kopie der Realität sein, denn der Geist kann unmöglich alle Einzelheiten eines Sachverhaltes, und sei er noch so bedeutungsvoll (wie z.B. das Gesicht der Mutter), registrieren – außerdem gleichen sich die Fälle nicht.

Der menschliche Geist verknüpft die zweite mit der ersten und die dritte mit der zweiten Erfahrung und dabei erzeugt er vermutlich, während er die subtilen Variationen erkennt, eine Zusammenfassung all der einzelnen Erfahrungen. Die Zusammenfassung, als »schematischer Prototyp« bezeichnet, ist mit keiner vorhergegangenen Einzelerfahrung identisch und demnach eine Konstruktion des Geistes.

Wenn Kinder aus der Erfahrung einen schematischen Prototyp ableiten, heißt das, daß sie auf mehrere Dimensionen eines Vorgangs achten. Wenn sie das können, dann ist es für sie auch möglich, unabhängig von jeder konkreten Erfahrung abstrakte Qualitäten zu erfassen und die Abstraktion einer anderen Wahrnehmungsmodalität als derjenigen, in der das Schema entstanden ist, zu erkennen. Aber hierzu bedarf es eines Anpassungs- und Gleichgewichtsprozesses. Dieser Prozeß wurde im Kapitel 2.5 genauer beschrieben.

Piaget konnte vier verschiedene Gleichgewichtsstufen bei der Denkentwicklung entdecken und bezeichnete sie als:

- Sensumotorisches Denken
- Präoperatives Denken
- Konkret operatives Denken und
- Formal operatives Denken

Nachfolgend werden diese vier Stufen der Denkentwicklung genauer beschrieben:

Sensumotorisches Denken

Auf dieser ersten Stufe des Denkens entwickelt das Kind im Alter bis zu zwei Jahren (wobei die Altersangaben, wie schon weiter oben angedeutet, mit großer Vorsicht betrachtet werden müssen) einen Zusammenhang zwischen Wahrnehmung und körperlichen Bewegungen (schmecken, riechen, fühlen, greifen usw.). Dies bedeutet, daß das »Denken« in diesem Alter praktisch ausschließlich über die Sinnesorgane abläuft. Es existieren für das Kleinkind demnach Dinge nur so lange, wie man sie beriechen, betasten und begreifen kann.

Leicht verständlich wird auf diesem Hintergrund, warum das Kind weint, wenn seine Mama den Raum verläßt: Mama gibt es dann nicht mehr. Oder das beliebig oft zu wiederholende Versteckspiel hinter einem Vorhang: Das Kind sieht jedes Mal, wenn sich seine Mutter wieder zeigt, diese ganz neu – und jubelt.

Soll einem Kind in diesem Alter der Begriff »Liebe« klargemacht werden, so muß es ihn auf der Ebene der Sinnesorgane, d.h. durch Streicheln der Eltern, Trockenlegen, Füttern usw., erfahren. Das Vorlesen von Büchern ist wenig sinnvoll – es sei denn, die monotone Stimme des Vorlesenden trägt zur Ruhe bei.

Präoperatives Denken

Im Alter zwischen zwei und sieben Jahren benutzt das Kind bereits verinnerlichte Symbole und Zeichen für Gegenstände, die es bisher nur berührt und betastet hatte (z.B. Sprache, Mimik, Gestik). Es kann jetzt mit dem Einwortsatz »Ball« sehr viel ausdrücken, z.B., daß es diesen Ball haben möchte, daß es ihn weitergeben will usw.

Im gesamten Vorschulbereich ist jedoch das Denken des Kindes ganz auf das anschauliche »Hier und Jetzt« beschränkt – und vor allem sehr stark egozentrisch orientiert.

Langsam erlernt das Kind z.B. die Tatsache, daß das Öffnen und Schließen einer Tür auf demselben Prinzip beruhen, daß die Eltern gehen und wiederkommen können. Es begreift jetzt auch, daß eine bestimmte Menge Milch nicht weniger wird, wenn man sie in ein flaches Gefäß umschüttet. Aber, wie gesagt, diese Entwicklung verläuft über mehrere Jahre hinweg.

Auf der Stufe präoperativen Denkens ist es für das Kind überhaupt kein Problem, daß sich z.B. Hasen in Tauben verwandeln, daß Menschen vom Erdboden verschwinden usw. Für Eltern und Kinderstundenleiter ist es wichtig zu wissen, daß die Wunder in der Bibel für ein Kind in diesem Alters nicht problematisiert zu werden brauchen – sie sind überhaupt kein Problem.

Kasten 40

Sprachentwicklung

Mit etwa 15 Monaten beginnen die meisten Kinder einzelne Wörter für bekannte Personen oder Dinge zu benutzen.

Sie sagen Mama, Papa usw., und drücken mit solchen »Einwortsätzen« ihre ganzen Bedürfnisse aus. Etwas später benutzen sie zwei oder mehrere Wörter zusammen, so daß das durchschnittliche Kind am Ende des Kleinkindalters, mit ca. drei Jahren, recht gut in kurzen Sätzen sprechen kann. Die Sprachentwicklung hängt deutlich davon ab, wieviel die Eltern mit dem Kind sprechen und auch davon, ob es ältere Geschwister gibt, die mit dem Kleinkind häufig reden.

Laut zu denken und mit sich selbst zu sprechen ist für Kleinkinder völlig normal. Normal ist es auch für Kinder, »Phantasiefreunde« zu haben, mit denen sie reden können und die ihnen dabei helfen, das Sprechen zu üben.

Das im Kasten 41 beschriebene Beispiel soll Ihnen zeigen, wie präoperatives Denken abläuft. Es wird Ihnen gar nicht so leicht fallen, diese Vorstellungen nachzuvollziehen.

Auch auf dieser Denkstufe soll wiederum beschrieben werden, wie Kindern »Liebe« klargemacht werden kann.

Kasten 41

Das Denken von Kindern in der präoperativen Denkphase

Stellen Sie sich vor, Sie sollten mit Zahlen umgehen, also rechnen, aber die Zahlen ändern plötzlich dadurch, daß Sie mit ihnen umgehen, ihren Wert. Drei ist nicht mehr drei, wenn es Teil der Menge sechs ist, es ist mehr, wenn es aus der Menge zwölf stammt. Ein Viereck ist nicht mehr ein Viereck, wenn es auf die Spitze gestellt wird. Ein Draht ist nicht mehr derselbe, wenn er verbogen wurde – und zwar vor Ihren Augen. Eine Katze kann sich ohne weiteres in ein Kaninchen verwandeln oder in einen Hund. Möglicherweise existieren für Sie Menschen nur so lange, wie Sie sie wahrnehmen und lösen sich, z.B. hinter einem Vorhang oder unter einer Decke, auf.

Man darf davon ausgehen, daß das Kind das Wort »lieb« kennt, es aussprechen und damit umgehen kann. Allerdings bezieht es »Liebe« oder »lieb sein« nur auf sich und sein Verhältnis zur Mutter. Gottes Liebe hat für das Kind dann einen Sinn, wenn sie ihm konkret, persönlich und individuell hilft. Es ist durchaus sinnvoll, in diesem Alter auch von der Liebe Gottes oder der Liebe Jesu zu erzählen. Kinder verstehen, daß sie von Gott beschützt und bewahrt werden können. Sie wissen, daß sie nicht »lieb« waren, wenn sie anderen Menschen etwas weggenommen haben, und sie begreifen, was damit gemeint ist, wenn man nicht zu Gott kommen kann, weil man nicht »lieb« in diesem Sinne war. Deshalb können sie, zumindest gegen Ende ihres Denkens in der präoperativen Phase, dann auch verstehen, daß Jesus Christus seine Liebe geschenkt hat, daß mit Jesus auch bei Gott alles wieder gut wird.

Kasten 42

Denken auf der Stufe der konkreten Operationen

Kinder können jetzt klassifizieren, und zwar durch:

Komposition: Immer dann, wenn zwei Elemente eines Systems kombiniert werden, resultiert daraus ein weiters Element dieses Systems. D.h., wenn Fichten (A) und andere Nadelbäume (A′) kombiniert werden, dann resultieren Nadelbäume (B).

Austauschbarkeit: Es ist jetzt möglich, die beiden Elemente bei der Summenbildung auszutauschen, die Reihenfolge spielt keine Rolle. D.h., $A + A' = B$ entspricht $A' + A = B$.

Reversibilität:

Es ist jetzt möglich zu verstehen, daß man nicht nur Nicht-Nadelbäume (B′) mit Nadelbäumen (B) addieren kann und dabei Bäume (C) erhält, sondern daß man auch Nicht-Nadelbäume (B′) von Bäumen abziehen kann und dann Nadelbäume erhält. D.h., $B = C - B'$ bzw. auch $A = B - A'$.

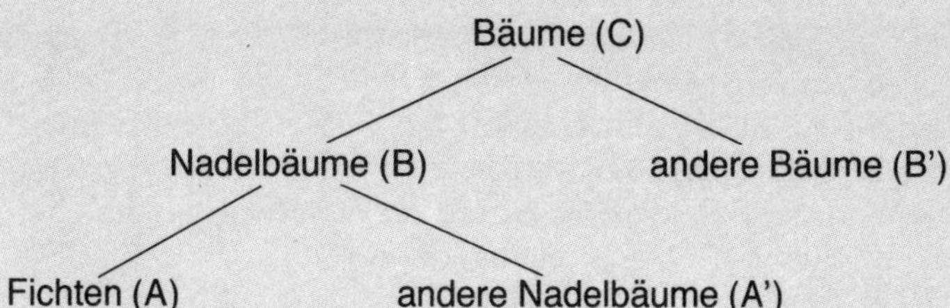

(Gage, Berliner 1979)

Das Denken in konkreten Operationen

Zwischen dem siebten und zwölften Lebensjahr können Kinder bereits logische Schlüsse ziehen, solange diese auf der Ebene des Anschaulichen bzw. Konkreten bleiben.

Sie können also die Gemeinsamkeiten zwischen PKW, Omnibus, Fahrrad und Rollschuhen erkennen. Können das Konstantbleiben von Flüssigkeiten beim Umgießen aus verschiedenen Gefäßen ebenso verstehen wie die Invarianz von Raum, Geschwindigkeit und Zahl. Sie erkennen bei dieser Art des Denkens auch soziale Strukturen (oben und unten) und sind für moralische Regeln, die für sie einsichtig sind, dankbar. Dabei sind sich die Kinder der Prinzipien, die sie bei ihren logischen Operationen durchführen, in aller Regel nicht bewußt, dennoch arbeiten sie auf einem beachtlichen Niveau, wie Sie dem Kasten 42 entnehmen können.

Wenn jetzt auf der Denkstufe der konkreten Operationen wiederum die »Liebe« beschrieben wird, darf davon ausgegangen werden, daß jetzt auch das »Du« verstanden wird. Liebe ist also nicht mehr nur auf sich selbst bezogen, sie will auch konkret helfen.

Das Kind versteht jetzt, daß es von Jesus geliebt ist und er für die Sünden der ganzen Welt starb. Die Liebe braucht allerdings eine Konkretion, z.B. das Kreuz Jesu, an dem die Liebe Gottes für die ganze Welt sichtbar wird. Einen Gott der Liebe kann sich das Kind in dieser Denkstufe also nur über eine konkrete Liebesleistung (eben das Leiden Jesu für die Sünden der Welt) vorstellen.

Das Denken in formalen Operationen

Erst beim Denken in formalen Operationen (ab ca. dem zwölften Lebensjahr) gewinnen Jugendliche die Fähigkeit, losgelöst von konkreten Objekten auch in abstrakten Bezugssystemen zu denken und von allgemeinen Obersätzen auf praktische Fälle zu deduzieren. Dies bedeutet, daß man ihnen jetzt zuerst ein Prinzip klarmachen kann und danach erst Beispiele dazu bringen muß. Auf dieser Denkebene ist es jetzt auch möglich, über allgemeinere Themen wie »Toleranz«, »Ehre« usw., losgelöst vom jeweiligen Fallbeispiel zu diskutieren. Man kann jetzt allgemeine Prinzipien, beispielsweise das der »Nächstenliebe«, definieren und wird dies dann für jeden Einzelfall individuell anwenden.

Die Praxis zeigt, daß auch erwachsene Menschen nicht durchgängig auf dieser Denkebene leben. Immer wieder wird dies daran deutlich, daß bei der Erklärung einer Gesetzmäßigkeit die Zuhörer nach Beispielen (also dem Denken in konkreten Operationen) fragen, und man macht deshalb sicherlich keinen Fehler, wenn man in Vorträgen, Predigten usw. mit der Praxis beginnt und erst danach die Ebene der formalen Operationen erklimmt.

Wird auch auf der Denkstufe der formalen Operationen nach einem Zugang zur »Liebe« gesucht, so zeigt sich, daß Jugendliche jetzt beispielsweise die göttliche »agape« im Sinne von 1. Korinther 13 verstehen können, eine Liebe, die allumfassend und nicht an die einzelne Person gebunden ist. Von diesem göttlichen

»Liebesprinzip« kann jetzt auch jede einzelne Ausprägungsform der Liebe (also auch in den anderen Denkstufen) abgeleitet (deduziert) werden.

Kritik an den Ansätzen Piagets gab es in jüngerer Zeit (Chance, Fischmann 1987) insbesondere deshalb, weil man nachweisen konnte, daß das Stufenschema Piagets Ausnahmen und teilweise auch Brüche aufweist. Es gilt also auch hier, wie bereits weiter oben bei anderen Entwicklungsstufen angemerkt, daß die Stufen nicht zwingend aufeinander folgen müssen. Besonders kritisiert wird, daß Piaget von der Existenz langer und stabiler Zeiträume ausgeht, nach denen dann ein abrupter Umbruch erfolgt.

Die neueren Ergebnisse haben gezeigt, daß die meisten wichtigen Veränderungen allmählich, d.h. über Monate und Jahre hinweg, geschehen. Es wurde auch deutlich, daß man nicht nach einer tiefgreifenden Gesamtveränderung des Denkens suchen, sondern eher begrenzte Bereiche beschreiben sollte, wie beispielsweise die Entwicklung des Gedächtnisses, des Problemlösens, der Kreativität oder der sozialen Interaktion. Dabei wurde deutlich gemacht, daß Veränderungen und Weiterentwicklungen in jedem einzelnen dieser Bereiche nach einem flexiblen Zeitplan erfolgen, der nicht nur durch das Alter des Kindes, sondern auch durch die Art der Umwelt beeinflußt wird.

So führen beispielsweise neue Untersuchungen dazu, daß man davon ausgeht, daß die Verbesserung der Merkfähigkeit auf die verschiedenen Gedächtnisstrategien zurückgeht, die sich das Kind im Laufe seines Lebens aneignet. Man hat entdeckt, daß unsere Merkfähigkeit von der Geburt bis zum Alter von fünf Jahren deutlich und schnell ansteigt und sich in der mittleren Kindheit und im heranwachsendem Alter nur noch langsam steigert. Es wurde auch gezeigt, daß laufendes Wiederholen von Gedächtnisleistungen zu einer Verbesserung der Gedächtnisstrategie führt. Mit zunehmendem Alter ersetzen dann die Kinder einfache Merkstrategien durch ausgeklügeltere Methoden. Deutlich ist dabei auch klargeworden, daß Kinder sehr oft dadurch lernen, daß sie ältere Kinder oder Erwachsene imitieren.

Die Fähigkeit, Probleme zu lösen, verbessert sich ebenfalls mit zunehmendem Alter, jedoch ist auch hier die Verbesserung zu einem erheblichen Teil das Ergebnis von Lernvorgängen.

Eines der wichtigsten Dinge, die Kinder beim Problemlösen lernen, ist der Weg des systematischen Vorgehens. Kinder, die schlechte Problemlöser sind, gehen oft zu impulsiv an die Aufgabe heran. Sie preschen vor, ohne zu überlegen, verlassen sich weitgehend auf Versuch und Irrtum und achten kaum auf mögliche Fehler. Eichenbaum konnte zeigen, daß kleine Kinder viel bessere Problemlöser werden können, wenn sie lernen, ein bißchen methodischer vorzugehen.

Ein weiterer Kritikpunkt an den Ergebnissen Piagets ist, wie schon angeführt, daß in neueren Untersuchungen deutlich wurde, daß die vierte Stufe der Denkentwicklung nicht unbedingt von allen erwachsenen Menschen erreicht wird. So gibt es eine ganze Reihe von Menschen, die, wie Weinert (vgl. Oerter 1987) belegte, niemals diese Art des Denkens erreichen.

Trotz dieser partiellen Kritik bleibt der Gesamtansatz Piagets weiterhin als sehr wesentlich erhalten, und er kann auch für die praktische Anwendung in der Kinder- und Jugendarbeit, was sowohl die Auswahl der Lerninhalte als auch der Lehrmethoden anlangt, wesentliche Hilfestellungen geben (Dieterich 1987).

3.3.2 Perspektivenübernahme

Immer wieder verlangen Eltern von ihren Kindern, daß sie doch auch ein wenig Verständnis für die Situation des Vaters oder der Mutter aufbringen sollten. Aber vielleicht sollten sie vorab fragen, ob ein solches Verständnis überhaupt möglich ist.

Man spricht in der Fachwissenschaft von der »Perspektivenübernahme«, wenn es darum geht, psychische Zustände und Prozesse wie etwa das Denken, Fühlen oder Wollen einer anderen Person zu verstehen, indem man ihre Perspektive erkennt und entsprechende Schlußfolgerungen daraus zieht (Oerter 1987).

Versucht man diese Perspektivenübernahme wissenschaftlich zu erforschen, so gibt es hierzu die Möglichkeit, Kindern z.B. Bilderserien vorzulegen, die unvollständig sind und zu denen sie dann eine Vollendung herbeiführen müssen.

Bei solchen Untersuchungen schleichen sich allerdings gerne systematische Fehler ein, die sich dadurch ergeben, daß Menschen einander prinzipiell ähnlicher als verschiedenartig sind. D.h., wenn man von sich ausgeht und auf andere schließt, ist die Wahrscheinlichkeit groß, auch zu einem richtigen Ergebnis zu kommen.

Die Geschichte mit dem Hammer

Ein Mann will ein Bild aufhängen. Den Nagel hat er, nicht aber den Hammer. Der Nachbar hat einen. Also beschließt unser Mann, hinüberzugehen und ihn auszuborgen. Doch da kommt ihm ein Zweifel: Was, wenn der Nachbar mir den Hammer nicht leihen will? Gestern schon grüßte er mich nur so flüchtig. Vielleicht war er in Eile. Aber vielleicht war die Eile nur so vorgeschützt, und er hat was gegen mich. Und was? Ich habe ihm nichts getan; der bildet sich da etwas ein. Wenn jemand von mir ein Werkzeug borgen wollte, *ich gäbe* es ihm sofort. Und warum er nicht? Wie kann man nur einem Mitmenschen einen so einfachen Gefallen abschlagen? Leute wie dieser Kerl vergiften einem das Leben. Und dann bildet er sich noch ein, ich sei auf ihn angewiesen. Bloß weil er einen Hammer hat. Jetzt reicht's mir wirklich. – Und so stürmt er hinüber, läutet, der Nachbar öffnet, doch bevor er »Guten Tag« sagen kann, schreit ihn unser Mann an: »Behalten Sie sich ihren Hammer, Sie Rüpel!« (P. Watzlawick)

Abb. 27: Perspektivenübernahme

Vielleicht verstehen Sie jetzt auch, warum sich manche Menschen einmal richtig verhalten, wenn sie sich in andere einfühlen sollen und das andere Mal ins Fettnäpfchen treten: Sie haben womöglich die Perspektivenübernahme nicht gelernt und gehen auch als Erwachsene fast ausschließlich von sich selbst aus. Das kann immer wieder mal stimmen – aber dann ohne Einfühlung.

Neben dem Verstehen von möglichen Handlungen anderer Menschen gibt es noch das Verstehen von Gefühlen, die sog. »emotionale Perspektivenübernahme«. Im Alter zwischen drei und sechs Jahren kommt es hier zu einer wichtigen Entwicklung bei der Differenzierung der Gefühle und ihrer Auflösung. Konnte das Kind bisher nur annehmen, daß andere Menschen genauso sind wie es selbst, kann es sich jetzt immer deutlicher auch die Gefühle anderer Leute vorstellen.

Selman (1980) hat wichtige Forschungsarbeiten zur Perspektivenübernahme vorgelegt. Er beschreibt auf verschiedenen Niveaus die Entwicklung der Beziehung eines Menschen zum andern. Nachfolgend einige seiner Ergebnisse:

Niveau 0: *Egozentrische und undifferenzierte Perspektiven (bis ca. drittes Lebensjahr)*

Obwohl das Kind in diesem Alter die Realität von Gedanken und Gefühlen bei sich selbst und anderen erkennen kann, nimmt es nicht wahr, daß ein anderer Mensch ähnlich wahrgenommene Erfahrungen oder Handlungsverläufe anders interpretiert als es selbst. Wahrscheinlich ist dies dadurch zu erklären, daß das Kind seine eigene Perspektive nicht deutlich genug von der des anderen unterscheidet. Ebenso vermischt es immer noch die subjektiven und die objektiven Aspekte der sozialen Welt, z.B. Gefühle und beobachtbare Akte oder zielgerichtete und nicht zielgerichtete Akte.

Ganz praktisch zeigt sich auf diesem untersten Niveau der Perspektivenübernahme, daß das Kind andere Menschen (Kinder oder Erwachsene), die ihre Wünsche äußern, niederschreit, daß es Objekte impulsiv an sich reißt und den anderen körperlich evtl. auch gewaltsam zurückstößt.

Niveau 1: *Subjektive oder differenzierte Perspektiven (ab ca. drittes bis sechstes Lebensjahr)*

Das Kind versteht auf diesem Niveau, daß, selbst bei gleichartig wahrgenommenen sozialen Umständen, die eigenen Perspektiven und die des anderen entweder gleich oder voneinander verschieden sein können. Von besonderer Bedeutung ist die Tatsache, daß sich das Kind jetzt auch erstmalig mit der Einzigartigkeit des verdeckten psychischen Lebens einer jeden Person befaßt.

Im praktischen Vollzug befiehlt es auf diesem Niveau häufig dem andern, zu tun, was es selbst möchte, und droht dabei evtl. mit Gewalt. Dennoch kommt es auch zu einer ersten Fairneß im Umgang mit anderen Menschen.

Niveau 2: *Selbstreflexive oder reziproke Perspektive (sechstes bis ca. zwölftes Lebensjahr)*

Jetzt ist das Kind in der Lage, auf seine Gefühle und Gedanken aus der Perspektive einer anderen Person zu reflektieren, was bedeutet, sich selbst an die Stelle eines anderen zu versetzen und das Selbst dem anderen gegenüber als Subjekt zu begreifen.

Dieses neu entstandene Bewußtsein von der Beziehung zwischen den eigenen und fremden Perspektiven ermöglicht es dem Kind, seine eigene Auffassung und Beurteilung der Gedanken und Gefühle der anderen Person selbst zu betrachten. In anderen Worten: die Fähigkeit, die Perspektive der zweiten Person übernehmen zu können, führt zu dem Bewußtsein einer neuen Form von Reziprozität, einer Reziprozität von Gedanken und Gefühlen (ich weiß, daß er mich mag; er weiß, daß ich ihn mag) und nicht mehr nur einer Reziprozität von Handlungen (er arbeitet für mich – ich arbeite für ihn).

Im praktischen Vollzug verwendet das Kind jetzt freundliche Überredungen, sucht nach Verbündeten zur Unterstützung der eigenen Vorstellungen, verfolgt eigene Ziele durch Beeindruckung des anderen mit eigenem Können, Wissen usw. Es artikuliert die eigenen Wünsche, aber ordnet diese den anderen unter, es folgt der Führung des anderen, aber macht eigene Vorschläge, und es widersetzt sich offenkundiger Ungleichheit.

Niveau 3: *Wechselseitige Perspektiven, Perspektiven der dritten Person (Jugendliche)*

Mit dem Bewußtsein einer unendlichen Reihe von denkbaren Verkettungen reziproker Perspektiven erreicht der jetzt auf der Stufe 3 Angekommene ein qualitativ neues Bewußtseinsniveau: das Bewußtsein von der Fähigkeit einer Person, in Gedanken aus einer interpersonalen Interaktion herauszutreten und die Perspektiven beider Parteien zu koordinieren.

Diese Fähigkeit, die Perspektive einer dritten Person einzunehmen, führt zu dem Bewußtsein von der Wechselseitigkeit menschlicher Perspektiven.

Praktisch zeigt sich das daran, daß auf dem Niveau 3 die möglichen Reaktionen des anderen auf eigene Vorschläge antizipiert und integriert werden. Der junge Mensch beachtet gleichgewichtig die Beziehung und die eigenen konkreten Ziele und er verhandelt mit Rücksicht auf die zeitliche Kontinuität der Beziehung.

Niveau 4: *Gesellschaftliche Perspektiven, Tiefenperspektiven (Erwachsene)*

Auf dem vierten Niveau, das wie das dritte nicht von allen Menschen erreicht wird, erfährt der erwachsene Mensch, daß die subjektiven Perspektiven (Wechselseitigkeit) einander nicht nur auf der Ebene gemeinsamer Erwartungen oder geteilter Selbstverständnisse, sondern multidimensional (bzw. auch auf tieferreichenden Niveaus der Kommunikation) gegenüberstehen.

So ist es z.B. möglich, daß zwei Personen Perspektiven auf dem Niveau oberflächlicher Information, gemeinsamer Interessen oder auch tiefer und nicht verbalisierter Perspektiven teilen. Zudem sieht der Mensch die zwischenmenschlichen Perspektiven nunmehr als Netzwerk oder System. Diese Perspektiven werden generalisiert, z.B. zum Konzept der gesellschaftlichen, rechtlichen oder moralischen Perspektive.

3.4 Die Entwicklung von Wert- und Moralvorstellungen

»Anspruch einer empirisch-wissenschaftlich arbeitenden Psychologie kann es nicht sein, eine Ethik zu begründen. Sie vermag nur aufzuzeigen, wie unterschiedlich die Normen sind, die das Erleben, Urteilen und Handeln von Menschen leiten, wie unterschiedlich Menschen diese Normen begründen und rechtfertigen, wie unterschiedlich sie diese Normen einhalten und wie unterschiedlich sie auf ihre Einhaltung oder Übertretung reagieren.« (Montada 1987)

Mit dieser Aussage aus einem der bekanntesten Bücher zur Entwicklungspsychologie im deutschen Sprachraum wird deutlich, wo die Grenzen zwischen Theologie und Psychologie liegen. Es darf und kann vom Psychologen nicht erwartet werden, daß er moralische Kategorien entwickelt. Er kann aber ohne weiteres die biblischen Dimensionen der Ethik und Moral übernehmen oder voraussetzen und so z.B. überprüfen, wie sie das Erleben, Urteilen und Handeln des Menschen bestimmen.

Kasten 43

Was ist zu tun? – Das »Heinz-Dilemma«

Eine Frau ist unheilbar an Krebs erkrankt. Es gibt derzeitig nur ein einziges Medikament, von dem die Ärzte annehmen, daß es sie retten könnte, ein Apotheker hat es neulich entdeckt.

Schon die Herstellung des Medikamentes ist sehr teuer und der Apotheker verlangt nochmals das Zehnfache dessen, was ihn die Herstellung gekostet hat. DM 2.000,– waren seine Aufwendungen, DM 20.000,– sollen bezahlt werden.

Heinz, der Ehemann der kranken Frau, versucht, das Geld zusammenzuborgen, kommt aber nur auf die Hälfte der verlangten Summe. Er macht dem Apotheker klar, daß seine Frau im Sterben liegt und bittet ihn, das Medikament billiger abzugeben, oder ihn den Rest später bezahlen zu lassen.

Der Apotheker sagt jedoch: »Nein, ich habe das Medikament entdeckt. Ich will damit Geld verdienen!«

In seiner Verzweiflung bricht Heinz in die Apotheke ein und stiehlt das Medikament für seine Frau.

Wissenschaftler haben zu einer solchen Überprüfung den zu untersuchenden Kindern und Jugendlichen häufig Problemfälle vorgelegt und sie um eine Entscheidung in diesen Fällen gebeten.

Neben den Forschungen hierzu von Jean Piaget sind insbesondere die Ergebnisse von Lawrence Kohlberg (1974) bekannt geworden. Kohlberg ging es bei seinen Untersuchungen nicht um die Frage, welche konkreten Normen Kinder und Jugendliche aufgenommen und ob sie sich diesen Normen entsprechend verhalten haben, sein Interesse galt vielmehr den Begründungsansätzen normativer Urteile und den Orientierungen, die diese Urteile leiten.

Solche »Dilemmata« gibt es in allen Lebensbereichen, beispielsweise bei der Frage nach der Kriegsdienstverweigerung, der Wahrung der Schweigepflicht angesichts einer Gefahr usw.

Im Kasten 43 finden Sie ein Dilemma beschrieben, in das Kohlberg Kinder und Jugendliche aus verschiedenen Altersstufen brachte, und bei dem er nach der Begründung für ihre Entscheidung forschte.
Für am Wort Gottes orientierte Christen sind viele dieser Dilemmata sofort zu lösen, weil es biblische Gebote hierzu gibt. Dennoch wird auch ihnen die Auseinandersetzung mit dem Problem nicht erspart.

3.4.1 Kohlbergs Entwicklungsstufen

Der Entwicklungsverlauf des moralischen Urteils in Abhängigkeit vom Lebensalter, wie ihn Kohlberg bei seinen Untersuchungen ermittelt hat, kann der Abbildung 28 entnommen werden.

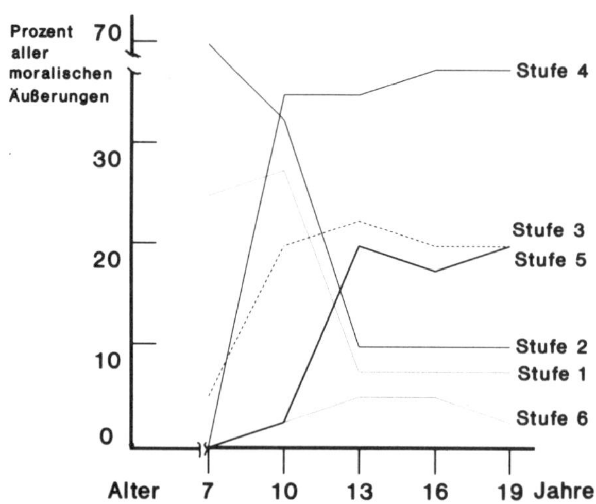

Abb. 28: Entwicklung des moralischen Urteils

Kohlberg beschreibt drei Niveaus:
- Ein *vormoralisches Niveau* mit einer lustbetonten Orientierung.
- Ein *konventionell-konformistisches Niveau* mit einer Orientierung an wichtigen Freunden und Angehörigen oder an der Gesellschaft in der bestehenden Form.
- Ein *postkonventionelles Niveau* mit vorherrschender Orientierung an Prinzipien, die relativ autonom konstruiert wurden.

Auf jedem Niveau gibt es zwei, insgesamt also sechs Stufen:

Die sechs Stufen der Moralentwicklung bei Kohlberg

1. Vormoralisches Niveau

1.1. Orientierung an Strafe und Gehorsam (unter sieben Jahren).
Richtig ist der Gehorsam gegenüber Mächtigen. Das Kind orientiert sich daran, daß die Strafe vermieden wird.

1.2. Naiver Hedonismus (sieben bis zehn Jahre).
»Richtig ist, was mir nützt und meinen Wünschen (evtl. auch denen nahestehender Personen) entspricht.« Hier kommt es dann zu der »Wie-du-mir-so-ich-dir-Haltung«.

2. Konventionell-konformistisches Niveau

2.1. Moral des braven Kindes (zehn bis dreizehn Jahre).
Hier orientiert sich das Kind daran, daß es eine gute Meinung anderer über sich erwartet. D.h., es orientiert sich an Lob und Zustimmung, hat den Wunsch, zu gefallen, zu helfen usw. Ein guter Mensch ist man seiner Meinung nach dann, wenn man gute Eigenschaften hat.

2.2. Autoritätgestützte Moral (ab dreizehn Jahren).
Hier orientiert man sich an der Pflichterfüllung. Allgemeine Verhaltensregeln haben Vorrecht vor persönlichen Interessen. Jetzt gilt der Satz »Tugendhaftigkeit wird sich letztendlich auszahlen.«

3. Postkonventionelles Niveau

3.1. Moral des akzeptierten Gesetzes (ab fünfzehn Jahren).
Im Konfliktfall wird den durch Gesetze und vor allen Dingen durch Logik und Rationalität begründeten Sachverhalten der Vorrang gegeben vor individuellen Bedürfnissen.

3.2. Moral der individuellen Gewissensbisse (ab 19 Jahren).
Jetzt gelten die persönlichen Ideale und Prinzipien. Ihnen wird universeller Charakter zugesprochen und sie bestimmen die Entscheidungen. Solche Entscheidungen können u. U. unabhängig von der Umwelt und in Gegensatz zu den herrschenden Gesetzen geraten. Im Zweifelsfalle werden sie über diese gestellt. Der Kant'sche Kategorische Imperativ: »Handle so, daß die Maxime deines Willens jederzeit zugleich als Prinzip einer allgemeinen Gesetzgebung walten könnte«, gehört zu dieser Stufe der moralischen Entwicklung.

In empirischen Studien wurde die sechste Stufe allerdings relativ selten gefunden. Wie Abbildung 28 zeigt, ist ein Großteil der Werte- und Moralvorstellungen erwachsener Menschen auf der fünften Stufe angesiedelt.

Man muß heutzutage bei der Theorie Kohlbergs einige Abstriche machen (Ekkensberger 1979; Reinshagen 1980; Chance u. Fischmann 1987). Insbesondere sollte man berücksichtigen, daß seine Ergebnisse sehr deutlich von einem amerikanischen Mittelschichten-Kulturkreis geprägt sind, und daß er bei seinen ersten wissenschaftlichen Arbeiten, die zur Begründung der Stufentheorie führten, überwiegend die Urteile männlicher Jugendlicher vorgestellt hatte. Weiterhin ist bekannt, daß die Ergebnisse bei höherem Ausbildungsniveau immer besser »stimmen«.

Deutlich zeigt sich auch, daß neben den sechs beschriebenen Stufen auch noch Zwischenstufen bestehen müssen, um qualifiziert und realistisch einordnen zu können. Insbesondere zum Übergang zwischen Stufe vier und fünf gibt es eine ganze Reihe von Untersuchungen, die diesen Bereich nochmals unterteilen.

Kasten 44

Antworten von Kindern und Jugendlichen zum »Heinz-Dilemma«. Soll Heinz einbrechen?

(Eckensberger, Reinshagen 1980) (Vgl. Kasten 43)

Stufe 1: »Nein, ich meine, er sollte auf keinen Fall einbrechen. Er könnte ins Gefängnis kommen. Er sollte einfach nicht stehlen.«

Stufe 2: »Ja, er sollte das Medikament stehlen. Der Apotheker ist habgierig, und Heinz braucht das Medikament nötiger als der Apotheker das Geld. Wenn ich an Heinz' Stelle wäre, ich würde es tun und das restliche Geld vielleicht später zahlen.«

Stufe 3: »Ja, wenn jemand stirbt und wenn man diesen Menschen wirklich liebt, dann ist dies eine berechtigte Entschuldigung, aber nur unter diesen Umständen – wenn man das Medikament auf keine andere Weise kriegen kann.«

Stufe 4: »Ja, wenn er bereit ist, die Konsequenzen aus dem Diebstahl zu tragen (Gefängnis usw.). Er sollte das Medikament stehlen, es seiner Frau verabreichen und sich dann den Behörden stellen.«

Stufe 5: »Ja, ein Menschenleben ist unbegrenzt wertvoll, während ein materielles Objekt – in diesem Fall das Medikament – das nicht ist. Das Recht der Frau auf Leben rangiert vor dem Recht des Apothekers auf Gewinn.«

Stufe 6: »Nein, Heinz steht vor der Entscheidung, ob er berücksichtigen will, daß andere Menschen das Medikament ebenso benötigen wie seine Frau. Er sollte nicht nach den besonderen Gefühlen für seine Frau handeln, sondern auch den Wert aller anderer Leben bedenken.«

Auch die Möglichkeit einer spiraligen Entwicklung der moralischen Kategorien, bei der immer wieder ähnliche Strukturen auftauchen, wird diskutiert. Daneben gibt es Überlegungen um eine mögliche siebte Stufe. Vor allem auf dem Hintergrund einer lebenslangen Weiterentwicklung des moralischen Urteils hat Kohlberg selbst (1973) von einer Entwicklung zur siebten Stufe im Sinne einer Orientierung »am letzten Sinn des Lebens« berichtet.

Die Forschungen um die Dimension der Moralentwicklung gehen also weiter. Insgesamt gesehen kann davon ausgegangen werden, daß, trotz neuer Ergebnisse und den damit verbundenen Einschränkungen der ursprünglichen Theorie die Untersuchungsergebnisse Kohlbergs keine grundlegende Veränderung erfahren haben und auch weiterhin sehr wichtig sind. Sie helfen dem Berater und Seelsorger, sich in die Wertekategorien der jeweiligen Altersklasse einzufühlen und zeigen ihm dann recht deutlich, daß diese denen des Erwachsenen nicht unbedingt entsprechen müssen.

3.4.2 Weitere Ergebnisse

Neben den Forschungsarbeiten Kohlbergs und seiner Nachfolger liefern eine ganze Reihe anderer Untersuchungen weitere Ergebnisse. Havighurst, Kaba, Oerter u.a. konnten zeigen, daß man davon ausgehen kann, daß bei der Entwicklung der Wert- und Moralvorstellungen ein Abfall bei der Bewertung allgemeiner moralischer Verhaltensweisen mit einem Anstieg der Werte im Bereich der Macht und persönlichen Geltung einhergeht. Oerter hat die empirischen Befunde hierzu schon vor mehr als zwanzig Jahren vorgelegt (Oerter 1969) und beschreibt diese Entwicklung als »Tendenz zu größerem Realismus (›gesunder Egoismus‹) und zu vermehrter persönlicher Autonomie« (vgl. Abbildung 29).

Bereits im Jahre 1938 hatte der Amerikaner Spaulding für die Jugend seines Landes festgestellt (was sicherlich auch in unserem Lande zutreffend ist), daß sich Jungen und Mädchen, die die Schule verlassen haben, zwar positiv zur Verantwortung des Bürgers im Staate äußern, sich jedoch sträuben, persönliche Opfer auf sich zu nehmen. Hat der Jugendliche die Schule einmal verlassen, so Spaulding, scheint er seiner Befähigung als Staatsbürger nichts mehr hinzuzufügen. Das Interesse für soziale Probleme wird also später nicht mehr in dem Maße aufrechterhalten wie während der Schulzeit (Spaulding 1938).

Auch die Ergebnisse von Abraham Maslow (1978), der darlegte, daß sich die verschiedenartigen Motivationen im Leben des Menschen in fünf Schritten, von den physiologischen Bedürfnissen bis hin zum Bedürfnis nach Selbstverwirklichung, ändern, deuten auf eine Tendenz zum Egoismus hin (vgl. Abb. 30).

Diese Ergebnisse sind für unser Leben als Staatsbürger in einer Gemeinschaft, die aufeinander angewiesen ist, nicht unbedingt positiv zu werten und bestimmt werden Sie fragen, ob denn keine Änderung mehr möglich ist.

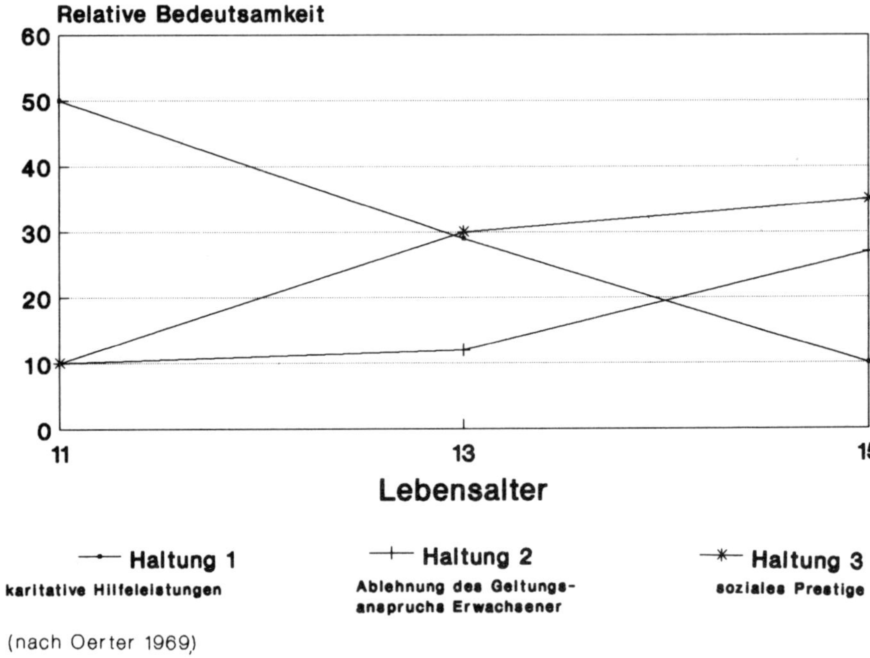

Abb. 29: Sittlich bedeutsame Haltungen (Veränderungen bei einzelnen Wertbereichen)

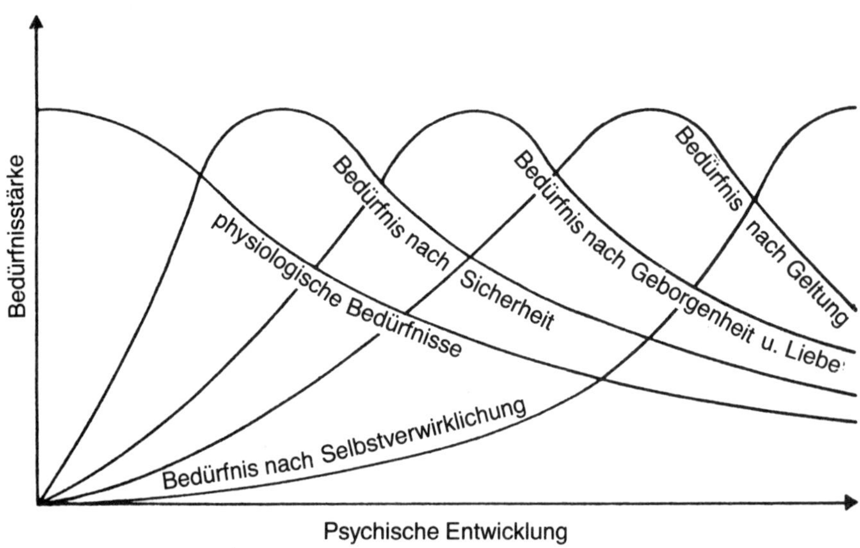

Abb. 30: Hierarchie der Bedürfnisse nach Maslow

Man kann seine Wertehaltung ändern – aber das geht nicht so einfach, da sie sich zumeist im Laufe des Lebens fortlaufend stabilisiert hat. Es muß zu einem Paradigmenwechsel (d.h. einer Neubewertung des gesamten Denksystems, einschließlich des Fühlens und Handelns) kommen, um eine solche Veränderung zu vollziehen.

Eindeutig belegt ist, daß sich durch eine persönliche Begegnung mit Jesus Christus im Leben von jungen und älteren Menschen tiefgreifende Veränderungen der Wertehaltungen ergeben. Es lohnt sich, dies in einem nachfolgenden besonderen Kapitel (3.5.2) zur Entwicklung der religiösen Wertehaltungen genauer zu untersuchen.

3.5 Die Entwicklung religiöser Wertehaltungen

Die Überschrift zu diesem Kapitel wurde mit Bedacht unscharf formuliert, denn es ist überaus schwierig, die religiöse Entwicklung mit dem Handwerkszeug empirischer Psychologie zu beschreiben. Die psychologische Methodik kann nur diejenigen Aspekte der Persönlichkeit erfassen, die zur sichtbaren Schöpfung mit den in ihr angelegten Ordnungen gehören. Allerdings ist die Psychologie durchaus in der Lage, die Auswirkung jenes Bezuges zur unsichtbaren Wirklichkeit zu beobachten und zu beschreiben. Dies gilt auch für die Entwicklung religiöser Wertehaltungen.

Bei einer Durchsicht der deutschsprachigen Standardwerke zur Entwicklungspsychologie zeigen sich allerdings nur sehr spärliche Aussagen zur religiösen Sozialisation. Es gibt zwar einige Literatur zur religiösen Entwicklung ganz allgemein, d.h. bezogen auf jede mögliche Ausprägungsform des Religiösen (Oser 1981), die Besonderheiten des christlichen Glaubens an den Dreieinigen Gott werden dabei aber nicht gesehen.

Im amerikanischen Sprachbereich findet man einige Autoren, z.B. John Westerhoff (1976), die »Stufen des Glaubens« bzw. die Entscheidungen auf diesen Stufen (Fowler 1981) beschreiben. Diese Stufen werden jedoch relativ unabhängig von den anderen Dimensionen des menschlichen Entwicklungsgeschehens (Denken, Werte usw.) gesehen, so daß es nicht einfach wird, den Weg vom »geistlichen« zum »natürlichen« Menschen zu erkennen.

Mit einem ganzheitlichen Ansatz sollte es jedoch möglich sein, die körperliche Entwicklung, die Entwicklung des Denkens, der moralischen Werte usw., wie sie in den vergangenen Kapiteln beschrieben worden sind, mit der Entwicklung der religiösen Wertehaltungen – oder einfacher formuliert, mit der »geistlichen Entwicklung« – zusammen zu sehen.

Francis Bridger hat dies in einer neuen Veröffentlichung (1988) versucht, und nachfolgend sollen einige noch weiterführende Ansätze vorgestellt werden.

Wir wollen dabei auf zwei Ebenen vorangehen, indem die religiöse Entwicklung zuerst als Änderung von Wertehaltungen und danach als persönliche Glaubensentscheidung gesehen wird.

3.5.1 Religiöse Entwicklung als Änderung von Wertehaltungen

Sieht man zunächst einmal die religiöse Haltung, ähnlich wie andere Wertehaltungen, so können die bekannten Ergebnisse der Untersuchungen zur Veränderung der Wertehaltungen im säkularen Raum in unsere Betrachtungen einbezogen werden.

Allgemeine Übereinstimmung besteht dabei darin, daß eine Werteumorientierung wesentlich mehr ist, als nur seine Meinung zu verändern, denn Menschen, die eine neue Werteorientierung verinnerlicht haben, handeln nicht nur, sondern legen auch Rechenschaft über ihr verändertes Denken und Handeln im Sinne einer Überzeugung oder Gesinnung ab.

Es ist auf diesem Hintergrund hilfreich bei der Werteorientierung bzw. deren Veränderung zwischen einer kognitiven, affektiven und einer Handlungskomponente der Haltung zu unterscheiden. Von einer neuen oder veränderten Werteorientierung kann man deshalb nur dann ausgehen, wenn:

1. Neue bzw. veränderte Überzeugungen verbal oder schriftlich dargelegt werden können.
2. Verbale oder schriftliche Äußerungen über die neuen oder veränderten Gefühle möglich sind.
3. Ein offen zutage tretendes neues bzw. verändertes Verhalten gezeigt wird.

Damit wird deutlich, daß eine Werteänderung wesentlich mehr ist als nur das Wissen über diese neue Haltung, mehr auch als nur eine andere Gewohnheit oder ein verändertes Gefühl. Sie kann erst dann beständig werden, wenn sich alle drei Aspekte gleichmäßig verändert haben. Man muß diese Veränderung deshalb auch einem Paradigmenwechsel gleichsetzen.

3.5.2 Religiöse Entwicklung und persönliche Glaubensentscheidung

Wenn man religiöse Haltungen nur als eine der möglichen Wertehaltungen sieht, die ein Mensch im Laufe seines Lebens erfährt, so unterscheidet sich deren Erwerb qualitativ nicht von anderen Haltungen. Sicherlich gibt es so etwas wie eine diffuse religiöse Wertehaltung, und aus der vielgestaltigen und bunten Weltliteratur wissen wir, daß auch spätere Atheisten von religiösen Phasen erzählen als von Zeiten, in denen sie ihr gesamtes Denken, Fühlen und Handeln religiös orientiert hatten.

Wir sollten hier jedoch einen deutlichen Unterschied markieren zwischen der Entwicklung von diffusen religiösen Wertehaltungen, deren Erwerb und Veränderung im Sinne der oben beschriebenen Werteentwicklung gesehen werden kann – und einer persönlichen Lebenshingabe an Jesus Christus mit dem sich daraus ergebenden neuen Leben in der Nachfolge Christi. Letztere ist ungleich mehr als nur eine sich im Menschen vollziehende Werteumorientierung. Hier wirkt Gott selbst am Menschen, indem er ihn verändert – dies führt dann natürlich auch zu einer Werteumorientierung.

Natürlich wird auch diese Änderung nach außen hin deutlich, und die weiter oben beschriebenen äußeren Kriterien eines Wertewandels können deshalb auch hier angelegt werden. Im einzelnen bedeutet dies, daß ein Mensch, der in einer Lebensgemeinschaft mit Jesus Christus steht,

1. seine neuen, biblisch orientierten Überzeugungen verbal oder schriftlich darlegen sollte,
2. verbale oder schriftliche Äußerungen über die neuen oder durch die Begegnung mit Jesus Christus veränderten Gefühle machen sollte,
3. ein offen zutage tretendes neues bzw. an Jesus Christus orientiertes Verhalten zeigen sollte.

3.5.3 Entwicklungsschritte

Versuchen wir nun auf diesem Hintergrund die religiöse Entwicklung durch äußere Beobachtungen zu studieren, so zeigt sich, daß die drei Komponenten bei der religiösen Haltung nicht gleichmäßig voranschreiten.

Bei kleinen Kindern findet man in der Regel fast ausschließlich die Nachahmung der religiösen Gebräuche. Beten, singen, das Aufschlagen der Bibel und der Liederbücher sind demnach schlicht von den Eltern oder anderen Gemeindegliedern übernommen. Hierbei gelten die bekannten Regeln des Imitationslernens, wie sie im Abschnitt 2.3.3 beschrieben sind.

Nach einiger Zeit kommt zu dieser Nachahmung religiösen Verhaltens die affektive Komponente hinzu. In Kirche, Gemeinde, Kinderstunde usw. ergeben sich Gefühlssituationen, die sich deutlich von anderen abheben: feierliche Stille, andersartige Musik, andere Gerüche, bunte Kirchenfenster oder Bilder, der Hall der Orgel in hohen oder auch dunklen Räumen. Diese Gefühle werden mit den Gebräuchen (dem Verhalten) gekoppelt (konditioniert), und das Kind erwirbt dadurch in der Regel eine positive Grundeinstellung zum Religiösen. Jedoch ist festzuhalten, daß diese Einstellung eindeutig vom Verhältnis der Eltern bzw. Erzieher zur Religion abhängig ist.

Die dritte, kognitive Komponente, die zur Übernahme der Gesamthaltung erforderlich ist, entwickelt sich erst im Kindergartenalter. Kinder haben anfangs sehr diffuse Vorstellungen über Gott. Wenn man sie danach fragt, dann erzählen sie, daß er im Himmel über uns wohnt, daß er die Züge des Großvaters hat (weil Gott schon sehr alt ist), daß er die Erde und die Gestirne gemacht hat, so, wie die Menschen Gegenstände herstellen. Die Begegnung mit Gott entspricht der Begegnung mit einem Menschen, der viel Macht hat (z.B. einem Kaiser oder dem Staatspräsidenten). Vater, Sohn und Heiliger Geist können bis weit in die Schulzeit hinein nicht differenziert und zugeordnet werden.

Wie schon bei der Entwicklung des Denkens beschrieben, werden Märchen und die Wunder in der Bibel von Kindern, bei denen man nicht ausdrücklich darauf hinweist, daß es Unterschiede gibt, als identisch gesehen. Wunder sind für sie ohne irgendwelche Schwierigkeiten denk- und realisierbar.

Bejahen die Erzieher das Religiöse, dann entsteht beim Kind eine ausgesprochen positive Haltung hierzu. Der Wertebereich des Religiösen steht dann an erster Stelle seiner gesamten Haltung (Oerter 1969). Und auch von daher bekommt das Wort Jesu einen neuen Klang, wenn er sagt: »Wenn ihr nicht umkehrt und werdet wie die Kinder, so werdet ihr nicht ins Himmelreich kommen« (Matth. 18,3).

In diesem Alter gibt es auch, wie immer wieder in Zeugnissen erzählt wird, im Rahmen von Kinderevangelisationen persönliche Entscheidungen für Jesus Christus. Diese Entscheidungen sind oftmals umstritten. Vielleicht wäre es deshalb hilfreich, davon auszugehen, daß das Kind zu einem Ja kommt, mit dem es sagen möchte: »Ja, Jesus Christus hat sich für mich entschieden.« Damit hat das Kind auf seiner Ebene des Denkens begriffen, daß es nur durch Jesus Christus einen Weg zum Himmel gibt.

Im Laufe seiner weiteren Entwicklung erfährt das Kind allerdings, unabhängig davon, ob nur eine allgemeine und diffuse religiöse Wertehaltung übernommen wurde oder ob es die Lebensgemeinschaft mit Jesus Christus gefunden hat, daß in unserer Gesellschaft eine kritische Diskontinuität bei der Bewertung religiöser Werte herrscht. Während der gesamten Kindheit sorgen die Erzieher in aller Regel (oftmals sogar dann, wenn sie religiös desinteressiert sind) für das Einhalten religiöser Vorschriften und Werte. Je älter aber ein Kind wird, umso deutlicher lernt es die andersartigen Wertehaltungen in unserer Gesellschaft kennen, die davon ausgehen, daß Religion nur etwas für Kinder, Abhängige, Alte und Schwache sei bzw. einem »Kinderglauben« entspräche. Gottesdienstbesuche in der Bundesrepublik von nur ca. drei bis zehn Prozent der Bevölkerung dokumentieren diesen Sachverhalt ja sehr deutlich.

Insgesamt gesehen nimmt, wie von vielen Autoren festgestellt wurde, die positive Einstellung zur Religion in den Reifejahren ab. Durch Erziehungseinflüsse kann dies über einige Jahre hinausgeschoben werden, einhellig wird jedoch gezeigt, daß es zu einer ständig wachsenden Unzufriedenheit mit den institutionalisierten Religionsvorschriften und Gebräuchen kommt. Man kann also davon ausgehen, daß »das Religiöse« in seiner Gesamtheit nachläßt, jedoch nicht seine Bedeutung insgesamt verliert. Wie von Lawrence Kohlberg beschrieben, kommt es auf der »sechsten Stufe« zu einem Nachlassen des Absolutheitsanspruches, und die religiöse Wertehaltung wird, ähnlich der anderer Haltungen, liberalisiert. D.h., der Jugendliche versucht nunmehr, das traditionelle Glaubensgut mit anderen Überzeugungen zu vereinbaren und in andere Wertesysteme zu integrieren.

Ob diese Beschreibungen, die eher für eine diffuse religiöse Wertehaltung Gültigkeit haben, auch dann gelten, wenn, wie weiter oben beschrieben, eine tief eingreifende Werteänderung durch die persönliche Begegnung mit Jesus Christus stattgefunden hat, kann zurecht bezweifelt werden. Zumindest in der Tendenz muß jedoch auch bei solchen jungen Christen davon ausgegangen werden, daß es zu einer ständig wachsenden Unzufriedenheit mit den institutionalisierten Religionsvorschriften und Gebräuchen kommt.

Auf diesem Hintergrund gilt es, das Glaubensleben des jungen Christen neu zu ordnen. Zur Identitätskrise des jungen Menschen gehört häufig eine Glaubenskrise hinzu. Mit seinen »neuen« Gefühlen, der Möglichkeit des abstrakten Denkens, der neuen Art, Zusammenhänge zu sehen und von Oberbegriffen abzuleiten, oder anders formuliert, mit einer ganz neuen Art, Mensch zu sein, muß sich der junge Erwachsene jetzt auch mit seinem Verhältnis zu Jesus Christus auseinandersetzen.

Eltern und Lehrer sollten dabei niemals vergessen, daß die Bibel Angriffe nicht zu scheuen braucht. Sie kann sowohl auf der Ebene des Kindes als auch des Erwachsenen verstanden werden. Aber es ist kaum möglich, einen Glauben, der auf der Dimension des Denkens, Fühlens und Handelns eines Kindes angelegt ist, in das Erwachsenenalter hinüberzuretten. Er wäre dort unangebracht und müßte früher oder später revidiert werden. Es geht also darum, aus der Glaubenskrise heraus den Weg zu einem neuen Ja zu Jesus Christus zu finden.

Spranger (1925) fand drei Möglichkeiten zur Bewältigung einer durch Wertewandel entstandenen religiösen Krise:

1. *Der Jugendliche wird religiös gleichgültig.* Dies wäre insbesondere dann zu erwarten, wenn die Krise, die sich durch das andersartige Denken, Fühlen und Handeln des Heranwachsenden ergibt, nicht durchgearbeitet wurde. Ein Evangelium, das der Jugendliche nur von der Kinderebene her kennt, das ihn mit seinen Problemen als junger Erwachsener nicht mehr anspricht, führt zur Gleichgültigkeit.

2. *Der Jugendliche findet zu einer religiösen Haltung, die mit der herkömmlichen Religionsform bricht.* Jugendliche sind nicht »areligiös«, dies zeigt sich derzeitig sehr deutlich durch die starke Hinwendung zu den fernöstlichen Religionen bzw. der New Age-Bewegung.

3. *Der Jugendliche baut sein kindliches Glaubensgut um.* Der junge Christ baut seine bisher dem Kinde entsprechende Überzeugung neu auf, indem er das traditionelle Glaubensgut umformt und anders akzentuiert. Präziser ausformuliert würde dies bedeuten, daß er sein verändertes Denken an die Realität des Evangeliums anpaßt. Es wäre nicht richtig, hier von einer »neuen« oder »zu wiederholenden Entscheidung für Jesus Christus« zu sprechen. Die Entscheidung wurde ja von Jesus Christus getroffen, das Kind hatte sein Ja dazu gegeben, und nun geht es darum, auch mit den veränderten Denk- und Gefühlsstrukturen erneut verstehen zu lernen, wie »sein Geist unserem Geist Zeugnis gibt« (Röm. 8,16).

J. Westerhoff (1976) hat für die Entwicklung des Glaubens, hin zu einer Entscheidung für Jesus Christus, vier Stufen vorgestellt, die im späten Jugendalter den in der Abbildung 31 dargestellten Ablauf zeigen:

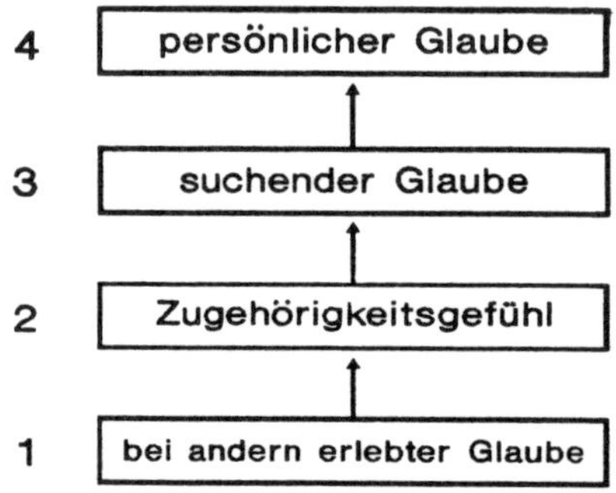

Abb. 31: Glaubensschritte Jugendlicher

3.5.4 Praktische Konsequenzen für die biblische Unterweisung

Immer wieder fragen Eltern, was sie aus dem großen Schatz der Bibel, dem jeweiligen Alter des Kindes entsprechend, behandeln sollen. Wir müssen hier vorab unsere Grenzen erkennen: Die Antwort eines Kindes auf das Angebot Gottes, Jesus Christus als persönlichen Herrn anzunehmen und in eine Lebensgemeinschaft mit ihm einzutreten, können wir unseren Kindern nicht abnehmen. In der Kompetenz von Eltern und Erziehern liegt es aber, die ihnen anvertrauten Kinder auf eine Begegnung mit Jesus Christus vorzubereiten. Hierzu sollte man z.B. auch eine entsprechende Auswahl der Bibelteile treffen, die an das jeweilige Alter der Kinder angepaßt sind.

Welche Bibelteile in welchem Alter?

Ich möchte, in Anlehnung an Karl Heim (1927), der dieses Konzept für den Zugang der verschiedenartigen Religionen zur Bibel beschrieben hat, einige verschiedene Möglichkeiten der Auswahl, in Abhängigkeit von Alter und geistlichem Hintergrund der Eltern, vorschlagen:

1. Der Zugang über das Alte Testament
Die vielen Geschichten des AT sind spannend für alle Altersstufen. Insbesondere aber den Vorschulkindern, mit ihrem präoperativen Denken (2. Stufe bei Piaget) und der Werteorientierung an Strafe und Gehorsam (1. Stufe bei Kohlberg), entsprechen sehr die Erzählungen der Wege des Volkes Israel mit seinem stetigen Auf und Ab. Die prophetischen Bücher und die Weisheitsliteratur sind für diese Altersstufe weniger angebracht.

Bei der Auswahl der biblischen Geschichten in der Vorschulzeit sollte folgende Maxime gelten: »Behandle nur, was zu ›behandeln‹ ist.« Als Kriterium für dieses »Behandeln« kann die Frage gestellt werden: »Ist die ausgewählte biblische Geschichte im Sinne einer Bühnenaufführung spielbar?«

2. Zugang über die Synoptiker und die Apostelgeschichte

Die Berichte von Matthäus, Markus und Lukas sind für Kinder im Vorschulbereich und in den ersten Schuljahren hervorragend geeignet, um einen Zugang zum Evangelium zu finden.

Das eher »magische« Denken des Kindes im Vorschulalter ist geprägt von praktischen (und egoistischen) Überlegungen zur Bewahrung vor bösen Geistern, vor Zauberern, zur spontanen Krankenheilung usw. In den genannten biblischen Berichten erlebt das Kind, wie Jesus die Angst wegnehmen kann. Die Wunder wird es ohne Schwierigkeiten übernehmen, ja, es erwartet geradezu, daß Jesus auf diese Weise handelt. Jesu Leben, Leiden, sein Sterben und die Auferstehung sind bei den Synoptikern so eindrucksvoll beschrieben, daß es kaum eines Zusatzes bedarf, um zu verstehen, daß Christus für das zuhörende Kind gestorben ist und ihm dadurch den Weg zum Vater freigemacht hat.

3. Der Zugang über das Johannes-Evangelium

Für Kinder und Jugendliche auf dem Wege zum Erwachsenwerden, also im Alter ab etwa 12 Jahren, kann das Denken im formallogischen Bereich vorausgesetzt werden. Sie können jetzt große Zusammenhänge und Prinzipien erkennen, haben entdeckt, daß zu jedem Pol ein Gegenpol besteht usw. Durch die Beschäftigung mit Philosophien und Ideologien haben sie verstanden, daß die ganze materielle Erscheinungswelt vergänglich ist, ja vielleicht sogar eine große Täuschung sein kann. Jetzt ist das Johannes-Evangelium ein wichtiger Weg zu Jesus Christus. Die jungen Leute können verstehen, was es bedeuten muß, daß Jesus aus dem göttlichen Licht in unsere Welt der Finsternis eingetreten ist. Sie sehen und erleben, daß Gott ihre Sehnsucht nach Überwindung der Vergänglichkeit und einer Teilhabe am göttlichen Leben stillen kann.

Wer sich als Heranwachsender mit verschiedenen Religionen und Philosophien beschäftigt hat, kann ermessen, was es bedeutet, wenn Jesus von sich sagt, daß er »lebendiges Wasser«, »wahres Licht«, »das Lamm, das die Sünde der Welt trägt« sei.

4. Der Zugang über die Paulus-Briefe

Bisher sind wir bei den verschiedenen Zugängen eher vom Lebensalter bzw. dem Entwicklungsstand ausgegangen. Es ist jedoch noch eine weitere Frage zu bedenken: Gibt es Unterschiede des Zugangs zum Evangelium für Kinder aus christlichen und nichtchristlichen Elternhäusern?

Wie weiter oben beschrieben, muß hier insbesondere bei Jugendlichen in ihrer Identitätskrise ein verschiedenartiger Weg gewählt werden. Während für junge Leute, die Jesus wenig kennen, der Zugang über das Johannes-Evangelium sehr hilfreich sein kann, sind für diejenigen aus christlichem Elternhaus die Paulus-Briefe besonders hilfreich.

Viele der Jugendlichen aus christlichem Elternhaus haben über Jahre hinweg das Evangelium gehört – jedoch oftmals seine befreiende Kraft noch nicht erlebt. Sie gehören häufig zu den ernsten Menschen, die durch »gute Werke« zu Gott kommen möchten. Mit großer Anstrengung versuchen sie, ein Glaubensleben der Werkgerechtigkeit aufzubauen. Insbesondere die Stufen 3 und 4 der von Kohlberg beschriebenen Entwicklungsstufen geben einen tiefen Einblick in die Wertvorstellungen junger Menschen im Jugendalter. Diese jungen Menschen kennen das Evangelium zumeist schon von Kindesbeinen an, sie haben viele Vorbilder bei den Eltern und in der Gemeinde gesehen – und doch immer wieder versagt.

Hier sollte die Botschaft des Paulus angeboten werden, eines Apostels, der ursprünglich den gesetzlichen Weg gegangen war. Dann können es die jungen Leute verstehen, wenn er sagt: »Aus Gnaden seid ihr selig geworden« (Eph. 2,5). Unter einem solchen Blickwinkel lernen die Jugendlichen dann auch zu verstehen, daß sie, bei allen frommen Übungen, dennoch sich selbst und ihre eigene Befriedigung gesucht haben – und nicht das, was Gott will. Sie begreifen im Lichte der paulinischen Aussagen zu Gesetz und Gnade, daß weder ein Erlebnis noch ein Gefühl, aber auch keine Willensanstrengung Frieden für das Gewissen und Entlastung der begangenen Schuld bringt, sondern nur das, was Jesus Christus auf Golgatha für sie getan hat.

3.6 Entwicklung – ein lebenslanger Prozeß?

Viele Leser werden mehr oder weniger wehmütig den Zeiten der Jugend nachtrauern. »Gibt es überhaupt noch eine Veränderung?«, so fragt sich mancher ältere Mensch. »Und wenn, wohin verläuft sie? Nur abwärts?«

Eine ganze Reihe von wissenschaftlichen Untersuchungen (z.B. von Erik Erikson oder Charlotte Bühler) hat herauszufinden versucht, wie der Weg vom Jugendlichen bis zum Erwachsenen verläuft. Insgesamt gesehen sind die Ergebnisse jedoch eher bescheiden und entsprechen im Umfang keinesfalls denen, die man von der Kindheit und Jugendzeit kennt.

Vielleicht interessiert es Sie, was von amerikanischen Journalisten als Antwort auf die Untersuchung von 115 Lebensläufen im Alter zwischen 18 und 55 Jahren gegeben wurde?

Nachfolgend sind die Ergebnisse in 10 Stufen des Lebenslaufes beschrieben. Wie bei allen Zahlenangaben in der Entwicklungspsychologie sollte man aber auch hier wieder bemerken, daß die Altersangaben nicht präzise übertragen werden dürfen, und daß die Stufen nicht zwangsläufig nacheinander folgen müssen.

3.6.1 Zehn Stufen im Lebenslauf des Erwachsenen

Stufe 1
Die Ablösung von der Familie (Meueler 1982) zum Beginn des zweiten Lebensjahrzehnts.

Stufe 2
Die bewegten Zwanzigerjahre mit dem Eintritt in das Berufsleben, dem Fußfassen in der Erwachsenenwelt und der Frage, wie dem Wunschbild von einem erfüllten und erfolgreichen Leben nachgegangen werden kann.

Stufe 3
Die Gründung einer Familie.

Stufe 4
Probleme des beruflichen Vorwärtskommens.

Stufe 5
Gefühle der Beengtheit und Eingeschränktheit, die viele Männer und Frauen überfallen, wenn sie sich den Dreißigerjahren nähern. Oft entsteht rückblickend Unzufriedenheit mit den persönlichen Entscheidungen, die in den Zwanzigerjahren getroffen wurden. Sehr viele haben das Gefühl, einen Tiefpunkt zu erleben. Es müssen Leistungen erbracht werden, von denen scheinbar die Anerkennung der Mitmenschen und die Bestätigung durch die Umwelt (berufliches Vorankommen) abhängt. Diese Bedingungen werden akzeptiert, aber gleichzeitig entsteht oft der Drang, aus solchen vorgegebenen Rollen zugunsten anderer Formen der Selbstverwirklichung ausbrechen zu müssen.

Stufe 6
Mit dem Beginn der Dreißigerjahre tritt häufig das Leben in vernünftigere und geordnetere Bahnen als bisher. Fertigkeiten und Erfahrungen nehmen zu. Es ist eine Zeit der Ich-Stabilität und eines fühlbar großen Vorrats an geistiger und körperlicher Energie. Viele bekommen durch ihre Erfahrungen und mit ihren Erfolgen der Umwelt gegenüber bestätigt, etwas zu leisten und geleistet zu haben. Die Zukunft erscheint als Verlängerung der Vergangenheit und Gegenwart.

Stufe 7
Die Zeit von Mitte dreißig bis Mitte vierzig wird von vielen Menschen als Einschnitt erlebt. Nun ist fast die Hälfte des Lebens vorbei. Die berufliche Entwicklung ist abgeschlossen. Die Erziehungs- und Schulprobleme der Kinder wachsen an. Die Zeit beginnt zu drängen. Der Verlust der Jugend, das Nachlassen der körperlichen Kräfte, die stets als Selbstverständlichkeit empfunden wurden, die mit einem Mal als inhaltsleer erkannten sozialen Rollen, mit denen man sich bisher identifiziert hat, das Abbröckeln von Leistungsmaßstäben, das Problem, keine befriedigenden Antworten auf bedrängende Fragen zu wissen – all diese Schockerlebnisse können, alleine oder zusammen, dieser Übergangszeit einen Krisencharakter verleihen.

»Das kann doch nicht alles gewesen sein«, ist eine häufig gemachte Feststellung in diesem Lebensabschnitt. Oftmals entsteht in der »Mitte des Lebens« der Druck, den bisherigen Lebensweg zu verwerfen, das Leben zu verneinen, Mißerfolge zu betonen, mehr denn je anderen und sich selbst Schuld zuzuschreiben. Nicht selten entstehen auch unerklärliche Ängste, verbunden mit körperlichen Leidenssymptomen.

Stufe 8
Irgendwann in der Mitte der Vierzigerjahre ist zumeist das Gleichgewicht wieder hergestellt. Die im bisherigen Lebenslauf getroffenen Entscheidungen werden akzeptiert, so daß es oft gelingt, dem eigenen Leben wohlwollender als bisher gegenüberzustehen. Sehr oft wird eine neue Stabilität als ein »Sich-selbst-Einrichten« erreicht.

Stufe 9
Während das Nachdenken und Handeln in den vorangegangenen Entwicklungsphasen eher vorwegnehmend und vorsorgend auf die weitere Zukunft ausgerichtet waren, ist das Sorgen im Alter in erster Linie auf die unmittelbaren und existentiellen Anforderungen und Probleme, die aus der gegenwärtigen Lebenssituation entstehen, bezogen (Mitte bis Ende der Fünfzigerjahre).

Stufe 10
Das Pensionierungs- und Rentenalter ist insbesondere durch den Verlust der Berufsrolle gekennzeichnet. Mit ihr gehen der beruflich zugeschriebene Status, Sozialkontakte und oftmals auch das normale Einkommen verloren.

Kasten 45

Paul Tournier zum Ruhestand

»Ich sah auch solche, die sich zuerst auf den Ruhestand freuten und darauf, gerade das tun zu können, was ihnen bis jetzt verwehrt gewesen war, die aber dann, als es so weit war, nichts von alledem taten. Alles erschien ihnen farblos, sie wurden nicht mehr von der Routine des Lebens mitgerissen. Noch andere wieder freuen sich nur ganz kurze Zeit an ihrer Pensionierung und beginnen schon sehr bald an ihrem inhaltslosen Leben zu leiden. Die kleinen erträumten Beschäftigungen kommen ihnen plötzlich gemacht vor, dem wirklichen Leben fremd. Am glücklichsten ist, wer begreift und annimmt, daß sich das Leben mit dem Alter ändern muß, daß das, was man tut, noch tun kann, immer mehr an Bedeutung verliert, und daß es von nun an hauptsächlich auf das Innenleben ankommt. Solche Menschen sind weniger anfällig für dieses schreckliche Gefühl der Nutzlosigkeit, das die meisten Leute so schwer drückt und woran die ganze Auffassung unserer modernen Welt, wo in erster Linie die Leistung zählt, mitschuldig ist.« (Tournier 1987)

Der ältere Erwachsene erlebt die Auflösung der Familie: Die Kinder werden selbständig und/oder der Partner stirbt. Es entstehen neue Ängste. Insbesondere in den städtischen Ballungsräumen beschleunigt sich die Vereinsamung.

Die körperlichen Kräfte und Energien, früher selbstbewußt erlebte Fähigkeiten, die Anziehungskraft auf andere usw. nehmen ab. Die Auseinandersetzung mit der Umwelt geschieht eher gedanklich als durch Taten. Das Interesse an kurzfristigen Befriedigungen (Essen, Unterhaltung, körperliche Annehmlichkeiten) wächst. Gleichzeitig wird in diesem Alter die Unmenschlichkeit der Warentauschgesellschaft besonders schmerzlich erfahren. Die alten Menschen erleben, daß sie, da sie nicht mehr arbeitsfähig und für den wirtschaftlichen Fortschritt nützlich sind, von der sie umgebenden Gesellschaft zumeist nur noch als lästig empfunden werden. Werden sie in Altenpflegeheime eingewiesen, sterben sie meist lange vor dem physischen den sozialen Tod: 32 % der in Alters- und Pflegeheime eingewiesenen Menschen sterben im ersten halben Jahr nach ihrer Einlieferung.

3.6.2 Was ändert sich bei älteren Menschen?

Hat bis vor wenigen Jahren die Entwicklungspsychologie mit dem Eintritt in das Erwachsenenalter ihren Abschluß gefunden, so gibt es in neuerer Zeit immer mehr Überlegungen, die Entwicklung des Menschen als lebenslangen Prozeß fortzuschreiben. Eine ganze Reihe von Gründen spricht für ein solches Vorgehen (Thomae 1976):

- Es gibt keine Epoche im menschlichen Leben, in der nicht auch Verhaltensänderungen beobachtbar wären.
- Man kann feststellen, daß in jeder Epoche des Lebens über eine gewisse Zeitspanne hinweg das Verhalten konstant bleibt.
- Verhaltensunterschiede zwischen den verschiedenen Menschen lassen sich von der Zeugung bis zum Tode nachweisen.

Welche Verhaltensänderungen sind zu erwarten?

Während die älteren Forschungsberichte noch davon ausgingen, daß die Intelligenz im 25. Lebensjahr einen Höhepunkt erreicht hat, um dann langsam abzusinken, zeigen neuere Untersuchungen, daß man differenzierter argumentieren sollte. Längsschnittuntersuchungen haben deutlich gemacht, daß zwar eine leicht fallende Tendenz für die sogenannte »flüssige Intelligenz« (die sich in Flexibilität, Innovation und Kreativität zeigt) zu erkennen ist, jedoch die »kristallisierte Intelligenz« (systematisieren, einordnen) mit zunehmendem Alter leicht ansteigt.

Erst im Alter von knapp 80 Jahren muß mit regelhaften Abbauerscheinungen gerechnet werden (Filipp 1987), wobei auch hier noch große Unterschiede innerhalb der Gruppe der Gleichaltrigen auftreten können. Wichtig scheint es zu sein, daß man schon in jungen Jahren auf diesem Gebiet an sich arbeitet, denn ca. 40% der Unterschiede bei den Vergleichsgruppen konnten durch eine entsprechend »anregende« Vergangenheit aufgeklärt werden. Vereinfacht ausgedrückt bedeutet dies, daß, wer sich schon immer geistig rege gehalten und evtl. auch einen entsprechenden Beruf ausgeübt hat, auch im Alter lange frisch bleiben wird.

Auch was die Gedächtnisleistungen anlangt, liefern neue Forschungsergebnisse eine ungewohnte Antwort.

Beim Kurzzeitgedächtnis zeigt sich, daß immer dann, wenn das Lernmaterial vollständig aufgenommen werden kann (was bei älteren Menschen bedingt durch häufig schlechtes Hören nicht immer der Fall ist), kaum Unterschiede zu Jüngeren auftreten.

Es fällt jedoch älteren Leuten schwerer als jüngeren, die Aufmerksamkeit auf verschiedene Informationsquellen zu verteilen, auch dauert der Abruf aus dem Kurzzeitspeicher länger.

Auch bei den Untersuchungen zur Gedächtnisleistung des Langzeitgedächtnisses zeigen sich einige charakteristische Merkmale. Wenn es darum geht, Gedächtnisinhalte frei wiederzugeben, dann haben ältere Menschen größere Schwierigkeiten. Gibt es jedoch einen Hinweisreiz (z.B. den Anfang eines Gedichtes oder eine Struktur des Vorzutragenden usw.), dann werden die Erinnerungen wesentlich leichter wiedergegeben. Es scheint, daß ältere Menschen insgesamt gesehen deutlichere Schwierigkeiten beim Abrufen des gelernten Materials haben.

Eine praktische Konsequenz ergibt sich daraus für Predigten, Vorträge usw.: Es muß eine deutliche Gliederung vorhanden sein und immer wieder auf die Struktur des Vortrages hingewiesen werden.

Versucht man die Veränderung von Persönlichkeitsmerkmalen über das Lebensalter hinweg systematisch zu untersuchen, wird deutlich, daß sich schon im frühen Erwachsenenalter ein ausgeprägter »Lebensstil« entwickelt, der teilweise über längere Zeitabschnitte hinweg konstant bleibt.

Keinesfalls ist es also richtig, daß die Veränderungen nur als Abwärtsbewegungen verlaufen. Im Alter problematische Menschen waren dies bei nahezu allen Untersuchungen auch schon in jüngeren Jahren.

Alle Ergebnisse zur Altersforschung zeigen relativ eindeutig, wie wichtig es ist, das Alter bereits in der Jugend vorzubereiten.

Sie lassen auch erkennen, daß unsere älteren Mitmenschen nicht »zum alten Eisen« gehören, sondern eine ganz wesentliche Aufgabenstellung in unseren Familien und Gemeinden haben können. Sagte Paulus zu Timotheus, daß niemand seine Jugend verachten solle, so müssen wir heute hinzufügen: »Niemand verachte das Alter.« Die Bibel hat uns dies ja auch an vielen Stellen so bestätigt.

Kasten 46

Veränderung der Lebensstile
(Ergebnisse einer Längsschnittstudie zwischen dem 30. und 70. Lebensjahr)

Typologie	*30jährig*	*70jährig*
Arbeitszentrierte Mutter	unzufrieden mit der ökonomischen und ehelichen Situation	zufriedener wegen geringerer Belastung
Ehezentrierte Mutter	wenig Unterschiede zwischen den beiden Altersstufen	
Familienzentrierter Vater	wenig Unterschiede zwischen den beiden Altersstufen	
unengagierte Männer	wenig Unterschiede zwischen den beiden Altersstufen	
aktive, kompetente Männer	nervös, reizbar, gespannt	liebevoll, unterstützend

3.6.3 *Wechseljahre*

Wie eine unsichtbare Drohung schwebt über vielen Frauen, aber auch Männern, das Gespenst der Wechseljahre. »Jetzt wird es mit deiner Leistungsfähigkeit bald aufhören«, hört man, »und dann wirst du eben alt.« Was ist zu den Wechseljahren von wissenschaftlicher Seite zu sagen?

Auch hier gelten die Gesetzmäßigkeiten, die weiter vorne behandelt worden sind. D.h., daß der Zusammenhang zwischen körperlichen Veränderungen und daraus ableitbaren seelischen Folgen weitaus geringer ist, als man bisher angenommen hat.

Im körperlichen Bereich ist die Menopause (Ende der Monatsblutungen) eines der wichtigsten Kennzeichen der Wechseljahre. Häufig berichten Frauen von körperlichen Veränderungen, Hitzewellen, Schweißausbrüchen, jäh aufsteigender Röte vom Hals bis zum Kopf. Und oftmals sind diese körperlichen Erfahrungen verbunden mit Begleiterscheinungen im psychischen Bereich: Man sieht die Zukunft düster, ist leicht erregbar oder auch schnell depressiv. Muß man deshalb zum Arzt gehen? Sind Frauen in den Wechseljahren »krank«?

Nein, in aller Regel nicht, denn es handelt sich hier um einen ganz natürlichen Entwicklungsprozeß, und es ist durchaus möglich, daß vieles von dem, was man über die Wechseljahre redet, »angelernt« ist.

Relativ einfach ist ein solcher Lernprozeß dadurch zu erklären, daß Frauen, die tatsächlich größere Beschwerden hatten (und oftmals sind es solche, die sehr viel Zeit haben, über sich nachzudenken), jüngeren Frauen von diesen Beschwerden erzählen – und dann wird schnell verallgemeinert. Hinzu kommt, daß auch Mediziner ausschließlich solche Frauen zu behandeln haben, die über ihre körperlichen Beschwerden und psychischen Veränderungen berichten.

Tatsächlich gibt es solche Beschwerden – jedoch weit seltener als im allgemeinen angenommen. Den Großteil derjenigen Frauen, die keine Beschwerden haben, bekommen die Ärzte gar nicht zu Gesicht. Dies kann dazu führen, daß von einigen wenigen krankhaften Ausnahmen auf tiefgreifende Krisen geschlossen wird.

Umfangreiche empirische Untersuchungen haben gezeigt, daß von 2000 befragten Frauen fast 40 % *vor* Beginn der Wechseljahre Klimakteriumsbeschwerden, Störungen des gesundheitlichen Wohlbefindens usw. erwarteten. *Nach* dem tatsächlichen eigenen Erleben der Wechseljahre zeigte sich jedoch, daß nur noch 1,5 % der Äußerungen tatsächlich bestätigt wurden.

Aus solchen Ergebnissen darf gefolgert werden, daß die Angst vor den Wechseljahren zu einer selbsterfüllenden Prophezeihung führen kann. Wer das Leben zu schwer nimmt und in Angst und Furcht vor all dem lebt, was vielleicht noch eintreten könnte, wer sich vor den Wechseljahren fürchtet, noch ehe sie da sind, leidet doppelt darunter, wenn sie erst einmal angebrochen sind.

Die Angst vor dem Älterwerden und davor, daß man der täglichen Arbeit nicht mehr gewachsen sein könnte, aber auch, daß man nicht mehr genügend attraktiv wäre, treibt Frauen und Männer oftmals in eine Unsicherheit, die krankhaft werden kann.

Fassen wir zusammen: Ja, es gibt Wechseljahre und sie treten bei der Frau in der Regel stärker als beim Manne auf. Aus den biologischen Veränderungen, die oftmals noch durch Änderungen in der Familienstruktur, z.B. dem »Ausfliegen« der Kinder, verstärkt werden, kann man jedoch keine naturbedingten Krisenzeiten ableiten. Wenn Krisen auftreten, dann sind sie in aller Regel durch soziale Faktoren und nicht durch biologische Gesetzmäßigkeiten bedingt (Löwe 1978).

Kasten 47

Sexualität bei älteren Menschen?

Für manche jüngeren Leute scheint es undenkbar zu sein, daß man im Alter noch sexuelle Empfindungen haben kann. Praktisch alle Untersuchungen zeigen jedoch das Gegenteil.

Nicht wenige Frauen meinen allerdings, wenn sie nach dem Klimakterium keine Kinder mehr gebären können, wäre Sexualität etwas Abnormes oder gar Verwerfliches, ja, es kann so weit kommen, daß sie Sexualität als ekelerregend empfinden. Solche irrigen Meinungen können sich als deutlicher Hemmfaktor für eine erfüllte Geschlechtlichkeit im Alter auswirken.

Männer und Frauen jeden Alters sollten wissen, daß Sexualität eine Gabe Gottes ist und die Freude in der Ehe an der Sexualität bis ins hohe Alter andauern kann. Dies gilt vor allem dann, wenn Gleichklang der Seele in der Ehegemeinschaft vorhanden ist.

Kasten 48

Sechs Regeln für ältere Menschen

1. Leben Sie regelmäßig

Bei allen Unterschieden der älteren Menschen ist eines gemeinsam: Das regelmäßige Aufeinanderfolgen von Arbeiten und Ruhen, Anspannen und Erholen, das regelmäßige Essen, Bewegen an der frischen Luft, die regelmäßige Gemeinschaft mit anderen und geregelter Schlaf sind gesundheitsförderlich. Bedenken Sie: Weder Schlaf noch Verdauung sind auf Dauer durch Tabletten zu regeln.

2. Wer rastet, der rostet

Sie sollten lernen, geistig und körperlich in Bewegung zu bleiben. Dies geht relativ einfach dadurch, daß man einen bestimmten Verantwortungskreis innerhalb der Familie oder der Gemeinde übernimmt. Versuchen Sie, sich auch regelmäßig sportlich zu betätigen. Machen Sie Spaziergänge mit Ihren Enkelkindern – das ist belebend und für beide Seiten nützlich. Lesen Sie regelmäßig Zeitungen, Bücher – und vor allen Dingen in Ihrer Bibel.

3. Nicht nur über die Krankheiten reden
Lernen Sie, eine mögliche Krankheit nicht zum einzigen Lebensinhalt werden zu lassen und sprechen Sie deshalb in Ihrem Bekanntenkreis so wenig wie möglich über Ihre Krankheiten oder die der anderen – es gibt wesentlich positivere Gesprächsgegenstände.

4. Vernünftig essen
Es gibt heute sehr viele Angebote – speziell für Senioren vorbereitet –, um ein reichhaltiges, abwechslungsreiches und wohlschmeckendes Essen auf dem Tisch zu haben.

Mit zunehmendem Alter sinkt der Kalorienbedarf, obwohl Sie sich sportlich betätigen. Er beträgt beim sechzig- bis siebzigjährigen Menschen etwa 80%, beim über Siebzigjährigen nur noch 70% des Bedarfs eines Zwanzig- bis Dreißigjährigen.

Auf dem Speiseplan sollten vor allem stehen: Milch und Milchprodukte, Obst und Gemüse, Vollkornbrot, Eier, frische Fische, mageres Fleisch, pflanzliche Öle und Fette. Weniger zu empfehlen sind: Kuchen und Torten, Süßwaren, fettes Fleisch, salzige Gerichte.

5. Allzuviel ist ungesund
Dies gilt besonders bei den Genußmitteln. In Maßen können sie durchaus nützlich sein und ein gut temperiertes Bier oder ein Glas Rotwein regen den Appetit und das Wohlbefinden an.

Kaffee und schwarzer Tee wirken anregend auf Herz und Kreislauf und damit auf die Gehirnfunktionen. Vor dem Schlafengehen sind sie jedoch nicht zu empfehlen. Wollen Sie dennoch auf Ihren Tee nicht verzichten, dann lassen Sie ihn sehr lange ziehen. Die dann entwickelten Gerbstoffe wirken beruhigend.

6. Sie dürfen sich pflegen
Gepflegte Menschen haben besseren Kontakt mit anderen. Das gilt in allen Lebenslagen. Im Alter dient jedoch die Körperpflege auch noch dazu, das Gefühl der körperlichen Frische, das Selbstbewußtsein und die Lebensfreude zu erhöhen.

Licht, Luft und Wasser sind seit jeher die besten natürlichen Hautpflege- und Durchblutungsmittel. Ältere Menschen sollten keinesfalls auf Hautpflegemittel oder Kosmetika verzichten. Wenn Sie dazu noch die Massage mit der Trockenbürste anwenden, abends warm und morgens kalt duschen, vielleicht sogar hin und wieder die Sauna besuchen, kann dies ein wahrer Jungbrunnen für Sie werden.

4 Wenn etwas schiefgeht

Bisher haben wir uns in diesem Buch eher auf den gesunden Menschen konzentriert und im vorangegangenen Kapitel die Entwicklungsstufen vom Kinde bis ins hohe Alter behandelt.

Nachdem wir in einem besonderen Abschnitt die Komplexität unseres zentralen Nervensystems kennengelernt haben und auch wissen, in welch hohem Maße Umwelteinflüsse die menschliche Persönlichkeit prägen, überrascht es nicht, wenn man bei einer solchen Vielfalt von Einflüssen gelegentlich körperlichen oder psychischen Funktionsstörungen begegnet.

Psychische Störungen zeigen sich sehr verschiedenartig und können vielerlei Ursachen haben – körperliche, soziale und psychologische. Auch okkulte Belastungen können, wenn auch weit seltener als zumeist angenommen, zu psychischen Störungen führen. Der Seelsorger sollte einen Einblick in diese Bandbreite haben, einerseits um direkt helfen zu können, andererseits aber auch um zu erkennen, ob die Probleme von Spezialisten mit besonderer Ausbildung behandelt werden müssen.

Kasten 49

Seelsorger oder Psychotherapeut oder Psychiater ?

Psychische Probleme, die mit körperlichen Krankheiten und Geisteskrankheiten in Zusammenhang stehen, müssen von einem Psychiater (d.h. einem Facharzt für Psychiatrie) behandelt werden.

Psychische Störungen, die überwiegend als Reaktion auf äußere Schwierigkeiten entstanden sind, werden oft von Psychotherapeuten (die Ärzte oder Psychologen sind, seltener auch Pädagogen, Sozialarbeiter, Heilpraktiker und Theologen), behandelt.

Seelsorger sind bei allen theologischen Fragestellungen zur psychischen Krankheit an vorderer Front, denn sie haben zumeist einen Vertrauensvorschuß bei den Ratsuchenden, insbesondere dann, wenn sie eine Zusatzausbildung erworben haben, ist es ihnen auch möglich, bei leichteren psychischen Störungen (z.B. bestimmten Depressionsformen) im Sinne der Biblisch-therapeutischen Seelsorge zu helfen.

Seelsorger spielen weiterhin eine wichtige Rolle beim ersten Erkennen ernster Störungen, da sich viele Ratsuchende häufiger an sie als an den Arzt oder Therapeuten wenden. Sie sollten dann in der Lage sein, die notwendigen Fachleute hinzuzuziehen. Dies bedeutet, daß dem Seelsorger eine wichtige Schlüsselposition zukommt. Er muß abwägen, ob ein beratend-seelsorgerliches Gespräch oder aber eine psychotherapeutische bzw. psychiatrische Behandlung notwendig ist.

Die Ergebnisse aus der Praxis, sowohl im säkularen Bereich (z. B. die Laienhelfer in Zusammenarbeit mit Prof. Tausch an der Universität Hamburg), als auch im Bereich der christlichen Gemeinden (z. B. das Angebot der Biblische-therapeutischen Seelsorge) haben gezeigt, daß vielen Menschen mit weniger großen psychischen Schwierigkeit durch »Helfergruppen« bzw. »Laienseelsorge« wirksam und nachweisbar geholfen werden kann.

Sehr häufig hat es der Seelsorger mit Menschen zu tun, die unter Ängsten oder Depressionen leiden. Auch viele Christen sind von diesen Störungen betroffen. Seelsorger, die mit den Ursachen und Symptomen von Angst und Depressionen vertraut sind, können einen Dienst der Befreiung ausüben – vorausgesetzt, daß sie das nötige »Handwerkszeug« dazu haben. D.h., um solche Personen erfolgreich zu behandeln, müssen nicht nur die geistlichen Voraussetzungen zur Seelsorge erfüllt sein, sondern der Seelsorger sollte zusätzlich ein gewisses Maß an psychologischen Kenntnissen und psychotherapeutischen Fertigkeiten mitbringen.

Einige dieser Kenntnisse will dieses Buches vermitteln bzw. haben Sie in den vergangenen Kapiteln schon erfahren. In diesem Kapitel wird schwerpunktmäßig die Klassifizierung psychischer Störungen (Psychopathologie) besprochen, um damit eine genauere Diagnostik zu ermöglichen. Im Kapitel 5 wird dann auf verschiedene Ansätze der Biblisch-therapeutischen Seelsorge eingegangen.

In der einschlägigen Fachliteratur kennt man zwei große Linien, mit denen psychische Krankheiten beschrieben werden können. Die eine Linie versucht dies auf dem Hintergrund der möglichen Entstehungsursachen zu tun, die andere eher dadurch, daß sie das Verhalten des kranken Menschen so genau wie möglich beschreibt.

Der Schwerpunkt dieses Buches liegt auf der zweiten Linie. Wir sind diesen Weg (der natürlich die Entstehungsursachen nicht prinzipiell ausschließen kann) insbesondere auch deshalb gegangen, weil er für den nichtärztlichen Seelsorger und Berater eine eher nachvollziehbare Systematik anbietet.

Grundlage für die an der Verhaltensbeschreibung orientierte Psychopathologie ist die Einteilung der psychischen Störungen nach dem in den USA sehr bekannten »Diagnostischen und Statistischen Manual psychischer Störungen« (DSM III 1984), das in den letzten Jahren auch eine zunehmende Verbreitung im deutschsprachigen Raum gefunden hat (Horn 1987).

Ein grundsätzliches Problem bei jeder Diagnostik ist die Frage, wie man es vermeiden kann, von der Klassifizierung psychischer Störungen zu einer Kategorisierung von Menschen überzugehen. Während eine korrekte Diagnose für eine gute Therapie von allergrößter Bedeutung ist, und auch für klare Kommunikation zwischen Therapeuten sorgt, muß besonders der Anfänger sehr darauf achten, die Grenzen einer diagnostischen Aussage zu erkennen. Sie beschreibt bestimmte Symptome, unter denen ein Mensch zeitweise leidet und nicht »den« Menschen schlechthin. Von »Psychotikern«, »Neurotikern« usw. zu reden, ist demnach nicht nur ein kleiner Fehler, sondern zeigt eine Art des Denkens, die wir nicht vertreten können.

4.1 Wer ist krank?

Das ursprüngliche Konzept zur Abgrenzung zwischen Gesundheit und Krankheit der Weltgesundheitsorganistaion (WHO) geht von einem Idealzustand aus: »Gesundheit ist ein Zustand vollkommenen körperlichen, seelischen und sozialen Wohlbefindens, nicht nur die Abwesenheit von Krankheit.« (WHO 1958)

Von einer solchen Maximalforderung ist die WHO mittlerweile abgerückt und vertritt heute in ihren Arbeitspapieren eher die Meinung, daß Gesundheit dem Menschen ermöglichen solle, ein sozial produktives Leben zu führen. Unter »sozial produktiv« wird dabei verstanden, daß Lebensziele verwirklicht werden können. Gesundheit ist damit nicht mehr Ziel an sich, sondern wird als Mittel zum Zweck angesehen und bedeutet in dieser Sichtweise die Fähigkeit, Konflikte zu verarbeiten und zu bewältigen, um bestimmte Lebensziele zu erreichen.

Wie lassen sich nun diese Aussagen zur Krankheit im allgemeinen auf die psychischen Krankheiten im speziellen übertragen?

Die Ursprünge der Psychotherapie kommen aus der Medizin. Daher wurde der psychisch gestörte Mensch von Anfang an als »krank« angesehen, eine Einschätzung, die vor allem auf dem Hintergrund des oben beschriebenen Krankheitsbegriffes heute viel kritischer betrachtet wird.

Das medizinische Modell der psychischen »Krankheiten« führt zudem zu einer Sichtweise, bei der Patienten zu »behandeln« sind, was in aller Regel bedeutet, daß sie sich passiv verhalten. Gerade bei psychischen Störungen ist aber die aktive Eigenbeteiligung des Patienten für seine Genesung ausschlaggebend.

Wenn wir als Kapitelüberschrift gewählt haben: »Wenn etwas schief geht«, dann brauchen wir einen Maßstab dafür, ab welchem Winkel eine Meßlatte nicht mehr als »gerade« angesehen werden kann – und dann eben »schief« liegt. Mit anderen Worten, es ist zu fragen, ab wann ein Mensch so weit krank ist, daß er, um hier die Aussagen der WHO aufzunehmen, die Fähigkeit, Konflikte zu verarbeiten und zu bewältigen, um bestimmte Lebensziele zu erreichen, *nicht* mehr hat.

Wenn wir von Störungen in der Psyche des Menschen ausgehen, muß ein Richtwert vorgegeben sein, deshalb ist vorab die Frage nach den Normen zu klären.

Pongratz zeigt, daß Normalität nicht nur über statistische Daten zu erfassen ist, wie dies beispielsweise weitgehend bei Testverfahren der Fall ist und auch beim DSM-III angewandt wird. Zu dieser »objektiven Normalität« kommt eine »interkulturelle Normalität«, die Sitten und Gebräuche der jeweiligen Kultur berücksichtigt, sowie eine »subjektive Normalität«, die das Empfinden des einzelnen, ohne auf Meinungen anderer einzugehen, widerspiegelt, gleichberechtigt hinzu.

Um eine Störung als solche beurteilen zu können, ist es wichtig, immer alle drei Kriterien zu berücksichtigen. So ist es durchaus möglich, daß sich ein Mensch subjektiv als »normal« empfindet, beispielsweise wenn er als Christ ein

Ja zu seiner Depression gefunden hat, obwohl die objektiven Daten, beispielsweise aus dem DSM III, einen Krankheitszustand im Sinne einer »Bipolaren Störung« diagnostizieren lassen und auch die soziokulturelle Umwelt von einem »abnormen Melancholiker« ausgeht.

Kasten 50

Normen als Verhaltens- und Einstellungsmuster

Sucht man nach Definitionen für Normen, zeigen sich zwei Aspekte, die diese konstituieren: Norm als *Verhaltensregel* und Norm als *Einstellungsmuster.* (Pongratz 1975)

Mit dem ersten Aspekt sind eher Regeln und Standards gemeint, die das Verhalten der Menschen bestimmen. Beim zweiten Aspekt geht es »um die Ideen in den Köpfen der Gruppenmitglieder«, d.h. die gemeinsame Art und Weise einer Gruppe, die Welt zu sehen.

Beide Aspekte gehören zusammen, denn keine Kultur, Gruppe oder Religionsgemeinschaft begnügt sich damit, daß ihre Angehörigen nur ein normgemäßes Verhalten zeigen – sie will auch, daß die innere Einstellung hinzukommt. Ein Normbegriff muß demnach eine Innen- und Außenseite, Einstellung und Verhalten, Denken und Tun enthalten.

4.2 Grundursachen psychischer Störungen

Nur wenige psychische Störungen entwickeln sich spontan. Zumeist haben sie eine lange Krankheitsgeschichte, die in viele Einzelfaktoren aufgeteilt werden kann. Vereinfacht lassen sich drei Hauptursachen psychischer Störungen nachweisen:

Störungen auf genetischem Hintergrund,
Störungen durch die Erziehung,
Störungen durch die Interaktion mit der Umwelt.

Auch geistliche Probleme können Hintergrund einer psychischen Störung sein, häufig treten sie aber zusammen mit den anderen Ursachen auf.

So wie manche geistlichen Probleme manchmal in der »Verkleidung« als psychische Probleme in Erscheinung treten, laufen auch manche psychischen Störungen über den Kanal der Glaubensinhalte ab. Oftmals trifft man dies bei Zwangsgedanken. Es ist durchaus denkbar, daß ein Mensch mit zwanghaftem Verhalten, der sich z.B. laufend versichern mußte, daß alle Lichter im Hause gelöscht waren, auch nach seiner Hinwendung zu Jesus Christus in der Glaubensnachfolge ein ähnliches Verhalten zeigt. Vielleicht meint er jetzt, täglich eine lange Gebetsliste »abarbeiten« zu müssen ...

Für den Seelsorger ist es wichtig, daß er in einem solchen Falle von Störungen psychischer Natur und nicht von Glaubenskrisen ausgeht – auch wenn sie vom Ratsuchenden und seiner Familie oder Gemeinde als solche erlebt werden.

Natürlich gibt es zwischen der psychischen und geistlichen Dimension ein Grenzgebiet, in dem sich einiges überschneidet.

Die Bibel stellt klar, daß alles menschliche Leiden und jede Krankheit aus der Trennung des Menschen von Gott durch den Sündenfall resultiert. Trotzdem wäre es unvernünftig, einen entzündeten Blinddarm ausschließlich mit Gebet zu behandeln. Gefragt ist hier ein guter Chirurg.

Wir müssen uns jedoch dabei bewußt bleiben, daß, egal welches Maß an medizinischem Wissen für eine Heilung auch erforderlich war, diese immer von Gott geschenkt wird.

Bei der Behandlung des entzündeten Blinddarmes ist eine Diagnose aus der Sicht der Inneren Medizin notwendig, so wie bei psychischen Störungen eine Diagnose aus der Sicht der Psychodiagnostik erforderlich ist. Wenn wir also im folgenden von den Ursachen psychischer Störungen reden, widerspricht dies keinesfalls der Tatsache, daß es eine Ursache für alles menschliche Leiden gibt, nämlich den Sündenfall. Im fünften Teil dieses Buches wird zu den Grenzfragen zwischen Psychologie und Theologie im Sinne einer Biblisch-therapeutischen Seelsorge nochmals eingehend Stellung genommen.

Obwohl man, wie oben beschrieben, psychische Störungen auf dem Hintergrund von Anlage, Umwelt und möglichen Streßerscheinungen sehen muß, sollte dies dennoch nicht bedeuten, daß man diese Faktoren als Entschuldigung nehmen könnte, um die eigene Verantwortung dadurch zu verringern. Viele psychische Probleme entstehen tatsächlich auch aufgrund eines unverantwortlichen Verhaltens. D.h., der Mensch wird mit den Konsequenzen seines Handelns leben müssen: ». . . Was der Mensch sät, wird er ernten« (Gal. 6,7). Aber nicht nur das eigene falsche Verhalten führt zum Leiden, sondern auch das falsche Verhalten anderer kann einen Menschen sehr treffen – und dies sollte in der Seelsorge beachtet werden.

Bei der *Erkennung* von psychischen Störungen geht es jedoch nicht um Schuldzuweisungen, sondern um eine möglichst genaue Beschreibung der krankhaften Verhaltensweisen.

Was die *Ursachen* der Störungen anlangt, kann man davon ausgehen, daß die Persönlichkeitsstruktur des Menschen durch eine solche Vielzahl von Wesenszügen, die ihrerseits wieder untereinander in Wechselwirkung treten, geprägt ist, daß eine genaue Identifikation von Einzeleinflüssen nur sehr selten möglich ist.

4.2.1 Genetische Faktoren

Der genetische Hintergrund ist oft wichtig, wenn man ein psychisches Problem untersucht. So lassen sich bei manisch-depressiven Störungen recht deutlich vererbte Dispositionen nachweisen. Durch empirische Untersuchungen konnte auch belegt werden, daß Kinder schizophrener Eltern deutlich häufiger an Schizophrenie erkranken als andere Kinder – selbst wenn sie nicht bei ihren Eltern zuhause erzogen werden.

Die Publizität, die der modernen Genforschung zuteil wurde, hat allerdings auch einige häufig vorkommende Verzerrungen hervorgebracht. So schieben nicht wenige Menschen ihre gesamten Probleme auf ihre »schlechte Erbmasse« und rechtfertigen damit ihr Fehlverhalten. Oftmals hört man dann: »Mein Vater war Alkoholiker – also werde ich auch in seine Fußstapfen treten müssen.« Um zu diesem Schluß zu kommen, müßten allerdings die Forschungsergebnisse der Genetik sehr einseitig interpretiert werden.

Obwohl unsere genetische Ausstattung, wie in den vorangegangenen Kapiteln gezeigt, tatsächlich Auswirkungen auf das intellektuelle und emotionale Potential hat, ist das Verhalten als Erwachsener nicht genetisch vorherbestimmt. Man kann z.B. einen Menschen betrachten, der unter Depressionen leidet. Eine gewisse Veranlagung zur Depression mag ererbt sein, aber die Art, mit dieser Veranlagung umzugehen, unterliegt zum großen Teil der freiwilligen Kontrolle. Entsprechend den im Laufe der Erziehung bzw. Sozialisation erworbenen Erfahrungen, Denkmustern und Verhaltensweisen ist der eine mehr erfolgreich als der andere im Umgang mit seinen Gegebenheiten.

Gene zwingen niemanden, gegen sich selbst oder andere Groll zu hegen. Aber die genetische Veranlagung kann bestimmte Vorausbedingungen schaffen, gegen die der betroffene Mensch zeitlebens aktiv ankämpfen muß, beispielsweise um nicht depressiv zu werden. So ist auch bekannt, daß Kinder von alkoholkranken Eltern erheblich mehr gefährdet sind, auch Alkoholprobleme zu entwickeln, als andere. Dies gilt aber nur, wenn sie selbst auch Alkohol trinken. Durch die genetische Veranlagung bedingt kann es sein, daß ein Kind alkoholkranker Eltern erheblich mehr Alkohol konsumieren muß, um Übelkeit oder Erbrechen zu erleben als ein Gleichaltriger ohne diese genetische Veranlagung. Dies bedeutet, daß der »normale« Jugendliche von den Symptomen seines Körpers dazu erzogen wird, Alkohol nur in solchen Mengen zu trinken, die besser verträglich sind und eine Sucht unwahrscheinlich machen. Wer durch Vererbung diese Körperfunktion nur in vermindertem Maße zur Verfügung hat, muß durch andere Konsequenzen lernen, daß Alkoholgenuß zu Problemen führen kann.

Zusammengefaßt bedeutet dies zum einen, daß einige Menschen aufgrund ihrer genetischen Prädisposition sehr viel leichter in eine Abhängigkeit von Alkohol gelangen können als andere. Auf der anderen Seite gibt es aber auch keinen Menschen, der von der Veranlagung her immun gegenüber solchen Substanzabhängigkeiten wäre.

4.2.2 Erziehung

Neben den vererbten Dispositionen als Ursache für bestimmte psychische Krankheiten spielt auch die Erziehung eine bedeutende Rolle. Im dritten Kapitel dieses Buches wurden hierzu ja bereits eine ganze Reihe von Befunden geliefert.

Tatsächlich kann ein bestimmtes Erziehungsverhalten, insbesondere dann, wenn es im Zusammenhang mit entsprechenden Anlagen und Streßfaktoren gesehen wird, psychische Krankheiten verursachen.

Wir beobachten nicht selten, daß Kinder, die von sehr strengen und harten Eltern aufgezogen wurden, als Erwachsene Probleme im Bereich des Perfektionismus oder mit Depressionen haben. Kinder, die vernachlässigt aufwachsen, zeigen oftmals krankhafte Störungen in ihrem Sozialverhalten.

Wenn Kinder im Gottesdienst Sonntag für Sonntag Predigten hören, in denen Gnade und Verdammnis nicht im biblisch richtigen Verhältnis stehen, werden sie als Erwachsene häufig Schwierigkeiten haben, die Gewißheit ihres eigenen Heils zu erleben. Depressive Erscheinungen, Angst und Zwanghaftigkeiten sind nicht selten auf einem solchen Hintergrund zu erwarten. Wachsen Kinder in einem Elternhaus auf, in dem Vater und Mutter einen ständigen Machtkampf austragen, sind Störungen im Sozialverhalten nahezu vorprogrammiert.

Anlage und Umwelt sind also Faktoren, die zu einer statistischen Wahrscheinlichkeit für eine mögliche psychische Störung beitragen. Falsch wäre es jedoch, von einer kausalen Determiniertheit auszugehen. Obwohl es keinen Zweifel gibt, daß insbesondere die frühkindliche Sozialisation bei der Entwicklung von psychischen Störungen eine wichtige Rolle spielt, muß immer wieder betont werden, daß diese Faktoren keinesfalls so endgültig bestimmend sind, daß sie dem Menschen keine Chance mehr auf ein gesundes und glückliches Leben lassen. Ganz im Gegenteil, eine dermaßen falsche Haltung führt sowohl zu einer »Zementierung« psychischer Störungen als auch zu der Tendenz, frühkindliche oder genetische Faktoren als Entschuldigungen für Fehlverhalten zu übernehmen.

4.2.3 Streßfaktoren

Bei psychischen Störungen ist Streß oft der »Tropfen«, der sozusagen das »Faß zum Überlaufen« bringt.

Wenn Menschen eine durch die Anlage bedingte »Dünnstelle« haben, oder wenn sie in einer schwierigen Umgebung erzogen wurden, dann ist es in Zeiten von Streß leicht möglich, daß sie eine psychische Störung erleben.

Wie der Streß im Einzelfall wirkt, ist nicht immer klar. Ob zum Beispiel eine Überempfindlichkeit vorliegt oder die fehlende Fähigkeit, sich mit seinen Problemen anderen Menschen (oder Gott) anzuvertrauen, ist von Mensch zu Mensch verschieden. Der auslösende Streßfaktor, der zur psychischen Störung geführt hat, ist häufig die Beschwerde, die vom Ratsuchenden dem Seelsorger vorgetragen wird. Dabei ist Streß in der Natur menschlichen Lebens immer enthalten.

Kasten 51

Ein Wort Gottes für Streßsituationen

»Jetzt aber – so spricht der Herr, der dich geschaffen hat, Jakob, und der dich geformt hat, Israel: Fürchte dich nicht, denn ich habe dich erlöst; ich habe dich bei deinem Namen gerufen; du bist mein. Wenn du durchs Wasser schreitest, bin ich bei dir, wenn durch Ströme, dann reißen sie dich nicht fort. Wenn du durchs Feuer gehst, wirst du nicht versengt, keine Flamme wird dich verbrennen. Denn ich, der Herr, bin dein Gott, ich, der Heilige Israels, bin dein Retter . . .« (Jes. 43,1-3a)

Israel hat im Laufe seiner Geschichte immer wieder enormen Streß erlebt – trotzdem hat es überlebt.

Sicherlich hat mancher Streß auch die Funktion, die Menschen wieder zu Gott zurückzuführen, wenn sie sich von seinen Richtlinien für ein glückliches Leben abgewendet haben. Es ist aber nicht die Aussage der Bibel, daß jeder Streß, sozusagen als Erziehungsmittel, von Gott kommt. Seelsorger, die dies annehmen, um dann mit dem Zeigefinger Schuldzuweisungen auszusprechen, haben sich von der biblischen Wahrheit entfernt. Als Nachfolger Christi müssen wir damit rechnen, daß uns das auch passieren kann, was unserem Herrn widerfahren ist: Ablehnung, Angriffe, Bestrafung, Ungerechtigkeiten und Versuchungen – und diese Liste ließe sich beliebig fortsetzen.

Wer annimmt, daß Streß immer durch persönliche Sünden und Verantwortungslosigkeit herbeigeführt wird, macht mehr kaputt, als daß er hilft. Streß wird häufig durch real existierende Verluste ausgelöst, die mehr oder weniger offensichtlich sein können.

Ein Seelsorger wird es im allgemeinen leicht haben, echte Trauer zu zeigen, wenn eine Mutter Rat und Trost sucht, weil ihr Kind an Leukämie stirbt. Wenn aber der Verlust nicht so greifbar oder offenliegend ist – z.B. der Verlust von Kräften beim älter werdenden Menschen –, ist dies viel schwieriger.

Man sollte den Ratsuchenden helfen zu erkennen, daß die Verluste nicht das Ergebnis von Sünde sind, sondern daß Krankheit und Tod gleichermaßen Teile des menschlichen Lebens sind wie Geburt oder Hochzeit.

Häufig glauben die betroffenen Menschen, daß große Verluste die Strafe für Versagen sind, die sie selber zu verantworten haben. Kinder z.B. erleben die Scheidung der Eltern, oder Eltern die Behinderung eines Kindes nicht selten auf diese Art und Weise. Die Tendenz, Verantwortung zu fühlen, wo im Grunde keine ist, verstärkt den Streß, da jetzt noch bohrende Schuldgefühle dazukommen. Andererseits muß man jedoch auch die Eigenverantwortung an Problemen erkennen, sofern es sie gibt. Dieses gilt z.B. für beide Partner einer Ehe, in der Konflikte mit Gewalt ausgetragen werden (vgl. Kasten 52).

Kasten 52

Ehekonflikte mit Gewalt lösen?

Zumeist ist die Frau das Opfer der Gewaltanwendung des prügelnden Ehemannes. Sie erhält als Leidtragende sehr viel Mitgefühl. Daß sie aber an der Entstehung des Konfliktes durch ihre Provokationen auch beteiligt war, wird dabei oftmals übersehen. Es ist nicht selten Teil eines solchen Problemes, daß die »schwache« Partnerin den Mißbrauch provoziert, weil sie unbewußte Bedürfnisse auf diese Art und Weise befriedigt (z.B. den Wunsch, einen lieblosen Mann zu heiraten, um ihn dann mit der eigenen Liebe zu erwärmen).

Die moderne Sozialforschung hat gezeigt, daß mißbrauchte Ehefrauen oft mißbrauchte Töchter waren. Dies legt die Theorie nahe, daß sie vielleicht manchmal die Beziehung zum Vater mit dem Ehemann wiederholen. Wenn es also die Aufgabe des Ehemannes ist, Beherrschung zu lernen, ist es meistens die Aufgabe der Ehefrau, zu lernen, den Mann so zu konfrontieren, daß er durch die Kritik nicht provoziert wird, sondern sie ertragen kann.

Tag für Tag besuchen den Seelsorger Menschen, die glauben, daß sie die Kontrolle über ihr Leben verloren haben, jedoch in Wirklichkeit aktiv zu ihren Problemen beitragen. Solche Menschen sehen im allgemeinen den herbeiführenden Streß, der ihr Leben unerträglich macht, in ihrer Umgebung und nicht die »kranke« Art und Weise, in der sie mit dem Streß umgehen.

Wenn man also Streß als Ursache psychischer Störungen erforscht, sollte man auf jeden Fall beachten, daß dieser nicht unmittelbar Störungen verursacht, sondern daß es auf die individuelle Verarbeitungsweise ankommt. Hierzu sollte man bedenken, daß es nicht selten in der Kraft des einzelnen liegt, sich vor bestimmten Streßsituationen zu schützen.

Aber auch da, wo Streß unvermeidbar ist, kann der Seelsorger dem Ratsuchenden oft helfen. Dies gilt z.B. für die vielen unheilbaren körperlichen Krankheiten, die einen starken Streß für den einzelnen bedeuten können. Wer einen Herzinfarkt erlebt hat, muß oft unter großen Schwierigkeiten lernen, weniger zu arbeiten. Diabetiker haben durch einen vorgeschriebenen Speiseplan oft große Schwierigkeiten, sich an sozialen Ereignissen, z.B. Familienfesten, zu beteiligen. Sie müssen lernen, ihre Grenzen zu akzeptieren und ggf. ihre besonderen Bedürfnisse geltend zu machen. Körperbehinderte empfinden sich oft als Belästigung für die anderen und schließen sich daher aus der Gemeinschaft mehr aus, als sie es ohnehin durch ihre Behinderung schon sind usw.

4.3 Depressionen als Beispiel psychischer Störungen

In der praktischen Seelsorge und Beratung treten Depressionen als psychische Störungen so häufig auf, daß es sinnvoll ist, diese in einem gesonderten Kapitel zu beschreiben und damit aus der allgemeinen Klassifizierung psychischer Störungen, die im nächsten Abschnitt (4.4) vorgenommen wird, herauszuheben.

Oftmals kommen depressive Christen in die Seelsorge und erzählen, daß mit ihnen schon monate- oder gar jahrelang gebetet wurde, daß man ihnen mehrmals die Hand aufgelegt habe, daß ganze Gemeinden im Gebetskampf hinter ihnen stünden – und dennoch kein Erfolg im Sinne einer Heilung ihres depressiven Zustandes eingetreten sei. Nicht wenige der Ratsuchenden berichten auch von jahrelanger seelsorgerlicher Betreuung – und daß sich die depressiven Verstimmungen dennoch nicht verbessert haben.

Kasten 53

Depressionen – Melancholie. Ein kurzer historischer Rückblick

Bereits in klassischer Zeit wurde die Melancholie den Krankheiten zugeordnet; Krankheiten, die besonders deshalb so herausfordernd waren, weil sich der Patient scheinbar nicht heilen lassen wollte. So hat sich im Zusammenhang mit der Depression schon recht früh die Zuschreibung einer »Uneinsichtigkeit« für die Krankheit verbunden.

Hatte man in der Antike und im Mittelalter durch eine besondere Diät, Bewegungstherapie, Luftveränderung und Unterhaltung relativ sanfte (und heute noch moderne) Therapien eingesetzt, so veränderte sich die Behandlung im 17. Jahrhundert dramatisch. Robert Burton berichtet in seiner »Anatomie der Melancholie« von Brenneisen, die auf die Schädelnaht gesetzt wurden, oder dem Durchbohren des Schädelknochens, um die »melancholischen Dämpfe und Dünste« entweichen zu lassen.

Die historischen Quellen dafür, daß für manche Christen Depressionen im Umfeld des Okkultismus anzusiedeln sind, findet man u.a. bei der Mystikerin Hildegard von Bingen. Für sie war die »schwarze Galle«, die als körperliches Zeichen der Depression betrachtet wurde, kein natürlicher Körpersaft mehr, sondern ein diabolisches Gift, das in unseren Adern rinnt, seit Adam und Eva den Einflüssen der Schlange erlagen.

Thomas von Aquin weist der Depression gar einen Platz unter den Todsünden zu, »weil sie das geistige Leben aufhebt, das in der Liebe gründet, durch die Gott in uns wohnt«.

Derartige Denkweisen, die Depressionen zum einen als selbstverschuldete Krankheit und zum andern als schwere Sünde sehen, haben sich teilweise versteckt bis zur Gegenwart erhalten. Sie lassen sich in einem Satz zusammenfassen: Für die Depression ist man selbst verantwortlich.

Hat man denn zu wenig getan? Müßte man noch mehr beten? Noch mehr Seelsorge haben? Solche Fragen hört man häufig, sie werden auch von den Gemeindegliedern offen oder verdeckt gestellt – und sie haben eine lange Tradition (vgl. Kasten 53). Damit kann man aber einen depressiven Menschen in eine noch tiefere Krise hineinstoßen: Für seinen Zustand selbst verantwortlich gemacht, muß er geistlich noch mehr »leisten« – und der Seelsorger ist gleichzeitig entlastet. Dabei wäre es doch viel einfacher zu sagen: »Ich darf depressiv sein.«

Tatsächlich kann es ein erster Schritt aus dem Dunkel der Depression sein, daß man erkennt, daß dieser Krankheitszustand durchaus seinen Sinn hat. Daß er nicht zwingend mit mangelndem Gebets- oder Glaubensleben in Verbindung zu bringen ist, sondern eine in vielen Fällen verständliche und normale Reaktion auf belastende Lebensereignisse ist. Vielleicht dürfen wir auch davon ausgehen, daß in manchen Fällen die Depression eines der letzten Mittel ist, um einen Menschen zum Innehalten zu bringen. Wer sich dann mit Psychopharmaka oder guten Worten abspeisen läßt, erkennt nicht die Chance, die in einem solchen Innehalten liegen könnte. Es mag sein, daß Gott gerade auf diese Art und Weise mit ihm spricht – und vielleicht sollte man auf einem solchen Hintergrund depressiven Menschen klarzumachen suchen, daß ihre Depression auch eine lebensrettende Krise sein kann.

4.3.1 Beschreibung der Depression

Wie schon beschrieben, finden sich in der einschlägigen Fachliteratur zwei große Linien zur Charakterisierung psychischer Störungen bzw. hier der Depressionen.

Die älteren und eher tiefenpsychologisch fundierten Therapeuten beschreiben Depressionen auf dem Hintergrund der möglichen Entstehungsgeschichte, während die moderneren Klassifizierungen (z.B. im Sinne des DSM III, das wir im Kapitel 4.4 einsetzen) deutlicher von einer genauen Verhaltensbeschreibung des depressiven Menschen ausgehen. Beide Arten der Beschreibung sind sinnvoll und werden deshalb nachfolgend kurz vorgestellt; zuvor jedoch sollen noch einige Aussagen zur Verbreitung (Epidemiologie) der Depression gemacht werden.

4.3.2 Wer wird depressiv?

Weltweit wird davon ausgegangen, daß drei bis fünf Prozent der Bevölkerung ständig von Depressionen betroffen sind (das sind ca. 150 bis 250 Millionen Menschen).

Neuere schwedische Untersuchungen haben gezeigt, daß sich die Erkrankungsrate innerhalb von dreißig Jahren verdoppelt hat. Damit ist jedoch nicht belegt, daß die Zahl der tatsächlich depressiven Menschen zugenommen hat, es kann auch sein, daß die diagnostischen Instrumente zu einer deutlicheren Erkennung beigetragen haben. In den meisten Untersuchungen zur Verbreitung der Depressionen wird darauf hingewiesen, daß Frauen etwa doppelt so häufig (bzw. sogar im Verhältnis 7 : 3) wegen depressiver Störungen in Behandlung kommen als Männer. Daraus zu schließen, daß Depressionen vererbt werden, ist voreilig. Eher schon sind hierfür Zahlen aus der Zwillingsforschung geeignet, die darauf hinweisen, daß eine gewisse Prädisposition für depressive Störungen genetisch bedingt ist. Man muß jedoch bei allen Zahlen differenzieren. Neuere Studien haben gezeigt, daß depressive Erkrankungen unter jungen Menschen, insbesondere in der Altersklasse zwischen 18 und 44 Jahren, deutlicher zunehmen als dies in den vergangenen Jahren der Fall war. Frauen erkranken häufiger vor ihrem 35. Lebensjahr, während die höchste Erkrankungsrate bei Männern in der Altersgruppe zwischen 55 und 70 anzutreffen ist.

Was den Familienstand anlangt, so ergibt sich eine eindeutige Rangfolge: Am wenigsten depressiv sind verheiratete Männer, gefolgt von verheirateten Frauen, alleinstehenden oder verwitweten Frauen und alleinstehenden, verwitweten oder geschiedenen Männern. Am depressivsten sind getrennt lebende oder geschiedene Frauen. Depressionen treten häufiger in den unteren sozialen Schichten auf.

Kennzeichen depressiver Zustände

Die Depression beeinflußt nicht, wie immer wieder vermutet wird, nur die Gefühle. Der ganze Mensch, d.h. Leib, Seele und Geist, sind davon betroffen.

Bei schweren Depressionen sind die im Kasten 54 nachfolgend genannten Erscheinungen zumindest um ein Drittel häufiger als bei Nichtdepressiven.

Kasten 54

Kennzeichen depressiver Zustände

Im Bereich der Gefühle: Niedergeschlagenheit, Verlust jeder Befriedigung, Weinkrämpfe, Abneigung gegen sich selbst, Verlust der Bindungen, Verlust der Fröhlichkeit.

Im Bereich des Denkens und der Motivation: Negative Erwartungen, Suizidverlangen, verzerrtes Selbstbild, Wertlosigkeit, Unentschlossenheit, Verlust an Motivation, niedrige Selbsteinschätzung, Selbstvorwürfe, Selbstkritik, Versündigungsideen.

Im körperlichen Bereich: Appetitlosigkeit, Schlafstörungen, Müdigkeit, Verlust an sexuellem Interesse, Stuhlverstopfung, verlangsamtes Sprechen, gebeugte Haltung, trauriger Gesichtsausdruck, keine Spontaneität.

4.3.3 *Ursachen depressiver Zustände*

Im Unterschied zu der Klassifikation durch das DSM III geht man bei der herkömmlichen Beschreibung und Differenzierung der Depressionen von deren jeweiligen Entstehungsursachen aus. Am gebräuchlichsten ist dabei die Unterscheidung zwischen *endogenen,* d.h. im weitesten Sinne durch interne Stoffwechselstörungen erworbenen, und *exogenen,* d.h. Depressionen, die als Antwort auf irgendwelche Umweltereignisse entstanden sind. In der Regel sind dabei endogene Depressionen als schwerer und länger andauernd zu betrachten.

Vergleicht man die quantitativen Anteile der beiden Depressionsformen, muß davon ausgegangen werden, daß endogene Depressionen nur ca. ein Zehntel aller Depressionen ausmachen, d.h., daß die exogenen Formen deutlich überwiegen.

Exogene Depressionen, die auch als »psychogen« oder »reaktiv« bezeichnet werden, gelten als umweltbedingt, d.h., sie werden vor allem durch belastende Lebensereignisse ausgelöst. Bei endogenen Depressionen kann man eher davon ausgehen, daß sie durch Störungen im Haushalt der Neurotransmittersubstanzen entstanden sind (vgl. hierzu auch Kapitel 2.2.3).

Neuere Untersuchungen zeigen, daß bei einzelnen engumschriebenen endogenen Depressionsformen (die manische und depressive Phasen aufweisen) genetische Ursachen durch einen Defekt am elften Chromosom nachgewiesen werden können, allerdings ist gerade diese Depressionsform die seltenste von allen.

Biochemie der Depression

Fachleute gehen davon aus, daß keine Depression denkbar ist, »möge sie als psychogen, endogen, symptomatisch oder organisch betrachtet werden, die ohne eine auf die Depression abgestimmte Biochemie einhergeht« (Battegay 1987). So gesehen liegt die Frage nahe, welche biochemischen Zusammenhänge hinter der Depression stecken.

Im Kapitel 2.2 hatten wir bereits davon berichtet, daß für die Verbindung der Nervenzellen die Neurotransmittersubstanz Serotonin verantwortlich gemacht werden kann. Man geht davon aus, daß bei Depressionen dieses Serotonin in nicht ausreichendem Maße vorhanden ist, wobei allerdings bedacht werden muß, daß es sich hierbei um Größenordnungen von Tausendstel Gramm handelt.

Eine Bestätigung für diese Hypothese erhält man dadurch, daß man einen Patienten die ganze Nacht nicht schlafen läßt. Geht es ihm am nächsten Tag deutlich besser, könnte dies auf einen Serotoninmangel hindeuten. Ähnliche Ergebnisse zeigen sich auch daran, daß durch intensive sportliche Übungen, z.B. Jogging, die Serotoninproduktion angereichert wird – und es dem so körperlich Aktiven danach besser geht.

Neben dem Serotonin gibt es aber noch eine ganze Menge anderer Chemikalien, die für den Depressionszustand verantwortlich sein können. So kann angenommen werden, daß z.B. auch das Noradrenalin im Gehirn Depressiver nicht in ausreichendem Maße vorhanden ist.

Auslöser der Depression

Für den eigentlichen Depressionszustand ist es nicht so wichtig, ob er von außen oder von innen her kommt, also ob es sich um eine exogene oder endogene Depression handelt – die Patienten fühlen sich ähnlich.

Als Risikofaktoren zur Auslösung einer Depressionserscheinung für exogene Depressionen (aber auch für endogene Depressionen, die, wie neuere Forschungen zeigen, nicht aus »heiterem Himmel« kommen) werden häufig Verlust- und Trennungserlebnisse genannt. Eine Untersuchung von Kielholz zeigt, daß solche Auslöser bei Frauen insbesondere Liebeskonflikte, eheliche Zerwürfnisse, Untreue oder Alkoholismus des Ehepartners sein können, gefolgt von Isolierung und Entwurzelung sowie einem Mangel an mitmenschlichen Beziehungen oder einer Scheidung.

Bei Männern steht als Auslöser an erster Stelle die Überforderung durch Arbeit, ein ungünstiges Arbeitsklima oder der Verlust des Arbeitsplatzes.

Medikamentöse Behandlung von Depressionen

Man muß davon ausgehen, daß biochemische und psychologische Ursachen bei der Entstehung der Depression zusammenwirken, und so wird auch deutlich, daß in der Therapie sowohl mit Psychopharmaka als auch mit unterstützender Psychotherapie zu arbeiten ist. Jedoch sollte eine Gewichtung, je nach Ursprung der Depression, vorgenommen werden:

Bei endogenen Depressionen muß eine medikamentöse Behandlung an erster Stelle stehen. Später kann sie durch psychotherapeutische Maßnahmen ergänzt werden. Bei exogenen Depressionen sollte der Schwerpunkt auf der Psychotherapie liegen.

Ein relativ hoher Prozentsatz der Patienten spricht allerdings auf Medikamente nicht an. Kielholz geht von 15% Therapieresistenz aus, Aaron Beck schätzt die Zahl derer, bei denen Medikamente nicht wirksam sind auf 35 bis 40%.

4.3.4 *Beschreibung verschiedener exogener Depressionsformen auf dem Hintergrund ihrer Entstehungsgeschichte*

Zieht man zur Klassifizierung die Entstehungsgeschichte heran, so lassen sich folgende Formen der exogenen Depression unterscheiden:

Erschöpfungsdepressionen

Oftmals ist es nur eine körperliche Überanstrengung, z.B. intensive Arbeit im Betrieb oder in der Landwirtschaft, die für eine Depression verantwortlich zu machen ist. Dann genügt häufig ein kleiner Erholungsurlaub als Therapie. Aber auch schwere Prüfungen oder lang anhaltende Sticheleien können als Ursache einer Erschöpfungsdepression gesehen werden.

Immer wieder sieht man solche Depressionen auch bei »theologischen Amtspersonen«. Man erwartet z.B. vom Pfarrer oder der Gemeindeschwester, daß sie immer und für alles bereit sein sollen, Tag und Nacht im Dienst sein müssen usw. – Erschöpfungsdepressionen können die Folge eines derart geführten Lebens sein.

Man findet auf dem Hintergrund der Überanstrengung und Erschöpfung auch Christen, die jahrelang gekämpft haben – oftmals bis zur Grenze ihrer Kräfte – und häufig gegen vermeintliche Schuld, die ihnen von ihrer Gemeinde oder ihrem »schlechten Gewissen« zugeschoben wurde. Immer wieder erleben wir dabei, daß in Bereichen gekämpft wird, in denen Christus den Sieg längst errungen hat – aber stolze Menschen möchten eben alleine mit ihren Anfechtungen fertig werden ...

Verlustdepressionen

Viele Menschen werden deshalb depressiv, weil sie einen großen Verlust erlitten haben; vielleicht dadurch, daß der Ehegatte oder ein nahestehendes Familienmitglied gestorben, oder auch, daß eine freundschaftliche Beziehung auseinander gegangen ist.

Man kennt in der Fachsprache der Psychotherapie z.B. das »Leere-Nest-Syndrom«, eine Depressionsform, die sich dann ergibt, wenn in einer Familie alle Kinder ausgeflogen sind und die Mutter plötzlich vor einer gähnenden Leere steht. Ähnlich verhält es sich beim »Pensionierungsschock«, einer Depressionserscheinung, die bei vielen Männern häufig dann eintritt, wenn sie als ehemals erfolgreiche Mitarbeiter plötzlich nichts mehr zu sagen haben. Verlustdepressionen findet man aber auch häufig dann, wenn das Berufsziel nicht erreicht wird bzw. wegen des schon vorangeschrittenen Alters nicht mehr erreicht werden kann.

Neurotische Depressionen

Ein bekanntes Sprichwort lautet: »Es wird bald wieder Gras über die Sache wachsen.« Dieses Wort hält jedoch in vielen Fällen nicht, was es verspricht. Wenn Menschen ihre Konflikte ganz oder teilweise verdrängen, können Depressionen die Folge sein. Hierher gehört auch das große Kapitel der verdrängten Schuld.

Menschen, die in ihrem Leben schuldig geworden sind, können zwar versuchen, nicht mehr an die Schuld zu denken, d.h., sie zu verdrängen. Es kann ihnen sogar gelingen, diese Schuld so weit ins Unbewußte zu verlagern, daß sie von der ganzen Angelegenheit nichts mehr wissen – plötzlich stellen sich jedoch Depressionserscheinungen ein. D.h., es kommt zu sogenannten »frei flottierenden Ängsten«, das sind Ängste, deren Ursache man nicht kennt, weil man die verdrängten Elemente nicht zulassen will bzw. kann.

Depressionen durch »erlernte Hilflosigkeit«

Depressionen können, wie im Kapitel 2.3 beschrieben, auch erlernt werden. Man muß sie deshalb im Zusammenhang mit dem entsprechenden Erziehungsmuster der Eltern, Lehrer usw. aber auch mit der Art und Weise der Verkündigung in unseren Gemeinden und Gemeinschaften sehen.

Wenn man beispielsweise davon ausgeht, daß Menschen immer einen Zusammenhang zwischen ihrem Tun und den Konsequenzen, die auf ihre Handlungen folgen, suchen, können sie dann depressiv werden, wenn sie den Folgen ihrer Handlungen hilflos gegenüber stehen, d.h., sie nicht beeinflussen können.

Tritt eine solche Erfahrung wiederholt auf, festigt sich im Menschen die Erwartung, auch zukünftig keinen Einfluß auf die Konsequenzen seines Handelns zu haben – er hat dann die Hilflosigkeit erlernt und diese wiederum kann eine Vorstufe zu späteren Depressionen sein.

Kasten 55

Externe und interne Kontrollüberzeugung

Wenn Christen mit depressiven Verstimmungen in die Biblisch-therapeutische Seelsorge kommen, ist ggf. zu überprüfen, auf welche Art und Weise sie ihre Handlungen kontrollieren.

Depressive Menschen mit *externer* geistlicher Kontrollüberzeugung sind solche, die eher davon ausgehen, daß ihre eigenen Bemühungen wenig sinnvoll sind. Wenn sie in der biblischen Verkündigung nun schwerpunktmäßig hören: »Du mußt dich ganz in die Hände deines Herrn fallen lassen« oder »Sei still und warte, der Herr wird für dich streiten«, ist die Gefahr, noch mehr in depressive Zustände zu fallen, groß – obwohl die genannten Worte für andere Gemeindeglieder durchaus berechtigt und hilfreich sein können.

Günstiger wäre es für einen derart depressiven Menschen, Teile einer *internen* Kontrollüberzeugung zu übernehmen. Dies würde bedeuten, daß er sich aufmachen darf, daß er etwas unternehmen sollte – etwa unter dem Motto: »Ich gehe und vertraue darauf: Mein Herr geht mit.« Er könnte dies mit dem Liedvers von August Hermann Francke tun: »Nun aufwärts froh den Blick gewandt und vorwärts fest den Schritt! / Wir gehn an unsers Meisters Hand, und unser Herr geht mit.«

Larvierte (maskierte) Depression

In einer Gesellschaft, in der Jugendlichkeit, Fitness, Gesundheit und Leistungskraft an oberster Stelle stehen, ist die Depression eine massive Bedrohung. Deshalb ist es nicht verwunderlich, daß viele Depressive den letzten Rest ihrer Kraft sammeln, um die Krankheit zu maskieren. Und dank der Fähigkeit der Selbsttäuschung ist der Zustand in nicht ganz so schweren Fällen für die Außenwelt oftmals kaum erkennbar.

Man kann es sich als erfolgreicher Manager heute zwar leisten, beim Skilaufen das Bein zu brechen – nicht jedoch, in einen depressiven Zustand zu verfallen. Der moderne Mensch ist jung und dynamisch – depressiv darf er nicht sein, das verheimlicht man lieber. Depressionen gehören deshalb auch zu den am meisten verschwiegenen Krankheiten unserer Tage. Sie sind unpassend für unsere dem Jugend- und Gesundheitskult frönende Gesellschaft. Der Betroffene selbst jedoch kämpft oftmals ums nackte Überleben. Er versteckt dabei seinen Zustand – nicht selten sogar vor sich selbst.

Um nach außen hin die Fassade des Normalen aufrecht halten zu können, sucht er verzweifelt nach plausiblen Ursachen für seinen Zustand. Oftmals ist es das schlechte Wetter im Herbst, dann ist man erkältet, man hat einfach schlecht geschlafen, etwas Falsches gegessen, man ist mit seinem Ehepartner nicht zufrieden, oder ganz einfach, man hat eben eine »dünne Haut« – und daran ist schließlich nichts zu ändern ...

Welche Ausflüchte auch immer man wählt, sie dienen dazu, sich vorzugaukeln, daß man im Grunde genommen nicht krank sei. Kein Wunder, daß man auf diesem Hintergrund zum Allgemeinmediziner geht, um die häufig wechselnden Symptome dieses Zustandes behandeln zu lassen. Da der eigentliche Zustand versteckt ist, beginnt dann für 90% derjenigen, die unter solchen »larvierten« Depressionen leiden, eine langjährige Irrfahrt von einem praktischen Arzt zum andern.

Auch in unseren Gemeinden gibt es solche larvierten Depressionszustände. Hier heißt es dann vielleicht noch zusätzlich, daß man als Christ doch nicht so traurig sein könne bzw. dürfe, wo uns doch Christus immer fröhlich machen kann ...

Wir kennen auch den Satz: »Christen mit einer Leidensmiene sind kein gutes Zeugnis für ihren Herrn« – und dann wird weiter gekämpft, mit verzerrt-fröhlicher Fassade und einer tiefen schmerzenden Wunde in der Seele; es kann ja nicht sein, was nicht sein darf.

So lebt man dann oftmals jahrelang, bis irgendwann die Spannung zu groß wird und der Zusammenbruch erfolgt.

Als Nichtbetroffener kann man sich kaum vorstellen, was es für einen Christen zu bedeuten hat, wenn zu der schon vorhandenen Depression auch noch die stille Verachtung der Gemeindeglieder hinzukommt. »Er glaubt halt nicht richtig, er liest zu wenig die Bibel, er betet zu wenig«, kann es da heißen.

Ein solcher Zustand gleicht einer Einpanzerung, die den Betroffenen, der doch ohnehin schon unter starken inneren Spannungen steht, immer enger einpreßt. Folge kann sein, daß er, obwohl tief gläubiger Christ, Selbstmordgedanken hegt und diese nicht selten auch verwirklicht. Vielleicht ist auf einem solchen Hintergrund auch die Aussage zu verstehen, die wir immer wieder von einzelnen Patienten hören: »Lieber Krebs oder mein Bein amputiert, als diesen schrecklichen Zustand länger ertragen müssen.«

4.4 Die Klassifizierung psychischer Störungen

Bei den organisch bedingten Störungen gibt es kaum Diskussionen über die Frage, ob eine Klassifizierung und genaue Diagnose dieser Störungen notwendig sei. Im Gegenteil, alle Fachleute sind sich darüber einig, daß vor der Therapie eine Diagnose gestellt werden muß. Was psychogene Störungen (also Störungen, die keine organische Ursache zu haben scheinen) betrifft, gibt es erheblich weniger Einigkeit.

4.4.1 Ist eine Klassifikation möglich?

Auf der einen Seite findet man Psychologen und Psychiater, die jegliche Klassifizierung von psychischen Störungen ablehnen. Sie haben für diese Argumentation verschiedene, ernst zu nehmende Gründe. Wissenschaftliche Experimente haben beispielsweise gezeigt, daß eine Diagnose, einmal gegeben, den Menschen über lange Zeit begleiten kann.

Rosenhan (1973) konnte auch nachweisen, daß selbst schwerwiegende psychiatrische Krankheiten diagnostiziert wurden, obwohl die entsprechende Person völlig »normal« war – d.h., es besteht häufig ein Mangel an Einigkeit unter behandelnden Ärzten und Psychologen, welche Diagnose zu einem bestimmten Erscheinungsbild paßt.

Weiterhin gibt es das Problem, daß hinter jeder Diagnose möglicherweise eine »sich selbst erfüllende Prophezeiung« (self-fulfilling prophecy«) gesehen werden muß. D.h., neben der Aufgabe, eine Krankheit zu beschreiben, kann eine Diagnose auch die Funktion haben, die einmal festgestellte Krankheit zu »zementieren«.

Ehe wir uns mit denjenigen psychischen Problemen befassen, mit denen der Seelsorger häufiger in Berührung kommt, ist es angebracht, eine Übersicht über die ganze Bandbreite psychischer Störungen zu haben. Die Psychopathologie als »Lehre von den psychischen Störungen und ihren Ursachen« hat hier ihr Aufgabenfeld.

In der *klassischen* Psychopathologie wurde die Entstehung der psychischen Störungen schwerpunktmäßig vom tiefenpsychologisch-analytischen Ansatz her gesehen. Damit ergab sich dann auch eine Beschreibung dieser Störungen, die der Theorie der Tiefenpsychologie entspricht. Hierzu gehört beispielsweise eine bestimmte Auffassung von der Persönlichkeitsstruktur des Menschen (bei Freud: »Ich«, »Es« und »Über-Ich«) und ihrer normalen und gestörten Entwicklung (z.B. die Stufen der psychosexuellen Entwicklung) sowie bestimmten Mechanismen (Abwehr, Übertragung), mit denen der Mensch auf Störungen reagiert.

Problematisch ist bei diesem Vorgehen, daß die Gültigkeit derartiger Klassifizierungen kaum empirisch-wissenschaftlich nachweisbar ist, und daß sie auch Therapeuten, die einen anderen als den tiefenpsychologischen Ansatz vertreten, nicht genügt. In Deutschland wurde dies bis in die sechziger Jahre deshalb kaum bemerkt, weil bis zu diesem Zeitpunkt die einzig praktizierte Form der Psychotherapie die Tiefenpsychologie war.

In der englischsprachigen Welt wurden seit 1945, insbesondere aus dem Lager der Verhaltensforschung, in zunehmendem Maße Stimmen laut, die eine mit empirisch-wissenschaftlichen Mitteln überprüfbare Psychopathologie forderten.

Das Komitee für Nomenklatur und Statistiken der American Psychiatric Association entwickelte daraufhin eine Standardklassifikation, das Diagnostic and Statistical Manual of Mental Disorders, abgekürzt DSM. 1952 wurde das DSM-I veröffentlicht. Die erweiterten und verbesserten Manuale führten bis zum heute verwendeten DSM-III-R (1989), das immer mehr auch im deutschsprachigen Raum eingesetzt wird, um zu relativ eindeutigen und vor allem überprüfbaren Diagnosen psychischer Störungen zu kommen.

Kasten 56

Pluralität der psychotherapeutischen Methoden

Während in Deutschland die Psychoanalyse erst nach dem zweiten Weltkrieg richtig bekannt und danach praktisch als einzige Psychotherapie eingesetzt wurde, hatte sich zu diesem Zeitpunkt in anderen Ländern, vor allem aber in den USA, bereits eine deutliche Änderung vollzogen, die hin zu einer Pluralisierung der psychotherapeutischen Ansätze führte.

Die Freudschen Theorien zur Entstehung psychischer Störungen wurden zunehmend bezweifelt bzw. revidiert (z.B. durch die Entwicklung der Schule von Objektbeziehungen innerhalb der Tiefenpsychologie). Daneben entstanden, abgelöst von der Tiefenpsychologie, durch den Behaviorismus oder die Humanistische Psychologie ganz neue Therapieansätze (vgl. Kapitel 5).

Das zweibändige »Handbuch der Psychotherapie« von Corsini (1983) zählt derzeitig im deutschsprachigen Raum 70 anerkannte psychotherapeutische Methoden.

In diesem Kapitel orientieren wir uns am DSM-III bzw. DSM-III-R in seiner deutschen Fassung von 1984, das psychische Störungen in zwanzig Grundkategorien einteilt.

Wie schon angeführt, sind eine ganze Reihe Psychotherapeuten und Psychiater der Meinung, daß alle Kategorien abgeschafft werden sollten. Sie argumentieren, daß Bezeichnungen an sich destruktiv sind, oder daß seelische Probleme nur nach dem Grad der Verantwortungslosigkeit eingeteilt werden sollten – und haben mit diesen Meinungen sicherlich nicht unrecht.

Natürlich können Bezeichnungen gefährlich sein und man sollte sie deshalb auch nur mit der größten Vorsicht anwenden. Aber alle Klassifizierungssysteme über Bord zu werfen, wäre auch nicht vernünftig, insbesondere deshalb, weil Menschen in Kategorien denken und Informationen automatisch in ihrem Denken organisieren. Ein bestehendes System abzuschaffen, würde deshalb nur bedeuten, zu einem anderen überzugehen. Der Versuch, einheitliche diagnostische Systeme abzuschaffen, würde letztendlich dazu führen, daß jeder klinische Psychologe, Psychiater oder Psychotherapeut sein eigenes System entwickelt hätte (womöglich sogar, ohne sich dessen überhaupt bewußt zu sein).

Wer immer wissenschaftlich arbeitet – und sei es nur, daß er mit seinem Kollegen Daten austauscht – weiß, daß dies nur möglich ist, wenn man eine einheitliche Sprache spricht. Die Einheitlichkeit eines diagnostischen Systems ist die Grundvoraussetzung dafür, daß sich zwei Therapeuten über eine bestimmte Symptomatik unterhalten können, d.h. wirklich in etwa das gleiche meinen.

Man kann sich eine ganze Reihe von Klassifizierungssystemen für psychische Störungen vorstellen. Die Anforderungen, die an ein solches System gestellt werden, sind, daß es wissenschaftlich (d.h. »intersubjektiv«) überprüfbar sein muß. Weiterhin sollte es den Meinungsaustausch vereinfachen, d.h., die Terminologie sollte nach Möglichkeit weitgehend verstehbar und akzeptabel sein.

Obwohl das DSM manches zu wünschen übrig läßt, übertrifft es in diesen beiden Kriterien das klassische System. Es hat zudem den Vorteil in einer immer schneller und kleiner werdenden Welt wegen seiner internationalen Akzeptanz überall verstanden zu werden. Hinzu kommt, daß in wesentlichen Punkten eine Übereinstimmung mit dem international anerkannten Code des ICD 9 (Manual of the International Statistical Classification of Diseases, Injuries and Causes of Death) besteht.

Ein weiterer Vorzug ist, daß das DSM versucht, ohne einen speziell orientierten philosophisch-ideologischen Überbau auszukommen. Es gründet sich auf eine Beobachtung des Menschen ohne Werturteile. Christen können das DSM-System also genauso benützen, wie sie andere Fortschritte der modernen Wissenschaft genutzt haben.

4.4.2 *Das Beurteilungssystem des DSM-III*

Während in der klassischen Psychodiagnostik psychische Störungen zumeist mit einem oder zwei Worten umschrieben wurden, gehört zu einer Diagnose mit dem DSM-III die Beurteilung des Klienten nach fünf verschiedenen Dimensionen, die im DSM-III »Achsen« genannt werden.

Die eigentlichen psychischen Störungen sind auf der Achse 1 festzuhalten, während auf der Achse 2 Persönlichkeitsstörungen und spezifische Entwicklungsstörungen eingetragen werden (ohne dabei zu überprüfen, ob solche »Störungen« überhaupt behandelt werden können ...). Auf der Achse 3 werden körperliche Störungen beschrieben oder Zustände angegeben, die für das Verständnis des Patienten möglicherweise wichtig sind. Die Achsen 4 und 5 beschreiben das soziale Umfeld und die dort erlebten Streß-Erscheinungen des Patienten.

Nachfolgend werden noch einige Einzelheiten zu den fünf Achsen vorgelegt.

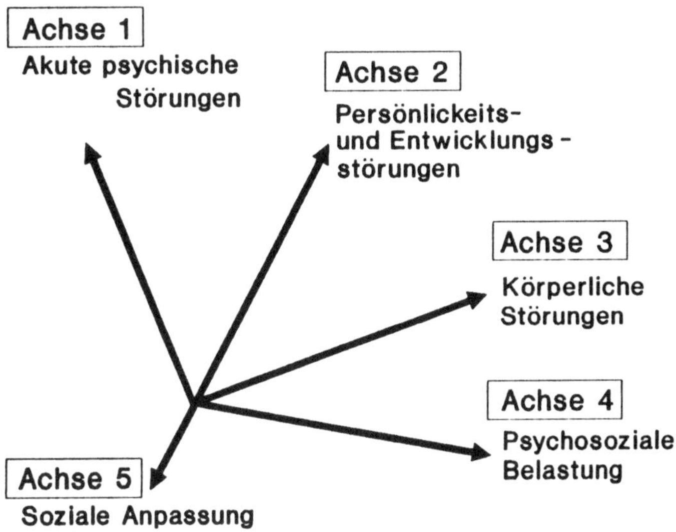

Abb. 32: Die fünf Beobachtungsachsen des DSM-III

Akute Psychische Störungen (Achse 1)

Auf der Achse 1 des DSM-III werden die sogenannten »klinischen Syndrome« notiert. Es handelt sich dabei um psychische Störungen, die nicht in der Persönlichkeitsstruktur des Betroffenen begründet sind, sondern mehr oder weniger akut als Störung auftreten.

Im Kasten 57 sind die wesentlichen Kategorien psychischer Störungen, die für die Achsen 1 und 2 des DSM-III-R benützt werden, aufgeführt. Die neueste Version (DSM-III-R, 1989) unterscheidet sich dabei geringfügig hinsichtlich der Zuordnung dieser Beschreibungen zu den Achsen 1 und 2 vom DSM-III.

Kasten 57

Akute Psychische Störungen (Achse 1)

1. Störungen des Kleinkindalters, der Kindheit und der Adoleszenz
2. Organisch bedingte Störungen
3. Störungen durch psychotrope Substanzen
4. Schizophrenie
5. Wahnsyndrom
6. Psychotische Störungen, die nicht andernorts klassifiziert sind
7. Affektive Störungen
8. Angstsyndrome
9. Somatoforme Störungen
10. Dissoziative Störungen
11. Sexualstörungen
12. Schlafstörungen
13. Vorgetäuschte Störungen
14. Störungen der Impulskontrolle, die nicht andernorts klassifiziert sind
15. Anpassungsstörungen

Persönlichkeits- und Entwicklungsstörungen (Achse 2)

1. Entwicklungsstörungen
   (Geistige Behinderung, massive und spezifische Entwicklungsstörungen)
2. Persönlichkeitsstörungen

Im Anhang dieses Buches finden Sie zu den einzelnen Kategorien eine große Zahl von genaueren Beschreibungen.

Psychische Störungen im Zusammenhang mit der Persönlichkeitsstruktur und der Entwicklung (Achse 2)

Psychische Störungen werden im DSM-III auf den Achsen 1 und 2 notiert. Dabei beschreibt man auf Achse 2 solche Störungen, die durch die Persönlichkeitsstruktur und Entwicklung des Betroffenen begründet sind. Eine derartige Beschreibung entspricht in etwa den sogenannten »Charakterneurosen«, die man in der klassischen Psychodiagnostik kennt. Es handelt sich dabei um Störungen, die sich über lange Zeiten gebildet haben und damit zur Persönlichkeit des Menschen gehören. Im DSM-III nennt man sie deshalb auch konsequenterweise »Persönlichkeitsstörungen«.

Kasten 58

Definition der Persönlichkeitsstörungen im DSM-III

»Persönlichkeitszüge sind überdauernde Muster der Wahrnehmung, des Beziehungsstils und des Denkens hinsichtlich der Umwelt und sich selbst. Sie kommen in einem breiten Spektrum von wichtigen und persönlichen Situationen und Zusammenhängen zum Ausdruck.

Nur wenn Persönlichkeitszüge unflexibel und schlecht angepaßt sind sowie entweder wesentliche Beeinträchtigungen der sozialen und beruflichen Leistungen oder subjektive Beschwerden verursachen, stellen sie Persönlichkeitsstörungen dar. Sie sind im allgemeinen bereits im Adoleszentenalter oder früher zu erkennen und setzen sich während des größten Teils des Erwachsenenlebens fort, obgleich sie im mittleren oder höheren Lebensalter weniger auffällig werden.«

Körperliche Störungen und Zustände (Achse 3)

Auf der Achse 3 des DSM werden körperliche Störungen oder Zustände notiert, die für das Verständnis oder die Behandlung des Patienten möglicherweise wichtig sind. Dabei kann die körperliche Störung in einem Zusammenhang mit der psychischen Störung stehen oder auch nicht.

In einigen Fällen kann dabei auf die Ursachen der in Erscheinung tretenden Symptome hingewiesen werden, beispielsweise auf den Hintergrund einer Demenz, die durch die Alzheimersche Krankheit entstanden ist. Auch Stoffwechsel- und Hormonstörungen können in einem deutlichen Zusammenhang mit psychischen Störungen stehen.

Eine Diagnose auf der Achse 3 ist also nur nach einer ärztlichen Untersuchung möglich. Falls eine solche nicht vorgenommen wurde, notiert man im Diagnoseprotokoll für die Achse 3 »nicht untersucht«. Hingegen bedeutet die Notiz »kein Befund«, daß eine ärztliche Untersuchung vorgenommen wurde, diese aber negativ verlaufen ist.

Schwere der psychosozialen Belastungsfaktoren (Achse 4)

Seit einiger Zeit diskutiert man die Folgen von Streß auf die Psyche des Menschen (vgl. Kapitel 2.1.5). Außerordentliche Belastungen, z.B. der Tod eines nahen Familienangehörigen, schwere Krankheiten, Scheidung usw., können oftmals in einem ursächlichen Zusammenhang mit psychischen Störungen gesehen werden.

Kasten 59

Achse 4: Einstufung der Belastung

Kodierung	*Bezeichnung*	*Beispiele für Erwachsene*	*Beispiele für Kinder oder Heranwachsende*
1	keine	keine erkennbaren psychosozialen Belastungsfaktoren	keine erkennbaren psychosozialen Belastungsfaktoren
2	minimal	kleinere Gesetzesübertretungen; kleine Bankschulden	Ferien mit der Familie
3	leicht	Streit mit den Nachbarn; Änderung der Arbeitszeit	Lehrerwechsel; neues Schuljahr
4	mäßig	neue Laufbahn; Tod eines guten Freundes; Schwangerschaft	ständiger Streit der Eltern; Schulwechsel; Krankheit eines nahen Verwandten; Geburt eines Geschwisters
5	schwer	eigene schwere Krankheit oder solche in der Familie; erheblicher finanzieller Verlust; Trennung vom Ehepartner, Geburt eines Kindes	Tod eines Klassenkameraden; Scheidung der Eltern; Haft (Arrest); Krankenhausaufenthalt; dauerhafte und strenge Erziehungsmaßnahmen durch die Eltern
6	sehr schwer	Tod eines nahen Verwandten; Scheidung	Tod eines Elternteils oder Geschwisters; wiederholte körperliche Mißhandlung oder sexueller Mißbrauch
7	katastrophal	Aufenthalt im Konzentrationslager; verheerende Naturkatastrophe	mehrfache Todesfälle in der Familie
0	nicht einstufbar	keine Information oder nicht anwendbar	keine Information oder nicht anwendbar

Auf der Achse 4 werden die psychosozialen Belastungsfaktoren, also Stressoren, die das Auftreten oder die Verschlechterung der gegenwärtigen Störung beeinflußt haben könnten, beurteilt. In der Erklärung des DSM-III heißt es hierzu: »Die Beurteilung sollte sich nach der ärztlichen Einschätzung der Belastung richten, die eine ›Normalperson‹ unter denselben Umständen und soziokulturellen Bedingungen durch diesen psychosozialen Belastungsfaktor erleiden würde.« Damit ist gemeint, daß bei der Einschätzung des Schweregrades der äußeren Stressoren zwar soziokulturelle Faktoren, wie z.B. die Zugehörigkeit zu einer Gemeinde, berücksichtigt werden, nicht aber persönliche Schwierigkeiten.

Für einen Berufsmusiker z.B. hat selbst ein geringfügiger Gehörverlust eine andere Bedeutung als für einen Straßenarbeiter. Dieser Unterschied wird bei der Einschätzung berücksichtigt.

Wenn sein Sohn in der Schule sitzenbleibt, mag das für einen zwanghaften Vater schlimmer sein als für einen, der das Leben eher von der lockeren Seite nimmt. Da dieser Unterschied aber in der Persönlichkeit des Betroffenen beruht und nicht in den äußeren Umständen, wird er in dieser Dimension (Achse 4) des DSM nicht berücksichtigt.

Die Einteilung der psychosozialen Belastungsfaktoren wird in Stufen vorgenommen, wobei zum Vergleich für die Einstufung Belastungen herangezogen werden, die eine Normalperson unter denselben Umständen und soziokulturellen Rahmenbedingungen zu ertragen hätte. Beispiele für Kinder und Erwachsene können dem Kasten 59 entnommen werden.

Soziale Anpassung (Achse 5)

Immer wieder wurde gezeigt, daß für eine erfolgreiche Behandlung psychischer Störungen die Unterstützung durch die Umgebung von großer Wichtigkeit ist.

Bei der Beschreibung auf Achse 5 wird die soziale Anpassung eingeschätzt. Dabei ist weniger der gegenwärtige Stand als die mögliche Prognose von Interesse. In einem neunzigstufigen Einschätzbereich wird deshalb eine Aussage über das höchstmögliche Ausmaß, das im vergangenen Jahr erreicht werden konnte, angegeben. Dabei werden berücksichtigt:

- Soziale Beziehungen (Familie, Freundschaften usw.),
- Berufliche Leistungen (Beruf, Schule, Studium usw.),
- Freizeitgestaltung (Hobbies, Urlaub usw.).

Diese drei Bereiche sind in ihrer Wichtigkeit in der oben genannten Reihenfolge einzustufen.

Die Beurteilung der sozialen Beziehungen ist insbesondere für die Prognose der psychischen Störung von besonderer Bedeutung.

An zweiter Stelle stehen die beruflichen Leistungen, die jedoch nur dann die höchste Bewertung erhalten können, wenn der Betroffene sich auch subjektiv wohlfühlt.

Die Beurteilung der Freizeitgestaltung ist dann wichtig, wenn in zwischenmenschlichen und beruflichen Hinsichten keine wesentlichen Beeinträchtigungen vorliegen, oder wenn der Betroffene, z.B. aufgrund von Behinderung oder Ruhestand, keine Möglichkeit zur Berufsausübung hat.

Das DSM enthält eine Beschreibung der verschiedenen Stufen sozialer Anpassung mit Beispielen.

Bei der Betrachtung aller Klassifikationen von psychischen Störungen muß man erkennen, daß der Übergang zwischen normal und gestört fließend ist. Man kann also psychische Phänomene nur als Störungen betrachten, wenn sie einen Punkt auf einem imaginären Spektrum überschritten haben, der sie klar jenseits der Grenzen des normalen plaziert (vgl. hierzu die Überlegungen zur »objektiven« oder »statistischen« Normalität in diesem Kapitel, Kasten 50).

Jeder Mensch paßt irgendwie in dieses Spektrum, die meisten neigen nur nicht so sehr zu einer Seite, daß man sie als »abnorm« bezeichnen würde.

Alle Menschen haben Angst – aber nur wenige haben eine Angststörung. Die meisten Menschen haben zwanghafte Persönlichkeitszüge, aber nur wenige würde man deshalb schon als Patienten mit zwanghafter Persönlichkeitsstörung klassifizieren. Nach dem dreißigsten Lebensjahr verlieren wir jeden Tag tausende von Gehirnzellen – trotzdem haben nur wenige ein organisches Hirnsyndrom.

Wichtig ist auch nochmals die Erinnerung daran, daß neben der objektiven Normalität auch noch eine soziokulturelle bzw. eine individuelle Norm besteht – das DSM jedoch schwerpunktmäßig nur die erstere überprüft.

5 Wie man helfen kann

Die Ausführungen im vorangegangenen Kapitel haben gezeigt, daß seelisches Leiden weitverbreitet ist. Auch Christen sind davon betroffen. Oftmals verhindert allerdings das mangelnde Vertrauen zu einem Psychotherapeuten, über dessen Glaubenshintergrund keine Klarheit besteht, einen möglichen Heilungsprozeß. Hier kann die »Biblisch-therapeutische Seelsorge« einsetzen (Dieterich 1987). Sie verbindet einzelne Methoden aus der etablierten Psychotherapie mit einem biblischen Wirklichkeitsverständnis. Sie sieht den Bezug von Glauben und Handeln des Christen auf die sichtbare und unsichtbare Welt Gottes als Chance und Aufgabe.

Für manche Christen ist ein Konzept, bei dem »Handwerkszeug« aus der säkularen Psychotherapie eingesetzt wird, fragwürdig. Um unser Vorgehen genauer zu begründen, wurde deshalb der Methodenfrage im Kapitel 5.1 breiter Raum gewidmet.

5.1 Biblisch-therapeutische Seelsorge

Kasten 60

Biblisch-therapeutische Seelsorge

»Biblisch« meint, daß mit der ganzen Heiligen Schrift als Grundlage – und demnach auch als letzter Instanz und Norm – Seelsorge getrieben wird.

Mit dem Adjektiv »therapeutisch« ist ein Doppeltes gemeint: Zum einen bedeutet das griechische Wort in seinem ursprünglichen Sinn »dienen, behandeln« und entspricht damit genau der Haltung, die von einem Helfer in der Seelsorge und Psychotherapie erwartet werden muß: Nicht alles besser zu wissen und durch weithin sichtbare Professionalität zu glänzen, sondern das Dienen und Helfen als Haltung zu akzeptieren, die Haltung eines Dieners, der »gesinnt ist, wie es der Gemeinschaft in Christus Jesus entsprichtt« (Phil. 2,5).

Durch die Einführung einer »Biblisch-therapeutischen Seelsorge« soll die bisherige praktische Seelsorgearbeit nicht abqualifiziert bzw. durch »Profis« ersetzt werden. Jeder Christ ist, auch ohne besondere Ausbildung, in der Lage (und dazu berufen!), gegründet auf dem Worte Gottes und geleitet durch den Heiligen Geist, Seelsorge zu üben. Es hat sich jedoch gezeigt, daß in jüngerer Zeit die Zahl der schweren Seelsorgefälle (Depressionen, Suchtkrankheiten, Erziehungsprobleme, Berufsprobleme, Eheprobleme, Sexualprobleme usw.) stark zugenommen hat und viele Seelsorger damit nicht mehr zurechtkommen.

5.1.1 Biblisch-therapeutische Seelsorge als ganzheitliche Seelsorge

Die Biblisch-therapeutische Seelsorge ist einem ganzheitlichen (holistischen) Ansatz verpflichtet. Dies allerdings nicht aus aktuellen oder modischen Gründen, sondern weil Ganzheitlichkeit dem Menschenbild des Alten und Neuen Testaments entspricht. Für die Praxis bedeutet Ganzheitlichkeit, daß Geist, Seele und Leib des Menschen (bzw. kognitive, affektive und motorische Aspekte der Persönlichkeit) als Einheit von Gott gewollt betrachtet werden müssen. Die verschiedenen Aspekte der Persönlichkeit sind aufeinander bezogen (interaktionistisch), und damit wird deutlich, daß es psychosomatische Erkrankungen geben kann, d.h. Leiden, deren Ursache im psychischen Persönlichkeitsbereich liegen.

»Christliche Seelsorge ist die in Christus beschlossene, alle menschliche Seelen- und Lebensnot von ihrer letzten Ursache her verstehende, aufdeckende und überwindende Glaubens- und Lebenshilfe«, so definiert Alfred Dedo Müller im Jahre 1961 Seelsorge. Es geht dabei im wesentlichen, bildlich gesprochen, um die Verschränkung der zwei Brennpunkte einer Ellipse: Zum einen muß die sachliche Aufgabe eines biblisch-therapeutischen Gespräches (z.B. Beziehungsprobleme, »Schicksalsbewältigung«, Depressionen usw.) auch als ein Glaubensproblem begriffen werden. Und zum andern sollte das im seelsorgerlichen Gespräch präsentierte Glaubensproblem nicht ohne seinen sachlichen Hintergrund (Familie, Beruf, Bildung usw.) gesehen werden.

Oft genug zeigt sich in der Praxis: Nicht das verbal geäußerte Glaubensproblem zeigt den Glaubensstand des Ratsuchenden, sondern die Lebensumstände des Ratsuchenden lassen auf seine Glaubenshaltung schließen.

Wie der Konflikt auch aussehen mag, der Seelsorger ist gehalten, dem Ratsuchenden zu helfen, bis zu den Punkten seines Lebens vorzustoßen, an die sein innerstes Wesen, sein Herz, gebunden ist. Dann muß sich der Mensch selbst vor Gott entscheiden, woran sein Herz hängt, an Gott, dem Herrn des Lebens, oder aber an etwas anderem. Dieses andere – ganz gleich, ob es materielle oder immaterielle, oft sehr subtile psychische Werte oder Erfahrungen sind – hat immer die Dimension eines Götzen. Gott oder Götze – das ist dann die existentielle Frage, die ebenso in den Zerbruch führen, wie auch zur Quelle der Heilung werden kann.

Die Erkenntnis des Menschen über die verborgenen Zusammenhänge seines Lebens aus ganzheitlicher, d.h. geistlicher und therapeutischer Sicht, kann nur zum Teil methodisch vermittelt werden. Es ist ganz wesentlich ein Wirken des

Heiligen Geistes am Herzen des Menschen, durch das der Ratsuchende ein inneres Ja zu einem neuen Weg findet. Dabei ist wichtig zu wissen (Müller 1961): »Der in Bedrängnis, Verwirrung und Verzweiflung geratene Mensch kann nur geheilt werden, wenn er erfährt, daß Gott an ihm mehr Gutes wahrnimmt, als er selbst zu sehen vermag, und daß er im Guten und im Bösen nicht das ist, was er an sich sieht, sondern daß er das ist, was Gott an ihm sieht.«

Diese Einsicht geschieht nur in seltenen Fällen spontan. Zumeist bedarf es vieler Gespräche, bis der Ratsuchende sein Leben aus der Sicht Gottes zu sehen und zu begreifen vermag. Bei allem Geschick des Seelsorgers bleibt dieser Vorgang ein Geheimnis zwischen dem Ratsuchenden und Gott und ein besonderes Geschenk des Heiligen Geistes.

Kasten 61

Martin Luther zum ersten Gebot im Großen Katechismus:

»Darum ist nun die Meinung dieses Gebots, daß es fordert rechten Glauben und Zuversicht des Herzens, so den rechten einigen Gott treffe und an ihm allein hange. Und will soviel gesagt haben: Siehe zu und laß mich allein dein Gott sein und suche ja keinen anderen; das ist, was dir mangelt an Gutem, des versieh dich zu mir und suche es bei mir, und wo du Unglück und Not leidest, kriech und halte dich zu mir. Ich, ich will dir genug geben und aus aller Not helfen, laß nur dein Herz an keinem anderen hangen noch ruhen. Das muß ich ein wenig grob ausstreichen, daß man's verstehe und merke an allgemeinen Beispielen des Gegensatzes: Es ist mancher, der meint, er habe Gott und alles genug, wenn er Geld und Gut hat, verläßt und brüstet sich darauf so steif und sicher, daß er auf niemand etwas gibt. Siehe, dieser hat auch einen Gott, der heißt Mammon (Matth. 6,24), das ist Geld und Gut, darauf er all sein Herz setzt, welches auch der allergewöhnlichste Abgott ist auf Erden. Wer Geld und Gut hat, der weiß sich sicher, ist fröhlich und unerschrocken, als sitze er mitten im Paradies; und wiederum, wer keins hat, der verzweifelt und verzagt, als wisse er von keinem Gott. Denn man wird ihrer gar wenig finden, die guten Mutes sind, nicht trauern noch klagen, wenn sie den Mammon nicht haben: er klebt und hängt der Natur an bis ins Grab. Also auch, wer darauf traut und trotzt, daß er große Kunst, Klugheit, Gewalt, Gunst, Freundschaft und Ehre hat, der hat auch einen Gott, aber nicht diesen rechten einigen Gott. Das siehst du abermal dabei, wie vermessen, sicher und stolz man ist auf solche Güter, und wie verzagt, wenn sie nicht vorhanden oder entzogen werden.«

Soll der Ratsuchende sein Leben in ganzheitlicher Weise wahrnehmen, muß auch das seelsorgerlich-therapeutische Vorgehen ganzheitlich orientiert sein. Es wäre zumeist eine unzulässige Verkürzung, wollte man das präsentierte Problem isolieren und auf eine einzige Ursache zurückführen, danach sachliche Ratschläge erteilen, und dann meinen, dem Ratsuchenden geholfen zu haben.

In der seelsorgerlichen Begegnung spielt vieles zusammen. Die *Person des Seelsorgers* und seine Haltung ebenso wie der *Ratsuchende* mit seiner Lebensgeschichte, seinen Wesenszügen und seinem momentanen Problem. Bei einer ganzheitlichen Seelsorge dürfen aber auch die *Rahmenbedingungen* für eine solche Begegnung nicht unterschlagen werden. Hier sind die individuellen Umstände des Ratsuchenden (Familiensituation, Beruf, wirtschaftliche Verhältnisse usw.) ebenso zu berücksichtigen wie der äußere Rahmen des Gesprächs (Sitzordnung, Körperhaltung, Atmosphäre usw.). Ganz wesentlich gehört zu den Rahmenbedingungen einer Biblisch-therapeutischen Seelsorge die geistliche Dimension hinzu, weil davon ausgegangen werden muß, daß die seelsorgerliche Begegnung immer in bezug auf die ganze Wirklichkeit, d.h. die sichtbare und unsichtbare Welt Gottes, stattfindet. Das persönliche Gebet vor jedem Gespräch, das Rechnen mit der Wirklichkeit der unsichtbaren Welt und der Gegenwart Jesu Christi ist für die Biblisch-therapeutische Seelsorge genauso selbstverständlich wie die Erwartung, daß der Heilige Geist auch in einem solchen Gespräch leitet.

Ein solches ganzheitliches Vorgehen setzt im Blick auf die Vielzahl der zu berücksichtigenden Aspekte der seelsorgerlichen Begegnung ein hohes Maß an Flexibilität beim Seelsorger voraus. Nicht jeder »Fall« kann gleichermaßen angegangen werden, zu unterschiedlich sind Lebenslagen und Problemstellungen. Ganzheitliche Seelsorge benötigt deshalb eine Vielfalt im methodischen Vorgehen bei gleichzeitiger Konzentration auf das Wesentliche.

Zur Strukturierung dieser anspruchsvollen Aufgabe kann die sog. »Seelsorgeformel« (Dieterich 1987) einen Weg weisen.

$$M = f\,(S,\ R,\ U)$$

In Worten ausformuliert meint diese Formel, daß das *methodische Vorgehen* (M) in der Biblisch-therapeutischen Seelsorge abhängig (f) ist sowohl vom *Seelsorger* (S) als auch vom *Ratsuchenden* (R) und den jeweiligen *Umständen* (U).

Auch während eines seelsorgerlichen Gespräches ist ein Methodenwechsel möglich – und oft hilfreich. Seelsorge mit diesem Konzept vermeidet die Engführung auf eine einzige Methode, mit der jedes Problem angegangen wird. Um die methodische Vielfalt handhabbar zu machen, weist die Biblisch-therapeutische Seelsorge sechs methodische Schwerpunkte aus, an denen sich die Einzelschritte in der seelsorgerlichen Begegnung orientieren können.

Kasten 62

Die sechs Ausprägungsformen der Biblisch-therapeutischen Seelsorge

1. Biblisch-therapeutische Seelsorge tröstet.
2. Biblisch-therapeutische Seelsorge weist zurecht.
3. Biblisch-therapeutische Seelsorge löst und bindet.
4. Biblisch-therapeutische Seelsorge leitet einen Lern- und Umdenkprozeß ein.
5. Biblisch-therapeutische Seelsorge leitet einen Prozeß der Selbsterkenntnis ein.
6. Biblisch-therapeutische Seelsorge analysiert die Vergangenheit und blickt in die Zukunft.

Die Engführung der Seelsorge auf einzelne Formen

In der Praxis zeigt sich, daß das beschriebene Konzept einer ganzheitlichen Seelsorge relativ selten vorzufinden ist. In aller Regel findet man eine Engführung auf die sogenannten »klassischen Formen« (1. bis 3. im Kasten 62).

Erklärbar ist diese Verkürzung durch die Kontroversen, die sich im Umfeld der modernen Seelsorgebewegung ergeben haben. Dort wurde nicht selten »Heil« und »Heilung« im Sinne einer Identifikation zwischen Gottes unsichtbarer Welt und der sichtbaren Welt, zwischen dem Heiligen Geist und dem Geist des Menschen vermischt. Wo sich Freiheit und Freude ereignen, sei das Reich Gottes präsent, hörte man aus dieser Ecke immer wieder. Paulus zeigt uns jedoch im Neuen Testament den anderen Weg: Wo der Geist Gottes ist, da ist Freiheit – und nicht umgekehrt!

Im Blick auf eine solche Entwicklung urteilte Seitz treffend, als er im Jahr 1978 schrieb: »Konnte man immerhin der verkündigenden Seelsorge vorwerfen, sie habe das Problem des Menschen durch Vernachlässigung der humanwissenschaftlichen Anthropologie zu gering geachtet und die Methodenfragen zu wenig reflektiert, so gehen wir jetzt – wenn nicht alles trügt – einer Übermethodisierung der Seelsorge entgegen und im Zuge ihrer Psychologisierung einer Entkerygmatisierung.«

In der Tat besteht bei der Überbetonung der psychotherapeutischen Methoden eine Tendenz zum Verzicht auf das biblische Zeugnis, und so wird verständlich, daß manche Christen ein solches Vorgehen insgesamt ablehnen. Eine Abgrenzung ist berechtigt und auch notwendig. Wenn jedoch dadurch die Seelsorge nur als geistliches Geschehen gesehen wird, ist dies eine Verkürzung des biblischen Auftrags. So sehr das Bekennen der Sünde (Beichte), Zusprechen der Vergebung, Hinführen zum Glauben und Lösen aus dämonischen Bindungen wesentliche Elemente christlicher Seelsorgearbeit sind, können sie doch zu einer

Verengung in dem Sinne führen, daß sie Probleme aus anderen Lebensbereichen entweder aus der Seelsorge ausgrenzen und sie dem Psychotherapeuten überlassen, oder aber diese Dinge so vergeistlichen und mit der Frage nach dem Heil in Verbindung bringen, daß sie für eine derart enggeführte Seelsorge handhabbar werden. Nicht selten werden bei einem solchen Vorgehen Symptome einer psychischen Krankheit dämonisiert, und man versucht, ihnen mit einer spirituellen Methodik zu begegnen, wo durch andere Formen der Seelsorge rasche Hilfestellung möglich wäre.

Die verlorengegangenen biblischen Dimensionen der Seelsorge

Viele biblische Aspekte einer ganzheitlichen Seelsorge sind in unserer gegenwärtigen Praxis verloren gegangen (4. bis 6. im Kasten 62).

Selten erleben wir das tiefe Mitleiden und Mitfreuen des Seelsorgers, das einfühlende Zuhören und Verstehen. Aber auch das Umdenken und Lernen z.B. der Jünger in der Nachfolge oder die Deutung der Vergangenheit für gegenwärtige Entscheidungen und zukünftige Wege (was Hauptaufgabe der Propheten war) sind, nicht zuletzt durch die Überbetonung der klassischen Formen für alle Fragestellungen der Seelsorge, selten geworden.

Das Zuhören, Lernen, Umdenken, die Erstellung von Lebensstilanalysen oder die Konzeption von Zukunftsperspektiven sind zwar als therapeutische Methoden in der Bibel wörtlich nicht so ausformuliert, wie es uns heute in einem naturwissenschaftlich-weisheitlichen Sinn die Psychologie oder Psychotherapie bereit hält. Aber dennoch sind diese Aspekte in der Bibel vorhanden und dürfen im Sinne einer ganzheitlichen Seelsorge nicht unterschlagen werden.

Die Abhängigkeit der sechs Seelsorgeformen der Biblisch-therapeutischen Seelsorge

Sowohl die »klassischen« als auch die »verloren gegangenen« Ausprägungsformen der Biblisch-therapeutischen Seelsorge sind nur auf dem Hintergrund des biblischen Menschenbildes und ihrer gegenseitigen Abhängigkeit (Interdependenz) zu verstehen. Die Abbildung 33 zeigt diese Zusammenhänge recht deutlich.

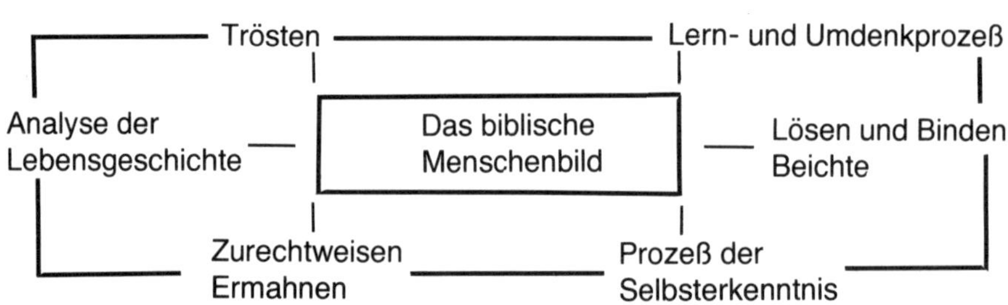

Abb. 33: Abhängigkeit der sechs Formen Biblisch-therapeutischer Seelsorge voneinander und vom biblischen Menschenbild

Aspekte zum biblischen Menschenbild

Die Aussagen der Bibel zum Menschen sind zu umfassend, als daß man sie in wenigen Zeilen beschreiben könnte. Einige für die Biblisch-therapeutische Seelsorge wichtige Aussagen sind im Kasten 63 zusammengefaßt.

Kasten 63

Zum biblischen Menschenbild

1. Der Mensch steht in Beziehung zur ganzen Wirklichkeit der
   - sichtbaren Welt
   - unsichtbaren Welt

2. Der Mensch ist ein Ebenbild Gottes und darin gewürdigt (begabt, weise, vernünftig). Nach dem Fall ein Rebell gegen Gott (autonom, schuldig).

Damit ergeben sich Konsequenzen für die Biblisch-therapeutische Seelsorge

3. Diakonisch seelsorgerliche Hilfe am Menschen rechnet mit
   - den in die Schöpfung Mensch eingestifteten Fähigkeiten (z.B. Lernfähigkeit)
   - der sich auf seelische Leiden positiv auswirkenden Dynamik des Glaubens (Vergebung, Gerechtigkeit, Freiheit)

4. BTS unterscheidet, aber scheidet nicht, die zwei aufeinander bezogenen Dimensionen ihres seelsorgerlichen Bemühens um den Menschen:
   - Heilung
   - Heil

Deutlich wird durch die Darstellung im Kasten 63 sichtbar, daß der Mensch in seinem Bezug zur sichtbaren und zur unsichtbaren Welt wahrzunehmen ist (vgl. Absatz 1.). Ihn nur unter naturwissenschaftlichen Aspekten zu sehen, ist damit ebenso falsch, wie die Dimension der ihn umgebenden unsichtbaren Welt Gottes zur allein gültigen Sichtweise zu erklären.

Der Mensch ist Ebenbild Gottes, auch nach dem Fall (vgl. Absatz 2.). Nicht seine Ebenbildlichkeit zu Gott hat sich nach der Vertreibung aus dem Paradies geändert, sondern sein Verhältnis zu Gott, zu seinem Schöpfer. Das Leben außerhalb der Gemeinschaft mit Gott ist die Grundverfassung eines jeden Menschen, es sei denn, er kehrt durch Jesus Christus wieder in diese Gemeinschaft zurück.

Für die praktische Arbeit in der Biblisch-therapeutischen Seelsorge ergeben sich daraus eindeutige Konsequenzen. Weil der Mensch nach wie vor Ebenbild Gottes ist, rechnen wir mit den natürlichen Gaben (vgl. Absatz 3.), die Gott in seine Schöpfung eingestiftet hat. Diese Gaben sind nicht nur handwerkliche und geistige Fähigkeiten, sondern auch die psychischen Begabungen (z.B. die Fähigkeit zu lernen, umzudenken, sich selbst wahrzunehmen usw.), die mit psychotherapeutischem, pädagogischem oder auch medizinischem »Handwerkszeug« (Methoden) angegangen werden können. Selbstverständlich rechnet die Biblisch-therapeutische Seelsorge dabei mit der Dynamik des Glaubens, die sich auch auf diese psychosomatische Dimension des Menschen auswirken wird.

Wir unterscheiden in der Biblisch-therapeutischen Seelsorge deutlich zwischen dem sachlichen und dem geistlichen Aspekt eines seelsorgerlichen Problems (vgl. Absatz 4.). Nicht jede seelsorgerliche Fragestellung oder jedes psychische Leiden ist zugleich mit der Frage nach dem Heil des Menschen verknüpft oder auf konkrete Sünde zurückzuführen. Umgekehrt ist damit zu rechnen, daß die ungelöste Frage nach dem Heil des Menschen oder konkrete Sünde ganz konkret zu seelischen Konflikten führen kann. Bei der Biblisch-therapeutischen Seelsorge werden deshalb im seelsorgerlichen Gespräch die Dimensionen von Heil und Heilung überprüft und dann entsprechend methodisch vorgegangen.

5.1.2 Die sichtbare und unsichtbare Welt Gottes als ganze Wirklichkeit

Wer sich selbst oder anderen Menschen bewußt begegnet, steht vor der Frage nach dem Standpunkt seines Lebens. Es geht hierbei weniger um anerzogene oder einfach übernommene Meinungen und Überzeugungen als um die Frage, wie die Welt, in der wir leben, mit der wir rechnen und zu der wir gehören, nach der Bibel zu verstehen ist. Hier gibt Hebräer 11,1-3 (s. Kasten 64) eine klare Perspektive.

Kasten 64

Was versteht die Bibel unter »Glaube«?

»Glaube aber ist: Feststehen in dem, was man erhofft, Überzeugtsein von Dingen, die man nicht sieht. Aufgrund dieses Glaubens haben die Alten ein ruhmvolles Zeugnis erhalten. Aufgrund des Glaubens erkennen wir, daß die Welten durch Gottes Wort erschaffen worden sind, und daß so aus Unsichtbarem das Sichtbare entstanden ist.« (nach Hebr. 11,1-3)

Der Glaube des Christen bezieht sich nach diesen Worten einerseits auf Dinge, die er hofft, die sich also außerhalb seiner gegenwärtigen zeitlichen Möglichkeiten befinden. Andererseits ist der Glaube überzeugt von den Dingen, die er nicht sieht, die sich also außerhalb seiner räumlichen Möglichkeiten erstrecken. Die im Hebräerbrief verwendeten Worte bringen zum Ausdruck, daß der Gläubige mit diesen für ihn unsichtbaren Dingen weit mehr rechnet als mit dem, was er selbst zeitlich und räumlich abschätzen kann.

Woraufhin bezieht sich der Glaube nach Hebräer 11,1-3? Schon in Kapitel 10,34 macht der Verfasser klar, daß er im unsichtbaren Bereich mit einem besseren Besitz und einer unvergänglichen Habe rechnet. Dieser unsichtbare Bereich ist nichts anderes als die unsichtbare Welt Gottes. Hebräer 11,3 zeigt, wie diese unsichtbare Welt Gottes der sichtbaren Welt vorangeht. Die sichtbare Welt verdankt sich der unsichtbaren. Es ist also mit mindestens zwei Welten zu rechnen, der sichtbaren und der unsichtbaren, und die sichtbare Welt mit ihren Nöten und Schwierigkeiten ist – bei aller Verschiedenartigkeit – umgeben von der unsichtbaren Welt Gottes.

Das Überraschende ist neben der klaren Benennung der zwei Welten Gottes deren Gegenwartsbezug. Nicht am Ende des Lebens, nicht in einer fernen Zukunft oder vielleicht nach der Wiederkunft des Herrn werden die Gläubigen die Segnungen der unsichtbaren Welt empfangen, sondern schon jetzt im Hier und Heute.

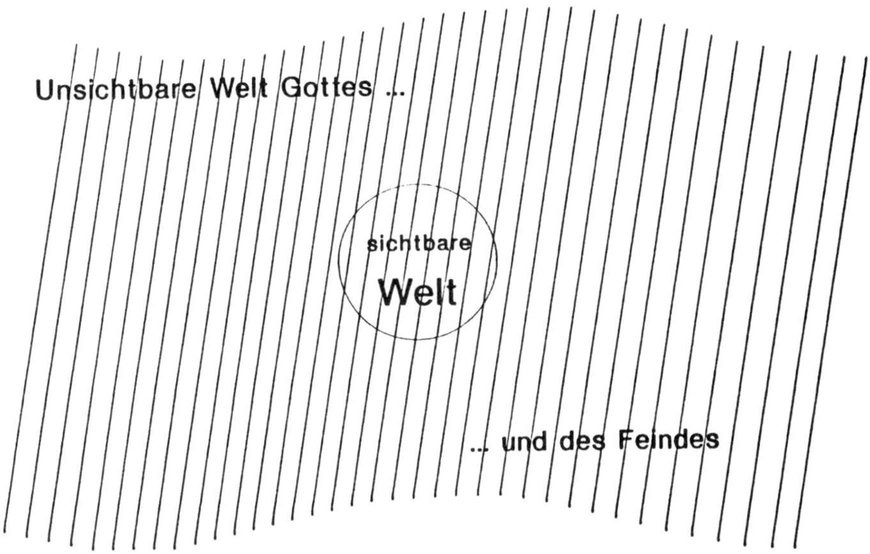

Abb. 34: Die sichtbare und unsichtbare Welt

Die Erkenntnis seines Standortes im Blick auf die unsichtbare Welt nimmt der Mensch im biblischen Sinn dann wahr, wenn er durch Bekehrung und Wiedergeburt in die Lebensgemeinschaft mit Jesus Christus eintritt. Vorher bleibt er auf das Sichtbare verwiesen, bzw. hat er nur undeutliche Vorstellungen von Gottes ganzer Wirklichkeit.

Es ist im Blick auf die Fragestellung nach dem Einsatz psychotherapeutischer Methoden in der Seelsorge von größter Bedeutung, eine Unterscheidung zu treffen zwischen dem Versuch, die sichtbare Welt mit ihren durch Gott in sie eingestifteten Gesetzmäßigkeiten auf naturwissenschaftlichem Weg zu erforschen – und einer weltanschaulichen Deutung dieses sichtbaren Bereichs (vgl. Kap. 1.3).

So sehr jede naturwissenschaftliche Methode auch ihren geisteswissenschaftlichen und philosophischen Hintergrund hat, von dem her ihre Fragestellungen bestimmt sind, kommen Wissenschaftler unterschiedlichster Herkunft dennoch zu ähnlichen Ergebnissen. Wie immer auch der ideologische Hintergrund des Naturwissenschaftlers geprägt ist, es führt kein Weg an der von Gott geschaffenen Welt mit ihren vorgegebenen Strukturen und Ordnungen vorbei. Der Mensch will sich die Erde nutzbar machen; das geht nur, wenn er sich ihren Ordnungen beugt, und nicht umgekehrt.

Anders verhält es sich im Blick auf die weltanschauliche *Deutung* der Forschungsergebnisse, die außerhalb der empirischen Wissenschaften liegt. Hier stehen Ideologien, Anschauungen, Philosophien, Theologien usw. im Widerspruch, bzw. in Konkurrenz miteinander.

Für die Forschungen zur Biblisch-therapeutischen Seelsorge ist es deshalb wichtig, die intersubjektiv nachprüfbaren Ergebnisse einzelner psychologischer bzw. psychotherapeutischer Schulen von deren weltanschaulichen Prämissen (z.B. dem Humanismus: »Der Mensch ist grundsätzlich gut«) zu unterscheiden. Werden die beiden Ebenen vermischt, entstehen falsche Interpretationen und dadurch Unsicherheiten und Ängste.

Wenn wir davon ausgehen, daß rein naturwissenschaftliche Aussagen und Feststellungen immer nur bruchstückhafte und partikuläre Erklärungen sind, die »niemals in Konkurrenz zu irgendeiner ganzheitlichen Weltdeutung oder Weltanschauung stehen« können (Hemminger 1987), dann ist eine »christliche« Wissenschaft ebenso problematisch wie die Befürchtung, moderne Naturwissenschaft könnte den Bezug der Christen zur ganzen Wirklichkeit in Frage stellen oder gar gefährden. Eine naturwissenschaftlich ausgerichtete Psychologie (wie dies heute die übliche Vorgehensweise an den Universitäten ist) kann von Christen und Nichtchristen gleichermaßen verantwortlich betrieben werden.

Glaubensaussagen von Naturwissenschaftlern, die keine Christen sind, sind für den christlichen Glauben irrelevant. Und Naturwissenschaftler, die bewußte Christen sind, sollten sich hüten, mit ihrer Wissenschaft biblische Aussagen zur unsichtbaren Welt begründen zu wollen oder gar den naturwissenschaftlichen Forschungen aufgrund biblischer Vorgaben die Rahmenbedingungen vorzuschreiben.

Christen sind jedoch in ethischer Hinsicht dazu aufgerufen, dort mitzusprechen, wo sich beispielsweise die Naturwissenschaft aufgrund der Faszination von der Machbarkeit nahezu aller Dinge zu Gott aufzuschwingen scheint und dabei seine Schöpfung zerstört wird (z.B. bei Umweltproblemen usw.).

5.1.3 Der Mensch als Ebenbild Gottes

Bei der Diskussion um psychotherapeutische Methoden taucht immer wieder die Frage auf, ob es biblisch legitim sein kann, Methoden anzuwenden, die gefallene Menschen gefunden haben, um andere »seelisch« zu steuern. Im Hintergrund steht dabei oftmals die Überzeugung, daß der Mensch nach dem Sündenfall weniger Ebenbild Gottes sei als vorher. Ist diese Meinung richtig? Fragen wir uns doch, was sich durch den Sündenfall geändert hat.

Fest steht, daß Adam und Eva nicht mehr in der Gemeinschaft mit Gott stehen. Sie wurden vom Lebensbaum abgetrennt und aus dem Paradies verwiesen. Dies war die Konsequenz ihres Autonomiestrebens, ihres »Sein-wollens wie Gott«. Adam und Eva wurden zu Rebellen gegen Gott. Und diese Rebellion geht bis dahin, daß sich seit jener Zeit die Menschen eigene Götter und Götzen, Bilder und Herren machen.

Dieses Dichten und Trachten, Streben und Sinnen des menschlichen Herzens gegen Gottes Autorität und Herrschaft ist »böse von Jugend an« (1. Mose 6,5; 8,21). Wo immer Menschen nicht Gott als Schöpfer und Herrn anerkennen, sondern neue Autoritäten und Ideen an seine Stelle setzen, werden sie zu Sündern.

Daß der Mensch außerhalb der Lebensgemeinschaft mit Gott steht, ist seine Grundsünde. Heil wird sein Verhältnis zu Gott allein durch Jesus Christus.

Doch mitten in dieser Tragik bleibt der Mensch – auch nach dem Sündenfall – Gottes Ebenbild, d.h. ein potentieller Gesprächspartner Gottes, mit dem er im Gebet reden (1. Mose 5,1; 9,6; Jak. 3,9) und zu dem er durch Jesus Christus wieder in die Lebensgemeinschaft zurückfinden kann. Darin hat Gott jeden Menschen gewürdigt. Und diese Würde ist auch nach dem Sündenfall unantastbar (vgl. 1. Mose 9,6).

Es liegt am Willen Gottes gegenüber seinem Geschöpf und an seiner Gnade, daß der Mensch auch nach dem Fall gewürdigt, begabt, weise und vernünftig bleibt, wenngleich auch das Ziel und die Motive seiner Handlungen fragwürdig geworden sind.

Wenn jeder Mensch ein Ebenbild Gottes ist, bedeutet dies nicht, daß er zugleich auch sein Kind ist. Diesen Status erreicht er erst durch Bekehrung und Wiedergeburt, durch den Eintritt in die Lebensgemeinschaft mit Jesus Christus.

Mit der Ebenbildlichkeit des Menschen geht auch seine Beauftragung durch Gott einher. Er hat aus der Sicht der Bibel eine verantwortliche Entscheidungsbefugnis (1.Mose 2,18-23) gegenüber der Schöpfung. Wendet sich der Mensch zu den Dingen der Welt, z.B. beim Arbeiten oder Forschen, tritt er objektiv immer auch in Beziehung zu Gott, dem Schöpfer der Welt, der ihm diese Dinge zugewiesen hat. Es gehört zur Ebenbildlichkeit des Menschen, daß er sich mit den Dingen beschäftigt, die Gott erschaffen hat. Der Auftrag zur Herrschaft über die Schöpfung stellt den Menschen damit zugleich in eine herausragende Verantwortung vor Gott.

1\. Mose 4 bestätigt, wie der Mensch, auch innerhalb der gefallenen Gesellschaft, zur Schaffung von vielerlei Kultur (z.B. Jubal, der Stammvater der Zither- und Flötenspieler) und handwerklicher Fertigkeiten (Tubal-Kain, der Stammvater aller Erz- und Eisenschmiede) befähigt ist. D.h., als Ebenbild Gottes trägt er auch nach dem Fall natürliche Gaben in sich, die er zum Guten wie zum Bösen einsetzen kann. Übertragen auf unsere Überlegungen können wir hierfür heutzutage z.B. die Fähigkeit des naturwissenschaftlichen Forschens einsetzen.

Mit dieser natürlichen Gabe des Forschens hat Gott Christen und Nichtchristen gleichermaßen begabt. Es gibt deshalb, wissenschaftstheoretisch gesehen, keine »christliche« Forschung oder Naturwissenschaft (ebensowenig wie es z.B. eine »marxistische« gibt) – aber es gibt Christen, die qualifizierte Naturwissenschaftler sind. Ebenso verhält es sich bei der »christlichen« Musik oder Kunst, auch wenn wir dies, in sicherlich zulässiger Vereinfachung, in der Umgangssprache manchmal so ausformulieren. Es gibt aber Christen, die mit hoher Kunstfertigkeit Lieder mit christlichem Inhalt und passender Musik singen oder Pinsel und Leinwand dazu benützen, um christliche Motive darzustellen.

Wissenschaftliche Psychologie, eine Disziplin, die sich, wie im Kapitel 1.2 beschrieben, mit dem Verhalten und Erleben des Menschen beschäftigt, beobachtet und überprüft, leitet psychologische Gesetzmäßigkeiten im Bereich des Verhaltens und Erlebens des Menschen ab. Die Ergebnisse dieser empirischen Forschungen können u.a. für die Psychotherapie nutzbar gemacht werden, um, beispielsweise auf verhaltenstherapeutischem Hintergrund, wie im Kapitel 5.3 beschrieben, falsches Verhalten zu korrigieren und neues zu erlernen. Sie liefern auch Gesetzmäßigkeiten über die Zusammenhänge zwischen der Selbsterkenntnis und einer möglichen Selbstheilung des Menschen (vgl. Kapitel 5.4) oder die Möglichkeiten einer Lebensstilanalyse (Kapitel 5.5) usw.

Christen können die wissenschaftlichen Erkenntnisse der Psychologie genauso selbstverständlich einsetzen, wie sie beispielsweise Medikamente gebrauchen oder die modernen Transport- und Kommunikationsmittel verwenden.

Der freie Umgang mit den Ergebnissen menschlichen Forschens findet sich häufig in der Bibel. Die Weisheitsliteratur, eine damalige wissenschaftliche Form, Gesetzmäßigkeiten in der Schöpfung (sowohl der belebten als auch der unbelebten Natur, beim Menschen, seinen Beziehungen zu anderen und zu Gott) zu beschreiben, profitiert häufig ganz wesentlich von Beobachtungen säkularer Weisheitslehrer. Weisheit war international. Wenn die Bibel die Weisheit Salomos lobt, dann mit dem Vergleich seiner Beschreibung der Weltordnungen, den Aufgaben des Lebens, des Schicksals des einzelnen usw., mit den Erkenntnissen anderer, den Söhnen des Ostens und Ägyptens, die allesamt übertroffen werden. So gibt Sprüche 22,17-23,11 oft sogar wörtlich, ohne falsche Hemmung, die ägyptischen Weisheitssprüche des Amenemope wieder.

Christen brauchen also die neuzeitliche Weisheit in Form der Naturwissenschaften nicht zu verachten, zu ignorieren oder gar – in einer schlimmen Form – zu dämonisieren. Als Christen können wir das eigentlich Dämonische der Technik (z.B. ihre Allmacht, ihre Faszination etc.) genau erkennen und in nüchterner Weise dagegensteuern. Christliches und weisheitliches Handeln setzt jedoch eine entmythisierte Welt voraus, wie dies von Paulus im Blick auf die Freiheit der Christen gegenüber dem Götzenopferfleisch ausgedrückt wird: »So wissen wir, daß es keinen Götzen gibt in der Welt und keinen Gott außer dem einen. Und selbst wenn es im Himmel oder auf der Erde Mächte gibt, die Götter genannt werden – und solche Götter und Herren gibt es viele –, so haben wir doch nur einen Gott, den Vater« (1. Kor. 8,4b-6a).

Da Christen in einer Lebensgemeinschaft mit ihrem Herrn stehen, haben sie die Freiheit, aus dem auszuwählen, was es in dieser Welt an Wissenschaft und Technik, an Errungenschaften und Erkenntnissen gibt. Es gibt hierbei allerdings ein eindeutiges Kriterium, das Paulus aufstellt und das es zu beachten gilt: »Alles ist mir erlaubt, aber nicht alles dient zum Guten. Alles ist mir erlaubt, aber es soll mich nichts gefangennehmen« (1. Kor. 6,12).

Für jede zur Anwendung kommende Methode ist und bleibt für die Biblisch-therapeutische Seelsorge das biblische Menschenbild ein Korrektiv. Dort, wo eine psychotherapeutische Methode zur Herrschaft des Therapeuten über den Ratsuchenden führt, wo er nicht mehr als ein von Gott geliebter, gewürdigter und begabter Mensch gesehen wird oder zu einem zu manipulierenden Objekt der psychotherapeutischen Handlung geworden ist, muß die Methode auf dem Hintergrund der biblischen Anthropologie verworfen werden.

5.1.4 Das Leib-Seele-Problem – griechisch oder biblisch?

Die große Unsicherheit innerhalb vieler christlicher Gemeinden bei der Übernahme psychotherapeutischer Methoden hat auch einen geistes- und theologiegeschichtlichen Hintergrund.

Es zeigt sich, daß Leib und Seele häufig dualistisch verstanden worden sind. Verbunden damit war die Überzeugung, daß die menschliche Seele unsterblich sei und eine ihr von Gott zugekommene göttliche Qualität besitze.

Wenn man nun auf psychologischem oder psychotherapeutischem Wege versucht, dem Menschen zu helfen, kann dies, bei einem solchen Denkansatz, als ein im Grunde genommen unerlaubter Eingriff in eine allein das Gottesverhältnis berührende Dimension interpretiert werden.

Wenn die menschliche Seele göttliche und unsterbliche Qualität hätte, würde die Psychotherapie tatsächlich in Konkurrenz zum göttlichen Heil treten. Ein solches Denken setzt jedoch griechische Philosophie voraus, die mit den biblischen Aussagen zu Leib und Seele nicht in Übereinstimmung zu bringen ist.

Nach biblischer Auffassung sind Leib und Seele nicht zwei verschiedene Größen, sondern eine Einheit. Sie sind nicht im Sinne verschiedener Bereiche zu scheiden, sondern zu unterscheiden. Seele (näfäsch) kann alt- und neutestamentlich synonym für das ganze Leben stehen. Die menschliche Seele ist mit dem Leib untrennbar verbunden und damit nicht unsterblich! »Der Herr der Herren allein hat Unsterblichkeit« (1. Tim. 6,16).

Kasten 65

Platonisches Denken zur Trennung von Leib und Seele

Nach orphisch-platonischer Philosophie besteht der »Mensch ... aus einer edlen und aus einer unedlen Hälfte. Der edle Teil ist die Seele, der unedle Teil ist der Leib des Menschen. Die Seele ist himmlischen Ursprungs. (...) Sie ist ein Lichtfunke aus der göttlichen Welt und darum ihrem Wesen nach unvergänglich, unsterblich, fleckenlos rein. Auf Erden findet sich der göttliche Gast eingezwängt in die Behausung des Leibes. Er leidet an dieser Einkerkerung und kann die Erinnerung an den verlorenen Ursprung nie ganz vergessen.« (Köberle 1983)

Dieser Leib-Seele-Dualismus wurde zum Gemeingut griechischer Philosophie (und drang in den ersten Jahrhunderten in die christliche Verkündigung ein). Auch wenn nicht in solcher Deutlichkeit, so ist dieser Sachverhalt doch auch heute noch im Denken vieler Christen durchaus präsent.

Nach biblischer Auffassung *hat* der Mensch nicht Seele, sondern *ist* eine Seele: »Dann bildete Jahwe Gott den Menschen aus Staub von dem Erdboden und blies in seine Nase einen Lebenshauch. So wurde der Mensch ein lebendes Wesen (wörtl.: lebendige Seele)« (nach 1. Mose 2,7).

Kasten 66

Zusammenfassung

Zusammenfassend kann gesagt werden, daß die Vermischung von griechischem und biblischem Denken bei der Frage der Übernahme psychotherapeutischer Methoden zu Unklarheit, Ängstlichkeit und Irrationalität führt.

Die Überhöhung der Seele in den geistlichen Bereich ist biblisch nicht begründbar. Dagegen ist der Mensch in einem ganzheitlichen Sinn als Leib und Seele gleichermaßen zu sehen. Die Seele gehört zur Geschaffenheit des Menschen ebenso dazu wie sein Leib. Ihr haftet nichts »Transzendentes« an.

Insofern sich Psychologie oder Psychotherapie die in der Seele angelegten Ordnungen und Gesetzmäßigkeiten im Blick auf das Verhalten und Erleben des Menschen nutzbar macht, ist dieses helfende und auf Heilung gerichtete Vorgehen ebenso legitim und biblisch statthaft wie der Gang zum Arzt und die damit verbundene Hoffnung auf körperliche Gesundheit.

5.1.5 Leib, Seele, Geist und Herz aus biblischer Sicht

Es ist ein Mangel, daß in der Literatur zur Seelsorge im kirchlich-christlichen Raum nur unscharf über das Verständnis von Leib, Seele, Geist und Herz Auskunft gegeben wird. Häufig ist von »Bereichen« oder von »Teilen« des Menschen die Rede und nicht selten steht dabei der oben genannte griechische Dualismus im Hintergrund.

Die Antwort zu diesen Fragen kann nicht von psychologischer Seite aus geliefert werden, denn wie schon im 1. Kapitel dieses Buches beschrieben, steht bei der gegenwärtigen Psychologie, nach ihrer Ablösung von der Philosophie zu Ende des vergangenen Jahrhunderts, nicht mehr die Frage nach der »Seele«, sondern das auf empirischem Wege ermittelte »Verhalten und Erleben des Menschen« im Vordergrund der Untersuchungen.

Von theologischer Seite hat Wolff (1977) eine übersichtliche Beschreibung von Geist, Seele, Leib und Herz vorgelegt. Dabei muß nochmals darauf hingewiesen werden, daß der Mensch als Ebenbild Gottes nicht aus verschiedenen Teilen zusammengesetzt ist, sondern in einem ganzheitlichen Sinn unter dem Aspekt des Leibes, der Seele, des Geistes oder des Herzens angesehen werden sollte.

Kasten 67

Vier wesentliche Aspekte des geschaffenen Menschen aus biblischer Sicht (Wolff 1977)

Leib - oder der Aspekt der Hinfälligkeit des Menschen.
Dieser Begriff weist auf den Menschen unter dem Aspekt des Körperlichen als solchen hin. Hier erfährt er die Hinfälligkeit und Vergänglichkeit seines Lebens besonders. Andererseits sind die möglichen psychosomatischen Zusammenhänge bei der seelsorgerlichen Begegnung mit zu bedenken. Leib oder Körper sind auch der Aspekt, der die Ehepartner in herausragender Weise (1. Mose 2,24) und dann Eltern und Kinder als »Bluts«-Verwandte repräsentiert.

Seele - oder der Aspekt der Bedürftigkeit des Menschen.
Die Bedeutungsskala des hebräischen Wortes »näfäsch« reicht von Kehle (Atmung), Hals (Lebensbedrohung durch Schwert und Strick), Begehren (Verlangen, Trachten, Sehnen nach Lebensnotwendigem und ihre Verkehrung, z.B. Gier), Seele (Empfindungen), Leben (gegenüber dem Tod) bis zu Person (lebendiges Individuum, Wesen). Insofern der Mensch Seele ist, ist er vielerlei Emotionen unterworfen: Leiden, Qual, Haß, Liebe, Trauer, Tränen, Freude, Jubel (über Jahwe). Seele als der Aspekt der Bedürftigkeit des Menschen reicht nicht über seine emotionalen Regungen hinaus.

Geist - oder der Aspekt der Ermächtigung des Menschen.
Ähnlich weit gefächert ist der Bedeutungshorizont des hebräischen Wortes »ruach«: Wind (das durch Gott in Gang gehaltene meteorologische Phänomen), Atem (als die von Gott geschenkte und den Leib lebendig machende Kraft), Lebenskraft (mit der Gott z.B. den Propheten begabt, bevollmächtigt), Geist (als ein z.B. von Jahwe gesandtes selbständiges Wesen), Gemütsregungen (im Sinne von außer sich vor Staunen oder Erkenntnis, Kleinmut, Verzagtheit, Hochmut, mit Weisheit begabt), Willenskraft (das Gute wollen oder der Verführung verfallen, Willen durch einen erkennenden und urteilenden Geist). Die Bibeltexte, in denen von Gottes oder von des Menschen Geist die Sprache ist, zeigen Gott und Mensch in einer dynamischen Beziehung. »Daß ein Mensch aber auch lebendig ist, das Gute will und in Vollmacht wirkt, kommt nicht aus ihm selbst.«

Herz - oder der Aspekt des vernünftigen Menschen.
Das hebräische Wort »leb« weist folgende Bedeutungsaspekte auf: Herz (als Organ des Leibes), Gefühl (Sensibilität, Emotionalität, Irrationalität, Freude und Kummer), Verlangen und Begehren (im Sinne von verborgenen Wünschen und Vorstellungen), Vernunft (intellektuelle und rationale Funktion, Wissen und Erinnerung, vernünftiges Nachdenken, Verstand), Willensentschluß (Gewissen, wenn das Herz schlägt, Ort der Entschlüsse zwischen Verführung und weiser Mahnung, Ort der bewußten Willenshingabe im Sinn von gehorsames Herz, Zentrum des bewußt lebenden Menschen), Herz Gottes (innerste und völlige Zuneigung z.B. zu seinem Volk, Willensentschluß Gottes zur Barmherzigkeit = »das Herz bei den Armen haben«). Es ist besonders zu beachten, daß der Mensch unter dem Aspekt seines Herzens vielfach genau auf die Aspekte seines Geschaffenseins angesprochen wird, die man heute eher Kopf und Hirn zuschreibt.

Aus der Übersicht im Kasten 67 wird deutlich, daß die vereinfachende Einteilung des Menschen in Leib, Seele, Geist und Herz künstlich ist und mit der Bedeutungsvielfalt der Bibel nicht in Übereinstimmung zu bringen ist. Wichtig ist, daß er immer in einem ganzheitlichen Sinn wahrgenommen wird und mit den verschiedenen Aspekten seines Menschseins in der seelsorgerlichen Begegnung gerechnet werden muß.

In den nachfolgenden Kapiteln werden die sechs Ausprägungsformen der Biblisch-therapeutischen Seelsorge genauer beschrieben und auch Hilfestellungen für die Praxis gegeben. Wichtig ist dabei, daß Sie beim Studium dieser verschiedenen Formen immer die »Seelsorgeformel« im Hinterkopf bewahren, d.h. sich daran erinnern, daß keine dieser Formen einen Prioritätsanspruch erheben kann.

Die jeweils angemessene Vorgehensweise ist von der Person des Seelsorgers, des Ratsuchenden und den jeweiligen Umständen abhängig und kann sich auch, wie schon bemerkt, im Laufe eines einzigen Gesprächs mehrmals ändern.

5.2 Trösten, Zurechtweisen, Lösen und Binden

5.2.1 Biblisch-therapeutische Seelsorge tröstet

Chancen

Einer der Schwerpunkte des Biblisch-therapeutischen Seelsorgers ist das Angebot echten Trostes. Er kennt die Dimension des Glaubens und den Bezug auf die sichtbare und unsichtbare Welt Gottes. Biblisch-therapeutisches Trösten hat seinen ersten Grund immer in der Tat Gottes, seiner Zuwendung zum Menschen in Jesus Christus.

Es sind häufig depressive Menschen, die Trost suchen. Oftmals zeigen sie zwar, wie im Kapitel 4 beschrieben, eine tränenlose Starre und akzeptieren scheinbar kaum die seelsorgerliche Begegnung. Unsere Erfahrungen haben jedoch gezeigt, daß selbst dann, wenn verbaler Trost nicht mehr gehört wird, allein die Anwesenheit und das einfühlsame Verhalten des Biblisch-therapeutischen Seelsorgers die tröstende Nähe Gottes zu vermitteln vermag.

Die eher nonverbale und passive Gesprächshaltung des Seelsorgers

In einer Zeit des Subjektivismus und Individualismus ist uns der Aspekt der Teilhabe am persönlichen Ergehen des Mitchristen fremd geworden. Wir sollten deutlicher auf die Ermahnungen der Bibel hören, die uns aus einem egoistischen »Ich« zu einem gemeinsamen »Wir« in der Gemeinschaft der Gläubigen führen können: »Freut euch mit den Fröhlichen, weinet mit den Weinenden« (Röm. 12,15).

Hier geht es um ein Anteil-Nehmen an der inneren Welt des anderen. Der Biblisch-therapeutische Seelsorger ist aufgerufen, sich auf den Lebensraum, das Denken und das Fühlen des anderen einzulassen. Persönlicher Einsatz aufgrund der gebotenen Liebe ist für diese Haltung ebenso charakteristisch wie das aufmerksame Wahrnehmen der Situation des anderen.

Die tröstende Haltung eines solchen Seelsorgers besteht darin, ohne Worte (nonverbal) den leidenden Menschen zu ertragen und zunächst nichts in Bewegung setzen zu wollen. Wer einem Menschen mit großer Not seelsorgerlich begegnet, zeigt dadurch seine Anteilnahme, daß er sich zu ihm setzt, daß er nicht nur flüchtig von der Situation des Leidenden Notiz nimmt, sondern zu bleiben gedenkt – und tröstet ihn dadurch.

Kasten 68

Zuhören in der Bibel

Hiob wurde Zug um Zug von dem getrennt, was das Fundament seines Lebens war: von seinem Vieh, seinen Knechten, seinen Kindern, seinem Besitz, seiner Gesundheit.

Und Hiob »setzte sich mitten in die Asche und nahm eine Scherbe, um sich damit zu schaben« (Hiob 2,8). Und weiter heißt es: »Die drei Freunde Hiobs hörten von all dem Unglück, das über ihn gekommen war, und ein jeder kam von seiner Heimat ... Sie verabredeten untereinander, hinzugehen, um ihm ihre Teilnahme zu bezeigen und ihn zu trösten. Da sie von ferne ihre Augen erhoben, erkannten sie ihn nicht. Sie erhoben ihre Stimme und begannen zu weinen, zerrissen alle ihr Obergewand und streuten Asche auf ihr Haupt. Sieben Tage und sieben Nächte saßen sie neben ihm auf der Erde, und keiner sprach ein Wort zu ihm. Denn sie sahen, daß sein Schmerz übergroß war.« (Hiob 2,11-13)

Die drei Freunde begeben sich in die Nähe Hiobs und halten mit ihm in seiner zerstörten Welt aus. Durch diese einfühlsame Geste, durch dieses Mitleiden brachten sie Hiob erst in die Lage, seine Klage auszusprechen (vgl. Kap. 3).

Die eher aktive Gesprächshaltung des Seelsorgers

Hier richtet der Biblisch-therapeutische Seelsorger das Wort Gottes an den trostsuchenden Menschen aus, er wird zu einem Botschafter, der den Trost transportiert.

Der Zuspruch Gottes, das selbst wirkende Wort, hilft nicht nur, die eigene Lage aus der Sicht Gottes zu sehen, sondern verändert schon an sich die Wirklichkeit. Dem zu Tröstenden begegnet Gott in neuer Weise und durch neue Erfahrungen als Du, als Gegenüber, als Ansprechpartner. Er versteht dann: Gott ist nicht fern oder stumm. Er ist da.

Das Beleuchten der gegenwärtigen Situation des Ratsuchenden im Lichte Gottes ist ein wichtiger seelsorgerlicher Weg für den Biblisch-therapeutischen Seelsorger. Wie die Propheten hat er in der Stunde der besonderen Not als autorisierter Bote Gottes dem ratsuchenden Menschen die göttliche Zusage auszurichten.

Die Klage – eine Dimension des Tröstens

Die seelsorgerliche tröstende Haltung entscheidet wesentlich auch darüber, wie ein Mensch nach einer augenblicklichen Notsituation die Sprache wiederfindet. Mündet sein Leid, seine Depression, seine Krankheitsgeschichte in die Anklage

Gottes ein, oder findet er einen Weg, das alles Gott zu klagen, wie dies beispielsweise die Klagepsalmen zeigen?

Gerade im Blick auf das weitere Glaubensleben ist es entscheidend, ob der Biblisch-therapeutische Seelsorger leidtragende Menschen über den Weg der Klage zu einem neuen Gottesverhältnis führen kann, das durch das erfahrene Leid bewährt ist, oder ob sie in den Zustand eines verbitterten Denkens über Gott und die Menschen fallen.

Trösten angesichts der Trauer

Trauernden Menschen begegnen wir nicht nur beim Verlust nahestehender Personen, sondern auch in vielen anderen Situationen.

Kasten 69

Phasen der Trauer bei einem Todesfall

1. Der Schock: Die Trennung vom nahestehenden Angehörigen wirkt wie ein Schock. Eine Welt bricht zusammen. Der Zustand kann so stark sein, daß man aus Betroffenheit nicht mehr in der Lage ist, Gefühle zu zeigen.

2. Kontrollierte Phase: Diese Zwischenphase, in der Regel bis einschließlich der Beerdigung, wird oft wie ein Traum erlebt. Der Trauernde wird durch Vorbereitungen der Bestattungsfeier abgelenkt. Die Beerdigung selber hilft dem Trauernden, sich seines neuen Status' bewußt zu werden. Eine als hilfreich erlebte Bestattungsfeier kann trösten und eine Erfahrung sein, auf die der Trauernde später zurückgreift.

3. Zwischen Tod und Leben: Hier braucht der Trauernde viel Hilfe, ist aber oft alleingelassen. Ein Prozeß schwerer Trauerarbeit beginnt. Viele Eindrücke, Enttäuschungen, veränderte Situationen müssen seelisch verarbeitet werden. Einige Stichworte charakterisieren Stationen auf dem Weg durch das dunkle Trauertal: Einsamkeit, Gefahr, den Verstorbenen zu idealisieren, Gefühl der Verlassenheit von Gott, langsame Genesung, Schuldgefühle, Suche nach einem Schuldigen.

Das Bezeugen der biblischen Botschaft von der Auferstehung Jesu Christi und von der Vergebung durch Gott kann dem Trauernden zu einer wesentlichen Hilfe werden. Besonders beachtet werden müssen Hindernisse für die Trauerarbeit (kein Abstand zum Gefühl des Verlustes, Flucht in Aktivismus, unbewältigte Vergangenheit).

4. Die Entscheidung für ein neues Leben: Das Leben wird reorganisiert. Zum Verstorbenen stellt sich ein realistisches Verhältnis ein (Schränke werden geleert, der Schreibtisch in Besitz genommen usw.). Neue Beziehungen zu den Lebenden werden aufgebaut.

Ein Kind trauert z.B. um den Verlust seines Lieblingstieres, ein junger Mensch um die zerbrochene Freundschaft, ein Ehepaar um seine zerstörte Lebensgemeinschaft, eine Familie um die Heimat, die sie vielleicht aus beruflichen Gründen aufgeben mußte usw. Dort, wo wir etwas verlieren, woran unser Herz zu einem guten Stück hängt, überfällt uns Trauer, und es tut gut, wenn Trauernde Christen finden, die mit ihnen weinen.

Wenn wir bei einem Trauerfall einen Menschen besuchen, um ihm Gottes tröstendes Wort nahezubringen, ist es wichtig, über die psychische Lage unseres Gegenübers Bescheid zu wissen. Die Trauer zeigt sich in verschiedenen Phasen und nimmt dabei unterschiedliche Gestalt an (Lindner o.J.).

Geistlich gemeinte Worte können zur Unzeit gesprochen weitreichende Folgen hervorrufen. So kann z.B. der leichtfertige Hinweis auf das Wort des Paulus, für alles zu danken (Eph. 5,20), in der dritten Phase der Trauer abstoßend und fragwürdig wirken. Schnell sind dann Brücken für spätere seelsorgerlich-missionarische Gespräche abgebrochen.

Wie beim Trösten von Trauernden sollte man auch bei schwer- oder todkranken Menschen deren besondere Lebenssituation zu verstehen suchen. Oftmals fragt man sich am Bett von Sterbenden, ob überhaupt noch eigene Worte weitergegeben werden sollen. Im Angesicht des Todes werden menschliche Meinungen, aber auch billiger Trost fragwürdig. Hier zeigt sich dann die besondere Wirksamkeit des Wortes Gottes oder die Stärkung durch geistliche Lieder- und Gesangbuchverse. Hansjörg Bräumer (1988) hat in seinem Büchlein: »Auf dem letzten Weg. Seelsorge am Schwerkranken und Sterbenden« eine wertvolle Zusammenstellung hierzu geliefert.

Grenzen der tröstenden Seelsorge

Trösten ist nur eine der Ausprägungsformen Biblisch-therapeutischer Seelsorge. Es gibt Zeiten, in denen verbaler Trost eher schaden kann. Dies ist z.B. in folgenden Situationen der Fall:

- Der Ratsuchende befindet sich in einer Phase tiefer Depression. Hier ist eher das passive und nonverbale »Bei-Sitzen«, oft auch verbunden mit dem tröstenden Akt der Handauflegung oder dem gemeinsamen Abendmahl gefordert.
- Bei Menschen, die unter starken Kontrollzwängen leiden, kann der ersehnte Trost falsches Verhalten verstärken. Sie müssen eher lernen, vom Zuspruch und Trost anderer unabhängiger zu werden.

Formen der tröstenden Seelsorge

Es ist für den biblisch-therapeutischen Seelsorger notwendig, sich für die Seelsorgeform des Tröstens ein Repertoire aus dem reichen Schatz der biblischen

Trostworte, christlichen Lieder und Gedichte anzueignen. Nur so läßt sich z.B. ein plötzlich notwendig gewordener Besuch bei einem Sterbenden mit hilfreichen Formen füllen. D.h. ganz praktisch, diese Worte zu erlernen, denn ein hilfloses Blättern im Gesangbuch oder in der Bibel am Krankenbett schadet der vertrauensvollen seelsorgerlichen Begegnung.

Kasten 70

Beispiele zur Klage in der Not

»Ach Gott, wem soll ich's klagen? Wo soll ich hoffen hin? Mein Herz will mir verzagen, daß ich so elend bin, daß ich so hab verloren mein's Lebens einzig Freud; ach Gott, ich tu dir's klagen, mein großes Herzeleid. Ob ich gleich viel muß leiden allhier in dieser Welt und es mein Gott will haben und ihm also gefällt, so will ich nicht verzagen, sondern Gott rufen an: Er wird mich nicht verlassen, er wird mir treu beistahn. Tröst mir, Herr, durch dein Güte das traurig Herze mein, vor Schwermut mich behüte und lös mich aus der Pein.« (Leipzig 1586)

»O Gott, du bist getreu: Ach laß ja die Beschwerden, laß die Anfechtungsnot bei mir nicht größer werden, als mein Vermögen ist; greif mich mit Trübsal an, die auch ein Ende nimmt und ich ertragen kann.« (Johann Heermann, 1646)

»Von guten Mächten treu und still umgeben, behütet und getröstet wunderbar, so will ich diese Tage mit euch leben und mit euch gehen in ein neues Jahr. Von guten Mächten wunderbar geborgen erwarten wir getrost, was kommen mag. Gott ist mit uns am Abend und am Morgen und ganz gewiß an jedem neuen Tag.« (Dietrich Bonhoeffer, 1945)

Beispiel einer tröstenden biblischen Besinnung

Eines der großen Trostworte der Bibel finden wird in Jes. 43,1b + 4: »Fürchte dich nicht, denn ich habe dich erlöst; ich habe dich bei deinem Namen gerufen; du bist mein! . . . Weil du in meinen Augen so wert geachtet und auch herrlich bist und weil ich dich lieb habe. Ich gebe Menschen an deiner Statt und Völker für dein Leben . . .«

Werner Grimm (1986) deutet in kurzen Zügen die therapeutische Dimension dieses Bibelwortes an:

»Hinter den einzelnen Versen steht das Bild der biblischen Namensgebung und der Adoption eines Kindes. Die Ausrufung des Namens eines neu geborenen

Kindes (vgl. auch Luk. 2,59ff) ist ein rechtlicher Akt. Mit der Verleihung des Namens übernimmt der Namensgeber Gewalt, Unterhaltspflicht, Rechtsschutz und die Sicherung der Existenz des Namensträgers. Somit erscheint Jes. 43,1b als eine rechtliche Eigentumserklärung Gottes an sein Volk Israel.

Der ganze Abschnitt bringt zum Ausdruck, daß Israel von Gott das Leben noch einmal geschenkt bekommt, aus Liebe und Gnade. Dazu verwendet der Prophet ein Bild: Die Freude und Annahme des Kindes, das Bewahrtwerden auf den Wegen zum Ziel und das endliche Heimkommen. Das verwirkte, aber wertgeachtete Leben wird noch einmal auf Grund der Vergebung und der Sühne seinen Gang nehmen können und ankommen.«

Auf dem Hintergrund der historischen Situation des Volkes Israel im babylonischen Exil sind diese tröstenden Worte Gottes geradezu »Antidepressiva«, wie auch noch viele andere Worte aus dem »Trostbuch Israels« (Jes. 40-55).

Vieles spricht dafür, daß Israel unter einer Art »reaktiver Depression« im Exil litt. Der Prophet fühlte sich in die Situation der Verschleppten tief ein. Er erkannte, wie sie den Kontakt mit der Außenwelt, das Sehen und Hören verweigerten. Aus Textstellen lassen sich verschiedene Belege erheben: die Ungeborgenheit, das Sich-vergessen-und-verlassen-Fühlen, die Müdigkeit und Hoffnungslosigkeit, der Pessimismus, das Bewußtsein der Vergänglichkeit, das Untröstlich-Sein; das Empfinden, Wurm zu sein, zu erlöschen und zu zerbrechen, in Finsternis zu hocken, schuldig, verdammt zu sein, überall vor verschlossenen Türen zu stehen ...

Dieser tiefen Depression Israels hält der Prophet das mächtige Wort Gottes entgegen. Im Bild des Lebensganges eines Kindes unter dem Schutz seines Vaters vergewissert er Israel seiner Kindschaft und der Treue Gottes zu seinem Volk. Er lenkt die Blicke auf die zukünftige wunderbare Befreiung und Heimkehr ins Land.

Jeder Hörer kann dieses Bild existentiell nachvollziehen. Es bewirkt die Schau eines neuen Horizontes und die Möglichkeit eines Ausweges aus den engführenden, depressiven Gedanken.

Wo ein Mensch beginnt, sein Leben so im Lichte Gottes zu sehen, findet er Schritte auf dem Weg in die Freiheit.

5.2.2 Biblisch-therapeutische Seelsorge weist zurecht

Diese zweite Form der Biblisch-therapeutischen Seelsorge geht davon aus, daß Christen ihre persönliche Lebensführung innerhalb der biblischen Normen und Werte, entsprechend biblischer Ethik, führen wollen. Wenn sich im seelsorgerlichen Gespräch zeigt, daß sich der Ratsuchende außerhalb dieser Lebensordnungen Gottes gestellt hat, ist an ihn der ermahnende Ruf zur Umkehr auszurichten: »Das Wort Christi wohne mit seinem ganzen Reichtum bei euch. Belehrt und ermahnt einander in aller Weisheit!« (Kol. 3,16a+b)

Hier handelt es sich also um eine sehr direktive Form der Seelsorge. Sie muß deshalb im Geist der Liebe, aufgrund derer das Böse – nicht der Sünder! – gemieden werden soll (Röm. 12,9), geübt werden. Ist sie biblisch begründet, dient sie der Erhaltung der Gemeinschaft der Christen untereinander, der Förderung der Bruder- und Schwesternschaft, denn »Bruderschaft heißt: Gemeinsam gegen die Macht der Sünde kämpfen« (Walter Tlach).

Chancen

In einer Zeit der Neuorientierung von ethischen Werten und Normen erscheinen die Gebote der Bibel scheinbar anachronistisch. Und doch ist es verblüffend, wenn immer wieder psychologische bzw. psychotherapeutische Forschungsergebnisse zu ähnlichen Normen, Werten, Ordnungen und Zielen wie denjenigen der Bibel kommen – und sie für den therapeutischen Prozeß als äußerst hilfreich einsetzen (vgl. hierzu die Kapitel 5.3 bis 5.6).

Es ist für diese Ausprägungsform der Biblisch-therapeutischen Seelsorge entscheidend zu wissen, daß Gebote, Normen und Werte der Bibel weniger restriktiv als vielmehr für die Lebenspraxis jedes Menschen im Sinne von Lebensordnungen hilfreich und nützlich sind. Für ein solches Verständnis biblischer Ethik muß unter Umständen im seelsorgerlichen Gespräch geworben werden.

Der Seelsorger sollte sich dabei im klaren sein, daß er – theologisch gesehen – das Gesetz aufrichtet, wenn er dem Ratsuchenden das ihn treffende Wort Gottes sagt. Selbstverständlich ist eine solche Aufgabe nur dann im Sinne ganzheitlicher Seelsorge sinnvoll, wenn für eine Begegnung die notwendige Vertrauensbasis besteht. Es wäre auch unverantwortlich, würde dem Ratsuchenden im Verlaufe der Seelsorge nicht – um es wiederum theologisch zu fassen – die Perspektive und der Trost des Evangeliums verdeutlicht werden.

Bei der zurechtweisenden Seelsorge muß sich der Seelsorger in ganz besonderer Weise selbst als Sünder vor Gott erkennen. Er ist im Blick auf sein Sündersein nicht besser als der Ratsuchende, sondern steht mit ihm auf einer Ebene, ist mit ihm quasi solidarisch. Nur sollte er sich, wozu er den Ratsuchenden ja einlädt, bewußt der vergebenden Gnade Gottes anvertraut haben.

Da sich die persönliche Lebensführung des Seelsorgers in aller Regel von der Lebenssituation des Ratsuchenden (z.B. im Blick auf das Alter, die soziale Stellung, das Geschlecht usw.) unterscheidet, sind die im Gespräch vorgestellten Erfahrungen des Seelsorgers oftmals eher hinderlich als hilfreich. Ähnlich verhält es sich mit vorschnell als Beispiel angeführten Lebensbildern großer Männer und Frauen. Es geht wesentlich darum, daß der Ratsuchende eigene Wege findet, um sein Leben erneut am Willen Gottes auszurichten.

Es versteht sich von selbst, daß zurechtweisende Seelsorge sowohl einer soliden Bibelkenntnis als auch Klarheit über die Systematisierung biblischer Werte und Normen in der Ethik angesichts heutiger Fragestellungen bedarf. In der Seelsorge aufbrechende Lebensfragen lassen sich dabei oftmals folgenden Lebensbereichen zuordnen: Geistliches Leben (z.B. Glaube an Gott/Gemeinde/Kirche), Familie (z.B. Ehe, Kind-Elternverhältnisse), Erwerbsleben (z.B. im Blick auf Familie, Betrieb, Mitarbeiter), Öffentlichkeit (z.B. Staat, politische Fragen). Zu all diesen Bereichen nimmt die Bibel Stellung. Sicherlich sind dabei die heutigen Fragestellungen nicht immer direkt mit Bibelworten zu beantworten, sondern die erkennbare Stellungnahme der Bibel aus einzelnen Aussagen muß in die heutige Lebenssituation in einem systematisch-zusammenfassenden Sinn (Ethik) umgesetzt werden. Auch wenn der Seelsorger nicht auf allen Gebieten kompetent sein kann, entbindet es ihn nicht von der Pflicht, sich kundig zu machen. Hierzu werden von verschiedenen diakonischen Fachverbänden hilfreiche Publikationen angeboten.

Kasten 71

Die Bibel als Maßstab

In einer Zeit, in der häufig auch bei Christen das persönliche Interesse vor dem Interesse der Gemeinde Jesu rangiert, in der mehr auf das Empfangen als auf das Geben wert gelegt, in der der Eigennutz vor dem Nutzen der Gemeinde gesehen wird, ist die direkte Deutung der Lebenssituation des Ratsuchenden durch die Maßstäbe der Bibel ungewohnt. Die Hemmschwelle für die geschwisterliche Ermahnung liegt sehr hoch. Doch ist es geboten, das Interesse der Gemeinde, ihr Vorankommen als Bruderschaft, als ein Motiv des seelsorgerlichen Handelns vermehrt einzuüben. Auch die persönliche Hilfe gegenüber dem Ratsuchenden ist im Horizont der Gemeinde zu sehen. Im Blick auf die Geistesgaben schreibt Paulus: »In einem jeden offenbart sich der Geist zum Nutzen aller« (1. Kor. 12,7).

Es ist allerdings nicht allein damit getan, das Fehlverhalten des Ratsuchenden angesichts der Ordnungen Gottes zu benennen. Zu diesem ersten Schritt tritt ein nächster: Konkrete Hilfestellungen für den Weg sind zu geben, mit denen der Ratsuchende wieder in die Lebensordnungen Gottes zurückkehren kann. Hier sind dann in aller Regel die anderen Seelsorgeformen der Biblisch-therapeutischen Seelsorge einzusetzen.

Grenzen der zurechtweisenden Seelsorge

Die zurechtweisende Seelsorge hat ihren Schwerpunkt dort, wo offensichtliches Fehlverhalten gegenüber den Geboten auftritt. D.h., sie darf nur dann eingesetzt werden, wenn die Lebensumstände des Ratsuchenden bekannt sind. Nicht selten verbergen sich allerdings hinter einem erkannten Fehlverhalten Beziehungs- oder Erziehungsprobleme, die mit dem Zuspruch biblischer Normen alleine nicht aufgearbeitet werden können. Hier kommen dann andere Seelsorgeformen zum Einsatz, die dem Ratsuchenden helfen, das Problem konkret anzugehen.

Oftmals läßt sich der Seelsorger auch durch das zu Beginn eines Gespräches vorgetragene »presenting problem«, das häufig mit theologischen Phrasen verbunden ist, irritieren. Es besteht dann die Gefahr, durch eine wenig reflektierte Beurteilung das Fehlverhalten als »klare Sünde« zu beschreiben – und somit diesen bequemeren Weg gegenüber einer längerfristig zu erarbeitenden Verhaltensänderung vorzuziehen.

Exkurs zur »nouthetischen Seelsorge«

Es ist das Verdienst von Jay Adams (1972), mit seinem Buch »Befreiende Seelsorge. Theorie und Praxis einer biblischen Lebensberatung« nicht nur die praktische Seelsorgearbeit für die Laienmitarbeiter zurückgewonnen zu haben, sondern auch die Tatsache, daß er die Normen der Bibel für die Seelsorgearbeit fruchtbar gemacht hat. Viele Christen atmeten auf, als sie mit seinem seelsorgerlichen Ansatz endlich eine Hilfestellung gegenüber der relativ unkritischen Rezeption psychotherapeutischer Methoden von seiten der etablierten kirchlichen Seelsorge und ihrer Ausbildung gefunden hatten.

Wenn Jay Adams als Leitsatz schreibt: »Qualifizierte Seelsorger mit einer hinreichenden biblischen Ausbildung sind kompetente Berater – kompetenter als Psychiater oder sonst irgend jemand« (17), ist jedoch Vorsicht geboten. Sein Ansatz geht davon aus, daß die gefallene menschliche Natur grundsätzlich verdorben ist und nichts Gutes aus sich hervorbringt (18). Deshalb ist für ihn jedes Problem, das ein Ratsuchender äußert, primär und vor allem auf dem Hintergrund seines Ungehorsams gegenüber Gott zu erblicken. Es ist eher eine Frage des Heils als eine Lebensfrage, die gelöst werden muß.

Tatsächlich steht der gefallene Mensch nicht mehr in der Gemeinschaft und im Frieden mit Gott. Im Blick auf sein Heil ist er von Gott getrennt – es sei denn, daß er den Weg des Glaubens, Jesus Christus selbst, gefunden hat und nun Gott »Abba, Vater« nennen kann.

Hinsichtlich der Ebenbildlichkeit des Menschen ist jedoch, wie weiter vorne bereits beschrieben, eine differenziertere Sichtweise angezeigt. Wie schon deutlich wurde, ist zwischen Heil und Heilung des Menschen nicht zu scheiden, aber zu unterscheiden. Auch der gefallene Mensch ist ein Geschöpf Gottes mit natürlichen Gaben, Schwächen und Fähigkeiten.

Es gibt Krankheitszustände, die den ganzen Menschen umfassen, aber nicht unmittelbar auf sein gestörtes Heilsverhältnis zu Gott zurückzuführen sind (vgl. Joh. 9,1-3). So können Christen oder Nichtchristen krank oder gesund sein, ohne daß dadurch primär ihr Verhältnis zu Gott tangiert wäre.

Im Blick auf sein Heil allerdings leidet der Nichtchrist unter der »Krankheit zum Tode«, wenngleich er womöglich, äußerlich gesehen, vor Gesundheit strotzt. Und der Christ ist – wieder im Blick auf sein Heil – von dieser Krankheit zum Tode durch Jesus Christus geheilt, obgleich er als ganzer Mensch an Leib, Seele und Geist leiden kann.

Jay Adams sieht eine Grundbezogenheit aller Probleme des Menschen auf sein Verhältnis zu Gott, was ihn zuweilen zu problematischen Sichtweisen führt. So erzählt er im Rahmen seiner Auseinandersetzung mit den klassischen Schulen der Psychologie bei der Frage von Schuld und Schuldgefühlen ein Beispiel (vgl. Kasten 72), das zu sehr problematischen Einschätzungen für das Erziehungsverhalten christlicher Eltern führen kann.

Kasten 72

Schuld oder Schuldgefühl in der nouthetischen Seelsorge

»Ein typisches Schlagwort in diesem Zusammenhang heißt: ›Susi ist doch nicht schuldig, weil sie Lippenstift gebraucht hat!‹ Sie könnte sehr wohl schuldig sein, wenn sie aus einem Elternhaus stammt, in dem ihr beigebracht wurde, daß der Gebrauch von Lippenstift Sünde sei. Wenn sie nun auf der Höheren Schule anfängt, im Widerspruch zu ihren Normen, Lippenstift zu gebrauchen, um nicht als Sonderling aufzufallen, hat sie gesündigt, und ihre Schuld ist echt. Auch wenn der Gebrauch von Lippenstift ganz und gar nicht Sünde ist, so ist Susis Handlung trotzdem Sünde, weil sie nicht ›aus Glauben‹ gehandelt hat ... Als sie ihre Lippen anstrich, dachte sie, daß es Sünde gegen Gott sei (oder sein könnte); sie tat es aber trotzdem. Sie hat sich der Auflehnung gegen Gott schuldig gemacht, und ihr Gewissen läßt ihr mit Recht keine Ruhe. Sie muß ihre Sünde bekennen, um Vergebung und Frieden zu finden. Ihr zu sagen, daß ihr Schuldgefühl falsch sei, ist nicht richtig. Später muß die Frage natürlich aufgegriffen und beantwortet werden, ob Susis Maßstäbe biblisch sind oder nicht, aber das ist eine ganz andere Frage ...« (Adams 1972, 37)

Wenn Jay Adams von der Seele spricht, geht es ihm vor allem um das Heil des Menschen. Eine seelische Krankheit schließt er aus; der Begriff Krankheit ist bei ihm nur für den organischen Bereich zulässig. Er wendet sich mit aller Schärfe dagegen, seelische Konflikte als »Krankheiten« zu sehen, wenn er schreibt: »Soll (seelische) Krankheit die Ursache persönlicher Probleme sein, fällt jedes Verantwortungsgefühl weg« (5).

Seelische Krankheiten sind s.E. erlernte Masken, die sündige Probleme verdecken sollen: »Was fehlt also den ›seelisch Kranken‹? Ihre Schwierigkeiten liegen in ihnen selbst, sind selbstverursacht. Der gefallene Mensch entfernt sich von Gott. Der Mensch ist in Sünde geboren, geht in die Irre von Geburt an (Ps. 58,4) und wird deshalb ›natürlicherweise‹ sündhafte Schliche versuchen, um seiner Sünde nicht ins Auge sehen zu müssen. Den Problemen des Lebens gegenüber nimmt er verschiedene Haltungen ein, die ihn in Sünde und Schuld verstricken, und ändert diese, je nachdem, ob sie zu Erfolg oder Mißerfolg führen. Abgesehen von den Menschen, deren Störungen organisch bedingt sind, sind die ›seelisch Kranken‹ in Wahrheit Menschen, die ihre Probleme nicht bewältigt haben« (26).

Als Konsequenz dieser Überzeugung lautet die Aussage Adams zu Depression: »Es ist fraglich, ob ein Christ, dessen Gewissen doch nach biblischen Maßstäben geformt ist, jemals ernsthaft deprimiert sein kann, ohne daß die Sünde ›immer vor seinen Augen‹ ist« (101).

So weit nun einige Aussagen zur seelsorgerlichen Beratung von Jay Adams, dessen Seelsorgeliteratur im deutschsprachigen Raum weite Verbreitung gefunden hat.

Bei einer ersten Sichtung seiner Aussagen würde man gerne zustimmen – die Praxis lehrt jedoch, daß ein differenzierteres Vorgehen notwendig ist.

Auch wenn Adams dies nicht wahrnimmt, kennt die Bibel natürliche Situationen, in denen Menschen z.B. depressiv werden können – auch ohne Schuld. Es gibt z.B. Belastungsdepressionen oder andere reaktive Depressionen nach Zeiten intensiver Arbeit oder nach lange andauernden Anfechtungen. Diese sollte man nicht mit Sünde in kausale Verbindung bringen.

Indem Jay Adams alle seelischen Krankheiten (außer daß sie organisch bedingt sind) ursächlich aufgrund der Sünde des Menschen erklärt, steht er in derselben Linie des Kausalitätsprinzips wie die von ihm heftig kritisierte Freudsche Psychoanalyse.

Zusammenfassend können wir sagen, daß viele Lebensprobleme eine Glaubens- bzw. eine Heilsdimension haben – hier ist die zurechtweisende Seelsorge angebracht. Zweifellos ist J. Adams darin zu würdigen, daß er in einer Zeit der Überbetonung humanistischer Menschenbilder den biblischen Zusammenhang von Sünde und seelischen Konflikten anmahnt und für eine christliche Seelsorge als unverzichtbar einführt. Ein Leben außerhalb der Lebensordnungen Gottes ist für den ganzen Menschen weitaus belastender als die Gestaltung des Lebens nach reflektierten Normen und Werten der Bibel.

Es gibt jedoch nicht wenige krankhafte psychische Zustände, die nicht unmittelbar auf Fragen des Glaubens und des Heils zurückgeführt werden können, und die von einer ganzheitlichen Seelsorge her dennoch angegangen werden müssen, weil sie das geistliche Leben beeinträchtigen.

Glaubenshilfe führt auch zur Lebenshilfe. Im Blick auf die geistliche Dimension eines seelsorgerlichen Problems bedarf es geistlicher Kompetenz. Und im Blick auf die sachliche Dimension ist therapeutische Kompetenz vonnöten.

Formen der zurechtweisenden Seelsorge

Anhand von zwei Beispielen soll nachfolgend deutlich gemacht werden, wie die zurechtweisende Seelsorge verwirklicht werden kann.

Zurechtweisung aufgrund klarer biblischer Gebote

Seelsorge im Sinne von Ermahnen und Zurechtweisen schafft, wenn sie durch die Liebe Christi geprägt ist, klare Verhältnisse bei vorliegender Schuld des Menschen.

Trägt der Ratsuchende beispielsweise Ehebruch vor und sucht sich dabei zu rechtfertigen, ist er brüderlich zu ermahnen, sein Handeln im Licht Gottes zu sehen und nach den Ordnungen der Bibel als Sünde zu benennen. Es ist dabei wichtig und für alle weiteren Gespräche entscheidend, daß der Ratsuchende das Urteil der Bibel annimmt.

Die auf das Bekenntnis der Sünde zugesprochene Vergebung kann dann zu einer Basis für weiterführende Gespräche über die Ehe des Ratsuchenden, seinen Lebensstil, Perspektiven einer Neuorientierung, Versöhnung usw. werden.

Das seelsorgerliche Ermahnen bezieht sich in diesem Fall auf ein klares Gebot der Bibel, an dem es keinen »therapeutischen Seitenweg« vorbei gibt. Sünde ist Sünde. Sie muß ausgesprochen und vor Gott bekannt werden – und dieses Bekenntnis ist mehr als nur das »Verbalisieren einer Problemlage«.

Zurechtweisung aufgrund des Handelns Gottes an den Menschen

Es kann geschehen, daß sich ein Ratsuchender gegen jede angebotene Hilfe, auch gegen die des Seelsorgers, wehrt. Auf eigene Faust versucht er, das Leben alleine zu meistern, doch ist er im Begriff zu scheitern, weil er weder die Hilfe Gottes noch die Hilfe anderer Menschen annehmen will.

Sicher müssen in einem solchen Fall auf dem Hintergrund der verschiedenen Seelsorgeformen der Biblisch-therapeutischen Seelsorge auch noch andere Lebensbereiche besprochen werden. Aber der Ratsuchende soll auch auf das Handeln Gottes gegenüber den Menschen hingewiesen werden. Der Seelsorger kann ihm zeigen, daß Gott dem Glaubenden hilft, ein neues Leben zu beginnen und in eine Lebensgemeinschaft mit Jesus Christus einzutreten. So wie es keinen anderen Weg gibt, die Gnade und Hilfe Gottes zu erhalten, außer durch die voraussetzungslose Annahme dieses Geschenkes Gottes, kann der Ratsuchende anhand dieses Handelns Gottes lernen, auch auf anderen Gebieten Hilfe anzunehmen.

Für das seelsorgerliche Gespräch in dieser Form der Biblisch-therapeutischen Seelsorge kann das Erzählen oder Auslegen der Gleichnisse Jesu oder biblischer Lebensbilder sehr hilfreich sein.

5.2.3 Biblisch-therapeutische Seelsorge löst und bindet

»Wahrlich, ich sage euch: Alles, was ihr auf Erden bindet, das wird im Himmel gebunden sein, und alles, was ihr auf Erden löset, das wird im Himmel gelöst sein.« (Matth. 18,18)

Der Ort, der sich für diese Ermächtigung der Jünger durch Jesus im Laufe der Jahrhunderte der Kirchengeschichte herausgebildet hat, ist die Beichte. Die Beichte gehört zum Christsein und ist Lebensnerv für eine lebendige Kirche. Auch wenn in protestantischen Kirchen seltener geübt, muß doch auf Martin Luther hingewiesen werden, der sagte: »Darum, wenn ich zur Beichte vermahne, so tue ich nichts anderes, denn daß ich vermahne, ein Christ zu sein. Wenn ich dich dahin bringe, so habe ich dich auch wohl zur Beichte gebracht.«

Wer in der Beichte den Ballast der Vergangenheit verliert, gewinnt *einen neuen Anfang und eine neue Zukunft.* Deshalb ist es zu wünschen, daß, beispielsweise über die Arbeit der Biblisch-therapeutischen Seelsorge, die Beichtpraxis in ihrer befreienden und geistlich beglückenden Funktion die Gemeinden wieder neu beleben könnte. Dabei versteht sich von selbst, daß der Seelsorger damit zuerst bei sich selbst beginnen muß.

Allgemeine Aspekte der Beichte

Bei der Beichte können drei verschiedene Formen unterschieden werden:

- die sogenannte »Herzensbeichte« (Ps. 32,3-5),
- die öffentliche oder allgemeine Form der Beichte (z.B. im Gottesdienst) und
- die Einzelbeichte (Ohrenbeichte).

Die Einzelbeichte ist zweifellos die schwerste – zugleich aber auch die gewißmachendste Form. Ein Glaubensbruder oder eine Glaubensschwester wird Zeuge und kann im Auftrag Jesu Christi die Vergebung der Sünde zusprechen. Beide wissen, daß sie Sünder sind, der Zeuge und der Beichtende. Bei der Einzelbeichte gibt es keine Unterschiede. Deshalb muß der Seelsorger stets darauf achten, daß er nicht aus einer »erhabenen« Position heraus zuhört, sondern als gleichermaßen Betroffener reagiert.

Wichtige Voraussetzung zur Beichte ist das durch den Heiligen Geist gewirkte *Erkennen der Schuld.* Nur diese Erkenntnis führt zum *Bekennen der Schuld.* Das Aussprechen der Schuld ist nicht einfach und wird für den Sünder oft zu einem »Sterben« – gerade darin aber hat der Beichtende dann teil am Kreuz Christi.

Kasten 73

Warum Beichte vor einem Zeugen?

»Es *muß* kein Mensch dabei sein, aber es *darf* einer dabei sein, der mir den Dienst der Vergegenwärtigung Gottes tut. Es ist ein Angebot der Hilfe, das Gott mir machen läßt« (Bürki).

Zur Gewißheit nach der Beichte ist der *Ohrenzeuge* sehr hilfreich.

»Der dämonische Versucher lebt von dem Geheimnis, das zwischen ihm und uns besteht. Solange es verschwiegene Dinge in unserer Lebensführung gibt, die niemand wissen darf, solange hat auch der Feind Gottes über unsere Seele Gewalt. In dem Augenblick aber, wo das Geheimnis ausgesprochen und verraten wird, verliert die Finsternismacht ihren Herrschaftsanspruch über unser Leben« (Köberle).

Beichte bei okkulten Belastungen

Es ist für den Seelsorger nicht einfach zu erkennen, wo eine okkulte Belastung vorliegt. Oftmals wird diese Diagnose auch gestellt, weil man sich nicht genügend um den Ratsuchenden gekümmert hat und eine »schnelle Lösung« für Krankheiten, Depressionen usw. sucht. Langjährige Erfahrungen haben gezeigt, daß bei der Seelsorge von Christen okkulte Belastungen weitaus *seltener* sind, als angenommen wird. Die Empfehlungen der Biblisch-therapeutischen Seelsorge gehen dahin, daß, ehe man zu einer solchen Diagnose kommt, vorab in einer gründlichen Anamnese alle anderen möglichen Ursachen überprüft werden müssen (Dieterich 1986).

Als Kennzeichen einer okkulten Belastung können folgende Kriterien gesehen werden, die in aller Regel gemeinsam auftreten:

1. Der okkult Belastete hat sich wissentlich und willentlich mit den Mächten der Finsternis eingelassen (»aktiver Okkultismus«).
2. Er zeigt außergewöhnliche Widerstände gegen göttliche Einflüsse.
3. Es treten übernatürliche Kenntnisse und außerbiblische Wahrsagungen, insbesondere über Gott, Jesus Christus und die Bibel auf.

In der praktischen Seelsorge zeigt sich, daß ein mit diesen Kriterien beschriebener okkult belasteter Mensch häufig gar kein Gespräch wünscht bzw. die Seelsorge rundweg ablehnt. So ist der zumeist verwendete Trost an scheinbar »okkult Belasteten« derjenige, ihnen den Sieg Jesu groß zu machen, auf die bereinigte Vergangenheit hinzuweisen, begreifbar zu machen, daß sie *nicht* (bzw. *nicht mehr)* okkult belastet sind.

Wo sich ein Mensch jedoch wissentlich und willentlich auf die Mächte der Finsternis eingelassen hat, muß er diesen Mächten in der Beichte ebenso wissentlich und willentlich entsagen. Es gibt dabei Fälle, bei denen er so fest in der Hand dieser Mächte gebunden ist, daß er von sich aus einen solchen Willen nicht mehr aufbringen kann. Hier ist es – wie allgemein bei der Seelsorge von okkulten Belastungen – besonders wichtig, einen weiteren Bruder oder eine Schwester mit einzubeziehen und gemeinsam für und über dem Betroffenen zu beten.

Kasten 74

Lossagegebet

Von H. Bruns stammt das nachfolgende Lossagegebet:

»Ich entsage dem Teufel und allem seinem finsteren Wesen und Werken und übergebe mich dir, dreieiniger Gott, Vater, Sohn und Heiliger Geist, und will dir im Glauben und Gehorsam treu sein bis an mein Ende.«

Wer unwissend und ohne es zu wollen mit okkulten Dingen in Kontakt kommt (»passiver Okkultismus«), sollte dies nicht überbewerten. Allemal ist die Seelsorge im Blick auf Binden und Lösen der Ort, an dem diese Dinge von Jesus Christus her wieder in Ordnung gebracht werden können.

Was bedeutet »Binden«?

Dies ist eine der schwersten Fragen im Blick auf die Beichtpraxis. In der Regel kann nur im Gespräch geklärt werden, ob die Vergebung der Sünde zugesprochen werden darf oder nicht.

Wer z.B. von einem Ehebruch berichtet, aber zugleich nicht bereit ist, von dem fremden Partner zu lassen, dem darf man die Vergebung nicht zusprechen. Es muß erkennbar sein, daß der Beichtende Reue und Einsicht in seine Schuld zeigt.

Es kann auch sein, daß die Beichte als Weg gesehen wird, sich immer wieder aufs neue ein reines Gewissen zu verschaffen. Zwar werden Haß, negative Gedanken, Neid usw. im Beichtgespräch offen bekannt –, aber nur wenig später ist wieder alles wie zuvor. Die Vergebung der Schuld im Namen Jesu ist ein hohes Gut und darf nicht leichtfertig »verschleudert« werden. In solchen Fällen ist es deshalb sinnvoller, die anderen Formen der Biblisch-therapeutischen Seelsorge einzusetzen.

Die Bedeutung der Handauflegung in der Beichte

Nicht nur beim Trösten eines depressiven Menschen ist die Handauflegung von Bedeutung, sie kann auch eine symbolhafte Handlung im Rahmen der Beichtpraxis sein. Der Zuspruch der Vergebung und die besiegelnde Segnung werden dann nicht nur verbal, sondern »handfest« vermittelt. Ohne vorangegangene Beichte sollte jedoch nicht die Hand aufgelegt werden.

Anders liegt der Fall bei schweren Depressionen. Hier hat die Handauflegung die Dimension der Identifikation mit dem Beichtenden, und es geht um die Übertragung und Weitergabe des Segens Gottes (vgl. Erbsegen).

Grenzen

Dort, wo bei einem Beichtenden, vielleicht aufgrund seiner Erziehung, ein eher moralisierendes Schuldverständnis zugrunde liegt, kann die Beichte in einem falschen Sinne schuldentlastend wirken. »Mancher erhofft sich vom Seelsorger Trost, Hilfe und Erlösung, ohne daß er sich selbst als ganzer Mensch in Frage stellen muß. Es ist einfacher, einen wohl definierbaren Sündenfall, einen Verstoß gegen das Gesetz Gottes oder die Kirche zu bekennen, als sich mit der viel quälenderen, unbestimmten, existentiellen Schuldhaftigkeit auseinanderzusetzen«. (Condrau 1962)

Damit wird deutlich, wie wichtig es ist, das seelsorgerliche Gespräch nicht auf eine einzige Form zu verkürzen. In der Regel haben begangene Schuld und

Sünde auch einen diese Handlung veranlassenden oder verursachenden Hintergrund. Gewiß ist dieser keine Entschuldigung vor Gott und den Menschen. Sünde bleibt Sünde. Wenn die Biblisch-therapeutische Seelsorge dem Menschen aber ganzheitlich helfen möchte, muß sie diese Dinge wahrnehmen und mit dem Beichtenden im Rahmen der anderen Seelsorgeformen besprechen.

Formen des Beichtgespräches

Peter Zimmerling (1988) hat eine Beichtordnung beschrieben, die für den Übergang des Seelsorgegespräches zur Beichte sehr hilfreich ist. Sie kann als Formular gestaltet und zuvor mit dem Beichtenden besprochen werden. Liedverse und Gebete dürfen dabei auch abgelesen werden, vor allem dann, wenn der Beichtende das freie Gebet noch nicht gelernt hat oder ihm dies schwer fällt.

»*Gemeinsames Anfangsgebet:*

Erforsche mich, Gott, und erfahre mein Herz. Prüfe mich und erfahre, wie ich es meine. Und sieh, ob ich auf bösem Wege bin und leite mich auf ewigem Wege. (Psalm 139,23-24)

oder

Aus der Tiefe rufe ich, Herr, zu Dir. Herr, höre meine Stimme. Laß Deine Ohren merken auf die Stimme meines Flehens! So Du, Herr, willst Sünde zurechnen, Herr, wer wird bestehen? Denn bei Dir ist die Vergebung, daß man Dich fürchte. (Psalm 130,1-4)

Zeuge (sonst ›Beichtiger‹ genannt)
Jesus sagt zu denen, die an ihn glauben:

›So ihr bleiben werdet an meiner Rede, so seid ihr meine rechten Jünger und werdet die Wahrheit erkennen, und die Wahrheit wird euch frei machen.‹ (Joh. 8,32)

Der Weg in die Freiheit der Kinder Gottes führt zuerst unter das Kreuz Jesu Christi, zur Vergebung unserer Sünden.

Darum sprich in Seiner Gegenwart aus, was dein Gewissen belastet und was du Gott und Menschen schuldig geblieben bist.

Beichtender
In der Gegenwart Jesu will ich die Wahrheit bekennen, so weit ich sie erkennen kann, und auch das nicht zurückhalten, was mir schwerfällt.

(Es folgt die Beichte, die mit der Bitte um Vergebung endet.)

Zeuge
Ist dir das alles von Herzen leid und sehnst du dich nach Vergebung deiner Sünden durch das Opfer Jesu Christi?

Beichtender
Meine Sünde ist mir von Herzen leid.

Ich will umkehren von meinem alten Weg und sage ab aller Sünde, die mich hindert, den Weg der Nachfolge aufrichtig und ohne Heuchelei zu gehen.

Zeuge
Wenn wir unsere Sünde bekennen, so ist Gott treu und gerecht und vergibt uns alle unsere Sünden und reinigt uns von unserer Unreinheit. (1. Joh. 1,9)

Als Diener Jesu Christi sage ich dir: ›Dir sind deine Sünden vergeben. Gehe hin in Frieden. Das Blut Jesu Christi, des Sohnes Gottes, macht dich rein von aller Sünde.‹ (1. Joh. 1,7)

Jesus spricht: ›Siehe, ich mache alles neu!‹ (Offb. 21,5)

Wir wollen miteinander Gott für seine Vergebung danken und die ersten Verse aus dem 103. Psalm beten:

Beide gemeinsam
Lobe den Herrn, meine Seele, und was in mir ist Seinen heiligen Namen.

Lobe den Herrn, meine Seele und vergiß nicht, was Er dir Gutes getan hat.

Der dir alle deine Sünde vergibt und heilet alle deine Gebrechen.

Der dein Leben vom Verderben erlöst und dich krönt mit Gnade und Barmherzigkeit.

Zeuge
Fürchte dich nicht. Siehe, ich habe dir geboten, daß du getrost und freudig seist. (Jos. 1,9)

Es segne und behüte dich der allmächtige Gott, der Vater, der Sohn und der Heilige Geist.

Beide
Amen.«

Nach dem gemeinsam gesprochenen Dankgebet und vor dem Segenswort des Zeugen könnte der Ort für die Handauflegung sein.

Handauflegung: Der Beichtende kniet nieder, der Zeuge stellt sich neben ihn und legt seine rechte Hand auf den Kopf des Beichtenden. Nun spricht er die Segensworte (s.o.):

Zeuge
Fürchte dich nicht. Siehe . . .

Beide
Amen.

5.3 Lernen und Verlernen

Nachdem im vorangegangenen Kapitel 5.2 die ersten drei Formen der Biblisch-therapeutischen Seelsorge (Trösten, Zurechtweisen und Lösen) behandelt worden sind, werden nachfolgend drei weitere Möglichkeiten des ganzheitlichen Seelsorgeansatzes der Biblisch-therapeutischen Seelsorge vorgestellt. Ihr »Handwerkszeug« greift deutlicher auf Methoden der Psychotherapie zurück. Wie schon beschrieben, ist eine Trennung von Methode und Ideologie möglich, und wir werden auch zeigen, daß die nachfolgenden beschriebenen Ausprägungsformen tatsächlich zu den »verlorengegangenen« Formen biblischer Seelsorge gehören, weil sie biblisch legitimiert werden können.

Die im nachfolgenden Abschnitt zur Verhaltenstherapie beschriebenen Methoden beruhen beispielsweise auf der von Gott eingestifteten Fähigkeit des Menschen, zu lernen und umzudenken.

5.3.1 Abgrenzung der Verhaltenstherapie zu anderen Therapieformen

Bei der Verhaltenstherapie werden empirisch-wissenschaftlich abgesicherte Erkenntnisse aus der Lernpsychologie zur gezielten Verhaltensveränderung herangezogen. Dabei geht es, auf einen Nenner gebracht, darum, die im Kapitel 2.3 dieses Buches gewonnenen Erkenntnisse zur Lernpsychologie systematisch anzuwenden.

Die Betonung des empirisch-wissenschaftlichen Charakters (im Sinne einer »intersubjektiven Überprüfbarkeit«) und eine Betrachtung der Hintergründe und der Ursachen des Verhaltens nur am Rande machen den deutlichen *Gegensatz zur Psychoanalyse* aus.

Die klassische *Kontroverse zur Gesprächspsychotherapie* zeigte sich darin, daß man in der älteren Verhaltenstherapie weniger Wert auf Selbsterkenntnis und positive Selbstgestaltung des Lebens legte, sondern den Menschen als steuerbar (und damit auch therapierbar) im Sinne von Reiz-Reaktions-Mechanismen sah.

Neuere Ansätze, bekannt auch als »Breitbandmethoden der Verhaltenstherapie« oder die »kognitiven Therapien« (Kanfer, Beck, Ellis, Lazarus usw.), bei denen die intensive und reflektierende Mitarbeit des Klienten erforderlich wird, versuchen den klassisch-behavioristischen Ansatz (der schwerpunktmäßig auf Reiz bzw. Verstärker-Reaktionen aufgebaut war) auszuweiten.

In der modernen Verhaltenstherapie ist es also durchaus üblich, auch nach denjenigen Prozessen zu fragen, die im »Inneren« des Menschen (das man früher als »black box« betrachtet hatte) zu fragen und sie in das therapeutische Geschehen einzuplanen. Bei einem solchen Vorgehen kommen sich die verschiedenartigen Therapieformen immer näher. D.h. ganz praktisch, daß die Grenzziehungen zwischen Verhaltenstherapie und Gesprächstherapie, aber auch zu einigen tiefenpsychologisch fundierten Therapieformen, wie beispielsweise der Individualpsychologie, immer weniger scharf ausgeprägt sind.

Lernprozesse als Grundlage der Verhaltenstherapie

Vereinfacht ausgedrückt kann man beim verhaltenstherapeutischen Ansatz davon ausgehen, daß ein unerwünschtes Verhalten (z.B. gewisse Angstzustände) erlernt wurde.

Da sich »lernen« und »verlernen« in ihren biologischen Hintergründen nicht unterscheiden, sollte es möglich sein, das unerwünschte Verhalten deshalb auch wieder zu verlernen.

Kasten 75

Was sagt die Bibel zum Lernen?

Biblisch betrachtet gehört die Fähigkeit des Lernens zur »Grundausstattung« des von Gott geschaffenen Menschen. So gesehen kann das Handwerkszeug der Verhaltenstherapie auf theologischem Hintergrund keinesfalls abgelehnt werden – man würde damit eine Gabe Gottes an den Menschen ablehnen.

Einige Bibelstellen: Sprüche 1,7; Matthäus 9,13; Matthäus 11,29; Johannes 6,45; Titus 3,14 usw.

Verschiedene Arten des Lernens

Entsprechend den verschiedenen Ansätzen (Paradigmen) der Lernpsychologie (vgl. Kapitel 2.3), kennt man auch verschiedene Formen der Verhaltenstherapie. In einer Grobeinteilung sind dies vier verschiedene Möglichkeiten:

1. Therapie mit den Methoden des Lernens durch klassische Konditionierung
2. Therapie mit den Methoden des Lernens durch operantes Konditionieren
3. Therapie mit den Methoden des Lernens durch Nachahmung (Modellernen)
4. Therapie mit den Methoden des Lernens durch Einsicht (Kognitive Verhaltenstherapie)

Der Krankheitsbegriff in der Verhaltenstherapie

Bei der Psychoanalyse werden, im Gegensatz zur Verhaltenstherapie, die abnormen Verhaltensweisen in der Regel ursächlich auf frühkindliche Schäden zurückgeführt. Damit beschränkt sie sich (zumindest in ihrer klassischen Form) im wesentlichen auf die Vergangenheit des Betroffenen und blendet das »Hier und Jetzt«, d.h. den sozialen und Umweltkontext aus.

In der Verhaltenstherapie versucht man, ohne die klassischen Krankheitsbilder (»Neurotiker«, »Schizophrener« usw.) auszukommen und setzt an ihre Stelle die genaue Beschreibung des Verhaltens (vgl. hierzu auch die Diagnostik mit dem DSM-III im Kapitel 4).

Bei einem solchen Vorgehen gibt es dann auch nur einen quantitativen Unterschied zwischen »krank« und »gesund« – und in allen Fällen gelten dieselben Lerngesetze.

Man sieht (zumindest bei den klassischen Formen der Verhaltenstherapie) das erwünschte bzw. unerwünschte Verhalten immer im Zusammenhang mit vorausgehenden Reizen bzw. nachfolgenden Konsequenzen. D.h., das Verhalten ist durch Umweltereignisse gesteuert. Bei den neueren Ansätzen der Verhaltenstherapie geht man häufig auch von einer »Selbststeuerung« (Selbstbewertung) des Menschen aus.

Empirisch-wissenschaftliches Selbstverständnis

Im Gegensatz zur Psychoanalyse hat die Verhaltenstherapie, entsprechend den empirisch abgesicherten Erkenntnissen aus der Lernpsychologie, ein wissenschaftliches Selbstverständnis in dem Sinne, daß sie Hypothesen über das Zustandekommen des Verhaltens aufstellt und diese dann auch empirisch überprüft.

Waren die eingeleiteten Maßnahmen nicht erfolgreich, müssen die Hypothesen verworfen werden – oder aber sie wurden nicht angemessen realisiert.

Genaue Beschreibung des Verhaltens – ohne Wertung

Eines der Probleme der Verhaltenstherapie (aber auch aller anderer Therapieformen) ist, daß die Beschreibung des Verhaltens kaum ohne eine damit verbundene Bewertung möglich ist.

Kasten 76

Es geht kaum ohne persönliche Bewertung . . .

Lesen Sie die folgenden Sätze durch und bewerten Sie sie mit + oder –.

Aussage	*meine Bewertung*
Fritz ist sehr sensibel.	( )
Karl geht spät zu Bett.	( )
Maria kommt immer pünktlich in die Versammlung.	( )
Hanna wiegt bei einer Körpergröße von 170cm 70kg.	( )
Erich ist ein musischer Typ.	( )
Erna ist eher introvertiert.	( )

Wenn Sie den Fragebogen an einen Bekannten weitergeben, werden Sie feststellen, daß er zu einer ganz anderen Bewertung kommen kann.

Häufig benützen wir zur Beschreibung des menschlichen Verhaltens Eigenschaftswörter, die relativ allgemein – und damit wenig aussagekräftig – sind (z.B. er oder sie ist »frech«, »dumm«, »ängstlich«, »depressiv« usw.), aber dennoch in aller Regel Werturteile mit sich führen.

Der Verhaltenstherapeut versucht, Beobachtung und Bewertung zu trennen. Dies wird dadurch möglich, daß er vor allem das Verhalten so genau wie möglich beschreibt. Dabei kann er folgende Fragen stellen:

1. Worum es sich bei dem Verhalten handelt (möglichst quantitativ),
2. in welcher Umgebung es stattfindet,
3. wer dabei ist, und
4. zu welchem Zeitpunkt es geschieht.

Danach erst erfolgt die Wertung, wobei hier unbedingt die Frage der »Norm« bzw. der »Normalität« berücksichtigt werden muß.

Es hat sich bewährt, bei der Wertung zwischen einem *Verhaltensexzeß* (wenn das Verhalten unerwünscht *häufig* auftritt) und einem *Verhaltensdefizit* (wenn das Verhalten *kaum vorhanden* ist oder ausbleibt) zu unterscheiden.

Bedingungen für eine erfolgreiche Verhaltenstherapie

Die nachfolgend genannten Bedingungen für eine erfolgreiche Verhaltenstherapie klingen im ersten Augenblick fast selbstverständlich. Bei genauerer Überprüfung zeigt sich jedoch, daß die Veränderungen zumeist deshalb nicht eintreten, weil diese Voraussetzungen nicht oder nur teilweise erfüllt werden konnten.

Voraussetzungen für eine erfolgreiche Verhaltenstherapie

1. Der Klient muß (organisch gesehen) in der Lage sein, das Verhalten zu ändern.
2. Das unerwünschte Verhalten muß genau beschrieben (Protokolle) und die »Verstärker« hierfür erkannt sein. Aber auch das Therapieziel muß sorgfältig als Verhalten definiert werden. (Also nicht, »es soll mir wieder besser gehen«, sondern »ich möchte vier Stunden ohne zu weinen arbeiten«.)
3. Es sollte der Wunsch nach Veränderung (»Leidensdruck«) von seiten des Klienten, zumindest aber seine Bereitschaft hierzu, vorhanden sein. Dies muß vor Beginn der Verhaltenstherapie geprüft werden.
4. Es ist ein grober »Kunstfehler«, wenn sich der Therapeut mehr um den Klienten kümmert, als dieser selbst aktiv wird.
5. Ebenso falsch ist es, wenn der Therapeut bereits gute Vorsätze verstärkt, anstelle des aus den Vorsätzen resultierenden Verhaltens.
6. Der Klient sollte in der Lage sein, im Laufe des Therapieprozesses, im Sinne einer »Selbstbewertung«, die Kontrolle des therapeutischen Prozesses alleine zu übernehmen.
7. Gewinn und Verlust einer Verhaltensänderung müssen ausgeglichen sein.

Jede Verhaltensänderung ist unbequem. Oftmals war das alte Verhalten womöglich vorteilhafter (»Krankheitsgewinn«). Deshalb ist es unverzichtbar, den Stellenwert, den das bisherige Verhalten eingenommen hat, zu analysieren.

8. Die Mühen einer Verhaltensänderung werden nur aufrechterhalten, wenn der Betroffene Erfolge sieht. Deshalb sollte man zu Beginn kleinere und erfolgversprechende Teilziele auswählen und im Protokoll die Veränderung festhalten. Oft scheitert eine Verhaltenstherapie auch daran, daß zu viele Ziele gleichzeitig verändert werden wollen ...
9. Verhaltenstherapie ist nicht einzusetzen, wenn das Verhalten in einem ursächlichen Zusammenhang mit Schuld steht. Schuld kann nur vergeben – und nicht »wegtherapiert« werden.
10. Verhaltenstherapie ist wenig sinnvoll, wenn eindeutige und überprüfbare Zusammenhänge zwischen dem gegenwärtigen Leidenszustand und Ursachen in der Vergangenheit vorliegen.

Sind die genannten zehn Punkte nicht erfüllbar, sollte mit der Verhaltenstherapie gar nicht erst begonnen bzw. andere Therapieformen eingesetzt werden. Wir haben ja klargemacht, daß, entsprechend der »Seelsorgeformel« M = f (S, R, U), die Methoden gleichberechtigt bzw. von der jeweiligen Konstellation zwischen Seelsorger, Ratsuchendem und den Umständen des Leidens abhängig sind. Ganz allgemein gilt: Besser gar keine Therapie als eine nicht erfolgreiche, denn sie bestärkt die Meinung des Klienten, daß ihm ja ohnehin nicht mehr zu helfen sei.

5.3.2 Therapiemethoden auf dem Hintergrund des klassischen Konditionierens

Am Beispiel von überstarken Ängsten vor Hunden soll gezeigt werden, wie in der klassischen Verhaltenstherapie vorgegangen wurde bzw. auch heute noch teilweise so gearbeitet wird.

Wichtiges Therapieprinzip ist es, zwischen den Auslösern des besonderen Verhaltens (hier z.B. dem Anblick eines Hundes bzw. auch schon dem Hundegebell) und einer darauffolgenden unangemessenen Reaktion (z.B. schweren Angstzuständen) wieder einen »normalen« Zusammenhang herzustellen.

Die klassische Verhaltenstherapie hat hierzu eine ganze Reihe von Möglichkeiten gefunden. Allerdings sind die nachfolgend genannten Verfahren teilweise nicht unproblematisch und dürfen deshalb nur nach gründlicher Erfahrung und in guter Übereinstimmung mit dem Klienten durchgeführt werden.

Löschen (Extinktion)
Der Klient wird dem unerwünschten Reiz ausgesetzt, jedoch der eigentliche Auslöser ausgeblendet bzw. abgetrennt (z.B. einen Hund ansehen, der friedlich frißt und nicht bellt).

Gegenkonditionierung
Dem Klienten werden hierbei die Reize in zunehmender Stärke angeboten (z.B. in folgender Reihenfolge: Bild eines Hundes, Hundegebell, Hund an der Leine usw.), jedoch durch eine sehr positive Umgebung (z.B. durch gleichzeitig ausgeübte Entspannungsübungen) Positives damit verbunden (konditioniert).

Reizüberflutung
Man bietet dem Klienten einen überstarken Reiz an, was zu einer Überstrapazierung des Angstreflexes führt – so lange, bis der Körper aus Ermüdungsgründen die Angstreaktion nicht mehr aushält. Danach wird der bisherige Auslöser als wesentlich schwächer empfunden.

In unserem Beispiel würde dies bedeuten, daß man den Menschen zwingt, das Hundegebell so lange anzuhören, bis er erschöpft ist – sicherlich ein wahrhaft »greuliches« Unterfangen ...

Aversionstherapie
Hier wird die systematische Ausbildung von Angstreflexen benutzt, um unerwünschte Verhaltensweisen zu blockieren. So versuchte man früher bei alkoholabhängigen Menschen die entsprechenden Getränke mit einem übelriechenden Stoff zu verbinden.

An Stelle des äußeren Schmerzreizes kann dies auch im Sinne einer verdeckten Sensitivierung über Vorstellungen erreicht werden. Der Betroffene muß sich dabei z.B. intensiv vorstellen, daß ihm schlecht wird und er erbrechen muß, wenn er ein Glas mit Alkohol in die Hand nimmt.

5.3.3 Therapiemethoden auf dem Hintergrund des operanten Konditionierens

Es geht hierbei um den Auf- bzw. Abbau von Verhaltensweisen mit zielgerichteter Verstärkung. Auch hier gibt es aus der klassischen Verhaltenstherapie eine ganze Reihe von praktischen Ansätzen:

Verhaltensverhinderung
Das unerwünschte Verhalten wird durch eine mit diesem Verhalten unvereinbare Reaktion blockiert (z.B. keine Zigaretten einstecken beim Wunsch, das Rauchen aufzugeben, oder bis 30 zählen, wenn es darum geht, weniger zu schimpfen usw.).

Verzögerung des Handlungsablaufes
Der Handlungsablauf muß drastisch verzögert werden, und zwar so, daß in dieser Zeitspanne alternative Verhaltensweisen möglich werden (z.B. Zigaretten auf den Schrank legen oder einschließen und den Schlüssel beim Nachbarn abgeben ...).

Verhaltensausformung
Eine vollständige Handlungskette wird in Teilhandlungen zerlegt und diese dann einzeln verstärkt. Erst wenn die einzelne Teilhandlung sicher erlernt ist, wird mehr verlangt.

Verhaltensverkettung
Die Handlungskette wird von hinten her aufgerollt und verstärkt. Z.B. soll ein Kind, das sich das Hemd noch nicht alleine anziehen kann, zuerst nur den letzten Knopf selbständig schließen. Hat es dies erlernt, wird sofort verstärkt. Danach schließt es alleine die letzten zwei Knöpfe usw. – so lange, bis man beim Beginn der Handlung angelangt ist.

Gedankenstopp
Bestimmte negative Gedanken können zu unerwünschten Verstärkern werden (»negatives Denken«). Deshalb sollten sie auch frühzeitig unterbrochen werden. Dies ist beispielsweise dadurch möglich, daß man, immer wenn der entsprechende Gedankengang auftaucht, die Faust ballt (oder auf den Boden stampft) und zu sich selbst »Stopp« sagt.

Direkt anschließend an dieses Stoppsignal sollte man einen positiven Alternativgedanken bereit halten.

Kasten 77

Gedankenstopp in der Seelsorge

Ein nicht selten in der Seelsorge vorkommender Fall ist die Meinung des Ratsuchenden, »die Sünde wider den Geist« begangen zu haben. Jesus sagt dazu in Matthäus 12,31: »Darum sage ich euch: Alle Sünde und Lästerung wird den Menschen vergeben; aber die Lästerung gegen den Geist wird nicht vergeben.«

Auch wenn der Seelsorger im Gespräch theologisch klären konnte, daß Menschen, die mit einer solchen Frage ankommen, in aller Regel nicht unter dieses Wort Jesu fallen – und der Ratsuchende das auch verstanden hat, kann es sein, daß er in seiner Zwanghaftigkeit bereits auf dem Nachhauseweg telefoniert, ob er nicht doch verloren sei ...

In einem solchen Falle kann das Erlernen des Gedankenstopps eine wichtige Hilfestellung sein. Der Seelsorger kann am Telefon an das vereinbarte »Stopp« und die Alternativgedanken erinnern.

Es hat sich gezeigt, daß eine konsequente Durchführung dieses Vorgehens schon nach wenigen Tagen eindeutig zu einer Verringerung der unerwünschten Gedanken führt.

Kontingenzverträge
Es werden Verträge geschlossen, die Regeln enthalten, für welche Verhaltensweisen der Klient selbst Verstärkungen konsumieren darf (z.B. bei der Vorbereitung auf eine Prüfung: Lernstoff in Portionen einteilen und nach jeder erfolgreichen Portion eine Verstärkung erlauben). Wenn möglich, sollte hierbei die Eigenkontrolle angestrebt werden.

Beispiel einer Verhaltenstherapie mit »Bettnässern«

Viele Eltern habe Mühe mit ihren Kindern, weil diese noch nicht »trocken« sind. Dabei ist gar nicht so einfach zu unterscheiden, ob es sich um eine krankhafte Veränderung der Blase oder einen natürlichen Zustand handelt.

Hat ein Kind noch niemals seine Blasenfunktion beherrscht, spricht man von primärer Enuresis. Sie ist relativ selten; häufiger kommt die Enuresis nocturna, d.h. das nächtliche Einnässen vor.

Kasten 78

Diagnostik der Enuresis

1. *Allgemeine Fragestellungen*
- Welche allgemeinen Lebensbedingungen herrschen in der Familie?
- Welcher Umgangston bestimmt die Interaktion des Kindes mit Eltern und Geschwistern bzw. dem Therapeuten?
- Welche »Sauberkeitsversuche« wurden in der Familie bisher unternommen?
- Wie hat sich die Enuresis entwickelt?

2. *Spezielle Beobachtungen zur Enuresis*
- Über eine Woche lang wird die Häufigkeit des Toilettenganges und die jeweils ausgeschiedene Harnmenge sowie jedes Einnässereignis von den Eltern registriert.
- Einmalig wird die maximale Blasenkapazität bestimmt. Hierzu werden die Kinder gebeten, so viel Flüssigkeit wie möglich zu sich zu nehmen und den Harn so lange wie möglich einzuhalten. Dann wird in einen Meßbecher uriniert und die Flüssigkeitsmenge festgestellt.
- Überprüfung, ob das Kind den Harn zum beliebigen Zeitpunkt ablassen und den Strahl auch wieder unterbrechen kann.
- Überprüfung der Schlafgewohnheiten und der Wohnungsverhältnisse (z.B. den Weg zur Toilette in der Nacht).
- Überprüfung der Behinderungen bzw. positiven Konsequenzen des Einnässens.

Die Altersgrenze, bei der die Blasenfunktionen beherrscht werden sollten, werden in der Fachliteratur breit streuend zwischen zweieinhalb und fünfeinhalb Jahren angegeben, d.h., es ist eine ziemliche Unsicherheit bei der Diagnose der Enuresis gegeben.

Messungen zur Blasenkapazität bei Kindern zeigen eine Verdoppelung zwischen dem zweiten Lebensjahr und dem des Viereinhalbjährigen, das seine Entleerungsfunktion dann beherrscht. Kinder, die ihre Blasenfunktion vollständig beherrschen, weisen in der Regel Entleerungsmengen zwischen 300 und 360 ccm auf. In vielen Untersuchungen wurde belegt, daß Enuretiker kleinere Blasenkapazitäten haben, so daß es ein Ziel sein kann, die Kapazität zu erhöhen.

Ehe jedoch eine Intervention auf verhaltenstherapeutischem Hintergrund erfolgt, sollte eine urologische bzw. neurologische Untersuchung beim Facharzt stattfinden. Ist diese negativ verlaufen, kann mit der Psychotherapie begonnen werden. Hierzu wird, wie in der Verhaltenstherapie üblich, zuerst der äußere Rahmen bestimmt (vgl. Kasten 78).

Einleiten der Therapie

Das sog. »dry-bed-training« ist ein verhaltenstherapeutisches Verfahren, das eine Vielzahl von Behandlungselementen enthält. Hierzu gehören folgende Teilbereiche:

1. Vermehrte Flüssigkeitsaufnahme zur Steigerung der Blasenkapazität und zur Provozierung intensiver Dranggefühle.
2. Stündliches Wecken.
3. Training des Kindes, bereits auf schwache Weckreize hin zu reagieren (evtl. mit Namen anrufen).
4. Übung eines adäquaten Toilettenverhaltens.
5. Belohnung für nächtliches Harnlassen auf der Toilette.
6. Evtl. Gebrauch eines Klingelapparates (der im Fachhandel zu beziehen ist und registriert, wenn Harn im Bett abgelassen wird).
7. Aufmerksamkeitstraining im Hinblick auf die Unterscheidung zwischen nassem und trockenem Bett.

Natürlich erfordert ein solches Training sehr intensive Aufmerksamkeit und ist sehr anstrengend für Therapeuten und Eltern. Bei einer Untersuchung an 26 Kindern betrug die durchschnittliche Einnäßhäufigkeit vor dem Training siebenmal pro Woche, nach dem Training betrug sie in den ersten drei Wochen durchschnittlich einmal pro Woche, danach sank sie auf null ab. Als Kriterium wurden vierzehn aufeinanderfolgende trockene Nächte angegeben. Dieses Kriterium wurde so erreicht, daß jedes Kind durchschnittlich noch zweimal einnäßte, bis es am Ziel angelangt war, und das langsamste Kind noch einmel einnäßte, bevor es das Kriterium erfüllte.

Neuere Ergebnisse (Berbalk, Bahr-Crome 1980) haben gezeigt, daß das Verfahren auch ohne den Weckapparat durchgeführt werden kann, und daß es auch ohne die Mithilfe des Therapeuten erfolgversprechend ist.

5.3.4 Therapiemethoden auf dem Hintergrund des Modellernens

Bandura konnte zeigen (vgl. Kap. 2.3.3), daß insbesondere das Sozial- und Sprachverhalten durch Modellernen erworben wird.

Eine wichtige Rolle spielt hierbei die Beziehung zwischen dem Lernenden und dem Modell: Man lernt eher von anderen, wenn diese Macht, hohes Ansehen, hohen sozioökonomischen Status und gutes Aussehen zeigen sowie von Personen, die einem selbst ähnlich erscheinen (bezüglich Alter, Geschlecht, Beruf) und deren Strafmöglichkeiten man fürchtet.

Lernen durch Imitation findet weiterhin besonders dann statt, wenn der Lernende eine geringe Selbstwerteinschätzung, das Gefühl der Abhängigkeit, der Inkompetenz und Zweifel zeigt sowie eher isoliert ist. Vom Modellernen lassen sich eine Reihe therapeutischer Maßnahmen ableiten.

Rollenspiel
Dieses Verfahren wird häufig bei Kontakt- und Durchsetzungsschwierigkeiten eingesetzt. Oft wird dabei mit der Methode der Verhaltensausformung kombiniert, d.h. die Endhandlung wird in Teilhandlungen zerlegt (z.B. soll der kontaktgestorte Klient beliebige Passanten auf der Straße nach der Uhrzeit fragen, Geld wechseln, im Schuhgeschäft einige Schuhe anprobieren, ohne zu kaufen usw.).

Rollentausch
Der Klient übernimmt die Rolle des Gesprächspartners und der Therapeut zeigt ihm, wie vorzugehen ist. Hierbei kann der Klient die erforderliche Verhaltensweise beobachten und erfährt gleichzeitig ihre Wirkung an sich selbst.

Stellvertretende Desensibilisierung
Hier demonstriert eine Modellperson den angstfreien und erfolgreichen Umgang mit Reizen, die beim Beobachter Angst auslösen (z.B. »heikle« Gespräche).

Stellvertretende Sensitivierung
Hier werden Hemmungsreaktionen erlernt. So ist es in der Therapie Alkoholkranker oder auch bei der Behandlung depressiver Menschen nützlich, wenn sich die Betroffenen um die jeweils noch schlimmer Erkrankten kümmern, um dadurch immer wieder, beispielsweise mit den verheerenden Folgen des Alkoholmißbrauchs, konfrontiert zu werden.

Gruppentherapie
Innerhalb von Therapiegruppen ist der Mitreißeffekt besonders wichtig. Wenn ein Mitglied der Gruppe offen über seine Probleme spricht, gewinnen auch andere den Mut, ehrlich über sich nachzudenken und ihre Probleme der Gruppe mitzuteilen.

5.3.5 Therapiemethoden auf dem Hintergrund des Lernens durch Einsicht (kognitive Therapien)

Hier geht es darum, daß der Klient durch Selbstbewertung sein Verhalten neu einschätzt und modifiziert. »Verändert euch durch die Erneuerung eures Sinnes« (Röm. 12,2) kann hierzu als biblischer Hintergrund gesehen werden.

Ein Großteil der therapeutischen Bemühungen hat bei dieser Therapieform die Richtigstellung von Mißverständnissen, d.h. eine »kognitive Rekonstruierung« (Lazarus 1978) als Konzept.

Ursachen eines »verirrten Denkens« können z.B. sein:

Dichotomisierte Logik

Es besteht ein weitverbreiteter Hang dazu, alle Eigenschaften des Menschen in zwei entgegengesetzte Pole einzuteilen (z.B. gut-böse, schwarz-weiß, richtig-falsch usw.). So scheinen z.B. die ehelichen Zusammenstöße häufig mit einem solchen dichotomisierten Denken zusammenzuhängen.

Als Hilfe wird empfohlen: Statt eine Aussage »richtig« oder »falsch« zu nennen, sollte man annehmen, daß ihr »vorläufiger Wahrheitswert« zwischen Null und 100 Prozent liegt.

Kasten 79

Mittelwege in der Bibel?

»Falschheit und Lüge laß ferne von mir sein; Armut und Reichtum gib mir nicht; laß mich aber mein Teil Speise dahinnehmen, das du mir beschieden hast. Ich könnte sonst, wenn ich zu satt würde, verleugnen und sagen: Wer ist der Herr?« (Sprüche 30,8+9)

Übergeneralisierung

Den aus dichotomem Denken entstandenen Problemen eng verwandt sind diejenigen, die von einer Übergeneralisierung herrühren. So kann es z.B. sein, daß *alle* Ärzte, Pfarrer, Rechtsanwälte usw. für »gut« oder »schlecht« gehalten werden. Eine Person, die übergeneralisiert, sieht dann z.B. auch »alle Versicherungsvertreter als Betrüger« oder »alle Lehrer als Faulenzer« usw.

Die Kehrseite der Medaille ist die positive Übergeneralisierung, bei der es dann heißen kann: »Alle Mütter lieben ihre Kinder.« Oder: »Für den Bruder XY lege ich die Hand ins Feuer.«

Eine der wirksamsten Methoden zur Überwindung dieses übergeneneralisierenden Denkens ist es, ständig zu betonen, daß ». . . kaum etwas ganz sicher, sondern nur in größerem oder geringerem Ausmaße wahrscheinlich ist«.

Verlassen auf das Urteil anderer Menschen
Diese Art des Denkens ist weit verbreitet und wird insbesondere auch von vielen Eltern gestützt, wenn sie zu ihren Kindern immer wieder sagen: »Was werden jetzt die Nachbarn sagen . . .?«

Therapieansätze

Einige an sich banale Denkansätze müssen in der Therapie den Klienten immer wieder klargemacht werden:

1. Es besteht ein entscheidender Unterschied zwischen einer Person, die sagt »Ich bin dumm« und einer anderen, die sagt »Ich habe viele dumme Dinge getan.« Es ist hilfreich, dem Klienten den Unterschied zwischen einer Aussage und einer Wertung voll zum Bewußtsein zu bringen. »Ich bin eine Hausfrau« ist eine Aussage – »ich bin nur eine Hausfrau« ist ein Urteil.

2. Rationales Vorstellen (Rational-emotive Therapie): Immer wenn eine Person sich überaus erregt (ängstlich, deprimiert, ärgerlich usw.) vorkommt, sollte sie sich vorstellen, wie eine Anzahl Gleichgestellter sie mit der Frage konfrontiert: »Was würden Sie unter diesen Umständen für eine vernünftige Reaktion halten?« Auf diesem Hintergrund sollte dann ein Dialog mit den imaginären Beobachtern geführt werden. Dabei werden die irrationalen Gedanken bearbeitet (d.h. den rationalen gegenübergestellt, möglichst schriftlich bzw. in Tabellenform) und nach Alternativen gesucht (vgl. Kasten 80).

3. Es ist für den Klienten u.U. hilfreich, sich den Seelsorger als Gegenüber vorzustellen. Häufig wird er dann sagen: »Ich stelle mir vor, daß ich mit Ihnen spreche – und ich kann fast hören, wie Sie mir die Verzerrungen in meinem Gedankengang aufzeigen.«

4. Antizipatorisches Denken: »Die Verhaltensweise einer Person wird von der Art kanalisiert, in der sie Ereignisse antizipiert« (Kelly 1955 in Lazarus 1978). D.h., Verfahren, die Hoffnung erwecken, haben auf diesem Hintergrund eine heilende Wirkung. Es ist deshalb hilfreich, den Klienten ständig Vorstellungen üben zu lassen, in denen er sich deutlich dabei erlebt, wie er in nicht krankhafter sondern positiver Weise reagiert. Wenn er z.B. Schwierigkeiten bei der Begegnung mit einem anderen Menschen fürchtet, sollte er sich zu Hause (und in entspannter Situation) vorstellen, wie er diese Schwierigkeiten bewältigen – wie er »Gewinner« der Situation sein wird.

5. Einige rationale Schwerpunkte: Ellis (1982) beschrieb eine ganze Reihe von nützlichen rationalen Denkansätzen, die das »irrige Denken« korrigieren können. Nachfolgend sollen einige Auszüge genannt werden:

- Es besteht keine absolute Notwendigkeit für einen Erwachsenen, Liebe oder Anerkennung von allen bedeutenden Menschen zu erhalten. Die Betonung liegt darauf, den Menschen klarzumachen, daß sie das Wünschenswerte vom Notwendigen trennen können.
- Es wäre besser, den Selbstwert nicht über äußere Stellung und Erfolg zu bestimmen (kausale Attributierung).

Kasten 80

Übung zur Korrektur des verirrten Denkens

Suchen Sie zu den falschen, absurden und unrealistischen Meinungen die wahren, realistischen und biblischen Annahmen und tragen diese rechts ein.

Irrige Annahme	*Korrektur*
1. Jedermann sollte mich mögen, bejahen, lieben – besonders diejenigen, die mir viel bedeuten.	
2. Ich sollte fähig sein, alles gut und richtig zu machen – wenn nicht, ist es besser, nichts zu tun oder zu warten, bis ich es gut machen kann.	
3. Bevor ich (und andere) mich wertschätzen, muß ich alles können und erfolgreich sein.	
4. Ich kann mein Leben nicht beeinflussen, andere Menschen und Umstände kontrollieren es.	
5. Erfahrungen der Vergangenheit können nicht verändert werden.	
6. Es gibt nur eine wahre Lösung für ein Problem; wenn ich sie nicht finde, bin ich verloren.	
7. Ich sollte fähig sein, jeden um mich herum glücklich zu machen. Wenn nicht, dann stimmt mit mir etwas nicht.	
8. Ich bin verantwortlich dafür, alle Irrtümer dieser Welt zu berichtigen, alle Probleme zu lösen ...	

- ○ Es wäre besser, nicht in Katastrophenstimmung zu geraten, wenn die Dinge nicht so laufen, wie man sie sich heftig wünscht.
- ○ Fast alle Beispiele von Unglücklichsein gehen eher auf innere Gedanken als auf äußere Ereignisse zurück.
- ○ Sich über Gefahren Sorgen zu machen oder über die Wahrscheinlichkeit gefürchteter Ereignisse zu grübeln, wird die gefürchtete Situation nicht abwen-

den. Es ist nachweisbar, daß die Antizipation eines gefürchteten Ereignisses oft schlimmer ist als das Ereignis selbst. Sich Sorgen machen hat also keinen vorbeugenden Wert.

- Immer den leichten Weg zu gehen, indem man Schwierigkeiten und Verantwortung vermeidet, führt gewöhnlich zu Trägheit, Angst und Langeweile. Es gilt einen Mittelweg zu finden zwischen einem »zu leicht nehmen« und einem allzu harten Vorgehen gegenüber sich selbst (letzteres kann auch ein Zeichen von Schuldgefühlen und Selbstbestrafung sein).
- Man sollte sich bemühen, eine gesunde Unabhängigkeit zu erlangen, anstatt sich an jemand Stärkeren anzulehnen (hierzu gehören auch in falscher Art und Weise gebrauchte Lebensbilder!) und sich auf ihn zu verlassen. Völlige Unabhängigkeit ist jedoch auch nicht der richtige Weg, wir brauchen uns gegenseitig in unserer komplexen Gesellschaft.
- Die Lebensgeschichte jedes Menschen hat sein augenblickliches Verhalten unvermeidbar beeinflußt – doch sie braucht es nicht notwendigerweise immer weiter zu lenken und zu beeinflussen.
- Es hat keinen Sinn, sich über die Probleme oder Schwierigkeiten anderer Menschen aufzuregen. Anderen konstruktiven Rat oder liebevolle Hilfe anzubieten, ist etwas ganz anderes, als sich an ihrer Stelle oder über sie aufzuregen.
- Jedes Streben nach Vollkommenheit oder absolute Kontrolle über die Erfordernisse des Lebens führt wahrscheinlich zu Panik und Wertlosigkeitsgefühlen. Irren ist menschlich. Es ist wichtig zu ermutigen, daß Menschen aus ihren falschen Entscheidungen lernen, anstatt auf die »perfekte Lösung« zu warten.

Hilfreiche Vorgehensweisen für die kognitive Therapie

Es gibt eine ganze Reihe von hilfreichen Methoden für den Seelsorger und Berater, um gegen das »verirrte Denken« anzugehen.

1. Bestätige das »persönliche Paradigma« des Klienten
Der Klient hält seine subjektive Sicht, d.h. seine negativen Vorstellungen und Überzeugungen, für vernünftig und plausibel – und das auch dann, wenn sie dem Therapeuten sehr unlogisch vorkommen.

Er ist ernsthaft davon überzeugt und vertritt beharrlich, daß er benachteiligt, unvollkommen, unnütz, nicht liebenswert usw. ist. Diese innere Konsistenz der Überzeugungen wird trotz wiederholter und eindrucksvoller Gegenbeweise aus der Umgebung aufrecht erhalten. Solche Überzeugungen bilden demnach mehr als nur eine Ansammlung falscher Gedanken sondern entsprechen, wie schon weiter oben bemerkt, in ihrer Stabilität eher einem Paradigma.

Die Bedeutung von Ereignissen, die die negativen Ansichten widerlegen, verarbeitet der Klient in der Regel nicht angemessen. Seine Vorstellungen haben für ihn tatsächlich eine »objektive« Gültigkeit.

Sobald der Therapeut die Gründe für das Festhalten an diesen Vorstellungen aufzudecken beginnt, werden in der Regel zwei Wege zur »Beweisführung« seiner Sicht vom Klienten deutlich gemacht:

1) Er stellt eine Einschätzung bestimmter vergangener Ereignisse dar, die seiner Meinung nach die negativen Vorstellungen bestätigen.

2) Er kann eines oder mehrere gegenwärtige Ereignisse als Beweis für die Richtigkeit seiner Vorstellungen heranziehen.

Für die Therapie ist es günstiger, wenn man sich stärker auf gegenwärtige Ereignisse verlagert, da der Klient dazu weitere Angaben sammeln und Interpretationen dieser aktuellen Geschehnisse protokollieren kann. Fehlinterpretationen gegenwärtiger Ereignisse werden bereitwilliger korrigiert, da die empirischen Beweise jüngeren Datums sind.

Wenn Gegenbeweise allerdings zu früh angeführt werden, wird der Klient sie häufig von sich weisen oder entstellen. Dies sollte der Therapeut beachten und er hat deshalb zu Beginn einer Behandlung wohl eher die Rolle eines Beraters zu übernehmen. D.h. beispielsweise »einfühlsames Verstehen« zu zeigen, wie dies im folgenden Kapitel beschrieben wird, bzw. das sog. »Pilgerschrittverfahren« einzusetzen, bei dem man zuerst zwei Schritte zurückgeht, d.h. dem verirrten Denken entgegenkommt, um danach drei Schritte voranzugehen.

Die Klienten müssen dabei den Eindruck gewinnen, daß sie die Chance hatten, ihre Probleme darzustellen, ehe sie bereit sind, Gegenbeweise zu berücksichtigen.

2. Vermeide es, zu etikettieren und Werturteile zu fällen
Empfohlen wird, den Klienten als Menschen mit Problemen oder besonderen Defiziten bzw. irrationalen Ansichten zu sehen und nicht als eine Person, die irrational ist oder einen »defekten Charakter« hat.

Wir gehen davon aus, daß Verhaltensweisen veränderbar sind. Das ständig negative Denken kann auch für den Seelsorger zur Verärgerung führen. Oftmals wird dem Ratsuchenden »Mangel an gutem Willen« vorgeworfen und der Klient als passiv, übermäßig abhängig oder widerspenstig eingestuft. Wir müssen jedoch wissen, daß ein frustrierter Seelsorger vermutlich nicht genügend objektiv ist. Deshalb sollte man am besten annehmen, daß der Klient, wenn er die Wahl hätte, lieber weniger hilflos, eher unabhängig und eher weniger passiv wäre.

Wenn der Klient Aufgaben versäumt, Verabredungen verpaßt usw., wird der erfahrene Seelsorger die Einsichten und Einstellungen aufdecken, die dieses regressive Verhalten auslösen. Zusammengefaßt: Der Seelsorger sollte die negativen Denkweisen als typischen Bestandteil beispielsweise der Depression und nicht als eine dem Klienten innewohnende Eigenschaft ansehen.

3. Vermeide es, unerwünschtes Verhalten »unbewußten Wünschen« zuzuschreiben
Nimmt ein Klient unbewußte Wünsche bei sich wahr, wird er dies sehr häufig mit den Bewältigungsmechanismen der klassischen Psychoanalyse zu lösen su-

chen. Das heißt, er wird davon ausgehen, daß sein negatives und unerwünschtes Verhalten durch Wünsche nach Befriedigung von Zuwendung, Rache, Sympathie usw. zu erklären wäre. Diese »Einsicht« dient ihm dann zu einer weiteren Bestätigung seiner negativen Selbsteinschätzung, nach der er schlecht und wertlos ist – und er wird sich konsequenterweise noch deprimierter fühlen.

Der Seelsorger sollte solche Erklärungsversuche für selbstdestruktives Verhalten vermeiden. In der kognitiven Therapie nimmt man die Auffassung des Klienten von seiner eigenen Person, seiner Lebenssituation und seinen Zukunftserwartungen als wichtigsten und verhaltensbestimmenden Faktor an, d.h., die kognitive Psychotherapie stellt sich damit bewußt in einen Gegensatz zur Psychoanalyse.

4. Orientiere Aktivitäts- und Strukturierungsanforderungen an den Bedürfnissen des Klienten

Die meisten depressiven Klienten haben Konzentrationsschwierigkeiten und sind deshalb oft nicht in der Lage, Probleme zu präzisieren – und noch weniger, sie zu lösen. Sie fühlen sich hilflos und in allen Situationen von Problemen erdrückt. Sie neigen dazu, im Verhalten des Seelsorgers Anhaltspunkte für ihre Unvollkommenheit, mangelnde Liebenswürdigkeit und Wertlosigkeit zu bemerken. Aus diesen Gründen läßt ein nicht vorstrukturiertes Gespräch (mit Gesprächspausen) ihren negativen Phantasien freien Lauf, d.h. es müssen Vorüberlegungen zur Strukturierung angestellt werden. Diese Vorgehensweise steht teilweise im Gegensatz zur nondirektiven Praxis der Gesprächspsychotherapie, über die im nachfolgenden Kapitel ausführlicher berichtet wird.

In der Praxis der kognitiven Therapie ist der Therapeut aktiv und ergreift stärker die Initiative als bei den anderen traditionellen Psychotherapien. Er übernimmt die Führung, um den Klienten zur Diskussion der therapeutischen Zielsetzung anzuleiten. Er fungiert als Versuchtsteilnehmer, als Führer, als Erzieher (im sokratischen Stil), d.h., er versucht den Konversationsfluß und die Aufmerksamkeit des Klienten auf bestimmte Zielsetzungen zu lenken.

In der Anfangsphase der kognitiven Therapie ist der Seelsorger am aktivsten. Er bestimmt jedoch das Ausmaß seiner Aktivität nach den offensichtlichen Strukturierungsbedürfnissen des Klienten. Nicht selten können schwer depressive Menschen Fragen nur mit einem oder zwei Wörtern oder einem einzigen Satz beantworten. Diesen Klienten gegenüber verhält sich der Seelsorger sehr aktiv – so aktiv, wie bei Kriseninterventionen –, um ihn anzuspornen und aus seinem Zustand der Mutlosigkeit herauszuholen. Kurze, einfache, direkte und konkrete Aussagen sind dann am wirkungsvollsten. Außerdem versucht der Therapeut, konkrete Antworten auf seine Fragen zu erhalten.

Natürlich macht auch der aktivste Seelsorger nach seinen Fragen oder Kommentaren angemessene Pausen, damit der Klient seine Gedanken selbst organisieren und eine Antwort formulieren kann. Er muß, aufgrund seiner Erfahrungen, abwägen, ob die Pause zu kurz oder zu lang ist. Bei zu langen Pausen werden depressive Menschen verwirrt.

Zusammengefaßt kann gesagt werden, daß kognitive Therapien bei Depressionen sehr hilfreich sein können, weil sich die Klienten durch ein gewisses Maß an Struktur und Aktivität bestätigt fühlen. Sie denken dabei z.B., »der Seelsorger spricht mit mir, also muß er mich mögen.« Zudem helfen strukturierte therapeutische Hilfen bei Konzentrations- und Aufmerksamkeitsschwierigkeiten der schwerer depressiven Klienten wirksamer als andere Verfahren.

Ist der Seelsorger jedoch zu aktiv, kann der Klient den Eindruck bekommen, er werde manipuliert und man sei nicht wirklich an seinen Gefühlen und Wünschen interessiert. Es gilt also, ein richtiges Mittelmaß abzuwägen.

5. Verwende Fragen als wichtigstes therapeutisches Mittel

Fragen gehören zum wichtigsten methodischen Inventar der kognitiven Therapie. Sie können viele Ziele haben, u.a.:

- Gewinnung diagnostischer und biographischer Hintergrund-Informationen.
- Entwicklung einer allgemeinen Vorstellung von der Art der psychischen Probleme des Klienten.
- Gewinnung eines Eindrucks der momentanen Lebenssituation, besonderer Streßfaktoren, der Sozialkontakte usw.
- Einschätzung der Bewältigungsmechanismen des Klienten, seiner Streßtoleranz, seiner Fähigkeit zur Introspektion und Objektivität sich selbst gegenüber.
- Übertragung vager und abstrakter Beschwerden in konkrete und klarer umrissene Probleme.
- Einleitung von Entscheidungsprozessen durch Hinterfragen verschiedener alternativer Lösungsmöglichkeiten für ein Problem.
- Befähigung des Klienten, eine bestimmte Alternative zu wählen. Eine Möglichkeit besteht darin, das Für und Wider jeder Wahl abzuwägen und dann die am wenigsten wünschenswerte auszuschließen.
- Unterstützung des Klienten bei der Überprüfung der Konsequenzen seines unangepaßten Verhaltens, z.B. durch die Frage: »Was gewinnen Sie, wenn Sie im Bett liegenbleiben?«
- Einschätzung des Wertes unangepaßten Verhaltens: »Was haben Sie zu verlieren?« oder »Welchen Vorteil bringt es, Mißfallen durch Selbstbehauptung zu erregen?« bzw. »Welche Nachteile gibt es dabei für Sie?«
- Ergründung der speziellen Kognitionen des Klienten, die mit unangenehmen Affekten oder abweichendem Verhalten verbunden sind.
- Überprüfung der Bedeutung, die der Klient einem bestimmten Ereignis oder einer Reihe von Umständen zumißt.
- Aufforderung an den Klienten, die Kriterien seiner negativen Selbsteinschätzung zu überprüfen (z.B. wertlos, schwach, unfähig).
- Verdeutlichung der Tatsache, daß der Klient bei seinen Schlußfolgerungen eine selektive Auswahl aus negativen Hinweisen trifft.
- Verdeutlichung der Neigung des Klienten, positive Erfahrungen unterschiedslos zu verleugnen oder abzuwerten.

6. Verwende Fragen statt Streitgesprächen oder Belehrungen
Vorsichtig formulierte Fragen können dem Klienten helfen, ein bestimmtes Thema, eine Entscheidung oder eine Ansicht herauszugreifen und sorgfältig zu überdenken. Durch diese Fragen kann auch die Neugier des Klienten geweckt werden. Seine bisher sehr rigide dargelegten Ansichten erhalten dann die Bedeutung von Arbeitshypothesen. Auf diese Weise werden Fragen zur Lockerung depressiver und gehemmter Gedankengänge verwendet.

Man sollte unbedingt dem Klienten zu entlocken versuchen, was er denkt, anstatt ihm die Vermutungen und Erwartungen des Seelsorgers in bezug auf die Gedankengänge des Klienten mitzuteilen. Oftmals sind die Äußerungen des Klienten ganz anders als der Seelsorger dies erwartet hatte ...

7. Setze gezielt Humor ein
In der kognitiven Therapie können Humor und Übertreibungen manchmal wichtige Hilfsmittel sein. Humor ist besonders dann nützlich, wenn er spontan ist, wenn er dem Klienten ermöglicht, seine Ansichten oder Ideen distanzierter zu betrachten. Er sollte jedoch so eingesetzt werden, daß der Klient nicht das Gefühl hat, verspottet zu werden.

Mit Humor kann der Therapeut auch festgefahrene Überzeugungen des Klienten erschüttern bzw. lockern, ohne diese besonderen Überzeugungen direkt anzugreifen. Er kann vielmehr indirekt die derzeitigen Behauptungen des Klienten in Zweifel ziehen, ohne bei jedem einzelnen Beweisstück für oder gegen eine Meinung ausführlich argumentieren zu müssen.

Dies bedeutet, Humor kann zur Auslösung kognitiver Dissonanzen eingesetzt werden und, als Konsequenz davon, den Klienten dazu bringen, nach möglichen alternativen Erklärungen oder Ideen zu suchen, die angepaßter sind. Dabei muß jedoch beachtet werden, daß nicht der Klient selbst, sondern nur seine Gedanken Zielscheibe des Humors sind.

Auch Übertreibungen verdeutlichen oftmals, wie unvernünftig und unangemessen das Denken des Klienten ist. Er kann dann über widersinnige Aspekte seiner Überzeugungen lachen oder zumindest schmunzeln.

5.3.6 *Selbstmanagement und Selbststeuerung – eine moderne Version der Verhaltenstherapie*

Skinner spricht von »Selbstkontrolle«, wenn eine Person die Wahrscheinlichkeit des konfliktbehafteten Verhaltens durch ein anderes, selbst erzeugtes, kontrollierendes Verhalten verändert.

Kanfer hat diesen Ansatz erweitert und sieht zwei verschiedene Selbstkontrollvarianten, die aus unterschiedlichen Konfliktkonstellationen resultieren:

1. Das Widerstehen einer Versuchung: Dies würde z.B. bedeuten, daß der Wunsch, vor dem Zubettgehen zwei Tafeln Schokolade zu essen, der zu einer kurzfristigen Befriedigung führt, zugunsten eines Verhaltens mit langfristig po-

sitiven Konsequenzen (vor dem Zubettgehen keine Schokolade essen = langfristig größeres Wohlbefinden) unterlassen wird (Hecht 1985).

2. Das Ertragen einer unangenehmen Situation: Trotz kurzfristig sehr unangenehmer Konsequenzen (z.B. Schmerzen beim Zahnarzt) setzt sich die Person im Hinblick auf die langfristig positiven Konsequenzen (beschwerdefreier Urlaub) dieser Situation aus.

Kanfer unterscheidet (aus für den Praktiker wohlbekannten Gründen, etwa im Sinne »hab' ich's schon versprochen, soll ich's auch noch halten«) beim Prozeß der Selbstkontrolle zwischen den beiden aufeinanderfolgenden Stufen »Entschluß zur Selbstkontrolle« und der »Ausführung des Vorsatzes der Selbstkontrolle«.

Praxis der Selbstmanagementtherapie

Entsprechend dem Ansatz der kognitiven Verhaltensmodifikation erwirbt der Klient kognitive Strategien (z.B. Selbstbeobachtung, Planung von Verhalten usw.), die ihm den Übergang von eingespielten, aber ineffizienten Verhaltensmustern zu neuen, effizienteren Verhaltensweisen ermöglicht.

Unter Anleitung des Therapeuten lernt der Klient nunmehr in der Selbstmanagementtherapie, verschiedene Möglichkeiten des Verhaltens auszuprobieren und im Hinblick auf die Steuerung des Verhaltens zu organisieren und zu bewerten. Dabei werden verhaltenstherapeutische Methoden (Verstärkung, Kontingenzverträge, Löschung usw.) unter Anleitung vom Klienten ständig vermehrt selbständig zur Problemlösung eingesetzt. Das Modell der Selbstregulation besteht aus den drei Bestimmungsstücken:

Selbstbeobachtung
Selbstbewertung
Selbstverstärkung

Ein Interview mit Kanfer zu grundlegenden Fragen der Verhaltenssteuerung (Meier 1984)

Frage: Welche Grundlagen hat Ihre Form der Verhaltenssteuerung?

Kanfer: »Die wichtigste Annahme ist, daß der Mensch sich ändern muß. Als Therapeut kann ich ihm dabei nur helfen. Um sich zu ändern, muß ein Grund, eine Motivation da sein, es muß etwas geben, um vorwärts zu schauen.«

Wir betrachten das sehr kritisch, kommen in der Therapie sehr früh darauf, daß die Hilfe vom Klienten selber kommen muß. Er muß das Gefühl haben, daß die Therapie ihm ein besseres Leben ermöglichen wird, daß er anders wird oder glücklicher.

Eine weitere Annahme des Selbststeuerungskonzeptes ist die Verantwortlichkeit des Klienten nicht nur für die Veränderung, sondern auch für das neue Verhalten.

Nicht der Therapeut ist dafür verantwortlich, er bietet nur Techniken an, um zu helfen. Er entwickelt die Motivation des Klienten. Manchmal erkennen Menschen wirklich nicht, wie anders ihr Leben wäre, wenn sie sich änderten. Manchmal wird in der Therapie viel Zeit mit der Abklärung von Zielen und Werten verbracht. Der Klient soll erfahren, wie sein Leben anders sein könnte.

Frage: Wie stehen Sie zur Psychoanalyse?

Kanfer: Jeder neue Behandlungsansatz ist ein Angriff. Aber die Psychoanalyse versucht, Verhalten zu erklären, ohne auf das Verhalten einzugehen. Unsere Klienten leiden an konkreten Schwierigkeiten. Psychoanalyse sucht nach den Gründen, die das Verhalten verursachten – mit der Hoffnung, daß sich das Verhalten ändert, wenn wir die Ursachen verstehen.

Frage: Wie sehen Sie die wissenschaftlichen Grundlagen der Psychoanalyse?

Kanfer: Ein Kritikpunkt ist, daß die Psychoanalyse vor allem im Sprechzimmer entwickelt wurde und daher keine wissenschaftliche Grundlage hat. Ich erinnere mich an eine Geschichte aus meiner Studienzeit: Prof. Rosenzweig, bei dem ich meine erste Stelle hatte, schrieb stolz an Freud, daß er im Labor Forschungsergebnisse erhalten hatte, die die Psychoanalyse bestätigten. Freud antwortete beinahe wütend: Er habe die Richtigkeit seiner Theorie nie bezweifelt, und er brauche nicht ins Labor zu gehen, das wäre völlig überflüssig.

Frage: Ist Psychoanalyse dann nutzlos?

Kanfer: Natürlich heißt das nicht, daß Psychoanalyse nutzlos ist. Ich meine nur, wenn das Ziel eines klinischen Vorgangs das Verhalten ist, muß das Verhalten im Mittelpunkt stehen. Für andere Ziele gibt es andere Modelle.

Frage: Arbeitet die klassische Verhaltenstherapie denn nicht nur an der Oberfläche, d.h., kuriert sie im Grunde genommen nur Symptome, ohne das Übel an der Wurzel anzupacken?

Kanfer: Wir sollten unterscheiden zwischen der klassischen Verhaltenstherapie – und Verhaltenstheorie, die in der Tat etwas mechanistisch war: An diesem Punkt haben sich auch die großen Veränderungen in der Verhaltenstherapie vollzogen. Wichtig ist, daß die Zielsetzung einer Behandlung unabhängig von der Theorie ist, man kann die Dressur zum Wohl oder zum Nachteil des Klienten anwenden. Z.B. kann man jemandem mit entsprechenden Techniken helfen, sich einem gefürchteten Objekt zu nähern oder es zu vermeiden; Verhaltenstheorie beschreibt dabei nur den Lernprozeß. Ich weiß nicht, ob alle Verhaltenstherapeuten meine Meinung teilen. Für mich persönlich ist der Mensch ein Teil der Natur. So gibt es bestimmte Bedingungen und Grenzen, die für uns genauso gelten wie für Tiere, deshalb kann man aus Forschungen mit Tieren etwas lernen. Aber es gibt auch andere Bedingungen. Der Mensch reagiert nicht nur auf die Umgebung, er kann die Umgebung auch verändern. Der zweite Unterschied ist, daß der Mensch seine Kultur von Generation zu Generation weitergibt, die nächste Generation ist dann ganz anders.

Ein weiterer Punkt: Weil es uns unmöglich ist, die Umwelt zu kontrollieren, beginnen wir die natürlichen Vorgänge zu verändern – ob zum Guten oder

Schlechten, ist eine andere Frage. Aber wesentlich für den Menschen ist, daß innerhalb seiner selbst Grenzen seiner endlosen Möglichkeiten, seines Verhaltens und Denkens liegen. D.h. auch: Es ist sehr schwer, eine Psychologie des Menschen zu begründen. Psychologische Grundsätze – Strukturen, körperliche Aspekte – bleiben, aber soziale, persönliche, gefühlsmäßige Umstände ändern sich, sie sind sehr eng an die Kultur, an die Zeit und den Ort gebunden. Deshalb ändern sich auch unsere Theorien ständig, denn sie beziehen sich darauf, wie sich ein Mensch seiner Umwelt anpaßt. Die Umwelt ändert sich aber, und jede Generation hat eine andere Umwelt.

Wir hinterlassen unseren Kindern z.B. Computer und Technologien, die vor drei Generationen niemand hatte, d.h., sie müssen sich einer völlig neuen Verhaltensebene anpassen. Man muß feststellen, daß Psychologie eine bewegliche Wissenschaft ist: Vielleicht können Vorgänge verallgemeinert werden, aber Inhalte wahrscheinlich nie.

5.4 Miteinander reden

Im Umgang mit Ratsuchenden sehen sich Seelsorger vor verschiedene Möglichkeiten gestellt. Wie in den vorangegangenen Kapiteln beschrieben, können sie beispielsweise versuchen, Informationen zu sammeln, zurechtzuweisen, zu trösten, Lern- und Umdenkprozesse in Gang zu setzen bzw. den Ratsuchenden mit möglichst vernünftigen Interpretationen die Realität klarer vor Augen zu stellen. Ein solches Verhalten des Seelsorgers wird oft als »direktiv« beschrieben, denn er verhält sich gegenüber dem Ratsuchenden etwa so wie ein Dirigent gegenüber seinem Orchester , d.h., er kommt aus einer Position, in der sein realistischer Überblick, das biblische Wissen oder die Lebensweisheit im Vordergrund stehen.

Im Gegensatz hierzu gibt es auch Vorgehensweisen, bei denen der Seelsorger seine persönlichen Anschauungen in hohem Maße zurückhält und versucht, dem Klienten zu helfen, seine eigenen Fähigkeiten anzuwenden. Die Gesprächstherapie ist ein solches Verfahren, das weitgehend auf direktive Methoden verzichtet. Entsprechend ihrem auf der menschlichen Begegnung orientierten Hintergrund ist die Gesprächstherapie immer dann besonders angezeigt, wenn als Ursache für ein seelisches Leiden Beziehungsstörungen vermutet werden können.

5.4.1 Theoretischer Hintergrund der Gesprächstherapie

Zur Entstehungsgeschichte

Nachdem Carl Rogers, der 1902 geboren wurde und aus einem frommen Elternhaus stammte, erste theologische und pädagogische Studien getrieben hatte, erwarb er 1931 seinen Doktorgrad in klinischer Psychologie. 1942 stellte er in den USA mit seinem Buch »Counseling and Psychotherapie« sein neues Therapiesystem vor und begann im Jahre 1945, in seiner therapeutischen Arbeit mit Kindern die sogenannte »nicht-direktive« Therapie einzuführen. Damit machte er sich bei der zu dieser Zeit etablierten Psychotherapie indiskutabel, denn die Idee, daß Kinder oder Erwachsene, die an psychischen Störungen leiden, die notwendigen Resourcen zur Heilung in sich selber tragen, widersprach sowohl dem damals vorherrschenden psychoanalytischen als auch dem klassisch-verhaltenstherapeutischen Ansatz. Der Therapeut war es, der bei diesen therapeutischen Schulen, als Experte mit dem notwendigen »know-how«, die Lösungen für seine Patienten vorgab.

Rogers konnte sich im Laufe der kommenden Jahre trotzdem durchsetzen, weil er in seiner Arbeit streng wissenschaftlich vorging – und auch große Erfolge nachweisen konnte. In Amerika war er daher sehr bald einer der einflußreichsten Psychotherapeuten und hat diesen Ruf bis zu seinem Tode im Jahre 1987 erhalten können. In Deutschland hingegen, wo die Psychoanalyse erst nach dem zweiten Weltkrieg ihren Höhepunkt erreichte (vorher war sie als »jüdische Therapie« verboten), erlangten die Forschungen Rogers' erst erheblich später die ihnen zustehende Bedeutung. Dabei waren insbesondere die Arbeiten der beiden Therapeuten Reinhard und Annemarie Tausch grundlegend.

Daß die Gesprächstherapie inzwischen auch in Deutschland weitgehend akzeptiert wird, zeigt sich u.a. auch an der großen Zahl von über 6.000 Mitgliedern der »Gesellschaft für Wissenschaftliche Gesprächstherapie« (GWG).

Philosophischer Hintergrund für die Gesprächstherapie sind die Gedanken einer Begegnung, wie sie etwa Martin Buber schildert. Verbindungen bestehen weiterhin zur Kommunikationstheorie, die auf Taft und Allen zurückzuführen ist. Auch der Freud-Schüler Otto Rank hat Rogers deutlich beeinflußt.

Das Selbstkonzept

Rogers sieht die Ursache vieler psychischer Erkrankungen darin, daß der Betroffene ein verzerrtes Selbstkonzept hat.

Die Verzerrung der Selbstwahrnehmung wird durch Umwelteinflüsse gefördert. Ein Kind lernt z.B., daß bestimmte Gefühle schlecht sind und daher nicht erlebt werden dürfen. Da sie aber trotzdem existieren, löst das Kind sein Dilemma, indem es sie nicht wahrnimmt.

Konsequenterweise ist eine Therapie für psychische Störungen darauf gerichtet, die wirklichen Gefühle und Erlebnisse eines Menschen zur subjektiven Erfahrung zu bringen. Der Therapeut fördert diesen Prozeß, indem er versucht, Gefühle, die beim Klienten existieren, unverzerrt zum Ausdruck zu bringen. Dadurch wird der Klient in die Lage versetzt, sein subjektiv erlebtes Selbst dem wirklichen Selbst zunehmend anzupassen.

Kasten 81

Was ist mit »Selbstkonzept« gemeint?

Rogers hat bei vielen seiner Klienten entdeckt, daß sie immer wieder bei der Schilderung ihrer Schwierigkeiten den Begriff des »selbst« verwendeten.

Schon das Kleinkind macht Erfahrungen, die zur Unterscheidung eines »ich« oder »mich« führen. Mit solchen Erlebnissen bildet sich allmählich eine Art und Weise der Erlebens, der Gefühle und des Denkens über sich selbst heraus.

Das Selbstkonzept ist demnach eine Summe von Erfahrungen, Meinungen, Gefühlen usw. über das »ich« oder »mich« und gleichzeitig der Wahrnehmungen von den Beziehungen dieses »ich« zur Außenwelt und zu anderen Personen. Hierzu gehören die mit diesen Wahrnehmungen verbundenen Wertvorstellungen.

Das Selbstkonzept einer Person verändert sich ständig in Abhängigkeit von der entsprechenden Selbsterfahrung, und es besteht ein differenziertes Zusammenspiel zwischen den beiden, das bestimmten Gesetzmäßigkeiten unterliegt.

Das gewohnheitsmäßige Nachdenken über die eigene Person sowie deren Bewertung führt dazu, daß Umwelt- und Körperereignisse, die mit bedeutsamen Selbsterfahrungen verbunden sind, stärker beachtet werden. Wahrscheinlich werden insgesamt gesehen auch Handlungen bevorzugt, die mit dem Selbstkonzept übereinstimmen.

Versucht man das Selbstkonzept eines Menschen in einzelne Elemente aufzulösen, so kommt man zu folgenden Teilerfahrungen:

1. Erfahrungen mit der eigenen Person (z.B. »Ich hatte immer schon zwei linke Hände«).
2. Erfahrungen mit Beziehungen zur Umwelt (z.B. »Bei Kindern komme ich gut an«).
3. Erfahrungen der Wertqualitäten, die mit bestimmten Dingen wahrgenommen werden (z.B. »Jogging macht mir besonderen Spaß« oder »Wenn ich große Menschen sehe, fühle ich mich ängstlich«).
4. Erfahrungen mit Zielen und Idealen, die als von negativer oder positiver Bedeutung wahrgenommen werden (z.B. »So borniert wie Herr Müller möchte ich nie werden«).

Die einzelnen Erfahrungen sind jedoch nicht isoliert, sondern aufeinander bezogen zu sehen.

Dieser Prozeß kann jedoch nur funktionieren, wenn man voraussetzt, daß es beim Menschen so etwas wie eine psychische »Selbstheilungstendenz« gibt, ansonsten wäre ohne Korrektur von außen eine positive Veränderung unmöglich. Daß eine solche Tendenz tatsächlich existiert, wurde wissenschaftlich belegt. Carl Rogers hat die vorgefundenen Selbstheilungskräfte im Sinne der humanistischen Philosophie gedeutet, eine solche Interpretation ist jedoch nicht zwingend. Im Gegenteil: daß diese Kräfte bestehen, bestätigt auch das Menschenbild der Bibel. Sie sind eine Gabe, die zum »Geschöpf Mensch« gehört. Jeder Mensch ist als Ebenbild Gottes in der Lage, für bestimmte Probleme seines Lebens Lösungen zu finden.

5.4.2 Grundlagen für die Praxis der Gesprächstherapie

Der nicht-direktive Ansatz der Gesprächstherapie wird oft mißverstanden. Bei einer oberflächlichen Beobachtung könnte man davon ausgehen, daß sich der Gesprächstherapeut darauf beschränkt, im großen und ganzen das zu wiederholen, was der Klient gesagt hat.

Eine solche »Therapie«, bei der der Therapeut mit eigenen Worten wiederholt, was der Klient gesagt hat, kann zwar mit etwas Übung zu einem guten Gespräch führen und macht selten etwas kaputt. Man kann durch derartige Reflexionen vielleicht sogar eine warme und akzeptierende Atmosphäre schaffen und kommt auch zu einem gewissen Rapport mit dem Gegenüber. Echte Veränderungen im Leben des Ratsuchenden ergeben sich auf diese Weise jedoch nicht, und das verbale »Hinterherhinken« ist eher kraftlos.

Manchmal beschreibt man dieses Therapieverhalten auch mit den Worten »nur einfach zuhören« und drückt damit eine extrem passive Haltung des Therapeuten aus. Gesprächstherapie ist dies jedoch auch nicht. Ein solcher Ansatz von Seelsorge hat zwar mit der Gesprächstherapie gemeinsam, daß der Therapeut auf bestimmtes direktives Verhalten verzichtet – aber auch ein Tiefschlaf dieses »Therapeuten« hätte den Verzicht auf bestimmte Methoden der Gesprächstherapie damit gemeinsam.

Mit anderen Worten, obwohl es sehr wichtig ist, was man als Gesprächstherapeut nicht macht, kann man Gesprächstherapie nicht ausschließlich als Verzicht auf gewisse Methoden definieren, sondern muß darauf eingehen, welche Verhalten und welche Haltung von seiten des Therapeuten dem Ratsuchenden entgegengebracht werden. Die Fähigkeit, gut zuzuhören, ist übrigens bei jeder Art der Psychotherapie Grundvoraussetzung. Es ist deshalb ein weit verbreitetes Mißverständnis, von der Gesprächspsychotherapie anzunehmen, daß sie sich auf das passive Zuhören beschränkt.

Der Begründer der Gesprächspsychotherapie, Carl Rogers, schrieb, er sei »mehr als nur ein wenig entsetzt über die Interpretationen ›seines‹ Ansatzes, die man manchmal im Training und der Ausbildung von Beratern findet ... Eine hölzerne Technik des Pseudoverstehens, bei der der Berater das widerspiegelt, was der Klient soeben gesagt hat.« (Rogers, zit. bei Martin, 1983)

Was ist dann Gesprächspsychotherapie wirklich?

Nicht in erster Linie eine Methode der Gesprächsführung, sondern eine *Haltung* des Therapeuten. Diese Haltung kann mit den drei Merkmalen Empathie, Echtheit und Wertschätzung beschrieben werden.

Empathie

Das empathische, d.h. aktive und einfühlsame Zuhören ist eine wesentliche Grundbedingung der Gesprächspsychotherapie.

Empathie ist die Fähigkeit, das in Worten auszudrücken, was der Klient eigentlich mit seiner Aussage *gemeint* hat.

Es reicht also nicht, nur zu hören, was der Klient gesagt hat, sondern man muß hören können, was er gemeint hat. Es reicht jedoch auch nicht, dies nur zu hören, sondern man muß in der Lage sein, das Verstandene effektiv wiederzugeben, so, daß der Klient dann auch weiß: »Jetzt bin ich verstanden worden.« Mit anderen Worten, zum aktiven Zuhören gehört das bestmögliche Verständnis der ganzen Person sowie eine möglichst präzise Formulierung dieses Verstehens.

Es ist offensichtlich, daß sich diese Art von empathischem Verstehen nicht nur auf den letzten Satz des Klienten beziehen kann. Im Gegenteil, das Verstehen des Beraters umfaßt die ganze, ihm gegenübersitzende Person. Dazu gehört auch die genaue Beobachtung von nonverbalen Nachrichten, denn diese zeigen sehr oft, welche Gefühle hinter einem bestimmten Erlebnis stehen.

Überhaupt sind Gefühle im empathischen Zuhören sehr wichtig, denn aktives Zuhören ist auch in dem Sinne aktiv, daß es nicht jede Art von Nachricht mit gleicher Wichtigkeit wahrnimmt und zurückgibt, sondern daß der Gefühlsaspekt einer Nachricht besonders herausgestellt wird.

Zum Beispiel sagt ein Klient: »Es ist einfach ungerecht, wie manche faule Typen befördert werden, während andere Tag für Tag hart arbeiten müssen.« Diese Aussage ist sicherlich sachlich richtig, d.h., der Berater könnte den Sachinhalt bestätigen. Der wesentliche Aspekt der Botschaft ist jedoch nicht der Sachinhalt, sondern sind die emotionalen Erlebnisinhalte, die implizit in der Aussage enthalten sind.

Würde jetzt ein Seelsorger reflektieren: »Sie sind der Überzeugung, daß es ungerecht ist, wenn der eine für seine Arbeit mehr belohnt wird als der andere«, hätte er den tatsächlichen und persönlichen Teil der Nachricht ignoriert. Er lautet für den einen Klienten, daß die tieferliegenden Gefühle Resignation, Sinnlosigkeit und Verletztsein bedeuten; für einen anderen Wut, Ärger und Wunsch nach Rache signalisieren.

Entsprechend dem jeweiligen Klienten, könnte sich eine gute, empathische Reflexion etwa so anhören:

»Sie wünschen sich, für Ihren Einsatz mehr Anerkennung zu bekommen, haben aber die Hoffnung völlig aufgegeben.« Durch die Reaktion des Klienten auf die empathische Reflexion wird dann klar, ob der Seelsorger den eigentlichen Sachverhalt erfaßt hat.

Ein abwägendes »jaaa schon« indiziert, daß noch mehr an Gefühlen dahintersteckt, obwohl diese nicht zum Ausdruck kamen. Dagegen drückt ein »genauso – besser hätte ich es gar nicht sagen können« aus, daß der Klient sich jetzt in der Tiefe seines Erlebens verstanden fühlt.

Ein solches Grundverhalten des Gesprächstherapeuten nennt man auch »Verbalisierung emotionaler Erlebnisinhalte«. Es ist aber nur ein Aspekt der gesamten Haltung und nicht ohne die beiden anderen möglich.

Echtheit

Mit Echtheit ist gemeint, daß der Therapeut sich in die Beziehung zum Klienten ganz und ohne Fassade einläßt, wobei er das Risiko eingeht, selber Gefühle zu erleben und sich in die Beziehung einzubringen. Echtheit bedeutet aber nicht, »daß der Psychotherapeut laufend seine persönlichen Gefühle, Absichten, Einstellungen und Wertungen ausdrückt, wohl aber, die für beide Partner bedeutsamen ... Gefühle mit dem Klienten zu besprechen« (Ammon, 1977).

Echtheit, auch Kongruenz genannt, bedeutet, daß der Therapeut authentisch ist, d.h. sich nicht hinter einer Fassade versteckt, sondern dem Klienten mit den Gefühlen begegnet, die er empfindet. Mit anderen Worten, der Klient hat eine real existierende Person vor sich, nicht einen »Profi« oder »Superseelsorger«.

Wegen der großen Bedeutung der Haltungskomponente Echtheit ist es unvermeidbar, daß der Therapeut oder Seelsorger sich auch selbst möglichst verzerrungsfrei erleben kann. Er muß die eigenen Schwachstellen kennen und sich selber so korrigieren, daß nicht die eigenen Bedürfnisse die therapeutische Beziehung bestimmen.

Wenn z.B. ein Gesprächstherapeut zu seinem Klienten sagt: »Dieses Gespräch ist für mich entsetzlich langweilig«, kann das dem Klienten nur dann helfen, wenn nicht das persönliche Problem des Therapeuten (eben die Langeweile) in die Sitzung eingebracht wird, sondern wenn seine Langeweile wirklich eine Reaktion auf das Verhalten des Klienten ist.

Echtheit bedeutet auch nicht, daß der Therapeut oder Seelsorger in eine kameradschaftliche Beziehung mit seinem Klienten kommt. Im Gegenteil, ein wesentlicher Wirkfaktor der Gesprächstherapie ist, daß sich die Beziehung zwischen Therapeut und Ratsuchendem in klar umrissenen Grenzen hält. Dies bedeutet, daß er ausschließlich in der therapeutischen Rolle mit dem Klienten in Kontakt steht und nicht auch in einer anderen, z.B. Freundschaft oder Zweierschaft, mit ihm verbunden ist.

Wenn Kongruenz mißverstanden wird und sich der Therapeut in unangebrachtem Maße in die Therapie einbringt, nimmt dies dem Klienten die Sicherheit, die er braucht, um in der Therapie zu einem Maximum an Selbsterfahrung zu gelangen.

Wertschätzung

Der dritte Aspekt der hilfreichen Haltung des Therapeuten bzw. Seelsorgers verlangt, eine Atmosphäre zu schaffen, die dem Klienten Wärme und bedingungsloses Angenommensein entgegenbringt. Der Therapeut stellt keine Forderungen an den Klienten, drückt auch keine Erwartungen aus und läßt entsprechende Erwägungen nicht einmal in seinem Inneren wachsen.

Der gesprächstherapeutisch vorgehende Seelsorger weiß zu schätzen, daß sein Gegenüber ein Mensch ist, dessen Wert nicht durch irgendwelche Verhaltensweisen, Einstellungen oder andere Qualitäten bestimmt wird. Als Gesprächstherapeut verzichtet man daher auf Wertungen wie: »Das finde ich gut« oder: »Wenn Sie so weitermachen, geht es Ihnen sicherlich bald besser.« Der Therapeut ist sich seiner eigenen Subjektivität klar bewußt und vertraut darauf, daß der Klient seine eigenen Lösungen finden wird – und daß diese Lösungen im Endeffekt die besseren sind.

Kasten 82

Carl Rogers zur Gesprächstherapie

C. Rogers (1973) beschreibt die Gesprächstherapie zusammenfassend folgendermaßen:

Wenn die Therapie optimal, intensiv wie extensiv, verläuft, heißt das, daß sich der Therapeut in eine persönliche und subjektive Beziehung zum Klienten hat einlassen können. Er verhält sich nicht wie der Wissenschaftler zum Studienobjekt, nicht als Arzt, der zu diagnostizieren und zu heilen hat, sondern als Mensch zum Menschen. Das bedeutet, daß der Therapeut den Klienten als einen Menschen von bedingungslosem Selbstwert einschätzt: wertvoll, ohne Rücksicht auf seinen Zustand, sein Verhalten, seine Gefühle.

5.4.3 Praktische Durchführung der Gesprächstherapie

Die Tatsache, daß es Hauptaufgabe des Gesprächstherapeuten ist, dem Klienten gegenüber eine ganz bestimmte Haltung zu zeigen und nicht bestimmte Methoden auszuüben, bringt manchen beginnenden Therapeuten in ein Dilemma: Wenn diese Haltung erlernt werden soll, muß man sie einerseits aus didaktischen Gründen in Einzelteile zerlegen, d.h. in konkrete therapeutische Verhaltensweisen, die man Schritt für Schritt üben kann. Genau dieser Versuch kann jedoch dazu führen, daß die Gesprächstherapie zu einer »hölzernen« Methode erstarrt. Andererseits kann man auf eine Identifizierung von ganz bestimmten therapeutischen Einzelverhaltensweisen nicht verzichten, weil sonst die Position entsteht, Gesprächstherapie als »Verzicht auf alle Methoden« zu definieren und damit der therapeutischen Willkür Tür und Tor geöffnet wären.

Es gilt demnach für denjenigen, der Gesprächstherapie erlernen möchte, zu

Beginn bestimmte Verhaltensweisen einzuüben – jedoch dabei immer im Bewußtsein zu haben, daß diese Verhaltensweisen selbst nicht die Gesprächstherapie sind, sondern nur eine gewisse Grundlage hierfür darstellen.

Kasten 83

Gesprächstherapie ist erlernbar

Der Vergleich mit dem Klavierspielen ist hier angebracht. Der Anfänger macht Fingerübungen, übt Fingersätze und kommt nicht umhin, jede Hand einzeln zu trainieren. Der Virtuose hat diese Verhaltensweisen so gründlich erlernt, daß sie vollständig automatisch erfolgen und so dem Musiker die Möglichkeit lassen, sich ganz dem Ausdruck der Musik hinzugeben.

Ähnlich verhält es sich auch bei der Gesprächstherapie. Anfangs gilt es, bestimmte Regeln zu beachten. Diese Regeln heißen z.B.: »Lasse deine eigenen Wertungen sein« oder »Achte auf die Gefühle in der Nachricht, die der Klient ausdrückt« usw.

Gezwungenermaßen führt diese Art von Disziplin zu einem Gesprächsverlauf, der irgendwie künstlich erscheint – und auch so ist.

Um die »Musik« in der Gesprächstherapie zu erleben, sollte man sich einmal Videobänder mit Therapiesitzungen von erfahrenen Therapeuten ansehen. Bei einer solchen Demonstration achte man nicht nur auf einzelne Sätze und Kommunikationsmuster, sondern auch darauf, wie das Gespräch einen Rhythmus entwickelt, wie es, ähnlich einem Musikstück, intensiver und schwächer wird und seine eigentliche Stärke darin besteht, daß eine Beziehung zwischen Therapeut und Ratsuchendem entsteht, die sich nicht leicht auf ein oder zwei Verhaltensmerkmale reduzieren läßt.

So viel steht fest: Kein Buch alleine kann den Anfänger zu einem guten Gesprächstherapeuten machen. Auch hier gilt, »Übung macht den Meister«, wobei »blutige Anfänger« sich in ihren Übungen auf ganz bestimmte Teilfertigkeiten beschränken sollten, während fortgeschrittene Therapeuten von einer übermäßigen Fokussierung auf bestimmte Einzelaspekte absehen sollten.
Wie fangen wir mit dem Erlernen ganz praktisch an?

Zuhören

Es scheint zwar banal, aber die erste Voraussetzung zum guten Zuhören ist, daß man dem Klienten Aufmerksamkeit schenkt. Wirklich aufmerksam gegenüber einem anderen Menschen zu sein, ist alles andere als selbstverständlich. In den meisten zwischenmenschlichen Begegnungen bedeutet »Aufmerksamkeit«, daß der »Zuhörer« mehr oder weniger ungeduldig darauf wartet, daß sein Gegenüber den Mund hält, so daß er seinen Teil zum Gespräch beitragen kann.

Echte Aufmerksamkeit stellt den Redenden in den Brennpunkt intensiven Zuhörens. Die Körperhaltung des Zuhörenden drückt schon aus: »Ich bin an dir interessiert. Ich höre dir zu.«

Der Zuhörer sieht dem anderen häufig in die Augen und lehnt sich wahrscheinlich ein wenig vor, bleibt aber dabei offen und entspannt. Diese Beschreibung darf man jedoch nicht allzu ernst nehmen, denn wenn man sich während eines Gespräches beispielsweise darauf konzentrieren muß, in welchem Winkel der Oberkörper zu den Schenkeln steht, sieht dies zwar optisch gekonnt aus – die Aufmerksamkeit wird jedoch praktisch ausschließlich auf sich selbst und nicht auf den Klienten gelenkt. Für die Praxis sollten aus beiden Positionen Elemente übernommen werden: Eine aufmerksame Körperhaltung macht es leichter, wirklich aufmerksam zu sein und eine echte, aufmerksame Haltung dem anderen gegenüber bringt im allgemeinen eine bestimmte Körperhaltung mit sich.

Neben Körperhaltung und Blickkontakt ist die Stimme das beste Indiz für ein aufmerksames Zuhören. Wer aufmerksam ist, spricht mit einer ruhigen Stimme; wer dagegen wartet, daß die Zeit bald herum ist, wird auch in seine Stimme die Qualität des »Ich bin hier, weil das mein Job ist« durchscheinen lassen.

Intensives Zuhören ist heute eine echte Rarität. Denken Sie einmal darüber nach, wann Sie das letzte Mal den Eindruck gehabt haben, daß jemand hundertprozentig zugehört hat und Ihnen völlige Aufmerksamkeit schenkte. Wahrscheinlich werden Sie zugeben müssen, daß solche Begegnungen etwas ganz Besonderes darstellen. Trotzdem ist Aufmerksamkeit nur ein Teil der praktischen Therapie, die angemessene Verbalisierung gehört mit hinzu – und auch hier kann man einiges hinzulernen.

Verbalisierung

Zuhören bedeutet im Sinne der Gesprächstherapie: Verständnis mit Worten ausdrücken. Dazu gehört, daß der Therapeut in der Lage ist, schwierige und meist sehr komplexe Zusammenhänge zu formulieren. Diese besondere Art der Verbalisierung ist allerdings in der Praxis seltener gegeben.

Die wohl am häufigsten vorkommenden Äußerungen sind die *Gesprächsanregungen.* Sie sind im großen und ganzen dazu da, dem Gegenüber deutlich zu machen: »Rede weiter, ich bin da.« Auch das nonverbale Kopfnicken oder ein »mh, mh« gehören in diese Kategorie. Wer einmal ein Telefongespräch geführt hat, bei dem er sich nicht sicher war, ob der Gesprächspartner noch am Hörer war, weiß, welche Bedeutung solche Anregungsverbalisierungen haben können. Ähnlich geht es dem Klienten, wenn der Therapeut keine Gesprächsanregungen gibt. Er sieht ihn dann zwar vor sich, ist sich aber oft nicht sicher, ob er ihm noch zuhört.

Anregungsverbalisierungen sollen den Klienten ermuntern, weiter zu sprechen. Dabei verteilt der Therapeut die Anregungen nicht zufällig quer durch das Gespräch, sondern bringt sie insbesondere dann ein, wenn der Klient in seiner Aussage gefühlsmäßige Erlebnisse zeigt. Ohne sagen zu müssen, »Erzählen Sie mehr über ihre Gefühle«, dienen die Anregungsverbalisierungen dann dazu, den Klienten dazu zu bringen, Gefühle und Erlebnisinhalte zu explorieren. Anregungsverbalisierungen haben demnach den Charakter eines Verstärkers, der das jeweilige Verhalten des Klienten (z.B. persönliche Gefühle auszudrücken) zukünftig wahrscheinlicher macht.

Eine weitere Stufe der Verbalisierung nennt man *Erhaltungsverbalisierung.* Sie entspricht etwa dem, was man auch als »empathische Reflexion« beschreibt. Ihr Zweck ist es, das vom Klienten Gesagte als beim Therapeuten angekommen zu bestätigen. Dabei dringt man aber nicht in tiefere Erlebnisinhalte vor, sondern wiederholt mit eigenen Worten, was der Klient ausgesagt hat.

Erhaltungsverbalisierungen werden als »reziprok« bezeichnet, da sie eigentlich das ersetzen könnten, was der Klient soeben gesagt hat. In der Gesprächstherapie gilt die Erhaltungsverbalisierung als ein »baseline response« (d.h., sie liegt auf minimalem therapeutischen Niveau).

Beispiel einer Erhaltungsverbalisierung:
Klient: »Meine Alten machen mich mal wieder total nieder mit ihrer ständigen Kritik – sie akzeptieren meine Freundin überhaupt nicht. Wenn sie mich doch mal ein paar Minuten in Ruhe lassen würden . . .«
Therapeut: »Die ständige Kritik Ihrer Eltern, insbesondere an der Wahl Ihrer Freundschaft, geht Ihnen gewaltig auf die Nerven.«

Erhaltungsverbalisierungen erhalten also in etwa das Maß an Gefühlen und Erlebnisinhalten, das der Klient ausgesagt hat, und spiegeln den Inhalt wider. Sie sind für eine Gesprächsführung sehr wichtig, denn sie signalisieren dem Gegenüber: »Ich höre zu und habe begriffen, was du gesagt hast«.

Ein Therapeut, der Anregungs- und Erhaltungsverbalisierungen gut einsetzen kann, ist auch in der Lage, ein engagiertes Gespräch zu führen. Nur ist diese Art von Gespräch noch keine Gesprächstherapie. Eher handelt es sich dabei um eine Unterhaltung, von der der Klient hinterher sagen wird: »Mein Therapeut versteht mich gut, er hält sich auch mit Ratschlägen zurück und läßt mich Entscheidungen selber machen. Ich werde da so richtig akzeptiert.«

Das eigentliche »Salz« der gesprächstherapeutischen Kommunikation stellt die *Verbalisierung von Erlebnisinhalten* dar. Hier drückt der Therapeut in Worten aus, daß er etwas gehört hat, das der Klient möglicherweise verbal gar nicht gesagt – aber gemeint hatte. Eine solche Art von Empathie geht demnach weit über die Reflexion der »letzten zwölf Worte« hinaus und bezieht sich auf die Ganzheit der Person, die der Therapeut in der Begegnung vor sich sieht.

Als Ziel einer Verbalisierung von Erlebnisinhalten gilt, die vom Klienten ausgedrückte Tiefe des emotionalen Erlebens weiter zu vertiefen, d.h. einen Prozeß im Klienten zu fördern, durch den er sich selber in zunehmendem Maße realistischer erlebt. Wenn der Therapeut also deutlich auf die impliziten Gefühlsinhalte einer Nachricht achtet, muß er in erhöhtem Maße auf den Klienten eingehen, denn seine Reaktion ist der Anhaltspunkt dafür, ob er die Nachricht des Klienten richtig verstanden hat. Dabei verzichtet der Therapeut darauf, sein eigenes Weltbild bei der Reflexion zugrunde zu legen. Er verläßt sich darauf, daß der Klient sich selber am besten kennt.

Hier unterscheidet sich die empathische Reflexion deutlich von einer Interpretation, die die Gefühle und Erlebnisinhalte des Klienten von einer ganz bestimmten Persönlichkeitstheorie her ansieht.

Kasten 84

Gefühle aus der Kindheit

Ein Klient erzählt: »Meinen Beruf (Schreiner) mag ich an sich gerne. Ich habe jetzt ein Puppenhaus für meine Tochter gebaut. Aber das ist sehr schwierig für mich . . . Ich habe immer das Gefühl, nichts ist gut genug. Als Junge habe ich aus der Schule Werkstücke mit nach Hause gebracht, auf die ich sehr stolz war, und ich kann mich gut erinnern, daß mein Vater immer nur sagte, daß er diesen Schrott nicht herumstehen haben wollte.«

Während der Klient von diesen Erlebnissen berichtet, werden seine Augen etwas feucht. Seine Stimme stockt und man merkt auch an seiner gebeugten Haltung (er legt das Gesicht in die Hände), daß diese Erinnerung noch heute mit starker Enttäuschung, dem Gefühl des Nichtangenommenseins und viel Traurigkeit verbunden ist. Da diese Gefühle im Hier und Jetzt erlebt werden, werden sie auch als momentan erlebt reflektiert.

Der Therapeut: »Das war damals schlimm für Sie, daß Ihr Vater immer Dinge ablehnte, mit denen Sie ihn beeindrucken wollten. Es klingt für mich so, als ob Sie das Gefühl, mit den Tränen kämpfen zu müssen, heute noch sehr stark erleben, wenn Sie daran denken.«

Es gilt also, den momentan existierenden Einfluß, den vergangene Erfahrungen auf den Menschen haben, zum Leben zu bringen.

Mancher Therapeut hätte vielleicht gesagt: »Na, dann ist ja klar, daß sie bei einer solchen Erziehung heutzutage ihre eigene Arbeit nicht so richtig schätzen können.« Dieser Kommentar wäre zwar logisch richtig, hilft aber dem Klienten kaum, seine jetzt existierenden Gefühle zu verarbeiten. Solche Erklärungen sind vielleicht nicht einmal zerstörerisch – aber auch nicht hilfreich für den Klienten.

Der Verzicht auf Interpretationen ist damit auch ein Grundmerkmal, in dem sich die Gesprächstherapie beispielsweise von tiefenpsychologischen Vorgehensweisen unterscheidet.

Bei der Gesprächstherapie geht es also darum, daß der Therapeut die eigenen Theorien und Weltanschauungen weglegt und die des Klienten für die Dauer der Therapiestunde übernimmt. Eine derartige Form der Begegnung führt beim Klienten zu einem ganzheitlichen Wachstum.

Natürlich gelangt jeder Therapeut, insbesondere wenn es in der Seelsorge um biblische Normenfragen geht, an einen gewissen Punkt, wo seine eigene Überzeugung mit der des Klienten in so starkem Widerspruch steht, daß eine echte Perspektivenübernahme nicht mehr möglich ist. Dann muß der ehrliche Therapeut dies auch zugeben können, um dann eine andere Therapieform zu wählen – oder den Klienten abgeben.

Empathische Reflexionen beziehen sich auf das »Hier und Jetzt«, d.h., der Therapeut ist bemüht, die momentane Erfahrung voll zum Ausdruck kommen zu lassen. Dies bedeutet nicht, daß Gefühle und Emotionen, die aus der Vergangenheit des Klienten stammen, in der Gesprächstherapie keinen Platz hätten. Das Ziel aber ist es, die momentan existierenden Gefühle über Erfahrungen aus der Vergangenheit zu erleben.

Bei empathischen Verbalisierungen gilt, daß man dem Klienten so weit wie möglich »vorausgeht«, aber immer nur so weit, daß der Klient die Reflexion noch als das erkennen kann, was er mit seiner Äußerung *gemeint* hat. Dies bedeutet, daß der Therapeut versucht, mit seiner Reflexion der Äußerung des Klienten mehr Tiefe abzugewinnen, d.h., das, was der Klient gemeint hat, griffiger zu formulieren. Wieviel »Vorsprung« ein Therapeut sich leisten kann, hängt u.a. auch davon ab, wie gut man den Klienten kennt.

Manchmal merkt man während des therapeutischen Gesprächs, daß der Vorsprung zu weit geworden ist. Der Klient wechselt z.B. plötzlich das Thema, wird unruhig oder zieht sich in Schweigen zurück. Dies bedeutet dann womöglich, daß man etwas gesagt hat, was nicht in der eigentlich gemeinten Nachricht des Klienten enthalten war. Diese Beobachtung sollte der Therapeut nicht als »Jetzt habe ich einen Fehler gemacht« interpretieren, sondern ganz schlicht und einfach als Rückmeldung, näher an dem zu bleiben, was der Klient gesagt hat.

Manchmal kommt es vor, daß ein Klient emotional viel tiefer geht, als er es eigentlich selber ertragen möchte. Es gibt also das Phänomen einer »Erlebnisüberdosis«. Ein Klient kann z.B. von Dingen erzählen, die ihm schreckliche Angst machen.

Als Reaktion auf die manchmal überwältigenden Erlebnisse in einer Therapiesitzung (also nicht als Reaktion darauf, daß der Therapeut zu weit vorausgegangen ist) zieht sich ein Klient manchmal ebenfalls zurück oder wechselt das Thema. Es ist dann die Aufgabe des Therapeuten, auch hier besonders auf die impliziten Erlebnisinhalte zu achten und diese zu reflektieren. Man könnte z. B. sagen: »Das scheint jetzt einfach zu überwältigend, um da weiter zu machen. Das ging etwas zu schnell, wir sollten vielleicht ein bißchen langsamer vorangehen.«

Solche überwältigenden Erlebnisinhalte sind in der Praxis jedoch eher die Ausnahme. Im Normalfall ist es das Ziel des Therapeuten, die emotionalen Inhalte, die der Klient erlebt, in ihrer ganzen Tiefe zum Ausdruck zu bringen.

5.4.4 Besondere Situationen in der Gesprächsführung

Schweigen des Klienten

Es kommt manchmal vor, daß ein Klient lange nichts sagt. Für den Therapieanfänger ist dies nicht selten eine peinliche Situation. Aber das Schweigen gehört zur Therapie hinzu. Es kann verschiedene Bedeutungen haben. Manchmal muß sich der Therapeut das Schweigen anhören und warten. Es ist für ihn zumeist viel schwieriger zu ertragen als für den Klienten selbst. Daher ist man als Anfänger versucht, das Schweigen durch ein Gespräch abzulösen.

Es gibt natürlich manchmal Gründe, um Fragen zu stellen, aber es ist sicher kein Zufall, daß erfahrene Therapeuten wesentlich seltener Fragen stellen als Anfänger. Sie wissen, daß auch im Schweigen der Therapieprozeß vorangeht, und sehen dieses manchmal sogar als konstruktiv an.

Die eigentliche Frage ist, wie man beim Schweigen aktiv zuhören kann. Ruhe kann vieles bedeuten. Manchmal braucht der Klient Zeit, um bestimmte Eindrücke zu ordnen. Manchmal ist er blockiert und es ist ihm peinlich, wenn er nichts sagen kann.

Im ersten Fall, d.h. wenn der Klient die Ruhe braucht, ist es das Beste, wenn der Therapeut die gewünschte Ruhe respektiert und das Schweigen des Klienten nicht unterbricht. Im zweiten Fall ist es günstiger, wenn der Therapeut nach einer Weile z.B. sagt: »Es fällt Ihnen schwer, das in Worte zu fassen, was Sie jetzt erleben, mh?« oder: »Es scheint, Sie stecken jetzt ein wenig fest.«

Je mehr Erfahrung ein Therapeut hat, desto eher wird er in der Lage sein, die verschiedenen Arten des Schweigens zu unterscheiden.

Zu vieles Reden des Klienten

Das gegensätzliche Problem, nämlich, daß ein Klient ununterbrochen redet, gibt es auch. Man ist dabei sehr leicht versucht, den Klienten zu irgendeinem Zeitpunkt mit einer empathischen Reflexion, die sich irgendwie auf den Inhalt des Redeschwalls bezieht, zu unterbrechen, um auf das, was er gesagt hat, einzugehen. Normalerweise ist die Reaktion des Klienten in solchen Fällen, daß er darauf wartet, daß der Therapeut seinen Mund hält, um dann sofort weiterreden zu können. D.h., er hört nicht auf das, was der Therapeut sagt – und so kann er dies auch unterlassen.

Der Klient wird wahrscheinlich eher dadurch gefördert, daß man auf die implizite Nachricht seines Redeschwalls eingeht. D.h., daß der Therapeut versteht, daß ihm der Klient auch dadurch etwas mitteilt, daß er ununterbrochen redet, z.B.: »Ich fühle hier enormen Druck und möchte mich einfach aussprechen«, oder »Ich habe Angst vor dem, was Sie mir sagen könnten und lasse Sie daher gar nicht zu Wort kommen.«

Es ist gar nicht einfach, solche impliziten Nachrichten herauszulesen, ohne dabei zu einer Interpretation zu kommen. Empathische Reflexionen, die sich auf solche Erlebnisinhalte beziehen, müssen deshalb vorsichtig formuliert sein.

Erinnern wir uns auch an dieser Stelle nochmals an die Notwendigkeit der Kongruenz. Ein Therapeut, der sich überfahren fühlt und der das Gefühl hat, nur Müllabladeplatz für einen Redeschwall zu sein, sollte dies einbringen; nicht, um das eigene Bedürfnis zu befriedigen, sondern um die Therapeutenhaltung der Echtheit darzustellen. Er kann dann z.B. sagen: »Ich fühle mich jetzt hier völlig überflüssig, weil Sie mich gar nicht zu Wort kommen lassen« oder »Vielleicht sollten wir etwas langsamer machen, sonst komme ich nicht mit.«

Der Therapeut ist sich bewußt, daß Wachstum aus Selbsterfahrung und Selbstkonfrontation kommt, und daß beides nicht geschieht, wenn der Klient in einem Schwall redet.

Die Aufgabe des Therapeuten ist es, *häufig* sein Verständnis dem Klienten zum Ausdruck zu bringen. Wenn der Klient dies nicht zuläßt, kann man auch unterbrechen, z.B. indem man ihm sagt: »Ich möchte intensiv zuhören. Dazu brauche ich die Möglichkeit, mein Verständnis Ihrer Situation mit Ihnen zu überprüfen.« – In manchen Fällen kann es auch notwendig sein, noch direkter zu werden.

Konfrontation

Schon seit längerer Zeit wird in der Gesprächstherapie diskutiert, welche Bedeutung Konfrontationen haben können. Einen Klienten auf seinen Redeschwall aufmerksam zu machen, ist beispielsweise eine solche Konfrontation.

Von Konfrontationen können zwei Effekte für den Klienten erwartet werden:

1. Sie können ihn auf bestimmte Situationen aufmerksam machen, die ihm nicht förderlich sind.
2. Sie können Widerstände erzeugen.

Sinn einer Konfrontation in der Gesprächstherapie ist es (im Gegensatz zu den eher tiefenpsychologisch fundierten Therapieverfahren), den ersten Effekt zu erreichen.

Abzuschätzen, ob eine Konfrontation wahrscheinliche Widerstände erzeugt oder zu einem positiven Umdenken führt, bedarf einiger Erfahrung. Als Anfänger sollte man daher mit Konfrontationen sehr sparsam umgehen.

Mögliche Konfrontationen in der Gesprächstherapie schließen Sätze ein wie z.B.: »Sie sagen, daß es Ihnen ganz egal ist, was Ihr Chef sagt. In der letzten Woche berichteten Sie mir aber, daß Sie fix und fertig waren, nachdem Ihr Chef Sie kritisiert hatte. Wenn ich Sie richtig verstanden habe, paßt das irgendwie nicht zusammen.« Zweck einer derartigen Konfrontation ist es, teilweise widersprüchliche Erlebnisinhalte nebeneinander zu stellen.

Manchmal zwingt auch die notwendige Kongruenz den Therapeuten dazu, Konfrontationen auszudrücken. Diese Art der Konfrontation kann für den Klienten sehr hart sein. Wenn der Therapeut z.B. sagt: »Ich fühle mich von Ihnen ausgenutzt. Sie verpassen häufig Sitzungen, kommen zu spät und versuchen dann regelmäßig, über den vereinbarten Zeitraum der Sitzungen hinauszugehen!«, kann eine solche Selbstmitteilung vom Klienten als schwerer Vorwurf erlebt werden. Der Therapeut muß seinen Klienten sehr gut kennen, um abschätzen zu können, ob dieser in der Lage ist, seine Äußerung so zu verstehen, wie sie gemeint war: eine subjektive Erfahrung des Therapeuten.

5.4.5 Gruppensitzungen in der Gesprächstherapie

Neben den Einzelgesprächen ist die Gruppensitzung eine wichtige Form der Gesprächstherapie.

Der Ansatz von Carl Rogers, daß Menschen in einer entsprechenden Atmosphäre für sich selber die besten Lösungen für viele ihrer Probleme finden, führt konsequenterweise auch zur Gesprächsgruppe, in der der Therapeut nicht die Leitung, sondern die Förderung des Gesprächsprozesses übernimmt.

Die dynamischen Prozesse in Gruppen haben ein sehr großes Potential, um Veränderungen bei den Teilnehmern zu erzielen. Gruppensitzungen sind oftmals sehr intensiv und emotional. Die Teilnehmer sind häufig mit dem Geschehen in der Gruppe über die ganze Woche hinweg enorm beschäftigt.

In den vergangenen Jahren gab es viele kritische Einwände von seiten der evangelikal orientierten Theologie zum Einsatz von gruppendynamischen Prozessen in der Seelsorge, zum Beispiel durch die Bücher von Horst-Klaus Hofmann (1977) oder Horst W. Beck (1978). Tatsächlich ist auch, einfach dadurch, daß die Gruppe ein so starkes Werkzeug ist, die Gefahr vorhanden, daß in gruppendynamischen Prozessen die Gebote Gottes umgangen, die Gefühle umgepolt und dadurch seelsorgerliche Grundbegriffe umgedreht werden. Um diese Gefahr muß der verantwortliche Seelsorger wissen – aber auch darum, daß Seelsorgegruppen, die unter der klaren Leitung des Heiligen Geistes stehen, sehr hilfreich sein können. Sehr gute Erfolge wurden in den vergangenen Jahren beispielsweise in den »BTS-Gruppen« für depressive Frauen und Männer erzielt, in denen ganz bewußt auf die Solidarität und das Gemeinschaftsgefühl der leidenden Christen gesetzt wird.

In der Gesprächstherapie unterscheidet man zwischen Therapie- und Encountergruppen.

Grundsätzlich unterscheiden sich die beiden dadurch, daß die Therapiegruppe das Ziel hat, den Mitgliedern aus einem ganz spezifischen Defizit herauszuhelfen, während bei der Encountergruppe die Selbsterfahrung (für psychisch nicht belastete Menschen) im Mittelpunkt steht.

Normalerweise unterscheiden sich die beiden Gruppenarten auch durch ihre

Teilnehmerzahl: Bei der Encountergruppe rechnet man mit zehn bis fünfzehn Teilnehmern, während eine Gesprächstherapiegruppe ca. sieben Mitglieder haben sollte.

Therapiegruppen

Bei einer *offenen Gruppe* kommen neue Teilnehmer dazu und andere scheiden aus, je nach den persönlichen Bedürfnissen. Dadurch ist die Gruppe zwar flexibel und leichter den wechselnden Ansprüchen anzupassen, die im Alltag entstehen, sie hat aber auch weniger Kontinuität und tendiert dazu, eine »Diskussionsgruppe« zu werden, in der Probleme und deren Lösungen im Vordergrund stehen.

Bei der *geschlossenen Gruppe* wird die Gruppe vom Therapeuten zusammengestellt und bleibt so weit wie möglich in der gleichen Zusammenstellung über einen bestimmten Zeitraum. Geschlossene Gruppen sind vom äußeren Rahmen her aufwendiger – aber sie sind auch intensiver. Im Gegensatz zur »Problem-Lösung-Orientierung« der offenen Gruppe stehen zwischenmenschliche Beziehungen im Vordergrund.

Zwischen diesen beiden Extremen gibt es eine Fülle von Zwischenlösungen, z.B. Gruppen, die nur alle zwei Monate neue Mitglieder aufnehmen o.ä.. Mit einem solchen Kompromiß wird erreicht, daß ein gewisses Maß an Kontinuität sowie Flexibilität erreicht werden kann.

Weil in der Gesprächstherapie die zwischenmenschlichen Beziehungen sehr stark im Vordergrund stehen, tendieren Gesprächstherapeuten in der Regel zu geschlossenen Gruppen. Dies ist vom theoretischen Ansatz her auch sinnvoll, denn die gesprächstherapeutische Gruppe stützt sich auf gruppendynamische Prozesse, die nicht stattfinden können, wenn sich die Gruppe ständig in ihrer Zusammensetzung ändert.

Wann ist Gruppentherapie angezeigt?

Bei der Zusammenstellung der Gruppe gilt es grundsätzlich zwei Fragen zu beantworten:

1. Hilft die Gruppe mit hoher Wahrscheinlichkeit dem Klienten?
2. Hilft der Klient der Gruppe?

Eine Antwort auf die erste Frage gibt Yalom (1974), indem er davon ausgeht, daß für *heterogene* Gruppen, in denen eine Anzahl unterschiedlicher Störungen bearbeiten werden sollen, gilt, daß der Klient motiviert sein muß und in der Lage sein sollte, ein Minimum an zwischenmenschlichen Kontakten aufrecht zu erhalten.

Für Gruppentherapie sind Klienten weniger bzw. gar nicht geeignet, wenn sie unter einem der folgenden Symptome leiden: organische Hirnkrankheiten, Paranoia (Wahnvorstellungen), extremer Narzißmus (krankhafte Ichbespiegelung), Hypochondrie (eingebildete Krankheit), Suizidgefährdung (Selbstmordgefahr), Drogen- oder Alkoholabhängigkeit, akute Eßstörungen, akute Psychosen (z.B. Schizophrenie) oder Soziopathie (Abwehr gegen Gruppen).

Für einige dieser Patienten sind *homogene* Gruppen (z.B. Gruppen für Drogenabhängige oder bei Eßstörungen) hilfreich.

Die zweite Frage »Wer ist gut für die Gruppe?« richtet sich in erster Linie nach dem Ziel, das Abbrechen der Therapie zu vermeiden. Wenn die Gruppe interessant und daher für die Mitglieder attraktiv ist, kommt ein Therapieabbruch seltener vor. In den vorhergehenden Einzelgesprächen sollte aber die Frage nach einer überdauernden Verbindlichkeit zur Mitarbeit in der Gruppe angesprochen werden. Klienten, von denen man weiß, daß sie wahrscheinlich nicht im geographischen Gebiet bleiben, oder die schon verschiedene Therapien abgebrochen haben, sind für Gruppen nicht gut geeignet.

Zusammenstellung der Gruppe
Jede Gruppe ist anders. Dadurch ergibt sich, daß man nicht immer theoretischen Kriterien folgen kann, sondern klinische Urteilsfähigkeit braucht. Empfehlenswert ist auch bei der Zusammenstellung einer Gruppe, mit einem anderen, erfahrenen Therapeuten zusammenzuarbeiten. Fehler, die man in der Aufstellungsphase macht, sind nur schwer wieder zu beheben.

Wichtig ist auch, daß der Therapeut nicht Klienten in die Gruppe bringt, mit denen er selbst nicht gut klarkommt. Wenn er z.B. weiß, daß er stark hypochondrisch veranlagte Klienten nicht bedingungslos akzeptieren kann, sollte er solche nicht in die Gruppe aufnehmen.

Schlüsselmitglieder
Jede Gruppe braucht einen Kern von Mitgliedern, die den Gruppenprozeß positiv unterstützen können (Mente, Spitler 1980). Bei einer Gruppenstärke von sieben Teilnehmern sollte man drei oder vier Teilnehmer haben, die in der Einzeltherapie gut mitgemacht haben und sozial ansprechend sind. Sie sollten für die Gruppe motiviert sein und nicht übermäßig starke Rückzugstendenzen aufweisen, wenn sie gefordert werden.

Mindestens zwei von ihnen sollten in der Lage sein, über persönliche Probleme offen zu sprechen. Auch sollte in dieser Kerngruppe ein gewisses Maß an mitfühlendem Verstehen realisierbar sein.

Eine Gruppe, die jedoch nur aus solchen Mitgliedern besteht, hat die Tendenz, zu »mild« zu sein. Viele Menschen haben Schwierigkeiten, Konflikte zu ertragen, und die Schlüsselmitglieder tendieren oft dazu, diesen aus dem Weg zu gehen.

Andere Gruppenteilnehmer
Zu den drei oder vier Schlüsselmitgliedern können noch etwa drei Mitglieder kommen, die schwieriger sind. Dabei sollte man vermeiden, ähnlich gelagerte Fälle zu häufen. Wenn man dagegen in eine Gruppe einen stark zwanghaften Menschen, einen depressiven und einen mit einer »Borderline«-Störung auf-

nimmt, tritt keine der Störungen so geballt auf, daß die Gruppe dadurch dominiert würde. Bei einer etwas größeren Gruppe (z.B. zehn Mitglieder) sollten dennoch nicht mehr als drei schwerer gestörte Klienten dabei sein.

Heterogenität – Homogenität
Für eine gut zusammenarbeitende Gruppe ist das Gleichgewicht zwischen heterogenen und homogenen Aspekten wichtig.

Eine Gruppe sollte möglichst homogen sein in bezug auf die Intelligenz der Mitglieder. Klienten, die intellektuell nicht in der Lage sind, einem schwierigen Gespräch zu folgen, hindern die Gruppe. Gleichermaßen sind geniale Menschen manchmal nicht fähig, die nötige Geduld aufzubringen, die die Langsameren brauchen. Auch ist zu empfehlen, daß man zwei oder drei Klienten dabei hat, die sich wahrscheinlich besonders gut miteinander verstehen werden. Dadurch ergibt sich für die ganze Gruppe etwas mehr Homogenität.

Heterogenität ist gefragt in bezug auf das Alter, die soziale Schichtung, das Geschlecht und die Art der Störungen der Klienten.

Kotherapie
Zur Zusammenstellung der Gruppe gehört nach Möglichkeit, daß ein Therapeut und ein Kotherapeut zusammenpassen müssen. Es ist wichtig, daß zwischen diesen ein offenes und ehrliches Verhältnis besteht. Sie müssen nicht beide gleich erfahren sein, sollten aber in der Gruppe gleichberechtigt sein. Kotherapie mit Vorgesetzten oder Ehepartnern ist oft möglich und gut, birgt aber die Gefahr in sich, daß die Beziehungen zwischen den Kotherapeuten in die Gruppe getragen werden, wo sie (wie jedes andere persönliche Problem der Therapeuten) nicht hingehören.

Die Kotherapeuten sollten sich vor und nach jeder Gruppensitzung Zeit nehmen, um kurz vorzubesprechen bzw. nach der Sitzung ein Gedächtnisprotokoll anzufertigen. Dabei ist es wünschenswert, jedes Mitglied kurz zu beschreiben.

Zur praktischen Durchführung der Gruppentherapie

Gruppentherapie will geübt werden. Eine Gruppe ist nicht die Aufsummierung der Erfahrungen aus der Einzeltherapie, sondern hat ihre eigene Dynamik.

Anfänger machen oft den Fehler, wie in der Einzeltherapie, auf jede Äußerung zu antworten. Dieses Vorgehen stellt jedoch den Therapeuten in eine viel zu zentrale Rolle; es ist viel wichtiger, das Gespräch zwischen Gruppenmitgliedern zu fördern.

Der Therapeut beobachtet also die Sitzung und steuert den Prozeß. Die drei Merkmale der Gesprächstherapie – einfühlendes Verstehen, bedingungslose Akzeptanz und Echtheit – werden vom Therapeuten demonstriert. Dazu ist es erforderlich, gute Erfahrungen in der gesprächsorientierten Einzeltherapie gemacht zu haben. Außerdem sollte man die ersten Gruppentherapien mit einem erfahrenen Kotherapeuten zusammen machen.

Encountergruppen

Das Wort »encounter« bedeutet »Begegnung«. Es handelt sich bei Encountergruppen um den Versuch, eine möglichst offene und ehrliche Interaktion in einer Gruppe zu fördern, die die Begegnung zwischen den Teilnehmern auf einer sehr persönlichen und tiefgegründeten Ebene möglich macht. Ziel ist es, zu einer besseren Selbsterfahrung zu kommen.

Die Encountergruppe wird im christlichen Bereich häufig abgelehnt. Die negativen Erfahrungen beziehen sich dabei vor allem auf zwei Bereiche:

1. In einer Encountergruppe geschieht es häufig, daß ein Gruppenkonsens zur »höchsten Autorität« wird. Da dieser Gruppenkonsens zumeist nicht dem christlichen Glauben entspricht, ist es passiert, daß Menschen, die sich für Christus entschieden hatten, unter dem Einfluß der Gruppe von ihrem Glaubensleben Abstand genommen haben. Diese Entwicklung wird durch die Betonung der »Selbstverwirklichung« auf humanistischem Hintergrund häufig gefördert. Die »Befreiung von alten Moralvorstellungen« hat bei den Betroffenen und ihren Mitmenschen zu manch unnötigem Leid geführt, insbesondere dann, wenn diese »Befreiung« eine übertriebene Reaktion auf übertrieben strenge Erziehung war.

Die Fähigkeit der Gruppe, persönliche und vorher festgehaltene Überzeugungen zu ändern, hat man (fälschlicherweise) als Gruppendynamik bezeichnet. Sofern Gruppenarbeit tatsächlich auf die Umdeutung christlicher Werte und des Glaubens an Jesus Christus zielt, oder das auch nur zuläßt, ist sie abzulehnen.

Kasten 85

Selbsterfahrungsgruppen für angehende Seelsorger?

Trotz der ernstzunehmenden und schwerwiegenden Vorbehalte hat die Selbsterfahrungsgruppe ihren berechtigten Stellenwert in der Ausbildung für Biblisch-therapeutische Seelsorger.

Da sich hier in einer speziell zusammengestellten Gruppe nur Menschen befinden, die entschieden Christus nachfolgen, wird sich der Gruppenkonsens nicht über die biblische Wahrheit stellen. Außerdem sollte selbstverständlich sichergestellt sein, daß Christen, die von der Gemeinde zur Seelsorge berufen werden, psychisch nicht gestört sind. Damit fallen beide wesentlichen Einwände gegen die Encountergruppe weg. Was bleibt, ist die Möglichkeit, durch ehrliche und offene Interaktion zu einer besseren Selbsterfahrung zu kommen. Da die Persönlichkeit des Seelsorgers ja sein wichtigstes Werkzeug ist, ist es dringend notwendig, sie gut zu kennen.

Jedoch davon zu unterscheiden ist die schlichte Tatsache, daß dort, wo sich Menschen in einer Gruppe treffen, immer Gruppenprozesse feststellbar sind. Es ist nun die Aufgabe des Therapeuten, der als Christ eine Gruppe leitet, diese in Gang kommenden Prozesse so zu steuern, daß den Gruppenteilnehmern echte und biblisch verantwortete Hilfe zur Selbsterfahrung zuteil wird. Bei einer nicht-direktiven Form ist hierzu die Auswahl der Gruppenmitglieder als ein wesentlicher Steuerungsprozeß von besonderer Bedeutung.

2. Da Encountergruppen im großen und ganzen ein Freizeitangebot für gesunde Menschen sind, wird oft nicht mit der notwendigen klinischen Vorsicht gearbeitet. Gruppen werden oft ohne vorhergehendes Einzelgespräch zusammengestellt und schließen Menschen ein, die vielleicht unter schweren psychischen Störungen leiden. Es kommt daher manchmal vor, daß bei solchen Menschen, die sich aufgrund ihrer Schwierigkeiten besonders für pseudo-therapeutische Angebote interessieren, psychotische Episoden, die mit dem Verlust des Realitätsbezuges verbunden sind, ausbrechen können.

5.4.6 Theologische Bewertung

Kommt es, wie in den vorangegangenen Abschnitten beschrieben, bei der gesprächstherapeutisch orientierten Vorgehensweise wesentlich auf die Haltung des Beraters an, so wird diese im Blick auf den Biblisch-therapeutischen Seelsorger am besten mit dem Gebot zur Liebe (Matth. 22,39) und dem Grundgesetz Jesu Christi für die Gemeinde (»Einer trage des anderen Last . . .« [Gal. 6,2]) charakterisiert. Nicht Sympathie oder Antipathie dürfen im seelsorgerlichen Gespräch für den Seelsorger bestimmend sein, sondern eine Art »Dennoch-Liebe«. Dies ist eine Liebe, die den Seelsorger dem Klienten in transparenter Empathie, Echtheit und Wertschätzung begegnen läßt.

Es entspricht neutestamentlicher Gemeindepraxis, am Leben der Brüder und Schwestern teilzuhaben, sich mitzufreuen oder mitzuleiden (vgl. Röm. 12,15). Was hierbei schon für jeden Christen gilt, hat für den Biblisch-therapeutischen Seelsorger einen noch höheren Stellenwert. So ist es, im Sinne der Echtheit bzw. Kongruenz des Therapeuten, durchaus auch zulässig, Gefühle wahrzunehmen und zu zeigen. Können wir noch mit anderen – vielleicht gerade im seelsorgerlichen Gespräch – weinen?

Mögen säkulare Berater den Klienten aufgrund uneingeschränkter Toleranz wertschätzen, so ist das Motiv für den Biblisch-therapeutischen Seelsorger ein genuin biblisches: Der mir gegenübersitzende Mensch ist trotz seiner Fehler, seiner Sünde, seines Versagens, von Gott gewürdigt, Geschöpf und Ebenbild zu sein. Ja, Gott erweist seine Gnade jedem, der ihn aufrichtig sucht. Der Seelsorger steht hier mit dem Klienten in einer engen Solidargemeinschaft: Beide sind Sünder und angewiesen auf die Gnade Gottes. Dieser Hintergrund wird das Gespräch wesentlich bestimmen. Natürlich ereignet sich in einem solchen Gespräch allein durch die wertschätzende und den anderen annehmende Haltung des Therapeuten keine Gnade. Doch das, was am Kreuz auf Golgatha als Gnadenerweis Gottes gegenüber jedem Sünder geschehen ist, muß sich auch auf das seelsorgerliche Gespräch auswirken.

Da die nicht-direktive Gesprächshaltung des Seelsorgers an und für sich ein offenes Zeugnis vom Glauben an Jesus Christus durch den Seelsorger oder auch den Hinweis auf die Ordnungen Gottes eher ausschließt, bietet die Methodenvielfalt der Biblisch-therapeutischen Seelsorge trotzdem die Möglichkeit des verantwortbaren Zeugnisses vom Evangelium Jesu Christi gegenüber einem Ratsuchenden: ». . . und seid allezeit bereit zur Verantwortung jedem gegenüber, der von euch Rechenschaft fordert über die Hoffnung, die in euch ist« (1. Petr. 3,15). Zweifellos liegt die Stärke der direktiven Gesprächsformen eher darin, daß sie die Liebe und den Glauben beim Namen nennen und darin neue Lebenshorizonte eröffnen können.

Die in der Theorie zur Gesprächstherapie immer wieder beschriebenen »Selbstheilungskräfte« dürfen nicht verwechselt werden mit dem biblischen Heil. Diesem steht der Mensch als Sünder gegenüber und kann es ausschließlich als Gnadengeschenk empfangen.

Die bei der Gesprächstherapie in Gang gesetzten Selbstheilungskräfte der menschlichen Seele entsprechen mit einer solchen Sichtweise dann eher der Geschaffenheit des Menschen, wie dies beispielsweise auch für das Autoimmunsystem des menschlichen Körpers zutrifft.

5.5 Die Lebensstilanalyse in der Individualpsychologie

Die »Lebensstilanalyse« ist tragender Bestandteil der Individualpsychologie, einer der großen »Wiener Therapieschulen« (neben der Psychoanalyse Sigmund Freuds und der Logotherapie Viktor Frankls).

Nachdem in Deutschland in den vergangenen Jahrzehnten nur relativ wenig über die Individualpsychologie bekannt wurde, erlebt sie derzeitig eine lebhafte Renaissance, insbesondere wohl deshalb, weil sie von einem ganzheitlichen Menschenbild, dem unverwechselbaren Individuum (deshalb auch »Individual«-Psychologie) und dessen Entwicklung im sozialen Umfeld ausgeht.

Eine besonders herausragende Methode, wie sie beispielsweise bei der Psychoanalyse, der Gesprächstherapie oder auch der Verhaltenstherapie vorhanden ist, existiert bei der Individualpsychologie nicht. Sie greift überwiegend auf das »Handwerkszeug« anderer Therapieansätze (beispielsweise der Gesprächstherapie oder der kognitiven Therapien) zurück.

Ziel der Individualpsychologie ist es, Beziehungsstörungen, die sich z.B. durch Entmutigungen eingestellt haben, zu vermindern, d.h. Minderwertigkeitsgefühle abzubauen und Selbstvertrauen, Kompetenzgefühle – einen neuen »Lebensstil« – aufzubauen.

5.5.1 *Geschichte und ideologischer Überbau der Individualpsychologie*

Als Vorläufer der Individualpsychologie müssen im philosophischen Bereich Kant, Nietzsche aber auch Darwin und Lamarck gesehen werden (Titze 1984). Therapeutischer Vorläufer war Siegmund Freud.

Alfred Adler (1870-1937) wird von einigen Biographen als »ehrgeizig« beschrieben, und diese Charakterstruktur wird auf seine Kindheitssituation (häufige Erkrankungen und ein körperlich überlegener Bruder) zurückgeführt.

Adler studierte Medizin, blieb aber stets ein »Mann des Volkes«. Er gab sich bewußt einfach und hatte ein Gespür für eine Menschenkenntnis, die dem »common sense« folgt. Auch in seinen Veröffentlichungen verwendet er durchgängig eine Sprache, die praktisch von jedermann verstanden werden konnte.

Zwischen 1902 und 1911 arbeitete er eng mit Freud zusammen. 1907 erschien Adlers Buch »Studie über die Minderwertigkeit von Organen«, das zu einem neuartigen Ansatz des tiefenpsychologischen Denkens führte. Für Freuds Ansicht war dies jedoch nur eine »Ich-Psychologie«, die seinen Grundprinzipien der infantilen Sexualität und der unbewußten Triebkräfte widersprach.

Adler hingegen versuchte auf dem Denkhintergrund einer geisteswissenschaftlichen Psychologie die Trieblehre durch den Begriff der »Strebung« bzw. des »Gerichtetseins« bzw. der »Tendenz« zu ersetzen. Anstelle eines deterministischen Instinktfatalismus' trat bei ihm die Entscheidungsfreiheit des Menschen, verbunden mit einer individuell-planvollen Zielsetzung.

Freuds Antwort auf Adlers neues Konzept war geradezu klassisch: »Es ist so viel Platz auf Gottes Erde, und es ist gewiß berechtigt, daß sich jeder, der es vermag, ungehemmt auf ihr herumtummelt, aber es ist nicht wünschenswert, daß man unter einem Dach zusammenbleibt, wenn man sich nicht mehr versteht.« Konsequenterweise führte Freuds Ablehnung im Jahre 1911 zum Rückzug Adlers aus der »Psychoanalytischen Vereinigung«.

Adlers therapeutischer Ansatz war immer sehr deutlich pädagogisch orientiert, und bis heute hat er deshalb in den Reihen der Pädagogen viele Freunde gewonnen. Erstmalig im Jahre 1920 wurde eine Reihe von psychotherapeutischen Erziehungsberatungsstellen in Wien gegründet, später folgten individualpsychologisch orientierte Kindergärten und Schulen.

1930 fand der 5. Internationale Kongreß für Individualpsychologie in Berlin statt und 1932 zählte man bereits 33 individualpsychologische Vereinigungen in 16 Ländern.

Wie alle anderen sogenannten »jüdischen« Wissenschaften hatte die Individualpsychologie in der Zeit des Dritten Reiches einen schweren Stand. Womöglich nicht nur deshalb, weil Adler Jude war, wurden die Beratungsstellen verboten, sondern auch wegen der inhaltlichen Unvereinbarkeit mit der Ideologie des Faschismus, die sich etwa in der These, daß »das Unzulängliche das Produktive sei«, oder daß sich die »Schöpfung des Menschen aus Positionen biologischer Schwäche ergebe«, zeigte. Eine Theorie, noch dazu eine anwendungsbezogene, die forderte, »dem Streben nach Macht über andere zu entsagen« und Machtstreben als »verhängnisvolles Blendwerk« entlarvte, mußte für die damals Regierenden suspekt sein (Seidel 1983).

Adler verlegte seinen Wohnsitz im Jahre 1934 nach Amerika. Er starb während einer Vortragsreise in Schottland am 28. 5. 1937. Das amerikanische Institut wird heute von seinem Sohn Kurt Adler weitergeführt.

Eine Neubelebung nach dem zweiten Weltkrieg blieb lange Zeit wohl auch deshalb aus, weil Adler im Gegensatz zu Freud wesentlich weniger (zusammenhängend) publiziert hatte. Heute erlebt die Individualpsychologie einen neuen Aufschwung, der sich nicht zuletzt auch daran zeigt, daß die »Deutsche Gesellschaft für Individual-Psychologie« im Jahre 1982 bereits 1200 Mitglieder hatte.

5.5.2 Menschenbild und Grundannahmen der Individualpsychologie

Das Menschenbild der Individualpsychologie leitet sich von einer ganzheitlichen (holistischen) und vom Ziel her orientierten (finalen) Denkweise her. Für Adler gilt: »Wichtiger für den Menschen ist es zu wissen, wohin er gehen will, als zu wissen, woher er kommt« (Meier 1984). Er kennt drei grundlegende Bestrebungen des Menschen:

Überlegenheit,
Gemeinschaft,
Aktivität,

auf deren Hintergrund sich einige Thesen ableiten lassen.

1. Der Mensch ist ein einheitlicher Organismus

Dieses »Einheitskonzept« läßt sich, wie Adler feststellte, nicht nur auf konstitutionelle, sondern auch auf lebensgeschichtliche Sachverhalte beziehen. Vitale Äußerungen eines Individuums dürfen niemals losgelöst aus dem ganzheitlichen Zusammenhang seiner Biographie (die ihrerseits wiederum eine Funktion des spezifischen Lebensstils des Menschen ist) untersucht werden.

Jede einzelne Äußerung (ob verbal oder handelnd sichtbar gemacht) weist demnach auf das Ganze des Lebensstils hin, ist gleichsam ein Hologramm, in dem dieses Ganze präsent ist (Titze 1984).

2. Alles Leben ist Bewegung und auf Wachstum und Entfaltung ausgerichtet

Der lebende Organismus – so Adler – agiert aus sich heraus. Seine Bewegungen sind nicht einem »weil-« sondern einem »um-zu-Motiv« unterworfen, das auf die Überwindung von Mangellagen, Unvollkommenheiten und Disharmonien ausgerichtet ist.

Dieses Motiv resultiert nicht aus energetischen Potentialen im Sinne des biologischen Stoffwechsels, sondern ist ein genuiner und wesensmäßiger Bestandteil des menschlichen Lebens an sich, das von Anfang an ein Prozeß zielgerichteten Strebens ist.

3. Der Mensch ist schöpferisch und hat die Fähigkeit der Selbstbestimmung

Der Mensch nimmt grundsätzlich aktiv Stellung zu den Gegebenheiten seiner Umwelt. Er selbst bestimmt letztlich, welche »Materialien« für ihn Aufforderungscharakter besitzen. Er kann sich eine eigene Meinung bilden – ist also nicht durch Anlage und Umwelteinflüsse allein determiniert. Und die Einmaligkeit des Individuums beruht damit letztendlich auf seiner Kreativität.

4. Menschen streben grundsätzlich nach Überwindung von Mangellagen

Das Grundmotiv menschlichen Handelns ist sein Streben nach dem Ziel der vollkommenen Sicherheit. Er bewegt sich demnach vom Zustand der Unsicherheit (den er immer wieder neu erlebt) bzw. des »Minderwertigkeitsgefühls« hin zum Zustand der »Überwertigkeit« oder Überlegenheit.

Die Dynamik des menschlichen Lebens wird unter diesem Blickwinkel nicht alleine aus Kräften der Vergangenheit bestimmt, sondern zeigt sich durch das Spannungsverhältnis zwischen Minderwertigkeitsgefühlen und dem Wunsch nach Überlegenheit.

Kasten 86

Minderwertigkeitsgefühl und Überwertigkeitsgefühl

»Oft muß der Seelenarzt in der psychotherapeutischen Behandlung bei seinen Patienten beide Seiten ... korrigieren: Er muß die Größenansprüche des Patienten herabschrauben, aber auch sein Selbstvertrauen stärken. In diesem Prozeß können die beiden Erfordernisse nicht isoliert werden. Wer mehr Selbstvertrauen hat, muß sich nicht einreden, er sei mehr, besser und wertvoller als alle andern. Wer sich in das menschliche Maß schickt, kann sich gar nicht minderwertig fühlen. Er wird seine eigenen Schwächen kennen und an deren Überwindung arbeiten. Er wird aber auch keine Angst davor haben, daß andere diese Schwächen sehen könnten. Je mutiger und kontaktfreudiger man ist, umso eher kann man eingestehen, daß man ›nur ein Mensch‹ ist. Man gewinnt den Mut zur Unvollkommenheit, der die Voraussetzung der Menschen- und Selbstkenntnis ist.« (Rattner 1971)

Die Zukunft ist untrennbar verbunden mit unserem Streben auf ein Ziel hin, während die Vergangenheit eben jenen Zustand von Minderwertigkeit und Unvollkommenheit repräsentiert, den wir zu überwinden trachten. Deshalb verwundert es auch nicht, wenn wir im Zusammenhang mit dem Minderwertigkeitskomplex immer auch einen mehr oder weniger versteckten Überlegenheitskomplex entdecken. Das Streben nach Überlegenheit und das Gefühl der Unterlegenheit sind naturgemäß komplementär. Wir würden nicht nach Erfolg streben, wenn wir unseren gegenwärtigen Zustand nicht in einer gewissen Weise mangelhaft erleben würden. (Titze 1984)

Adler geht nun davon aus, daß weder die Minderwertigkeitsgefühle noch das Streben nach Überlegenheit bzw. Vollkommenheit an und für sich abnorm sind. Im Gegenteil: Sie sind für ihn die Grundlage jeglicher Form des Fortschritts und der kulturellen Entwicklung. Krankhaft werden diese Gefühle erst dann, wenn sie zu einer Lebensdynamik führen, die mehr oder weniger ausschließlich auf die Sicherung der eigenen ichhaften Existenz bezogen ist bzw. sich ausschließlich in einer egoistischen Form der Selbstverwirklichung zeigt.

5. Die Lebensdynamik wird durch eine Vielzahl subjektiver Ziele bestimmt

Es sind dies Ziele, die potentiell erreichbar, also gegenüber dem Endziel einer »vollkommenen Überlegenheit« reduziert und deshalb auch konkreter sind.

Kasten 87

Die wichtigsten Lebensziele sind für Adler:

- Optimale Macht über die Mitmenschen
- Optimale Verfügbarkeit über Besitztümer
- Optimales soziales Prestige
- Optimales moralisches Prestige
- Selbstverwirklichung (im Sinne des Schaffens einer »Intimsphäre«)

6. Der Mensch lebt im sozialen Umfeld – er ist ein »Gemeinschaftswesen«

Man kann den Menschen nicht losgelöst von den verschiedenen sozialen Gruppen sehen, d.h., er ist Teil eines größeren sozialen Systems (Familie, Verein, Kirchengemeinde, Volk).

So muß beispielsweise bei der Therapie eines Kindes nicht nur die Analyse der Rahmenbedingung erfolgen, sondern auch darauf geachtet werden, daß es ganz enge Wechselbeziehungen zu seiner Mutter und der Familie hat. Die Individualität des Kindes geht demnach über seine psychische Individualität hinaus; sie schließt die ganze Struktur sozialer Beziehungen mit ein.

7. Die grundlegenden Probleme des Menschen sind soziale Probleme

Die Dynamik des menschlichen Lebens kann für Adler nur sehr bedingt von der Wirksamkeit der Triebe abhängig gemacht werden. So hält seiner Meinung nach nicht der Trieb den Menschen gefangen, sondern er selbst ist es, der ihn hat bzw. sich seiner bedient. Der Mensch trifft auch selbst die Entscheidung, in welcher Weise und in welchem Ausmaß er ein vorhandenes Triebpotential gebraucht – und er tut dies in Entsprechung zu den in seinen persönlichen Lebensstil integrierten Einstellungen, Wertvorstellungen, Meinungen und Idealen.

Adler sieht auf diesem Hintergrund beispielsweise die Sexualität als einen Trieb, der, auf höhere Ebene transformiert, die zwischenmenschliche Qualität der Kooperation einbezieht und erklärt damit auch, weshalb im Alltagsverständnis im Zusammenhang mit Sexualität das Wort »Liebe« verwendet wird.

Auch das Berufsleben wird auf sozialem Hintergrund gesehen, weil jede berufliche Arbeit auf Arbeitsteilung und Kooperation beruht. Der Mensch erlernt seinen Beruf durch die Anleitung seiner Mitmenschen, die ihrerseits die eigenen Erfahrungen aus dem Fundus jenes Wissens schöpfen, das im wahrsten Sinne des Wortes »Gemeingut« ist. In einen Satz zusammengefaßt bedeutet dies, daß das Gemeinschaftsgefühl menschliches Verhalten prägt.

8. Aktivität

Neben dem Streben nach Überlegenheit und nach Gemeinschaft (also dem Minderwertigkeits- und dem Gemeinschaftsgefühl) stellt der Aktivitätsgrad menschlichen Handelns den dritten Faktor der individualpsychologischen Systematik dar.

Adler unterscheidet aufgrund des Grades von Gemeinschaftsgefühl und Aktivität vier verschiedene Charaktertypen (vgl. Kasten 88).

Kasten 88

Charaktertypen bei Adler

Typus 1: Der erste Typus umfaßt solche Menschen, deren Annäherung an die Realität eine mehr oder weniger dominante oder herrschende Stellung zeigt *(»herrschender Typus«)*.

Typus 2: Der zweite und am häufigsten vorkommende Typus erwartet alles von seinen Mitmenschen und lehnt sich an diese an *(»nehmender Typus«)*.

Typus 3: Der dritte Typus neigt dazu, sich durch die Vermeidung von Problemlösungen zu sichern, er versucht Problemen auszuweichen, um dadurch Niederlagen aus dem Wege zu gehen *(»vermeidender Typus«)*.

Typus 4: Zur vierten Kategorie gehört der *»sozial nützliche Typus«*, der sich in einer Weise um die Lösung von Lebensproblemen bemüht, die für die anderen Menschen von Nutzen ist. Man findet also bei ihm einen Aktivitätsgrad vor, der zum Wohl der Mitmenschen eingesetzt wird.

Diese Typologien geben auch Kriterien für krankhafte Formen der menschlichen Persönlichkeit an die Hand:

Der depressive Mensch kann dem Typus 3 zugeordnet werden, während »Delinquenten, Drogenabhängige, Alkoholiker, Tyrannen und Sadisten«, deren Lebensvollzug »Aktivität, aber nicht genügend Gemeinschaftsgefühl aufweist«, zum Typus 1 gehören.

Dem zweiten Typus entspricht die große Anzahl der »Verwöhnten«, Lebensuntüchtigen usw., die bei entsprechender Ausprägung der pathologischen Kategorie der »hysterischen Neurose« zugeordnet werden können (Titze 1984).

5.5.3 *Der »Lebensstil«*

In der zweiten Hälfte der zwanziger Jahre führte Adler zur Bestimmung der persönlichkeitsspezifischen Aspekte, die er bisher als »Ich«, »Persönlichkeit«, »Psyche«, »Charakter« nebeneinander gebrauchte, den Begriff des »Lebensstils« ein (vgl. hierzu auch das »Selbstkonzept« in der Gesprächstherapie). Damit werden sämtliche Phänomene des Lebensvollzugs erfaßt, d.h. die Art des Denkens (Kognitionen), der Gefühle (Emotionen), der zielgerichteten Strebungen (Motivationen) und auch die Handlungen.

Adler betont dabei die herausragende und fundierende Bedeutung der kognitiven Komponenten dieses Lebensstils, also der Gedanken, Meinungen, Einstellungen und Pläne des Menschen.

Mit dem Lebensstil wird auch ein handlungstheoretisches Konzept vorgelegt, weil davon ausgegangen wird, daß dieser das Handeln bestimmt bzw. Beweggrund des Handelns ist. Ein Mensch handelt demnach, weil er von bestimmten Gedanken, Meinungen oder Überzeugungen ausgeht, gleichzeitig aber auch, um ein bestimmtes Ziel zu erreichen.

Das Lebensstilkonzept vereinheitlicht die vergangene wie die zukünftige Dimension der Lebensgeschichte. Hätte ein Mensch nicht einen Fundus an Vorerfahrungen, aus denen er schöpfen kann, so könnte er sich auch keine Vorstellungen von den künftigen Ereignissen machen, auf die er sich in seinem aktuellen Handeln zubewegt. Somit bestätigen die (kurz- und mittelfristigen) Ziele, die sich ein Mensch im Sinne von Handlungsentwürfen setzt, stets in einer »tendenziösen« (Adler) Weise eben diejenigen Erfahrungen, die er in den ersten Abschnitten seiner Lebensgeschichte gesammelt hat. Dies ist einer der Hintergründe der Zuordnung der Individualpsychologie als »Tiefen«-Psychologie.

Adler ist also der Meinung, daß das Erinnerte tendenziös ausgewählt ist. Er geht davon aus, daß das Gedächtnis des Menschen so arbeitet, daß nur diejenigen Inhalte nicht vergessen werden, die im Zusammenhang mit dem persönlichen Lebensstil des Menschen von hoher Relevanz sind.

Häufig treffen wir Menschen, die sehr klar denken können und sich der Einbettung in ein gesellschaftliches Sozialsystem wohl bewußt sind und dieses akzeptieren, während man gleichzeitig an ihrem ganzen Verhalten erkennen kann, daß sie in Wirklichkeit doch einem ganz anderen Bezugssystem folgen. Adler und seine Nachfolger weisen deshalb immer wieder ausdrücklich auf die »private Logik« eines Menschen bzw. seinen »persönlichen Lebensstil« hin, der diesem in der Regel nicht bewußt ist. »Wir gestehen uns nicht ein, daß wir uns der privaten Logik bedienen. Wenn wir es täten, müßten wir die volle Verantwortung für unsere Handlungen auf uns nehmen und könnten keine guten Absichten vortäuschen. Niemand verliert gerne das Gesicht. Wir müssen unsere wahren Ziele also vor dem eigenen Bewußtsein verbergen und haben die verschiedensten Methoden entwickelt, um die Dichotomie zwischen dem, was wir in unseren Vorstellungen wollen und dem, was wir wirklich beabsichtigen, zu erhalten.« (Dreikurs 1972)

Der persönliche Lebensstil eines Menschen läßt sich in ein primäres und sekundäres Bezugssystem aufteilen (vgl. Kasten 89), und eine der Hauptaufgaben der individualpsychologisch orientierten Diagnostik ist es, diese Bezugssysteme zu erkennen und zu beschreiben.

Kasten 89

Primäres und sekundäres Bezugssystem des Lebensstils

Das *primäre Bezugssystem* widerspiegelt die private Wirklichkeitsauffassung (und damit auch die private Logik) des Menschen.

Subjektive »primäre« Meinungen, Sichtweisen, Vorurteile, Fiktionen, die teilweise unter stark eingeschränkten Bedingungen als Kind in den ersten Lebensjahren entstanden sind, kennzeichnen das Prinzip dieser privaten Logik. Ihr Kennzeichen ist die Tendenz zu extremen und verabsolutierenden Urteilsschlüssen (vgl. hierzu auch das kindliche Denksystem bei Piaget und Kohlberg im Kapitel 3.3 und 3.4).

Es ist dem Erwachsenen in aller Regel nicht möglich, die Inhalte des primären Bezugssystems zu verbalisieren. Hierzu bedarf es einer besonderen Art der Lebensstilanalyse.

Das *sekundäre Bezugssystem* umfaßt die allgemeinverbindlichen und regelhaften Prinzipien der »Weltvernunft« bzw. des »common sense«. Diese Art von Logik wird dem Kind im Verlauf seiner Erziehung durch seine Sozialpartner (Eltern, Lehrer usw.) vermittelt und ermöglicht Denkoperationen, die weit weniger »primitiv« als die des primären Bezugssystems sind. Das sekundäre Bezugssystem umfaßt demnach Inhalte, über die sich Menschen verbal austauschen können. Dieses System ist demnach grundsätzlich für eine bewußte Reflexion offen und damit verständlich, während die primären kognitiven Prozesse, wie schon beschrieben, einer unmittelbaren Bewußtmachung entzogen sind – und nur indirekt (auf intuitiv-einfühlendem Wege) erahnt und dann in die Sprache des sekundären Bezugssystems übersetzt werden können.

5.5.4 Praxis der individualpsychologisch orientierten Psychotherapie

Voraussetzung für die therapeutischen Ansätze der Individualpsychologie ist die Diagnostik der »Lebensstilanalyse« und hierbei insbesondere das Erkennen der Dimension des primären Bezugssystems. Deutliche Querverbindungen ergeben sich dabei zum sog. »Skript« der Transaktionsanalyse von Eric Berne (1986).

Im Gegensatz zur Freudschen Psychoanalyse spielt bei Adler die Kausalität nur eine geringe Rolle. Ihm geht es schwerpunktmäßig darum, die finale Ausrichtung des Patienten, seinen Lebensstil, zu erkennen.

Im therapeutischen Gespräch (das durchaus in Anlehnung an die Erkenntnisse der Gesprächspsychotherapie oder der Kognitiven Therapie geführt werden kann) wird versucht, dem Patienten diejenigen seiner finalgerichteten Entscheidungen zu enthüllen, mit denen er sich beispielsweise den Forderungen und Bedrohungen der Gemeinschaft zu entziehen versucht hat – und deshalb womöglich krank geworden ist.

Zur Therapie gehören fünf einzelne Abschnitte:

1. Das Schaffen einer Vertrauensbasis zwischen Patient und Therapeut.
2. Die Möglichkeit des Patienten, sein Herz über seine Leiden ausschütten zu können.
3. Eine vorsichtig dosierte Erhellung des Sinnzusammenhangs, indem man die finale Entscheidung auf dem Hintergrund der frühkindlichen Erlebnisse enthüllt.

Kasten 90

Themen für ein Gespräch zur Ermittlung des Lebensstils

Grundsätzliche Themen:
Wer bin ich?
Was tue ich auf dieser Welt?
Wer sind die anderen um mich herum?

Speziellere Themen
Ersterinnerungen, Geschichten, Phantasien
Kindheitsereignisse
Familienkonstellation
Erwartungen und Befürchtungen der Eltern
Erziehungsstil (Anweisungen, Verwünschungen)
Zuschreibungen, z.B.: »Sei ein braves Kind!«

Vermeidungsfrage
»Was würden Sie tun, wenn Sie jetzt ganz gesund wären?«

4. Das gemeinsame Entwickeln einer neuen Sichtweise (einschließlich gemeinsamer Kontrolle), die den Patienten anregt, seinen Lebensstil zu ändern.

5. Die zunehmende Verselbständigung des Patienten und seine Ablösung vom Therapeuten, insbesondere dadurch, daß der Patient zu einer geglückten Beziehung zu anderen Menschen findet.

Zur Erstellung einer Lebensstilanalyse bedarf es einer »therapeutischen Atmosphäre« mit niedrigem Spannungsniveau, also einer mitmenschlichen Beziehung, die z.B. durch humorvolles Verhalten des Therapeuten erreicht werden kann. Ein besonderes »setting« ist in der Individualpsychologie nicht erforderlich.

Die Erfassung der Familienkonstellation und insbesondere das Herausarbeiten der Ersterinnerungen (hierzu gibt es besondere Methoden, z.B. das Erfassen von Kindheitsphantasien, Tagträumen, Lieblingsgeschichten usw.) gehören zu den wichtigen Voraussetzungen einer Lebensstilanalyse (vgl. Kasten 90).

Nach der Anamneseerhebung wird die »Vermeidungsfrage« gestellt. Sie lautet: »Was würden Sie beginnen, wenn ich Sie in kurzer Zeit heilen würde?« oder »Was würden Sie tun, wenn Sie jetzt ganz gesund wären?« Die Antwort darauf liefert einen ersten Aufschluß über den Zweck der Symptome.

Zur Geschwisterkonstellation in der Individualpsychologie

Bei seinen Forschungen zur Verhütung von Neurosen stieß Adler schon früh auf gestörte Gemeinschaftsbeziehungen bei den Kindern in diesen Familien. Als er die Geschwistersituation genauer untersuchte, entdeckte er, daß auch Kinder aus intakten Familien bestimmte Chrarakterprägungen aufwiesen, je nachdem, welchen Platz sie in der Geschwisterreihe einnahmen. Bekannt ist, daß Adler in seinen Erstinterviews die Patienten immer nach der Geschwisterkonstellation gefragt hat – und daraus häufig eine rasche Beschreibung zur Persönlichkeit geben konnte. Es gibt demnach einen »typisch Erstgeborenen«, das »typische jüngste Kind« usw.

Natürlich dürfen die nachfolgend beschriebenen Konstellationen nicht überzogen werden, jedoch ergeben sie einen ersten Hintergrund für die Analyse des bereits in früher Kindheit entwickelten primären Beziehungssystems zum Lebensstil.

Das erstgeborene Kind

Das Baby ist in der Regel der Mittelpunkt der Familie. Es erhält ungeteilte Zuneigung, die Liebe beider Eltern – und wird deshalb leicht verwöhnt (Seelmann 1982). So schreckt die Mutter schon beim kleinsten Geräusch des Nachts aus dem Schlaf und überlegt, ob sie nach ihrem Liebling schauen müßte. Der Vater fotografiert das erste Kind viel häufiger als die nachfolgenden; Letztgeborene werden nur noch bei großen Ereignissen aufgenommen.

Für das erstgeborene Kind bedeutet ein solches Elternverhalten, daß es sich ständig im Mittelpunkt sieht und sich natürlich wünscht, diesen Zustand auch für die Zukunft erhalten zu können. Einzelkinder können auf einem solchen Hintergrund im späteren Leben sehr leicht in Schwierigkeiten kommen, insbesondere wenn es gilt, soziales Verhalten zu zeigen.

Das zweite Kind

Wird ein zweites Kind geboren, ist das erste Kind das »älteste«. Es wird aus seiner als glücklich empfundenen Position »entthront«, und je länger die verwöhnende Phase des Einzigen gedauert hat, umso schmerzlicher wird diese Entthronung empfunden.

Adler meinte feststellen zu können, daß es schon genügt, ein Jahr Einziger gewesen zu sein, um Spuren des Abgesetztwerdens das ganze Leben hindurch sichtbar zu machen. Jetzt ist der bisher Einzige nicht mehr einmalig und muß die Beachtung von Vater und Mutter mit einem »Rivalen« teilen. Häufig ergibt sich allerdings das erstgeborene Kind nicht kampflos in sein Schicksal, es beginnt wieder einzunässen, wird trotzig oder folgt der Mutter nicht mehr.

Adler berichtete im übrigen, daß er bei schwer erziehbaren Kindern häufig entdeckt hatte, daß sie ihre Schwierigkeiten nach der »Entthronung« bekamen.

Oftmals schaut sich der Abgesetzte auch nach einer anderen Bezugsperson um. Ist die Großmutter, eine Tante oder Untermieterin (notfalls auch der Vater) im Hause, wird versucht, eine starke Ersatzbeziehung aufzubauen; dies gelingt besonders bei Großmüttern, die sich selbst oft als »abgesetzt« vorkommen. Eine solche Ersatzbeziehung ist jedoch nicht immer zum Nutzen des Kindes, weil Großmütter häufig zu übergroßer Verwöhnung neigen.

Arbeiten die Eltern mit dem Kinde in der Art, daß sie darauf hinweisen, daß es nun miterleben kann, wie aus dem kleinen, hilflosen Baby ein so großes Kind wie das Erstgeborene selbst wird, oder in dem Sinne, daß die Mutter das ältere Kind um Hilfe bei der Betreuung des kleinen bittet, wird die Lage einfacher. Dies besonders auch deshalb, weil der »Thronfolger« ja noch in seinem Bettchen liegt und von sich aus noch gar nicht als Rivale auftritt. Die Eltern haben durch ein solches Erziehungsverhalten einen Übergang geschaffen, der tiefgreifende Ablehnung verhindert. Dennoch bewirkt die Entthronung in der Regel einen Charakterzug des Konservatismus, denn »es hätte doch alles so bleiben sollen, wie es bisher war!«

Ein typisches zweites Kind ist leicht zu erkennen. Es benimmt sich wie der Teilnehmer an einem Wettlauf. Es steht immer »unter Dampf« und übt sich beständig, das ältere Kind einzuholen. Oftmals ist das zweite Kind talentierter und erfolgreicher als das erste. Wenn es schneller vorwärts schreitet, so liegt dies daran, daß es sich besser trainiert hat. Einem ständig vorwärts hastenden Kind kann man ggf. tröstend raten: »Du brauchst dich gar nicht so zu hetzen, freue dich doch, daß du noch etwas Zeit hast.«

Schwierig wird das Verhältnis zwischen dem ersten und zweiten Kind, wenn das ältere seine Rechte verteidigt und beispielsweise zum jüngeren ständig sagt: »Das verstehst du noch nicht«, oder gar »Dich hätten wir nicht gebraucht.« Irgendwann erwacht dann auch der Neid des Besitzlosen vor dem vollen Spielzeugregal des Erstgeborenen und da hilft es dem Jüngeren wenig, wenn ihm die Mutter erklärt: »Dein Bruder ist gut mit seinen Spielsachen umgegangen und hat deshalb noch alles. Wenn du erst fünf Jahre älter bist, wird dein Spielregal genauso voll sein . . .« Das kleinere Kind will nicht fünf Jahre warten. Es reißt also die Spielzeuge gleich an sich und rennt weg. Jetzt wird der Ältere brüllen: »Mutter, es nimmt mir meine Spielsachen weg.«

Wie soll sich die Mutter in diesem Konflikt verhalten? Sie hat die Auswahl zwischen zumindest zwei Entscheidungen: »Du hast ja so viele Sachen und dein kleiner Bruder hat wirklich noch sehr wenig und du spielst ja gar nicht mehr mit dem Ball« (ein Aufruf zum sozialen Verständnis), oder: »Nein, nein, der Ball und das Buch gehören dem älteren Bruder. Dies kannst du nicht haben« (ein Aufruf, die wohl erworbenen Besitzrechte des Bruders anzuerkennen).

Beide Kinder sind natürlich auf den Schiedsspruch der Mutter gespannt. Ihnen geht es gar nicht unbedingt um Gerechtigkeit, sondern um den Test: Wen von uns beiden liebt die Mutter mehr. Da sie sich zum Schutz des Schwächeren aufgerufen fühlt, wird sie in der Regel, wenn der Ältere sie zur Hilfe ruft, eher gegen ihn entscheiden als umgekehrt.

Auf einem solchen Hintergrund lernt der Ältere um seinen Besitz zu fürchten. Er wird bei einem günstigen Schiedsspruch nie etwas dazugewinnen, verliert dagegen bei einem ungünstigen. Wesentlich besser sind die Aussichten beim Jüngeren: Er verliert bei einem ungünstigen Spruch nichts (es wird höchstens die Ausgangsbasis wieder hergestellt), dagegen bedeutet es eine Besitzvermehrung, wenn ein für ihn günstiger Schiedsspruch erzielt wird.

Kasten 91

Typische Persönlichkeitsstrukturen älterer und jüngerer Geschwister

Älterer	*Jüngerer*
konservativ	fortschrittlich
bleibt gern zu Hause	sucht sich Freunde
guter Beobachter	mutig Handelnder
unsportlich	sportlich
Theoretiker	Praktiker
liest gern und fleißig	probiert gerne
strebsam	kein Streber
gutes Benehmen	natürlich und salopp
sparsam	gibt sein Geld schnell aus
zur Pedanterie neigend	nicht allzu ordnungsliebend
gepflegte Ausdrucksweise	Dialekt mit Kraftausdrücken

Durch dieses Erziehungsmuster verstärkt sich beim Älteren die konservative Haltung: »Es soll alles so bleiben, wie es immer war«, während beim Jüngeren die progressive Lebensauffassung auftritt: »Nun muß ich endlich mal etwas ändern.«

Ein ganz besonders eindrucksvolles Beispiel zu den verschiedenartigen Wesenszügen zeigt sich beim Gleichnis von den beiden ungleichen Söhnen in Lukas 15,11-32.

Die Sonderrolle des Jüngsten

Dem jüngsten Kind fällt in der Regel eine Sonderrolle zu – und dies besonders deutlich dann, wenn es als Nachkömmling geboren wurde. Die anderen Geschwister wissen jetzt, daß sie nicht mehr entthront werden können. Während sie oftmals schon einen Großteil des Tages nicht mehr zu Hause sind, verbringt das jüngste Kind lange Zeit zusammen mit der Mutter alleine. Nicht selten wird es dabei verwöhnt und verzärtelt.

Oftmals denkt die Mutter an ihr erstes und damals noch einziges Kind und wünscht sich, daß immer alles so bliebe wie damals, als dieses seine Mutter ständig brauchte. Ein »verwöhntes Nesthäkchen«, das nur zu wünschen und sich selbst kaum zu bemühen braucht, ist der Erfolg eines solchen Erziehungsverhaltens.

Das Kind wird dadurch erst sehr spät selbständig. Oftmals übernehmen die Eltern zu viele Hilfestellungen und versuchen »ihren Kleinsten« zu entlasten, wo immer sie können. Nicht selten müssen auch noch ältere Geschwister mitarbeiten, um das Jüngste über die Runden zu bringen.

Obwohl solche jüngsten Kinder wenig leisten, glauben sie dennoch, sie seien außerordentlich liebenswert, einzigartig und vortrefflich geraten, besonders gut aussehend und gut erzogen. Sie denken, daß sie sich keinerlei Sorgen über die Zukunft zu machen haben. Nicht selten führen solch überzogene Erwartungen in ein enttäuschendes Leben. Unter günstigen Umständen kann es zu einem Erwachen kommen, das dann einer realistischeren Auffassung Platz schafft.

Ein besonders treffendes biblisches Beispiel für einen nachgeborenen Sohn ist Joseph, der jüngste der zwölf Brüder der Söhne Jakobs. Von ihm heißt es in 1. Mose 37,3: »Israel aber hatte Joseph lieber als alle seine Söhne, weil er der Sohn seines Alters war, und er machte ihm einen bunten Rock . . .«

Zwar gab es nach Joseph noch seinen jüngeren Bruder Benjamin, dieser wurde jedoch so viel später geboren, daß Joseph 17 Jahre lang in der Rolle des Jüngsten blieb. Von den realistisch denkenden Brüdern wurde er nicht geschätzt, weil er ein Träumer war und sich mit Traumdeutung befaßte, um – wie sie meinten – sich beim Vater interessant und beliebt zu machen.

Auf seinem ungewöhnlichen Lebensweg, der sich, spätestens nachdem er an die midianitischen Händler verkauft wurde, deutlich vom verzärtelten Nachgeborenen absetzte, wurde Joseph ein führender Politiker in Ägypten. Er konnte seine älteren Brüder weit überholen. Er konnte auch vergeben. Als sie in Not gerieten, half er und verzieh alles, was sie ihm angetan hatten.

5.5.5 Zur Veränderung des Lebensstils

Ist die Lebensstilanalyse hinreichend abgeklärt, kann man, sofern dies notwendig ist, daran gehen, Änderungen vorzunehmen.

Kasten 92

Wann sind Änderungen notwendig?

Immer wieder wird in der Psychotherapie gefragt, ob bestimmte Verhaltensweisen geändert werden sollen – oder müssen.

Eine generelle Antwort hierzu ist kaum möglich. Ganz allgemein kann man davon ausgehen, daß Verhaltensänderungen dann angezeigt sind, wenn sich das jeweilige Verhalten in störender oder krankmachender Weise gegen sich selbst bzw. gegen andere richtet.

Eine kleine Hilfestellung zur Ermittlung dieses Sachverhalts können die folgenden Fragen sein:

1. Warum will ich mich ändern?
2. Ist der Wunsch nach Veränderung durch den Vergleich mit anderen entstanden?
3. Wem will ich gefallen?
4. Sind meine Zielvorstellungen biblisch orientiert?
5. Hindert das unerwünschte Verhalten meine Entfaltung?
6. Richtet sich das unerwünschte Verhalten gegen meine Gesundheit?
7. Störe ich mit diesem Verhalten meine nächsten Angehörigen?

Es geht bei der Therapie u.a. darum, das »kleine Kind« im Patienten so anzunehmen wie es ist. Dies bedeutet u.a., grundsätzlich in Frage zu stellen, wodurch dies bisher verhindert wurde. Vielleicht ist es dann möglich, das zukünftige Leben so zu gestalten, daß sich dieses »kleine Kind« entfalten, d.h. seinen Beitrag für die nützliche Seite des Lebens bringen kann – und damit auch zur Sinnfindung gelangen kann. Zu einer derartigen Entfaltung gehört allerdings der »Mut zur Unvollkommenheit«. Er ist eine wichtige Voraussetzung, um die Selbstannahme zu ermöglichen.

Für das therapeutische Gespräch hat sich methodisch besonders der sog. »Sokratische Dialog« bewährt, der den Gesprächspartner zu einer nachhaltigen Selbstreflexion führt.

Ganz praktisch können die im Kapitel 5.4 beschriebenen Methoden aus der Gesprächstherapie hilfreich eingesetzt werden, um dem gewünschten Ziel näher zu kommen.

5.5.6 *Ein Beispiel zum therapeutischen Vorgehen in der Individualpsychologie*

Zur Beschreibung des Krankheitsbildes

Der Ratsuchende, Franz K., ein kaufmännischer Angestellter Mitte Zwanzig, ist seit eineinhalb Jahren wegen einer Magenstörung in ärztlicher Behandlung. Der Hausarzt konnte keine eindeutigen Ursachen feststellen und riet zu einer nervenärztlichen Untersuchung. Dabei ergab sich eine deutliche Störung des seelischen Gleichgewichtes: Der Patient ist leicht erregbar, nervös und reizbar. Er ist fast ständig deprimiert, reagiert bei Aufregungen mit Kopfschmerzen und Schlaflosigkeit. Zudem fühlt er sich einsam und isoliert. Die Beziehungen zu den Eltern und Verwandten sind teilweise sehr getrübt. Eine Verlobung wurde vor ca. vier Jahren aufgelöst. Weitere Bekanntschaften mit Frauen gibt es kaum. Franz K. ist mißtrauisch, schüchtern und zurückhaltend. Er glaubt nach seinen bisherigen Erfahrungen nicht mehr an gute Beziehungen zu anderen Menschen. Auch zur Kirchengemeinde bestehen nur noch wenig Kontakte, lediglich den sonntäglichen Gottesdienst besucht er weiterhin regelmäßig.

Um über den unangenehmen Zustand, die Einsamkeit und Depression hinwegzukommen, treibt Franz K. Leistungssport. Er hat sich im Keller seines Hauses die notwendigen Geräte hierzu aufgestellt.

Zur Lebensgeschichte von Franz K.

Geschwisterfolge
Franz K. ist das vierte von fünf Kindern. Vor ihm in der Geschwisterreihe stehen zwei Brüder, fünf und drei Jahre älter, und eine älteste Schwester, die starb, als er noch ein sehr kleiner Junge war. Nach Franz K. folgt noch eine um vier Jahre jüngere Schwester.

Familienkonstellation
Der Vater, der noch lebt, war in seinem Erziehungsverhalten sehr streng und aufbrausend. Er bevorzugte die beiden älteren Brüder deutlich. Franz K. fürchtete sich vor seinem Vater, was die Mutter sehr bedrückte, die ihn ganz besonders ins Herz geschlossen hatte. Oftmals sah Franz K. seine Mutter deshalb auch weinen. Die Mutter ist verstorben, als Franz K. zwölf Jahre alt war. Er hing sehr an ihr und war oftmals eifersüchtig auf den drei Jahre älteren Bruder, von dem er glaubte, daß er ihr Liebling sei.

Frühe Kindheitserinnerungen
Die ersten Erinnerungen sind überwiegend im Zusammenhang mit der Mutter zu sehen. Besonders deutlich wird geschildert, wie verstört die Mutter beim Tode der ältesten Schwester war. Franz K. wurde zum Friedhof mitgenommen

und empfand dies als »Auszeichnung«. Die Mutter konnte eine solche Freude nicht verstehen und schalt ihn deshalb.

Eine weitere Erinnerung aus früher Kindheit, wiederum zusammen mit der Mutter, schildert Franz K. folgendermaßen: »Ich wollte der Mutter beim Kochen zusehen und verbrühte mich an einem Topf mit kochendem Wasser. Nach dieser Verletzung wurde ich dann sehr verwöhnt.« Bei dieser Erinnerung fällt nicht nur die Hervorhebung der Verwöhnung auf, sondern vor allem auch die Tendenz, bei der Mutter zu sein.

Noch viel deutlicher wird dies bei der dritten Kindheitserinnerung: Die Mutter war im Krankenhaus und Franz K. wurde auch krank – es hieß, aus Sehnsucht nach der Mutter ...

Als kleines Kind war Franz K. viel unruhiger als heute und dazu sehr ehrgeizig. Fortwährend wollte er lernen. Dabei fürchtete er sich allerdings gleichzeitig vor der Schule, aus Angst, dort zu versagen: »Ich hatte immer Angst vor dem Lehrer, weil ich mich schämte, eine falsche Antwort zu geben.«

Wie viele ehrgeizige Schulkinder verweigerte Franz K. oftmals das Frühstück, um dadurch über die sich sorgenden Angehörigen einen Triumph zu feiern. Auch eine Reihe anderer Schilderungen zeigen, daß er immer wieder versuchte, die Familienangehörigen zu beherrschen, wobei es für das Verständnis des Ratsuchenden besonders wichtig ist, zu wissen, daß er später davon überzeugt war, nie in seinem Leben jemand anderem Schwierigkeiten und Sorgen bereitet zu haben.

Schon als Kind mit fünf Jahren sprach Franz K. von der »Sinnlosigkeit des Lebens« und hatte bereits in diesem Alter anläßlich eines Streites mit den Eltern (bei dem er die unschuldige Ursache war) die ersten Selbstmordgedanken. Der Wunsch zu sterben trat später immer wieder auf.

Die Mutter starb, als Franz K. zwölf Jahre alt war. Damals gab sie ihm den wohl stärksten Beweis ihrer besonderen Liebe – und ließ ihn damit die nachherige Verlassenheit umso schmerzlicher empfinden –, indem sie ihm sagte, daß sie um ihre anderen Kinder weniger Angst als um ihn hätte.

Am Sterbebett fügte die Mutter dann noch hinzu, Franz solle immer an sie denken und sich fragen, was die Mutter bei allem, was er tue, dazu sagen würde. Durch diesen letzten Willen wurde die enge Verbindung mit der Mutter auch über den Tod hinaus auf stärkste Art und Weise festgehalten.

Individualpsychologische Erklärung

Aus den von Franz K. beschriebenen Kindheitserinnerungen läßt sich zum einen die Wichtigkeit seiner Mutterbeziehung ableiten, zum anderen wird aber auch der deutliche Drang nach oben sichtbar. Franz K. orientierte sein Leben schon frühzeitig an einem so hohen Maß der Vollkommenheit, daß dieses mit den realistischen Lebensverhältnissen nicht übereinstimmen konnte. Ein Kind, das nicht zu ertragen können glaubt, eine falsche Antwort zu geben, muß, an einem solchen Ziel der absoluten Vollkommenheit gemessen, immer enttäuscht werden. Und so war Franz K. dann wohl auch von Kindheit an immer enttäuscht, obwohl die andern Geschwister, die ihn nicht verstanden, dafür keinen Grund angeben konnten.

Franz K. fühlte sich zudem durch seinen drei Jahre älteren Bruder bei der Mutter zurückgesetzt, obwohl diese offensichtlich auf seiner Seite stand. Er war jedoch nicht nur gegen ihn im Konkurrenzkampf, weil er der ältere, und infolge seiner drei Jahre Vorsprung überlegene, war, sondern, als später die jüngere Schwester geboren war, drohte ihm auch die Gefahr der Zurücksetzung, die er dann später auch als sehr drückend empfand.

Es läßt sich auf individualpsychologischem Hintergrund zeigen, daß Franz K. trotz aller Macht und aller Berücksichtigung, die er als Kind genoß, immer mit sich unzufrieden war. Selten nur hielt er etwas von sich, weil doch, gemessen an seinem Vollkommenheitsideal, alles wertlos war.

Durch die letzten Worte der Mutter am Sterbebett wird verständlich, daß sich Franz K. ab ihrem Tode vollkommen einsam fühlen mußte. Der Vater hielt zu den beiden älteren Brüdern. Wenn Franz K. ihn etwas fragte, antwortete er ruppig, wieso er das denn nicht wisse. Die nach dem Tode der Mutter eingestellten Erzieherinnen standen auf der Seite der jüngsten Schwester, denn sie hatten Mitleid mit ihr, weil sie so klein war und ohne Mutter aufwachsen mußte. Die jüngere Schwester tyrannisierte sehr bald die Erzieherinnen und den Vater, war aber auch gegen Franz K. aggressiv, verdarb ihm, wo sie nur konnte, jedes Vergnügen und provozierte Streitigkeiten, bei denen ihr die Erzieherinnen dann immer recht gaben.

Nach dem Tod der Mutter wurde Franz K. immer ruhiger und in sich gekehrter. Er saß zumeist hinter seinen Büchern, las und lernte viel. Seine ursprünglich vorhanden gewesene Kampfstellung trat nicht mehr offen zutage, blieb aber weiter verdeckt vorhanden und ist auch heute noch für den Therapeuten relativ leicht zu erkennen.

Sein Vollkommenheitsideal, an dem gemessen nicht nur er selbst, sondern auch die anderen Menschen, ja das ganze Leben, klein und unwichtig erscheint, führt ihn dazu, alles zu entwerten. Sein stark ausgebildeter Gerechtigkeitssinn läßt ihn jedes Unrecht bei den Mitmenschen sofort erfassen – um es dann augenblicklich zum Zweck der Entwertung zu verwenden.

Wenn irgend möglich versucht Franz K. irgendwo in seiner Gemeinde zu helfen, und er ist böse darüber, daß dies häufig nicht in seinem Sinne möglich ist. Er merkt dabei nicht, daß er seine Mitmenschen durch die Art der angebotenen Hilfestellung permanent zu vergewaltigen sucht, daß er im Grunde genommen zu viel von den andern erwartet, aber zu wenig selbst beiträgt – um sich dann nach den sozialen Mißerfolgen schmollend zurückzuziehen.

Daß seine Verlobung unter derartigen Voraussetzungen mißlang, ist kaum verwunderlich. Dabei kann man Franz K. durchaus zubilligen, daß die Fehler, die er bei der zukünftigen Braut entdeckt hatte, tatsächlich vorhanden waren, denn seine Wunschvorstellung, die Verlobte müsse eine Idealfrau sein, kann wohl kaum von einer Frau erfüllt werden. Er konnte sich von der Verlobten, die ihrerseits die Initiative zur Trennung übernahm, dennoch kaum losreißen und zeigte kurz nach dieser bisher größten Niederlage seines Lebens die ersten nervösen Symptome im Magenbereich. Nach der Trennung traute sich Franz K. kaum mehr an die Menschen heran und wurde immer mehr zum Einzelgänger.

Zum Verständnis der Angst vor einer neuen Verbindung mit einer Frau – und damit auch der Befriedigung seiner Sehnsucht nach Liebe und Geborgenheit, die ihn seit der Verwöhnung durch die Mutter nie mehr verlassen hat – muß noch auf die Angst vor der Sexualität hingewiesen werden. Im Alter von zehn Jahren fragte Franz K. seine Mutter, woher die Kinder kämen, worauf diese ihn sehr unsicher und angstbesetzt »aufklärte«, verbunden mit der Bitte, zukünftig nicht mehr über »solche Dinge« zu reden. Franz K. hielt sich an dieses Versprechen und war in der folgenden Zeit über seine körperliche Entwicklung (nächtlicher Samenerguß) sehr verunsichert, ängstlich und unglücklich.

Mit 16 Jahren verliebte er sich in ein Mädchen seines Jugendkreises, sah sie jedoch immer nur von der Ferne und hatte Angst, weil er diese Gefühle als Unrecht und Sünde vor Gott ansah. Die spätere Verlobte war die erste Frau, der er einen Kuß gab – und er fühlte sich daraufhin auch zur Verlobung verpflichtet.

Man kann sich vorstellen, welches Leben Franz K. bis zum heutigen Tage geführt hatte. Mit den Menschen wurde er nicht fertig. Er fühlte sich wertlos und stand in einer Abwehrhaltung gegen Niederlagen und Enttäuschungen, ohne zu wissen, daß er sich wegen der übermäßigen Erwartungen und durch die Entwertung der anderen dieses Schicksal selbst bereitet hatte. Franz K. fühlte sich auch von Gott verlassen. Er sah ihn übermächtig und drohend, im Grunde immer darauf wartend, ihn bei irgendeiner Sünde zu ertappen, um ihn dann entsprechend zu bestrafen.

Seine eigene Feindseligkeit gegen die Menschen erkannte er nicht. Er hielt vielmehr die anderen für seine Gegner und reagierte auf jedes noch so geringe Unrecht mit extremer Abwehr. Dieses Verhalten führte auch im engen Kreis seiner Gemeinde immer wieder zu scharfen Differenzen.

Ein solch allgemeines Gefühl der Unannehmlichkeit, der Verbitterung und Freudlosigkeit wurde nun vor eineinhalb Jahren durch das Auftreten der Magenstörungen zusätzlich verschärft.

Wie kommt es zu den Magenbeschwerden?

Nach der Ursache der Schmerzen befragt, erklärte Franz K., er habe sich vor längerer Zeit einmal den Magen verdorben und seit damals hätten die Beschwerden nie mehr ganz aufgehört.

Eine gründliche Befragung zeigte allerdings ein differenzierteres Bild: Franz K. hatte vor eineinhalb Jahren auf gute Empfehlungen in seiner Gemeinde, »doch wieder einmal unter die Leute zu gehen«, eine Freizeit besucht. Sein Ziel war es dort, aus der Enge seines Lebens herauszukommen, sich abzulenken und etwas zu unterhalten. Schon am ersten Abend traten dann jedoch Magenverstimmungen auf, die so schlimm wurden, daß er das Bett hüten mußte und nach wenigen

Tagen wieder nach Hause zurückfuhr. Daß seither kein neuer Versuch, mit dem Leben in Kontakt zu treten, gemacht wurde, versteht sich nach solchen Erfahrungen von selbst. Jetzt ist es aber auch möglich, den Hintergrund der Magenschmerzen als psychosomatische Erkrankung deutlich zu machen. Auf diese Weise konnte Franz K. allen guten Ratschlägen, ja selbst seiner eigenen Einsicht zum Trotz, das Leben eines Eremiten, weit weg von den Menschen und in einem freud- und inhaltslosen Dasein weiterführen. An ein geselliges Leben war, bei der durch die Krankheitsbeschwerden bedingten Unfähigkeit, irgendeine Verpflichtung zu übernehmen, überhaupt nicht zu denken.

Zur Therapie

Durch ein grundsätzliches Gespräch, das in diesem Falle nicht mit den nicht-direktiven Methoden der Gesprächspsychotherapie, sondern eher im Sinne der Kognitiven Therapie bzw. der nouthetischen Seelsorge geführt wurde, gelang es in relativ kurzer Zeit, sowohl eine Lebensstilanalyse zu erarbeiten als auch den Lebensstil zu verändern.

Franz K. konnte einen »Paradigmenwechsel« vollziehen. Er erkannte, daß weniger das Leben ihm, als er dem Leben alles schuldig geblieben war. Er sah auch ein, daß sowohl seine depressiven Verstimmungen als auch die Magenbeschwerden nicht als Schicksalsschlag anzusehen waren, sondern vielmehr Sicherungsmaßnahmen, jedenfalls aber aktive Leistungen seinerseits darstellten.

Franz K. verstand jetzt auch, daß Gott ihn durch die Magenschmerzen nicht strafen wollte, sondern daß er sich selbst strafte. Er konnte erkennen, daß er angenommen, wertgeschätzt und über alle Maßen von Gott geliebt ist.

Zu verstehen, daß er es sich erlauben durfte, schwach, magenkrank – und sogar depressiv – zu sein, ohne dies in einem kausalen Zusammenhang mit eigenen Fehlerursachen zu sehen, war ein weiterer Erkenntnisprozeß.

Franz K. entlarvte jetzt auch sein egoistisches bzw. leistungsoriert-abwertendes Denken in bezug auf seine Mitmenschen. Es gelang ihm zunehmend, sie wertzuschätzen, ohne sofort mit den eigenen Leistungskategorien zu vergleichen.

Natürlich war der Prozeß der inneren Umwandlung, der sich durch die Korrektur der Lebensziele ergab, nach zwei Gesprächen noch nicht abgeschlossen. Was sich bei Franz K. jedoch sofort bemerkbar machte, war nicht nur das Gefühl der Befreiung von einem schweren inneren Druck, sondern neue Hoffnung, verbunden mit zaghaften Versuchen, in seiner Gemeinde und im Beruf wieder Anschluß an die Menschen zu finden.

Nicht verwunderlich war es, daß nach kurzer Zeit auch die Magenschmerzen nachließen und alle Medikamente abgesetzt werden konnten.

Es gibt zwar auch noch zwei Jahre danach immer dann, wenn größere Belastungen auftreten, kleinere Rückfälle (den »Rückzug ins Schneckenhaus«) – aber Franz K. weiß jetzt, wie er mit diesen Zuständen umgehen kann.

5.5.7 Theologische Beurteilung der Individualpsychologie

Wie schon im Kapitel 5.1 beschrieben, entspricht der »enthüllende« Blick zurück in die vergangene Lebensgeschichte eines Menschen durchaus dem Anliegen biblischer Prophetie.

Im Auftrag Gottes deutet der Prophet die Vergangenheit, die Gegenwart und die Zukunft. Dabei zeigt er z.B. verborgene Linien in der Geschichte Israels auf (z.B. bei den Beurteilungen der Könige in der Geschichte Israels), hilft der Einzelperson über ihre Verhaltensweisen klar zu werden (z.B. bei der Geschichte mit Nathan und David) usw.

Die Beurteilung der Vergangenheit auf dem Hintergrund des Willens Gottes zielt dabei in aller Regel auf die zukünftige Gestaltung des Lebens einer einzelnen Person oder der Geschichte des Volkes. Die finale Ausrichtung des Adlerschen Konzeptes steht in gewisser Analogie zu dieser Struktur biblischer Prophetie.

Es entspricht einem biblischen Zeitverständnis, wenn man versucht, gerade im Rahmen der Biblisch-therapeutischen Seelsorge, aus der einsichtig hinter einem Menschen liegenden Vergangenheit Orientierungen für die Zukunft zu gewinnen. Für den Israeliten liegt die Vergangenheit vor ihm, während er die Zukunft hinter sich, in seinem Rücken, hat (Wolff 1953).

So sehr neuerdings die »Ganzheitlichkeit« des Menschen in der Individualpsychologie, der Medizin und auch in der Geisteswissenschaft betont – und dabei oft einseitig belegt wird, ist sie eine unaufgebbare Dimension biblischer Anthropologie. Als ganzer ist der Mensch erschaffen und als ganzer steht er vor Gott. Gott bedient sich in der Begegnung mit dem Menschen nicht nur des denkerisch einsichtigen Wortes, sondern auch der sinnhaft wahrnehmbaren Sprache der Schöpfung und der Erfahrung aus dem Verhalten und Erleben des Menschen im Verlauf seiner Lebensgeschichte. »Verkopfte« Verkündigung ist ebenso problematisch wie die Engführung der Seelsorge auf das Denken oder den Willen.

Gewiß ist die Grenze dort zu ziehen, wo das Streben des Menschen zu seiner Gefährdung führt, bzw. der Mensch z.B. von der Faszination der Technik, des Geldes, der Macht usw. beherrscht wird, oder sein ganzes Handeln zu der Sicherung seiner eigenen ichhaften Existenz führt.

Individualpsychologische Therapieverfahren können Christen helfen, zu entdecken, wie der bei der Bekehrung vollzogene Paradigmenwechsel im sekundären Bezugssystem mit den Prinzipien der privaten Logik im primären Bezugssystem kollidieren kann. Das Stehen in einer Lebens- und Leidensgemeinschaft mit Jesus Christus und der Weg der Heiligung eines bekehrten und wiedergeborenen Menschen sind nicht ohne Einfluß auf das primäre Bezugssystem eines Menschen.

Aus biblischer Sicht drängt sich ein wesentlicher Kritikpunkt am individualpsychologischen Ansatz auf. Die Gabe des zielgerichteten Lebens wird nur dort zur vollen Entfaltung kommen, wo diese Ziele nicht nur auf Dinge der sichtbaren Welt gerichtet sind (wozu auch ideelle und geistige Ziele zu rechnen sind), sondern unter Einbeziehung der ganzen Wirklichkeit, der sichtbaren und unsichtbaren Welt Gottes, formuliert und angestrebt werden.

Durch die Begegnung mit Jesus Christus besteht die Chance, gerade auch im Blick auf das primäre Bezugssystem neue Ziele zu finden. Auch mag der enthüllende Blick zurück in die Vergangenheit dort eher getrost gewagt werden, wo man um die Vergebung der Schuld und Sünde weiß und heute noch ein neues Leben in der Gemeinschaft mit Jesus Christus beginnen kann.

5.6 Ein Blick nach vorne – Logotherapie

Viktor Frankl ist nach Sigmund Freud und Alfred Adler der Begründer der »Dritten Wiener Richtung der Psychotherapie«. Die Entstehung und Entwicklung der Logotherapie ist eng mit seiner persönlichen Lebensgeschichte verbunden und kann ohne die einschneidenden Erlebnisse im Konzentrationslager kaum verstanden werden .

5.6.1 Viktor Frankl und die Logotherapie

Frankl wurde 1905 in Wien geboren. Bereits während seiner Gymnasialzeit erwachte sein Interesse an der Psychoanalyse und führte zu einer regen Korrespondenz mit Sigmund Freud.

Früh schon zeigte sich allerdings auch seine eigenständige Kreativität, denn bereits im Alter von 16 Jahren hielt er einen Vortrag über den »Sinn des Lebens«, der die großen Linien der zukünftigen Logotherapie andeutete. Diese Linien lassen sich in der Weise zusammenfassen, daß der Mensch immer ein Suchender nach dem Sinn seines Lebens ist. Er sollte sich jedoch bei diesem Suchen nicht als ein vom Leben Befragter verstehen, sondern anstelle zu fragen eine eigene Antwort geben. Das Leben selbst, so Frankl, tritt als Fragesteller auf, und die Antwort des Menschen sei ver*antwort*liches Handeln. Alles Geschehen, das der Mensch willentlich in die Welt setzt, ist demnach in irgendeiner Form eine Antwort auf die *Frag*würdigkeit seines Tuns.

Frankl zeigte in dem genannten Vortrag auch die zweite große Linie seiner späteren Therapie auf, die davon ausgeht, daß es für das Leben des Menschen einen »Übersinn« gibt, der s.E. nichts mit »Übersinnlichem« zu tun hat, sondern als jener letzte Sinn zu sehen ist, der über das menschliche Fassungsvermögen hinausgeht.

Seine Ausbildung erhielt Frankl als Arzt, er arbeitete jedoch schon vor seiner Promotion selbständig an der psychotherapeutischen Ambulanz der Wiener Universitätsklinik. Dort hatte er die Möglichkeit, seine neuen Ideen in der Praxis zu überprüfen und fand in diesem Zusammenhang auch die berühmt gewordene Technik der »paradoxen Intention«.

Kasten 93

Ein Beispiel zur paradoxen Intention

Es geht darum, der Angst den »Wind aus den Segeln zu nehmen« bzw. sie zu ironisieren, wobei diese Therapieform nur dann angezeigt ist, wenn die Ängste tatsächlich unangemessen sind und eine erpresserische Macht auf den Patienten ausüben.

Das nachfolgende Beispiel zeigt, wie dieser Ansatz in der praktischen Seelsorge eingebracht werden kann:

Eine 22jährige Frau kam zur Beratung und klagte darüber, daß sie immer dann, wenn sie im Gottesdienst aufstehe, um zum Empfang des Abendmahls nach vorne zu treten, erröten würde. Sie erzählte, daß sie davon ausgehe, daß dies alle anderen Gottesdienstbesucher sehen würden und daß sie aus diesem Grunde überhaupt nicht mehr in die Kirche gehen wolle.

Nachdem in einem ausführlichen Gespräch die biblischen Hintergründe des Gottesdienstes und eines damit verbundenen Abendmahls geklärt waren, wurde abschließend folgende paradoxe Intention vereinbart: Die junge Frau solle sich bemühen, beim nächsten Gang zum Altar röter als eine Tomate zu werden.

Leider hatten die Bemühungen wenig Erfolg, sie wurde nicht mehr rot ...

Hatte Frankl ursprünglich noch in der Internationalen Zeitschrift für Individualpsychologie seine Ergebnisse publiziert, kam es im Jahre 1926 zu einer deutlichen Abwendung von Alfred Adler. Adler war der Meinung, daß jede Neurose (auf dem Hintergrund des Lebensstilkonzeptes) ein »Mittel zum Zweck« sei, während Frankl davon ausging, daß Neurosen auch eine Ausdrucksfunktion zukommen könne (z.B. als Antwort auf eine Sinnleere).

Im Jahre 1927 wurde Frankl aus der »Gesellschaft für Individualpsychologie« ausgeschlossen.

Bei seiner Tätigkeit im »Selbstmörderinnen-Pavillion« des Steinhofs (Psychiatrische Klinik in Wien) und später im Rothschild-Hospital konnte Frankl viele seiner Annahmen und Therapieansätze bestätigt finden.

Bis zu seiner Deportation ins Konzentrationslager nach Auschwitz und Dachau arbeitete er im Rothschild-Hospital und blieb in Wien, obwohl er ein Visum für die Ausreise in die USA erhielt – das allerdings nur für ihn und nicht für seine Eltern Gültigkeit hatte. Die Jahre im Konzentrationslager gingen nicht spurlos an Viktor Frankl vorüber, manchmal stand er auch kurz vor dem Verzagen, trotz allem aber stärkten sie die Grundideen des Logotherapeuten, auch im Leid ein Ja zum Leben zu haben.

Heute ist Viktor Frankl Professor für Neurologie und Psychiatrie an der Universität Wien sowie Professor für Logotherapie in Kalifornien. Seine 26 Bücher sind in 18 Sprachen übersetzt worden, und sie üben zusammen mit denen seiner Schülerin Elisabeth Lukas eine starke Faszination – insbesondere auch auf Theologen – aus.

5.6.2 Grundannahmen der Logotherapie

Frankl geht davon aus, daß gegenwärtig nicht mehr eine sexuelle Frustration, wie zur Zeit S. Freuds, auch nicht die von Adler beschriebene Organminderwertigkeit, sondern die Sinnlosigkeit des Lebens das Problem unserer Tage ist. »Die Instinkte sagen dem Menschen nicht mehr, was er muß und die Traditionen nicht mehr, was er soll« (Frankl 1983).

Ein »existentielles Vakuum zeigt« sich bei einer zunehmenden Zahl von Menschen, ca. 20% der Neurosen sind durch dieses Sinnlosigkeitsgefühl zu erklären.

Kasten 94

Hilfen der Logotherapie aus der Sinnkrise des modernen Menschen?

»Eine ... Illusion des modernen Menschen ist die vage Vorstellung, alles kaufen zu können ...

Was geschieht nun mit Menschen, die es nicht gelernt haben, ein Schicksal anzunehmen – und die glauben, nahezu alles kaufen zu können –, wenn ein unabänderliches Leid über sie kommt? Wenn sie also gezwungen sind, ein Schicksal hinzunehmen, und erfahren, daß auch Geld nichts nützt? Sie müssen in eine innere Krise hineintaumeln, letztlich sogar verzweifeln.

In einer durch ein unabwendbares Leid entstandenen Krise sind nur drei mögliche Hilfen denkbar, nämlich:

a) der Glaube und das Gottvertrauen,
b) das Mitgefühl und Verständnis der engeren Umwelt und
c) die eigene stabile Sinnerfüllung.

Die Welle der Hochkonjunktur und des unaufhaltsamen Fortschrittes hat allerdings einiges an Sicherungen mit sich fortgetragen: Das Gottvertrauen des modernen Menschen ist stark ins Wanken geraten und der zwischenmenschliche Zusammenhalt noch viel mehr. So wird die persönliche Sinnerfüllung zum letzten entscheidenden Kriterium, ob eine innere Krise des Leides bewältigt werden kann oder nicht.» (Lukas 1981)

Hervorstechendes Merkmal dieser Menschen – so Frankl – ist ihre lähmende Initiativlosigkeit. Was kann von logotherapeutischer Seite aus dagegen unternommen werden?

»Der Sinn des Lebens kann nicht erfunden, sondern er muß entdeckt werden« (Frankl 1983), oder »von der Sinnleere zu einer Sinnlehre zu kommen« (vgl. Meier 1984), so lauten die Ansätze. Es gilt also, eine neue Werteorientierung zu suchen und zu bedenken.

Frankl meint zeigen zu können, daß die Sinnfindung und -erfüllung unabhängig vom jeweiligen Alter, Bildungsgrad, Geschlecht und der Höhe des Intelligenzquotienten ist, aber auch davon, ob jemand religiös beziehungsweise areligiös ist, und, wenn er sich zur Religion bekennt, unabhängig von der Konfession, zu der er gehört. Er versucht in seinen Schriften einen Weg zur Sinnfindung zu zeigen und sieht hierbei für den religiösen Menschen überhaupt keine Schwierigkeiten (Frankl 1983). Da er jedoch seinen Ansatz religionsunabhängig darstellen möchte, bietet er drei relativ allgemeine Kategorien zur Sinnfindung an:

- Schöpferische Werte,
- Erlebniswerte und
- Einstellungswerte.

Schöpfungswerte werden durch das Tun, das persönliche Schaffen materieller und immaterieller Güter, verwirklicht.

Erlebniswerte werden durch das passive Aufnehmen der Welt, z.B. der Kunst oder der Natur, realisiert.

Einstellungswerte ergeben sich immer dann, wenn etwas Unabänderliches, etwas Schicksalhaftes als solches angenommen werden muß.

In der Art und Weise, wie der einzelne diese Dinge auf sich nimmt, ergibt sich eine unübersehbare Fülle von Wertmöglichkeiten. Das heißt, daß sich nicht nur im Schaffen und im Freuen, sondern auch im Leiden das menschliche Leben zu erfüllen vermag.

Bei einem solchen Denkansatz wird auf humanistischem Hintergrund ein »Übersinn« des Leidens postuliert und der im Glauben vollzogene Schritt in die »ultra-humane Dimension« als durch die Liebe fundiert gesehen (Frankl 1983).

Hören wir hierzu Viktor Frankl selbst, der mit einem Beispiel den Sinn des Leides und der Liebe zu erklären sucht:

»Wer hätte nicht schon gesehen, wie ein Hund, dem in seinem Interesse, sagen wir durch einen Tierarzt, ein Schmerz zugefügt werden muß, voll Vertrauen aufblickt zu seinem Herrn. Ohne ›wissen‹ zu können, welchen Sinn der Schmerz haben soll, ›glaubt‹ das Tier insofern, als es seinem Herrn vertraut, und zwar weil es ihn eben ›liebt‹.«

Der Glaube an den «Über-Sinn» ist also für Frankl von eminenter psychotherapeutischer und psychohygienischer Bedeutung: Er macht stärker. Und für einen solchen Glauben gibt es, so Frankl, letztendlich nichts Sinnloses. Die innere Lebensgeschichte eines Menschen mit ihrer ganzen Dramatik ist dann nie umsonst geschehen – auch wenn dies nach außen hin nicht bemerkt wurde.

5.6.3 Theologische Bewertung

Auch für theologisch nicht sehr versierte Beobachter ist der spirituelle Hintergrund solcher Aussagen unverkennbar. Zwar meint Frankl, eindeutige Grenzen zwischen Theologie und Therapie ziehen zu können (vgl. Kasten 95), dies ist jedoch m.E. bei genauerer Untersuchung des Therapiekonzeptes kaum möglich, es sei denn, man würde die Theologie auf ausschließlich geistliche Dinge reduzieren und ihren Bezug auf die ganze Wirklichkeit, d.h. der sichtbaren und unsichtbaren Welt, dadurch ausblenden.

Kasten 95

Frankls Meinung zu den Unterschieden zwischen Religion und Psychotherapie

Auf die Frage nach den Unterschieden zwischen Religion und Psychotherapie meint Viktor Frankl, daß es sich »um dimensionale Differenzen handelt, um ganz verschiedene, grundverschiedene Dimensionen ... Die Zielsetzung der Religion ist das Seelenheil. Das Ziel der Psychotherapie ist nicht das Seelenheil, sondern seelische Heilung . . .«, denn »ich muß danach schauen und sehen, daß die Logotherapie handhabbar bleibt in den Händen jedes Arztes oder jedes Therapeuten, des religiös orientierten genauso wie des agnostischen, und anwendbar bleibt auf jeden Patienten oder Klienten, auf den Religiösen und Gläubigen genauso wie auf den Atheisten« (vgl. Meier 1984).

Logotherapie – eine Quasireligion?

Frankl ist den bereits von Auguste Comte in seinen Grundgedanken zum Positivismus vorgezeichneten Weg von der Theologie zur empirischen Wissenschaft gegangen, indem er anstelle der göttlichen Willensakte metaphysische Entitäten setzte, d.h. abstrakte Begriffe (z.B. den «Über-Sinn»), die man für Realitäten, für das wahrhaft Wirkliche hinter den Erscheinungen hält. Damit ist die Logotherapie letztendlich zu einer vom Humanismus geprägten Religionsform geworden, die ihre besondere Charakteristik u.a. auch dadurch erhält, daß sie einen betont finalen Denkansatz geprägt hat.

Auch wenn man einen noch so fundierten innerweltlichen »Über-Sinn« für real ansieht, bleibt der ratsuchende Klient doch ganz bei sich selbst und seinem Denken über diesen für ihn gültigen »Über-Sinn«. Das Wort Gottes zeigt jedoch deutlich, daß der Mensch, ohne den durch Jesus Christus geschaffenen Weg zu dem alle weltlichen Möglichkeiten überbietenden Gott, nie den letzten Lebenssinn finden wird. Der Mensch braucht nicht nur seelische Heilung, sondern »Seelenheil«, Friede mit Gott und die Lösung seiner Schuldfrage.

Daß die Logotherapie hilfreich sein kann, ist empirisch belegt, und auch vom Blickwinkel des Christen her gesehen, kann die positive Bilanz dieser Therapieform nur bestätigt werden.

Weiter oben hatten wir von den Bemühungen Frankls berichtet, seine Therapie weltanschaulich neutral zu halten, und daß dies nicht gelungen ist, weil humanistisches Gedankengut die Funktion einer Quasireligion übernommen hat.

Ganz praktisch zu hinterfragen sind dann auf einem solchen Hintergrund diejenigen Therapeuten, die zwar mit einem christlichen Anspruch arbeiten, aber dennoch oftmals sehr mühsam relativ abstrakte Begriffe (wie »Schicksal«, »Übersinn« usw.) heranziehen, um damit »Gott« oder »Jesus Christus« zu ersetzen.

Berichte zur biblisch orientierten Therapie auf logotherapeutischem Hintergrund bei alkoholabhängigen Menschen sind voller Beispiele von Lebensänderungen durch den Glauben an Jesus Christus. Fachleute sind der Meinung, daß »religiöse Heilungen des Alkoholismus zu den qualitativ besten und dauerhaftesten gehören« (Solms 1960).

Zu fragen ist, warum viele, oftmals auch kirchlich orientierte Therapieeinrichtungen, eine schwierige Vergangenheitsbewältigung und eine womöglich noch mühsamere Sinnerfüllung des existentiellen Vakuums auf humanistischem Wege suchen, wo doch »das Gute so nahe liegt«, warum sie ihre »theologische Mitte« in Jesus Christus verloren oder gar bewußt aufgegeben haben? War es Schamhaftigkeit, vermeintliche Unwissenschaftlichkeit eines derartigen Vorgehens, mangelnde eigene Glaubenserfahrungen oder zu geringes Vertrauen in die biblischen Grundlagen?

Gewiß, man kann Menschen den Glauben an Gott und Jesus Christus nur anbieten – aber verlangt Viktor Frankl nicht mit seinem humanistischen Denkansatz sogar noch mehr von seinen Patienten, als dies die Bibel tut?

Es ist an der Zeit, daß wir die biblischen Grundprinzipien der Sinn- und Lebenserfüllung wieder in den Mittelpunkt unserer Therapie – auch bzw. gerade bei Nichtchristen setzen. Diese Menschen warten darauf. Es ist an der Zeit, einen Weg zu beschreiten, den die Logotherapie auf humanistischem Hintergrund mit großem Erfolg vorangegangen ist und den Christen hätten schon immer gehen können: Ein Auffüllen des »existentiellen Vakuums« durch die »Frohe Botschaft« in Jesus Christus.

Das »existentielle Vakuum« kann letztlich nur durch eine Begegnung mit Gott über seinen Sohn Jesus Christus gefüllt – und nur dann können die Lebensperspektiven tatsächlich neu gesetzt werden. Biblisches Wissen um Vergebung der Schuld und den Beginn eines neuen Lebens mit Christus, das Praktizieren des »Ich vergesse, was hinter mir liegt, und strecke mich nach dem aus, was vor mir ist« (Phil. 3,13) könnte der biblische Ansatz der von Frankl so mühsam gesuchten innerweltlichen Transzendenz sein.

5.6.4 Praxis der Logotherapie

Die praktische Logotherapie sieht fünf Aufgabenschwerpunkte:

1. Therapie von Menschen mit exogenen Depressionen, die im Umfeld der Sinnfrage des Lebens angesiedelt sind.
2. Begleitende Therapie bei neurotischen Zuständen, Ängsten, verirrten Denkweisen usw.
3. »Ärztliche Seelsorge« bei Menschen mit unheilbaren oder unveränderbaren Lebenszuständen.
4. Therapie beim Vorliegen von Sinnlosigkeitsgefühlen und »existentiellen Frustrationen«, die keiner Krankheit zugeordnet werden können, sondern eher dem Ringen eines Menschen nach Sinn entsprechen, d.h. logotherapeutische Hilfe zur Sinnfindung erfordern.
5. Vorbeugende Hilfestellungen zur Verhinderung nihilistischer Lebenseinstellungen.

Wichtig für die praktische Therapie ist das Wissen, daß man in der Beratungssituation nicht mit Logotherapie alleine – aber auch nicht ohne Logotherapie auskommt (Lukas 1985).

Neben der *paradoxen Intention* (vgl. Kasten 92) wird häufig die *systematische Dereflexion* eingesetzt.

Oftmals beobachten sich Menschen hinsichtlich einer bestimmten (im allgemeinen automatisch ablaufenden) Körperfunktion ganz besonders und in der Regel auch deutlich überzeichnet. Weil sie aber so stark beachtet wird, gerät diese Körperfunktion dann häufig außer Kontrolle – und wird damit noch mehr beachtet. Ein unheilvoller Kreislauf hat sich dadurch geschlossen.

Zu einer solchen »Hyperreflexion« kommt oftmals eine »Hyperintention« hinzu, d.h. ein krampfhaftes Erzwingenwollen dessen, was nicht mehr richtig funktioniert. Oftmals findet man solche Zusammenhänge bei Schlafstörungen, Sexualstörungen usw. Durch eine systematisch eingesetzte Dereflexion wird dem Patienten dazu verholfen, sich abzulenken bzw. die Zwanghaftigkeit und Kausalität seines bisherigen Verhaltens als weniger wichtig anzusehen.

Ein hilfreicher Ansatz bei Schlafstörungen geht auf diesem Hintergrund davon aus, sich selbst einzureden, daß man ja gar nicht unbedingt längere Zeit schlafen muß. Bei bestimmten Sexualstörungen, die durch hohe Leistungsorientiertheit entstanden sind, ist es beispielsweise sinnvoll, mit dem Ehepaar zu vereinbaren, daß Geschlechtsverkehr gar nicht unbedingt sein muß usw.

»Heute ist der erste Tag deines restlichen Lebens«, ist einer der Kernpunkte der Logotherapie, die damit bewußt auch einen Kontrapunkt zu der eher Kausalitäten folgenden (und damit rückwärts gerichteten) Psychoanalyse oder dem bereits in früher Kindheit geprägten Lebensstil der Individualpsychologie setzt.

Frankl betont das Wegsehen von den eigenen Problemen und sieht in einem nach vorne gerichteten Blick, dem »Hinauslangen« aus den eigenen Problemfeldern, große Heilungschancen.

Immer wieder faszinierend ist hierzu sein Beispiel vom kranken und gesunden Auge, mit dem er den kranken und gesunden Menschen vergleicht: Nur ein krankes Auge sieht sich selbst, das gesunde sieht den anderen.

Kasten 96

Vom gesunden und kranken Auge

Ein Beispiel V. Frankls für den praktischen Therapieansatz:

»... das Auge kann seine Funktion nur in dem Maße ausüben, als es nichts von sich selbst wahrnimmt. In dem Augenblick und in dem Maße, in dem mein Auge etwas von sich selbst sieht, zum Beispiel einen grauen Schleier, wenn ich einen grauen Star habe – oder aber Regenbogenfarben als Höfe rund um die Lichter, die ich sehe, wenn ich einen grünen Star habe – in demselben Maße ist das Auge in seiner Sehtüchtigkeit beeinträchtigt.

Und genauso ist es mit dem Menschen: In dem Maße, in dem man nicht an sich selbst denkt ... in dem (man) ganz sich selbst vergißt oder, wie das Auge, sich selbst übersieht, in dem Maße ist man Mensch und in dem Maße kann man sich selbst verwirklichen.« (zit. bei Meier 1984)

Eine ganze Reihe von Untersuchungen zur Wirksamkeit der Logotherapie haben gezeigt, daß diese Therapieform, neben der Behandlung von bestimmten exogenen Depressionen, besondere Bedeutung bei drogenabhängigen und alkoholkranken Menschen haben kann. Diese Aussage gilt jedoch nur dann, wenn als Ursache für die Abhängigkeit (bzw. Depression) eine Sinnkrise gesehen werden kann.

5.7 Hilfestellungen bei depressiven Störungen

Nachdem in den vorangegangenen Abschnitten sechs verschiedene Ausprägungsformen der Biblisch-therapeutischen Seelsorge beschrieben wurden, soll nachfolgend beispielhaft überprüft werden, *wann* diese Formen für die seelsorgerliche Arbeit an depressiven Christen (mit exogenen Depressionen, vgl. Kapitel 4.4) einzusetzen sind.

5.7.1 Trösten bei Depressionen

Die tröstende Seelsorge war für depressive Menschen schon immer eine der wichtigsten Vorgehensweisen. Man kann mit Bibelworten und Liederversen

Trost anbieten – jedoch ist der Erfolg dieser Bemühungen nicht immer offensichtlich. Nicht selten könnte man meinen, daß die Trostworte bei Schwermütigen scheinbar durch sie hindurchgehen. Diese Menschen sitzen einem gegenüber und scheinen das Bibelwort nicht zu verstehen. Wenn man sie bittet zu beten, sagen sie, daß sie das nicht könnten – oder sie beten irgendwelche stereotypen Formeln.

Wer den depressiven Menschen verstehen will, muß wissen, daß man im »Loch der Depression« nur wenig von ihm verlangen kann, weder ein Gebet noch Bibellese – und vor allem nicht den Zwang, ein fröhliches Gesicht zu machen. Davon auszugehen, daß diese Christen »in ihrem Glauben abgebaut haben«, ist voreilig und zumeist nicht richtig. Sie können in ihrem »eingepreßten« Zustand im Augenblick zumeist nicht in wohlgeformten Worten beten und verstehen einen selbstgelesenen Bibeltext häufig nicht.

Jetzt geht es darum, daß der Seelsorger für sie betet, einige tröstende Bibelworte oder Liedverse liest, jedoch während der Seelsorge keinerlei Zwänge ausübt.

Kasten 97

Ein Trostlied für depressive Menschen

Von Georg Neumark (1621-1681) wurde das bekannte Lied »Wer nur den lieben Gott läßt walten« gedichtet. Diese Verse haben schon vielen depressiven Christen eine ganz besondere Hilfestellung vermittelt:

»Wer nur den lieben Gott läßt walten und hoffet auf ihn allezeit, den wird er wunderbar erhalten in aller Not und Traurigkeit. Wer Gott dem Allerhöchsten traut, der hat auf keinen Sand gebaut.

Was helfen uns die schweren Sorgen, was hilft uns unser Weh und Ach? Was hilft es, daß wir alle Morgen beseufzen unser Ungemach? Wir machen unser Kreuz und Leid nur größer durch die Traurigkeit.

Denk nicht in deiner Drangsalshitze, daß du von Gott verlassen seist und daß ihm der im Schoße sitze, der sich mit stetem Glücke speist. Die Folgezeit verändert viel und setzet Jeglichem sein Ziel.

Es sind ja Gott sehr leichte Sachen und ist dem Höchsten alles gleich, den Reichen klein und arm zu machen, den Armen aber groß und reich. Gott ist der rechte Wundermann, der bald erhöhn, bald stürzen kann.

Sing, bet und geh auf Gottes Wegen, verricht das Deine nur getreu und trau des Himmels reichem Segen, so wird er bei dir werden neu; denn welcher seine Zuversicht auf Gott setzt, den verläßt er nicht.«

Das Trösten als seelsorgerliche Dimension für einen depressiven Menschen kann aber auch nonverbal erfolgen. Dies bedeutet ganz praktisch, daß man sich neben ihn setzt und zeigt, wie sehr man versucht, sich in seinen Zustand hineinzufühlen. Man kann dieses Vorgehen auch als »aktives Schweigen« beschreiben.

Auch durch das biblische Segnen kann viel Trost vermittelt werden, zudem ist es möglich, im Sinne von Jakobus 5,14-16, die Hände aufzulegen. Dabei sollte man jedoch nicht unbedingt eine spontane äußere Veränderung erwarten. Immer wieder haben uns depressive Christen erzählt, wie hilfreich sie ein solches »Segnen ohne Zwang« empfanden, und vor allem auch, wie wohltuend es war, wenn man von ihnen nicht verlangte, sofort fröhlich zu werden.

5.7.2 *Zurechtweisende Seelsorge*

Bei der zurechtweisenden (nouthetischen) Seelsorge geht es um das Auf-den-rechten-Weg-Weisen, also eine sehr direktive Form der Seelsorge.

Nach meinen Erfahrungen ist diese Art der Seelsorge bei depressiven Christen weniger gut geeignet. In aller Regel wissen die Betroffenen, daß sie die ganze Heilige Schrift für sich in Anspruch nehmen dürfen, sie kennen den Heilsplan Gottes usw. – und doch kommen sie aus ihrem depressiven Zustand durch weitere Belehrung und Zurechtweisung nicht heraus.

5.7.3 *Lösende und bindende Seelsorge*

Diese Ausprägungsform der Seelsorge verwendet den biblischen Begriff des Lösens und Bindens (Joh. 20,23) im Sinne der Beichte und des Zuspruchs der Sündenvergebung. Insbesondere bei okkulten Belastungen ist eine solche Seelsorge angebracht.

In der Praxis zeigt sich allerdings häufig, daß depressive Christen, noch ehe sie in die Biblisch-therapeutischen Seelsorge kommen, von ihren Gemeindegliedern nach solchen Belastungen hinterfragt worden sind, daß sie teilweise recht krampfhaft überlegt haben, ob es noch irgendwelche okkulten Bindungen geben könnte – häufig mit wenig Erfolg.

Ich bin der Meinung, daß wir im Umgang mit depressiven Christen, was die lösende und bindende Form der Biblisch-therapeutischen Seelsorge anlangt, die klare theologische Aussage machen müssen: »Wen der Sohn frei macht, der ist recht frei« (Joh. 8,36).

Wenn ein Mensch sein Leben Christus übergeben hat, dann ist der Schuldbrief, der seine Vergangenheit bestimmte, zerrissen. Dann ist die Sünde, und damit auch die okkulte Bindung, ins Meer versenkt, wo es am tiefsten ist. Viel seltener als man annimmt, haben deshalb auch depressive Menschen, die um ein seelsorgerliches Gespräch nachsuchen, okkulte Belastungen zu bereinigen – was sie umtreibt, können viel eher *Schuldgefühle* sein. Mit solchen Gefühlen ist dann allerdings prinzipiell anders umzugehen als mit der Schuld, die von Gott trennt.

Dennoch gibt es die weiter oben beschriebene neurotische Depression, die sich dann einstellen kann, wenn man Schuld verdrängt hat. Die Abklärung, ob es sich bei der Not, die den Ratsuchenden umtreibt, um Schuld oder Schuldgefühle handelt, wird auf diesem Hintergrund zu einer der wichtigen Aufgaben des Seelsorgers.

5.7.4 Seelsorge auf dem Hintergrund des Umlernens und Umdenkens

Man kann, wie weiter vorne beschrieben, depressives Verhalten erlernen – und deshalb auch wieder *verlernen.* Um hier systematisch vorgehen zu können, ist es wichtig, die *Depressionen als Verhalten* zu beschreiben.

Hierzu ist es hilfreich, die folgenden vier Fragen zu stellen und die Antworten regelmäßig über einen längeren Zeitraum hinweg zu protokollieren:

1. *Wie zeigt sich die Depression?* Mit dieser Frage wird ausgedrückt, daß man das depressive Verhalten so genau wie möglich beschreiben sollte. D.h., nicht ganz allgemein von »der Depression« auszugehen, sondern möglichst genau anzugeben, wo (körperlich) und wie (Ausmaß) man sie spürt. Es ist in diesem Zusammenhang wichtig, das Ausmaß dieses »Spürens« beispielsweise auf einer Skala zwischen Null und Einhundert einzuteilen, d.h., Null für »gar nicht vorhanden« und Einhundert für »extrem stark« einzusetzen.

2. *Wann zeigt sich der depressive Zustand?* Nachdem man weiß, was mit »depressivem Zustand« gemeint ist, kann man beschreiben, ob er eher morgens, nachmittags, abends, in der Wochenmitte oder am Wochenende, im Frühjahr, im Winter usw. auftritt.

3. *An welchem Ort tritt der depressive Zustand häufiger auf als an anderen Orten?* Hier soll beschrieben werden, wo das depressive Verhalten ausgeprägter am Arbeitsplatz, in der Schule, in irgendeinem Zimmer des Hauses usw. auftritt.

4. *Wer ist dabei, wenn dieser Zustand auftritt?* Oftmals tritt depressives Verhalten im Umgang mit anderen Menschen auf. Es soll deshalb mit dieser Frage überprüft werden, welche Personen anwesend sind, wenn das depressive Verhalten deutlicher als sonst ausgeprägt ist.

Nachdem die vier Fragen beantwortet sind, wird es leichter, ein Umfeld, das depressives Verhalten verursacht, zu beschreiben und dann auch konkrete therapeutische Schritte einzuleiten, was bedeuten kann, daß beispielsweise die »Verstärker« für ein solches Verhalten systematisch abgebaut werden.

Viele Betroffene scheuen sich vor einer solchen Arbeit, und es ist ein Stück seelsorgerlichen Begleitens, hier immer wieder darauf hinzuweisen, daß man Beobachtungen durchzuführen hat und Protokolle erstellen muß. Manche Christen wollen jedoch nicht arbeiten und warten auf »Führungen«, »Erkenntnisse«, »Eingebungen« oder eine »schnellen Heilung durch den Heiligen Geist«. In der Bibel finden wir allerdings kaum Aussagen für solche schnelle Heilungen depressiver Menschen. Dies ist auch nicht verwunderlich, wenn man exogene Depressionen als erlernte Verhaltensweisen beschreibt. Dann wird es eher sinnvoll, die »geheimen Verstärker« auszuloten, um anschließend gezielt dagegen angehen zu können.

Mit einer solchen »Verhaltens- und Verstärkeranalyse« wird es auch möglich, durch gezielte Fragestellungen »Verstärker zur Freude« zu finden und diese dann den depressiven Zuständen entgegenzustellen.

Bewährt hat es sich auch, körperliche Entspannungsübungen durchzuführen, besonders wirkungsvoll in Begleitung von ausgewählter Musik (ähnlich dem Vorgehen Davids bei Saul) und Atemtechnik, um, zumindest von der körperlichen Seite her, wieder einmal den Zustand des Nichtdepressiven zu erreichen.

Beim *Umdenken*, einer weiteren Art des Lernens, geht es auf dem Hintergrund von Römer 12,2 um eine Veränderung des Denkens. Eine solche »kognitive Therapie« geht davon aus, daß depressive Menschen bestimmte Ereignisse unangemessen interpretieren – daß sie »verirrt« denken.

Wenn ein Mensch beispielsweise alles, was er erlebt, danach beurteilt, ob er es auch gut zu Ende bringen wird, dann ist sein Denken von dem (verzerrten) Schema beherrscht: »Wenn ich nicht alles perfekt mache, bin ich ein Versager.« Durch eine solche Art des Denkens wird seine Wahrnehmung schwarzweißartig verzerrt, und im Laufe der Zeit traut er sich überhaupt nichts mehr zu.

Bei der kognitiven Therapie soll der depressive Mensch umlernen, d.h. sein selbstzerstörerisches Denken neu bestimmen und korrigieren.

Kasten 98

Umdenkprozesse für depressive Christen

Ich darf Angst haben!

»In der Welt habt ihr Angst; aber seid getrost, ich habe die Welt überwunden« (Joh. 16,33).

Ich darf traurig sein!

». . . ihr werdet traurig sein, doch eure Traurigkeit soll in Freude verwandelt werden« (Joh. 16,20).

Ich darf Fehler machen – auch andere dürfen das!«

». . . wenn ein Mensch etwa von einer Verfehlung ereilt wird, so helft ihm wieder zurecht mit sanftmütigem Geist, ihr, die ihr geistlich seid«; ». . . einer trage des andern Last, so werdet ihr das Gesetz Christ erfüllen« (Gal. 6,1-2).

Ich darf schwach sein!

»Laß' dir an meiner Gnade genügen – denn meine Kraft ist in den Schwachen mächtig . . . darum bin ich guten Mutes in Schwachheit . . ., denn wenn ich schwach bin, so bin ich stark« (2. Kor. 12,9-10).

5.7.5 Seelsorge als Prozeß der Selbsterkenntnis

Im Umgang mit depressiven Menschen, die sich nicht mehr in der Tiefe ihrer Depression befinden, hat sich gezeigt, daß Hilfestellungen aus der Gesprächstherapie sehr wertvoll sein können. Entscheidend ist bei diesem Vorgehen, daß man dem depressiven Menschen durch seine Haltung zeigt, wie ernst man ihn als Gesprächspartner nimmt. Dabei wird, wie weiter vorne beschrieben, versucht, durch eine besondere Form der Gesprächsführung den Gesprächspartner zu Selbsterkenntnis und Eigeninitiative zu führen. Man geht bei dieser Form der Biblisch-therapeutischen Seelsorge davon aus, daß sich der depressive Mensch besser kennt als der Seelsorger – und dieser damit eher die Aufgabe hat, durch ein geschicktes Steuern des Gesprächs eigene Lösungen zu finden.

Um eine solche Selbstexploration möglich zu machen, bedarf es einer besonderen seelsorgerlichen Haltung. Sie ist durch das Gespräch Jesu mit der Samaritanerin am Jakobsbrunnen (Joh. 4) in einzigartiger Weise demonstriert worden (vgl. Kasten 99).

Kasten 99

Seelsorgerliche Haltung im Sinne von Johannes 4

1. Zuwendung, die nicht an Bedingungen gebunden ist.
2. Achtung vor dem Gesprächspartner als einer Person von Wert mit den Rechten eines freien Individuums.
3. Akzeptieren von Rückschritten, Verteidigungshaltungen, Kritik. Aber auch Teilnahme an Freude, Wünschen und Niedergeschlagenheit.
4. Übereinstimmung der Gefühle mit den Äußerungen.
5. Offenheit für erfreuliche und verletzende Erfahrungen, ohne sich sofort zu verteidigen.
6. Ein Bemühen, die mitgeteilten Erfahrungen aus der Sicht des depressiven Menschen zu sehen, d.h., sich in sein Bezugssystem zu versetzen – einschließlich der damit verbundenen gefühlsmäßigen Anteile.

5.7.6 Analyse der Vergangenheit und Blick in die Zukunft

Fragen nach den Ursachen der Depression nehmen häufig einen gewichtigen Stellenwert in der Seelsorge ein. Unser westlich-abendländisches Denken ist gewohnt, in Ursache-Wirkungszusammenhängen zu arbeiten, und so ist es leicht verständlich, daß Ratsuchende wissen wollen, warum sie depressiv geworden sind. Man sollte hier gegensteuern, denn nur selten gibt es bei endogenen Depressionen ganz präzise ableitbare Zusammenhänge zwischen Ursache und

Wirkung. Wichtiger scheint mir, daß vor dem »warum« die Frage nach dem »was«, d.h. eine genaue Beschreibung des depressiven Verhaltens erfolgen sollte.

Dennoch muß natürlich, im zweiten Schritt, die Herkunftsgeschichte der Depression berücksichtigt werden. Ein zentrales Bibelwort zur Analyse der Vergangenheit ist die Bitte Davids in Psalm 139, wo er sagt: »Erforsche mich, Gott, und erkenne mein Herz – prüfe mich und erkenne, wie ich's meine. Und sieh', ob ich auf bösem Wege bin, und leite mich auf ewigem Wege.«

Gott selbst ist es also, der in uns Schuld aus der Vergangenheit aufdeckt. Manche Fehler, manche Schuld kann jedoch auch unaufgedeckt bleiben. D.h., es besteht auf dem Hintergrund von Psalm 19,13: »Wer kann merken, wie oft er fehlet? Verzeihe mir die verborgenen Sünden!« keine Notwendigkeit, krampfhaft nach frühkindlichen Schuldkomplexen zu suchen. Christen dürfen mit diesem Wissen gemäß 1. Johannes 1,9 auch die Vergebung der verborgenen, d.h. unerkannten Sünden in Anspruch nehmen und davon ausgehen, daß »der Schuldbrief zerrissen ist«, der gegen sie war. Dies bedeutet, wie schon weiter oben angedeutet, daß man bei Depressionen nicht unbedingt um eine zusätzliche »innere Heilung« ringen muß. Diese Heilung ist durch das stellvertretende Leiden Christi schon durch den Beginn des neuen Lebens mit ihm vollzogen.

Entsprechend dem derzeitigen Stand der empirischen Psychologie sind Kausalitäten zwischen frühkindlichen Traumata und gegenwärtigen Schäden als Erwachsener nur sehr bedingt herleitbar. Die Bibel hilft uns hier in ganz anderer Richtung, indem sie den Blick nach vorne wendet. Durch den Zuspruch der Vergebung der Schuld und dem daraus folgenden »Vergessen, was dahinten ist« (Phil. 3,13), verbunden mit einer klaren Blickrichtung in die Zukunft (Heilsplan Gottes), ist es möglich, neue Perspektiven für das Leben eines depressiven Menschen aufzuzeigen.

Wenn es richtig ist, was Viktor Frankl in seiner Logotherapie von den »Sinnlosigkeitsdepressionen« schreibt, indem er davon ausgeht, daß man dadurch helfen kann, daß man aus der Sinn*leere* eine Sinn*lehre* macht, dann können wir hierzu als Christen mit der Bibel deutlich Hilfestellungen geben. Sie liefert eine Dimension, die zeigt, daß der Mensch nicht irgendein »Wanderer am Rande des Universums«, sondern Glied am Leibe Christi ist, daß Gott Geschichte macht. Solche biblischen Aussagen geben Hoffnung und führen direkt zu dem »Hinauslangen« aus dem Ego und damit dem Wegsehen von sich selbst, das als Therapiekonzept der Logotherapie immer wieder gefordert wird.

6 Literaturverzeichnis

6.1 Literatur zum Kapitel 1

Adams, J.E.: Befreiende Seelsorge. Gießen 1972.
Benesch, H.; Dorsch, F.: Berufsaufgaben und Praxis des Psychologen. München, Basel 1984.
Collins, G.: Psycholgy and Christianity: friends or enemies. In: The Christian Counsellor's Journal (Walton-on-Thames, Surrey) Vol. 1, Iss. 3, 1980.
Corsini, R.: Handbuch der Psychotherapie (2 Bände). Weinheim und Basel 1983.
Dieterich, M.: Psychologie contra Seelsorge. Neuhausen 1985.
Dieterich, M.: Psychotherapie, Seelsorge, Biblisch-therapeutische Seelsorge. Neuhausen 1987.
GEO-Wissen: Gehirn, Gefühl, Gedanken (1987), I.
Jentsch, W.: Der Seelsorger. Moers 1982.
Kuhn, T.S.: Die Struktur wissenschaftlicher Revolutionen. Frankfurt 1973.
Lassahn, R.: Einführung in die Pädagogik. Heidelberg 1974.
Maier, G.: Das Ende der historisch-kritischen Methode. Wuppertal 1974.
Mayer, R.: Seelsorge zwischen Humanwissenschaft und Theologie. In: Theologische Beiträge 14 (1983) 1, 6-21.
Meier, P.D.; Minirth, F.B.; Wichern, F.: Introduction to Psychology and Counseling. Grand Rapids (Baker Book House) 1982.
Popper, K.R.: Logik der Forschung. Tübingen 1975.
Popper, K.R.; Eccles, J.C.: Das Ich und sein Gehirn. München, Zürich 1982.
Ruch, F.L.; Zimbardo, P.G.: Lehrbuch der Psychologie. Berlin, Heidelberg, New York 1974.
Siewert, H.: Studium der Psychologie. Köln 1983.
Stollberg, D.: Therapeutische Seelsorge. München 1969.
Tschamler, H.: Wissenschaftstheorie. Bad Heilbrunn 1978.

6.2 Literatur zum Kapitel 2

Adameit, H. u.a.: Grundkurs Verhaltensmodifikation. Weinheim 1978.
Bekesy, G. v.: Duplexity of Tast. Science (1964) 145, 834-835.
Bierach, A.: Wege zu einem Supergedächtnis. München 1987.
Broadbent, D.E.: Perception and communication. New York (Pergamon) 1958.
Bruner, J.S.: The course of cognitive growth. In: American Psychologist (1964) 19, 1-15.
Crick, F.; Graeme, M.: The function of dream sleep. In: nature (1983) 304, 111-114.
Deutsch, J.A.; Deutsch, D.: Physiological psychology. Homewood, Ill. 1966 (Dorsey).
Dieterich, J.: Entspannungscassette 1988 (Zu beziehen bei TONART Postfach 2240, D 7053 Kernen).
Dieterich, M.: Wir brauchen Entspannung. Gießen 1988.
Dieterich, M.: Wort und Erfahrung – Zur Persönlichkeitsstruktur von Christen. In: Veeser, W. u.a. (Hg.): Theologische Auseinandersetzung mit dem Denken unserer Zeit. Band 3. Neuhausen 1985.
dtv-Atlas der Physiologie. Stuttgart 1983.
Edelmann, W.: Einführung in die Lernpsychologie (2 Bände). München 1978/79.
Fatke, R.: Warum die Intelligenzdebatte wieder aufgewärmt wird. In: Sonderdruck aus Psychologie heute: Intelligenzdebatte. Weinheim 1977.
Festinger, L.: A theorie of cognitive Dissonance. Evanston, Ill. (Row, Peterson) 1957.
Fliegel, S. u.a.: Verhaltenstherapeutische Standardmethoden. München, Wien, Baltimore 1981.
Frankl, V.: Theorie und Therapie der Neurosen. München, Basel 1983.
Fromm, E.: Die Kunst des Liebens. Frankfurt 1976.
GEO-Wissen: Gehirn, Gefühl, Gedanken (1987) 1.

Haeberle, E.J.: Die Sexualität des Menschen. Berlin, New York 1985.
Heckhausen, H.: Motivation und Handeln. Berlin, Heidelberg, New York 1980.
Heider, F.: Psychologie der interpersonalen Beziehungen. Stuttgart 1977.
Heller, K.: Intelligenz und Begabung. München 1976.
Hellhammer, D.: Gehirn und Verhalten. Münster 1983.
Horn, W.: Leistungsprüfsystem L-P-S. Göttingen, Toronto, Zürch 1962.
Hull, C.L.: A behavior system. New Haven: Yale University Press 1952.
Hussy, W.: Denkpsychologie – Ein Lehrbuch. Band 1 und 2. Stuttgart 1984/1986.
Kahnemann, D.: Attention and effort. Englewood Cliffs N.Y. (Prentice-Hall) 1973.
Krech, D.; Crutchfield, R.S. u.a.: Grundlagen der Psychologie (8 Bände). Weinheim, Basel 1985.
Lashley, K.S.: In search oft the engram. In: Psychological mechanisms in animal behavior. New York 1950 (Academic Press).
Laudenslager, M.; Maier, S.F.: Wann macht Streß krank? In: Psychologie heute 14 (1987) 5, 26-29.
Meier, P.D.; Minirth, F.B.; Wichern, F.: Introduction to Psychology and Counseling. Grand Rapids (Baker Book House) 1982.
Milgram, S.: Das Milgram-Experiment: Zur Gehorsamkeitsbereitschaft gegenüber Autorität. Reinbek 1974.
Ostrander, S. u. N; Schroeder, L.: Leichter lernen ohne Streß. Bern/München 1980.
Pfeiffer, S.: Die Schwachen tragen. Basel/Gießen 1988.
Piaget, J.: Das Weltbild des Kindes. Frankfurt, Berlin, Wien 1980.
Popper, K.R.; Eccles, J.C.: Das Ich und sein Gehirn. München 1982.
Pudel, V.: Esssen. Wenn das Selbstverständlichste zum Problem wird. In: Psychologie heute 12 (1985) 5, 24-29.
Roth, E.; Oswald, W.D.; Daumelang, K.: Intelligenz. Stuttgart 1975.
Ruch, F.L.; Zimbardo, P.G.: Lehrbuch der Psychologie. Berlin, Heidelberg, New York 1974.
Silbernagel, S.; Despopoulos, A.: Taschenatlas der Physiologie. Stuttgart 1983.
Skowronek, H.: Lernen und Lernfähigkeit. München 1975.
Spelke, E.; Hearst, W.; Neisser V.: Skills of divided attention. In: Cognition (1976) 4, 215-230.
Treismann, A.: Contextual cues in selective listening. In: Quarterly journal of Experimental Psychology (1960) 12, 242-248.
Wertheimer, M.: Untersuchungen zur Lehre von der Gestalt. II. Psychol. Forsch. (1923) 4, 301-350.
Witte, H.: Im Auge behalten. Frankfurt 1986.
Wurtman, J.: Süße Droge. Psychologie heute 14 (1987) 5, 10-11.
Zimmer, D.: Sexualität und Partnerschaft. München 1985.

6.3 Literatur zum Kapitel 3

Adler, A.; Ansbacher, H.L. und R.: Alfred Adlers Individualpsychologie. München, Basel 1982.
Bachmann, J.G.: Die Bedeutung des Bildungsniveaus für Selbstwertgefühl, berufsbezogene Einstellungen, Delinquenz und Drogenkonsum von Jugendlichen. In: Olbrich, E. u.a. (Hg.): Probleme des Jugendalters. Berlin 1984.
Bandura, A.: Self-efficient mechanism in human agency. American Psychologist 37 (1982) 122-147.
Bräumer, H.: Auf dem letzten Weg. Seelsorge an Schwerkranken und Sterbenden. Neuhausen 1988.
Bridger, F.: Children finding faith. London (Scripture Union) 1988.
Capellmann,C.; Bergmann, W.: Pastoralmedizin. Paderborn 1923 (19. Aufl.).
Chance, P.; Fischmann, J.: Die Stufen der Kindheit. In: Psychologie heute. 14 (1987) 9, 32-39.
Dieterich, M.: Pädagogisch-psychologische Einsichten für die Kinderarbeit. In: Schritte zu den Kindern. Arbeitsbuch Gnadauer Kongreß. Dillenburg 1987.
Dreher, E. und M.: Wahrnehmung und Bewältigung von Entwicklungsaufgaben im Jugendalter. In: Oerter, R.(Hg.): Lebensbewältigung im Jugendalter. Weinheim 1985.
Eckensberger, L.H.; Reinshagen, H.: Überlegungen zu einem Strukturmodell der Entwicklung des moralischen Urteils. In: Montada, L.(Hg.): Brennpunkte der Entwicklung. Stuttgart 1979.
Eckensberger, L.H.; Reinshagen, H.: Kohlbergs Stufentheorie der Entwicklung des moralischen Urteils: Ein Versuch ihrer Reinterpretation im Bezugsrahmen handlungstheoretischer Konzepte.

In: Eckensberger, L.H; Silbereisen, R.K. (Hg.): Entwicklung sozialer Kognitionen. Stuttgart 1980.
Erikson, E.H.: Jugend und Krise. Frankfurt 1981.
Eschenröder, Ch.: Hier irrte Freud. München, Wien, Baltimore 1984.
Filipp, H.-S.: Das mittlere und höhere Erwachsenenalter im Fokus entwicklungspsychologischer Forschung. In: Oerter, R.; Montada, L.: Entwicklungspsychologie. München, Weinheim 1987.
Fowler, J.: Stages of faith. New York (Harper & Row) 1981.
Gage, N.L.; Berliner, D.C.: Pädagogische Psychologie (2 Bände). München, Wien, Baltimore 1979.
Havighurst, R.J.: Developmental tasks and education. New York (McKay) 1972.
Heckhausen, H.: Motivation und Handeln. Berlin, Heidelberg, New York 1980.
Heidemann, R.: Erziehung in der Zeit der Pubertät. Heidelberg 1979.
Heim, K.: Das Heil der Welt. Moers 1986.
Kagan, J.: Perspectives on continuity. In: Brim et al.(Hg.): Constancy and change in human development. Cambridge (Harvard University Press) 1980.
Kagan, J.: Die Natur des Kindes. München 1987.
Kinsey, A.C.: Das sexuelle Verhalten des Mannes. Berlin, Frankfurt 1967.
Kohlberg, L.: Zur kognitiven Entwicklung des Kindes. Frankfurt 1974.
Leontjew, A.N.: Probleme der Entwicklung des Psychischen. Kronberg 1977.
Löwe, H.: Leben ist Lernen, Leipzig 1978.
Maslow, A.H.: Motivation und Persönlichkeit. Freiburg 1978.
Meier, P.D.; Minirth, F.B.; Wichern, F.: Introduction to Psychology and Counseling. Grand Rapids (Baker Book House) 1982.
Meueler, E.: Erwachsene lernen. Stuttgart 1982.
Montada, L.: Entwicklung der Moral. In: Oerter, R.; Montada, L.: Entwicklungspsychologie. München, Weinheim 1987.
Naujokat, G.: Liebe, Ehe, Elternschaft. Kassel 1975.
Naujokat, G.: Intime Konflikte – Herausforderung der Seelsorge. Kassel 1980.
Oerter, R.: Moderne Entwicklungspsychologie. Donauwörth 1969.
Oerter, R.: Entwicklung als lebenslanger Prozeß. Hamburg 1978.
Oerter, R.: Kindheit. In: Oerter, R.; Montada, L.: Entwicklungspsychologie. München, Weinheim 1987.
Oerter, R.: Jugendalter. In: Oerter, R.; Montada, L.: Entwicklungspsychologie. München, Weinheim 1987.
Oser, F.: Moralisches Urteil in Gruppen, soziales Handeln, Verteilungsgerechtigkeit. Frankfurt 1981.
Piaget, J.: Das Weltbild des Kindes. Frankfurt 1980.
Rauh, H.: Frühe Kindheit. In: Oerter, R.; Montada, L.: Entwicklungspsychologie. München, Weinheim 1987.
Rost, D.: Unserm Kind zuliebe. Kassel 1984.
Roth, H.: Begabung und Lernen. Stuttgart 1969.
Schmidt, E.A.F. u.a.: Vergleichende Untersuchung von Prozessen sozialer Beziehungswahrnehmung in altersgemischten und altersgleichen Gruppen von Vorschulkindern. Forschungsbericht für das Ministerium für Arbeit, Gesundheit und Soziales in NRW 1977.
Schmidt, G.; Sigusch, V.: Arbeiter-Sexualität. Neuwied 1971.
Selman, R.L.: The growth of interpersonal understanding. New York (Academic Press) 1980.
Silbereisen, R.K.: Soziale Kognition. Entwicklung von sozialem Wissen und Verstehen. In: Oerter, R.; Montada, L.: Entwicklungspsychologie. München, Weinheim 1987.
Spaulding, F.T.: High School and life. New York (Mc Graw-Hill) 1938.
Spranger, E.: Psychologie des Jugendalters. Leipzig 1925.
Thomae, H.: Patterns of aging. Basel 1976.
Tournier, P.: Die Jahreszeiten unseres Lebens. Gütersloh 1987.
Verny, Th.: Das Seelenleben des Ungeborenen. München 1981.
Westerhoff, J.: Will Our Children Have Faith? New York (Seabury Press) 1976.
Watzlawick, P.: Anleitung zum Unglücklichsein. München/Zürich 1983.

Wygotsky, L.S.: Mind in Society. Cambridge (Harvard University Press) 1978 (S. 92-105: The Role of Play in Development).
Zimmer, D.E.: Tiefenschwindel. Reinbek 1986.

6.4 Literatur zum Kapitel 4

Aquin, T.v.: Summa Theologica. Hg.: Albertus-Magnus Akademie. Band XVII B. Heidelberg 1966.
Battegay, R.: Depression. Psychophysische und soziale Dimension. Bern 1987.
Beck, A.T. u.a.: Kognitive Therapie der Depression. München, Weinheim 1986.
Blöschl, L.: Psychosoziale Aspekte der Depression. Bern, Stuttgart, Wien 1978.
Burton, Th.: The Anatomy of Melancholy. 3 vols. London 1903-1904.
Corsini, R.: Handbuch der Psychotherapie (2 Bd.). Weinheim, Basel 1983.
Diagnostisches und Statistisches Manual Psychischer Störungen. DSM-III. Deutsche Bearbeitung: Koehler, H.; Saß, J.(Hg.), Weinheim, Basel 1984.
Diagnostisches und Statistisches Manual Psychischer Störungen – Revision. DSM-III-R. Deutsche Bearbeitung: Wittchen, H.-U. u.a. Weinheim, Basel 1989.
Dieterich, M.: Depressionen. Gießen 1986.
Dieterich, M.: Wir brauchen Entspannung. Gießen 1988.
Horn, R.: Eine Schublade für jede Störung. In: Psychologie heute 14 (1987) 58-64.
International Classification of Diseases, Injuries and Causes of Death (ICD-9). World Health Organization Genf 1977. Deutsch: Kapitel V: Psychiatrische Krankheiten. Heidelberg, New York, Berlin 1980.
Kielholz, P.(Hg.): Die larvierte Depression. Bern, Stuttgart, Wien 1973.
Meier, P.D.; Minirth, F.B.; Wichern, F.: Introduction to Psychology and Counseling. Grand Rapids (Baker Book House) 1982.
Mielke, R. (Hg.): Interne/externe Kontrollüberzeugungen. Bern,Stuttgart, Wien 1982.
Nuber, U.: Aus der Depression ins Leben. In: Psychologie heute. 15 (1988) 1, 22-28.
Pfeiffer, S.: Die Schwachen tragen. Basel/Gießen 1988.
Pongratz, L.J.: Lehrbuch der klinischen Psychologie. Göttingen 1975.
Rosenhan, D.L.: On being sane in insane places. In: Sience (1973) 179, 250/258.
WHO: The First Ten Years of WHO. Annex I. Genf 1958.

6.5 Literatur zum Kapitel 5

Ansbacher, H. u. R.: Alfred Adlers Individualpsychologie. München, Basel 1982.
Beck, A.T. u.a.: Kognitive Therapie der Depression. München 1986.
Beck, H.W.: Gruppenpsychotechnik. Wuppertal 1978.
Berbalk, H.; Bahr-Crome, U.: Enuresis-Erscheinungsbild, Ätiologie und Therapie. In: Schlottke, P.F. u.a. (Hg.): Psychologische Behandlung von Kindern und Jugendlichen. München, Wien, Baltimore 1980.
Berne, E.: Was sagen Sie, nachdem Sie ›guten Tag‹ gesagt haben? Frankfurt 1986.
Dieterich, M.: Psychologie contra Seelsorge. Neuhausen 1984.
Dieterich, M.: Psychotherapie, Seelsorge, Biblisch-therapeutische Seelsorge. Neuhausen-Stuttgart 1987.
Dieterich, M.: Wir brauchen Entspannung. Gießen 1988.
Dreikurs, R.: Soziale Gleichwertigkeit. Stuttgart 1972.
Dreikurs, R.: Rudolf Dreikurs zur Psychotherapie in der Medizin. München, Basel 1980.
Ellis, A: Die rational-emotive Therapie. München 1982.
Fliegel, S. u.a.: Verhaltenstherapeutische Standardmethoden. München 1981.
Försterling, F.: Attribuierungstheorie in der Klinischen Psychologie. München 1986.
Frankl, V.: Theorie und Therapie der Neurosen. München, Basel 1983.
Hecht, Ch.: Kognitive Verhaltenstherapie. Selbstmanagement-Therapie. In: Petzold, H. (Hg.): Wege zum Menschen Band 2. Paderborn 1985.

Helm, J.: Gesprächspsychotherapie. Darmstadt 1980.
Hemminger, H.; Becker, V.: Wenn Therapien schaden. Reinbek 1985.
Hofmann, H.-K.: Psychonautik-Stop. Wuppertal 1977.
Jaeggi, E.: Kognitive Verhaltenstherapie. Weinheim 1979.
Kemper, W.: Bettnässer-Leiden (Enuresis). München, Basel 1978.
Lazarus, A.A.: Verhaltenstherapie im Übergang. München, Basel 1978.
Lukas, E.: Auch dein Leid hat Sinn. Freiburg 1981.
Lukas, E.: Logotherapie. Auf der Suche nach Sinn. In: Petzold, H. (Hg.): Wege zum Menschen, Band 1. Paderborn 1985.
Martin, D.G.: Counseling and Therapy Skills. Monterey (Brooks/Cole) 1983.
Meier, H.; Simmerding, G.: Wege zum Menschen, 1984 (Tele-Manuskriptdienst).
Meier, P.D.; Minirth, F.B.; Wichern, F.: Introduction to Psychology and Counseling. Grand Rapids (Baker Book House) 1982.
Mente, A.; Spittler, H.D.: Erlebnisorientierte Gruppenpsychotherapie. Paderborn 1980.
Mucielli, R.: Das nicht-direktive Gespräch. Salzburg 1972.
Rattner, J.: Der schwierige Mensch. Freiburg 1971.
Rieth, E.: Alkoholkrank? Bern 1981.
Rogers, C.R.: Der neue Mensch. Stuttgart 1981.
Rogers, C.R.: Entwicklung der Persönlichkeit. Stuttgart 1985.
Rogers, C.R.; Rosenberg, R.: Die Person als Mittelpunkt der Wirklichkeit. Klett, Stuttgart 1980.
Ruitenbeek, H.; Hendrik M.: Die neuen Gruppentherapien. Frankfurt 1981.
Ruthe, R.: Streß muß sein. Freiburg 1977.
Seelmann, K.: Adlers Individualpsychologie. In: Eicke, D. (Hg.): Kindlers »Psychologie des 20. Jahrhunderts«. Tiefenpsychologie, Band IV. Individualpsychologie und analytische Psychologie. Weinheim, Basel. 1982.
Seidel, U.: Individualpsychologie. In: Corsini, R. (Hg.): Handbuch der Psychotherapie. Weinheim 1983.
Sieland, B.; Siebert M. (Hg.): Klinische Psychologie für Pädagogen. Braunschweig 1979.
Sigrell, B.: Einführung in die Gruppenpsychotherapie. Weinheim 1974.
Solms, H.: Die Behandlung der akuten Alkoholvergiftung und der akuten und chronischen Formen des Alkoholismus. In: Psychiatrie der Gegenwart I/2. Göttingen, Heidelberg 1960.
Tausch, R. u. A.-M.: Gesprächspsychotherapie. Göttingen 1979.
Titze, M.: Lebensziel und Lebensstil. München 1979.
Titze, M.: Ziel ist Gemeinschaft. In: Petzold, H. (Hg.): Wege zum Menschen. Paderborn 1984.
Wolff, H.W.: Anthropologie des Alten Testaments. München 1984.
Yalom, I. D.: Gruppenpsychotherapie. München 1974.

6.6 Literatur zum Anhang

Bibliographie zur geistigen Behinderung. 3. Aufl. Marburg 1988 (Bundesvereinigung Lebenshilfe für geistig Behinderte).
Diagnostisches und Statistisches Manual Psychischer Störungen. DSM-III. Deutsche Bearbeitung: Koehler, H.; Saß, J. (Hg.). Weinheim, Basel 1984.
Diagnostisches und Statistisches Manual Psychischer Störungen – Revision. DSM-III-R. Deutsche Bearbeitung: Wittchen, H.-U. u.a. Weinheim, Basel 1989.
Langner, R.: DSM-III-X. Weinheim 1987.
Meier, P.D.; Minirth, F.B.; Wichern, F.: Introduction to Psychology and Counseling. Grand Rapids (Baker Book House) 1982.
MSD-Manual der Diagnostik und Therapie. München, Wien, Baltimore 1988.
Wendeler, J.: Psychologie des Down-Syndroms. Bern, Stuttgart, Toronto 1988.

7 Anhang:

Einzelheiten zu psychischen Störungen entsprechend den Kriterien des DSM-III-R

Nachfolgend werden Beschreibungen zu den folgenden Klassen des DSM-III-R angegeben:

Akute psychische Störungen (Achse 1)
1. Störungen des Kleinkindalters, der Kindheit und der Adoleszenz
2. Organisch bedingte psychische Störungen
3. Störungen durch psychotrope Substanzen
4. Schizophrenie
5. Wahnsyndrom
6. Psychotische Störungen, die nicht andernorts klassifiziert sind
7. Affektive Störungen
8. Angstsyndrome
9. Somatoforme Störungen
10. Dissoziative Störungen
11. Sexualstörungen
12. Schlafstörungen
13. Vorgetäuschte Störungen
14. Störungen der Impulskontrolle, die nicht andernorts klassifiziert sind
15. Anpassungsstörungen

Persönlichkeits- und Entwicklungsstörungen (Achse 2)
16. Geistige Behinderung

Akute psychische Störungen (Achse 1)

1. Störungen des Kleinkindalters, der Kindheit und der Adoleszenz

Die Zahl psychisch gestörter Kinder und Jugendlicher nimmt in ebenso deutlichem Maße zu wie die Störungen im Erwachsenenalter. Insbesondere sind die sogenannten »Verhaltensstörungen« nicht nur in der Seelsorge ein Problem, mit dem sich viele Seelsorger überfordert fühlen, sondern auch die Arbeit in Jungschar, Kindergottesdienst usw. ist davon betroffen.

In den vergangenen Jahren ist daneben die Häufigkeit von gestörtem Eßverhalten, besonders bei Mädchen, in einem beängstigenden Maße angestiegen. Schließlich gibt es eine große Zahl von Kindern, die an Angststörungen leiden.

Obwohl es gerade bei psychisch gestörten Kindern wichtig ist, daß eine Behandlung durch qualifizierte Fachleute erfolgt, ist auch in diesem Bereich die Arbeit der Eltern und Erzieher von enormer Bedeutung. Insbesondere bei der erstmaligen Erkennung psychischer Störungen sind sie häufig die entscheidenden »Diagnostiker«. Es ist auch wichtig, daß Mitarbeiter, die in der Kinder- und Jugendarbeit stehen, mit den Störungen vertraut sind, damit sie bei gegebenen Anlässen diese Themen qualifiziert ansprechen können.

1.1 Störungen mit Aufmerksamkeitsdefizit

Störungen der Aufmerksamkeit sind sehr häufig und treten bei Jungen etwa zehnmal häufiger auf als bei Mädchen.

Kinder und Jugendliche, die unter Aufmerksamkeitsdefizit leiden, sind nicht in der Lage, sich in der Schule in adäquater Weise zu konzentrieren. Bei jüngeren Kindern werden Flüchtigkeit und Zappeligkeit oft schon im Kindergartenalter beobachtet.

Man unterscheidet bei den Störungen mit Aufmerksamkeitsdefizit solche mit oder ohne *Hyperaktivität.*

Hyperaktivität ist eine häufige Begleiterscheinung des Aufmerksamkeitsdefizits. Hyperaktive Kinder sind zappelig, unfähig, still zu sitzen und ständig in Bewegung. In einer Umgebung, bei der viel motorische Aktivität angemessen ist, fällt diese Störung seltener auf. In Situationen dagegen, in denen Ruhe notwendig ist – z.B. in Schule oder Kindergottesdienst – können diese Kinder selbst den geduldigsten Leiter »auf die Palme« bringen.

Kinder, die unter einem Aufmerksamkeitsdefizit leiden, aber nicht hyperaktiv sind, fallen im allgemeinen weniger auf. Ihre Störung wird oft als »Dummheit« mißverstanden. Dabei sind diese Kinder häufig sehr intelligent und vielleicht eher gelangweilt als andere. Daß sie »nicht aufpassen«, wird ihnen oft als Unwille ausgelegt, was dann oft dazu führt, daß sie zum »schwarzen Schaf« zu Hause und im Klassenzimmer werden. Schimpfen oder Strafen hilft wenig. Was diese Kinder brauchen, ist eine stärker strukturierte Umgebung und Hilfestellungen, um zu einer inneren Ruhe zu gelangen.

1.2 Verhaltensstörungen

Von Verhaltensstörungen geht man aus, wenn Kinder die Grundrechte anderer oder die wichtigsten, altersgemäßen Normen und Regeln ständig verletzen. Dabei gehen diese Verhalten weit über das Maß des normalen kindlichen Unsinns hinaus.

Eine Verhaltensstörung kann mit oder ohne Sozialisierungsmängeln auftreten, sie kann aggressiv oder auch nicht-aggressiv sein. Bei Sozialisierungsmängeln besteht die Unfähigkeit, Zuneigung, Empathie oder persönliche Beziehungen in normalem Maß auszubilden. Kinder mit diesem Mangel haben keine oder nur selten Freundschaften, sie sind bei Gleichaltrigen oft sehr unbeliebt und werden von der Gruppe ausgestoßen. Aggressives oder eigenbrötlerisches Verhalten ist häufig die Folge.

Es gibt aber auch verhaltensgestörte Kinder, die nicht aggressiv sind. Beispiele für nicht-aggressive Verhaltensweisen, die eine Verhaltensstörung begründen können, sind ständiges Übertreten vieler wichtiger Regeln (z.B. Schuleschwänzen, Drogenmißbrauch, Wegbleiben über Nacht, Lügen, Stehlen usw.).

Am schwierigsten sind diejenigen Kinder, die starke Sozialisierungsmängel und Aggressionen haben. Sie können für eine Gruppe sehr destruktiv sein, manchmal, indem sie andere mitreißen, aber auch, indem sie den anderen Kindern Angst machen. Ein kooperativer Gruppenprozeß, bei dem Kinder und Erwachsene zusammen arbeiten und spielen können, ist sehr schwer in Gang zu bringen, wenn derartig gestörte Kinder in einer Gruppe sind.

Besser sozialisierte, nicht-aggressive, aber dennoch verhaltensgestörte Kinder sind häufig in der Lage, einen starken negativen Einfluß auf ihre Gleichaltrigen zu haben. Sie haben in der Gruppe häufig einen »Heldenstatus«, da sie sich über die Regeln der Erwachsenen hinwegsetzen – ohne die Regeln der »peer group« (die soziale Bezugsgruppe der Gleichaltrigen) zu verletzen. Die Bewunderung, die ihnen entgegengebracht wird, ist oft für andere Kinder oder Jugendliche eine entscheidende Motivation, ebenso die Regeln zu verletzen oder Risiken einzugehen. Eine große Mehrheit jugendlicher Drogenabhängiger berichtet z.B., daß sie angefangen hätten, Drogen zu nehmen, um damit in ihrer »peer group« einen besseren Status zu bekommen.

1.3 Angstsyndrome der Kindheit oder Adoleszenz

Viele Kinder leiden unter Ängsten. Die sind auch in einem gewissen Maße normal, denn vieles, was auf sie einstürmt, kann nicht bewältigt werden. Wenn ein Kind jedoch aus lauter Angst nicht mehr die Schule besuchen kann, nachts nicht einschläft, sich im Kreis der Gleichaltrigen vor lauter Angst nicht anpassen kann, häufig über körperliche Beschwerden (wie Kopf- oder Magenschmerzen, ohne organische Ursachen) klagt, sollte man von einer Angststörung ausgehen.

Angststörungen werden in bezug auf die Gebiete, die am stärksten angstbesetzt sind, klassifiziert. Das DSM-III unterscheidet zwischen Trennungsangst (starke Ängste vor der Trennung von Bezugspersonen), Vermeidungsverhalten (anhaltende und außerordentliche Scheu vor Kontakt mit Fremden) und Überängstlichkeit (generalisierte und anhaltende Angst oder Besorgnis).

Kinder mit Angststörungen sind meistens von ihrer Veranlagung her sensibel und fühlen sich in ihrer Lebenssituation überfordert. Oft stehen Familienprobleme im Hintergrund, z.B. häufiger Streit zwischen den Eltern. Viele überängstliche Kinder wurden auch von ihren Eltern systematisch zur Ängstlichkeit erzogen. Häufig ist ein oder sind beide Elternteile übervorsichtig und signalisieren damit dem Kind, daß es für diese Welt nicht geeignet ist.

In manchen christlichen Familien steht auch eine falsche Form der Gottesfurcht im Vordergrund. Wenn Kindern ein Gottesbild vermittelt wird, bei dem ein strafender Gott im Vordergrund steht, können Angststörungen die Folgen sein. Kinderlieder wie z.B. »Paß auf, kleine Hand, was Du tust . . .« können dem Kind den Eindruck vermitteln, daß es Gott ausschließlich darauf ankommt, daß Kinder brav sind. Die Größe Gottes, die sich ja auch darin ausdrückt, daß er gerade die Sünder liebt, wird so nicht vermittelt – und eine rechte Gottesfurcht dadurch verhindert. Häufig führen die Angststörungen der Kinder zu späteren Zwangsstörungen bei Erwachsenen.

Ein Fallbeispiel aus der Biblisch-therapeutischen Seelsorge
Angstsyndrom mit Trennungsangst

Sebastian ist ein 11jähriger Junge, der von seinen Eltern in die Beratung gebracht wird. Sie machen sich große Sorgen: Seit etwa einem halben Jahr hat Sebastian große Angst vor der Schule. Morgens, nach dem Aufstehen, ist ihm schlecht, oft muß er sich erbrechen. Er hat Angst, daß er auf dem Weg zur Schule von einem Auto überfahren werden könnte, oder daß die Mutter krank werden könnte, während er weg ist.

Da Sebastian der Weg in die Schule schwerfällt, haben sich seine Eltern entschlossen, ihn täglich in die Schule zu bringen. Doch auch das nützt nichts, denn er weigert sich, ins Klassenzimmer zu gehen, klammert sich an seine Eltern und nur nach langem Zureden ist er bereit, für kurze Zeit einzutreten.

Auch in anderen Bereichen zeigt Sebastian Veränderungen seines Verhaltens: Er kann nur einschlafen, wenn alle Türen im Haus geschlossen sind, und wacht nachts oft nach Alpträumen auf. Wenn er die Haustüre hört, muß er sofort nachsehen, ob seine Mutter noch da ist.

Früher war Sebastian gerne nachmittags bei Freunden, jetzt verläßt er das Haus nur, wenn er muß oder wenn die Mutter mitgeht.

Im Gespräch stellt sich heraus, daß die Großmutter, welche im gleichen Haus wohnte, vor etwa acht Monaten plötzlich verstorben ist. Sebastian hat sie gern besucht und oft in ihrer Wohnung übernachtet.

Der Seelsorger arbeitet mit Sebastian und seinen Eltern zusammen. Sie sprechen über seine Angst, die er gut ausformulieren kann: daß seine Mutter auch sterben könne. Diese Angst wird im Gespräch nicht beschwichtigt, sondern Sebastian hört, daß es normal ist, Angst zu haben, wenn jemand gestorben ist, daß er aber trotzdem in die Schule gehen sollte. Der Seelsorger stellt mit den Eltern einen Plan auf, nach dem Sebastian an jedem Tag, an dem er pünktlich und selbständig in die Schule geht, Punkte verdient, die er am Ende der Woche gegen ein Buch seiner Wahl eintauschen darf. Außerdem macht der Seelsorger mit Sebastian Entspannungsübungen, die ihm besonders im Schulbus helfen sollen, Ruhe zu finden. Sebastian soll lernen, ruhig zu atmen, und sich dann mit angenehmen Gedanken zu beschäftigen. Er stellt sich zum Beispiel vor, daß er, anstatt im Bus zu sitzen, in einer Hängematte geschaukelt wird.

Sebastian findet aber auch selbst andere Ideen, um nicht ständig an den möglichen Tod seiner Mutter zu denken – er zählt, wieviele Autos mit einem bestimmten Kennzeichen entgegenkommen usw. Er lernt, in einem gewissen Maß die Prozesse zu steuern, die bei ihm zur Angst führen.

Innerhalb weniger Wochen schafft es Sebastian, jeden Tag der Woche selbständig zur Schule zu kommen. Bei einem Klassenausflug in die benachbarte Stadt hat er noch einmal Schwierigkeiten, es wird ihm schlecht im Bus. Trotzdem ist Sebastian zuversichtlich, daß er in Zukunft auch bei Klassenausflügen mitmachen wird.

1.4 Eßstörungen

Unter Eßstörungen versteht man schwere Störungen im Eßverhalten. Die beiden häufigsten im Jugendalter sind die Magersucht (Anorexia nervosa) und die Freßsucht (Bulimia). Beide Störungen haben Gemeinsamkeiten, und nicht selten ist es der Fall, daß eine in die andere übergeht.

Kennzeichen in beiden Fällen ist die krankhafte und mehr oder weniger ständige Beschäftigung mit Essen. Diese Beschäftigung kommt einer Sucht gleich. Die Betroffenen sind in der großen Überzahl Mädchen (Verhältnis etwa 1 : 20).

In den letzten Jahren hat man Eßstörungen zunehmend auch bei jungen Frauen über 18 Jahren bis weit ins dritte Lebensjahrzehnt hinein beobachtet, besonders ausgeprägt bei der Bulimie.

Mädchen und Frauen mit Eßstörungen sind meistens sehr perfektionistisch und insbesondere bei der Anorexia ungeheuer ehrgeizig. Häufig besteht zwischen Vater, Mutter und Tochter ein sehr negativ stabiles Dreieck, in dem die Tochter versucht, die Liebe des Vaters durch Leistung zu gewinnen, und dabei die Mutter als Konkurrentin erlebt. Die biochemischen Hintergründe der Anorexia wurden im Kapitel 2.2.3 genauer besprochen.

Insbesondere bei der Magersucht besteht eine ernsthafte Gefahr für das Leben der Betroffenen, daher ist immer dann, wenn das Körpergewicht sehr niedrig geworden ist, eine stationäre klinische Behandlung erforderlich. Falls dazu von seiten der Patientin keine Bereitschaft besteht, sollte der Seelsorger alles tun, um diese Bereitschaft zu wecken.

1.4.1 Magersucht (Anorexia Nervosa)

Etwa jedes 250. Mädchen zwischen zwölf und achtzehn Jahren ist von dieser Störung betroffen.

Bei der Magersucht besteht eine starke Furcht davor, dick zu werden, die auch nicht nachläßt, wenn das Körpergewicht zunehmend niedriger wird. Diese

Furcht ist von einer Verzerrung der eigenen Körperwahrnehmung begleitet. Selbst Mädchen, die nur noch aus »Haut und Knochen« bestehen, geben an, zu dick zu sein.

Neben den biochemischen Mechanismen (Kapitel 2.2.3) können bei magersüchtigen Mädchen starke Konflikte mit der Rolle als Frau und ihrer weiblichen Sexualität eine gewichtige Rolle spielen. Durch das Abmagern bleibt sehr bald die Menstruation aus, und der Körperbau bleibt (oder wird wieder) mädchenhaft, was die magersüchtige Patientin oft unbewußt bezweckt.

1.4.2 Freßsucht (Bulimia)

Die Bulimia (wörtlich übersetzt: »Stierhunger«) ist durch wiederkehrende Phasen von Heißhunger gekennzeichnet. Dabei wird eine große Kalorienmenge in kürzester Zeit aufgenommen. Es besteht (im Gegensatz zur Anorexia) hier jedoch das Bewußtsein, daß das Eßverhalten nicht normal ist, und eine damit verbundene Furcht, nicht willentlich aufhören zu können.

Personen, die unter Freßsucht leiden, verspüren also einen ungeheuer starken Drang, hochkalorienreiche Speisen aufzunehmen. Nach den Episoden folgen depressive Verstimmungen und Selbstvorwürfe. Da die Patienten häufig wegen ihrer Figur sehr besorgt sind, wird in den meisten Fällen das Essen nach der Aufnahme wieder erbrochen, oder eine Gewichtskontrolle durch Anwendung von Abführmitteln angestrebt.

Freßsüchtige Mädchen oder Frauen legen großen Wert darauf, attraktiv auszusehen und erwecken den Eindruck, daß bei ihnen alles in Ordnung ist. Sie können mit diesem Schauspiel sehr überzeugend sein – haben jedoch panische Angst, daß jemand merken könnte, daß sie nicht perfekt sind. Aus diesem Grunde kommen sie auch meistens erst in Behandlung, wenn es schon sehr spät ist.

Bulimische Frauen sind in ihrer Persönlichkeit meistens nicht so schwer gestört wie magersüchtige und erleben ja auch nicht die starke Verzerrung ihrer Selbstwahrnehmung. Im Gegensatz zu den magersüchtigen Mädchen besteht bei ihnen auch ein starker »Leidensdruck«.

Frauen, die von Berufs wegen ihr Gewicht unter Kontrolle halten müssen (Tänzerinnen, Schauspielerinnen, Fotomodelle usw.), leiden oft unter Freßsucht. Man muß jedoch davon ausgehen, daß das Schlankheitsideal unserer Zeit mit dazu beigetragen hat, daß Bulimia zu einer der weitverbreitetsten, jedoch zu allermeist versteckten psychischen Störung der Frauen unserer Tage gehört.

1.5 Andere Störungen mit körperlichen Manifestationen

Unter dieser Zusammenfassung führt das DSM verschiedene Störungen in der Kindheit auf, die eigentlich keinen anderen gemeinsamen Nenner haben, als daß sie mit körperlichen Symptomen verbunden sind.

1.5.1 Stottern

Diese Störung ist für die Betroffenen oft mit großer Angst vor dem Sprechen verbunden bzw. mit der Angst, gehänselt zu werden. Dabei verschlimmert sich das Stottern, wenn der Druck, sprechen zu müssen, stärker wird. In den meisten Fällen hört diese Störung von allein wieder auf. Als wichtige Therapie wird vorgeschlagen, mit dem Kind daran zu arbeiten, daß es sagen kann: »Ich darf stottern.«

1.5.2 Bettnässen

Funktionelle Enuresis (wiederholtes, unwillkürliches Entleeren von Urin am Tag oder in der Nacht) ist eine der häufigsten Störungen im Kindesalter, die bei Jungen mindestens doppelt so häufig ist wie bei Mädchen. Bei den meisten Bettnässern liegt daneben keine weitere psychische Störung vor.

Neben einer gewissen erblichen Prädisposition sind es besondere Veränderungen in der Umwelt, z.B. Schulwechsel oder die Geburt eines weiteren Geschwisterchens, die häufig eine solche Störung auslösen.

Die Problematik des Bettnässens ist direkt davon abhängig, wie die Eltern damit umgehen: Wenn das Bettnässen als ein kleineres Problem gesehen wird, das sich mit der Zeit löst, und sachlich angegangen, im allgemeinen ohne weitere Folgen bleiben wird, löst es sich in der Regel von alleine.

Wenn hingegen Bettnässen als Grund zum Schämen dargestellt oder gar bestraft wird, ist häufig eine längerfristige Störung des Selbstwertgefühls die Folge. Ein Therapievorschlag wird im Kapitel 5.3.3 besprochen.

1.5.3 Schlafwandeln

Schlafwandeln ist eine häufig vorkommende Störung, deren Komplikationen sich auf Verletzungen beschränken, die sich ein Kind während des Schlafwandelns zuziehen kann. Schlafwandeln ist in aller Regel nicht mit einer anderen psychischen Störung verbunden.

1.5.4 Pavor Nocturnus

Pavor nocturnus ist ein abruptes Aufwachen, üblicherweise mit einem Schreckensschrei beginnend, das mit starker Erregung, Herzklopfen und Schweißausbrüchen verbunden ist.

Diese Störung verschwindet meist von alleine wieder. Bei Erwachsenen, die unter Pavor Nocturnus leiden, sollte eine Angststörung diagnostiziert werden.

1.5.5 Massive Entwicklungsstörungen

Eine massive Entwicklungsstörung ist die Fehlentwicklung beim Erwerb normaler Sprach- und sozialer Fertigkeiten. Die zwei Unterarten in dieser Gruppe sind

»Frühkindlicher Autismus« und »Massive Entwicklungsstörung, in der Kindheit beginnend«.

Frühkindlicher Autismus
Hauptmerkmal dieser Störung ist das Fehlen einer Reaktion auf andere Menschen.

Autistische Kinder entwickeln keine normalen Bindungen. Als Babys schmusen sie nicht gerne. Sie sind Liebkosungen und körperlichem Kontakt gegenüber gleichgültig oder abgeneigt und entwickeln auch im Kleinkindalter keine Freundschaften.

Die Kommunikation ist stark beeinträchtigt. Sprache fehlt oder entwickelt sich nur langsam; manchmal wiederholen Kinder ein Wort oder Satzteile, die man ihnen vorspricht, immer wieder. Der Gesichtsausdruck ist zumeist unpassend oder flach.

Oftmals stellt man das – auf dem bisher genannten Hintergrund – seltsame Verhalten fest, daß autistische Kinder deutlich aus der Fassung gebracht werden können, wenn in ihrer Umwelt kleinere Veränderungen vorgenommen werden. Bewegende Objekte faszinieren sie. Stereotype (ständig wiederholte) Bewegungen sind häufig. Auch Selbstverstümmelungen (z.B. Kopf anschlagen) kommen vor.

Etwa 40% der autistischen Kinder haben einen IQ unter 50, 30% haben einen IQ von 70 und mehr. Dies bedeutet, bezogen auf den Intelligenzquotienten, daß ein hoher Prozentsatz der autistischen Kinder geistig behindert ist.

Nur jeder Sechste paßt sich sozial gut an. Rund zwei Drittel bleiben schwer behindert.

Massive Entwicklungsstörung, in der Kindheit beginnend
Diese Diagnose entspricht in etwa dem traditionellen diagnostischen Begriff der »Kindheitspsychose«.

Es ist eine Störung der Beziehungen zu anderen Menschen, verbunden mit der Unfähigkeit, Beziehungen zu Gleichaltrigen aufzubauen. Man sieht dabei seltsame Verhaltensweisen, extreme Reizbarkeit wegen nichtiger Dinge, unpassenden Gesichtsausdruck, seltsame Körperhaltungen und Sprachabnormitäten. Manchmal kommt es auch zur Selbstverstümmelung.

1.5.6 Spezifische Entwicklungsstörungen

Spezifische Entwicklungsstörungen stehen häufig in Verbindung mit anderen Störungen. Die Ursachen hierfür (besonders bei den Lese- und Rechenstörungen) sind umstritten. Es gibt Forschungen, die auf Umwelteinflüsse hinweisen (z.B. Geburt eines Geschwisters); andere gehen davon aus, daß es gehirnorganische Prozesse sind, die diese Störungen verursachen.

Bei der *entwicklungsbedingten Lesestörung* ist die Beeinträchtigung der Lesefertigkeit nicht auf unzureichende Schulung zurückzuführen. Häufig wird sie von anderen Symptomen wie schlechten Sprachfähigkeiten, beeinträchtigter Unterscheidung zwischen links und rechts, Ungeschicklichkeit, Hyperaktivität, Impulsivität, schlechter Konzentration, Ablenkbarkeit, kurzer Aufmerksamkeitsspanne und minimalen neurologischen Abnormitäten begleitet. Oft verschwinden die Symptome mit zunehmender Reife.

Bei der *entwicklungsbedingten Rechenstörung* liegt eine deutliche Beeinträchtigung der Entwicklung von Rechenfertigkeiten vor, die nicht in Beziehung zum Alter, der Gesamtintelligenz oder schlechter Schulung stehen.

Bei der *entwicklungsbedingten Sprachstörung* unterscheidet man zwischen der Unfähigkeit, überhaupt eine Sprache zu lernen, der erworbenen Sprachunfähigkeit und dem verzögerten Spracherwerb. Ein völliges Versagen ist nicht selten die Folge einer schweren geistigen Behinderung. Dagegen sind erworbene Sprachstörungen nicht selten das Ergebnis einer Krankheit oder eines Traumas. Verzögerter Spracherwerb, die häufigste Art der Sprachstörung in der Kindheit, kann von der Unfähigkeit herrühren, Sprache auszudrücken (expressiver Typ), oder von der Unfähigkeit, Sprache zu verstehen und auszudrücken (rezeptiver Typ).

Bei der *entwicklungsbedingten Artikulationsstörung* spricht das Kind in einer »Babysprache«. Das Vokabular und die grammatischen Fähigkeiten liegen aber innerhalb der Altersnorm. Ein Beispiel für die entwicklungsbedingte Artikulationsstörung ist das »Lispeln«.

2. Organisch bedingte psychische Störungen

Psychische Störungen werden entweder als *funktional* (vom Ursprung her psychisch) oder *organisch* (vom Ursprung her körperlich) klassifiziert. Diese Klassifizierung dient nur der Bequemlichkeit und bedeutet nicht, daß funktionale Störungen von der organischen Hirnfunktion unabhängig sind. Im Grunde genommen heißt »funktional«, daß eine organische Ursache nicht bekannt ist, oder daß zugehörige organische Veränderungen nicht als Ursache angesehen werden.

2.1 Organische Störungen und Hirnsyndrome

Ein organisches Hirnsyndrom ist eine vorübergehende oder permanente Dysfunktion des Gehirns, die durch spezifische körperliche Faktoren verursacht wird. Das DSM-III unterscheidet zwischen Demenzen und substanzinduzierten (d.h. durch Einnahme von Chemikalien hervorgerufenen) Störungen.

Demenzen sind schwere chronische, irreversible Störungen des zentralen Nervensystems, also etwa das, was man allgemein als Schwachsinn bezeichnet.

Organisch bedingte psychische Störungen variieren also von einem vorübergehenden Delirium, das auf Intoxikation oder Entzug zurückzuführen ist, bis zum andauernden Schwachsinn, der durch einen nicht wieder gut zu machenden Schaden des Gehirngewebes entstanden ist. Meistens schließt ein organisches Hirnsyndrom die Beeinträchtigung der Erinnerungsfähigkeit, des Gedächtnisses, der Umweltwahrnehmungen und des Urteilsvermögens ein.

Irreversible chronische Hirnsyndrome sind nicht so häufig wie akute Hirnsyndrome, machen aber etwa 20% aller psychiatrischen Ersteinweisungen aus.

Mehr als die Hälfte aller älteren Patienten in Nervenheilanstalten gehören zu dieser Kategorie, und bis zu 10% der älteren Gesamtbevölkerung können von Geistesschwäche betroffen sein.

2.2 Hirnorganische Psychosyndrome

Wenn eine spezifische Ursache für eine Konstellation von psychischen oder verhaltensmäßigen Symptomen, die auf eine Dysfunktion des Gehirns schließen lassen, nicht bekannt ist, spricht man von *Hirnorganischen Psychosyndromen.* Sie können folgendermaßen eingeteilt werden:

1. Delir und Demenz, bei denen die kognitive Behinderung relativ ausgedehnt ist;
2. Amnestisches Syndrom und Organische Halluzinose mit relativ umschriebener Behinderung bestimmter Bereiche;
3. Organisches Wahnsyndrom und Organisches Affektives Syndrom mit Symptomen ähnlich der Schizophrenie oder den affektiven Störungen;
4. Organische Persönlichkeitsänderung, bei der die Persönlichkeit verändert ist;
5. Intoxikation und Entzug, wobei die Störung mit der Einnahme oder der Dosisreduktion einer Substanz zusammenhängt und nicht die Kriterien der vorher beschriebenen Syndrome erfüllt (genau genommen sind diese beiden organischen Psychosyndrome mehr ätiologisch als deskriptiv definiert);
6. Atypische oder Gemischte Hirnorganische Psychosyndrome, die eine Restkategorie für alle anderen hirnorganischen Psychosyndrome darstellen, die nicht zu den oben beschriebenen gezählt werden können.

2.2.1 Demenz (Schwachsinn)

Das Wort »Demenz« beschreibt den Verlust von intellektuellen Fähigkeiten in einem solchen Maße, daß die sozialen und beruflichen Fähigkeiten erheblich eingeschränkt sind. Um Demenz zu diagnostizieren, muß man entweder durch Laborbefunde oder ärztliche Untersuchung wissen, daß ein spezieller organischer Faktor die Störung verursacht hat, oder es müssen zumindest handfeste Gründe vorliegen, einen solchen Faktor zu vermuten.

Konkrete Symptome, die auf Demenz schließen lassen, sind:

1. Beeinträchtigte Orientierung.
2. Beeinträchtigtes Gedächtnis.

3. Beeinträchtigung aller intellektueller Funktionen.
4. Beeinträchtigung des Urteilsvermögens.
5. Mangelnder oder abgeflachter Ausdruck von Gefühlen (flacher Affekt).

Bestimmte Formen von Demenz, z.B. der »Altersschwachsinn«, beginnen mit wenigen Symptomen und schreiten dann langsam fort. In der frühen Phase dieser fortschreitenden Krankheit hört man vom Patienten meistens Beschwerden über Vergeßlichkeit oder Gedächtnisverlust, später dann auch von körperlichen Symptomen ohne identifizierbare Ursache, Verlust von Interessen und Fähigkeiten, niedrige Toleranzgrenze bei Frustrationen und Depressionen.

In dem Maße, in dem die Betroffenen den Verlust ihrer eigenen Gedankenprozesse spüren, sind Depressionen als Begleiterscheinungen beim beginnenden Schwachsinn fast immer vorhanden.

Da die Symptome für beginnenden Schwachsinn auch bei normalen Depressionen in aller Regel auftreten, ist in diesem Zustand eine eindeutige Diagnose auf beginnenden Altersschwachsinn sehr schwierig. Der geistige Gesamtzustand des einzelnen muß also gründlich untersucht werden.

In der mittleren Phase eines fortschreitenden Schwachsinns gibt es Orientierungsverluste für die Zeit, dann für den Ort und schließlich auch bezüglich der Personen. Nicht nur Ereignisse aus der jüngeren Zeit, sondern auch die Erinnerung an länger zurückliegende Ereignisse ist beeinträchtigt. Konzentration und Urteilsvermögen sind schlecht. Die Stimmung wird flach bzw. auch manchmal labil, es kann zu Tränen- oder Zornausbrüchen kommen. Die Sprache ist verlangsamt. Der Ausdruck von Gefühlen ist noch flacher als in der Anfangsphase.

In der letzten Phase kann der Patient möglicherweise nicht mehr gehen oder sprechen. Solche Patienten sind dann häufig ans Bett gebunden. Psychotische Symptome wie Wahnvorstellungen oder Halluzinationen können auftreten, diese Symptome können aber oft auch schon in der mittleren Phase beginnen.

Die Diagnose von Altersschwachsinn basiert in erster Linie auf dem Entwicklungsverlauf und auf der Untersuchung des geistigen Zustandes. Organisch bedingte Verluste in der Denkfähigkeit können häufig durch psychologische Tests von psychisch bedingten Störungen unterschieden werden. Speziell ausgebildete Psychologen haben eine Anzahl von Tests zur Verfügung, die eigens zu diesem Zweck entwickelt wurden. Aber auch ein normaler Intelligenztest oder ein Test zur Gestaltwahrnehmung können bei der Auswertung durch Fachleute ganz spezifische Hinweise auf organisch bedingte Störungen geben. Das Elektroenzephalogramm (EEG) zeigt zerstreute, langsame Wellen. Um eine reversible Ursache auszuschließen, wird der Arzt zusätzlich Blutproben auf spezifische Gifte, Infektionen oder Mangelerkrankungen untersuchen lassen.

Die häufigste Ursache für fortschreitende Demenz ist die Alzheimersche Krankheit. Es gibt aber auch eine Fülle anderer Ursachen, z.B. Infektion des zentralen Nervensystems (Enzephalitis), Meningitis, Gehirntraumen, Erkrankungen der Schilddrüse, chronische Leber- und Nierenerkrankungen, chronischer Bluthochdruck, Alkohol- oder Drogenmißbrauch, Tumore usw.

Fortschreitende Demenz kann sich daher in fast jedem Lebensalter entwikkeln. Altersgeistesschwäche (per Definition nach dem 65. Lebensjahr entwikkelte fortschreitende Demenz) ist allerdings erheblich häufiger vorzufinden.

Menschen, die unter Demenz leiden, sind selten in der Lage, ganz für sich allein zu sorgen. Sie brauchen daher bei der Hygiene, Ernährung und Ruhe Hilfe. Ihre Umgebung muß einfach gestaltet sein und ihre Tage sollten strukturiert werden, um die Verwirrung und das Risiko, psychotisch zu werden, zu minimieren.

Antidepressiva (d.h. Medikamente, die stimmungsaufhellend wirken) können bei der Behandlung von Depressionen im Zusammenhang mit Demenz hilfreich sein. Psychotische Symptome, die sich im Zusammenhang mit Demenz entwikkeln, können mit Neuroleptika medikamentös behandelt werden.

2.2.2 Delir

Im Gegensatz zur Demenz ist das Delir eine *akute* Verwirrung, d.h., es sind ähnliche Verhaltensmerkmale wie bei der Demenz vorhanden, aber es handelt sich um eine meist kurzfristige Bewußtseinstrübung. Beispiele für Delir schließen Intoxikationen oder Entzugserscheinungen mit ein. Folgende Kennzeichen sind für das Delir entscheidend:

1. Aufmerksamkeitsstörungen.
2. Störungen des Gedächtnisses und der Orientierung.
3. Mindestens zwei der folgenden Merkmale:
   a) reduzierte Wachsamkeit oder Schlaflosigkeit,
   b) Wahrnehmungsstörung, einfache Mißdeutung, Sinnestäuschungen oder Halluzinationen,
   c) gesteigerte oder verringerte psychomotorische Aktivität.
4. Klinische Züge, die sich innerhalb kurzer Zeit entwickeln und sich ständig verändern.
5. Nachweise durch körperliche Untersuchung, medizinische Labortests oder die Krankengeschichte eines spezifischen, organischen Faktors, der ätiologisch zu der Störung in Beziehung steht.

Menschen im Delirium sind sich ihrer Umgebung meistens nicht bewußt. Sie verlieren zuerst das Zeit- und dann das Orientierungsbewußtsein. Eine Fehlorientierung gegenüber Menschen ist im Delirium selten; Wahnvorstellungen sind dagegen häufig. Halluzinationen sind oftmals visuell, d.h., die Person sieht Dinge, die nicht da sind. Visuelle Halluzinationen von Tieren treten besonders häufig im Delirium tremens (Alkoholentzugssyndrom) auf.

Die Symptome des Deliriums verstärken sich häufig am Abend, wenn visuelle und auditive Reize leichter falsch gedeutet werden. Der Gedächtnisverlust ist bei kürzer zurückliegenden Ereignissen größer als bei länger zurückliegenden. Ruhelosigkeit mit pflückenden Bewegungen der Hände kommt ebenfalls häufig vor. Es können sich undeutliche Sprache, Ataxie (Fehlen von Muskelkoordination) und Gleichgewichtsverlust beim Gehen entwickeln.

Die Ursache für ein Delirium sollte vom Arzt so schnell wie möglich festgestellt werden, wozu häufig Blut- und Urinuntersuchungen notwendig sind. Körperliche Probleme (z.B. Diabetes), ungenügende Sauerstoffversorgung des Gehirns, oder auch Schilddrüsen- oder andere Drüsenerkrankungen können für ein Delirium verantwortlich sein. Die sofortige Behandlung eines Zuckerkomas oder eines Deliriums durch Substanz-Mißbrauch oder -Entzug können lebensrettend sein.

2.2.3 *Gedächtnisverlust – Amnestisches Syndrom*

Das *amnestische Syndrom* entspricht einer Verschlechterung des Kurzzeitgedächtnisses (Unfähigkeit, neue Informationen aufzunehmen) und des Langzeitgedächtnisses (Unfähigkeit, früher aufgenommene Information zu reproduzieren), wobei ein eindeutiger organischer Faktor (z.B. Gehirntrauma, Gehirnschlag, chronischer Alkoholmißbrauch, Vitaminmangel usw.) vorliegt.

Die *psychogene Amnesie,* bei der keine organische Ursache bekannt ist, wird unter der Kategorie »Dissoziative Störungen« geführt.

2.2.4 *Organisch bedingte Halluzinationen*

Auch bei organisch bedingten Halluzinationen müssen, wie bei dem amnestischen Syndrom, spezifische organische Faktoren bekannt sein, die als Ursache der Störung anzusehen sind.

Organisch bedingte Halluzinationen zeigen sich durch das Auftreten anhaltender oder sich wiederholender Halluzinationen. Halluzinationen sind Wahrnehmungsstörungen, bei denen eine Person Dinge wahrnimmt (hört, sieht, riecht, fühlt etc.), die in der Umwelt nicht vorhanden sind. Sie unterscheiden sich vom Wahn dadurch, daß dieser sich nicht auf *Wahrnehmungen* bezieht, sondern auf *Überzeugungen,* die die Person aufrecht erhält, obwohl die Realität diese eindeutig nicht unterstützt.

Halluzinationen und Wahn können gleichzeitig auftreten; eine Organische Halluzinose wird aber nur dann diagnostiziert, wenn sich dabei der Wahn auf den Inhalt der Halluzinationen beschränkt oder auf die Überzeugung, daß die Halluzinationen real sind. Wenn die Wahnerscheinungen ausgeweitet sind, d.h., wenn sie über den Inhalt der Halluzinationen hinausgehen, wird das Organische Wahnsyndrom diagnostiziert.

2.2.5 *Organisches Wahnsyndrom*

Beim Organischen Wahnsyndrom sind Wahnphänomene das dominierende klinische Merkmal. Das organische Wahnsyndrom unterscheidet sich von psychotischen Störungen, wie z.B. der Schizophrenie, dadurch, daß ein bestimmter organischer Faktor, der die Entwicklung der Wahnphänomene verursacht, bekannt ist.

2.2.6 *Organisches Affektives Syndrom*

Das Organische Affektive Syndrom wird diagnostiziert, wenn ein spezifischer organischer Faktor bekannt ist, der eine erhebliche Beeinträchtigung der Stimmung verursacht.

Das Organische Affektive Syndrom ähnelt also entweder einer manischen Episode oder einer typischen Depression. Faktoren, die dafür bekannt sind, ein Organisches Affektives Syndrom hervorzurufen, sind u.a. Drogen, Hormone, medizinische Behandlung mit Steroiden, Über- und Unterfunktion der Schilddrüse, Viruserkrankungen usw.

2.2.7 *Organische Persönlichkeitsstörung*

Bei einer Organischen Persönlichkeitsstörung liegen ausgeprägte Änderungen des Verhaltens oder der Persönlichkeit vor, die eindeutig auf einen spezifischen organischen Faktor zurückzuführen sind. Diese Persönlichkeitsveränderung schließt möglicherweise emotionale Labilität, Wutausbrüche, sexuelle Indiskretion, deutliche Apathie oder Verdächtigungen ein. Organische Faktoren sind häufig Gehirntraumata, Hämatome, medizinische Behandlung mit Steroiden, Schilddrüsenerkrankungen usw.

2.3 *Psychische Störungen mit körperlichen, nicht gehirnorganischen Ursachen*

Viele körperliche Probleme können psychische Symptome verursachen. Die ganzheitliche Sicht des Menschen hat deutlich gemacht, daß die Unterscheidung zwischen Leib, Seele und Geist künstlich ist, daß sie der Bequemlichkeit des Denkens dient.

Fast jede körperliche Krankheit kann Angstzustände oder Depressionen hervorrufen. Bestimmte körperliche Störungen bewirken aber besonders häufig psychische Symptome.

Die *Schilddrüse* ist eine endokrine Drüse, die Tyrosin ins Blut abgibt und so ein Gleichgewicht des Stoffwechsels aufrecht erhält. Tyrosin stimuliert die Sauerstoffaufnahme der meisten Körperzellen und hilft, den Kohlehydrat- und Fettstoffwechsel zu regulieren. Die richtige Funktion der Schilddrüse ist notwendig für normales Wachstum und körperliche Reife. Schilddrüsenstörungen gehören zu den Drüsenstörungen, die häufig psychische Symptome mit sich bringen.

Eine *Schilddrüsenüberfunktion* (Tyriotoxikose) zeigt sich meistens durch Gewichtsverlust trotz vergrößertem Appetit, Schwitzen mit Wärmeempfindlichkeit, Schwäche und Müdigkeit. Auch Überängstlichkeit oder Nervosität gehört meistens zu den Begleiterscheinungen der Überfunktion. Gelegentlich kommt es vor, daß der Patient hyperaktiv wird oder manische Symptome zeigt.

Eine Überfunktion kann auch Depressionen hervorrufen, besonders dann, wenn sich die Störung langsam einstellt. Sie tritt besonders bei Menschen im Alter zwischen 30 und 50 Jahren auf, Frauen sind dreimal so häufig davon betroffen wie Männer.

Eine *Schilddrüsenunterfunktion* verursacht meistens Gewichtszunahme ohne Appetitzunahme und vermehrte Nahrungsaufnahme. Ein aufgedunsenes Gesicht, trockene Haut, Haarausfall und Kälteempfindlichkeit sind oftmals vorzufindende Merkmale. Die am häufigsten gefundene begleitende psychische Symptomatik der Unterfunktionen sind Depressionen. Am zweithäufigsten zeigen sich paranoide Persönlichkeitsstörungen. Menschen mit Schilddrüsenunterfunktion können aber auch Delirien oder Halluzinationen erleben.

In der Altersverteilung tritt die Schilddrüsenunterfunktion ähnlich der Überfunktion auf, d.h. meistens bei 30-50jährigen. Sie ist bei Frauen fünfmal häufiger als bei Männern.

Die *Nebenschilddrüsen* sind vier kleine Schilddrüsen, die in die Schilddrüse eingebettet sind, zwei oben und zwei unten. Diese Drüsen geben ein Hormon ab, das den Kalziumgebrauch im Körper reguliert. Eine Überfunktion der Nebenschilddrüsen zeigt sich zumeist an Schwäche, Appetitverlust, Magengeschwüren, manchmal an Nierensteinen und oft an einer Serie von Knochenbrüchen.

Eine Unterfunktion ruft Muskelkrämpfe, gesteigerte Reflexe oder sogar eine Tetanie hervor. Beide Störungen sind oft durch Angst oder Überaktivität gekennzeichnet, es kommt aber auch in vielen Fällen zu Depressionen, Rückzug und Apathie.

Wenn solche Störungen nicht behandelt werden, können sie zu einer toxischen Psychose führen, deren Merkmale Verwirrung und Realitätsverzerrung sind. Beide Störungen sind bei Frauen häufiger und treten meistens in der Gruppe der 40-60jährigen auf.

Am oberen Ende der beiden Nieren befinden sich die *Nebennierendrüsen* mit ihren mehrfachen endokrinen Funktionen. Der mittlere Teil (Medulla) jeder Drüse gibt Adrenalin und Noradrenalin ab. Diese beiden Hormone haben auf das zentrale Nervensystem eine anregende Wirkung. In ausreichender Dosierung rufen sie eine »Flucht oder Kampf«-Reaktion hervor. Damit meint man eine körperliche Reaktion, die beim Erleben von extremen Gefahrensituationen normal ist.

Durch die Anregung der Leber und der Skelettmuskulatur wird eine erhöhte Stoffwechselrate und ein höherer Blutzuckerspiegel erreicht. Dadurch wird die Körperkraft eines Menschen erhöht, ebenso seine Konzentrationsfähigkeit und der Widerstand gegen Verletzungen (z.B. durch Schweißbildung auf der Haut).

Der äußere Teil der Nebennierendrüse (Kortex) gibt mehrere Hormone ab (Kortikosteroide), die den Stoffwechsel der Kohlehydrate und des Proteins kontrollieren, das Natriumgleichgewicht aufrecht erhalten und die Fortpflanzungsfunktionen beeinflussen.

Tumore in der Nebennierendrüse verursachen eine zu starke Abgabe von Adrenalin und Noradrenalin. Menschen mit dieser Störung zeigen fast immer

Angstsymptome (Furcht, Zittern und Angstschweiß) bei deutlich erhöhtem Blutdruck.

Eine *hyperaktive Nebennierenrinde* (Cushing-Syndrom) zeigt sich im allgemeinen durch Gewichtszunahme und Ermüdung. Das Körperfett wird umverteilt – Arme und Beine werden dünn, während der Körper aufgedunsen wirkt. Der Patient hat oft ein »Mondgesicht« und einen »Büffelhöcker« auf dem Rücken. Häufig entstehen Blutergüsse und die Haut kann purpurrote Streifen aufweisen.

Psychiatrische Symptome können von Angst oder Depressionen bis zur ernsteren Psychose, die der Schizophrenie ähnelt, variieren.

Eine *Schwäche der Nebennierenrinde* (Addisons-Krankheit) bringt Gewichtsverlust mit sich, niedrigen Blutdruck, vermehrte Pigmentierung der Haut und des Zahnfleischs, Übelkeit und Erbrechen und Schwäche. Depressionen und Apathie sind die anfänglichen psychischen Symptome. Die Patienten entwickeln häufig ein mildes organisches Hirnsyndrom mit auffallender Gedächtnisstörung. Halluzinationen, Wahnvorstellungen und psychotische Reaktionen treten selten auf.

Die Addisons-Krankheit ist seltener als das Cushing-Syndrom. Beide Krankheiten können durch Abnormitäten verursacht werden, die ihren Ursprung in der Nebennierendrüse selbst haben, oder durch eine Über- oder Unterfunktion der Hirnanhangdrüse, die die Adrenalinfunktion reguliert.

Die *Hirnanhangdrüse*, die direkt unterhalb des Gehirns sitzt, gibt verschiedene Hormone ab, die wiederum andere endokrine Drüsen regulieren.

Daher können Tumore, die sich dort entwickeln, über die Schilddrüse, Nebennierendrüse oder andere Drüsen Auswirkungen auf den Körper und die Psyche haben.

Hypoglykämie (niedriger Blutzuckerspiegel) wurde in den vergangenen Jahren besonders in der Populärliteratur als Ursache von Angst oder Depressionen überbewertet. Echte Hypoglykämien, d.h. solche, bei der Zuckermangel in einer Blutzuckeranalyse festgestellt wurde, sind verhältnismäßig selten. Ihre Symptome sind Zittern, Schwitzen, starker Hunger, Müdigkeit und Schwindel. Dadurch ergibt sich große Ähnlichkeit zu klinischen Angstsyndromen bzw. Depressionen.

Um eine Hypoglykämie als Ursache für Angst oder Depressionen zu spezifizieren, bedarf es notwendigerweise einer Blutzuckeranalyse.

Gehirntumore können, je nach ihrem örtlichen Sitz, deutliche Veränderungen der Persönlichkeit herbeiführen. Außerdem führen sie meistens zu Depressionen und Angstzuständen.

Tumore treten fast immer in Verbindung mit starken Kopfschmerzen, Übelkeit und Erbrechen auf. Unter Zuhilfenahme modernster diagnostischer Mittel, z.B. der Computer-Tomographie, kann der Arzt die Gehirnstruktur genau betrachten und eine Diagnose oft eindeutig stellen.

3. Störungen durch psychotrope Substanzen

Die Wirkungen verschiedener Substanzen auf das zentrale Nervensystem können sehr unterschiedlich sein. Bestimmte Gruppen von Drogen, Medikamenten oder Genußmitteln kann man jedoch klassifizieren. Im wesentlichen unterscheidet man zwischen stimulierenden, dämpfenden und halluzinogenen Substanzen.

3.1 Beschreibung der Substanzen und ihrer Wirkungen

3.1.1 Dämpfende Substanzen

Alkohol

Die Wirkungen des übermäßigen Alkoholgebrauchs kann man an undeutlicher Sprache, mangelnder Koordination, unsicherem Gang, Beeinträchtigung des Gedächtnisses, Stimmungslabilität, Abnahme der Hemmung bei sexuellen oder aggressiven Reizen, Reizbarkeit, Geschwätzigkeit – bis hin zur Behinderung sozialer und beruflicher Funktionen erkennen.

Alkoholintoxikationen (so nennt man Rauschzustände im psychiatrischen Sprachgebrauch) werden schon im Altertum beschrieben, z.B. auch in 1. Mose 9,20-21: »Noah wurde der erste Ackerbauer und pflanzte einen Weinberg. Er trank von dem Wein, wurde davon betrunken und lag entblößt in seinem Zelt.«

Alkoholintoxikationen sind unbestritten eines der großen Probleme unserer Gesellschaft. In der Bundesrepublik ist bei Männern Alkohol die Droge Nr. 1 (bei Frauen sind es die Psychopharmaka).

Entsprechend der amtlichen Statistik (Jahrbuch 1990) sind in der Bundesrepublik Deutschland 10 % der Verkehrsunfälle mit Personenschäden auf Alkoholeinfluß zurückzuführen. Alkoholsüchtige Menschen sind mehr oder weniger regelmäßig von Intoxikationen beeinträchtigt. Durch die Entwicklung einer Toleranz können sie oft mehr Alkohol als der Durchschnittsmensch konsumieren, bevor irgendwelche äußeren Symptome deutlich werden. Häufige Alkoholintoxikationen können zu einem organischen Hirnsyndrom führen, z.B. dem Amnestischen Alkoholsyndrom (Korsakoff-Syndrom), bei dem der Gedächtnisverlust irreversibel ist.

Es ist allgemein bekannt, daß häufige Alkoholintoxikationen zu einer Leberverfettung oder Zirrhose führen können. Neben Gehirn und Leber können aber auch andere Organe des Körpers, z.B. Herz oder Magen, bei häufigem Alkoholmißbrauch schwer beeinträchtigt werden.

Barbiturate

Barbiturate sind Medikamente, die früher häufig als Schlafmittel verschrieben wurden. Wie Alkohol setzen sie die Aktivität des zentralen Nervensystems herab. Daher sind auch die äußeren Merkmale der Barbituratintoxikation im wesentlichen mit denen des Alkohols identisch. Wenn Barbiturate zusammen mit Alkohol eingenommen werden, ergibt sich häufig eine unvorhersehbare Wirkung. Da beide Substanzen die Atmungstätigkeit erheblich vermindern, wird diese bei gemeinsamer Einnahme oft so herabgesetzt, daß Erstickungsgefahr droht.

Opiate

Eine dritte Gruppe von Rauschgiften, die die Aktivität des zentralen Nervensystems herabsetzen, sind die Opiate. Zu ihnen zählen u.a. das Opium, Morphium und Heroin.

Opium wird aus dem Saft des asiatischen Mohns gewonnen. Es wurde schon im Mittelalter als Medikament in weiten Teilen der Welt eingesetzt. In unserem Jahrhundert wird Opium jedoch in erster Linie als Rauschmittel genutzt und deshalb von Regierungsseite auch bekämpft.

Morphium ist chemisch verändertes Opium und hat im Prinzip die gleiche Wirkung wie dieses – nur ungleich stärker.

Heroin ist eine synthetisch hergestellte Substanz, die in Deutschland mit dem Ziel entwickelt wurde, das Morphium zu ersetzen. Man hoffte dabei gleichzeitig ein Betäubungsmittel zu finden, das nicht süchtig macht. Bald stellte sich jedoch heraus, daß das neuentwickelte Heroin ebenso süchtig macht wie das Morphium – und es ist inzwischen in keinem Land der Welt mehr als Betäubungsmittel zugelassen.

Der Konsum von Opiaten kann eine Hochstimmung verursachen – aber auch das Gegenteil. Charakteristisch ist die Verengung der Pupillen (Alkohol-Barbituratrausch haben keine Pupillenverengung, Kokain-Amphetamin- und Halluzinogenrausch haben Pupillenerweiterung zur Folge). Die intravenöse Einnahme des Opiats führt einen charakteristischen »rush« herbei.

Opiatentzug kann Depressionen hervorbringen, verbunden mit Zittern, Schwäche, Übelkeit, Erbrechen und Gelenkschmerzen. Oftmals kann man auch Tränen, Schnupfen, Pupillenerweiterung, Schwitzen, Durchfall, schnellen Herzschlag oder Fieber beobachten. Im Gegensatz zum Alkohol- oder Barbituratentzug ist der Heroinentzug selten tödlich, aber extrem unangenehm.

Tranquilizer

Zu den das Zentralnervensystem dämpfenden Substanzen gehören auch die Benzodiazepine und ähnlich wirkende Beruhigungsmittel. Das bekannteste davon, Valium, ist derzeitig das weltweit am häufigsten verschriebene Medikament.

Als »minor tranquilizer« bekannt, werden diese Medikamente verschrieben, wenn innere Unruhe oder Angstzustände vorliegen. Da auch bei diesen Medikamenten eine Gewöhnung bzw. Abhängigkeit eintritt, ist die oftmals leichtfertige Verschreibung durch die Ärzte in den letzten Jahren heftig angeprangert worden.

Es besteht kein Zweifel, daß die verführerischen Anzeigenkampagnen der pharmazeutischen Industrie den Eindruck erwecken, die Benzodiazepine seien ungefährlich, und daß viele Ärzte diesen Veröffentlichungen Glauben geschenkt haben. In immer größeren Dosen wurden diese Medikamente an Patienten verschrieben, und viele sind süchtig geworden. In letzter Zeit mehren sich allerdings die Kritiker an einem solchen Vorgehen, und es ist zu hoffen, daß die Benzodiazepine mit mehr Umsicht dort eingesetzt werden, wo sie tatsächlich hilfreich sein können, beispielsweise bei bestimmten endogenen Depressionen.

3.1.2 Stimulierende Substanzen

Im Gegensatz zu Alkohol, Barbituraten und Opiaten, die die Tätigkeit des zentralen Nervensystems dämpfen, stehen die das Zentralnervensystem stimulierenden Substanzen, z.B. Nikotin, Koffein, Amphetamine, Kokain usw. Ihnen gemeinsam ist, daß sie Ruhelosigkeit, Nervosität, Schlafstörungen, Schweißausbrüche, Beschwerden im Magen-Darmbereich, Muskelzuckungen usw. produzieren können.

Koffein
Ein Koffeinrausch kann bei der Einnahme von nur 250 mg Koffein einsetzen. Das entspricht etwa 2 1/2 Tassen Kaffee.

Bei Kindern liegt diese Schwelle niedriger. Es kommt durchaus vor, daß besonders jüngere Kinder nach dem Genuß von einer Dose Coca-Cola einen Koffeinrausch entwickeln.

Amphetamine
Amphetamine wurden zu Anfang unseres Jahrhunderts mit dem Ziel entwikkelt, die Wirkung des Adrenalins im menschlichen Körper zu imitieren.

Amphetamine sind sehr starke Wachmacher. Eine Amphetaminintoxikation ist in den meisten Aspekten mit der Kokainintoxikation identisch (siehe unten), kann aber im Gegensatz dazu über Tage hinweg aufrecht erhalten werden. Im Zweiten Weltkrieg wurden Amphetamine beispielsweise bei Kampfpiloten zur Erhaltung der Konzentration und zum Wachbleiben eingesetzt. Eine Amphetaminintoxikation ist sehr selten tödlich. Es sind weltweit nur wenige Fälle bekannt, bei denen eine Amphetaminintoxikation zu einem Herzstillstand geführt hat. Unter dem Einfluß von Amphetaminen machen sich aber häufig aggressive Verhaltensweisen bemerkbar. Wenn diese mit Verfolgungswahn zusammentreffen, geschehen oft schreckliche Gewalttaten.

Kokain
Kokain ist eine chemische Substanz, die aus den Blättern des Kokastrauches hergestellt wird. Eine Kokainintoxikation führt zu Erregung, extrem gehobener Stimmung, dem Gefühl von Großartigkeit und von Selbstsicherheit. Zu den körperlichen Symptomen zählen Schlaflosigkeit, schneller Herzschlag, Pupillenerweiterung, erhöhter Blutdruck und manchmal Übelkeit. Auch Wahnvorstellungen und eine Beeinträchtigung des Urteilsvermögens können entstehen.

Bei entsprechend anfälligen Menschen kann die Kokainintoxikation eine Psychose herbeiführen.

Ein Kokainrausch dauert nur wenige Minuten, ist also sehr viel kürzer – dafür aber erheblich intensiver – als der Amphetaminrausch.

Die Kokainintoxikation führt selten direkt zum Tode. Anders ist es allerdings bei den Kokainderivaten. Kokain ist eine alkalische Substanz, die vom Körper zuerst chemisch aufgebrochen werden muß, um ihre Wirkung zu entfalten. Wenn das Kokain vor der Einnahme aufgespalten wird, wirkt es erheblich stärker und schneller. Eine solche Substanz ist das sogenannte »Crack«, ein Suchtstoff, der in den letzten Jahren immer mehr an Bedeutung gewonnen hat. Die Intoxikation durch Crack führt häufig zum Herzstillstand.

Nikotin

Nikotin ist eine das Zentralnervensystem stimulierende Substanz. Sie befindet sich in den Blättern der Tabakpflanze und wird beim Rauchen von Tabak sehr schnell in das Blut aufgenommen und zum Gehirn geführt.

Zwischen dem ersten Zug an einer Zigarette und der Wirkung des Nikotins im Gefühlszentrum des Gehirns vergehen nicht mehr als sieben Sekunden. Nikotingenuß führt sehr schnell zu Toleranz, d.h., das zentrale Nervensystem kompensiert die Wirkung der Substanz. Um die Wirkung dennoch aufrecht zu erhalten, muß man die Dosis erhöhen. Damit ist auch erklärt, warum es einem Menschen möglich ist, Kettenraucher zu sein, obwohl es ihm bei seiner ersten Zigarette hundeübel wurde.

Nicht zu Unrecht wird das Rauchen als eine Volksseuche gesehen. Die Krankheiten, die sich als Folge von Nikotingenuß einstellen (Lungenkrebs, Arterienverkalkung usw.) sind in unserer heutigen Gesellschaft für manchen qualvollen Tod verantwortlich. Wissenschaftliche Untersuchungen lassen keinen Zweifel darüber, daß Nikotin eine extrem süchtig machende Substanz ist. Dies spiegelt sich z.B. darin wider, daß die Erfolgsquote von Personen, die das Rauchen aufgeben wollen, niedriger ist als bei anderen chemischen Substanzen, z.B. Heroin oder Alkohol.

3.1.3 Halluzinogene Substanzen

Halluzinogene sind chemische Substanzen, die eine subjektive Verstärkung oder Veränderung der Wahrnehmung hervorrufen, Gefühle von Depersonalisation, Sinnestäuschung oder Halluzination. Zu den Halluzinogenen gehören u.a. LSD, Haschisch (Marihuana), Peyote und Meskalin. Das Abhängigkeitspotential ist bei den Halluzinogenen wahrscheinlich wesentlich geringer als bei den beiden erstbeschriebenen Gruppen.

Die Blätter der Marihuanapflanze enthalten den Wirkstoff Tetrahydrocannabinol (THC). Erheblich konzentrierter ist dieser Wirkstoff im Harz der Pflanze, das man auch Haschisch nennt. Obwohl THC-Intoxikationen keine akustischen oder visuellen Halluzinationen produzieren, gehört THC dennoch zu den Halluzinogenen, weil eine subjektive Intensivierung der Wahrnehmung oder ein Vertieftsein in auditive oder visuelle Reize entsteht, verbunden mit dem Gefühl verlangsamter Zeitabläufe. Außerdem ist die THC-Intoxikation mit einer leichten Euphorie verbunden.

Zu den körperlichen Symptomen gehören wäßrige Augen, schneller Herzschlag, starker Appetit und ein trockener Mund.

Im Gegensatz zu vielen anderen chemischen Substanzen ist THC fettlöslich und bleibt daher über lange Zeit im Körper. Eine Urinanalyse ist z.B. noch drei bis vier Wochen nach der letzten Einnahme von THC positiv. Wenn THC über Jahre hinweg häufiger in großen Mengen genommen wird, sind permanente Störungen im Gehirn nachweisbar.

Ein Halluzinogen, das in den letzten Jahren erheblich an Bedeutung gewonnen hat, ist das *Phencyclidin* (PCP). Diese Substanz, die ursprünglich als ein Betäubungsmittel für Tiere entwickelt wurde, hat völlig unvorhersehbare Wirkungen auf den Benutzer. Manche reagieren auf PCP-Intoxikation mit Gelassenheit, Entspanntsein und angenehmen Halluzinationen. Andere dagegen werden gewalttätig und haben möglicherweise Halluzinationen mit äußerst unangenehmen oder angstmachenden Inhalten. Da PCP den Benutzer völlig schmerzunempfindlich macht, sind gewalttätige PCP Benutzer nur sehr schwer zu bändigen. Die Benutzung von PCP ist daher mit starken Risiken verbunden und wird von Jugendlichen manchmal als Mutprobe gesehen.

Inhalantien

Jugendliche, die den Drogengebrauch gewohnt sind, aber aus irgendwelchen Gründen keine Drogen zur Hand haben, gehen manchmal dazu über, einen Betäubungszustand durch das Einatmen von irgendwelchen Lösungsmitteln herbeizuführen. Klebstoffe, Benzin oder ähnliche Substanzen werden zu diesem Zweck mißbraucht.

Bleibende Gehirnschäden sind aufgrund solchen Mißbrauchs möglich, besonders wenn solche Giftstoffe über längere Zeit benutzt werden.

3.2 *Abhängigkeit und Mißbrauch – Störungen durch Psychotrope Substanzen*

Der regelmäßige Gebrauch psychotroper Substanzen hat Konsequenzen für das Verhalten der Konsumenten.

Das schlecht angepaßte Verhalten spiegelt sich in beeinträchtigten sozialen oder beruflichen Funktionen wider. Das Verhalten kann impulsiv oder unverantwortlich sein. Häufig werden wichtige Verpflichtungen nicht mehr erfüllt. Setzt eine solche Störung früh im Leben ein, steht der Schulabschluß häufig in Frage und beruflicher Erfolg bleibt im allgemeinen versagt. Verkehrsunfälle, Verletzungen und Krankheiten sind häufige Komplikationen.

Unterschieden wird zwischen Mißbrauch und Abhängigkeit.

Mißbrauch bedeutet, daß eine Person über einen Zeitraum von mindestens einem Monat häufig unter Intoxikation stand und daß die Unfähigkeit erlebt wird, eine Einnahme der Substanz zu reduzieren oder abzusetzen. Dabei stellen sich Einschränkungen in der sozialen oder beruflichen Leistungsfähigkeit ein. D.h., daß der Mißbrauch der chemischen Substanz zu Schwierigkeiten im zwischenmenschlichen oder beruflichen Bereich geführt hat.

Als *Abhängigkeit* bezeichnet man, was in der Gesellschaft häufig als «Sucht« beschrieben wird. Zusätzlich zu den Bedingungen, die beim Mißbrauch vorliegen, gibt es bei der Abhängigkeit die Phänomene der *Toleranz* oder des *Entzuges.*

Um eine Abhängigkeit zu diagnostizieren, muß man also nachweisen, daß entweder wesentlich größere Mengen der Substanz erforderlich sind, um den gewünschten Effekt zu erzielen, bzw. daß bei gleicher Dosis die Wirkung deutlich abnimmt oder daß beim Entzug ein substanzspezifisches Syndrom auf das Absetzen oder die Verminderung der Substanzdosis erfolgt.

Alkoholabhängigkeit hat viele Komplikationen (Hepatitis, periphäre Neuropathie, Gastritis, Zirrhose der Leber usw.). Die Zirrhose, eine meistens tödliche Krankheit, ist in den westlichen Ländern im Ansteigen begriffen.

Depressive Syndrome, die bei Alkoholabhängigkeit häufig sind, können teilweise die hohe Rate von Selbstmördern unter alkoholabhängigen Menschen erklären.

Barbituratabhängigkeit fand man häufig in den Siebzigerjahren bei Menschen, die diese Medikamente für Schlaflosigkeit verschrieben bekamen. Einige erhöhten die Dosis, wenn die Toleranz gegenüber der Droge stieg. Sie gingen außerdem dazu über, Barbiturate zu verwenden, um sich tagsüber ruhiger zu fühlen.

In den letzten Jahren ist die Verschreibung von Barbituraten wegen der starken Mißbrauchgefahr erheblich zurückgegangen.

Barbituratmißbrauch findet man heute häufig unter Heranwachsenden, die diese Mittel zusammen mit Alkohol benützen, um »high« zu werden.

Opiate werden schon seit langem mißbraucht. Etwa die Hälfte der Benutzer entwickelt eine Opiatabhängigkeit. Die Mehrzahl der Opiatabhängigen sterben aufgrund ihres Lebensstils vor dem 40. Lebensjahr.

Bei *Kokainabhängigkeit* sieht man die üblichen Entzugserscheinungen bei Absetzen oder Reduzierung der Dosis. Angst, Zittern, Müdigkeit, Reizbarkeit und Depression sind etwa eine Stunde nach Abklingen der primären Wirkung häufig zu erkennen.

Bei *Amphetaminabhängigkeit* findet man häufig eine psychologische Abhängigkeit. Die sozialen Komplikationen beinhalten Aggressionen, Verlust von Freunden, Arbeitsversäumnis und Schwierigkeiten mit dem Gesetz.

Cannabismißbrauch ist häufig, dagegen ist *Cannabisabhängigkeit* selten. Entzugserscheinungen nach Absetzen von Cannabis sind bisher nicht nachgewiesen worden. Die Entwicklung von Toleranz wurde aber in Einzelfällen bemerkt. Bei starker Toleranz kann eine Cannabisabhängigkeit diagnostiziert werden. Sie geht einher mit deutlichem Interessenverlust von Aktivitäten, die man früher ausgeübt hatte. Das Fehlen von Motivation kann zusammen mit anderen sozialen Komplikationen ein besonderes Problem werden.

Dem *Halluzinogenmißbrauch* wurde während der letzten Jahre in den Nachrichtenmedien viel Aufmerksamkeit geschenkt. Er kann besonders für psychisch labile Menschen, die möglicherweise nach dem Gebrauch mit der Realität brechen, schädlich sein.

Da Halluzinogene weder Toleranz noch Entzug produzieren, gibt es keine Halluzinogenabhängigkeit.

Störungen durch Tabakgebrauch ist eine neue Kategorie des DSM-III. Die Forschungen haben gezeigt, daß chronischer Tabakgebrauch für viele Krankheiten anfällig macht. Es wird geschätzt, daß 15% der jährlichen Sterblichkeitsrate aus Krankheiten resultiert, die durch den Tabakkonsum verursacht oder verstärkt werden.

Tabakgebrauch wird als Störung betrachtet, wenn das wiederholte Verlangen besteht, den Wirkstoff zu benutzen und Schmerzen bei diesem Verlangen einsetzen, oder wenn der Nachweis einer ernsten körperlichen Störung in Verbindung mit Tabak bei einem Menschen, der psychologisch vom Tabak abhängig ist, besteht.

Ein beträchtlicher Teil der erwachsenen Bevölkerung benutzt Tabak. Männer rauchen häufiger als Frauen, obwohl die Zahl der Frauen steigt. Die Rückfallquote ist unter denen, die versuchen, das Rauchen aufzugeben, hoch; mehr als die Hälfte erleiden in den ersten sechs Monaten einen Rückfall, und über 70% innerhalb eines Jahres.

4. Schizophrenie

Schizophrene Störungen sind von psychotischen Zügen gekennzeichnet, d.h., daß Menschen mit einer solchen Störung mit der Realität irgendwie nicht in Verbindung stehen.

Die klassischen Symptome wurden vor Jahren von E. Bleuler als die »4 A's« beschrieben: flacher oder unpassender *Affekt*, lose *Assoziationen*, *Autismus* und *Ambivalenz*.

Menschen mit einer schizophrenen Störung schweifen von einem Thema zum nächsten und machen es anderen fast unmöglich, ihrem Gedankengang zu folgen.

Die zusammenhanglosen Assoziationen spiegeln eine Gedankenstörung wider, die durch das Durcheinandergeraten neuraler Übermittlungen (die vom Neurotransmitter Dopamin abhängig sind) gekennzeichnet ist. Diesem Dopaminungleichgewicht geht möglicherweise bei Menschen mit entsprechender genetischer Veranlagung eine schwierige Umwelt und starker Streß voraus.

Die Störung des Gedankenprozesses zeigt sich in einer vagen, überabstrakten, überkonkreten, wiederholenden, stereotypen oder unlogischen Kommunikation. Tatsachen werden unverständlich gemacht oder verzerrt, und falsche Schlüsse werden mit unpassenden Beweisen gezogen. Menschen mit einer schizophrenen Störung haben im allgemeinen auch einen *flachen* oder *unpassenden Affekt*, d.h, ihr Gesichtsausdruck zeigt keine entsprechenden Gefühle. Beim unpassenden Affekt paßt die Stimmung, die ausgedrückt wird, nicht zu den momentanen Erlebnissen. So kann es sein, daß der Mensch lächelt oder lacht, während er von einer traurigen persönlichen Erfahrung erzählt.

Obwohl auch bestimmte antipsychotische Medikamente eine gewisse affektive Abflachung verursachen können, ist der flache starrende Blick zum größten Teil Symptom der zugrunde liegenden schizophrenen Störung.

Zusätzlich zu den vier primären Symptomen gehören als sekundäre Symptome *Wahnvorstellungen* und *Halluzinationen* hinzu.

Bei Wahnvorstellungen hält die betreffende Person Überzeugungen für wahr, trotz eindeutiger Beweise des Gegenteils. Zu den häufigen Typen schizophrener Wahnvorstellungen zählen die von Großartigkeit (z.B. der Glaube, Christus oder Napoleon zu sein), von Verfolgung (z.B. dem Denken, daß man von der Mafia verfolgt, daß man bespitzelt wird, oder daß andere Gerüchte über den Betroffenen verbreiten) und von Anspielung (wobei man denkt, daß z.B. Zeitungsartikel oder Fernsehshows persönliche Anspielungen machen). Bei einigen Wahnvorstellungen glaubt der Patient, daß Gedanken kontrolliert, verbreitet, in seinen Kopf eingegeben oder herausgezogen werden. Einige Wahnvorstellungen haben auch eifersüchtigen Inhalt.

Bei Halluzinationen hört, sieht oder fühlt man Dinge, die nicht oder nicht so vorhanden sind, wie sie erlebt werden.

Auditive Halluzinationen sind mit Abstand die häufigsten. Menschen, die unter derartigen Halluzinationen leiden, hören möglicherweise Beschimpfungen, daß ihr Name gerufen wird, oder Musik, die sonst niemand vernhemen kann.

Zu anderen Symptomen der Schizophrenie gehört bizarres Verhalten, schlechte körperliche Hygiene, exzentrische Kleidung, beeinträchtigte Rollenfunktionen in der Gruppe und Störungen des motorischen Verhaltens (z.B. gekünsteltes Gehabe, Grimassen, starre Haltung, Reduzierung spontaner Bewegungen usw.).

Schizophrenie beinhaltet, insgesamt gesehen, eine andauernde Zerrüttung des vorherigen Niveaus täglicher Funktionen. Entsprechend der Definition im DSM-III müssen die Symptome sechs Monate lang vorhanden sein, bevor eine entsprechende Diagnose gestellt werden kann.

Bis zu welchem Grad sich die genannten Symptome wieder normalisieren, ist von Fall zu Fall verschieden. Oft kann ein Patient zu fast normaler Funktion zurückkehren, obwohl einige Symptome bestehen bleiben.

Menschen, auf die einer der folgenden Punkte zutrifft, haben eine relativ gute Prognose:

- Es gab ein relativ eindeutiges herbeiführendes Ereignis.
- Die Störung setzte abrupt ein.
- Die Störung setzt erst im mittleren Lebensalter ein.
- Es gab eine gute Funktion vor dem Einsetzen der Störung.

Schizophrenie beginnt meistens in der Adoleszenz oder im frühen Erwachsenenalter. Sie tritt bei 0,2 bis 1% der Bevölkerung auf, bei Männern und Frauen etwa gleich häufig. Sie ist häufiger in den niedrigeren Sozialschichten und unter biologisch verwandten Familienmitgliedern.

Schizophrene haben eine kürzere Lebenserwartung und eine höhere Selbstmordrate.

Die Übereinstimmungsrate bei eineiigen Zwillingen ist bemerkenswert höher als bei zweieiigen, so daß von einer vererbten Disposition ausgegangen werden muß. Der Persönlichkeitstyp, der Schizophrenie am wahrscheinlichsten entwikkelt, wird charakterisiert durch Mißtrauen, Scheu, Introvertiertheit, Zurückgezogensein oder exzentrisches Verhalten.

Man klassifiziert die schizophrenen Störungen in einige Untergruppen: die hebephrenische, katatonische, paranoide, undifferenzierte und residuale.

Die Merkmale der *hebephrenen* Schizophrenie sind alberne Affekte, Grimassen, gekünsteltes Gehabe und extremes soziales Zurückziehen.

Dieser Typ der schizophrenen Störungen setzt im allgemeinen früh ein und hat die schlechteste Prognose der schizophrenen Störungen überhaupt.

Die *katatonische* Schizophrenie ist durch psychomotorische Störungen, Aufregung, Stupor und eine starre Haltung, die als »wächserne Beweglichkeit« bekannt ist, charakterisiert.

Das Hauptmerkmal der *paranoiden* Schizophrenie sind paranoide Wahnvorstellungen mit verfolgendem oder grandiosem Inhalt. Auch Zorn kann ein hervorstechendes Merkmal sein.

Diese Art der schizophrenen Störung setzt im allgemeinen später als die anderen ein und neigt dazu, eine Zeitlang stabil zu bleiben. Menschen mit Störungen im Sinne der paranoiden Schizophrenie sind manchmal in der Lage, über lange Zeit hinweg in der Gesellschaft zu funktionieren, obwohl sie vielleicht schon ausgeprägte Wahnvorstellungen haben. Dies kann u.a. daran liegen, daß die Kranken es verstehen, durch ihr überstarkes Mißtrauen anderen gegenüber auch ihre Symptome zu verstecken.

Der Begriff »*undifferenzierte* Schizophrenie« wird verwendet, wenn die Symptome nicht auf eine der vorherigen Unterarten zutreffen oder wenn sie auf mehrere Unterarten zutreffen.

Eine *residuale* Schizophrenie bedeutet eine Unterbrechung der schizophrenen Symptome. D.h., daß der Patient im Augenblick nicht offensichtlich psychotisch gestört ist, aber noch Zeichen der Krankheit (flacher Affekt, soziales Zurückziehen usw.) zeigt.

Ein Fallbeispiel aus der Biblisch-therapeutischen Seelsorge
Paranoider Typ der Schizophrenie

Martin V. (19) ist ein etwas vernachlässigt aussehender junger Mann, der zur Seelsorge kommt, weil er jetzt zum dritten Mal seine Lehrstelle verloren hat. Nach dem Bericht der Eltern war der Grund für die Kündigungen immer der, daß Martin in sehr aggressiver Weise Konflikte provoziert oder bei einem Streit die Arbeitsstelle einfach verlassen hat.

Herr V. selber erzählt eine etwas andere Geschichte. Nach seiner Auffassung gab es in jeder Lehrstelle Kollegen, die ihn systematisch provoziert haben, um ihn los zu werden. »Die stecken doch alle unter einer Decke«, sagt Herr V., »wenn die merken, daß man etwas besser kann, machen die einen fertig.«

Herr V. akzeptiert überhaupt keine Verantwortung, nicht nur, was seine beruflichen Probleme betrifft. Auch im Jugendkreis ist er isoliert, wenn nicht gar unbeliebt, und schimpft über die Heuchelei der Christen, die »von Liebe reden, aber ganz anders handeln«.

Nach den Berichten der Eltern war Martin »schon immer anders«. Er spielte nicht mit den Nachbarskindern und hatte extrem starke Zornausbrüche, wenn etwas nicht so gemacht wurde, wie es ihm paßte. Auch mit seinen Geschwistern kam er nie richtig zurecht.

Herr V. ist bereit, sich auf eine Beratung einzulassen, in erster Linie, weil die Eltern ihm sonst ihre finanzielle Unterstützung entziehen wollen.

Innerhalb der folgenden Wochen verschlechtert sich jedoch sein Zustand zusehends. Er geht fast nicht mehr aus dem Haus, hält sein Zimmer verdunkelt und äußert bizarre Ideen. Er glaubt, daß der Geheimdienst sein Telefon abhört, und daß »sie« versuchen, mit Antennen seine Gedanken zu lesen. Er ist davon überzeugt, daß der Geheimdienst ihn als »Spion der Russen« verfolgt. Seine Sprache ist oft zusammenhanglos, und er benutzt viele technisch klingende Worte, die es nicht gibt.

Der Seelsorger bittet die Eltern, ihren Sohn vom Hausarzt zur stationären Beobachtung in eine psychiatrische Klinik einweisen zu lassen, was auch geschieht.

In der Klinik bekommt Herr V. Medikamente (Neuroleptika) verschrieben, die ihm helfen, seine Gedanken besser zu ordnen. Dadurch tritt auch eine deutliche Verbesserung seines Gesamtzustandes ein; er redet wieder in verständlicher Sprache. Seine Wahnideen hält er aber weiterhin aufrecht.

Nach 6 Monaten wird Herr V. von der Klinik in ein Heim für psychisch gestörte Männer entlassen und arbeitet in einer geschützten Werkstatt. Er muß sich dort auch an gemeinschaftlichen Aufgaben beteiligen. Die Mitarbeiter achten darauf, daß Herr V. täglich seine Medikamente einnimmt.

5. Wahnsyndrom (Paranoide Störungen)

Paranoide Störungen gehören, wie die Schizophrenien, zu den psychotischen Störungen. Sie treten bei ein bis vier Prozent der Bevölkerung auf und setzen meistens später als Schizophrenie ein.

Häufigste Unterart ist die Paranoia, die sich von den schizophrenen Störungen dadurch unterscheidet, daß das Denken, abgesehen von den paranoiden Wahnvorstellungen, klar und geordnet ist. Bei Menschen mit Paranoia steht also nur ein Teil ihres Denkens nicht mit der Realität in Verbindung. Sie glauben z.B., daß sie bespitzelt werden, daß man sich gegen sie verschwöre, daß sie verfolgt werden, daß man ihnen Drogen gibt oder sie vergiftet. Ebenso können sie auch einen Eifersuchtswahn haben.

Eine »geteilte Paranoia« besteht, wenn der Wahn mit einem anderen Menschen geteilt wird. So kommt es manchmal vor, daß ein Mensch mit paranoider Störung, der unter Umständen sehr begabt ist, andere Menschen von seinem Wahn überzeugen kann. Es gibt solche geteilten Paranoien auch in kleinen und großen Gruppen. Nicht selten findet man einen solchen Gruppenwahn auch mit religiösem Hintergrund.

Im Unterschied zur paranoiden Störung ist ein *paranoider Zustand* eine residuale Kategorie für paranoide Störungen, die sonst nicht klassifiziert sind. Sie sind meistens vorübergehend, am häufigsten anzutreffen bei Menschen, die plötzlichen Veränderungen in ihrem Leben ausgesetzt sind, z.B. Einwanderer, Gastarbeiter, Flüchtlinge, Studenten usw.

6. Psychotische Störungen, die nicht andernorts klassifiziert sind

6.1 Schizophreniforme Störung

Bei einer schizophreniformen Störung liegen die Symptome der Schizophrenie vor, wobei aber die Dauer der Erkrankung sechs Monate noch nicht erreicht hat. »Schizophreniforme Störung« ist also eine Übergangsdiagnose, die häufig – jedoch nicht immer – zur Schizophrenie geändert werden muß.

6.2 Kurze Reaktive Psychose

Bei einer kurzen Reaktiven Psychose treten schwere psychotische Symptome, also z.B. Halluzinationen oder Wahnvorstellungen auf, nachdem die betroffene Person eine schwere psychosoziale Belastung erlebt hat.

Die Störung kann zwischen wenigen Stunden und zwei Wochen andauern. Ein Erlebnis, das eine solche Psychose herbeiführen kann ist z.B. der Tod einer nahestehenden Person.

6.3 Schizoaffektive Störungen

Das Hauptmerkmal schizoaffektiver Störungen ist die Mischung verschiedener affektiver Symptome (starke Stimmungsveränderung) mit denen einer Schizophrenie. Solche Patienten sind besonders selbstmordgefährdet.

Die Diagnose einer schizoaffektiven Störung wird dann gestellt, wenn ein affektives Syndrom (manisches Hoch oder depressives Tief) mit schizophrenieähnlichen Symptomen (Wahnvorstellungen, Halluzinationen oder zusammenhangslosen Assoziationen) zusammentrifft. Dabei ist es wesentlich, daß das affektive Syndrom (vgl. hierzu den nächsten Abschnitt) den schizophrenieähnlichen Symptomen vorhergeht oder sich gleichzeitig entwickelt – ansonsten werden die affektiven Symptome als Folge einer bestehenden Schizophrenie gewertet.

6.4 Atypische Psychosen

Die atypische Psychose ist eine Residualkategorie für Fälle, in denen psychotische Symptome bestehen, wobei aber die diagnostischen Kriterien für eine der oben aufgeführten psychischen Störungen nicht erfüllt werden.

Als Beispiel für eine atypische psychotische Störung kann die kurze psychotische Reaktion, die eine Mutter nach der Geburt ihres Kindes erlebt, genannt werden.

7. Affektive Störungen

Das Merkmal affektiver Störungen ist eine Beeinträchtigung der Stimmung, die sich als Depression oder übertriebenes Hochgefühl zeigt. Das DSM-III unterscheidet zwischen den »typischen Depressionen«, »bipolaren Störungen« und »anderen affektiven Störungen«.

7.1 Typische Depression

Bei einer typischen Depression unterscheidet man, ob es sich um eine einzelne Episode oder um wiederholte Episoden handelt.

Eine depressive Episode ist eine klar abgegrenzte Zeitperiode von mindestens einer Woche, die sich durch einen sehr traurigen Affekt charakterisiert. Im Vordergrund stehen schmerzbetontes Denken, körperliche Symptome, Angst und möglicherweise Wahngedanken. Die Betroffenen sehen traurig aus, die Mundwinkel sind herabgezogen. Frauen benützen kein Make-up mehr, Männer rasieren sich oft nicht (vgl. hierzu auch das Kapitel 4.3).

Depressive Menschen fühlen sich wertlos, hilflos und ohne Hoffnung. Sie sind auf destruktive Weise nach innen gerichtet. Sie verlieren ihre Motivation und die Fähigkeit, Vergnügungen zu genießen. Sie ziehen sich zurück, fühlen sich mutlos und unzulänglich und sind oft sehr selbstmordgefährdet. Die Selbstmordgefährdung ist oft dann am höchsten, wenn eine leichte Besserung einer depressiven Phase eingetreten ist. Diese Besserung reicht manchmal aus, um dem depressiven Menschen genug Energie zu geben, daß er einen Selbstmordversuch überhaupt erst in Angriff nimmt.

Körperliche Symptome depressiver Menschen sind psychomotorische Agitation oder Verlangsamung (Ruhelosigkeit oder verlangsamtes Verhalten).

Zu den typischen Schlafstörungen gehört das Erwachen in den frühen Morgenstunden und die Unfähigkeit, wieder einzuschlafen. Der Appetit kann gestört sein und Gewichtszunahme oder -abnahme zur Folge haben.

Menschen mit Depressionen haben sehr wenig Energie und brauchen lange, um morgens in Gang zu kommen. Sie beschäftigen sich vorwiegend mit körperlichen Problemen, wie Kopfschmerzen oder Verstopfung.

Angst zeigt sich durch Ruhelosigkeit oder verstärkte Reizbarkeit. Paranoide Symptome (Verfolgungsgedanken) sind häufig, einschließlich der Wahnvorstellung, daß man wegen irgendeiner Sünde verfolgt oder bestraft wird.

Ein Fallbeispiel aus der Biblisch-therapeutischen Seelsorge

Anna T. ist eine 61jährige Frau, die von ihrem Ehemann zur Seelsorgerin gebracht wird.

Sie klagt darüber, daß sie »bei jeder Kleinigkeit« weinen muß, sehr schlecht schläft und morgens nicht aus dem Bett kommt. Der Tagesanfang sei überhaupt das Schlimmste, sie brauche bis mindestens 11 Uhr, damit sie überhaupt »in Gang kommt«. Früher habe sie gerne Besuche gemacht, auch die wöchentlichen Bibelstunden hat sie regelmäßig besucht. Seit etwa sechs Monaten hat sie das aufgegeben, es wurde alles »zu anstrengend«.

Seit einigen Wochen denkt Frau T. oft, daß ihr Leben sinnlos ist, und hat Selbstmordgedanken. Darüber schämt sie sich sehr, denn »als Christ darf man so etwas doch nicht einmal denken«. Als sie ihrem Mann von den Gedanken erzählt, ist dieser verständlicherweise sehr besorgt, und hat Angst, sie aus den Augen zu lassen. Diese besondere Aufmerksamkeit, die ihr geschenkt wird, weckt aber bei Frau T. vermehrte Schuldgefühle.

Als die Situation nach einiger Zeit nicht besser wurde, ging Frau T. zum Arzt und wurde gründlich untersucht. Der Arzt verschrieb ein stimmungsaufhellendes Mittel und empfahl eine Psychotherapie. Zuerst hat sich Frau T. sehr gegen diese Empfehlung gewehrt, dann aber auf Drängen der Familie doch eine Beratung gesucht. Auf die Frage, ob die Medikamente helfen, antwortet Frau T., daß sie ohne diese wohl nicht zur Beratung hätte kommen können, aber daß es ihr nach wie vor sehr schlecht gehe.

Frau T. hat drei Kinder im Alter von 27, 23 und 19 Jahren, von denen keines mehr zu Hause wohnt. Der Jüngste hat vor einem Jahr den Zivildienst begonnen, die anderen beiden sind verheiratet.

Im Erstgespräch stellt sich heraus, daß Frau T. unter starken Schuldgefühlen leidet. Insbesondere hat sie ständig das Gefühl, ihren Kindern eine schlechte Mutter gewesen zu sein, verbunden mit der Sorge, dies nicht wieder gut machen zu können. Herr T., der beim Gespräch anwesend ist, versichert, daß keine außergewöhnlichen Spannungen zwischen Kindern und Eltern bestehen – im Gegenteil, die Kinder seien sehr positiv zu ihrem Elternhaus eingestellt.

Auch auf anderen Gebieten fühlt sich Frau T. sehr unsicher. In der Gemeinde kommt sie sich »dumm« vor und hat das Gefühl, daß andere sie nicht mögen.

Im Gespräch zeigt sich deutlich, daß Frau T. sehr unrealistische Erwartungen an sich und andere stellt und sich daher zwangsläufig ständig selbst enttäuscht.

In weiteren Gesprächen beginnt Frau T. mit der Hilfe ihrer Seelsorgerin, die Art ihres Denkens und Wahrnehmens zu untersuchen. Sie merkt, daß ihre übertriebenen Erwartungen Depressionen verursachen. Frau T. fühlt sich für viele Dinge verantwortlich, die nicht im Bereich ihrer Kontrolle liegen, und erlebt sich daher oft als inadäquat. Besonders schwierig wird dies im Bereich des Glaubens, wo sich Frau T. z.B. mit Selbstvorwürfen quält, weil ihr jüngster Sohn nicht bekehrt ist.

Frau T. lernt im Laufe der Gespräche Stück für Stück, Verantwortungen abzugeben. Dabei wird die drückende Last der Schuldgefühle leichter, und sie ist daher auch in der Lage, mehr Verantwortung für sich selbst zu übernehmen.

Obwohl sie sich morgens besonders energielos fühlt, beginnt sie, zu einer geregelten Zeit aufzustehen und den Tag mit einem kurzen Spaziergang zu beginnen. Sie merkt, daß sie mehr Kontrolle über ihre eigenen Gefühle und Haltungen gewinnt.

Frau T. beginnt außerdem, sich wieder ein wenig in der Gemeinde zu engagieren. Sie geht in eine seelsorgerliche Gesprächsgruppe anstelle der Einzelgespräche, von denen sie inzwischen 14 gehabt hat.

Von Zeit zu Zeit erlebt sie ein Tief, mit dem sie jetzt aber besser zurecht kommt. Frau T. hat gelernt, mit sich selbst liebevoller umzugehen, und auch den größten Teil der Angst verloren, daß die Depressionen immer schlimmer werden könnten.

7.2 Bipolare Störung

Bei einer bipolaren Störung kommen manische und depressive Phasen vor. Die manische Episode einer bipolaren Störung wird durch eine Intensivierung der Stimmung, Sprache und motorischen Aktivität charakterisiert. Manische Menschen sind euphorisch und zeigen eine ansteckende, ungehemmte gute Laune – bis sie frustriert werden. An diesem Punkt kann sich ihre gute Stimmung sofort umkehren und sie werden gegenüber anderen reizbar und gefühllos.

In ihrer euphorischen Stimmung können sie Ehrgeiz, Enthusiasmus, Optimismus, Ekstase, Schwung, Großartigkeit und übermäßige Selbsteinschätzung zeigen. In ihrem unkritischen Selbstbewußtsein kann das Urteilsvermögen so beeinträchtigt sein, daß sie alle möglichen extravaganten Geschäfte abschließen.

Zusammen mit der euphorischen Stimmung gibt es eine extreme Verweigerung, Realitäten zu akzeptieren, weshalb die Betroffenen dann auch zumeist keine Einsicht in ihr abnormes Verhalten erlangen können.

Bei einer manischen Phase wird eine zugrundeliegende Depression vorausgesetzt. Für manische Menschen ist es charakteristisch, schnell und viel zu sprechen. Da ihre Gedanken rasen, wechseln sie oft das Thema. Unfähig, einen unterbrochenen Gedankengang aufrecht zu erhalten, sprechen sie zu laut und machen oft Witze oder abfällige Bemerkungen. Ohne besonderes Talent beginnen sie möglicherweise, einen Roman zu schreiben oder ein Lied zu komponieren, und entwickeln einen Großartigkeitswahn. Ihre gesteigerte, motorische Aktivität drückt sich durch viele Aktivitäten, verringerten Schlaf und erhöhtem Bedürfnis nach Geselligkeit (wobei sie z.B. Freunde zu allen Nachtstunden aufsuchen) aus. Manische Menschen sind aufdringlich, fordernd und beherrschend.

Depressive Episoden können in jedem Lebensalter auftreten, aber manische Episoden setzen meistens vor dem dreißigsten Lebensjahr ein. Mindestens die Hälfte aller Menschen mit einer ersten depressiven Episode haben eine weitere.

Wenn eine Person voll ausgebildete manische sowie depressive Episoden erfahren hat, leidet sie unter der bipolaren Störung. Man unterscheidet hier zwischen der gemischten, der manischen und der depressiven bipolaren Störung.

Bei der gemischten Form treten die manischen und depressiven Symptome entweder im Mischzustand oder in raschem Wechsel auf. Bei der manisch-bipolaren Störung befindet sich die Person gegenwärtig in der manischen Phase einer bipolaren Störung. Bei der depressiv-bipolaren Störung befindet sich die Person in der depressiven Phase.

7.3 Andere affektive Störungen

Viele Menschen erleben Stimmungsschwankungen, die sie zwar sehr beeinträchtigen, die aber nicht die Kriterien einer »typischen Depression« oder »bipolaren Störung« erfüllen.

Wenn eine Person seit mindestens zwei Jahren an solchen Stimmungsänderungen leidet, wird eine *spezifische affektive Störung* diagnostiziert. Hierzu gehören die *zyklothyme Störung* und die *dysthyme Störung.*

Bei der zyklothymen Störung bestehen manische und depressive Symptome seit mindestens zwei Jahren, sie sind jedoch nicht so stark, um die Kriterien einer manischen oder depressiven Episode zu erfüllen.

Eine dysthyme Störung (früher: »depressive Neurose«) wird diagnostiziert, wenn die betreffende Person sich überwiegend traurig, niedergeschlagen, energielos, depressiv usw. fühlt. Diese Symptome sind zwar nicht schwer genug, um eine typische Depression zu sein, aber es bestehen erhebliche depressive Störungen oder der Interesseverlust an früher geschätzten Aktivitäten seit mindestens zwei Jahren.

Eine residuale Kategorie, in der alle solche depressiven Störungen eingeordnet werden, die nicht in die oben genannten Kategorien fallen, ist die *atypische affektive* Störung.

Menschen mit einer bestimmten Form der Persönlichkeitsstörung entwickeln zum Beispiel manchmal für kurze Zeit depressive Symptome nach dem Verlust einer romantischen Beziehung (vermehrtes Essen, vergrößertes Schlafbedürfnis, Lethargie). Von diesen Menschen würde man sagen, daß sie unter einer »atypischen depressiven Störung« leiden.

8. Angstsyndrome

Diese Gruppe von Störungen, deren herausragendes Merkmal das Angstgefühl ist, wird in drei Untergruppen unterteilt: die *phobischen Störungen, Angstzustände* und *posttraumatische Belastungsreaktionen.*

Welche Art von Angststörung vom jeweiligen Menschen entwickelt wird, hängt davon ab, wie dieser mit der Angst umgeht. Das Grundproblem, mit der Angst nicht mehr fertig zu werden, ist jedoch für alle drei Störungen das gleiche.

Es wird geschätzt, daß zwei bis vier Prozent der Bevölkerung entweder unter Angstzuständen oder einer Phobie leiden und daß etwa zehn Prozent der Patienten mit Herzerkrankungen an einer Angststörung leiden.

8.1 Phobien

Phobische Störungen sind charakterisiert durch ein ständiges Vermeidungsverhalten, welches auf irrationalen Ängsten vor einer spezifischen Situation, einem Objekt oder einer Aktivität beruht. Der Betroffene erkennt dabei, daß die Angst irrational ist.

Die Diagnose einer phobischen Störung wird nur gestellt, wenn das Vermeidungsverhalten so stark ist, daß es die soziale Funktionsfähigkeit des Betroffenen stört.

Es gibt viele verschiedenartige Phobien. Eine besonders bekannte Form ist die *Agoraphobie,* d.h. eine irrationale Angst, die familiäre Umgebung zu verlassen und unter fremden Menschen zu sein. Die Betroffenen weigern sich, das Haus zu verlassen, allein wegzugehen oder allein zu reisen. Sie entwickeln starke Angstgefühle in geschlossenen Räumen oder auf offenen Plätzen (auch in der Kirche oder bei Vorträgen). Dabei kann es zu Panikattacken kommen, die so weit führen, daß der Betroffene das Bewußtsein verliert.

Eine *Soziale Phobie* ist die irrationale Angst vor sozialen Situationen, in denen der Betroffene fürchtet, erniedrigt oder abgelehnt zu werden. Beispiele für solche Sozialen Phobien schließen ein: Errötungsangst, Angst vor öffentlichem Reden, Angst vor dem Essen in der Öffentlichkeit, vor dem Schreiben vor anderen Menschen oder vor der Benutzung öffentlicher Toiletten usw.

Andere Phobien klassifiziert man unter der Sammelbezeichnung *Einfache Phobie.* Bei einer Einfachen Phobie gibt es eine anhaltende, irrationale Angst vor bestimmten Situationen oder Objekten, verbunden mit dem dringenden Wunsch, diese zu vermeiden. Es handelt sich also um eine Restkategorie der phobischen Störungen. Sehr häufig findet man Furcht vor bestimmten Tieren, die so stark ausgebildet ist, daß sie als Phobie kategorisiert werden kann. Es gibt Hunde-, Schlangen-, Insekten-, Mäusephobien, aber auch die Klaustrophobie (Angst vor geschlossenen Räumen) und die Akrophobie (Angst vor Höhe) gehören in diese Kategorie.

8.2 Angstzustände

Bei den Angstzuständen unterscheidet man zwischen dem *Paniksyndrom,* dem *generalisierten Angstsyndrom* und dem *Zwangssyndrom.*

Paniksyndrom

Bei dem Paniksyndrom kommt es zu plötzlichen starken Angstanfällen. Die Betroffenen fühlen große Besorgnis, Angst und drohendes Verderben.

Zu den damit in Verbindung stehenden Reaktionen des autonomen Nervensystems zählen schneller Herzschlag, Kurzatmigkeit, Unbehagen in der Brust, Erstickungsgefühl, Schwindel, Taubheit, Schweißausbrüche, kalte Hände, Schwäche und Zittern. Auch das Gefühl von Unwirklichkeit, die Angst zu sterben, verrückt zu werden oder etwas Unkontrolliertes zu tun, sind häufig.

Ein Paniksyndrom entsteht häufig in der späten Adoleszenz oder dem frühen Erwachsenenalter und ist bei Frauen häufiger als bei Männern vorzufinden. Da ein solcher Panikanfall sehr unangenehm ist, entsteht nicht selten eine »Angst vor der Angst«, die dann ihrerseits die nächste Panikreaktion herbeiführt.

Generalisiertes Angstsyndrom

Beim generalisierten Angstsyndrom besteht eine ständige und allgemeine Ängstlichkeit über mindestens einen Monat hinweg. Die spezifischen Symptome der phobischen Störung oder Panikattacken liegen nicht vor.

Zwangssyndrom

Das Zwangssyndrom, auch »Zwangsneurose« genannt, ist durch ständig wiederkehrende Gedanken oder Zwänge gekennzeichnet.

Zu den häufigsten zwanghaften Handlungen gehören wiederholtes Händewaschen, Überprüfen und Berühren. Bei dieser Störung wird die Angst in zwanghafte Gedanken oder zwanghafte Handlungen geleitet.

Zwangsgestörte Christen haben oft krankhafte Zweifel an der Gültigkeit ihrer Erlösung, sind der Meinung, »die Sünde wider den Heiligen Geist« begangen zu haben usw. Hierbei handelt es sich dann nicht um ein Glaubensproblem, welches durch Sündenbekenntnis und Umkehr gelöst werden kann, sondern um eine Störung des Denkens, die mit der Art der Angstbewältigung zu tun hat. Ein Zwangssyndrom muß deshalb therapeutisch-seelsorgerlich behandelt werden.

Es kann auf dem Hintergrund unserer Erfahrungen angenommen werden, daß eine übermäßig strenge und gesetzliche Art der Erziehung und Verkündigung die Angstsyndrome fördert.

Ein Fallbeispiel aus der Biblisch-therapeutischen Seelsorge
Zwanghafte Persönlichkeit

Jochen P. ist ein 32jähriger Mann, der in die Beratung kommt und über »Depressionen« klagt. Er ist verheiratet und hat eine dreijährige Tochter, mit der er »gerne mehr Zeit verbringen würde, wenn ich nur nicht so viel arbeiten müßte«. Herr P. berichtet, daß seine Frau ihn auch manchmal kritisiere, weil er so selten Zeit für sie habe.

Im Verlauf des Erstinterviews zeigt sich, daß Herr P. mit »Depressionen« Angstzustände meint, die er häufig erlebt. Wenn er morgens aufsteht, hat er Magenschmerzen und kann häufig nichts essen. Bei der Arbeit leidet er unter ständiger Angst davor, Fehler zu machen und vor den Chef zitiert zu werden. Er kontrolliert dann seine Arbeiten, manchmal wiederholt er sie, und verliert dabei viel Zeit. Um das gleiche Pensum zu schaffen wie andere Kollegen, verbringt er viele Abendstunden in der Firma. Er berichtet, daß er in den letzten zwei Jahren immer häufiger den Zwang zum Nachprüfen hätte, täglich alle finanziellen Abrechnungen mehrmals nachgerechnet habe und vor lauter Kontrollieren fast nicht mehr zur Arbeit gekommen sei. Nachts konnte er nicht mehr einschlafen, bevor er nicht mehrere Male nachgeprüft hatte, ob alle Türen und Fenster geschlossen seien.

Herr P. wuchs in einer strengen, gläubigen Familie auf, in der sehr großer Wert auf Arbeit, Ordnung und Moral gelegt wurde. Sein Vater forderte die tägliche Beichte über begangene Sünden und war mit Strafen nicht zimperlich. Entspannung spielte eine sehr kleine Rolle; selbst im Urlaub hatte die Bildung – z.B. durch Museumsbesuche – ein vorrangiges Gewicht.

Als Heranwachsendem war es Herrn P. verboten, mit seinen Schulkameraden nachmittags in die Stadt zu gehen oder nach der Schule wegzubleiben. Die Begründung der Eltern war, daß den Kindern zu viel »dummes Zeug« einfalle, an dem sich ihr Sohn beteiligen könne. Außerdem gab es in der Stadt Kinos und Kneipen, deren Besuch für die Familie P. überhaupt nicht in Frage kam.

Herr P. berichtet, daß er sich zwar von den vielen Regeln sehr eingeengt gefühlt habe, aber daß er sich nicht gewagt hätte, an ihrer Richtigkeit – auch für sich selber – zu zweifeln.

Die Disziplin, die von ihm gefordert wurde, führte zu sehr guten schulischen Leistungen, an denen er sich aber nicht freute. Immer gab es noch Dinge, die man hätte verbessern können. Sein Ziel wurde es, nur noch fehlerlose Klassenarbeiten zu schreiben. Bei den Mitschülern galt er als Streber, dem sich andere nur dann näherten, wenn sie Hilfe bei den Hausaufgaben brauchten.

Trotz der ausgezeichneten schulischen Leistungen war Herr P. nicht an einem akademischen Beruf bzw. Studium interessiert. Er machte eine Lehre als Bürokaufmann, wobei er zum ersten Mal »ernsthafte Schwierigkeiten« erlebte. Trotzdem brachte er einen guten Abschluß fertig und wurde dann sehr bald in der Lehrfirma eingestellt, wo er seither als Verwaltungsangestellter arbeitet.

Herr P. hat große Schwierigkeiten, sich in der Therapie zu öffnen. Er spricht eigentlich mit niemandem über seine persönlichen Gefühle, wodurch sich seine Frau oft vernachlässigt fühlt.

Er macht sich viele Selbstvorwürfe, aber gleichzeitig rechtfertigt er sich ständig. Er scheint andere Menschen, auch den Seelsorger, als eine Art von »Richter« zu erleben, deren Urteil ungnädig und hart ist.

Zu Beginn der Beratung geht es darum, eine vertrauensvolle Beziehung herzustellen. Es gelingt Herrn P., in den ersten Stunden mehr und mehr Vertrauen zu gewinnen. Er beginnt von persönlichen Gefühlen und Ängsten freier zu sprechen und erlebt sich selbst als angenommen.

Herr P. erzählt viel von seiner Kindheit, seiner Beziehung zu den Geschwistern und insbesondere von seinen gemischten Gefühlen gegenüber den Eltern.

Er beginnt, sich als Menschen zu verstehen, der zu sich selbst sehr hart ist.

Auch die Frage nach der Vergebung Gottes wird angesprochen. Herrn P. fällt es sehr schwer, Gott als einen liebenden Vater zu sehen. Für seinen Glauben war bisher in erster Linie die Buße von Bedeutung. Nun beginnt Herr P., auch die Gnade zu verstehen und anzunehmen.

Im Gespräch wird noch mancher Lebensaspekt durchgesprochen. Außerdem lernt Herr P., durch Entspannungsübungen auch in ängstlichen Zeiten zur Ruhe zu kommen.

Herrn P.s Ziel für die Beratung war es, angstfrei leben zu können. Am Ende einer etwa einjährigen Therapie hat er dieses Ziel nicht erreicht, aber er kann mit der Angst umgehen. Mehr noch, er erwartet von sich nicht mehr, jede Situation mit Bravour meistern zu müssen – hat also eine neue Beziehung zu seinen Schwächen gefunden. Er ist immer noch sehr genau und auf Details konzentriert, kann aber manchmal auch spontan sein, was die Spannungen in der Familie beträchtlich reduziert.

Posttraumatische Belastungsreaktion

Die posttraumatische Belastungsreaktion kann entweder akut, chronisch oder verzögert verlaufen.

Es handelt sich um eine Reaktion auf einen identifizierbaren Stressor, der für fast alle Menschen eine schwere Belastung darstellen würde. Menschen, die an einer posttraumatischen Belastungsreaktion leiden, erleben das Trauma oft wieder. Entweder in überwältigenden Erinnerungen, wiederkehrenden Träumen oder dem plötzlichen Gefühl, daß sich das traumatische Ereignis wiederholt. Sie ziehen sich in einem solchen Zustand von der äußeren Welt zurück bzw. beteiligen sich nur in erheblich verminderter Weise.

Auch bei den Angstsyndromen gibt es eine Restkategorie, das sog. *atypische Angstsyndrom.* Wie bei allen Restkategorien ist es in den Diagnosebogen dann einzusetzen, wenn der Betroffene an einem Angstsyndrom leidet, das nicht mit einer der oben genannten Kategorien beschrieben werden kann.

9. Somatoforme Störungen

Merkmal dieser Gruppe von Störungen sind körperliche Symptome, wie z.B. Lähmungen oder Erblindung, für die es keine organischen Erklärungen gibt. Die körperlichen Symptome, die sich aus einer Verlagerung psychischer Konflikte und Ängste ergeben, unterliegen nicht der Willenskontrolle, wie bei den vorgetäuschten Störungen. Die Untergruppen somatoformer Störungen sind: das *Somatisierungssyndrom,* das *Konversionssyndrom,* das *psychogene Schmerzsyndrom,* die *Hypochondrie* und die *atypische somatoforme Störung.*

Die Somatoformen Störungen müssen von den psychosomatischen Krankheiten unterschieden werden. Bei den psychosomatischen Störungen gibt es organische Befunde (z.B. ein Magengeschwür), deren Entstehung aufgrund von psychischen Gegebenheiten (Angst, schlechtes Gesundheitsverhalten usw.) zu erklären ist.

Im Unterschied zu den psychosomatischen Störungen gibt es bei den somatoformen Störungen zwar körperliche Symptome, aber keine Befunde, die eine körperliche Störung nachweisen lassen.

9.1 Somatisierungssyndrom

Ein Somatisierungssyndrom ist durch eine Vielzahl von körperlichen Beschwerden charakterisiert. Diese sind oft traumatisch und vage und stehen mit vielen Organen in Verbindung. Zumeist sind Frauen davon betroffen.

Die Symptome setzen häufig im Jugendalter ein und treten nicht selten zuerst als Menstruationsbeschwerden auf. Sexuelle Probleme (Interesselosigkeit, Schmerzen beim Geschlechtsverkehr usw.) sind oft vorhanden.

Es ist natürlich wichtig, das Somatisierungssyndrom von solchen körperlichen Erkrankungen zu unterscheiden, die ähnlich verwirrende Symptome zeigen können.

Das erstmalige Auftreten von vielfältigen körperlichen Symptomen bei älteren Menschen ist fast immer auf eine Körperkrankheit zurückzuführen. Um nach Ausschluß dieser Krankheiten durch die ärztliche Untersuchung ein Somatisierungssyndrom zu diagnostizieren, reicht die Nennung der vielerlei Krankheiten durch den Patienten aus, auch ohne Verifizierung von anderer Quelle.

9.2 Konversionssyndrom

Beim Konversionssyndrom ist das Hauptkennzeichen, daß eine dominierende Beeinträchtigung durch den Verlust oder die Veränderung körperlicher Funktionen besteht, wobei die körperliche Krankheit imitiert wird.

Ein Konversionssyndrom kann sich z.B. in einer Lähmung, aber auch Betäubung, Blind- und Taubheit und Störungen im Hautgefühl zeigen. Am häufigsten treten Störungen in den Extremitäten auf.

Die partielle oder völlige Taubheit oder der Sehverlust können von Halluzinationen begleitet sein.

Bei einem Konversionssyndrom können Schmerzen überall im Körper auftreten, oftmals im Bauch, was häufig zu falschen Diagnosen und unnötigen chirurgischen Eingriffen geführt hat. Lähmungen können verschiedene Teile des Körpers betreffen.

Bei der Aphonie sind die Stimmbänder gelähmt; der Betroffene kann dann nur noch flüstern und keinen vokalisierten Ton mehr hervorbringen.

In chronischen Fällen des Konversionssyndroms kann eine Atrophie durch Nichtgebrauch in den betroffenen Muskeln entstehen.

Menschen mit einem Konversionssyndrom zeigen keine größeren Abnormitäten in ihrem Geisteszustand. Charakteristisch ist ihre gleichgültige Haltung gegenüber dem Zustand und den Behinderungen, die damit verbunden sind.

Die Symptome eines Konversionssyndroms scheinen als Antwort auf Umweltstreß zu kommen und zu gehen.

Obwohl 50% der Patienten ihre Symptome innerhalb eines Jahres verlieren, haben 30% dies noch nach Ablauf von fünf Jahren – und 20% behalten sie bis zu fünfzehn Jahren und länger.

Für die Therapie ist die Natur der Symptome unwichtig. Was zählt, ist die Persönlichkeitsstruktur des Betroffenen. Die Behandlung wird oft durch den »sekundären Gewinn« des Zustandes oder durch andere Vorteile des Krankseins behindert. Unter sekundärem Krankheitsgewinn versteht man solche Begünstigungen und positiven Erlebnisse, die einem von der Umwelt als Reaktion auf das Kranksein entgegengebracht werden. Hierzu gehört, daß man vermehrte Aufmerksamkeit gewinnt, andere manipulieren kann, Befreiung von bestimmten Aufgaben und manchmal finanzielle Entschädigungen erhält. Zu beachten ist jedoch, daß der Krankheitsgewinn bei somatoformen Störungen nicht die Krankheitsursache ist, er aber die Behandlung schwieriger machen kann. Die Beseitigung des sekundären Krankheitsgewinns führt von sich aus nicht zur Remission.

9.3 Psychogenes Schmerzsyndrom

Beim psychogenen Schmerzsyndrom entstehen starke Schmerzen unter Abwesenheit eines körperlichen Befundes. Durch den Schmerz ist der Betroffene von der Verpflichtung für bestimmte Aktivitäten entbunden.

Selbstverständlich ist es wichtig, daß jegliche organische Ursache, die für den Schmerz verantwortlich sein könnte, nach gründlicher ärztlicher Untersuchung ausgeschlossen wurde. Der sekundäre Krankheitsgewinn muß offensichtlich erkennbar sein.

9.4 Hypochondrie

Hypochondrie ist eine somatoforme Störung, bei der die Person dadurch beeinträchtigt wird, daß eigentlich normale körperliche Erscheinungen und Zeichen als abnorm erlebt werden, so daß es zu intensiver Furcht oder der Überzeugung kommt, daß man schwer erkrankt sei.

Im Gegensatz zum Somatisierungssyndrom werden vom Patienten keine schwerwiegenden Symptome genannt, sondern es steht die Furcht vor einer schweren Krankheit aufgrund von normalen Körperempfindungen im Vordergrund.

9.5. Atypische somatoforme Störung

Die atypische somatoforme Störung ist entsprechend dem DSM-III als Restkategorie dann einzusetzen, »wenn die herausragende Beeinträchtigung in der Bildung körperlicher Symptome und Beschwerden besteht, die aufgrund von Organbefunden oder eines pathophysiologischen Mechanismus nicht erklärbar sind und bei denen offensichtlich psychische Faktoren mitspielen.«

10. Dissoziative Störungen

Die Hauptmerkmale dissoziativer Störungen sind Veränderungen im Bewußtseinszustand eines Menschen oder in seinem Identitätsgefühl, wobei sich der Mensch von einem Teil seines Erlebens abspaltet (dissoziiert).

Man unterscheidet zwischen der *psychogenen Amnesie*, dem *psychogenen Weglaufen*, der *multiplen Persönlichkeit*, dem *Depersonalisationssyndrom* und der *atypischen dissoziativen Störung*.

10.1 Psychogene Amnesie

Bei einer psychogenen Amnesie sind sich die Menschen bewußt, daß sie einen völligen Gedächtnisverlust haben, der sich über einen gewissen Zeitraum erstreckt. Eine organische Ursache kann ausgeschlossen werden.

Bei einer lokalisierten Amnesie ist der Zeitraum kurz, bei einer generellen Amnesie kann er die gesamte vorherige Lebenszeit einschließen. Es handelt sich also um das, was man auch »Blackout« nennt, wobei dieser Terminus sich nicht auf die psychogene Amnesie beschränkt, sondern insbesondere im Zusammenhang mit der alkoholinduzierten Amnesie gebraucht wird.

Während des Ereignisses, das vergessen wurde, machen die Menschen nicht den Eindruck, als ob etwas nicht in Ordnung sei. Trotzdem hat der Mensch, der von Amnesie betroffen ist, nicht die Fähigkeit, sich daran zu erinnern. Eine gewöhnliche »Vergeßlichkeit«, wie sie bei jedem Menschen in Erscheinung tritt, wird hierbei weit überschritten.

Psychogene Amnesie ist zumeist eine Reaktion auf ein sehr traumatisches Erlebnis. Es kommt z.B. häufig vor, daß Überlebende von schweren Unfällen, bei denen andere getötet wurden, sich an nichts erinnern können, was bei dem Unfall oder in den Stunden danach geschah.

10.2 Psychogenes Weglaufen

Beim psychogenen Weglaufen wandern die Betroffenen manchmal tagelang, oft von zu Hause entfernt, umher und entwickeln dabei eine teilweise oder vollständig neue Identität. Während dieser Zeit vergessen sie ihre Vergangenheit, sind sich aber nicht bewußt, daß sie etwas vergessen haben.

Wenn sie zu ihrem normalen Selbst zurückkehren, erinnern sie sich oft nicht an die Zeit der Störung, d.h., sie benehmen sich nicht seltsam und machen auch nicht den Eindruck, daß sie die Erinnerung irgendeines traumatischen Ereignisses vorspielen würden.

10.3 Multiple Persönlichkeiten

Menschen mit einer multiplen Persönlichkeit zeigen zwei oder mehr voneinander oft sehr verschiedene Persönlichkeiten.

Das Überwechseln von einer in die andere Persönlichkeit geschieht plötzlich und oft dramatisch. Jede Persönlichkeit enthält dabei einen kompletten Satz verwandter Erinnerungen mit ihren eigenen Verhaltensmustern, persönlichen Beziehungen und Ansichten.

Manchmal besteht eine Amnesie, und der einzelne erinnert sich in seinem Persönlichkeitszustand nicht an die anderen Zustände. Zu anderen Zeiten ist ein bestimmter Persönlichkeitszustand nicht an eine Amnesie gebunden, und diese Persönlichkeit ist sich der Existenz und Aktivitäten der anderen bewußt.

Oft ist die primäre Persönlichkeit (die den Patienten während des größten Teils des Lebens charakterisiert) emotional eingeschränkt, moralistisch und übermäßig ordentlich. Die sekundäre Persönlichkeit zeigt hingegen oftmals diametral entgegengesetzte Verhaltensweisen und Ansichten.

Multiple Persönlichkeiten gibt es nur sehr selten. Sie entstehen im allgemeinen nach extremen Mißhandlungen oder anderen Formen schwerer emotionaler Traumata in der Kindheit.

10.4 Depersonalisationssyndrom

Bei einer Depersonalisationsstörung ist das Gefühl von Selbstentfremdung oder Unwirklichkeit vorhanden.

Menschen, die unter einem Depersonalisationssyndrom leiden, haben das Gefühl, daß ihre Umwelt oder ihre eigene Persönlichkeit nicht real existiert. Sie können sich z.B. so erleben, als ob ihr eigenes Leben in einem Film vorbeiliefe. Leichte Depersonalisationserscheinungen, ohne wesentliche Beeinträchtigungen, kommen bei ein bis zwei Dritteln aller jungen Erwachsenen zu irgendeinem Zeitpunkt vor. Ein Depersonalisationssyndrom wird daher nach DSM-III nur dann diagnostiziert, wenn der Zustand mindestens sechsmal innerhalb von sechs Wochen auftrat, wobei jede Episode 30 Minuten oder länger dauerte – und wenn die Episoden genügend schwer sind, um das soziale und berufliche Leben deutlich zu beeinträchtigen.

Zu einer atypischen dissoziativen Störung kann es bei Personen kommen, die längerem und intensivem psychischen Druck ausgesetzt worden sind (Gehirnwäsche, Gedankenmodifikation oder Indoktrination während der Gefangenschaft).

11. Sexualstörungen

Die Bibel gibt sehr klare Richtlinien, was Gott mit der Sexualität für den Menschen gemeint hat, und verurteilt sexuelle Abartigkeiten. In diesem Zusammenhang wird es manchem Seelsorger schwerfallen, in der Sprache der Psychopathologie wertfrei von »Sexualstörungen« zu reden, so als ob es in diesem Bereich Wertfreiheit gäbe. Unterliegt man nicht der Gefahr, durch eine solche Sprache auch zu einer Haltung der Sünde gegenüber zu kommen, die dann von zuviel Toleranz geprägt ist?

Das Problem besteht sicher, und es war, wie uns die Bibel zeigt, zu allen Zeiten vorhanden. Heute jedoch leben wir zweifelsohne in einer Zeit, in der sexuelle Treue in der Ehe die Ausnahme ist. In erschreckendem Maß ist das auch in der christlichen Gemeinde der Fall.

Die Institution der Familie als einer Gemeinschaft, in der Eltern und Kinder Geborgenheit erleben und in der sie sich lebenslang sicher fühlen können, ist ernsthaft bedroht. Auch wenn andere Faktoren dabei eine Rolle spielen, ist klar, daß der Verfall sexueller Normen einen starken Angriff auf die Familie darstellt. Die Probleme im Umfeld von Ehebruch, Promiskuität, Pornographie usw. stellen deshalb für die heutige Seelsorge eine ungeheure Herausforderung dar.

Trotzdem – oder gerade deswegen – ist es notwendig, sexuelle Störungen mit einer wertfreien Sprache beschreiben zu können. Wenn Seelsorge zum Ziel hat, Sünder zu gewinnen, dürfen Seelsorger nicht mit ihrer Sprache »Steine werfen«

(vgl. Joh. 8,7) oder herablassend von oben her kommen. In diesem Sinne kann die psychologische Sichtweise sexueller Störungen dem Seelsorger helfen, gegenüber dem Ratsuchenden eine respektvolle, aber auch klare Haltung einzunehmen. Dabei trennt diese Sichtweise nicht zwischen richtig und falsch, sondern nur in beschreibender Weise zwischen normal und abnorm im Sinne eines statistischen Normbegriffes.

Psychosexuelle Störungen sind sexuelle Störungen, die das Ergebnis psychischer Faktoren sind, aber nicht solche, die ihren Ursprung in organischen Faktoren haben. Man unterscheidet zwischen den Störungen der *Geschlechtsidentität*, den *Paraphilien*, den *psychosexuellen Dysfunktionen*, *Homosexualität* und *anderen psychosexuellen Störungen*.

11.1 Störungen der Geschlechtsidentität

Unter Geschlechtsidentität versteht man das Gefühl, zu wissen, welchem Geschlecht man angehört.

Im Grunde genommen geht es also um die Fähigkeit, überzeugt sagen zu können: »Ich bin eine Frau« oder »Ich bin ein Mann.« Das DSM-III schreibt: »Störungen der Geschlechtsidentität sind selten und sollten nicht verwechselt werden mit dem sehr viel häufigeren Phänomen der Gefühle von Unzulänglichkeit gegenüber den Erwartungen, die mit der Geschlechtsrolle verbunden sind.«

Demnach ist eine Person, die sich sexuell unattraktiv empfindet, sich aber unzweideutig als Mann oder Frau in Übereinstimmung mit ihrem anatomischen Geschlecht fühlt, kein Beispiel für eine Geschlechtsidentitätsstörung.

Es gibt drei Unterklassifizierungen der Geschlechtsidentitätstörungen: den Transsexualismus, die Störung der Geschlechtsidentität im Kindesalter und die atypische Störung der Geschlechtsidentität.

Transsexualismus

Transsexualismus liegt dann vor, wenn der erwachsene Mensch das Gefühl hat, dem anderen Geschlecht zuzugehören. Es besteht ein starker Wunsch, die eigenen Genitalien zu beseitigen, um als Angehöriger des anderen Geschlechts leben zu können.

Transsexualismus wird oft mit Transvestitismus und effiminierter Homosexualität verwechselt. Es handelt sich dabei jedoch um grundsätzlich unterschiedliche Störungen bzw. Verhaltensweisen, bei denen sich Männer als Frauen verkleiden, weil es für sie sexuell erregend ist.

Auch beim Transsexualismus kann es Verkleidungen geben, die aber nicht dem Bedürfnis sexueller Erregung entsprechen, sondern aus dem Gefühl heraus stammen, daß man eigentlich dem anderen Geschlecht angehört.

Bei körperlicher Intersexualität sind die Geschlechtsorgane mißgebildet, wodurch der Betroffene auch eine Störung der Geschlechtsidentität haben kann. Die Bezeichnung Transsexualismus gilt für diese Fälle nicht.

Störungen der Geschlechtsidentität im Kindesalter
Diese Störung ist sehr selten und entspricht im wesentlichen dem Transsexualismus des Erwachsenen. Es handelt sich um Kinder, die stark und beharrlich den Wunsch äußern, dem anderen Geschlecht anzugehören. Eine Störung der Geschlechtsidentität im Kindesalter geht manchmal, aber nicht immer, in Transsexualismus über.

Atypische Störung der Geschlechtsidentität
Es handelt sich hierbei um eine Residualkategorie für solche Störungen der Geschlechtsidentität, die nicht als spezielle Störung (siehe oben) klassifizierbar sind.

11.2 Paraphilien

Paraphilien sind charakterisiert durch sexuelle Erregung als Reaktion auf Objekte oder Situationen, die nicht zum normalen sexuellen Erregungsmuster gehören. Dadurch wird die liebevolle sexuelle Aktivität zwischen zwei Menschen grob beeinträchtigt.

Man unterscheidet zwischen Fetischismus, Transvestitismus, Zoophilie, Pädophilie, Exhibitionismus, Voyeurismus, sexuellem Masochismus, sexuellem Sadismus und der atypischen Paraphilie.

Menschen, die unter Paraphilien leiden, haben im allgemeinen ein reduziertes Selbstwertgefühl. Sie sind fast immer sehr moralistisch, und es scheint, daß eine übermäßig gesetzliche Haltung in bezug auf Sexualität die Entstehung von Paraphilien fördert.

Daß Personen, die diese Verhaltensweisen ausüben, im allgemeinen das Gefühl haben, die Kontrolle über ihre Sexualität verloren zu haben, ändert nichts daran, daß sie intensive Schuldgefühle erleben. Eine Hilfe für diese Menschen darf also nicht dabei stehenbleiben, daß man die Sündhaftigkeit des Verhaltens aufzeigt.

Fetischismus
Fetischismus ist eine Art der Paraphilie, die sich durch den Gebrauch nicht lebender Objekte (Unterwäsche, Schuhe, Stiefel, Haare, Nägel usw.) als bevorzugte Methode zur Erzeugung sexueller Erregung auszeichnet. Das gewählte Objekt steht oft in Verbindung mit einem Menschen, mit dem der Betroffene in der Kindheit vertraut war.

Transvestitismus
Ein Transvestit ist ein heterosexueller Mann, der sich sexuell erregt, indem er sich als Frau verkleidet. Nur sehr selten geht eine solche Störung in Transsexualismus über.

Es gibt eine breite Palette transvestitischer Phänomene, vom gelegentlichen

Tragen eines weiblichen Kleidungsstückes bis zur vollständigen Identifikation mit einer transvestitischen Subkultur. Obwohl die Grundeinstellung des Transvestiten heterosexuell ist, hat er selten sexuelle Erfahrungen mit Frauen gemacht und gelegentlich kommen homosexuelle Handlungen vor.

Zoophilie
Bei Zoophilien bestehen entweder sexuelle Betätigungen mit Tieren oder ausgeprägte Fantasien einer sexuellen Betätigung mit Tieren. Zoophilie wird nur dann diagnostiziert, wenn die sexuelle Betätigung mit Tieren die bevorzugte oder ausschließliche Methode zur Erlangung sexueller Erregung ist, nicht, wenn das Tier anstelle eines an sich vorgezogenen Partners tritt.

Pädophilie
Eine Pädophilie liegt dann vor, wenn ein Erwachsener sexuelle Aktivität mit Kindern bevorzugt oder diese ausschließlich zur Erreichung sexueller Erregung benützt. Dabei ist ein Altersunterschied von mindestens zehn Jahren notwendig, um Pädophilie zu diagnostizieren.

Es gibt etwa doppelt so viele heterosexuelle pädophile Männer wie homosexuelle. Dabei bevorzugen heterosexuelle pädophile Männer meistens acht- bis zehnjährige Mädchen. Die sexuelle Handlung beschränkt sich dabei zumeist auf Ansehen oder Berühren.

Homosexuell orientierte pädophile Männer ziehen meist etwas ältere Kinder vor. Im Gegensatz zu den heterosexuell pädophilen sind homosexuell-pädophile Bekanntschaften zumeist flüchtig.

Exhibitionismus
Beim Exhibitionismus wird ein Mann sexuell erregt, indem er wiederholt seine Genitalien vor unbefangenen Fremden entblößt. Dabei macht er keinen Versuch einer weiteren sexuellen Aktivität. Vordringlich ist der Wunsch, den Beobachter zu erschrecken, wobei für das Opfer (meistens Mädchen oder Frauen) gewöhnlich keine körperliche Gefahr besteht.

Voyeurismus
Beim Voyeurismus ist die bevorzugte oder ausschließliche Methode zur Erlangung sexueller Erregung das Beobachten argloser Personen, die entweder nackt sind, sich gerade ausziehen oder sich sexuell betätigen.

Eine sexuelle Betätigung mit der anderen Person wird dabei nicht gesucht. Meistens masturbieren Voyeure entweder während der Beobachtung oder später als Reaktion auf die Erinnerung des Gesehenen.

Sexueller Masochismus und Sadismus
Beim sexuellen *Masochismus* erreicht ein Mensch sexuelle Erregung dadurch, daß er sich demütigt, fesselt, schlägt oder auf andere Weise quält oder quälen läßt. Um die Diagnose nach DSM-III zu stellen, reichen masochistische Fantasien nicht aus.

Bei sexuellem *Sadismus* wird einem anderen Menschen körperliches oder psychisches Leid zugefügt, um sexuell erregt zu werden. Ob dabei der Partner einverstanden ist, also unter sexuellem Masochismus leidet, oder ein nicht einverstandenes Opfer ist, spielt für die Diagnose keine Rolle.

Atypische Paraphilie
Hierbei handelt es sich um eine Restkategorie. Menschen, die sexuelle Erregung erreichen, indem sie ungewöhnliche, bizarre Vorstellungen oder Handlungen haben oder durchführen, wobei diese Paraphilie nicht in eine der genannten Kategorien paßt, erhalten diese Diagnose.

11.3 Psychosexuelle Dysfunktionen

Bei psychosexuellen Dysfunktionen liegt eine Hemmung im sexuellen Reaktionszyklus vor. Das DSM-III unterteilt den sexuellen Reaktionszyklus in vier Stufen:

1. Appetenz: Eine Stufe sexueller Fantasien und dem erhöhten Wunsch nach sexueller Aktivität.
2. Erregung: Charakterisiert durch ein Gefühl von sexuellem Vergnügen und bestimmten physiologischen Veränderungen (Erektion beim Mann; bei der Frau Gefäßverengung und Muskelspannung im Beckenbereich und vaginale Lubrikation).
3. Orgasmus: Das Erreichen des Höhepunktes sexuellen Vergnügens mit der Befreiung von sexueller Anspannung und rhythmischen Kontraktionen der Muskeln der Schamleiste.
4. Entspannung: Eine Stufe genereller Muskelentspannung. Männer können in dieser Stufe nicht von neuem sexuell erregt werden.

Psychosexuelle Dysfunktionen beziehen sich auf Störungen oder Hemmungen in den jeweiligen Phasen.

Gehemmte sexuelle Appetenz
Es handelt sich hierbei um die anhaltende und massive Hemmung des sexuellen Verlangens, was bedeutet, daß die betroffenen Personen der Sexualität grundsätzlich gleichgültig gegenüberstehen.

Die Diagnose wird nicht gestellt, wenn die Störung durch organische Faktoren bedingt ist.

Gehemmte sexuelle Erregung
Man bezeichnet diese Störung auch als Frigidität (bei Frauen) oder Impotenz (bei Männern).

Es handelt sich dabei um wiederholte und anhaltende Hemmung der sexuellen, Erregung während der sexuellen Aktivität, was sich durch ein partielles oder vollständiges Versagen der körperlichen Anzeichen einer sexuellen Erregung zeigt. Bei Männern bedeutet dies, daß sie eine Erektion nicht bis zur Beendigung des Geschlechtsaktes aufrecht erhalten können. Bei Frauen versagen die Schwell- und Lubrikationsfunktionen.

Die Diagnose wird nur gestellt, wenn der Betroffene ein Interesse an sexueller Aktivität zeigt, das in seiner Zielrichtung, Intensität und Dauer ausreichend ist.

Gehemmter weiblicher Orgasmus
Diese Diagnose wird bei Frauen gestellt, die normale Appetenz und Erregung verspüren, aber wiederholt und anhaltend nicht in der Lage sind, einen sexuellen Höhepunkt zu erleben.

Die Diagnose wird nur dann gestellt, wenn eine normale, sexuelle Erregungsphase bei einer sexuellen Aktivität, die nach Zielrichtung, Intensität und Dauer als ausreichend eingeschätzt werden muß, vorausgegangen ist.

Gehemmter männlicher Orgasmus
Diese Störung wird notiert, wenn ein Mann nach ausreichender sexueller Erregungsphase nicht in der Lage ist, einen Orgasmus zu erreichen, was sich durch die Verzögerung oder das Fehlen einer Ejakulation bemerkbar macht.

Ejaculatio praecox
Wenn beim Geschlechtsverkehr die Ejakulation zu früh bzw. eintritt, ehe er es wünscht, wird diese Diagnose gestellt.

Funktionelle Dyspareunie
Diese Diagnose wird für Männer und Frauen gestellt, wenn der Koitus mit wiederkehrenden und anhaltenden genitalen Schmerzen einhergeht.

Funktioneller Vaginismus
Vaginismus sind wiederkehrende und anhaltende unwillkürliche Spasmen im äußeren Drittel der Vaginalmuskulatur. Durch die damit verbundene Verengung der Vagina wird der Geschlechtsverkehr behindert.

Wie immer bedeutet »funktionell«, daß keine organische Ursache bekannt ist.

Atypische psychosexuelle Dysfunktionen
Bei Störungen des sexuellen Reaktionszyklus, die nicht in eine der oben angeführten Kategorien passen, wird eine »atypische psychosexuelle Dysfunktion« diagnostiziert.

Ein Beispiel hierfür wäre der verfrühte weibliche Orgasmus, also eine analoge Erscheinung zur männlichen Ejaculatio praecox.

11.4 Homosexualität

Das DSM-III betrachtet Homosexualität nur dann als Störung, wenn der Betroffene sich sehr stark wünscht, heterosexuell zu sein.

Die Störung »ich-dystone Homosexualität« wird dann diagnostiziert, wenn der Betroffene homosexuell erregbar ist, dies aber ausdrücklich als unerwünscht und als ständige Quelle von Leid bezeichnet.

Es ist im säkularen Bereich der Psychotherapie umstritten, in welchem Maße eine Therapie die sexuelle Orientierung eines Menschen verändern kann. Es gibt jedoch sehr wenige Menschen, die ausschließlich homosexuell erregbar sind, was sich auch an der relativ hohen Prozentzahl derjenigen Homosexuellen zeigt, die verheiratet sind und Kinder haben. Dies bedeutet, daß eine Therapie die vorhandenen heterosexuellen Erregungsmuster fördern kann. Auch hier gilt der Grundsatz, daß das, was der Mensch erlernt hat, verlernt bzw. neu gelernt werden kann. In dem Maße, in dem sexuelle Erregungsmuster durch Entscheidungen des Betroffenen entstanden sind, sind sie auch veränderbar.

11.5 Andere psychosexuelle Störungen

Hierbei handelt es sich um eine Restkategorie, deren Haupterscheinungen in psychischen Beeinträchtigungen im Zusammenhang mit der Sexualität bestehen und die nicht in eine der oben angeführten Kategorien gehört.

Das DSM-III führt einige Beispiele auf, u.a. das Leiden unter den wiederholten sexuellen Kontakten mit zahlreichen Personen, die nur als Objekte benötigt werden (Don-Juanismus und Nymphomanie).

12. Schlafstörungen

Das DSM-III-R hat die Schlafstörungen in seine Diagnostik neu aufgenommen und unterscheidet zwischen *Alpträumen, Pavor Nocturnus, Schläfrigkeit, Schlaflosigkeit, Schlafwandeln* und *Störungen des Schlaf-Wach-Rhythmus'.*

Alpträume
Der Betroffene hat ausgeprägte, extrem beängstigende Träume, an die er sich nach dem Erwachen erinnert.

Pavor nocturnus
Der Betroffene erwacht wiederholt mitten in der Nacht mit einem Panikschrei.

Schläfrigkeit
Der Betroffene ist tagsüber extrem schläfrig oder benötigt nach dem Aufwachen eine stark verlängerte Übergangszeit zum vollen Wachsein.

Schlaflosigkeit
Der Betroffene leidet unter Einschlaf- oder Durchschlafschwierigkeiten oder unter einem nicht regenerativen Schlaf.

Schlafwandeln
Der Betroffene hat wiederholt während des Schlafens das Bett verlassen und ging umher, ohne dabei aufzuwachen.

Störung des Schlaf-Wach-Rhythmus'
Es besteht eine zeitliche Diskrepanz zwischen dem zirkadianen Schlaf-Wach-Rhythmus und dem für seine Umgebung normalen Schlaf-Wach-Rhythmus.

13. Vorgetäuschte Störungen

»Vorgetäuscht« bedeutet, daß eine Person körperliche oder psychische Symptome absichtlich produziert, z.B. durch Einnahme von chemischen Substanzen oder Nicht-Einnahme von notwendigen Medikamenten. Dabei stehen die Mechanismen, die zur Erzeugung der Symptome dienen, unter willentlicher Kontrolle. »Willentlich« meint in diesem Zusammenhang, daß sie überlegt und zweckmäßig sind, aber nicht unbedingt, daß sie kontrolliert werden können; im Gegenteil, oft besteht ein starker innerer Zwang, das krankmachende Verhalten weiter auszuüben.

Die Entscheidung, ob willentliche Kontrolle vorliegt oder nicht, ist von außen her nur über Schlußfolgerungen zu erfassen (z.B. durch die Beobachtung, daß Medikamente nicht geschluckt, sondern wieder ausgespuckt werden).

Man muß vorgetäuschte Störungen von Simulationen unterscheiden. Bei der Simulation hat der Patient ebenfalls willentliche Kontrolle der Symptome, verfolgt aber ein äußeres Ziel, im allgemeinen die Vermeidung ganz bestimmter Verantwortungen usw. Dieses Ziel wird eher durch Kenntnis der äußeren Umstände deutlich als durch Kenntnis der Persönlichkeit.

Bei der vorgetäuschten Störung hat der Patient das starke Bedürfnis, *als Patient behandelt* zu werden. Es handelt sich also um eine Persönlichkeitsstörung. Hingegen kann eine Simulation unter bestimmten Umständen als eine gesunde Anpassung an nicht zu bewältigende äußere Umstände angesehen werden.

Das DSM-III unterscheidet zwischen der vorgetäuschten Störung mit psychischen Symptomen und der chronischen vorgetäuschten Störung mit körperlichen Symptomen. Bei letzterer ist es offensichtlich wichtig, daß eine wirkliche körperliche Störung nicht übersehen wird.

14. Störungen der Impulskontrolle

Das DSM-III nennt als Hauptmerkmale von Störungen der Impulskontrolle:

1. Die Unfähigkeit, einem Impuls, einem Trieb oder einer Versuchung zu widerstehen, bzw. irgendeine Handlung durchzuführen, die für den Betroffenen oder für andere schädlich ist.

Ein bewußter Widerstand gegen den Impuls kann vorkommen oder nicht. Die Handlung kann vorher überlegt oder geplant sein oder nicht.

2. Ein zunehmendes Spannungsgefühl, bevor die Handlung durchgeführt wird.

3. Ein Empfinden von Vergnügen, Befriedigung oder Erleichterung während der Durchführung der Handlung. Unmittelbar nach der Handlung können (müssen aber nicht) echte Reue, Selbstvorwürfe oder auch Schuldgefühle auftreten. Innerhalb dieser Klasse werden fünf Kategorien unterschieden: *Pathologisches Spielen, Kleptomanie, Pyromanie, Intermittierende explosive Störung* und *isolierte explosive Störung.* Wie immer gibt es eine Restkategorie, die *atypische Störung der Impulskontrolle.*

14.1 *Pathologisches Spielen*

Beim pathologischen Spielen ist der Betroffene chronisch und fortschreitend immer weniger fähig, dem Impuls zum Glücksspiel zu widerstehen, wodurch familiäre, berufliche oder persönliche Aufgaben nachträglich beeinträchtigt werden.

14.2 *Kleptomanie*

Kleptomanie ist das Stehlen von Gegenständen, die der Betroffene an sich nicht braucht. Es geht dabei offensichtlich um den Prozeß des Stehlens mit der verspürten Spannung, Lust oder Entspannung, und *nicht* um den Erwerb von Gütern.

14.3 *Pyromanie*

Pyromanie bezeichnet das wiederholte Feuerlegen, wobei die Motivation im Prozeß des Feuerlegens (Spannung, Lustgewinn, Entspannung) liegt. Eine andere Motivation, z.B. finanzieller Gewinn oder politische Ideologie, fehlt.

14.4 *Explosive Störung*

Diese Diagnose wird dann gestellt, wenn eine oder mehrere Episoden von schwer aggressivem Verhalten vorliegen, bei denen es zu Gewalttätigkeiten oder der Zerstörung von Eigentum kommt. Dabei steht das Verhalten in krassem Mißverhältnis zu irgendeinem auslösenden psychosozialen Stressor. Zwischen den Episoden fehlen Anzeichen von allgemeiner Impulsivität oder Aggressivität.

15. Anpassungsstörungen

Bei einer Anpassungsstörung liegt eine schlecht angepaßte Reaktion auf einen identifizierbaren psychosozialen Stressor vor, wobei die normale und erwartete Reaktion auf den Stressor bei weitem übertroffen wird. Diese Reaktion kann sich in Gefühlen oder Verhaltensweisen ausdrücken und ist oft abhängig von dem jeweiligen vorhergehenden Stressor.

Eine Anpassungsstörung kann z.B. auch die Form einer Depression oder einer Angststörung haben oder mit Schul- oder Berufsschwierigkeiten einhergehen. Falls der Stressor abgeklungen ist oder sich die betroffene Person an die neue Situation angepaßt hat, hören die Symptome auf.

Entsprechend den vorherrschenden Symptomen wird eine Anpassungsstörung mit depressiver Stimmung, ängstlicher Stimmung, gemischten emotionalen Zügen, Verhaltensbeeinträchtigung, gemischten emotionalen und Verhaltensbeeinträchtigungen, Schul- oder Arbeitsschwierigkeiten, Rückzug oder mit atypischen Zügen diagnostiziert.

Persönlichkeits- und Entwicklungsstörungen (Achse 2)

1. Geistige Behinderung

Geistige Behinderungen wurden zwar in älteren religiösen und medizinischen Schriften weniger ausführlich behandelt als rein psychische Störungen, jedoch wie diese bestimmten Ursachen zugeordnet. Einige Autoren betrachteten die geistige Behinderung als naturbedingt, andere als okkult.

Bis zur Zeit des englischen Philosophen und Arztes John Locke (1632-1704) wurden geistige Behinderungen sowie schwere psychische Störungen pauschal als Geisteskrankheit bezeichnet.

Vom 18. Jahrhundert an wurden sie von den Fachleuten als separate Phänomene gesehen, jedoch ist diese Erkenntnis bis heute von einem großen Teil unserer Gesellschaft noch nicht entsprechend aufgenommen worden.

Eine deutliche Veränderung in der Einstellung der allgemeinen Bevölkerung zu geistigen Behinderungen trat ein, als angeborene Fehler des Stoffwechsels (z.B. Phenylketonurie) oder genetische Übertragungsmechanismen (Down-Syndrom) entdeckt wurden.

Die Kenntnis der genetischen Hintergründe hat zu neuem Interesse bei der Verhinderung und Behandlung von geistigen Behinderungen geführt. Man sollte dabei jedoch beachten, daß genetische Hintergründe nur für ein Viertel der Behinderungen klar beschrieben werden können. Bei den restlichen 75% ist der spezielle biologische Faktor unbekannt.

Eine geistige Behinderung ist ein Zustand, bei dem die allgemeine intellektuelle Funktion weit unter dem normalen Niveau liegt und mit einer Verschlechterung des adaptiven Verhaltens in Verbindung steht.

Zahlenangaben zur Verteilung in der Gesamtbevölkerung sind nur eingeschränkt möglich, sie setzen eine sehr genaue Beschreibung des entsprechenden Personenkreises voraus. Die allgemeinen intellektuellen Funktionen kann man einschätzen, indem ein Intelligenzquotient (IQ) mit einem speziellen Intelligenztest ermittelt wird. Adaptives Verhalten wird klinisch eingeschätzt, d.h. durch die Beobachtung des einzelnen beim Erreichen persönlicher Unabhängigkeit und sozialer Verantwortung. Ganz allgemein hat sich im deutschen Sprachraum durchgesetzt, daß mit Tests alleine keine hinreichende Beurteilung für die Sonderschulbedürftigkeit gegeben ist, sondern ein qualifiziertes Übergangsverfahren notwendig ist (Wendeler 1988).

Für die Verhältnisse in der Bundesrepublik kann davon ausgegangen werden, daß ca. 0,5% eines Altersjahrganges die Schule für geistig Behinderte besuchen wird. Der Anteil der männlichen Jugendlichen ist dabei ungefähr doppelt so hoch wie der weiblichen.

Das DSM-III, das hier sehr deutlich den medizinisch-psychologischen Aspekten der geistigen Behinderung folgt und die pädagogischen Ansätze nicht berücksichtigt, unterscheidet zwischen leichter, mäßiger, schwerer und sehr schwerer geistiger Behinderung.

Die Einteilung in diese Klassen wird nach dem jeweiligen IQ unternommen.

Leichte geistige Behinderung wird bei einem IQ zwischen 50 und 70 diagnostiziert. Etwa 80% aller geistig Behinderten fallen in diese Klasse. Sie besuchen in Deutschland in der Regel die Schule für geistig Behinderte bzw. sofern vorhanden Integrationsklassen (in seltenen Fällen auch die Schule für Lernbehinderte). Sie sind nach Abschluß der Sonderschule begrenzt berufsfähig und überwiegend in Werkstätten für Behinderte tätig. Bei größeren sozialen oder wirtschaftlichen Entscheidungen benötigen sie in der Regel Anleitung und Hilfe.

Etwa 12% fallen in die Kategorie *mäßige geistige Behinderung.* Sie können zwar in der Regel sprechen, sind aber in ihren zwischenmenschlichen und sozialen Fertigkeiten deutlich eingeschränkt. In der Schule für geistig Behinderte sind auch sie oftmals erstaunlich zu fördern. Als Erwachsene sind sie manchmal in der Lage, insbesondere in vertrauter Umgebung, ihre täglichen Aufgaben durchzuführen, z.B. öffentliche Verkehrsmittel zu benützen oder in einer geschützten Werkstatt zu arbeiten.

Etwa 7% der geistig Behinderten sind *schwer behindert.* Ihre Behinderung wird meistens schon sehr früh sichtbar, da sie oft motorische Schwierigkeiten haben und nicht lernen, sich sprachlich mitzuteilen. Sie können im Schulalter elementare Körperhygiene erlernen und als Erwachsene in besonderen Abteilungen der Werkstatt für Behinderte, zu der sie täglich gebracht werden müssen, teilweise einfache Arbeiten verrichten.

Als *sehr schwer geistig behindert* werden weniger als 1% der Personen mit geistiger Behinderung eingestuft. In einer extrem durchstrukturierten Umgebung, z.B. in speziellen »Anstalten für geistig Behinderte«, die es in der Bundesrepublik in größerer Zahl gibt, und mit hohem heilpädagogischem Aufwand können diese Menschen minimale Fähigkeiten der Selbstfürsorge erlernen. Oftmals können sie jedoch auch im Erwachsenenalter nicht sprechen.

Die Mehrzahl der 200 bekannten Ursachen für geistige Behinderungen sind eindeutig organisch bedingt. D.h., man kann Funktionsstörungen nachweisen, die das zentrale Nervensystem beeinträchtigen. Auch psychosoziale Faktoren spielen eine, wenn auch untergeordnete, Rolle. Hier zeigt sich ein deutlicher Unterschied zur »Lernbehinderung«, bei der die sozialen Hintergründe überwiegen und in der Regel nur »minimale cerebrale Dysfunktionen« vorliegen.

Bestimmte Ursachen für die geistige Behinderung können vom Arzt eindeutig festgestellt werden, noch ehe das Kind zwei Jahre alt ist. Mit einem Routinetest auf Phenylanalin im Urin ist z.B. eine mögliche Phenylketonurie (PKU) festzustellen, d.h. ein Enzymmangel, der zu geistiger Behinderung führt, wenn er nicht mit einer speziellen Diät, die im Säuglingsalter beginnen muß, behandelt wird.

Trisomie, eine Chromosomenanomalie, bei der ein zusätzliches Chromosom vorhanden ist, ist eine der vielen genetischen Ursachen der geistigen Behinderung. Sie kann vom Arzt bei bzw. auch schon lange vor der Geburt erkannt werden. Zu den häufig vorkommenden Trisomien gehört auch das Down-Syndrom (Mongolismus).

Zusätzliche psychische Störungen, die von aggressivem Verhalten bis zur Schizophrenie reichen können, sind bei geistig Behinderten häufiger als in der Gesamtbevölkerung zu finden. Es darf aber kein kausaler Zusammenhang gesehen werden. D.h., geistig Behinderte sind nicht »von Natur aus bösartig« oder »potentielle Sittlichkeitsverbrecher«, wie dies immer wieder von großen Teilen der Bevölkerung vermutet wird.

Was die Ursachen der geistigen Behinderung anlangt, so studiert man derzeitig die pränatalen Faktoren (z.B. die Ernährung der Mutter), die die Entwicklung des zentralen Nervensystems des Ungeborenen beeinflussen. So kann z.B. stärkerer Alkoholgenuß während der Schwangerschaft ein »fötales Alkoholsyndrom« hervorbringen, das sich in verzögertem Wachstum, geistiger Behinderung und Deformationen am Kopf, Gesicht und Gliedmaßen widerspiegelt.

Überhaupt hat sich in den letzten Jahren herausgestellt, daß viele chemische Substanzen, die irgendwie in den Blutkreislauf der Mutter gelangen, die Entwicklung des zentralen Nervensystems beeinträchtigen können. Dazu gehören vom Arzt verschriebene Medikamente (im bisher schlimmsten Fall das Contergan), aber auch Nikotin und andere Genußdrogen.

Weil die Mehrheit der geistig Behinderten nur leicht behindert ist, wird die Diagnose selten vor dem Schuleintritt gestellt. Einige Fälle dieser leichteren geistigen Behinderung entstehen als direkte Folge psychosozialer Vernachlässigung. Man glaubt, daß ein Mangel an liebevoller Zuwendung und intellektueller Stimulierung, mangelhafte Ernährung, körperliche Mißhandlung und soziale Isolierung im frühen Leben Faktoren sind, die zu leichter geistiger Behinderung bzw. zur Lernbehinderung führen können.

Für das zentrale Nervensystem gilt im großen und ganzen, daß, was einmal verloren ist, nicht regeneriert werden kann. In nur sehr beschränktem Maße können andere Zellen die Funktion einer abgestorbenen Gehirnzelle übernehmen. Damit sind auch deutliche Grenzen einer Therapie zu sehen, die darauf hinauslaufen, daß die geistige Behinderung keine Krankheit ist, bei der man »Heilungserfolge« zu erwarten hat, sondern eher im Sinne eines pädagogischen

Prozesses aufgefaßt werden muß, bei dem es ein wichtiges Ziel ist, den Behinderten trotz seiner Begrenztheit in unsere Gesellschaft zu integrieren.

Dabei gilt es dann auch zu beachten, daß der geistig behinderte Mensch kein »Kind« ist, sondern mit seiner gegenüber dem Nichtbehinderten veränderten Intelligenzstruktur, seinen Gefühlen und körperlichen Bedürfnissen als Persönlichkeit sehr ernst genommen werden will.

Nicht selten sind geistig behinderte Erwachsene sehr sensibel gegenüber Ablehnungen und haben ein feines Empfinden für die Haltung anderer ihnen gegenüber. Man darf dieses Empfinden nicht unterschätzen, auch wenn es manchmal durch fehlende verbale Fähigkeiten nicht zum Ausdruck kommt.

Insbesondere im Bereich der Partnerwahl und Sexualität hat der Seelsorger beim geistig behinderten Menschen eine sehr wichtige, wenn auch schwierige Aufgabe zu übernehmen. Hier gibt es neuerdings in der Bundesrepublik Formen einer begleiteten eheähnlichen Gemeinschaft, die sicherlich für viele der Betroffenen einen alternativen Weg bedeuten können.

2. Persönlichkeitsstörungen

Das DSM III versteht unter Persönlichkeitsstörungen »überdauernde Muster der Wahrnehmung, des Beziehungsstils und des Denkens hinsichtlich der Umwelt und sich selbst«. Im einzelnen wird folgendermaßen differenziert:

Paranoide Persönlichkeitsstörungen: übermäßig mißtrauisch, sieht überall Gegner.

Schizoide Persönlichkeitsstörungen: Keine intensiven zwischenmenschlichen Beziehungen und kein Bedürfnis danach.

Schizotypische Persönlichkeitsstörungen: Eigenartig, bis zum Bizarren neigend.

Histrionische Persönlichkeitsstörungen: Überstarkes Zur-Schau-stellen von Gefühlen bei erlebter Gefühlsarmut.

Narzißtische Persönlichkeitsstörungen: Gesteht sich selbst Rechte zu, die anderen nicht zustehen, in sich selbst verliebt.

Antisoziale Persönlichkeitsstörungen: Akzeptiert wesentliche soziale und rechtliche Normen nicht, neigt zur Kriminalität.

Borderline Persönlichkeitsstörungen: Sehr abhängig von anderen. Intensive persönliche Beziehungen enden bald im Konflikt. Schwarz-weiß-Denken.

Hypersensitive Persönlichkeitsstörungen: Große Angst vor Ablehnung. Zwischenmenschliche Beziehungen nur bei Garantie bedingungsloser Akzeptanz. Oft ohne zwischenmenschliche Beziehungen, aber mit starkem Bedürfnis danach.

Dependente Persönlichkeitsstörungen: Übermäßig abhängig, überläßt wesentliche persönliche Entscheidungen anderen.

Zwanghafte Persönlichkeitsstörungen: Übermäßig ordentlich bis perfektionistisch, gefühlsarm, wenig Fähigkeit zu mitfühlendem Verstehen.

Passiv-aggressive Persönlichkeitsstörungen: Ärger und Zorn werden durch Vernachlässigung, Schlampigkeit, Vergessen, Zuspätkommen usw. ausgedrückt.

Stichwortverzeichnis